*Воистину, и те, кто веруют,
и иудеи,
и христиане,
и новообращённые –
каждый, кто
(1) верует в Бога,
(2) верит в Последний День и
(3) ведёт праведную жизнь,
получит вознаграждение от
своего Господа.
Им нечего бояться, и они не
будут опечалены. [2:62, 5:59]*

Опубликовано Международным Сообществом
Покорных
submission.net/ru
email: info@submission.net

ISBN 978-1-63173-390-1

Коран
Последний
Завет

Переведён на русский язык с авторизованной
английской версии Рашада Халифы

Провозглашение единой религии для всех людей

Все мировые религии: иудаизм, христианство, ислам, индуизм, буддизм и другие – были серьёзно искажены нововведениями, традициями и обожествлением таких людей, как пророки и святые.

Божий план, как сказано в Ветхом Завете (Малахия 3:1), в Новом Завете (Лука 17:22-36 и Матфей 24:27) и в этом Последнем Завете (3:81), предусматривает посылку Божьего Посланника Завета после доставки всех писаний. Основная функция Божьего Посланника Завета состоит в очищении всех писаний и в объединении их в одно универсальное послание этому миру от Творца и Вседержителя этого мира.

Это основное пророчество из писаний уже осуществилось. Божий Посланник Завета прибыл, поддерживаемый неопровержимым реальным доказательством (см. Приложение 2). Процесс очистки и объединения начался. Божий план опирается на невидимые силы Бога, а огромные размеры этого божественного плана проявляются в недавнем разоблачении ложных святош и в устранении таких анти-свободных барьеров, как Берлинская Стена, Железный Занавес и бамбуковый занавес.

Отныне, есть только одна религия, угодная Богу, – Покорность. Любой, кто покоряется Богу и посвящает молитвы ТОЛЬКО Богу, является «Покорным». Таким образом, можно быть Покорным иудеем, Покорным христианином, Покорным буддистом, Покорным индусом или Покорным мусульманином.

Единственная религия, угодная Богу, – это Покорность. [3:19]

Кто ищет иную религию, помимо Покорности, она не будет принята от него, и в Будущей жизни он будет с проигравшими. [3:85]

Пророка, подобного мне, Господь, ваш Бог, воздвигнет для вас из числа ваших сородичей; его вы должны слушать.

(Моисей во Второзаконии 18:15)

Я воздвигну им Пророка, подобного тебе, из числа их сородичей и вложу Мои слова в Его уста; он расскажет им всё, что Я повелю ему. Если кто-либо не прислушивается к Моим словам, которые он говорит от Моего имени, Я сам заставлю его за это ответить.

(Второзаконие 18:18-19)

Я буду просить Отца, и Он вам даст другой Святой Дух, который будет с вами всегда – ДУХ ИСТИНЫ.

(Иисус от Иоанна 14:16-17)

Когда ДУХ ИСТИНЫ придёт к вам, он направит вас ко всей правде и сообщит вам о грядущем

(Иисус от Иоанна 16:13)

Божий Посланник Завета

Вот, Я посылаю Моего посланника, чтобы приготовить путь к Моему приходу; и внезапно в храм придёт Господь, которого вы ищете, и посланник завета, которого вы желаете. Да, он идёт, говорит Господь сил. Но кто выдержит день его пришествия? И кто устоит, когда он явится? Ибо он, как огонь очищающий ... он будет сидеть, очищая ...

(Малахия 3:1-3)

Когда ТОЛЬКО Бог упомянут, сердца тех, кто не веруют в Будущую жизнь, сжимаются с отвращением. Но когда другие упоминаются рядом с Ним, они радуются [39:45]

На 27-ю ночь Рамадана, 13 Д.Х. (До Хиджры) (610 г. н.э.), пророк Мухаммед (душа – настоящий человек – не тело) был призван в наиболее высочайшее место, находящееся на расстоянии миллионов световых лет от Земли, и в его сердце был помещён этот Коран (2:185, 17:1, 44:3, 53:1-18, 97:1).

Впоследствии, в течение 23 лет, от 610 до 632 года н.э., Коран при посредничестве Гавриила был перенесен в память Мухаммеда (17:106). Во время перенесения Мухаммед скрупулёзно записывал его своей собственной рукой (Приложение 28). То, что Мухаммед оставил, является совершенным Кораном, написанным в хронологическом порядке его откровения с подробными инструкциями для организации откровений в последовательности, предопределённой Богом.

Во время процесса перестановки, книжники, которые боготворили Пророка, добавили два стиха в конце суры 9 – последней суры, низведенной в Медине. Этот кощунственный акт привёл к 50-летней войне между Али ибн Абу Талибом и его сторонниками с одной стороны и исказителями Корана с другой стороны. Война закончилась, когда Хусейн ибн Али и его семья были убиты в Кербеле.

Это был правитель Омейядов, Марван ибн аль-Хакам (умер в 684 г. н.э.), кто уничтожил настоящий Коран, написанный рукой Мухаммеда, «опасаясь возникновения новых споров».

Божий Посланник Завета представил неопровержимые доказательства того, что 9:128-129 не входят в Коран (Приложение 24). С удалением этих ложных стихов Коран, наконец, был восстановлен. Наше поколение является первым, которое получило Коран в очищенном и завершённом виде (см. Приложение 1 и 28).

Содержание

64	Взаимное обвинение	Аль-Тагабун	18	386
65	Развод	Аль-Талак	12	387
66	Запрещение	Аль-Тахрим	12	389
67	Царствование	Аль-Мульк	30	390
68	Перо	Аль-Калам	52	391
69	Неоспоримое	Аль-Хакка	52	393
70	Высоты	Аль-Мааридж	44	395
71	Ной	Нух	28	396
72	Джинны	Аль-Джинн	28	397
73	Закутавшийся	Аль-Муззаммиль	20	399
74	Скрытая тайна	Аль-Муддассир	56	400
75	Воскресение	Аль-Кийама	40	402
76	Человек	Аль-Инсан	31	403
77	Отправленные	Аль-Мурсалат	50	404
78	Событие	Аль-Наба	40	406
79	Вырывающие	Аль-Назиат	46	407
80	Он нахмурился	Абаса	42	408
81	Свёртывание	Аль-Таквир	29	409
82	Разрушение	Аль-Инфитар	19	410
83	Мошенники	Аль-Мутаффифин	36	411
84	Разрыв	Аль-Иншикак	25	412
85	Галактики	Аль-Бурудж	22	413
86	Яркая звезда	Аль-Тарик	17	413
87	Всевышний	Аль-Аля	19	414
88	Ошеломляющее	Аль-Гашийа	26	415
89	Утренняя заря	Аль-Фаджр	30	415
90	Город	Аль-Балад	20	416
91	Солнце	Аль-Шамс	15	417
92	Ночь	Аль-Лайл	21	418
93	Утро	Аль-Духа	11	418
94	Охлаждение вспыльчивости	Аль-Шарх	8	419
95	Инжир	Аль-Тин	8	419
96	Зародыш	Аль-Алак	19	419
97	Судьба	Аль-Кадр	5	420
98	Доказательство	Аль-Байина	8	420
99	Землетрясение	Аль-Залзала	8	421

Вступление от авторов перевода

Данный перевод Корана на русский язык был выполнен с английского перевода Рашада Халифы, озаглавленного «Авторизованная английская версия Корана, переведённая с оригинала доктором наук Рашадом Халифой». Рашад Халифа (1935-1990) был первым из тех, кто перевёл Коран на английский, чьим родным языком был арабский. Английский перевод необыкновенно ясен для понимания и лёгок для чтения. Работая над переводом, он обнаружил сложную и всеобъемлющую математическую структуру, закодированную в арабском тексте Корана, – Математическое Чудо Корана. Введение, примечания и Приложения, написанные им, предоставляют подробные детали этого кода Корана, и также были переведены с английского языка на русский.

Работая над переводом Корана, мы стремились к точности передачи смысла и формы оригинала, используя разнообразие и богатство лексики русского языка, и одновременно, иногда прибегая к адаптации стилистической структуры текста, старались сохранить ясность понимания и лёгкость чтения этого Священного писания.

Рашад Халифа ушёл в мир иной, но очищенное Божье послание – Коран – живо и будет продолжать по воле Бога направлять людей на путь истины до самого конца.

Хвала Богу, Господу Вселенной!

Мадина Бэлсейзер и Мила Комарниски,

2013 г

Глоссарий

Ад	Мятежный народ Ирама. Община, к которой был послан Худ.
Азан	Призыв к молитве.
Айюб	Иов, посланник Бога.
Аллах	Бог, единый Бог.
Аллаху Акбар	Бог Велик.
Аллат	Идол идолопоклоннической Аравии до Мухаммеда; мнимая «дочь Бога».
Аль-Хамду Лиллах	Хвала Богу.
Ансар	Жители Медины, которые поддержали и приютили верующих, мигрировавших из Мекки (см. Хиджра).
Арафат	Холм возле Мекки, где паломники должны провести один день в поминании Бога.
Аят	Стих, знак или чудо.
Басмала	Первый стих Корана.
Бадр	Место между Меккой и Мединой, где произошла первая битва между идолопоклонниками и мусульманами. Мусульмане победили, несмотря на превосходящие силы противника.
Вуду	Омовение.
Геенна	Ад.
Гематрия	Древняя практика присвоения чисел буквам алфавита.
Джанна	Рай.
Джинны	Невидимые существа. Потомки Сатаны.
Джумуа	Пятница. Пятничная Молитва.
Д.Х.	До хиджры. (см. Хиджра)
Закят	Обязательная благотворительность (2.5% с чистого дохода).
Иблис	Сатана (см. Шайтан).
Имам	Лидер. Тот, кто ведёт молитву.
Ин Шаа Аллах	Если Богу угодно/ даст Бог.
Календарь Хиджры	Лунный календарь, начинающийся с хиджры пророка. Его месяцы – Мухаррам, Сафар, Раби I, Раби II, Джумада I, Джумада II, Раджаб, Шабан, Рамадан, Шавваль, Зуль-Када и Зуль-Хиджа.
Инджиль	Евангелие – писание, доставленное Иисусом.
Ислам	Арабское слово, означающее «покорность».
Кааба	Храм кубической формы, построенный изначально Авраамом в Мекке. Координационная точка, в сторону которой молятся покорные.
Карун	Надсмотрщик над рабами из евреев, кто поработил свой народ для служения Фараону.
Кафир	Язычник. Неверующий.
Кибла	Направление, в сторону которого обращаются покорные во время Контактных Молитв (Салат).
Китаб	Книга. Писание.

Лаа Илаха Илла Аллах	Нет другого бога, кроме Бога. Признание Божьего единства. Первый столп Покорности.
Лайлат ал-Кадр	Ночь Судьбы.
Маа Шаа Аллах	Это Божий дар.
Манат	Идол древней Аравии.
Муаззин	Призывающий к Контактной Молитве.
Мулла	Учитель. Имам.
Мумин	Верующий.
Мунафик	Лицемер.
Мухаджиры	Иммигранты из Мекки в Медину в 1 году до хиджры.
Мушрик	Идолопоклонник.
Мусульманин	Арабское слово, означающее «покорный».
Наби	Посланник, доставляющий послание.
П.Х.	После хиджры (см. Хиджра).
Ракат	Одна часть Контактной Молитвы.
Расул	Посланник (см. Наби).
Салам	Приветствие. Мир.
Саламун Алейкум	Мир вам.
Салат	Пять ежедневных Контактных Молитв.
Священные месяцы	Месяцы, в которые можно соблюдать паломничество Хадж: Зуль-Хиджа, Мухаррам, Сафар и Раби I.
Сейам	Пост.
Субхан Аллах	Да будет славен Бог.
Сунна	Обряды, ложно приписанные пророку Мухаммеду и применяемые идолопоклонниками как источник религиозного руководства.
Сура	Глава в Коране.
Тайаммум	Сухое омовение (5:6).
Улемы	Религиозные учёные.
Умра	Часть паломничества Хадж.
Хадис	Изречения, ложно приписанные пророку Мухаммеду.
Хадж	Паломничество в Мекку.
Халал	Законный/дозволенный.
Харам	Незаконный/запретный. Также святой (Масджид аль-Харам – это Священная Мечеть Мекки, где Кааба находится).
Хиджра	Миграция Мухаммеда и преследуемых верующих из Мекки в Медину. Начало Календаря.
Шайтан	Сатана. Дьявол.
Шейх	Пожилой мужчина. Глава племени. Имам.
Ширк	Идолопоклонство. Ассоциирование чьего-либо имени с именем Бога. Вера в то, что кто-либо, кроме Бога, обладает властью.

ВВЕДЕНИЕ

Во имя Бога, Самого Милостивого, Самого Милосердного

Это – последнее послание Бога к человечеству. Все Божьи пророки уже пришли в этот мир, и все священные писания уже доставлены. Настало время очищения и объединения всех посланий, поступивших от Божьих пророков, в одно послание; а также объявить, что отныне существует только одна религия, угодная Богу, – это «Покорность» (3:19, 85). «Покорность» является религией, в которой мы признаём абсолютную власть Бога и достигаем непоколебимой убеждённости, что только ОДИН БОГ имеет всю полноту власти, и что никакой другой субъект не обладает никакой властью, которая была бы независима от Него. Естественным результатом такого осознания является посвящение нашей жизни и нашего поклонения абсолютно ОДНОМУ БОГУ. Это Первая Заповедь во всех писаниях, включая Ветхий Завет, Новый Завет и этот Последний Завет.

Слушай Израиль! Господь наш Бог – Один Бог!

Поэтому возлюби Господа Бога твоего

всем сердцем твоим,

всей душой твоей,

всем разумением твоим

и всеми силами твоими.   *[Второзаконие 6:4-5; Марк 12:29-30; Коран 3:18]*

Давайте помедитируем на Бога,

на Его славные атрибуты,

Кто является основой всего существующего во Вселенной, как её Творца,

Кому необходимо поклоняться

как Вездесущему, Всемогущему, Всезнающему;

и Кто самостоятельно существует как сознательное существо,

Кто устраняет всё невежество

и загрязнения ума,

очищает и обостряет ум.   *[Гаятри мантра, Яджур-веда]*

В то время как каждая религия была искажена нововведениями, традициями и ложными, идолопоклонническими доктринами, «Покорные» могут встречаться в каждой религии. Покорными могут быть христиане, иудеи, мусульмане, индусы, буддисты или кто-либо иной. Эти Покорные в совокупности представляют собой единую, угодную Богу религию. Как подчёркнуто темой первой страницы этой книги, все Покорные, которые преданы ТОЛЬКО Богу и кто не создают кумиров рядом с Богом, будут восстановлены в вечном Царстве Бога (2:62). Критерием истинных покорных является то, что они не найдут ничего предосудительного в Коране.

С появлением этого Завета, послание Бога к миру завершено. Теперь мы получили долгожданные ответы на самые актуальные вопросы: кто мы, цель нашей жизни, как мы пришли в этот мир, куда мы отправимся отсюда, какая религия является правильной, была ли это эволюция или создание и т.д.

Некоторые могут задаться вопросом: «Почему Бог ждал всё это время, чтобы усовершенствовать и объединить Своё послание? Как насчёт всех тех людей со времён Адама, которые не получили полного писания?» Принимая во внимание то, что Коран отвечает на этот вопрос в 20:52, это дело простой статистики установить, что население мира от начала и до сих пор не превышало 7 миллиардов. С этого момента до конца света, 2280 г. н.э. (Приложение 25), предполагается, что общая численность населения мира превысит 75 миллиардов. Таким образом, подавляющему большинству людей предопределено получение очищенного и объединённого послания Бога (см. схему).

	Население мира с этого момента (1990) до конца света (2280).

[*Чёрная секция представляет население мира со времен Адама*]

До генезиса

А началось всё несколько миллиардов лет назад, когда у одного из высокопоставленных Божьих созданий, Сатаны, появилась надменная идея, что он может управлять владением как самостоятельный бог наряду с Богом. Этот вызов, брошенный абсолютной власти Бога, был не только богохульным, но также и ошибочным. Сатана не знал о том, что только Бог обладает способностью быть богом, и что для состояния божественности необходимо гораздо больше, чем он себе представлял. Это было самомнение – высокомерие, дополненное невежеством, – которое привело Сатану к уверенности, что он может позаботиться о владении, как бог, и управлять им без болезней, страданий, войн, несчастных случаев и хаоса. Подавляющее большинство Божьих созданий не согласилось с Сатаной. Тем не менее, небольшое эгоистическое меньшинство, которое согласилось с ним в той или иной степени, насчитывалось в миллиардах. Таким образом, неимоверный спор вспыхнул в Небесном Сообществе (38:69). Неоправданный вызов мятежников, брошенный абсолютной власти Бога, был встречен и разрешён наиболее эффективным образом. После предоставления бунтовщикам достаточных шансов для осуждения их преступления и подчинения Ему, Бог решил изгнать наиболее отъявленных мятежников на космический корабль под названием Земля и дать им ещё один шанс для исправления.

Если вы утверждаете, что вы можете управлять самолётом, то наилучший способ проверки ваших притязаний – это дача вам самолёта и предложение управлять им. Это именно то, что Бог решил сделать в ответ на требование

Сатаны, что он может быть богом: Бог назначил его временным богом на крошечной крапинке под названием Земля (2:30, 36:60). Что же касается тех, кто согласился с Сатаной, то им был дан шанс убить своё самомнение и покориться абсолютной власти Бога. Хотя подавляющее большинство виновных существ воспользовалось этой возможностью, незначительное меньшинство, состоящее из около 150 млрд. существ, не сумели воспользоваться этим предложением (33:72).

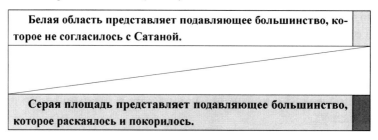

Белая область представляет подавляющее большинство, которое не согласилось с Сатаной.

Серая площадь представляет подавляющее большинство, которое раскаялось и покорилось.

Спор в Небесном Сообществе привёл к классификации Божьих существ согласно различным категориям:

(1) Ангелы

Существа, которые никогда не ставили под сомнение абсолютную власть Бога, были классифицированы как ангелы; они знали, что *только один* Бог обладает способностью и квалификацией быть Богом. Подавляющее большинство Божьих созданий – бесчисленное множество – относятся к этой категории. Количество ангелов так огромно, что даже ангелы не знают, сколько их есть; и только Бог знает их количество (74:31).

(2) Животные

Хотя ангелы и предложили, что повстанцы и их лидер должны быть изгнаны из Божьего Царства (2:30), Самый Милосердный пожелал дать мятежникам шанс для осуждения их преступления, покаяния и подчинения Его абсолютной власти (33:72). Как представлено на вышеуказанной схеме, подавляющее большинство мятежников воспользовалось милостивым предложением Бога, чтобы повторно войти в Его Царство. Они согласились убить своё самомнение и прийти в этот мир, чтобы исполнить покорную роль, как искупление за своё богохульство. В обмен на их покорную роль в этом мире, этим существам разрешено вернуться в Божье вечное Царство (6:38). Лошадь, собака, дерево, солнце, луна, звёзды, а также деформированые и умственно отсталые дети являются одними из умных существ, которые признали своё преступление и раскаялись:

> *Разве ты не понимаешь, что*
>
> *перед Богом падает ниц всё, что*
>
> *на небесах и на земле:*
>
> *солнце, луна, звёзды,*
>
> *горы, деревья, животные,*
>
> *а также много людей?*
>
> *Многие люди, однако, обречены на возмездие.* *(22:18)*

> *Звёзды и деревья падают ниц.* *(55:6)*

Лошадь не имеет самомнения. Владелец лошади может быть богатым или бедным, высоким или низким, толстым или худым, молодым или старым, однако лошадь будет служить им всем. Собака не имеет самомнения: она будет вилять хвостом перед своим владельцем, независимо от того, насколько богат или беден её владелец. Солнце всходит и заходит каждый день ровно в сроки, установленные Богом. Луна следует по синхронизированной орбите вокруг Земли без малейших отклонений. Организм человека – временная одежда – принадлежит Земле; как таковой, он является покорным. Сердце, лёгкие, почки и другие органы выполняют свои функции без нашего контроля.

(3) Люди

Отъявленные мятежники – люди и джинны – отказались осудить своё преступление и избрали участие в демонстрации Сатаной его требования. Эти эгоистические существа, которые не сумели покориться абсолютной власти Бога, даже когда им была предложена возможность сделать это, разделились на две части. Половина, которая была менее всего убеждена в точке зрения Сатаны, стала классифицироваться как люди. Хотя они и питали сомнения в отношении требования Сатаны, они не смогли занять твёрдую позицию в отношении абсолютной власти Бога. Это самомнение предотвратило эти существа от признания всемогущества Бога; это самомнение помешало им покориться, когда им была предложена такая возможность (33:72); и именно самомнение стоит между большинством из нас и восстановлением в Божьем Царстве (25:43). Вот почему «Убей своё самомнение» является одной из первых заповедей в Коране (2:54).

(4) Джинны

Другая половина виновных существ, склонившихся к точке зрения Сатаны и проявивших наибольшее самомнение, стала классифицироваться как джинны. Божьим планом являлось назначение одного джинна для каждого человека от дня рождения до смерти. Сопутствующий джинн является представителем Сатаны и постоянно продвигает его точку зрения (50:23,

27). И джиннам, и людям дана в этом мире драгоценная возможность перевоспитать себя, осудить свой эгоизм и искупить свою вину, покорившись абсолютной власти Бога. Когда человек рождается, то и джинн рождается; и он предназначен для нового человека. Мы узнаём из Корана о том, что джинны являются потомками Сатаны (7:27, 18:50). Когда джинн рождается и предназначается человеку, джинн остаётся постоянным спутником человека до самой его смерти. Джинн затем освобождается и продолжает жить в течение нескольких веков. И люди, и джинны должны поклоняться только одному Богу (51:56).

Бог не желает роботов

Спор в Небесном Сообществе, как указано и описано в 38:69, доказывает, что Божьи создания обладают свободой выбора; они обладают своим собственным разумом. Восстание незначительного меньшинства среди Божьих созданий послужило примером того замечательного факта, что Божьи создания служат Ему, потому что они ценят Его бесконечное великолепие. Без этого восстания мы бы никогда не знали, что свобода – это Божий дар Его созданиям.

Самый Милостивый, Самый Милосердный

Даже в нашем земном измерении любое предприятие ожидает от своих сотрудников лояльности и преданности по отношению к благополучию предприятия. Если работник не предан полностью предприятию, или очевидно, что он имеет раздвоенную лояльность, его сразу же увольняют. Поскольку люди и джинны стали на сторону Сатаны, а затем отклонили предложение Бога пересмотреть свои мятежные действия, ангелы предполагали, что Сатана и его союзники будут изгнаны из Божьего Царства (2:30). Это была огромная Божья милость в том, что Он даровал нам этот дополнительный шанс осудить наше преступление и искупить себя.

Для выполнения этого необычайно милосердного плана искупления Бог «сотворил смерть» (67:1-2). Божественный план предусматривал перенесение мятежников в иное существование, где у них не будет никакого воспоминания о небесной вражде. В условиях этой жизни люди и джинны получают послания как Бога, так и Сатаны, а затем свободно выбирают любую точку зрения. Основываясь на их добровольном решении, они либо восстановлены в Божьем Царстве, либо обречены на постоянное изгнание вместе с Сатаной.

Временное владение Сатаны

Чтобы подчеркнуть полную незначительность запланированного владения Сатаны, Бог создал миллиарды галактик, миллиарды триллионов звёзд в огромной Вселенной, объём которой охватывает миллиарды световых лет. Если мы движемся к Солнцу (93 миллиона миль) со скоростью света, мы достигнем его за восемь минут. Если мы будем продолжать двигаться со скоростью света, мы достигнем границы нашей Галактики – Млечного Пути – через 50-70 тысяч лет. Чтобы добраться до ближайшей галактики, двигаясь со скоростью света, нам потребуется 2 миллиона лет; а в «нашей Вселенной» находится, по крайней мере, 2 миллиарда галактик. Даже используя самые мощные телескопы, Земля совершенно невидима от края нашей галактики, не говоря уже, от края нашей Вселенной. Как будто наша Вселенная была не достаточно обширна, Бог создал ещё шесть намного больших Вселенных, которые окружают нашу Вселенную (2:29, 67:3). Затем Бог сообщил Сатане, что крошечная пылинка в самой маленькой и внутренней Вселенной, планета Земля, будет его владением. Божий план гласил о том, что люди и джинны будут размещены во Вселенной, которая не может выносить Его физического присутствия (7:143). Таким образом, Сатана правит своим миниатюрным царством вдали от физического присутствия Бога, хотя и с полным Божьим знанием и контролем. Следует также отметить, что число мятежников, которые покаялись, было настолько огромно, что планета Земля практически не смогла бы вместить всех их. К тому же, животных гораздо больше на этой планете, чем людей. Потребовалась бы неуправляемая земля, чтобы вместить всех раскаявшихся мятежников. Отсюда – размещение неисчислимого числа существ в космосе.

Адам и Ева

Тело первого человека было сформировано на земле Божьими ангелами в соответствии с инструкциями Бога (7:11). Бог затем определил это тело первому человеку, Адаму. Когда Бог сообщил ангелам, что они будут служить людям в течение всего периода испытания: охраняя их, двигая ветры, распределяя дождь и запасы провианта, и т.д. – Сатана был единственным, кто отказался от «падения ниц» (2:34, 15:31, 38:74). Супруга Адама, носящая женские функции, была клонирована от Адама, и Бог определил это тело второму человеку. В то время как пустые (бездушные) тела Адама и Евы находились здесь, на земле, их души, настоящие люди, проживали на Небе. Адам и Ева оставались на Небе до тех пор, пока они поддерживали Божьи заповеди. Как только они послушали Сатану, они проявили недостатки человеческой природы, имеющиеся во всех нас, и немедленно спустились во владение Сатаны на Земле, и «их тела стали видны им» (7:20, 20:121). Остальное уже история.

Сатана – отец всех джиннов

Подвергание джиннов и людей испытанию предусматривало, что Сатана должен размножаться каждый раз, когда человек рождается. Как упоминалось выше, каждый раз, когда рождается человек, рождается также и джинн, чтобы служить постоянным спутником человека. Каждый человек подвергается непрерывным уговорам представителя Сатаны, который живёт в одном и том же теле от дня рождения до смерти. Представитель Сатаны пытается убедить человеческого спутника принять точку зрения Сатаны:

что одного Бога не достаточно. В Судный День спутник-джинн служит в качестве свидетеля против своего человеческого коллеги (43:38, 50:23, 27). Многие спутники-джинны принимают точку зрения Бога, благодаря влиянию человеческих товарищей.

Бог не оставил человека без подготовки. Чтобы помочь людям в их последней возможности пересмотреть своё богохульство, каждый человек рождается с инстинктивным знанием, что ТОЛЬКО Бог и никто другой – наш Господь и Властелин (7:172-173). Джиннам не было дано такого инстинктивного знания; но они получили гораздо большую продолжительность жизни и больше возможностей для изучения знамений Бога повсюду в глубочайшей Вселенной. Так как они представляют точку зрения Сатаны, их инстинктивная природа склоняется явно в пользу многобожия. В дополнение к нашему встроенному инстинкту поклоняться только Богу, Бог отправил посланников, чтобы помочь нам искупить себя. С учётом изучения всех этих элементов, мы можем оценить тот факт, что единственным непростительным преступлением (если поддерживается до самой смерти) является идолопоклонство – вера в то, что любой, кроме Бога, обладает каким-либо могуществом.

Льготный период в сорок лет

Человеку дано сорок лет, чтобы обучиться, осмотреться, задуматься и рассмотреть все точки зрения, прежде чем принять одно из самых важных решений – либо поддержать точку зрения Сатаны, либо абсолютную власть Бога. Каждый, кто умирает в возрасте до сорока лет, избран Богом для искупления согласно обстоятельствам, известным только Богу. Каждый, кто умирает в возрасте до 40 лет, попадает в Рай (46:15, Приложение 32). Огромное милосердие Бога отмечено тем фактом, что даже тем, кто верит в Коран, трудно согласиться с таким сострадательным божественным законом.

Божьи посланники доставили нам благую весть о том, что Бог дал нам шанс искупить себя, и они были подкреплены значительными знамениями. Когда Моисей пошёл к Фараону, он был поддержан такими чудесами, как превращение его посоха в змею. Иисус сотворил живых птиц из глины по изволению Бога, исцелил прокажённого и слепого по изволению Бога и оживил мёртвого по изволению Бога. Пророк Мухаммед, посланник Бога, который доставил этот Последний Завет, не проявил такие чудеса (10:20). Коран сам был тем чудом, которое поддерживало миссию Мухаммеда (29:50-51). Божественная мудрость предусматривала, чтобы 14 веков отделяли Чудо Корана от Мухаммеда. Теперь, когда мы понимаем знаменательные размеры математического чуда Корана (Приложение 1), мы осознаём, что миллионы людей поклонялись бы Мухаммеду как воплощённому Богу, если бы это чудо было открыто через него.

Доказательство подлинности: вещественное, ощутимое, неопровержимое

С наступлением компьютерной эры мы обнаруживаем, что математический код Корана является «одним из великих чудес», как указано в 74:30-35. В то время как чудеса, данные предыдущим посланникам, были ограничены по времени и месту, чудо Корана является бессрочным. Только несколько человек стали свидетелями чудес Моисея и Иисуса, но чудо Корана можно наблюдать любому в любое время. Кроме того, чудо Корана документирует и доказывает все предыдущие чудеса (5:48).

Как указано в Приложении 1, математическое чудо Корана основано на числе «19». Чтобы поделиться этим удивительным чудом с читателем, слово «БОГ» напечатано по всему русскому тексту жирным шрифтом и прописными буквами, а общее количество его упоминания показано в левом нижнем углу каждой страницы. Общая сумма упоминаний этого важнейшего слова отображена в конце Корана и равняется числу 2698. Эта сумма является кратной 19. Кроме того, складывая номера, присвоенные каждому стиху, где встречается слово «Бог», мы получаем общую сумму 118123, которая также кратна 19 (19x6217). Совокупная сумма номеров стихов, где слово «Бог» встречается, отображена в правом нижнем углу каждой страницы. Эти простые физические факты читатель может легко проверить; и их достаточно, чтобы доказать сверхчеловеческую природу математической композиции Корана.

Общее количество слова «Бог» (Отображено в левом нижнем углу каждой страницы)	Общая сумма номеров стихов (Отображена в правом нижнем углу)
2698 (19x142)	118123 (19x6217)

Доказательство подлинности, которые могут быть проверены читателем

В дополнение к необычайной математической композиции Корана, мы находим большое количество Коранических фактов, которые доказаны или теоретизированы современной наукой. Вот несколько примеров такой передовой научной информации:

1. Земля яйцевидная (39:5, 79:30).

2. Земля не стоит на месте, она постоянно движется (27:88).

3. Солнце является источником света, в то время как луна отражает его (10:5, 25:61, 71:16).

4. Доля кислорода уменьшается, когда мы поднимаемся к небу (6:125).

5. «Теория большого взрыва» подтверждена (21:30).

6. «Теория Расширения Вселенной» подтверждена (51:47).

7. Вселенная образовалась из газообразной массы (41:11).

8. Эволюция – это факт; в пределах данного вида, эволюция – это божественно управляемый процесс (21:30, 24:45, 32:7-9, 18:37, 15:28-29, 7:11, 71:13-14 , Приложение 31).

9. Семенная жидкость мужчины определяет пол ребёнка (53:45-46).

Нет никакого вздора

Не менее чудесным является отсутствие всякого вздора в Коране. Это особенно важно, в связи с господством невежества и суеверия, бытовавшими во времена откровения Корана. Например, наиболее уважаемым толкованием среди традиционных мусульман является толкование Ибн Касира. В этой знаменитой ссылке, написанной через несколько веков после смерти Пророка, мы читаем, что земля размещена на сорока тысячах рогов гигантского быка, который стоит на спине гигантского кита (см. толкование стиха 68:1, данное Ибн Касиром).

Совсем недавно, в 1975 году, и в том же месте, где был низведен Коран, президент Исламского университета в Медине, в Саудовской Аравии, шейх Абдул Азиз Бин Баз заявил, что Земля плоская и неподвижная (см. вставку)!!

Перевод из книги Бин База, стр. 23: «Если Земля вращается, как они утверждают, то страны, горы, деревья, реки и океаны не будут иметь дна, и люди будут видеть, как восточные страны движутся на запад, а западные страны движутся на восток».

Идеальное счастье: теперь и навсегда

Одной из самых неуловимых целей каждого человека является «Счастье». Коран раскрывает секрет достижения полного счастья в этой жизни и навсегда. Мы узнаём из Корана, что счастье является исключительным качеством души. Таким образом, тело, достигшее всех материальных успехов, которых оно жаждало, – денег, власти, славы и т.д. – часто принадлежит несчастному человеку. Счастье полностью зависит от степени роста и развития, которых достигла душа – настоящий человек. Коран предоставляет подробную схему достижения совершенного счастья обоими – телом и душой – как в этом мире, так и в вечной Будущей жизни (Приложение 15).

В многочисленных стихах этого проверенного Завета Бог лично гарантирует верующим счастье – сейчас и навсегда:

> *Абсолютно, союзникам Бога нечего бояться,*
>
> *и они не будут опечалены.*
>
> *Это те, кто веруют*
>
> *и ведут праведную жизнь.*
>
> *Для них – счастье в этой жизни и в Будущей жизни.*
>
> *Таков непреложный закон Божий.*
>
> *Это истинный триумф.* [10:62-64]

Все верующие составляют одну приемлемую религию

Как и следовало ожидать из последнего послания Творца, одной из важных тем в Коране является призыв всех верующих к единству и повторяющееся запрещение делать какие-либо различия между посланниками Бога. Если объект поклонения один и тот же, то среди всех верующих будет абсолютное единство. Это человеческий фактор, то есть, преданность и предубеждение по отношению к таким бессильным людям, как Иисус, Мухаммед и святые, вызывает разделение, ненависть и жестокие войны между заблуждающимися верующими. Верующий, который находится на верном пути, предан ТОЛЬКО Богу и радуется при виде другого верующего, преданного ТОЛЬКО Богу, независимо от того, как этот верующий называет свою религию.

> *Воистину, те, кто верует,*
>
> *и иудеи,*
>
> *и христиане,*
>
> *и новообращённые –*
>
> *каждый, кто*
>
> *(1) верует в Бога,*
>
> *(2) верит в Последний День и*
>
> *(3) ведёт праведную жизнь,*
>
> *получит вознаграждение от своего Господа.*
>
> *Им нечего бояться, и они не будут опечалены.* [2:62, 5:69]

Божий Посланник Завета

Как указано в Приложении 2, издание этой книги знаменует собой наступление новой эры – эры, когда послания Бога, доставленные всеми Его пророками, объединены в одно послание. Только одна и единственная религия Бога – «Покорность» – будет доминировать над всеми другими религиями (9:33, 48:28 и 61:9). Современные искажённые религии, включая иудаизм, христианство, индуизм, буддизм и ислам, просто вымрут, а «Покорность» будет преобладать. Это не плод фантазии человека или группы людей, это непреложный закон Бога (3:19, 9:33, 41:53, 48:28, 61:9, 110:1).

Рашад Халифа

Тусон

26 Рамадана, 1409*

---

*Окончательный проект первого издания (на английском языке) был завершён в Ночь Предопределения 1409 года. Если мы сложим день, месяц и год этой даты, то получим 1444, или 19х19х4 [Рамадан 26, 1409: 9 +26 +1409 = 1444]

Сура 1: Ключ (Аль-Фатиха)

1. Во имя **БОГА**, Самого Милостивого, Самого Милосердного.*

2. Хвала **БОГУ**, Господу Вселенной.

3. Самому Милостивому, Самому Милосердному.

4. Властелину Судного Дня.

5. Тебе одному мы поклоняемся; Тебя одного мы просим о помощи.

6. Веди нас правильным путём;

7. Путём тех, кого Ты благословил, а не тех, кто гнев заслужил, и не путём заблудших.

1:1. Первый стих Корана представляет собой основу, на которой построено сверхчеловеческое, основанное на числе 19, математическое чудо. Это важное изречение состоит из 19 букв арабского алфавита, и каждое его слово появляется во всём Коране кратным числу 19 (см. Приложения 1 и 29 для подробного разъяснения).

1:1-7. Сура 1 – это дар Бога к нам для того, чтобы установить с Ним контакт путём ежедневных Контактных Молитв. Этот факт подтверждается поразительной, простой для понимания, но невозможной для подражания, математической композицией, которая бросает вызов величайшим математикам мира и ставит их в тупик; она намного выше пределов человеческих возможностей:

(1) Номер суры, а затем номера стихов, помещённые друг за другом, дают 1 1 2 3 4 5 6 7. Это число кратно 19 .

(2) Если мы заменим номера стихов количеством букв в каждом стихе, мы получим 1 19 17 12 11 19 18 43. Это число также является кратным 19.

(3) Если мы вставим общее гематрическое значение каждого стиха, то мы получим 1 19 786 17 581 12 618 11 241 19 836 18 1072 43 6009. Это число кратно 19.

(4) Указанное выше число включает в себя все параметры Суры 1 и состоит из 38 цифр (19x2).

№ стиха	Кол-во букв	Гематрическое значение
1	19	786
2	17	581
3	12	618
4	11	241
5	19	836
6	18	1072
7	43	6009
Сумма	139	10143

Совокупное появление слова БОГ на этой странице = 2

Сумма стихов со словом БОГ на этой странице =1+ 2=3

(5) Следует отметить, что это 38-значное число также делится на 19, если мы напишем его компоненты задом наперёд, справа налево, как это практикуется у арабов. Таким образом, 6009 43 1072 18 836 19 241 11 618 12 581 17 786 19 1 также кратно 19.

(6) Математические исчисления, упомянутые выше, используются в многочисленных необычайных математических явлениях для того, чтобы подтвердить все детали пяти ежедневных Контактных Молитв (Приложение 15).

(7) Многие другие удивительные явления приведены в Приложении 1. Таким образом, читателю с самого начала вручено ясное доказательство того, что это – послание Бога ко всему миру.

****

Сура 2:
Тёлка (Аль–Бакара)

Во имя Бога, Самого Милостивого,
Самого Милосердного

1. А.Л.М.*

2. Это писание непогрешимо; маяк для праведных;

Три категории людей:
(1)Праведные

3. которые верят в невидимое, соблюдают Контактные Молитвы (*Салат*),*

и из того, чем мы** их наделили, они дают на благотворительность.

4. И они верят в то, что было ниспослано тебе, и в то, что было ниспослано до тебя,* и относительно Будущей жизни они абсолютно уверены.

5. Они следуют по пути, указанному Господом; они – победители.

(2)Неверующие

6. Что касается неверующих, то для них всё равно: предостерегаешь ты их или не предостерегаешь – они не могут уверовать.*

2:1. Эти инициалы оставались божественно охраняемым секретом в течение 1400 лет. Теперь мы распознали их в качестве главного компонента математического чуда Корана (см. Приложения 1,2, 24 и 26). Значение букв А.Л.М. отмечено в Стихе 2: «Это писание непогрешимо». Это неопровержимо доказано тем фактом, что суммарная частота появлений каждого из этих инициалов равна 4502, 3202 и 2195 соответственно. Сумма этих чисел даёт число 9899 или 19×521. Таким образом, эти, наиболее часто употребляемые буквы арабского алфавита, математически расположены согласно сверхчеловеческой модели. С этих самых инициалов также начинаются суры 3,29, 30, 31 и 32, и суммарное количество их появлений в каждой из этих сур кратно 19.

2:3. Так как Контактные Молитвы нам предписано совершать 5 раз в день, то они являются основным источником питания для нашей души. Вместе с другими обрядами в Поклонении Богу, Контактные Молитвы первоначально были ниспосланы Аврааму (Ибрагиму) (21:73, 22:78). Хотя эти пять ежедневных молитв практиковались до откровения Корана, каждая из Контактных Молитв конкретно упомянута в Коране (24:58, 11:114, 17:78 и 2:238). Приложения 1 и 15 предоставляют вещественное доказательство, подтверждающее все детали Контактных Молитв, включая количество циклов (Ракатов), количество поклонов, прострраций и Ташаххудов в каждой молитве.

**2:3. Когда Бог использует множественное число, это указывает на участие других существ, обычно ангелов. Когда Бог разговаривал с Моисеем, использовалось единственное число (20:12-14). См. Приложение 10.*

2:4. Несмотря на сильные искажения, которым подверглись предыдущие писания, в них всё ещё можно найти Божью истину. Как Ветхий Завет, так и Новый Завет по-прежнему призывают к абсолютной преданности ТОЛЬКО Богу (Второзаконие 6:4-5, Марк12:29-30). Все искажения очевидны.

7. **БОГ** запечатывает их разум и слух, а их глаза покрыты пеленой. Они навлекли на себя суровое возмездие.

(3)Лицемеры

8. Но есть среди людей такие, кто говорят: «Мы веруем в **БОГА** и в Последний День», в то время как они неверующие.

9. Пытаясь обмануть **БОГА** и тех, кто верует, они только обманывают самих себя, сами не понимая того.

10. Их умы поражены болезнью. Следовательно **БОГ** усиливает их болезнь. Они навлекли на себя мучительное возмездие за свою ложь.

11. Когда им говорят: «Не творите зло», они отвечают: «Но мы же праведные!»

12. На самом деле они злодеи, но они этого не осознают.

13. Когда им говорят: «Уверуйте, как уверовали эти люди», они отвечают: «Неужели мы должны веровать, как веровали те глупцы?» На самом деле это они глупцы, но они этого не знают.

14. Когда они встречаются с верующими, они говорят: «Мы веруем», но когда наедине со своими дьяволами, они говорят: «Мы с вами, мы только насмехались».

15. Это **БОГ** насмехается над ними

и вводит их в заблуждение относительно их прегрешений, в котором они скитаются вслепую.

16. Они те, кто купили заблуждение ценой руководства. Такая торговля никогда не принесёт прибыли, и они не получат никакого руководства.

17. Они подобны тем, кто разжигает огонь, и как только он начинает освещать всё вокруг них, **БОГ** лишает их света, оставляя их в темноте, неспособными видеть.

18. Глухие, немые, слепые – они не могут вернуться.

19. Другой пример: ливень с неба, который несёт мрак, гром и молнию. Они затыкают уши своими пальцами, чтобы избежать смерти. **БОГУ** известно всё о неверующих.

Свет веры

20. Молния почти отнимает у них зрение. Когда она им светит, они идут вперёд, а когда наступает темнота, они неподвижно замирают. Если **БОГ** пожелает, Он* может лишить их слуха и зрения. **БОГ** – Всесильный.

21. О люди, поклоняйтесь только вашему Господу – Тому, кто создал вас и тех, кто был до вас, – чтобы вы могли быть спасены.

22. Тому, кто сделал землю пригодной для вашего обитания, а небо – структурой. Он ниспосылает с неба

---

*2:6-7. Те, кто решают отвергнуть Бога, поддерживаются в этом направлении: Бог не позволяет им увидеть ни одного доказательства до тех пор, пока они остаются при своём решении. Последствия такого губительного решения изложены в Стихе 7.

*2:20. В арабском языке «он» и «она» не обязательно обозначают естественный пол (Приложение 4).

воду для произращения всех видов фруктов для вашего пропитания. Не создавайте же идолов, равняя их с **БОГОМ**, теперь, когда вы знаете.

Математический вызов
23. Если вы в сомнении относительно того, что мы ниспослали нашему слуге,* тогда сочините одну суру, подобную этим, и призовите своих свидетелей против **БОГА**, если вы правдивы.

Аллегорическое описание Ада
24. Если же вы не можете этого сделать – да вам никогда этого и не сделать – то остерегайтесь Адского огня, топливом для которого будут люди и камни; он уготован для неверующих.

Аллегорическое описание Рая
25. Передай добрые вести тем, кто верует и ведёт праведную жизнь: им уготованы сады с текущими ручьями. Всякий раз, когда им будут подавать там фрукты, они будут говорить: «Это то, что было даровано нам прежде». Таким образом, им представлены аллегорические описания.

У них там будут чистые супруги, и они пребудут там вечно.

26. **БОГ** не уклоняется от использования всякой аллегории:* будь то в образе крошечного комара или того, что больше него. И те, кто веруют, знают, что это истина от их Господа. Те же, которые не веруют, говорят: «Что **БОГ** подразумевал под такой аллегорией?» Он ею многих вводит в заблуждение, а многих ею ведёт прямым путём. Однако Он вводит в заблуждение посредством неё только нечестивцев,

27. которые нарушают завет с **БОГОМ** после того, как они обязались соблюдать его; разделяют то, что **БОГ** повелел соединять, и совершают зло. Они – проигравшие.

*Две смерти и две жизни для неверующих**
28. Как вы можете не верить в **БОГА**: когда вы были мертвы, Он дал вам жизнь; потом Он умертвит вас, затем Он оживит вас; и в конечном счёте вы будете возвращены к Нему?

2:23-24 Чудотворный математический код Корана предоставляет многочисленные доказательства, как например, он расшифровывает имя «Рашад Халифа», упомянутое здесь в качестве Божьего слуги. Некоторые литературные гиганты, в том числе Аль- Мутанабби и Таха Хуссейн, справились с литературным вызовом, но они не имели понятия о математической структуре Корана. Истинным же вызовом является математический код Корана, раскрытый Божьим Посланником Завета, Рашадом Халифой, – ведь его невозможно сымитировать. См. Приложения 1, 2, 24 и 26 для детальных доказательств.

2:26. См. Приложение 5 для дальнейшего объяснения Рая и Ада.

2:28. Праведные на самом деле не умирают: они попадают прямо в Рай. Когда их жизненный срок на земле подходит к концу, ангелы смерти просто приглашают их войти в тот же самый Рай, где однажды жили Адам и Ева (2:154, 3:169, 8:24, 22:58, 16:32, 36:20-27, 44:56, 89: 27-30). (продолжение на стр. 6)

29. Он – Тот, кто сотворил для вас всё сущее на земле, затем Он принялся за небо и усовершенствовал в нём* семь Вселенных. Он в полной мере знает о всякой вещи.

Сатана – временный «бог»
30. Вспомни, как Господь твой сказал ангелам: «Я установлю на Земле представителя (*временного бога*)». Они сказали: «Неужели Ты установишь на ней того, кто будет распространять зло и проливать кровь, в то время как мы поём Тебе хвалу, прославляем Тебя и поддерживаем Твою абсолютную власть?» Он сказал: «Я знаю то, чего вы не знаете».

Испытание начинается
31. Он научил Адама всем названиям,* а затем показал их ангелам и сказал: «Теперь вы назовите Мне всё это, если вы правы».

32. Они сказали: «Слава Тебе. Мы не знаем ничего, кроме того, чему Ты нас научил. Ты – Всеведущий, Самый Мудрый».

33. Он сказал: «О, Адам, сообщи им эти названия». Когда он сообщил им все названия, Он сказал: «Разве Я не говорил вам, что знаю тайны небес и земли? Я знаю то, что вы заявляете, и то, что вы скрываете».

34. Когда мы сказали ангелам: «Падите ниц перед Адамом», они пали ниц, кроме Сатаны; он отказался: был слишком высокомерным и неверующим.

35. Мы сказали: «О Адам, живите со своей женой в Раю и ешьте там вволю, что пожелаете, но не приближайтесь к этому дереву, иначе впадёте в грех».

36. Но дьявол обманул их и стал причиной их изгнания оттуда. Мы сказали: «Спуститесь вниз, будучи врагами друг другу. Земля на некоторое время будет местом вашего обитания и средством к существованию».

.... (продолжение со стр. 5) Таким образом, если праведные испытывают только одну смерть, как последствие нашего первоначального греха, то нечестивые проходят через две смерти (40:11). Когда смерть наступает, неверующие знают, что их ждёт несчастная участь (8:50, 47:27), потом они страдают от долгого кошмара, который длится до образования Ада (40:46, 89:23, Приложение 17).

2:29. Наша Вселенная с её миллиардами галактик, охватывающих расстояния, равные миллиардам световых лет, – самая маленькая и внутренняя из семи Вселенных (Приложение 6). Пожалуйста, посмотрите 41:10-11.

2:30-37. Эти стихи дают нам ответы на такие важные вопросы как: «Почему мы здесь?» (См. Приложение 7).

2: 31. Имеются в виду названия животных и всех объектов, встречающихся человеку на Земле, например, автомобиль, подводная лодка, искусственный спутник, видеомагнитофон.

Определённые слова*

37. Затем Господь послал Адаму слова, посредством которых Он помиловал его. Он – Искупитель, Самый Милосердный.

38. Мы сказали: «Спуститесь оттуда, все вы. Когда придёт к вам от Меня руководство, то у тех, кто последует за Моим руководством, не будет страха, и они не будут опечалены.

39. Что же касается тех, кто не веруют и отвергают наши откровения, то они будут обитателями Ада, где они пребудут вечно».

*Божественные заповеди
для всех Иудеев:
«Вы должны поверить
в этот Коран»*

40. О дети Израиля, помните милость, которую Я оказал вам, и соблюдайте вашу сторону завета, тогда и Я буду соблюдать Мою; и почитайте Меня.

41. Вы должны поверить в то, что Я ниспослал здесь в подтверждение того, что есть у вас; не будьте первыми, отвергшими это. Не продавайте Мои откровения за ничтожную цену и чтитс Мсня.

42. Не смешивайте правду с ложью и не скрывайте правду намеренно.

43. Вы должны соблюдать Контактные Молитвы (*Салат*) и давать на обязательную благотворительность (*Закят*), и кланяться вместе с кланяющимися.

44. Неужели вы призываете людей к праведности, забыв про самих себя, хотя и читаете писание? Неужели вы не понимаете?

45. Вы должны искать помощи посредством стойкости и Контактных Молитв (*Салат*). Это трудно на самом деле, но только не для благоговейных,

46. которые верят в то, что они встретят своего Господа, и что к Нему они в итоге вернутся.

47. О дети Израиля, помните о милости, которую Я вам оказал, и что Я благословил вас больше, чем других людей.

48. Остерегайтесь того дня, когда ни одна душа не облегчит участи другой, не будет принято заступничество, невозможно будет ни откупиться, ни помочь кому-либо.

49. Вспомните, как мы спасли вас от людей Фараона, которые подвергли вас наихудшему преследованию, убивая ваших сыновей и оставляя в живых ваших дочерей. Это было суровое испытание от вашего Господа.

50. Вспомните, как мы рассекли море для вас: мы спасли вас и потопили людей Фараона на ваших глазах.

---

*2:37. Подобным образом, Бог даровал нам конкретные, математически закодированные слова – это слова Суры 1 – для того, чтобы мы установили контакт с Ним (см. примечание к 1:1 и Приложение 15).

51. Однако, когда мы вызвали к себе Моисея (Мусу) на сорок дней, вы поклонялись тельцу в его отсутствие и сделались нечестивцами.*

52. Но мы простили вас после этого, чтобы вы могли быть благодарны.

53. Вспомните, как мы даровали Моисею (Мусе) писание и свод законов, чтобы вы могли быть на правильном пути.

*Убейте своё самомнение**

54. Вспомните, как Моисей (Муса) сказал своему народу: «О люди мои, вы навредили своей душе, поклоняясь тельцу. Вы должны покаяться перед вашим Создателем. Вы должны убить своё самомнение. Это лучше для вас в глазах вашего Создателя». Воистину, Он помиловал вас. Он – Искупитель, Самый Милосердный.

*Физическое доказательство**

55. Вспомните, как вы сказали: «О Моисей (Муса), мы не поверим, пока не увидим **БОГА** физически». В результате молния поразила вас, когда вы посмотрели.

56. Потом, после вашей смерти, мы вернули вас к жизни, чтобы вы могли быть благодарны.

57. Мы осенили вас облаками (на Синае) и ниспослали вам манну и перепелов: «Питайтесь благами, которыми мы вас наделили». Они не обидели нас (своим бунтом); они навредили только своим душам.

Отсутствие доверия к Богу: они отказываются войти в Иерусалим

58. Вспомните, как мы сказали: «Войдите в этот город, в котором вы найдёте столько благ, сколько пожелаете. Просто войдите во врата смиренно и относитесь к людям хорошо. Тогда мы простим ваши грехи и преумножим награду для благочестивых».

59. Но нечестивцы среди них не подчинились указаниям, данным им, а выполнили другие. В результате, из-за их нечестия, мы ниспослали на беззаконников осуждение с неба.

Другие чудеса

60. Вспомните, как Моисей (Муса) искал воду для своего народа. Мы

2:51. Этот инцидент отражает человеческую склонность к идолопоклонству. Несмотря на неимоверные чудеса, последователи Моисея поклонялись тельцу в его отсутствие, и в итоге Моисей остался только с двумя верующими (5:23). Как указано во Введении, люди – это бунтари, чьим богом является их собственная персона.

2:54. Это самомнение привело Сатану к падению, это самомнение привело нас к изгнанию в этот мир, и именно самомнение удерживает большинство из нас от возвращения в Царство Бога.

2:55. Стоит отметить, что слово «БОГ» в этом стихе появляется в 19-ый раз, и именно в этом стихе люди потребовали «физическое доказательство». Математический код Корана, основанный на числе 19, представляет такое физическое доказательство. Обратите также внимание, что 2+55=57=19×3.

сказали: «Ударь своим посохом по камню». После чего из него хлынули двенадцать источников. Члены каждого племени знали, какой источник был предназначен для них. Ешьте и пейте из того, чем наделил **БОГ**, и не распространяйте зла на земле.

Израиль бунтует

61. Вспомните, как вы сказали: «О Моисей (Муса), мы больше не можем выносить однообразную пищу. Попроси своего Господа, чтобы Он взрастил для нас такие земные культуры, как фасоль, огурцы, чеснок, чечевицу и лук». Он сказал: «Неужели вы просите заменить лучшее тем, что хуже? Спуститесь в Египет: там вы найдёте всё, о чём попросили». Их постигли осуждение, унижение и позор – они навлекли на себя гнев **БОЖИЙ**. Это за то, что они отвергли откровения **БОГА** и несправедливо убивали пророков. Это за то, что они ослушались и преступили границы дозволенного.

Единство всех Покорных Богу

62. Воистину, и те, кто веруют, и иудеи, и христиане, и новообращённые – каждый, кто (1) верует в **БОГА**, (2) верит в Последний День и (3) ведёт праведную жизнь, получит вознаграждение от своего Господа. Им нечего бояться, и они не будут опечалены.

Завет с Израилем

63. Мы заключили завет с вами, когда мы воздвигли гору Синай над вами: «Вы должны твёрдо соблюдать то, что мы вам дали, и помнить его содержимое, чтобы вы могли быть спасены».

64. Но после этого вы отвернулись; и если бы не милость и милосердие **БОГА** к вам, вы были бы обречены.

65. Вы знали о тех из вас, которые осквернили Шаббат. Мы сказали им: «Будьте такими же презренными, как и обезьяны».

66. И мы сделали их примером для их современников, а также для будущих поколений, и просветлением для праведных.

Тёлка*

67. И вот Моисей (Муса) сказал своему народу: «**БОГ** повелевает вам принести в жертву тёлку». Они сказали: «Не насмехаешься ли ты над нами?» Он сказал: «Упаси меня **БОГ** оказаться одним из невежд».

68. Они сказали: «Попроси своего Господа, чтобы Он показал нам, какая она». Он сказал: «Он говорит, что это тёлка не очень старая и не очень молодая, средняя по возрасту. Теперь выполните то, что вам велено».

69. Они сказали: «Попроси Господа своего, чтобы Он указал нам, какая она цветом». Он сказал: «Он говорит, что это тёлка ярко-жёлтого цвета, она радует глаз смотрящих на неё».

---

*2:67. Хотя эта сура содержит важные законы и заповеди, в том числе: контактные молитвы, пост, паломничество Хадж, а также законы брака, развода и т.п., название суры – «Тёлка». Это отражает огромную важность покорности Богу и немедленного, непоколебимого послушания нашему Создателю. Такая покорность подтверждает нашу веру во всемогущество Бога и Его абсолютную власть. См. также Библию: Книга чисел, глава 19.

70. Они сказали: «Попроси своего Господа, чтобы Он указал нам, какая именно. Для нас все тёлки одинаковые, и если **БОГУ** угодно, мы будем на правильном пути».

71. Он сказал: «Он говорит, что эта тёлка никогда не была унижена ни паханием земли, ни орошением культур; без единого изъяна». Они сказали: «Теперь ты принёс истину». Наконец, после долгого нежелания, они принесли её в жертву.

Назначение тёлки
72. Вы убили человека, потом стали спорить между собой. **БОГ** должен был разоблачить то, что вы пытались скрыть.

73. Мы сказали: «Ударьте его (*жертву*) частью её (*тёлки*)». Таким образом, **БОГ** воскресил жертву, показав вам Свои знамения, чтобы вы могли понять.

74. Несмотря на это, ваши сердца ожесточились и стали, как камни, или даже ещё жёстче. Ведь есть среди камней такие, из которых хлынут реки. Другие раскалываются и изливают нежные потоки, но есть и такие камни, которые съёживаются от благоговения к **БОГУ**. **БОГ** никогда не находится в неведении того, что вы совершаете.

Искажение слова Бога
75. Неужели вы надеетесь, что они будут веровать так же, как и вы, в то время как некоторые из них слышали слово **БОГА** и сознательно искажали его, поняв его смысл?

Сокрытие слова Бога
76. И когда они встречаются с верующими, они говорят: «Мы веруем», но когда они собираются друг с другом, они говорят: «Не рассказывайте (*верующим*) о том, что открыл вам **БОГ**, чтобы не предоставить им поддержку для их доводов относительно вашего Господа. Разве вы не понимаете?»

77. Разве они не знают, что **БОГУ** известно всё, что они скрывают, и всё, что они объявляют?

78. Среди них есть иноверные, которые знают писание только понаслышке и предполагают, что знают его.

79. Поэтому горе тем, кто искажают писание своими руками, затем говорят: «Это откровение от **БОГА**», стремясь к дешёвой материальной выгоде. Горе им за такое искажение, и горе им за их незаконные доходы.

Вечность Рая и Ада*
80. Некоторые сказали: «Ад коснётся нас лишь на считанные дни». Скажи: «Неужели вы получили на то обещание от **БОГА**? **БОГ** никогда не нарушает Своего обещания. Или вы говорите о **БОГЕ** то, чего не знаете?»

81. Поистине, те, кто приобретают грехи и оказываются в окружении

2:80-82. Заблуждающиеся мусульмане придерживаются укоренившегося мнения, что они будут страдать в Аду только пропорционально количеству грехов, которые они совершили; затем они покинут Ад и перейдут в Рай. Они также верят в то, что Мухаммед заступится за них и выведет их из Ада. Такие убеждения противоречат Корану (Приложение 8).

своих злых деяний, будут обитателями Ада; они пребудут там вечно.

82. Что же до тех, кто верует и ведёт праведную жизнь, то они окажутся обитателями Рая; они пребудут там вечно.

Заповеди

83. Мы заключили завет с детьми Израиля: «Вы не должны поклоняться никому, кроме **БОГА**. Вы должны почитать своих родителей и считаться с родственниками, сиротами и бедными. Вы должны относиться к людям дружелюбно. Вы должны соблюдать Контактные Молитвы (*Салат*) и давать на обязательную благотворительность (*Закят*)». Но вы отвернулись, кроме немногих из вас, и стали питать отвращение.

84. Мы заключили завет с вами о том, что вы не будете проливать вашей крови и изгонять друг друга из ваших жилищ. Вы согласились и засвидетельствовали это.

85. Несмотря на это, вы убиваете друг друга, изгоняете некоторых среди вас из их жилищ, объединяясь против них греховно и злонамеренно. Даже когда они сдались вам, вы потребовали от них выкуп. Вам в первую очередь было запрещено изгонять их. Неужели вы верите в одну часть писания и отвергаете другую? Каким должно быть возмездие для тех из вас, кто совершает подобное, помимо унижения в этой жизни и гораздо худшего возмездия в День Воскресения? **БОГ** никогда не находится в неведении о том, что вы совершаете.

86. Они те, кто купили эту низшую жизнь ценой Будущей жизни.

Следовательно ни возмездие никогда не смягчится для них, ни помощь не сможет быть оказана им.

Пророки Израиля

87. Мы дали Моисею (Мусе) писание, и вслед за ним мы отправили других посланников, и мы даровали Иисусу (Исе), сыну Марии (Марьям), неимоверные чудеса и подкрепили его Святым Духом. Разве это не факт, что каждый раз, когда посланник приходил к вам с тем, что вам не нравилось, вы проявляли высокомерие из-за вашего самомнения? Некоторых из них вы отвергли, а некоторых из них вы убили.

Трагическое утверждение: *«Моё решение принято»*

88. Некоторые говорили: «Решение уже принято нами!» Но нет! Это проклятие от **БОГА** как следствие их неверия удерживает их от веры, за исключением некоторых из них.

Коран завершает все писания

89. Когда это писание пришло к ним от **БОГА**, – хотя оно и согласуется с тем, что у них было, и подтверждает истинность его, хотя они и сами предсказывали его появление в разговорах с неверующими, даже когда их собственное пророчество сбылось, – они не уверовали в него. Таким образом, осуждение **БОГА** поражает неверующих.

90. Ничтожно то, за что они продали свои души: отвергая эти откровения **БОГА** из-за явной обиды на то, что **БОГ** дарует Свою благодать тому, кого Он избирает из Своих слуг. Следовательно они навлекли на себя гнев за гневом. Неверующие навлекли на себя унизительное возмездие.

91. Когда им сказано: «Вы должны уверовать в эти откровения **БОГА**», они говорят: «Мы веруем только в то, что было ниспослано нам». Таким образом, они не веруют в последующие откровения, даже если это истина от их Господа, даже если это подтверждает то, что у них есть! Скажи: «Почему же тогда вы убивали пророков **БОГА**, если вы были верующими?»

Уроки из истории Израиля
92. Моисей (Муса) явился к вам с неимоверными чудесами, но вы в его отсутствие поклонялись тельцу и стали нечестивцами.

93. Мы заключили завет с вами, когда мы воздвигли над вами гору Синай: «Вы должны твёрдо соблюдать заповеди, которые мы вам дали, и слушать». Они ответили: «Мы слышим, но не повинуемся». Их сердца наполнились обожанием к тельцу по причине их неверия. Скажи: «Как жалко то, что велит вам ваша вера, если вы вообще являетесь верующими».

94. Скажи: «Если обитель Будущей жизни у **БОГА** уготована только для вас, и ни для кого другого, то возжелайте же смерти для себя, если вы правдивы».

95. Но они никогда не возжелают её из-за того, что сотворили их собственные руки. **БОГУ** известно всё о нечестивых.

96. На самом деле ты увидишь, что они жаждут жизни больше всех людей, даже больше идолопоклонников. Каждый из них желал бы прожить тысячу лет. Но независимо от того, как долго они проживут, они не смогут избежать возмездия. **БОГ** видит всё, что они делают.

Гавриил является посредником в ниспослании откровения
97. Скажи: «Тот, кто выступает против Гавриила, должен знать, что он низвёл этот (*Коран*) на твоё сердце по воле **БОГА**; он подтверждает предыдущие писания и является руководством и доброй вестью для верующих».

98. Каждый, кто выступает против **БОГА**, Его ангелов, Его посланников, а также Гавриила и Михаила, должен знать, что **БОГ** выступает против неверующих.

99. Мы ниспослали тебе такие ясные откровения, и только неправедные отвергнут их.

100. Разве это не факт, что когда они заключают завет и обязуются соблюдать его, некоторые из них всегда пренебрегают им? В действительности, большинство из них не верует.

Пренебрежение писанием Бога
101. Теперь, когда посланник от **БОГА** пришёл к ним,* доказав и подтвердив их собственное писание, некоторые из последователей писания (*иудеи, христиане и мусульмане*) пренебрегают писанием **БОГА**, отбросив его за спину, словно у них и не было никакого писания.

---

*2-101. О Божьем Посланнике Завета пророчено в Ветхом Завете (Малахия 3:1-3), в Новом Завете (Лука 17:22-37) и в этом Последнем Завете (3:81).

Колдовство осуждено

102. Они последовали тому, чему учили их дьяволы касательно царства Соломона. Соломон, однако, не был неверующим – неверующими были дьяволы. Они обучали людей колдовству, а также тому, что было ниспослано через двух ангелов Вавилона – Харута и Марута. Эти двое не разглашали такие знания, не сказав: «Это испытание. Вы не должны злоупотреблять такими знаниями». Но люди применяли их для таких злых интриг, как разрушение браков. Они никому не могут причинить вред без соизволения **БОГА**. Таким образом, они обучаются тому, что им идёт во вред, а не на пользу. И они прекрасно знают, что тот, кто практикует колдовство, окажется без доли в Будущей жизни. Как ничтожно то, за что они продают свои души, если бы они только знали.

103. Если бы они уверовали и вели праведную жизнь, то вознаграждение от **БОГА** было бы гораздо лучше. Если бы они только знали.

Искажение слов мольбы

104. О вы, кто верует, не говорите: «Ра'ина»* (будь нашим пастырем). А говорите: «Унзурна» (присматривай за нами), и слушайте. Неверующие навлекли на себя мучительное возмездие.

Зависть осуждена

105. Ни неверующие из последователей писания, ни идолопоклонники не желают, чтобы от Господа вашего нисходило на вас какое-либо благо. Однако **БОГ** одаривает Своими благами того, кого Он избирает. **БОГ** обладает безграничной милостью.

Последнее из чудес: математический код Корана*

106. Когда мы отменяем любое чудо или заставляем его забыть, то мы создаём лучшее чудо или, по крайней мере, равное ему. Неужели вы не признаёте тот факт, что **БОГ** – Всесильный?

107. Неужели вы не признаёте тот факт, что **БОГУ** принадлежит господство над небесами и землёй, и что кроме **БОГА** у вас нет другого Господа и Властелина?

108. Неужели вы хотите потребовать от вашего посланника то, чего требовали прежде люди от Моисея (Мусы)? Тот, кто выбирает неверие вместо веры, поистине уклонился от прямого пути.

109. Теперь, когда вы уверовали, многие из последователей писания желают видеть вас опять неверующими. Это из-за зависти с их стороны, после того как истина стала очевидной для них. Вы должны простить их и оставить их в покое, пока **БОГ** не вынесет Свой приговор. **БОГ** – Всесильный.

*2:104. Слово «Ра'ина» было злоупотреблено некоторыми иудеями, говорившими на иврите, и искажено так, что оно звучало как брань (см. также 4:46)

*2:106. Математическое чудо Корана вечно, и оно значительнее, чем предыдущие чудеса (34:45, 74:35). Подобно самому Корану, оно подтверждает, завершает и превосходит все предыдущие чудеса.

110. Вы должны соблюдать Контактные Молитвы (*Салат*) и давать на обязательную благотворительность (*Закят*). И всё благое, что вы посылаете от имени своих душ, вы найдёте у **БОГА**. **БОГ** видит всё, что вы делаете.

Все верующие спасены независимо от названия их религии

111. Некоторые сказали: «Никто не войдёт в Рай, кроме иудеев и христиан!» Так они принимают желаемое за действительное. Скажи: «Представьте ваши доказательства, если вы правы».

Покорность – единственная религия

112. Воистину, те, кто совершенно покоряются только **БОГУ** и ведут праведную жизнь, получат вознаграждение от своего Господа; им нечего бояться, и они не будут опечалены.*

113. Иудеи сказали: «У христиан нет оснований». А христиане сказали: «У иудеев нет оснований». При этом и те, и другие читают писание. Таковы высказывания тех, кто не обладает знанием. **БОГ** рассудит их в День Воскресения относительно их споров.

Вы должны часто посещать мечеть

114. Кто же может быть нечестивее того, кто бойкотирует мечети **БОГА**, где Его имя поминается, и того, кто способствует их опустошению? Им следовало бы входить туда только с чувством страха. Они будут страдать в этой жизни от унижения, а в Будущей жизни – от ужасного возмездия.

115. **БОГУ** принадлежит восток и запад; куда бы вы ни пошли, везде будет присутствие **БОГА**. **БОГ** – Вездесущий, Всеведущий.

Тяжкое богохульство

116. Они сказали: «**БОГ** породил сына!» Слава Ему; не может быть такого! Ему принадлежит всё, что на небесах и что на земле. Ему все подчинены.

117. Творец небес и земли: когда Он пожелает что-либо сделать, то стоит Ему сказать: «Будь!», как это становится явным.

118. Те, которые лишены знания, говорят: «Если бы только **БОГ** поговорил с нами, или какое-нибудь чудо пришло бы к нам!» Такие же слова произносили их предшественники; их умы похожи. Мы и впрямь показываем чудеса тем, кто достиг убеждённости.

119. Мы послали тебя* с истиной в качестве доброго вестника, а также предостерегающего увещевателя. Ты не несёшь ответственности за тех, кто навлекает на себя Ад.

---

*2:111-112. См. 2:62 и 5:69.

*2:119. *Моей обязанностью является указать, что личность этого посланника подтверждена, и им является Рашад Халифа, Божий Посланник Завета. Сложив гематрическое значение слова «Рашад» (505) с гематрическим значением «Халифа» (725) и с номером стиха (119), мы получаем 1349 – число, кратное 19. См. 3:81 и Приложение 2.*

120. Ни иудеи, ни христиане не примут тебя, пока ты не последуешь их религии. Скажи: «**БОЖЬЕ** руководство – это истинное руководство». Если же ты станешь уступать их желаниям после того, как явилось к тебе знание, то ты не найдёшь ни помощника, ни сторонника против **БОГА**.

121. Те, кто получили писание и знают его так, как им надлежит его знать, уверуют в это. А те, которые не уверуют, они окажутся в убытке.

122. О дети Израиля, помните о Моей милости, которую Я вам оказал, и что Я благословил вас больше, чем других людей.

123. Остерегайтесь того дня, когда ни одна душа не поможет другой душе, невозможно будет откупиться, не принесёт пользы чьё-либо заступничество, и никому не будет оказана помощь.

Авраам

124. Вспомни, как Господь испытал Авраама (Ибрагима) определёнными повелениями, и как тот исполнил их. Тогда (*Бог*) сказал: «Я назначаю тебя имамом для народов». Он сказал: «И моих потомков тоже?» Он сказал: «Мой завет не распространяется на беззаконников».

125. Мы сделали этот храм (*Каабу*) координационным центром для людей и безопасным святилищем. Вы можете использовать святыню Авраама (Ибрагима) как молитвенный дом. Мы повелели Аврааму (Ибрагиму) и Измаилу (Исмаилу): «Вы должны очищать Мой дом для

посещающих его, пребывающих в нём, кланяющихся и падающих ниц».

126. И воззвал Авраам (Ибрагим) в молитве: «Мой Господь, сделай эту землю мирной и надели фруктами его жителей. Надели благами тех, кто верует в **БОГА** и в Последний день». (*Бог*) сказал: «Я также наделю благами неверующих. Я позволю им наслаждаться временно, а затем подвергну их возмездию Ада и несчастной участи».

Авраам передал все обряды Покорности (Ислама)

127. Когда Авраам (Ибрагим) закладывал основы храма вместе с Измаилом (Исмаилом) (*они обратились в молитве*): «О, наш Господь, прими это от нас. Ведь Ты – Слышащий, Всеведущий».

128. Господь наш, сделай нас покорными Тебе, а из нашего потомства – общину покорных Тебе. Научи нас обрядам нашей религии и помилуй нас. Ты – Искупитель, Самый Милосердный.

129. Господь наш, и воздвигни среди них посланника из них самих, который прочтёт им Твои откровения, научит их писанию и мудрости и очистит их. Ты – Всемогущий, Самый Мудрый».

130. Кто же отвернётся от религии Авраама (Ибрагима), кроме того, кто обманывает свою собственную душу? Мы избрали его в этой жизни, а в Будущей жизни он будет в числе праведников.

131. Когда его Господь сказал ему: «Покорись», он сказал: «Я покоряюсь Господу Вселенной».

132. Более того, Авраам (Ибрагим) заповедовал своим детям исполнять то же самое, а также Иаков (Йакуб): «О дети мои, **БОГ** указал для вас религию; умирайте не иначе, как будучи покорными».

133. Если бы вы были свидетелями, когда Иаков (Йакуб) лежал на смертном одре; он сказал своим детям: «Кому вы будете поклоняться после моей смерти?» Они сказали: «Мы будем поклоняться твоему богу и богу твоих отцов – Авраама (Ибрагима), Измаила (Исмаила) и Исаака (Исхака) – единому богу. Ему мы покорны».

134. Такова была община из прошлого. Они ответственны за то, что они заработали, а вы ответственны за то, что вы заработали. С вас не спросят за содеянное ими.

Покорность (Ислам) – религия Авраама*

135. Они сказали: «Вы должны быть иудеями или христианами, чтобы следовать правильным путём». Скажи: «Мы следуем религии Авраама (Ибрагима) – единобожию – он никогда не был идолопоклонником».

Не делайте различий между посланниками Бога

136. Скажи: «Мы веруем в **БОГА** и в то, что было ниспослано нам, и в то, что было ниспослано Аврааму (Ибрагиму), Измаилу (Исмаилу), Исааку (Исхаку), Иакову (Йакубу) и патриархам; и в то, что было даровано Моисею (Мусе) и Иисусу (Исе), и всем пророкам от их Господа. Мы не делаем различий между ними. Ему одному мы покорны».

137. Если они уверуют в то же, что и вы, тогда они на правильном пути. Но если же они отвернутся, тогда они в оппозиции. **БОГ** убережёт тебя от их сопротивления; Он – Слышащий, Всеведущий.

138. Такова система **БОГА**, а чья система может быть лучше системы **БОГА**? «Ему одному мы поклоняемся».

139. Скажи: «Вы спорите с нами о **БОГЕ**, тогда как Он является нашим Господом и вашим Господом?» Мы отвечаем за наши деяния, а вы отвечаете за ваши деяния. Ему одному мы преданы».

140. Неужели вы говорите, что Авраам (Ибрагим), Измаил (Исмаил), Исаак (Исхак), Иаков (Йакуб) и патриархи были иудеями или христианами? Скажи: «Неужели вы знаете

2:135. Коран неоднократно сообщает нам, что Покорность – это религия Авраама (3:95; 4:125; 6:161; 22:78). Авраам получил практическое «писание», то есть, все обязанности и обряды Покорности [Контактные Молитвы (Салат), обязательная благотворительность (Закят), соблюдение поста в Рамадан и паломничество Хадж]. Мухаммед был последователем религии Авраама, как указано в 16:123; он доставил этот Последний Завет – Коран. Третий посланник Покорности представил доказательство подлинности религии (см. 3:81 и Приложения 1, 2, 24 и 26).

лучше **БОГА**? Кто же нечестивее того, кто скрывает свидетельство, полученное от **БОГА**? **БОГ** никогда не находится в неведении о том, что вы совершаете».

141. Та была община из прошлого. Им держать ответ за то, что они заработали, а вам держать ответ за то, что вы заработали. С вас не спросят за содеянное ими.

Искоренение фанатизма и предрассудков*

142. Глупцы среди людей говорили: «Почему они поменяли направление *Киблы*?»* Скажи: «Восток и запад принадлежат **БОГУ**; Он ведёт, кого пожелает, прямым путём».

143. Поэтому мы сделали вас непредвзятой общиной, чтобы вы могли служить свидетелями среди людей, а посланник служит свидетелем среди вас. Мы поменяли направление *Киблы* только для того, чтобы отличить тех, кто охотно последует за посланником, от тех, кто повернётся вспять. Это было трудное испытание, но не для тех, кого **БОГ** повёл правильным путём. **БОГ** никогда не сделает ваше поклонение тщетным. **БОГ** Сострадателен к людям, Самый Милосердный.

Кибла восстановлена к Мекке

144. Мы видели, как ты обращал своё лицо к небу (*в поисках правильного направления*). Теперь мы назначаем *Киблу*, которая угодна тебе. Отныне, ты должен обращать своё лицо в сторону Священной Мечети. И где бы вы ни были, все вы должны обращать свои лица к ней. Те, кто получили предыдущее писание, знают, что это истина от их Господа. **БОГ** никогда не находится в неведении того, что они делают.

145. Даже если ты покажешь последователям писания все виды чудес, они всё равно не последуют твоей *Кибле*. И ты не должен следовать их *Кибле*. Они даже не следуют *Кибле* друг друга. Если же ты станешь уступать их желаниям после того, как к тебе явилось знание, то тогда ты окажешься в числе беззаконников.

Злоупотребление писанием: выборочная значительность и утаивание

146. Те, кто получили писание, распознают здесь правду, так же как они распознают своих детей. Тем не менее, некоторые из них утаивают правду сознательно.

147. Это истина от твоего Господа; не питай никаких сомнений.

148. Каждый из вас выбирает путь, которому он следует; вы должны мчаться к праведности. Где бы вы ни были, **БОГ** призовёт вас всех. **БОГ** – Всесильный.

2:142-145. «Кибла» – это направление, в сторону которого обращаются во время Контактных Молитв (Салата). Когда Гавриил передал Мухаммеду повеление обратиться к Иерусалиму вместо Мекки, то лицемеры были разоблачены. Арабы были сильно предвзяты в пользу Каабы в качестве их Киблы. Только настоящие верующие смогли преодолеть свои предрассудки; они охотно повиновались посланнику.

Кибла восстановлена к Мекке

149. Куда бы ты ни шёл, ты должен обращать своё лицо (*во время Салата*) в сторону Священной Мечети.* Это истина от твоего Господа. **БОГ** никогда не находится в неведении о том, что вы совершаете.

150. Куда бы ты ни шёл, ты должен обращать своё лицо (*во время Салата*) в сторону Священной Мечети; где бы вы ни были, вы должны обращать свои лица (*во время Салата*) в её сторону. Таким образом, у людей не будет доводов против вас, если только они не беззаконники. Не бойтесь их, а бойтесь Меня. Тогда Я усовершенствую Свои благодеяния вам, чтобы вы могли быть на правильном пути.

151. (*Благодеяния*) такие, как отправка вам посланника из вашей среды, чтобы он читал вам наши откровения, очищал вас, учил вас писанию и мудрости, и обучал вас тому, чего вы прежде не знали.

152. Вы должны помнить обо Мне, чтобы Я мог помнить о вас, и будьте благодарны Мне; не будьте непризнательны.

153. О вы, кто верует, ищите помощи посредством стойкости и Контактных Молитв (*Салат*). **БОГ** с теми, кто стойко и упорно терпит.

Куда мы пойдём отсюда?

154. Не говорите о тех, кто погиб на пути **БОГА**: «Они мертвы». Они живы у своего Господа, но вы этого не осознаёте.*

155. Мы непременно испытаем вас долей страха, голодом и потерей денег, людей и плодов. Сообщи же добрую весть тем, кто стоек.*

156. Когда их постигает несчастье, они говорят: «Мы принадлежим **БОГУ**, и к Нему мы вернёмся».

157. Они заслужили благословения своего Господа и милость. Они на правильном пути.

Паломничество Хадж

158. Холмы Сафа и Марва – одни из обрядов, предписанных **БОГОМ**. Кто совершает *Хадж* и *Умру*, тот не ошибётся, если пройдёт расстояние между ними. Если кто добровольно пожелает совершить больше праведных дел, то ведь **БОГ** – Признательный, Всеведущий.

Тяжкое нарушение

159. Те, кто скрывают наши откровения и руководство после того, как мы провозгласили их людям в писании,

---

*2:149. Ярким доказательством идолопоклонства, совершаемого нынешними «мусульманами», является назначение ими могилы Мухаммеда в качестве «Священной Мечети». Коран ссылается только на одну «Священную Мечеть».

*2:154. Праведные на самом деле не умирают: они просто покидают свои тела здесь и переходят в тот же Рай, где однажды жили Адам и Ева. См. Приложение 17 для доказательства и деталей.

*2:155. Испытание предназначено для того, чтобы мы доказали, что поклоняемся только Богу при всех обстоятельствах жизни (29:2).

осуждены **БОГОМ**; они осуждены всеми осуждающими.

160. А тех, которые раскаиваются, исправляются и провозглашают, Я прощаю их, Я – Искупитель, Самый Милосердный.

161. Те, кто не веруют и умирают неверующими, навлекли на себя осуждение **БОГА**, ангелов и всех людей (*в Судный день*).

162. Они пребудут там вечно. Им возмездие не будет облегчено, и они не получат отсрочки.

163. Ваш бог – единый бог; нет божества, кроме Него, Самого Милостивого, Самого Милосердного.

Ошеломляющие знамения Бога
164. В творении небес и земли; в смене ночи и дня; в кораблях, которые плывут по океану на благо людей; в воде, которую **БОГ** посылает с неба для оживления мёртвой земли и распространения на ней всяких живых существ; в манипуляции ветров; и в облаках, расположенных между небом и землёй, – есть достаточные доказательства для людей понимающих.

*Идолы отвергают своих поклонников**
165. Всё же некоторые люди создают себе идолов и равняют их с **БОГОМ**, и любят их, как должно любить **БОГА**. Те, которые веруют, любят **БОГА** больше всего. Если бы только беззаконники могли видеть себя в тот момент, когда они увидят

возмездие! Они поймут тогда, что вся власть принадлежит только **БОГУ**, и что возмездие **БОГА** – устрашающее.

166. Те, за кем следовали, отвергнут тех, кто следовал за ними.* Они увидят возмездие, и все связи оборвутся между ними.

167. И скажут те, кто следовал за ними: «Если у нас будет ещё один шанс, мы отречёмся от них, так же как они отреклись от нас». Так **БОГ** показывает им, что последствием их деяний будет не что иное, как раскаяние; они никогда не выйдут из Ада.

Сатана запрещает дозволенные вещи
168. О люди, ешьте из земных продуктов всё дозволенное и благое и не следуйте по стопам Сатаны: он – ваш самый ярый враг.

169. Он повелевает вам совершать только злое и порочное и говорить о **БОГЕ** то, чего вы не знаете.

Поддержание статуса-кво – человеческая трагедия
170. Когда им говорят: «Следуйте тому, что вам открыл здесь **БОГ**», они говорят: «Мы слсдусм только тому, что нашли мы у наших родителей». А что, если их родители ничего не понимали и не следовали правильным путём?

171. Такие неверующие подобны попугаям, которые повторяют услышанные ими звуки и зовы, при этом ничего не понимая. Глухие, немые и слепые – они не могут понять.

---

*2:165-166. Иисус, Мария, Мухаммед, Али и святые отвергнут своих почитателей в День Воскресения. См. также 16:86, 35:14, 46:6 и Евангелие от Матфея 7:21-23.

Только четыре вида мяса запрещены*

172. О вы, кто верует, ешьте из благ, которыми мы вас наделили, и будьте благодарны **БОГУ**, если вы дейст-вительно поклоняетесь только Ему.

173. Он только запрещает вам в пищу животных, умерших своей смер-тью (*без вмешательства человека*), кровь, свиное мясо и животных, посвящённых кому-либо другому, помимо **БОГА**. Если же кто-либо принуждён будет (*есть эту пищу*) без всякого умысла и злых намерений, то на нём не будет греха. **БОГ** – Проща-ющий, Самый Милосердный.

Заблуждающиеся религиозные лидеры скрывают чудо* Корана

174. Те, кто скрывают откровения **БОГА** в писании в обмен на дешёвую материальную выгоду, наполняют свои животы огнём. **БОГ** не станет говорить с ними в День Воскресения и не очистит их. Они навлекли на се-бя мучительное возмездие.

175. Это они выбрали заблуждение вместо правильного пути и возмездие вместо прощения. Следовательно им придётся терпеть муки Ада.

176. Это потому, что **БОГ** ниспослал это писание, несущее истину, а те, ко-торые оспаривают писание, являются самыми ярыми противниками.

Определение праведности

177. Праведность не в том, чтобы обращать свои лица на восток или запад. Праведные – это те, которые веруют в **БОГА**, в Последний день, в ангелов, в писание и в пророков; они с радостью дают деньги родст-венникам, сиротам, нуждающимся, путешествующим иноземцам, прося-щим и на освобождение рабов; они соблюдают Контактные Молитвы (*Салат*) и дают на обязательную бла-готворительность (*Закят*); они всегда сдерживают свои обещания; и они стойко и упорно переносят пресле-дования, лишения и войну. Таковы правдивые, таковы праведные.

Применение смертной казни не рекомендуется*

178. О вы, кто верует, равноценность – это закон, предписанный для вас, когда вы имеете дело с убийством: свободный – за свободного, раб – за раба, и женщина – за женщину. А тот, кому будет прощено родствен-никами жертвы, должен выразить ответную благодарность и выплатить справедливую компенсацию. Таково облегчение от вашего Господа и милость. А кто преступит эти пре-делы, того постигнет мучительное возмездие.

2:172-173. Во всём Коране в пищу запрещены только четыре вида мяса (6:145, 16:115, Приложение 16). Пищевые запреты, помимо этих четырёх, равносильны идолопоклонству (6:121, 148, 150; 7:32).

2:174-176. Несмотря на то, что заблуждающиеся религиозные лидеры признали Божье математическое чудо в Коране, они пытались скрыть это удивительное чудо в течение многих лет. Многие из них признали, что их возмущает тот факт, что не они, а Рашад Халифа был благословлён этим чудом.

179. В законе равноценности кроется спасение вашей жизни – о вы, обладатели ума, – чтобы вы могли быть праведными.

Составьте завещание
180. И вам предписано: когда смерть приближается, вы должны составить завещание по справедливости на благо родителей и родственников. Это – обязанность праведных.

181. Если же кто-либо изменит завещание после того, как он выслушал его, то грех за это лежит только на тех, кто его изменил. **БОГ** – Слышащий, Знающий.

182. Если же кто-либо замечает большую несправедливость или предвзятость со стороны завещателя и попытается принять исправительные меры, чтобы восстановить справедливость в завещании, то на нём не будет греха. **БОГ** – Прощающий, Самый Милосердный.

*Подчёркивается важность поста и его изменение**
183. О вы, кто верует, вам предписан пост, как он предписан был тем, кто был до вас, – чтобы вы могли обрести спасение.

184. Определённые дни *(назначены для поста)*; а если кто из вас болен или в путешествии, тот может заменить такое же число дней в другое время. Те, которым пост даётся с большим трудом, могут взамен накормить одного бедняка за каждый день прерывания поста. А если кто добровольно пожелает совершить *(больше праведных дел)*, то тем лучше для него. Но поститься – это лучше для вас, если бы вы только знали.

185. Рамадан – это месяц, в который был ниспослан Коран в руководство для людей и как ясное учение и свод законов. Те из вас, кто застанет этот месяц, должны поститься. А если кто болен или находится в путешествии, тот может заменить такое же число дней в другое время. **БОГ** желает удобства для вас, а не затруднения, чтобы вы могли выполнить ваши обязательства и прославлять **БОГА** за то, что Он направил вас на правильный путь, и чтобы вы могли выражать свою признательность.

Бог отвечает на молитвы «Своих слуг»
186. Когда Мои слуги спрашивают тебя обо Мне, Я – всегда рядом. Я отвечаю на их молитвы, когда они молятся Мне. Люди должны отвечать Мне и верить в Меня, чтобы быть на правильном пути.

---

*2:178. Коран явно разубеждает применение смертной казни. В нём предусматриваются разные обстоятельства, служащие основанием для пощады жизней, включая и жизнь убийцы. Родственники жертвы могут посчитать, что будет лучше при определённых обстоятельствах пощадить жизнь убийцы в обмен на справедливую компенсацию. Также смертная казнь не применима, если, например, женщина убивает мужчину или наоборот.

*2:183-187. Как и все обязанности Покорности, пост был предписан нам через Авраама (22:78, Приложения 9 и 15). До ниспослания Корана половое сношение было запрещено на протяжении всего периода поста. Это правило было изменено в 2:187, чтобы разрешить сношение по ночам Рамадана.

187. Вам разрешается половое сношение с вашими жёнами в ночное время поста. Они – хранители ваших тайн, а вы – хранители их тайн. **БОГ** знал, что вы предавали свои души, но Он пощадил вас и простил вас. Отныне, вы можете вступать в половое сношение с ними, стремясь к тому, что разрешено вам **БОГОМ**. Вы можете есть и пить, пока белая полоса света не станет различимой от тёмной полосы ночи на рассвете. Затем вы должны поститься до заката. Половое сношение запрещено, если вы решите отбыть в мечеть (*в течение последних десяти дней Рамадана*). Таковы законы **БОГА**, вы не должны нарушать их. Так **БОГ** разъясняет Свои откровения людям, чтобы они могли обрести спасение.

Взяточничество и коррупция осуждены

188. Вы не должны брать деньги друг у друга незаконным путём, и не должны вы подкупать чиновников для того, чтобы незаконно лишить других людей их прав, тогда как вы это знаете.

Не ходите вокруг да около

189. Они спрашивают тебя о фазах луны! Скажи: «Они служат для определения времени для людей, а также времени для совершения Хаджа». Неправедно ходить вокруг да около;* праведность можно достичь путём соблюдения заповедей и будучи прямолинейным. Вы должны чтить **БОГА**, чтобы вы могли преуспеть.

*Правила войны**

190. Вы можете сражаться за дело **БОГА** с теми, кто атакует вас, но не нападайте первыми. **БОГ** не любит захватчиков.

191. Вы можете убивать тех, кто ведёт войну с вами, и вы можете изгонять их оттуда, откуда они изгнали вас. Угнетение – хуже, чем убийство. Но не сражайтесь с ними у Священной Мечети (*Масджид*), если они не атакуют вас там. Если они атакуют вас, то вы можете убивать их. Это справедливое возмездие для тех неверующих.

192. Если же они воздержатся от этого, то **БОГ** – Прощающий, Самый Милосердный.

193. Вы также можете сражаться с ними, чтобы устранить угнетение и свободно поклоняться **БОГУ**. Если они воздержатся, то вы не должны нападать; нападение разрешено только против захватчиков.

194. Во время Священных Месяцев нападение может быть встречено равносильным ответным действием. Если же они нападут на вас, вы можете отплатить им справедливым возмездием. Вы должны чтить **БОГА**, и знайте, что **БОГ** – с праведными.

**2:189*. Буквальный перевод этой идиомы из Корана звучит так: «Не входите в дома с чёрного хода». Вопрос о фазах луны является примером хождения вокруг да около; за этим вопросом крылись плохие мотивы.*

**2:190*. Любое сражение регулируется основным правилом в 60:8-9. Сражение разрешается только строго для самозащиты, в то время как нападение и угнетение сильно осуждаются во всём Коране.*

195. Вы должны расходовать на дело **БОГА**; не ввергайте себя своими собственными руками в погибель. Вы должны быть благотворительны – **БОГ** любит благотворительных.

Паломничество Хадж и Умра*
196. Вы должны выполнить все обряды *Хаджа* и *Умры* для **БОГА**. Если будет какое-либо препятствие вам, то вы должны послать пожертвование, и не возобновляйте стрижку волос, пока ваше пожертвование не достигнет места назначения. Если вы больны или же страдаете от травмы головы (*и вам необходимо состричь волосы*), то в качестве искупления вы должны поститься, или отдать на благотворительность, или совершить другой вид поклонения. Во время обычного *Хаджа*, если вы нарушите состояние *Ихрама* (святости) между *Умрой* и *Хаджом*, то в искупление вы должны предложить жертвенное животное. Если вы не можете позволить себе этого, то вам следует поститься три дня во время *Хаджа* и семь – по возвращении домой, – тем самым полных десять дней; но это правило распространяется только для тех, кто не живёт у Священной Мечети (*Масджид*). Вы должны чтить **БОГА**, и знайте, что **БОГ** строг в осуществлении возмездия.

Четыре месяца для Хаджа (Зуль-Хиджа, Мухаррам, Сафар и Раби 1)
197. *Хадж* должен быть соблюдён в установленные месяцы.* Кто намеревается совершить *Хадж*, тот должен воздержаться от половой близости, плохого поведения и от споров во время *Хаджа*. Что бы вы ни сделали доброго, **БОГ** знает об этом. Собирая припасы в путь, помните, что лучшим припасом является праведность. Вы должны почитать Меня, о вы, обладатели ума.

198. На вас не будет вины, если вы будете искать благ от Господа вашего (*через торговлю*). Когда будете сходить толпою с Арафата, вы должны поминать **БОГА** у Священного места (*Муздалифах*). Вы должны поминать Его за то, что Он указал вам правильный путь; до этого вы были заблудшими.

199. Вы должны сходить вместе с другими людьми, кто сходит оттуда, и просить **БОГА** о прощении, **БОГ** – Прощающий, Самый Милосердный.

200. После завершения ваших обрядов вы должны продолжать поминать **БОГА** так, как вы поминаете своих родителей, или ещё лучше. Некоторые из людей говорят: «Господь наш, одари нас в этом мире», при этом не имея доли в Будущей жизни.

201. Другие говорят: «Господь наш, даруй нам праведность в этом мире и праведность в Будущей жизни и избавь нас от возмездия Ада».

202. Каждый из них получит долю, которую он заслужил. **БОГ** – самый исполнительный в расчёте.

---

*2:196. См. подробное описание Хаджа и Умры в Приложении 15.

*2:197. Хадж можно соблюсти в любое время в Священные месяцы: Зуль-Хиджа, Мухаррам, Сафар и Раби 1. Местное правительство ограничило время для совершения Хаджа до нескольких дней для собственного удобства. См. 9:37.

Мина: последние обряды Хаджа

203. Вы должны поминать **БОГА** в считанные дни (*в Мине*); кто поспешит совершить это в два дня, на том не будет греха, а кто задержится подольше, тот также не совершает греха, при условии соблюдения праведности. Вы должны чтить **БОГА**, и знайте, что перед Ним вы будете собраны.

Внешность может быть обманчива

204. Среди людей есть такой, чья речь о жизни в этом мире впечатляет тебя, он даже может призвать **БОГА** засвидетельствовать его самые сокровенные мысли, в то время как он является самым ярым противником.

205. Как только он уходит, он бродит по земле, распространяя безнравственность, уничтожая имущества и губя жизни. **БОГ** не любит безнравственность.

206. Когда ему говорят: «Почитай **БОГА**», то он гордо возмущается. Следовательно его единственной судьбой станет Ад – какая несчастная обитель.

207. Затем, есть и такие, которые посвящают свою жизнь служению **БОГУ**; **БОГ** сострадателен к таким почитателям.

208. О вы, кто верует, вступите в покорность всецело и не следуйте по стопам Сатаны, ведь он ваш самый ярый враг.

209. Если же вы отступите после того, как к вам явились ясные доказательства, то знайте, что **БОГ** – Всемогущий, Самый Мудрый.

210. Неужели они ждут, пока Сам **БОГ** не явится к ним на густых облаках и вместе с ангелами? Когда такое произойдёт, всё дело будет прекращено, и к **БОГУ** всё вернётся.*

Чудеса влекут за собой большую ответственность*

211. Спроси детей Израиля, как много неимоверных чудес мы показали им! А с теми, кто пренебрегает благословениями, дарованными им **БОГОМ**, **БОГ** – самый строгий в возмездии.

Недальновидность

212. Эта мирская жизнь приукрашена в глазах неверующих, и они насмехаются над теми, кто верует. Однако в День Воскресения праведные будут намного выше их. **БОГ** благословляет, кого Он пожелает, без ограничений.

Губительная зависть

213. Люди были одной общиной, когда **БОГ** посылал пророков как добрых вестников, а также как предупреждающих увещевателей. Он с ними ниспослал писание, несущее истину, чтобы рассудить между

---

*2:210. Жизнь в этом мире является испытанием; это наш последний шанс вернуться в царство Бога, отвергнув идолопоклонство (см. Введение). Если Бог и Его ангелы появятся, то все уверуют, и испытание окажется недействительным.

*2:211. Математическое чудо Корана является огромным даром и влечёт за собой огромную ответственность (пожалуйста, см. 5:115).

людьми относительно их споров. По иронии судьбы, именно те, кто получили писание, отвергали любое новое писание, несмотря на то, что им были представлены ясные доказательства. Это всё по причине зависти с их стороны. **БОГ**, в соответствии с Его волей, направляет тех, кто верует, к истине, которая оспаривается всеми остальными. **БОГ** ведёт прямым путём, кого пожелает.*

214. Неужели вы надеетесь, что войдёте в Рай, не пройдя испытания, которое постигло и ваших предшественников? Они подверглись трудностям и невзгодам в качестве испытания и были так потрясены, что посланник и те, кто уверовали с ним, говорили: «Где же победа **БОГА**?» **БОЖЬЯ** победа близка.

Получатели
благотворительности
215. Они спрашивают тебя о том, что давать; скажи: «Благотворительность, которую вы оказываете, должна идти на родителей, родственников, сирот, бедных и путешествующих иноземцев». Что бы вы ни сделали доброго, **БОГ** в полной мере знает об этом.

Верующие – окончательные
победители
216. Сражение может быть предписано вам, даже если оно вам не

нравится. Но вам может не нравиться то, что хорошо для вас; и вам может нравиться то, что плохо для вас. **БОГ** знает, а вы не знаете.

Угнетение осуждено
217. Они спрашивают тебя о Священных Месяцах и о сражении во время них; скажи: «Сражаться во время них – кощунство. Однако отвращать от пути **БОГА**, не веровать в Него и в святость Священной Мечети (*Масджид*), и изгонять оттуда её жителей – ещё большее кощунство перед **БОГОМ**. Угнетение – хуже убийства». Они не перестанут сражаться с вами, чтобы отвратить вас от вашей религии, если только смогут. А те из вас, которые отступят от своей религии и умрут неверующими, те сведут на нет все свои деяния как в этой жизни, так и в Будущей жизни. Они являются обитателями Ада и пребудут там вечно.

218. Те, кто веруют, и те, кто мигрируют и усердствуют в деле **БОГА**, заслужили милосердие **БОГА**. **БОГ** – Прощающий, Самый Милосердный.

Отьяняющие вещества
и азартные игры запрещены
219. Они спрашивают тебя об опьяняющих веществах и азартных играх. Скажи: «В них есть большой грех и некоторые преимущества для людей.

---

*2:213. Все почитатели ТОЛЬКО Бога, из всех религий, действительно едины.

*2:219. Сегодняшний мир признаёт, что экономические преимущества от производства алкогольных напитков и незаконных наркотиков не стоят транспортных происшествий, повреждений головного мозга детей, родившихся от матерей-алкоголичек, семейных кризисов и других губительных последствий. Наведите справку в таких организациях, как «Анонимные Алкоголики» и «Анонимные Азартные Игроки» для дополнительной информации. См. также 5:90-91.

Но греха в них значительно больше, чем пользы». Они также спрашивают тебя, что давать на благотворительность. Скажи: «Излишек». Так **БОГ** разъясняет вам откровения, чтобы вы могли поразмыслить

220. над этой жизнью и Будущей жизнью. И спрашивают они тебя о сиротах. Скажи: «Вырастить их праведными людьми – это лучшее, что вы можете сделать для них. Если же вы объедините их имущество со своим, то вы должны относиться к ним как к членам своей семьи. **БОГ** знает и праведного, и нечестивого. Если бы **БОГ** пожелал, Он мог бы наложить более жёсткие правила на вас. **БОГ** – Всемогущий, Самый Мудрый.

Не женитесь и не выходите замуж за идолопоклонников
221. Не женитесь на идолопоклонницах, пока они не уверуют; верующая женщина лучше идолопоклонницы, даже если она вам понравилась. И не выдавайте своих дочерей замуж за идолопоклонников, пока они не уверуют. Верующий мужчина лучше идолопоклонника, даже если он вам понравился. Они зовут в Ад, а **БОГ**, по Своему изволению, зовёт в Рай и к прощению. Он разъясняет Свои откровения людям, чтобы они могли внять.

Менструация
222. Они спрашивают тебя о менструации. Скажи: «Это вредно; вы должны избегать полового сношения с женщинами во время менструации; не приближайтесь к ним, пока они не избавятся от неё. А когда они избавятся от неё, вы можете иметь с ними сношение так, как оно было задумано

БОГОМ. **БОГ** любит кающихся, и Он любит тех, кто чист.

223. Ваши женщины являются носителями вашего семени. Таким образом, вы можете наслаждаться этой привилегией так, как вам нравится, при условии, что вы поддерживаете праведность. Вы должны чтить **БОГА**, и знайте, что вы встретитесь с Ним. Обрадуй же добрыми вестями верующих.

Не произносите имя Бога напрасно
224. Не употребляйте имя **БОГА** для ваших повседневных клятв для того, чтобы казаться праведным, благочестивым, или чтобы заслужить доверие людей. **БОГ** – Слышащий, Знающий.

225. **БОГ** не возлагает на вас ответственность за простое произнесение клятв; Он возлагает на вас ответственность за ваши самые сокровенные намерения. **БОГ** – Прощающий, Снисходительный.

Законы развода
226. Те, кто намереваются развестись со своими жёнами, должны выждать четыре месяца *(период охлаждения)*; если они передумают и помирятся, то **БОГ** – Прощающий, Милосердный.

227. Если они всё же разведутся, то **БОГ** – Слышащий, Знающий.

228. Разведённые женщины должны выждать три менструации *(перед тем, как выйти замуж за другого)*. Не позволительно им скрывать то, что создаёт **БОГ** в их утробах, если они веруют в **БОГА** и в Последний день. *(В случае беременности)* желания мужа должны преобладать

над желаниями жены, если он захочет вступить в брак с ней вторично. У женщин есть права, а также обязанности, основанные на справедливости. Таким образом, желания мужа преобладают (*в случае беременности*). **БОГ** – Всемогущий, Самый Мудрый.

229. Развод можно отозвать дважды. Разведённой женщине должны позволить жить в том же доме мирно, либо позволить ей покинуть его мирным путём. Не дозволено мужу удерживать что-либо из дарованного им ей. Однако у пары могут быть опасения, что они нарушат закон **БОГА**. Если же они опасаются, что могут нарушить закон **БОГА**, то на них не будет вины, если жена охотно отдаст обратно всё, что она пожелает. Таковы законы, установленные **БОГОМ**; не нарушайте же их. А те, кто преступают законы **БОГА**, – те несправедливы.

230. Если он разводится с ней (*в третий раз*), то ему не дозволено жениться на ней вновь, пока она не выйдет замуж за другого, и тот не разведётся с ней. Тогда первый муж может жениться на ней снова при условии, что они соблюдают законы **БОГА**. Таковы законы **БОГА**; Он разъясняет их людям знающим.

Не выгоняйте разведённых женщин на улицу
231. Если вы разводитесь с женщинами, то как только они выждут свой срок (*три менструации*), вы должны позволить им жить в том же доме мирным путём, либо отпустить их мирным путём. Не заставляйте их

оставаться против их воли в качестве мести. А кто поступит так, тот навредит своей душе. Не относитесь легкомысленно к откровениям **БОГА**. Помните благословения **БОГА**, оказанные вам, и то, что Он ниспослал вам писание и мудрость, чтобы просветить вас. Вы должны чтить **БОГА**, и знайте, что **БОГ** ведает о всякой вещи.

232. Если вы разводитесь с женщинами: как только они выждут свой срок, то не мешайте им вновь выйти замуж за своих мужей, если между ними установится мирное согласие. Те из вас, кто верует в **БОГА** и в Последний день, должны соблюсти это. Это чище для вас и праведнее. **БОГ** знает, а вы не знаете.

233. Разведённые матери должны кормить грудью своих младенцев полных два года, если отец пожелает этого. Отец должен обеспечить питание и одежду матери на справедливых условиях. Никто не должен быть обременён сверх его возможностей. Ни одна мать не должна пострадать из-за своего ребёнка, и ни один отец не должен пострадать из-за своего младенца. (*Если отец погибает*), его наследник должен взять на себя эти обязанности. Если же родители младенца решат расстаться по взаимному согласию после надлежащих консультаций, то они не совершат ошибки, сделав это. На вас не будет вины, если вы наймёте кормящих матерей при условии, что вы им заплатите на справедливых условиях. Вы должны чтить **БОГА**, и знайте, что **БОГ** – Видящий всё, что вы делаете.

*Вы должны соблюдать
добрачные сроки выжидания*
234. Если кто из вас умирает и оставляет после себя жён, то их вдовы должны выждать четыре месяца и десять дней (*перед тем, как вновь вступить в брак*). Как только они дождутся истечения их срока, то на вас не будет вины, если вы позволите им делать всё, что они пожелают в пределах праведного. **БОГ** – Знающий обо всём, что вы делаете.

235. На вас не будет греха, если вы объявите о вашей помолвке с женщинами или же будете держать это в тайне. **БОГ** знает, что вы будете думать о них. Не встречайтесь с ними тайно, если вы не собираетесь обсуждать что-либо праведное. Не вступайте в супружеские отношения, пока не истечёт их срок. Вам следует знать, что **БОГ** знает ваши самые сокровенные мысли, и чтите Его. Вам следует знать, что **БОГ** – Прощающий, Снисходительный.

Расторжение помолвки
236. На вас не будет вины, если вы разведётесь с женщинами до того, как коснулись их, и до того, как установили им брачный дар. В этом случае вы должны компенсировать им: и пусть богатый поступит по мере своих возможностей, а бедный – своих, – справедливая компенсация. Это обязанность праведных.

237. Если же вы разводитесь до того, как коснулись их, но после того, как установили им брачный дар, то в качестве компенсации вы должны отдать им половину брачного дара, если только они добровольно не откажутся от своих прав, либо если сторона, ставшая инициатором развода, не откажется от брачного дара. Отказаться – это ближе к праведности. Вы должны поддерживать дружеские отношения между собой. **БОГ** – Видящий всё, что вы делаете.

*Вы должны соблюдать
Контактные Молитвы**
238. Вы должны постоянно соблюдать Контактные Молитвы,* особенно среднюю молитву, и посвятить себя **БОГУ** всецело.

239. При необычных обстоятельствах вы можете молиться во время ходьбы или езды. Когда же вы окажетесь в безопасности, вы должны поминать **БОГА** так, как Он научил вас тому, чего вы не знали прежде.

---

*2:238. Все пять молитв найдены в 2:238, 11:114, 17:78 и 24:58. Когда Коран был ниспослан, Контактные Молитвы (Салат) уже существовали (Приложение 9). Детали всех пяти молитв: что читать и количество циклов (ракатов), из которых состоит молитва, и т.п. – математически подтверждены. Например, записав последовательно, друг за другом, количество циклов, составляющих каждую молитву, мы получаем 24434, 19x1286. Также, используя [*] для представления суры 1 (Аль-Фатихи), где [*] – это число, состоящее из записанных по порядку номера суры (1), количества стихов (7), номера каждого стиха, количества букв в каждом стихе и гематрического значения каждой буквы; в итоге получаем очень длинное число: 2[*] [*] 4[*][*][*][*] 4 [*] [*] [*] [*] 3[*] [*] [*] 4[*] [*] [*] [*], кратное 19 (см. 1:1)

*Алименты для вдов и
разведенных женщин*

240. Те из вас, кто умирает и оставляет после себя жён, должны завещать, чтобы их обеспечивали в течение одного года при условии, что те останутся жить в том же доме. Если же они уйдут, то вы не согрешите, если позволите им делать то, что они пожелают, при условии, что они будут соблюдать праведность. **БОГ** – Всемогущий, Самый Мудрый.

241. Разведенных женщин положено также обеспечивать по справедливости. Это обязанность праведных.

242. **БОГ** тем самым разъясняет вам Свои откровения, чтобы вы могли понять.

Усердствование в деле Бога

243. Обратил ли ты внимание на тех, которые покинули свои дома – хотя их были тысячи – боясь смерти? **БОГ** сказал им: «Умрите», затем Он оживил их. **БОГ** щедро одаряет Своей милостью людей, но большинство людей неблагодарны.

244. Вы должны бороться за дело **БОГА**, и знайте, что **БОГ** – Слышащий, Знающий.

245. Кто одолжил бы **БОГУ** заём праведности, чтобы он был погашен ему преумноженный многократно? **БОГ** – Тот, кто даёт и удерживает, и к Нему вы будете возвращены.

Саул*

246. Обратил ли ты внимание на лидеров Израиля после Моисея (Мусы)? И сказали они своему пророку: «Если ты назначишь нам царя, чтобы руководить нами, то мы будем сражаться за дело **БОГА**». Он сказал: «Может ли быть, что если вам будет предписано сражаться, вы не станете сражаться?» Они сказали: «Отчего же нам не сражаться за дело **БОГА**, если мы были лишены наших домов и детей?» Когда же им было предписано сражаться, они отвернулись, за исключением немногих. **БОГ** знает беззаконников.

Сомнения в мудрости Бога

247. Их пророк сказал им: «**БОГ** назначил Талута (Саула) быть вашим царём». Они сказали: «Как он может царствовать над нами, если мы более достойны власти, чем он; к тому же, он не одарён богатством?» Он сказал: «**БОГ** избрал его над вами и щедро благословил его знанием и статью». **БОГ** дарует Своё царство, кому пожелает. **БОГ** – Щедрый, Всеведущий.

Ковчег Завета

248. Их пророк сказал им: «Знамением его царствия станет то, что к вам вернётся Ковчег Завета, принеся с собой заверения от вашего Господа и реликвии, оставшиеся после людей Моисея (Мусы) и людей Аарона (Харуна). Принесут его ангелы. Это должно стать убедительным знаком для вас, если вы действительно верующие.

Давид и Голиаф

249. Когда Саул принял командование войсками, он сказал: «**БОГ** подвергает вас испытанию посредством реки.

*2:246. Эта же история повествуется в Библии, Книге Самуила 1, главы 9 и 10.

Каждый, кто выпьет из неё, не будет со мной; только те, которые не отведают её, будут со мной, разве что это будет только один глоток». Напились из неё все, за исключением немногих из них. Когда же он перебрался через неё с теми, кто уверовал, они сказали: «Теперь нам не хватает мощи для столкновения с Голиафом и его войсками». Те, которые осознавали, что встретятся с **БОГОМ**, сказали: «Сколько раз небольшая армия побеждала большую армию по воле **БОГА**! **БОГ** с теми, кто стойко терпит».

250. Когда они столкнулись с Голиафом (Джалутом) и его армией, они помолились: «Господь наш, даруй нам стойкость, укрепи нашу опору и поддержи нас против неверующих людей».

251. Они победили их по воле **БОГА**, и Давид (Дауд) убил Голиафа (Джалута). **БОГ** даровал ему царство и мудрость и научил его тому, чему Он пожелал. Если бы **БОГ** не поддерживал одних людей против других, то на земле творился бы хаос. Но **БОГ** одаряет Своей милостью людей.

252. Это откровения **БОГА**. Мы излагаем их через тебя* правдиво, ибо ты один из посланников.

Множество посланников – одно послание
253. Эти посланники; мы благословили одних из них больше других. Например, **БОГ** разговаривал с одним, а некоторых из них мы подняли на высшие степени. И мы дали Иисусу (Исе), сыну Марии (Марьям), неимоверные чудеса и поддержали его Святым Духом. Если бы **БОГ** пожелал, то их последователи не сражались бы друг с другом после того, как к ним явились ясные доказательства. Вместо этого, они стали спорить между собой; одни из них уверовали, а другие не уверовали. Если бы **БОГ** пожелал, то они не сражались бы. Всё происходит в соответствии с **БОЖЬЕЙ** волей.

*Заступничества не будет**
254. О вы, кто верует, вы должны расходовать на благотворительность из средств, которыми мы вас наделили, до наступления дня, когда не будет ни торговли, ни кумовства, ни заступничества. Неверующие несправедливы.

2:252. В соответствии с математической структурой Корана, Бог пожелал, чтобы имя посланника, упомянутого здесь, было математически закодировано. Именно Божьему Посланнику Завета было предназначено Богом раскрыть чудотворный код Корана, основанный на числе 19. Сложив номер этого стиха (252) с гематрическим значением «Рашад» (505) и с гематрическим значением «Халифа» (725), мы получим 252+505+725 = 1482 или 19х78. Пожалуйста, посмотрите Приложения 2 и 26 для полных деталей, связанных с доказанной подлинностью Божьего Посланника Завета, к которому и относится этот стих.

2:254. Одной из искусных уловок Сатаны является приписывание безвластным человеческим идолам, как например, Иисусу и Мухаммеду, способности к заступничеству (Приложение 8).

255. **БОГ** – нет бога, кроме Него, Живого, Вечного. Не настигает Его никогда ни неосведомлённость, ни сон. Ему принадлежит всё, что на небесах, и всё, что на земле. Кто мог бы посредничать с ним, кроме как с Его позволения? Он знает их прошлое и их будущее. Никто не постигает каких-либо знаний без Его соизволения. Его владычество объемлет небеса и землю, и господство над ними никогда не тяготит Его. Он – Всевышний, Великий.

В религии нет принуждения

256. В религии не должно быть принуждения – правильный путь теперь ясно отличается от неправильного пути. Каждый, кто отвергает дьявола и верует в **БОГА**, обретает крепчайшую связь – такую, которая несокрушима. **БОГ** – Слышащий, Всеведущий.

257. **БОГ** – Господь тех, кто верует. Он выводит их из тьмы к свету. Что же до тех, кто не верует, то их господами являются их идолы: они ведут их от света к мраку; они будут обитателями Ада, они пребудут там вечно.

Смелый спор Авраама

258. Обратил ли ты внимание на того, кто спорил с Авраамом (Ибрагимом) относительно его Господа, несмотря на то, что **БОГ** даровал ему царство? Авраам (Ибрагим) сказал: «Мой Господь дарует жизнь и смерть». Он сказал: «Я дарую жизнь и смерть». Авраам (Ибрагим) сказал: «**БОГ** выводит солнце с востока, сможешь ли ты вывести его с запада?» Неверующий был озадачен. **БОГ** не ведёт правильным путём нечестивцев.

Урок о смерти*

259. Поразмысли о том, кто проходил мимо заброшенного города и задавался вопросом: «Как же **БОГ** может оживить это после того, как оно умерло?» Тогда **БОГ** умертвил его на сто лет, потом воскресил его. Он сказал: «Сколько времени ты пробыл здесь?» Он сказал: «Я пробыл здесь день или часть дня». Он сказал: «Нет! Ты пробыл здесь сто лет. Тем не менее, посмотри на свою пищу и своё питьё, они не испортились. Посмотри на своего осла – мы тем самым представим тебя в качестве урока для людей. Теперь заметь, как мы производим кости, а затем покрываем их плотью. Когда он осознал, что произошло, он сказал: «Теперь я знаю, что **БОГ** – Всесильный».

Каждому верующему нужны уверения

260. Авраам (Ибрагим) сказал: «Господь мой, покажи мне, как Ты оживляешь мёртвых». Он сказал: «Разве ты не веришь?» Он сказал: «Да, но я хочу успокоить моё сердце». Он сказал: «Возьми четырёх птиц, изучи их черты и помести по части от каждой птицы на вершине холма, а потом позови их к себе. Они стремительно явятся к тебе. Тебе следует знать, что **БОГ** – Всемогущий, Самый Мудрый».

---

*2:259. Урок, который мы познаём здесь, в том, что период смерти – а умирают только нечестивцы, праведные же попадают прямо в Рай – проходит как один день (см. 18:19-25 и Приложение 17).

Лучший вклад

261. Те, кто расходуют свои деньги на дело **БОГА**, подобны зерну, которое породило семь колосьев и в каждом колосе по сто зёрен. **БОГ** приумножает это во много раз тем, кому Он пожелает. **БОГ** – Щедрый, Знающий.

262. Те, кто расходуют свои деньги на дело **БОГА** и вслед своей благотворительности не посылают оскорбления или вред, получат награду от своего Господа; им нечего бояться, и они не будут опечалены.

263. Добрые слова и сострадание лучше благотворительности, за которой следует оскорбление. **БОГ** – Богатый, Снисходительный.

264. О вы, кто верует, не сводите на нет вашу благотворительность, нанося упрёки и оскорбления, подобно тому, кто расходует свои деньги напоказ и не верует при этом в **БОГА** и в Последний день. Его пример подобен скале, покрытой тонким слоем почвы: как только проливается обильный дождь, он смывает почву, оставляя её бесполезной скалой. Они ничего не приобретают от их усилий. **БОГ** не ведёт правильным путём неверующих людей.

Благотворительность

265. Те, которые расходуют свои деньги, чтобы снискать довольство **БОГА** из искренней убеждённости, подобны саду на очень плодородной почве: когда прольётся на неё обильный дождь, она даёт в два раза больше урожая. А если обильного дождя не будет, то моросящего дождя ей будет достаточно. **БОГ** – Видящий всё, что вы делаете.

266. Захотел бы кто-нибудь из вас, чтобы у него был сад из пальм и виноградных лоз, по которому текли бы ручьи, в котором были бы обильные плоды, и чтобы когда застигла его старость и дети его всё ещё зависели от него, его сад был поражён огненным вихрем и полностью сгорел? Так **БОГ** разъясняет вам свои откровения, чтобы вы могли поразмыслить.

Что давать

267. О вы, кто верует, вы должны давать на благотворительность хорошее из того, что вы заработали, и из того, что мы взрастили для вас на земле. Не выбирайте плохое для раздачи пожертвований, чего вы сами не взяли бы, если только ваши глаза не закрыты. Вам следует знать, что **БОГ** – Богатый, Достойный похвалы.

268. Дьявол обещает вам бедность и велит вам творить зло, тогда как **БОГ** обещает вам прощение от Него и милость. **БОГ** – Щедрый, Всеведущий.

Мудрость – великое сокровище

269. Он дарует мудрость тому, кого Он избирает; а кто приобрёл мудрость, тот приобрёл щедрый подарок. Только те, кто обладают умом, внимут.

Анонимная благотворительность лучше

270. Что бы вы ни потратили на благотворительность и какое бы благотворительное обещание вы ни выполнили, **БОГ** в полной мере знает об этом. Что же касается нечестивцев, то у них не будет помощников.

271. Если вы заявляете о вашей благотворительности, она по-прежнему хороша. Но если вы совершаете её

анонимно, раздавая её бедным, то это лучше для вас и прощает вам больше грехов. **БОГ** – Знающий обо всём, что вы делаете.

Бог – единственный, кто ведёт правильным путём

272. Вести людей правильным путём – не твоя обязанность. **БОГ** – единственный, кто ведёт правильным путём тех, кто желает (*быть на правильном пути*). Что бы вы ни пожертвовали на благотворительность, то – для вашего же блага. Что бы вы ни пожертвовали на благотворительность, то должно быть ради **БОГА**. Что бы вы ни пожертвовали на благотворительность, то вам сполна будет воздано без малейшей несправедливости.

273. Благотворительность должна пойти бедным, которые страдают на пути **БОГА** и не могут мигрировать. Неосведомлённые могут считать их богачами из-за их достоинства. Но ты можешь распознать их по определённым признакам: они не выпрашивают у людей милостыню настойчиво. Что бы вы ни пожертвовали на благотворительность, **БОГ** в полной мере знает об этом.

274. Те, кто расходуют на благотворительность днём и ночью, тайно и публично, получают награду от своего Господа; они не познают страха и не будут опечалены.

Ростовщичество запрещено*

275. Те, которые занимаются ростовщичеством, находятся в том же положении, что и те, кто находятся под влиянием дьявола. Это потому, что они утверждают, что ростовщичество – то же, что и торговля. Однако, **БОГ** разрешает торговлю и запрещает ростовщичество. Таким образом, каждый, кто прислушается к этой заповеди от своего Господа и воздержится от ростовщичества, тот может оставить себе свои прошлые доходы, а судить его – только **БОГУ**. Что же до тех, кто продолжает заниматься ростовщичеством, то они навлекают на себя Ад, где они пребудут вечно.

276. **БОГ** осуждает ростовщичество и благословляет благотворительность. **БОГ** не любит всякого неверующего и виновного.

Божественная гарантия

277. Те, кто веруют и ведут праведную жизнь, и соблюдают Контактные Молитвы (*Салат*), и дают на обязательную благотворительность (*Закят*), получают награду от их Господа; они не познают страха и не будут опечалены.

278. О вы, кто верует, вы должны чтить **БОГА** и отказаться от всякого ростовщичества, если вы являетесь верующими.

2:275-278. Согласно установленному экономическому принципу, чрезмерно высокие проценты по кредитам могут полностью уничтожить целую страну. В течение последних несколько лет мы стали свидетелями разрушения экономики многих стран, в которых начисляются чрезмерно высокие проценты. Ростовщичеством не является стандартный процент – меньше 20%, – от которого никто не страдает и все довольны.

279. Если вы не сделаете этого, тогда ожидайте войну от **БОГА** и Его посланника. Но если вы раскаетесь, то вы можете оставить себе ваш капитал, не причиняя при этом несправедливости и не навлекая на себя несправедливость.

280. Если должник не в состоянии заплатить, то ждите до лучших времён. Но если вы откажетесь от долга в качестве благотворительности, это было бы лучше для вас, если бы вы только знали.

281. Остерегайтесь того дня, когда вы будете возвращены к **БОГУ**, и каждая душа сполна получит за всё, что она совершила, без малейшей несправедливости.

Записывайте финансовые операции
282. О вы, кто верует, когда вы заключаете договор о займе на любой срок, то вы должны записать его. Документ должен быть записан непредвзятым писцом. Ни один писец не должен отказываться от совершения этой услуги согласно учениям **БОГА**. Он должен писать, в то время как заёмщик диктует условия. Он должен чтить **БОГА**, своего Господа, и не обманывать. Если заёмщик слабоумный, неумелый или не способный диктовать, тогда его попечитель должен диктовать по справедливости. В качестве свидетелей должны присутствовать двое мужчин; если не

будет двух мужчин, то один мужчина и две женщины, показания которых приемлемы для всех.* Таким образом, если одна из женщин станет предвзятой, то другая напомнит ей. Обязанностью свидетелей является дача показаний, когда бы их ни призвали сделать это. Не тяготитесь записывать детали, независимо от того, как много их, вплоть до указания срока выплаты. Это справедливо перед **БОГОМ**, обеспечивает лучшее свидетельство и устраняет любые сомнения, которые у вас могут быть. Не нужно записывать деловые сделки, которые вы осуществляете на месте, но призовите свидетелей. Ни один писец и ни один свидетель не должен пострадать из-за своих услуг. Если вы причините им вред, то вы совершите злой поступок. Вы должны чтить **БОГА**, и **БОГ** научит вас. **БОГ** – Всеведущий.

283. Если вы окажетесь в поездке и не найдёте писца, то вы должны дать залог, гарантирующий выплату. Если кому-либо доверили таким способом, он должен вернуть залог в срок, и он должен чтить **БОГА**, своего Господа. Не утаивайте показания, скрывая то, свидетелем чего вы были. Каждый, кто утаит показания, грешный в глубине души. **БОГ** в полной мере знает всё, что вы делаете.

284. **БОГУ** принадлежит всё, что на небесах и на земле. Заявляете ли вы

2:282. Финансовые сделки – это ЕДИНСТВЕННЫЕ ситуации, когда в качестве свидетелей две женщины могут заменить одного мужчину. Это необходимо для подстраховки от реального случая, когда один свидетель может жениться на другой свидетельнице, что может стать причиной её предвзятости. Согласно признанному факту, женщины более эмоционально уязвимы, чем мужчины.

о ваших самых сокровенных мыслях или утаиваете их, **БОГ** возлагает на вас ответственность за них. Он прощает, кого пожелает, и наказывает, кого пожелает. **БОГ** – Всесильный.

Вы не должны делать различий между посланниками Бога

285. Посланник уверовал в то, что было ниспослано ему от его Господа, а также и верующие. Они веруют в **БОГА**, в Его ангелов, в Его писание и в Его посланников: «Мы не делаем различий между тем или другим из Его посланников». Они говорят: «Мы слышим и повинуемся.* Прости нас, Господь наш. К Тебе окончательное возвращение».

286. **БОГ** никогда не обременяет душу сверх её возможностей: ей в заслугу то, что она приобретает, и против неё то, что она совершает. «Господь наш, не осуждай нас, если мы забываем или совершаем ошибки. Господь наш, защити нас, чтобы мы не богохульствовали против Тебя подобно тому, как это делали наши предшественники. Господь наш, защити нас от греха, пока не стало слишком поздно для покаяний. Помилуй нас и прости нас. Ты – наш Господь и Властелин. Даруй нам победу над неверующими людьми».

****

Сура 3: Семейство Амрама (Али-Имран)

Во имя Бога, Самого Милостивого, Самого Милосердного

1. А.Л.М.*

2. **БОГ** – нет бога, кроме Него, Живого, Вечного.

3. Поистине, Он ниспослал тебе это писание в подтверждение всех предыдущих писаний, и Он ниспослал Тору и Евангелие

4. до этого в руководство для людей, и Он ниспослал свод законов. Те, кто не верят в откровения **БОГА**, навлекают на себя суровое возмездие. **БОГ** – Всемогущий, Мститель.

5. Ничто не скрыто от **БОГА** ни на земле, ни на небесах.

6. Он – Тот, кто формирует вас в утробах так, как Он пожелал. Нет другого бога, кроме Него, Всемогущего, Самого Мудрого.

---

*2:285. Одна из главных заповедей гласит: «Вы не должны делать различий между посланниками Бога» (2:136, 3:84, 4:150). В ответ верующие говорят: «Мы слышим и мы повинуемся», тогда как идолопоклонники опровергают это, чтобы оправдать их настойчивость в упоминании имени Мухаммеда рядом с именем Бога, к исключению всех других посланников. Заблуждающиеся мусульмане упоминают Мухаммеда в провозглашении веры (Шахада) и во время их Контактных Молитв (см. 72:18).

*3:1. См. примечание к 2:1 и Приложение 1.

7. Он ниспослал тебе это писание, содержащее стихи с прямым смыслом – которые составляют суть писания – а также многозначные или аллегорические стихи. Те, кто питают сомнения в своих сердцах, будут следовать за многозначными стихами, чтобы создать путаницу и извлечь определённый смысл. Никто не знает их истинного смысла, кроме **БОГА** и тех, кто обладает основательным знанием. Они говорят: «Мы веруем в это – всё это исходит от нашего Господа». Только те, кто обладают умом, внимут.

8. «Господь наш, не позволяй нашим сердцам колебаться теперь, когда Ты наставил нас на прямой путь. Осыпь нас Своим милосердием; Ты – Дарующий.

9. Господь наш, Ты, несомненно, соберёшь людей в день, который неизбежен. **БОГ** никогда не нарушает обещание».

10. Тем, кто не верует, не помогут перед **БОГОМ** ни их деньги, ни их дети. Они будут топливом для Ада.

11. Так же, как и люди Фараона и их предшественники, они отвергли наши откровения, и в результате **БОГ** наказал их за их грехи. **БОГ** суров в осуществлении возмездия.

12. Скажи тем, кто не верует: «Вы будете побеждены, затем собраны в Аду – какая несчастная обитель!»

Верующие – окончательные победители

13. Урок был преподан вам столкновением двух армий: одна армия сражалась за дело **БОГА**, а другая

была неверующей. Они увидели своими собственными глазами, что их было в два раза больше. **БОГ** дарует Свою победу, кому пожелает. Это должно стать уверением для тех, кто обладает зрением.

Разные приоритеты

14. Приукрашены для людей мирские удовольствия, такие как женщины, дети, нагромождённые груды золота и серебра, обученные лошади, скот и посевы. Таковы принадлежности этого мира. Гораздо лучшая обитель уготована у **БОГА**.

15. Скажи: «Позвольте мне сообщить вам о гораздо более выгодной сделке: для тех, кто ведёт праведную жизнь, уготованы у их Господа сады с текущими ручьями, и чистые супруги, и радость от **БОЖЬЕЙ** благодати». **БОГ** – Видящий Своих поклонников.

16. Они говорят: «Господь наш, мы уверовали, так прости нам наши грехи и избавь нас от мук адского огня».

17. Они стойкие, правдивые, покорные, благотворительные и медитирующие на рассвете.

Самая важная заповедь*

18. **БОГ** свидетельствует, что нет бога, кроме Него, и так же свидетельствуют ангелы и те, кто обладает знанием. Истинно и справедливо, Он абсолютный бог; нет бога, кроме Него, Всемогущего, Самого Мудрого.

Покорность – единственная религия

19. Единственной религией, одобренной **БОГОМ**, является «Покорность». По иронии судьбы, те, кто получил писание, оспаривают

этот факт, несмотря на полученные знания, из-за зависти. С такими, отвергающими откровения **БОГА**, **БОГ** самый строгий в расчёте.

20. Если они будут спорить с тобой, то скажи: «Я просто покорился **БОГУ**; я и те, кто следует за мной». Ты должен провозгласить для тех, кто получил писание, а также для тех, кто не получил его: «Покоритесь ли вы?» Если они покорятся, то они на правильном пути, но если они отвернутся, то твоей единственной миссией является передача этого послания. **БОГ** – Видящий всех людей.

21. Тем, кто отверг откровения **БОГА**, и убивал пророков несправедливо, и убивал тех, кто выступал за справедливость среди людей, обещай им мучительное возмездие.

22. Их деяния сведены на нет и в этой жизни, и в Будущей жизни; и у них не будет помощников.

23. Обратил ли ты внимание на тех, кто получил часть писания, и как их призывают придерживаться этого писания **БОГА** и применять его в своей собственной жизни, и как потом некоторые из них отворачиваются с отвращением?

24. Это потому, что они сказали: «Адский огонь коснётся нас лишь на считанные дни». Таким образом, в своей религии они были введены в заблуждение их собственными вымыслами.

25. Что будет с ними тогда, когда мы призовём их в тот неизбежный день? Каждой душе будет воздано за всё, что она заработала, без малейшей несправедливости.

Качества Бога

26. Скажи: «Наш бог – обладатель всей верховной власти. Ты даруешь верховенство тому, кому Ты пожелаешь, Ты отнимаешь верховенство у того, у кого Ты пожелаешь. Ты даруешь достоинство тому, кому Ты пожелаешь, и подвергаешь унижению того, кого Ты пожелаешь. В Твоей руке – все блага. Ты – Всесильный.

27. Ты вводишь ночь в день и вводишь день в ночь. Ты производишь живых из мёртвых и производишь мёртвых из живых, и Ты наделяешь благами, кого пожелаешь, без ограничений».

---

*3:18. Провозглашение веры (Шахада), предписанное Богом, звучит так: «Нет бога, кроме Бога», а на арабском языке – «Ла Илаха Илла Аллах» (см. также 37:35, 47:19). Заблуждающиеся мусульмане настаивают на добавлении второй «Шахады», провозглашая, что Мухаммед является посланником Бога. Это, по определению, «ширк» (идолопоклонство) и вопиющее неповиновение Богу и Его посланнику. Кроме того, это нарушает основные заповеди в 2:136, 2:285, 3:84, 4:150-152, которые запрещают какое-либо различие между посланниками Бога. Провозглашение о том, что «Мухаммед посланник Бога», без такого же провозглашения для других посланников, как Авраам, Моисей, Иисус, Салех и Иона, означает совершение различия и нарушение основных заповедей.

Выбирайте своих друзей внимательно

28. Верующие никогда не вступают в союз с неверующими вместо верующих. А кто поступает так, тот находится в изгнании от **БОГА**. За исключением тех, кто вынужден делать это, чтобы избежать преследования. **БОГ** предупреждает вас, что вы должны благоговеть перед Ним одним. К **БОГУ** – конечная судьба.

29. Скажи: «Утаиваете ли вы свои самые сокровенные мысли или заявляете о них, **БОГ** в полной мере знает об этом». Он в полной мере знает обо всём, что на небесах и на земле. **БОГ** – Всесильный.

30. Придёт день, когда перед каждой душой предстанет всё доброе, что она совершила. Что же касается злых деяний, то она пожелает, чтобы они были далеки, очень далеки от неё. **БОГ** предупреждает вас, что вы должны благоговеть перед Ним одним. **БОГ** Сострадателен к людям.

31. Провозгласи: «Если вы любите **БОГА**, то вы должны следовать за мной». Тогда и **БОГ** будет любить вас и простит вам ваши грехи. **БОГ** – Прощающий, Самый Милосердный.

32. Провозгласи: «Вы должны повиноваться **БОГУ** и посланнику». Если же они отвернутся, то **БОГ** не любит неверующих.

Рождение Марии

33. **БОГ** избрал Адама, Ноя (Нуха), семью Авраама (Ибрагима) и семью Амрама (Имрана) (*в качестве посланников*) к людям.

34. Они являются потомством одного рода. **БОГ** – Слышащий, Всеведущий.

35. Жена Амрама (Имрана) сказала: «Господь мой, я полностью посвятила (*ребёнка*) в моём животе Тебе, так прими от меня. Ты – Слышащий, Всеведущий».

36. Когда она родила её, она сказала: «Господь мой, я родила девочку», – **БОГУ** в полной мере было известно, кого она родила, – «мужской пол не то же самое, что женский. Я назвала её Марией (Марьям) и прошу Твоей защиты для неё и её потомков от дьявола отверженного».

37. Господь принял её великодушно и вырастил её милостиво под опекой Захарии. Всякий раз, когда Захария входил в её святилище, он находил блага у неё. Он спрашивал: «Мария (Марьям), откуда у тебя это?» Она обычно говорила: «Это от **БОГА**. **БОГ** обеспечивает, кого пожелает, без ограничений».

Рождение Иоанна

38. Именно тогда Захария взмолился Господу своему: «Господь мой, одари меня таким хорошим ребенком; Ты – Слышащий молитвы».

39. Ангелы позвали его, когда он молился в святилище: «**БОГ** шлёт тебе добрую весть об Иоанне (Яхье), верующим в слово **БОГА**, почётном, нравственном и праведном пророке».

40. Он сказал: «Как может быть у меня мальчик, когда я так стар, а моя жена бесплодна?» Он сказал: «**БОГ** делает то, что Он пожелает».

41. Он сказал: «Господь мой, дай мне знамение». Он сказал: «Твоим знамением будет то, что в течение трёх дней ты будешь говорить с людьми только знаками. Поминай своего Господа часто и медитируй днём и ночью».

Мария и Иисус

42. Ангелы сказали: «О Мария (Марьям), **БОГ** избрал тебя и очистил тебя. Он избрал тебя из всех женщин.

43. О Мария (Марьям), ты должна быть покорной твоему Господу и падать ниц, и кланяться с теми, кто кланяется».

44. Это вести из прошлого, которые мы открываем тебе. Тебя не было там, когда они тянули жребий, чтобы выбрать опекуна Марии (Марьям). Ты не присутствовал, когда они спорили друг с другом.

45. И сказали ангелы: «О Мария (Марьям), **БОГ** шлёт тебе добрые вести: Слово от Него, имя которому – "Мессия, Иисус (Иса), сын Марии". Он будет именитым в этой жизни и в Будущей жизни и одним из приближённых ко Мне.

46. Он будет говорить с людьми с колыбели, а также взрослым; он будет одним из праведников».

47. Она сказала: «Господь мой, как у меня может быть сын, когда ни один мужчина не прикасался ко мне?» Он сказал: «Так **БОГ** создаёт всё, что Он пожелает. Чтобы сделать что-нибудь, Он просто говорит: «Будь!», и это становится явным.

48. «Он научит его писанию, мудрости, Торе и Евангелию».

49. В качестве посланника к детям Израиля: «Я пришёл к вам со знамением от вашего Господа: я сотворю для вас из глины образ птицы, потом подую на него, и он станет живой птицей по воле **БОГА**. Я восстановлю зрение слепому, исцелю прокажённого и оживлю мёртвых по воле **БОГА**. Я могу назвать вам то, что вы едите, и то, что вы храните в ваших домах. Это должно стать доказательством для вас, если вы верующие.

50. Я подтверждаю предыдущее писание – Тору – и отменяю определённые запреты, наложенные на вас. Я пришёл к вам с достаточным доказательством от вашего Господа. Поэтому вы должны чтить **БОГА** и повиноваться мне.

51. **БОГ** – мой Господь и ваш Господь;* вы должны поклоняться Ему одному. Это правильный путь».

52. Когда Иисус (Иса) почувствовал в них неверие, он сказал: «Кто мои сторонники на пути **БОГА**?» Апостолы сказали: «Мы сторонники **БОГА**; мы веруем в **БОГА** и свидетельствуем, что мы покорные.

53. Господь наш, мы уверовали в то, что Ты ниспослал, и мы последовали за посланником; запиши же нас в число свидетелей».

---

*3:51. Это как раз те слова Иисуса, которые были процитированы во всём Новом Завете. См., например, Евангелие от Иоанна 20:17, а также книги «Иисус: мифы и послание» автора Лизы Спрей, гл.4 (Всемирное Единство, Фремонт, Калифорния, 1992 год).

Смерть Иисуса*

54. Они замышляли происки, и **БОГ** тоже замышлял, однако, нет лучше замыслов **БОГА**.

55. Таким образом, **БОГ** сказал: «О Иисус (Иса), Я прекращаю твою жизнь, вознося тебя к Себе, и избавляю тебя от неверующих. Я превознесу тех, кто последует за тобой, над теми, кто не уверует, до Дня Воскресения. Затем ко Мне вам предстоит окончательно вернуться, и тогда Я рассужу между вами относительно ваших споров.

56. Что же до тех, кто не верует, Я подвергну их мучительному возмездию и в этом мире, и в Будущей жизни. У них не будет помощников».

57. А тех, кто верует и ведёт праведную жизнь, Он сполна вознаградит. **БОГ** не любит несправедливых.

58. Это откровения, которые мы читаем тебе, предоставляя мудрое послание.

Математическое подтверждение*

59. Пример Иисуса (Исы) перед **БОГОМ** подобен примеру Адама; Он сотворил его из праха, потом сказал ему: «Будь!» – и он стал.

60. Это истина от твоего Господа; не питай никаких сомнений.

Вызов неверующим

61. Если кто-либо будет спорить с тобой, несмотря на полученные тобой знания, то скажи: «Давайте созовём наших детей и ваших детей, наших женщин и ваших женщин, нас самих и вас самих, а затем призовём проклятие **БОГА** на лжецов».

62. Безусловно, это повествование истины. Абсолютно, нет другого бога, кроме **БОГА**. Абсолютно, **БОГ** – Всемогущий, Самый Мудрый.

63. Если же они отвернутся, то **БОГУ** в полной мере известно о злодеях.

Обращение ко всем верующим

64. Скажи: «О последователи писания, давайте придём к логическому соглашению между нами и вами: что мы не будем поклоняться никому, кроме **БОГА**, что мы не будем создавать никаких идолов, кроме Него, и не признавать людей господами наряду с **БОГОМ**». Если же они отвернутся, то скажите: «Свидетельствуйте, что мы покорные».

65. О последователи писания, зачем же вы спорите об Аврааме (Ибрагиме), ведь Тора и Евангелие были ниспосланы лишь после него? Неужели вы не понимаете?

66. Вы спорили о том, что вам было известно; почему же вы спорите о

---

*3:54-55. Мы узнаём, что душа Иисуса, настоящий человек, была вознесена, то есть жизнь Иисуса на земле была прекращена до ареста, пыток и распятия его пустого, бездушного, физиологически живого тела (см. подробнее в Приложении 22).

*3:59. «Равенство» создания Иисуса и Адама подтверждается математически; Иисус и Адам упоминаются в Коране одинаковое количество раз – 25 раз каждый.

том, что вам неизвестно? **БОГ** знает, а вы не знаете.

67. Авраам (Ибрагим) не был ни иудеем, ни христианином; он был покорным монотеистом. Он никогда не был идолопоклонником.

68. Среди людей ближе всех к Аврааму (Ибрагиму) те, кто последовал за ним, а также этот пророк и те, кто верует. **БОГ** – Господь и Властелин верующих.

69. Некоторые из последователей писания желают ввести вас в заблуждение, однако они вводят в заблуждение лишь самих себя, сами того не осознавая.

70. О последователи писания, почему вы отвергаете эти откровения **БОГА**, хотя сами свидетельствуете (*что это правда*)?

71. О последователи писания, почему вы смешиваете истину с ложью и скрываете правду намеренно?

72. Некоторые из последователей писания говорят: «Веруйте в то, что было ниспослано верующим, по утрам и отвергайте его по вечерам; быть может, они вернутся.

73. И веруйте только так же, как и те, кто следует вашей религии». Скажи: «Истинное руководство – это **БОЖЬЕ** руководство». Если они будут утверждать, что получили такое же руководство, как и вы, или будут спорить с вами относительно вашего Господа, то скажи: «Вся милость в руке **БОЖЬЕЙ**; Он дарует её тем, кому пожелает». **БОГ** – Щедрый, Всеведущий.

74. Он избирает для Своей милости, кого пожелает; **БОГ** обладает безграничной милостью.

Будьте честны со всеми

75. Среди последователей писания есть такие, которым можно доверить многое, и они вернут вам всё обратно. Но есть и те, кому нельзя доверить даже один динар; они не вернут его тебе, пока ты не постоишь у них над душой. Это потому, что они говорят: «Мы не должны быть честны в делах с иноверными!»* Так они сознательно приписывают ложь **БОГУ**.

76. Поистине, те, кто выполняют свои обязательства и ведут праведную жизнь, – **БОГ** любит праведников.

77. Но тем, кто продаёт завет с **БОГОМ** и свои обязательства за ничтожную цену, не будет доли в Будущей жизни. **БОГ** не будет говорить с ними и не взглянет на них в День Воскресения, и не очистит их. Они навлекли на себя мучительное возмездие.

---

*3:75. До раскрытия математического кода Корана, некоторые учёные ложно утверждали, что Мухаммед был неграмотным человеком, который не мог бы записывать такую великую книгу. Они исказили смысл слова «Умми», утверждая, что это означало «неграмотный». Этот стих показывает, что «Уммийин» означает «иноверные» (см. также 62:2 и Приложение 28).

78. Среди них есть такие, которые кривят своими языками, пытаясь имитировать писание, чтобы вы сочли это писанием, хотя оно не из писания; и они утверждают, что это от **БОГА**, но это вовсе не от **БОГА**. Таким образом, они говорят ложь и сознательно приписывают её **БОГУ**.

79. Человек, которого **БОГ** благословил писанием и пророчеством, никогда не говорил бы людям: «Боготворите меня наряду с **БОГОМ**». Вместо этого (*он говорил бы*): «Будьте преданы всецело одному вашему Господу», – в соответствии с писанием, которое вы проповедуете, и с тем, что вы изучаете.

80. И не приказывал бы он вам никогда обожествлять ангелов и пророков как господов. Разве он призывал бы вас к неверию после того, как вы стали покорными?

Осуществление очень важного
пророчества* – Божий
Посланник Завета

81. **БОГ** взял завет с пророков, сказав: «Я дам вам писание и мудрость. Потом придёт к вам посланник для подтверждения всех существующих писаний. Вы должны поверить в него и поддержать его». Он сказал: «Согласны ли вы с этим и обязуетесь ли выполнить этот завет?» Они сказали: «Мы согласны». Он сказал: «Таким образом, вы засвидетельствовали, и Я свидетельствую вместе с вами».

Те, кто отвергают Божьего
Посланника Завета, – неверующие

82. Те, кто отвергают это (*Кораническое пророчество*), являются нечестивцами.

83. Неужели они ищут иную религию, помимо религии **БОГА**, в то время как Ему покорилось всё, что на небесах и на земле, вольно и невольно, и к Нему они будут возвращены?

Не делайте различий между
посланниками Бога

84. Скажи: «Мы верим в **БОГА** и в то, что было ниспослано нам, и в то, что было ниспослано Аврааму (Ибрагиму), Измаилу (Исмаилу), Исааку (Исхаку), Иакову (Йакубу) и патриархам; и в то, что было даровано Моисею (Мусе) и Иисусу (Исе), и всем пророкам от их Господа. Мы не делаем различий между ними. Ему одному мы покорны».

---

*3:81. Это важнейшее пророчество теперь осуществилось. Божий Посланник Завета, как и было предсказано в этом стихе и в Библии от Малахия 3:1-21, Луки 17:22-36 и Матфея 24:27, должен очистить и объединить Божьи послания, которые были доставлены через пророков Бога. Иудаизм, христианство, ислам, индуизм, буддизм и т.д. были серьёзно искажены. Всемогущий Бог пожелал очистить их и объединить их под знаменем «поклонения Ему одному». Бог предоставил ошеломляющее доказательство в поддержку Своего Посланника Завета, имя которого, бесспорно, зашифровано в математическом коде Корана как «Рашад Халифа». Например, сложение числового значения «Рашад» (505) со значением «Халифа» (725), а также с номером стиха (81) даёт 1311 или 19x69 (см. Приложение 2 для подробных доказательств).

*Только одна религия
одобрена Богом*

85. Кто изберёт иную религию, помимо Покорности, она не будет принята от него; и в Будущей жизни он будет с проигравшими.

86. Зачем **БОГУ** наставлять на прямой путь людей, которые отвергли веру после того, как уверовали и засвидетельствовали истинность посланника, и после того, как им были даны ясные доказательства*? **БОГ** не ведёт прямым путём нечестивых.

87. Они навлекли на себя осуждение **БОГА**, а также ангелов и всех людей.

88. Они пребудут там вечно; им возмездие не будет облегчено, и они не получат отсрочки.

89. За исключением тех, которые раскаиваются после этого и исправляют содеянное. **БОГ** – Прощающий, Самый Милосердный.

*Когда покаяние является
неприемлемым*

90. Покаяние не будет принято от тех, кто не веруют после того, как они уверовали, а затем глубже погружаются в неверие; они поистине заблудшие.

91. От тех, которые не веруют и умирают неверующими, не будет принято и золота размером с землю, даже если можно было бы откупиться таким образом. Они навлекли на себя мучительное возмездие; у них не будет помощников.

92. Вы не сможете обрести праведности, пока не будете давать на благотворительность из того имущества, которое вы любите. Что бы вы ни дали на благотворительность, **БОГ** в полной мере знает об этом.

Не запрещайте то, что дозволено

93. Всякая пища была дозволена детям Израиля до тех пор, пока Израиль не ввёл определённые запреты для себя до ниспослания Торы. Скажи: «Принесите Тору и прочтите её, если вы говорите правду».

94. Те, кто после этого фабрикуют ложные запреты и приписывают их **БОГУ**, поистине нечестивы.

95. Скажи: «**БОГ** провозгласил истину: вы должны следовать религии Авраама (Ибрагима) – единобожию. Он никогда не был идолопоклонником».

96. Самой важной святыней, воздвигнутой для людей, является та, что в Бекке,* – благословенный маяк для всех людей.

*3:86. Стихи 3:82-90 сообщают нам, что те, кто отвергают Божьего Посланника Завета, больше не являются покорными (мусульманами), так как они больше не верят в Коран. Доказательства, упомянутые в 3:86, относятся к математическому коду Корана, который был открыт через Божьего Посланника Завета. Оба стиха – 3:86 и 3:90 – говорят об «отвержении веры после того, как они уверовали».

*3:96. Это сура, содержащая инициал М; и это своеобразное написание «Мекки», как «Бекка», привело к тому, что частота появления «М» согласовывается с математическим кодом Корана. Нормальное написание «Мекка» увеличило бы частоту появления «М» (Приложение 1).

97. В ней – ясные знамения: место Авраама (Ибрагима). Любой, кто войдёт в неё, окажется в безопасности. Люди обязаны перед **БОГОМ** совершить Хадж в эту святыню, когда они могут себе это позволить. Что же касается тех, которые не веруют, то **БОГ** не нуждается ни в ком.

98. Скажи: «О последователи писания, почему вы отвергаете эти откровения **БОГА**, в то время как **БОГ** является свидетелем всему, что вы делаете?»

99. Скажи: «О последователи писания, почему вы сбиваете с пути **БОГА** тех, которые хотят веровать, и пытаетесь исказить его, хотя и являетесь свидетелями?» **БОГ** никогда не находится в неведении того, что вы делаете.

100. О вы, кто верует, если вы будете повиноваться некоторым из тех, кто получил писание, то они обратят вас в неверующих после того, как вы уверовали.

101. Как же вы можете не веровать, когда вам читаются эти откровения **БОГА** и Его посланник находится среди вас? Тот, кто крепко держится за **БОГА**, будет наставлен на правильный путь.

102. О вы, кто верует, вы должны чтить **БОГА** так, как надлежит чтить Его; и умирайте не иначе, как будучи Покорными.

Верующие объединяются
103. Вы должны крепко держаться за вервь **БОГА**, все вы, и не разделяйтесь. Вспомните милость **БОГА**, которой Он одарил вас: вы были

врагами, а Он примирил ваши сердца. По Его милости вы стали братией. Вы были на краю огненной пропасти, а Он спас вас оттуда. Так **БОГ** разъясняет вам Свои откровения, чтобы вы могли быть на правильном пути.

104. Пусть образуется из вас община, которая будет призывать к добру, отстаивать праведность и запрещать зло. Таковы победители.

105. Не уподобляйтесь тем, кто разделились и стали разногласить, несмотря на ясные доказательства, данные им. Ибо они навлекли на себя страшное возмездие.

106. Придёт день, когда одни лица посветлеют (*от радости*), а другие лица потемнеют (*от страданий*). И спросят тех, чьи лица потемнели: «Разве вы не отвергли веру, после того как уверовали? Вкусите же возмездие за своё неверие».

107. Те же, чьи лица посветлели, будут радоваться милости **БОЖИЕЙ**; и они пребудут там вечно.

108. Это откровения **БОГА**; мы читаем их тебе правдиво. **БОГ** не желает трудностей для людей.

109. **БОГУ** принадлежит всё, что на небесах, и всё, что на земле; и **БОГ** руководит всеми делами.

Лучшая община
110. Вы лучшая из общин, когда-либо возникавших среди людей: вы отстаиваете праведность и запрещаете зло, и вы веруете в **БОГА**. Если бы последователи писания уверовали, то это было бы лучше для них. Среди них есть верующие, но большинство из них – нечестивцы.

111. Они не смогут навредить вам, разве что нанесут оскорбления. Если они будут сражаться с вами, то они повернутся вспять и обратятся в бегство. Они никогда не смогут победить.

112. Они должны быть унижены при каждом их столкновении с вами, если только они не будут соблюдать **БОЖИЙ** завет, а также их мирные соглашения с вами. Они навлекли на себя гнев **БОЖИЙ**, и следовательно их постигнет позор. Это за то, что они отвергли откровения **БОГА** и несправедливо убивали пророков. Это за то, что они ослушались и преступили границы дозволенного.

Праведные иудеи и христиане
113. Не все они одинаковы: среди последователей писания есть праведные люди. Они читают откровения **БОГА** по ночам, и они падают ниц.

114. Они верят в **БОГА** и в Последний день, они отстаивают праведность и запрещают зло, и они спешат совершать праведные дела. Таковы праведные.

115. И что бы доброго они ни совершили, воздастся им сполна. **БОГ** в полной мере знает о праведных.

116. Тем, кто не веровал, не помогут перед **БОГОМ** ни их деньги, ни их дети. Они навлекли на себя Ад, в котором пребудут вечно.

117. Их достижения в этой жизни подобны сильному ветру, который поражает и уничтожает урожай людей, навредивших собственным душам. **БОГ** не был несправедлив к ним; они сами причинили себе зло.

Не дружите с лицемерами
118. О вы, кто верует, не дружите с посторонними, которые непрестанно желают вам вреда; они даже хотят видеть, как вы страдаете. Ненависть вытекает из их уст, а то, что кроется в их сердцах, – ещё хуже. Так мы разъясняем вам откровения, если вы понимаете.

119. Вот, вы любите их – а они вас не любят, и вы верите во всё писание. Когда они встречаются с вами, то говорят: «Мы веруем». Но как только они покидают вас, то кусают пальцы от злобы к вам. Скажи: «Умрите в своей ярости». **БОГУ** в полной мере известно о самых сокровенных мыслях.

120. Когда случается с вами что-либо хорошее, это огорчает их, а когда вас постигает плохое, это радует их. Если вы будете стойко и упорно терпеть, поддерживая праведность, то их козни ничуть не повредят вам. **БОГУ** в полной мере известно всё, что они делают.

Битва при Бадре
121. Вспомни, как ты (*Мухаммед*) был среди своих людей, когда ты отправился назначать верующим их боевые позиции. **БОГ** – Слышащий, Всеведущий.

122. Два ваших отряда почти потерпели неудачу, но **БОГ** был их Господом. На **БОГА** верующие должны уповать.

123. **БОГ** даровал вам победу при Бадре, несмотря на вашу слабость. Поэтому вы должны почитать **БОГА**, чтобы показать вашу признательность.

Божьи ангелы помогают
верующим
124. Вот ты сказал верующим: «Разве вам не достаточно того, что ваш Господь ниспосылает вам в помощь три тысячи ангелов?»

125. Воистину, если вы проявите стойкость и настойчивость и будете поддерживать праведность, то в случае их внезапного нападения, ваш Господь поддержит вас пятью тысячами* ангелов, хорошо обученных.

126. Так **БОГ** сообщает вам добрые вести, чтобы утешить ваши сердца. Победа приходит только от **БОГА**, Всемогущего, Самого Мудрого.

127. Таким образом, Он уничтожает некоторых неверующих, либо нейтрализует их; в конечном итоге они всегда проигрывают.

128. Ты не властен здесь решать; Он может простить их, а может и наказать их за их грехи.

129. **БОГУ** принадлежит всё, что на небесах и на земле. Он прощает, кого пожелает, и наказывает, кого пожелает. **БОГ** – Прощающий, Самый Милосердный.

*Ростовщичество запрещено**
130. О вы, кто верует, вы не должны взимать ростовщические проценты, начисляемые многократно. Чтите

БОГА, чтобы вы могли преуспеть.

131. Остерегайтесь адского огня, который уготован неверующим.

132. Вы должны повиноваться **БОГУ** и посланнику, чтобы вы могли быть помилованы.

Качества праведных
133. Вам следует рьяно стремиться к прощению от вашего Господа и к Раю, широта которого объемлет небеса и землю; уготован он праведным,

134. которые дают на благотворительность и в хорошие, и в плохие времена. Они – сдерживающие гнев и прощающие людям. **БОГ** любит благотворительных.

135. Если они впадают в грех или причиняют вред своим душам, они вспоминают **БОГА** и просят прощения за свои грехи – а кто прощает грехи, кроме **БОГА**?! – и они не упорствуют в совершении грехов сознательно.

136. Их вознаграждение – прощение от их Господа и сады с текущими ручьями; они пребудут там вечно. Какая благословенная награда трудящимся!

Победа для праведных
137. Прецеденты были установлены для вас в прошлом; так пройдите же по земле и посмотрите, каковы были

---

*3:124-125. Тридцать разных чисел упоминаются в Коране. Их общая сумма равняется 162146, 19×8534. Это согласуется с математическим чудом Корана (см. Приложение 1).

*3:130. Проценты по банковским вкладам и проценты, начисленные по кредитам, законны, если они не являются чрезмерными (5-15%). Банки инвестируют, и их прибыль переходит к вкладчикам. Так как все стороны счастливы, и никто не страдает, то вполне законно принимать проценты из банка (см. 2:275).

последствия для неверующих.

138. Это воззвание к людям, а также руководство и просветление для праведных.

139. Вы не должны ни колебаться, ни печалиться, ибо вы – окончательные победители, если вы верующие.

140. Если вы испытываете трудности, то ведь противник тоже претерпевает такие же трудности. Мы чередуем дни побед и поражений для людей. Так **БОГ** различает истинных верующих и благословляет некоторых из вас мученичеством. **БОГ** не любит несправедливость.

141. Так **БОГ** укрепляет тех, кто верует, и унижает неверующих.

Наши утверждения должны быть проверены
142. Неужели вы надеетесь, что войдёте в Рай без того, чтобы **БОГ** различил тех из вас, кто усердствует, и различил тех, кто стойко терпит?

143. Вы желали смерти прежде, чем вам пришлось с ней столкнуться. Теперь вы встретились с ней воочию.

144. Мухаммед был не более чем посланником, как и предшествующие ему посланники. Если бы он умер или был убит, неужели вы обратились бы вспять? Любой, кто обратится вспять, тот ничуть не навредит **БОГУ**. **БОГ** вознаграждает благодарных.

Время смерти предопределено
145. Никто не умирает, кроме как по воле **БОЖЬЕЙ** в предначертанное время. Тому, кто желает сует мирской жизни, мы даруем их, а того, кто стремится к вознаграждению в

Будущей жизни, мы благословляем там. Мы вознаграждаем благодарных.

146. Сколько было пророков, рядом с которыми сражались благочестивые люди; при этом они не дрогнули перед тяготами, выпавшими им на пути **БОГА**, не колебались и не отчаивались. **БОГ** любит стойких.

147. Их единственным высказыванием было: «Господь наш, прости нам наши грехи и проступки, укрепи нашу опору и даруй нам победу над неверующими».

148. В результате **БОГ** даровал им вознаграждение в этом мире и ещё лучшее вознаграждение в Будущей жизни. **БОГ** любит творящих добро.

149. О вы, кто верует, если вы подчинитесь неверующим, то они обратят вас вспять, и в конечном итоге вы будете проигравшими.

150. Только **БОГ** – ваш Господь и Властелин, и Он – наилучший покровитель.

Бог контролирует ваших врагов
151. Мы вселим ужас в сердца тех, кто не уверовал, за то, что они создают, помимо **БОГА**, бессильных идолов. Их судьбой станет Ад – какая несчастная обитель для беззаконников!

Битва при Ухуде
152. **БОГ** сдержал Своё обещание пред вами – вы победили их с Его дозволения. Но потом вы заколебались, заспорили между собою и ослушались после того, как Он показал вам (*победу*), которую вы желали.

Впоследствии одни из вас отвлеклись на выгоды этого мира, тогда как другие были верно озабочены Будущей жизнью. Затем Он отвёл вас от них, чтобы испытать вас. Он помиловал вас. **БОГ** осыпает верующих Своей благодатью.

153. Вспомните, как вы бросились бежать (*за трофеями*), не обращая внимания ни на кого, даже тогда, когда посланник призывал вас, находясь в вашем тылу. В результате Он навлёк на вас одно несчастье за другим, чтобы вы не скорбели о том, что вами было упущено, и не мучились из-за трудностей, которые вам пришлось пережить. **БОГ** – Знающий обо всём, что вы делаете.

Момент смерти предопределён
154. После бедствий Он ниспослал вам в успокоение сон, усмиривший некоторых из вас. Другие же среди вас были эгоистично обеспокоены собой. Они питали несправедливые мысли о **БОГЕ** – те же мысли, которые они питали во времена невежества. Таким образом, они говорили: «Разве в нашей воле было что-либо решать?» Скажи: «Все решения принимает **БОГ**». Они скрыли в своих сердцах то, что не открыли тебе. Они сказали: «Если выбор был бы за нами, то никто из нас не был бы убит в этой битве». Скажи: «Даже если бы вы остались в своих домах, то те, кому было суждено погибнуть, приползли бы к своему смертному ложу». Так **БОГ** подвергает вас

испытанию, чтобы выявить ваши истинные убеждения, а также то, что кроется в ваших сердцах. **БОГ** в полной мере знает самые сокровенные мысли.

155. Поистине, те из вас, кто повернул назад в тот день, когда встретились два войска, были обмануты дьяволом. Это отражает некоторые (*злые*) деяния, которые они совершили. **БОГ** помиловал их. **БОГ** – Прощающий, Снисходительный.

156. О вы, кто верует, не будьте подобны неверующим, которые говорили о своих родственниках, находящихся в пути или на войне: «Если бы они остались с нами, то они не погибли бы и не были бы убиты». **БОГ** сделал это причиной печали в их сердцах. **БОГ** управляет жизнью и смертью. **БОГ** – Видящий всё, что вы делаете.

157. Будете ли вы убиты или погибните за дело **БОГА** – прощение от **БОГА** и милосердие гораздо лучше того, что они накапливают.

158. Умрёте ли вы или будете убиты, вы будете собраны перед **БОГОМ**.

Доброта посланника
159. По милости **БОГА** ты был сострадателен к ним. А если бы ты был суров и жестокосерден, то они покинули бы тебя. Поэтому ты должен простить их и просить прощения для них, и советоваться с ними. Когда же ты примешь решение, осуществляй

---

*3:159. Валюта США является единственной валютой, которая содержит фразу: «На Бога мы уповаем». Это факт, что американский доллар был и является наиболее устойчивой валютой в мире и стандартом, по которому оцениваются все остальные валюты.

свой план и уповай на **БОГА**. **БОГ** любит тех, кто уповает на Него.*

160. Если **БОГ** поддерживает вас, то никто не сможет одолеть вас. А если Он покинет вас, то кто же поддержит вас? На **БОГА** верующие должны уповать.

Закон превыше всего

161. Даже пророк не может присвоить больше трофеев, чем ему полагается. Любому, кто возьмёт больше его законной доли, придётся отвечать за это в День Воскресения. И тогда каждая душа сполна получит за всё, что она заработала, без малейшей несправедливости.

162. Разве тот, кто стремится угодить **БОГУ**, подобен тому, кто навлекает на себя гнев **БОГА** и чьей судьбой будет Ад – самая несчастная обитель?

163. Они, несомненно, занимают разные ступени пред **БОГОМ**. **БОГ** – Видящий всё, что они делают.

164. **БОГ** благословил верующих, воздвигнув среди них посланника из их числа для того, чтобы он читал им Его откровения, очищал их, учил их писанию и мудрости. До этого они пребывали в полном заблуждении.

165. Теперь, когда вы потерпели неудачу, хотя и подвергли двойным страданиям (*вашего врага*), вы сказали: «Почему это случилось с нами?» Скажи: «Это последствие ваших деяний». **БОГ** – Всесильный.

166. То, что постигло вас в тот день, когда встретились две армии, произошло по воле **БОЖЬЕЙ** и для того, чтобы распознать верующих.

167. И разоблачить лицемеров, которым было сказано: «Придите и сражайтесь за дело **БОГА** или внесите свой вклад». Они сказали: «Если бы мы умели сражаться, то мы бы присоединились к вам». Они были ближе к неверию, чем к вере. Они произнесли своими устами то, чего не было в их сердцах. **БОГ** знает то, что они утаивают.

168. Оставшись позади, они говорили о своих родственниках: «Если бы они послушались нас, то не были бы убиты». Скажи: «Тогда предотвратите свою собственную смерть, если вы правдивы».

Праведные на самом деле не умирают*

169. Не считайте мёртвыми тех, кто погиб за дело **БОГА**; они живы у Господа своего и наслаждаются Его благами.

170. Они радуются благодати **БОЖЬЕЙ**; а для своих товарищей, которые не погибли с ними, у них есть добрые вести: им нечего бояться, и они не будут опечалены.

171. У них есть добрые вести о **БОЖЬЕЙ** милости и благодати, и о том, что **БОГ** никогда не оставляет верующих без вознаграждения.

---

*3:169. Мы узнаём из Корана, что праведные в действительности не умирают; они просто оставляют свои мирские тела и переходят прямо в тот же Рай, где когда-то жили Адам и Ева (2:154, 8:24, 16:32, 22: 58, 44:56 и 36:26-27, см. также Приложение 17).

---

172. Тех, кто откликаются на зов **БОГА** и посланника, несмотря на преследования, которым они подвергаются, и продолжают совершать добрые дела и вести праведную жизнь, ждёт великая награда.

173. Когда люди говорят им: «Народ собирает силы против вас, вам следует их бояться», – это только укрепляет их веру, и они говорят: «Нам достаточно **БОГА**; Он – самый лучший Защитник».

174. Они заслужили **БОЖЬЮ** милость и благодать. Зло не коснётся их никогда, ибо они получили одобрение **БОГА**. **БОГ** обладает безграничной милостью.

Страх – орудие дьявола

175. Это система дьявола вселять страх в своих подданных. Не бойтесь их, а бойтесь Меня, если вы верующие.

176. Не печалься о тех, кто спешит к неверию. Они ничуть не повредят **БОГУ**. Кроме того, **БОГ** пожелал, чтобы у них не было доли в Будущей жизни. Они навлекли на себя страшное возмездие.

177. Те, кто выбирают неверие вместо веры, не причиняют **БОГУ** ни малейшего вреда; они навлекли на себя мучительное возмездие.

178. Пусть не думают неверующие, что мы обольщаем их для их же блага. Мы только обольщаем их, чтобы подтвердить их греховность. Они навлекли на себя унизительное возмездие.

179. **БОГ** не оставит верующих в том состоянии, в котором вы сейчас, не различив плохого от хорошего. И не сообщит вам **БОГ** о будущем, но **БОГ** наделяет такими знаниями тех, кого Он избирает из Его посланников.* Поэтому вы должны верить в **БОГА** и Его посланников. Если вы будете веровать и вести праведную жизнь, то получите великое вознаграждение.

180. Пусть не думают те, кто удерживают и накапливают блага от **БОГА**, что это хорошо для них; нет, это плохо для них. Ибо в День Воскресения они будут нести свои накопления на шее. **БОГУ** принадлежит наследие небес и земли. **БОГ** – Знающий обо всём, что вы делаете.

Люди продолжают бросать вызов Богу

181. **БОГ** услышал высказывания тех, кто сказал: «**БОГ** беден, а мы богаты». Мы запишем всё, что они говорили, так же как мы записали то, как они несправедливо убивали пророков, и мы скажем: «Вкусите возмездие Ада.

182. Это последствие ваших собственных деяний». **БОГ** никогда не поступает несправедливо с людьми.

183. Это они сказали: «**БОГ** заключил завет с нами, что мы не будем верить ни одному посланнику, пока он не явится с жертвой, которую пожрёт огонь». Скажи: «До меня к вам приходили посланники с ясными знамениями и с тем, что вы только что

---

*3:179. Конец света является одним из примеров будущих событий, открытых Божьему Посланнику Завета. См. примечание к 72:27.

потребовали. Почему же вы убили их, если вы говорите правду?»

184. Если они отвергнут тебя, то и предшествующие тебе посланники были отвергнуты, даже несмотря на то, что они приносили доказательства, Псалмы и просвещающее писание.

Великий триумф
185. Каждый человек вкусит смерть, затем вы получите ваше воздаяние в День Воскресения. Тот, кто, едва миновав Ад, войдёт в Рай, достигнет великого триумфа. Эта мирская жизнь не больше, чем иллюзия.

Неизбежное испытание*
186. Вы непременно будете испытаны своими деньгами и своей жизнью, и вы услышите от тех, кто получил писание, и от идолопоклонников много оскорблений. Если вы будете стойко терпеть и вести праведную жизнь, то это докажет силу вашей веры.

187. **БОГ** взял завет с тех, кто получил писание: «Вы должны провозгласить его людям и никогда не скрывать его». Но они бросили его за спины и продали его за ничтожную цену. Какая жалкая торговля.

188. Пусть не думают те, кто хвастаются своими поступками и желают, чтобы их хвалили за то, что они вовсе и не совершали, что они смогут избежать возмездия. Они навлекли на себя мучительное возмездие.

189. **БОГУ** принадлежит верховная власть над небесами и землёй. **БОГ** – Всесильный.

Те, кто обладают умом
190. В сотворении небес и земли, в чередовании ночи и дня заключены знамения для тех, кто обладает умом.

191. Они помнят **БОГА*** стоя, сидя и на боку, и они размышляют о создании небес и земли: «Господь наш, Ты не сотворил всё это понапрасну. Слава Тебе. Спаси нас от возмездия Ада.

192. Господь наш, те, кого Ты предашь Аду, это те, кого Ты покинул. У таких беззаконников нет помощников.

193. Господь наш, мы услышали зов того, кто призывал к вере и провозглашал: "Вы должны верить в Господа вашего", – и мы уверовали. Господь наш, прости нам наши грехи, отпусти нам наши прегрешения и позволь нам умереть, будучи праведными верующими.

194. Господь наш, осыпь нас благодатью, которую Ты обещал нам через Своих посланников, и не оставляй нас в День Воскресения. Ты никогда не нарушаешь обещаний».

---

*3:186. После прохождения вступительных испытаний утверждённые почитатели ТОЛЬКО Бога наслаждаются совершенной жизнью, теперь и навсегда. См. 29:2-3, 10:62 и 24:55.

*3:191. Вашим богом является то, о чём или о ком вы думаете большую часть времени. Истинные верующие помнят Бога большую часть времени. См. 23:84-89 и Приложение 27.

Ответ Бога

195. Господь их ответил им: «Я никогда не оставлю без награды ни одно деяние, совершённое кем-либо из вас, будь вы мужчина или женщина – вы равны друг другу. Поэтому тем, кто мигрировал и был выселен из своих домов, и кто подвергался преследованиям из-за Меня, кто сражался и был убит, Я непременно прощу их грехи и введу их в сады с текущими ручьями». Такова награда от **БОГА**. **БОГУ** принадлежит окончательная награда.

196. Пусть не впечатляет тебя кажущийся успех неверующих.

197. Они только наслаждаются временно, а затем попадают в Ад; какая несчастная судьба!

198. Что же до тех, кто почитает своего Господа, они заслужили сады с текущими ручьями; они пребудут там вечно. Такова обитель, дарованная им **БОГОМ**. То, что у **БОГА**, – гораздо лучше для праведных.

Праведные иудеи и христиане

199. Безусловно, некоторые последователи предыдущих писаний веруют в **БОГА** и в то, что ниспослано вам и что было ниспослано им. Они благоговеют перед **БОГОМ**, и они никогда не продают откровения **БОГА** за ничтожную цену. Они получат вознаграждение от их Господа. **БОГ** – самый исполнительный в расчёте.

200. О вы, кто верует, вы должны быть стойки, вы должны упорствовать, вы должны быть сплочены, вы должны почитать **БОГА**, чтобы вы могли преуспеть.

****

Сура 4: Женщины (Аль-Ниса)

Во имя Бога, Самого Милостивого, Самого Милосердного

1. О люди, почитайте Господа вашего: Того, кто сотворил вас из одного существа и сотворил из него пару ему, а затем распространил от них обоих множество мужчин и женщин. Вы должны считаться с **БОГОМ**, которым вы клянётесь, и считаться с родителями. **БОГ** наблюдает за вами.*

Считайтесь с сиротами

2. Вы должны отдать сиротам их законное имущество. Не заменяйте хорошее плохим и не потребляйте их имущества, объединяя их с вашим. Это было бы вопиющей несправедливостью.

Основания для многожёнства

3. Если вы считаете, что так лучше для сирот, то вы можете жениться на их матерях – вы можете жениться на двух, трёх или четырёх. Если вы боитесь, что не будете справедливы, то вы должны довольствоваться только одной или тем, что у вас уже есть. Кроме того, так вы, скорее всего,

---

*4:1. Это вторая по длине сура, и название указывает, что она направлена на защиту прав женщин. Любая интерпретация должна быть в пользу прав женщин, а не наоборот.

*4:3. См. Приложение 30 для детального обсуждения многожёнства.

избежите финансовых трудностей.

4. Вы должны дать женщинам их надлежащий брачный дар по справедливости. Если они добровольно откажутся от чего-нибудь, то вы можете принять это; оно по праву ваше.

5. Не давайте незрелым сиротам того имущества, которое **БОГ** поручил вам как опекунам. Вы должны обеспечивать их из него и одевать их, и относиться к ним доброжелательно.

6. Вы должны испытать сирот, когда они достигнут половой зрелости. Как только вы найдете их достаточно развитыми, отдайте им их имущество. Не потребляйте его спешно, излишествуя, прежде чем они вырастут. Богатый опекун не должен взимать никакой платы, но бедному опекуну можно взимать плату по справедливости. Когда вы отдаёте им их имущество, вы должны иметь свидетелей. **БОГА**, Ведущего подсчёт, достаточно.

Права наследования для женщин
7. Мужчинам причитается доля того, что оставляют после себя родители и родственники. Женщины тоже должны получить долю того, что родители и родственники оставляют после себя. Будь то маленькое или большое наследство, (*женщинам причитается*) определённая доля.

8. Если при разделе наследства присутствуют родственники, сироты и нуждающиеся, то вы должны дать им из него и относиться к ним доброжелательно.

9. Те, кто обеспокоены своими собственными детьми, в случае если они оставят их после себя, должны почитать **БОГА** и быть справедливыми.

10. Те, кто несправедливо потребляют имущество сирот, пожирают огонь, наполняя им свои животы, и будут страдать в Аду.

Если не оставлено завещание*
11. **БОГ** предписывает оставить завещание на благо ваших детей; мужчине причитается в два раза больше доли женщины.* Если наследниками являются только женщины, и их больше двух, то им надлежит две трети того, что завещано. Если есть лишь одна дочь, то она получает половину. Каждому из родителей умершего причитается одна шестая часть наследства, если умерший оставил после себя детей. Если он не оставил детей, и его родители являются единственными наследниками, то мать получает одну треть. Если у него есть братья и сёстры, то матери причитается одна шестая. Всё это – после исполнения завещания,* оставленного умершим, и после выплаты всех долгов. Когда дело касается ваших родителей и ваших детей, то вы не знаете, кто из них действительно лучше для вас и приносит вам больше пользы. Таков закон **БОГА**. **БОГ** – Всеведущий, Самый Мудрый.

---

*4:11. Как правило, сын отвечает за семью, в то время как о дочери заботится муж. Тем не менее, Коран рекомендует в 2:180, что завещание должно быть оставлено в соответствии с конкретными обстоятельствами умершего. Например, если сын богатый, а дочь бедная, то можно завещать дочери всё или вдвое больше, чем сыну.

Наследство для супругов

12. Вам причитается половина того, что оставляют после себя ваши жёны, если у них не было детей. Если у них были дети, то вы получаете одну четвёртую того, что они оставляют. Всё это – после исполнения завещания, оставленного ими, и после выплаты всех долгов. Им причитается одна четвёртая того, что вы оставляете после себя, если у вас не было детей. Если у вас были дети, то они получают одну восьмую того, что вы завещали. Всё это – после исполнения завещания, оставленного вами, и после выплаты всех долгов. Если умерший мужчина или умершая женщина были одинокими и оставляют двух братьев или сестёр, то каждый из них обоих получает одну шестую долю наследства. Если братьев и сестёр больше, то им надлежит поделить в равной степени одну треть наследства. Всё это – после исполнения какого-либо завещания и после выплаты всех долгов для того, чтобы никто не пострадал. Таково завещание, предписанное **БОГОМ**. **БОГ** – Всеведущий, Снисходительный.

Бог общается с нами через Своего посланника

13. Таковы законы **БОГА**. Тех, кто повинуется **БОГУ** и Его посланнику, Он введёт в сады с текущими ручьями, в которых они пребудут вечно. Это – величайший триумф.

14. А того, кто не повинуется **БОГУ** и Его посланнику и нарушает Его законы, Он ввергнет в Ад, в котором он пребудет вечно. Он навлёк на себя позорное возмездие.

Карантин для поддержания здоровья

15. Если кто-либо из ваших женщин совершает прелюбодеяние, то вы должны призвать в свидетели против них четырёх из вас. Если они засвидетельствуют это, то вы должны держать таких женщин в их домах, пока их не постигнет смерть, или пока **БОГ** не создаст для них иной выход.*

16. Пара, совершившая прелюбодеяние, должна быть наказана.* Если они покаются и исправятся, то вы должны оставить их в покое. **БОГ** – Искупитель, Самый Милосердный.

Покаяние

17. **БОГ** принимает покаяние тех, кто совершает грех по неведению и после немедленно раскаивается. **БОГ** прощает их. **БОГ** – Всеведущий, Самый Мудрый.

18. Не принимается покаяние у тех,

4:15. Женщина, которую видели четыре человека в момент совершения прелюбодеяния при четырёх различных обстоятельствах с четырьмя разными партнёрами, представляет опасность для общественного здоровья. Такая женщина является хранилищем микробов, и установление карантина защищает общество от неё. Хорошим примером исхода, который спасает женщину, содержащуюся в карантине, является брак – кто-то, возможно, женится на ней и, таким образом, защитит её и общество.

4:16. Общественное разоблачение грешников является основным сдерживающим средством, как мы видим в 5:38 и 24:02.

кто совершают грехи до тех пор, пока не предстанет пред ними смерть, а затем говорят: «Теперь я каюсь». Оно также не принимается у тех, кто умирают неверующими. Для них мы приготовили мучительное возмездие.

19. О вы, кто верует, вам не дозволено наследовать то, что оставляют после себя женщины, против их воли. Вы не должны заставлять их отказываться от того, что вы дали им, если только они не совершили доказанное прелюбодеяние. Вы должны относиться к ним хорошо. Если вы испытываете к ним неприязнь, то ведь вам может быть неприятно то, в чём **БОГ** заложил много добра.

Защита для женщин
20. Если вы хотите заменить вашу нынешнюю жену другой, и вы дали какой-либо из них очень много, то вы не должны отбирать ничего из того, что вы ей дали. Неужели вы отобрали бы это обманным путём, поступая злобно и греховно?

21. Как вы можете отобрать это, после того как между вами была близость и они взяли с вас торжественное обещание?

Уважение к отцу
22. Не вступайте в брак с женщинами, которые ранее были замужем за вашими отцами, – существующие браки являются исключением и не должны разрушаться – ведь это тяжкое преступление и отвратительный акт.

Кровосмешение запрещено
23. Запрещены вам (*для вступления в брак*) ваши матери, ваши дочери, ваши сёстры, сёстры ваших отцов, сёстры ваших матерей, дочери вашего брата, дочери вашей сестры, матери, вскормившие вас грудью, ваши молочные сёстры, матери ваших жён, дочери ваших жён, с которыми вы вступили в супружескую связь, – но если вы не имели близости с ними, то вы можете жениться на этой дочери. Также запрещены вам женщины, которые состояли в браке с вашими генетическими сыновьями. Кроме того, вы не должны быть женаты одновременно на двух сёстрах, но не разрушайте существующие браки. **БОГ** – Прощающий, Самый Милосердный.

Взаимная симпатия и брачный дар обязательны
24. Также запрещены женщины, которые уже состоят в браке, если только они не покинут своих неверующих мужей, которые воюют с вами.* Таковы **БОЖЬИ** заповеди для вас. Все остальные категории разрешаются вам для вступления в брак с условием, что вы заплатите им должный брачный дар. Вы должны поддерживать вашу нравственность, не совершая прелюбодеяния. Таким образом, той, кто вам понравился из них, вы должны заплатить брачный дар, установленный для неё. На вас не будет вины, если по взаимному согласию вы внесёте поправки в брачный дар. **БОГ** – Всеведущий, Самый Мудрый.

---

*4:24. Если верующие женщины бежали от своих неверующих мужей, которые находятся в состоянии войны с верующими, то они не должны получать развод для того, чтобы повторно вступить в брак. Смотрите 60:10.

25. Те из вас, кто не обладают достатком, чтобы жениться на свободных верующих женщинах, могут жениться на верующих рабынях. **БОГ** лучше знает о вашей вере, а когда дело касается веры, то вы равны друг другу. Прежде чем жениться на них, вы должны получить разрешение от их попечителей, и заплатите им должный брачный дар по справедливости. Они должны поддерживать нравственное поведение, не совершая прелюбодеяния и не имея тайных любовников. Если же после обретения свободы благодаря браку они совершат прелюбодеяние, то их наказание должно быть равно половине наказания свободных женщин.* Женитьба на рабыне должна быть крайним случаем для тех, кто не может ждать. Но для вас будет лучше, если вы проявите терпение. **БОГ** – Прощающий, Самый Милосердный.

26. **БОГ** желает разъяснить вам вещи и повести вас путём прошлых прецедентов, и простить вас. **БОГ** – Всеведущий, Самый Мудрый.

Божья милость
27. **БОГ** желает простить вас, а те, кто предаются своим страстям, желают, чтобы вы сильно отклонились в сторону.

28. **БОГ** желает облегчить ваше бремя, ведь человек создан слабым.

Убийство, самоубийство и незаконные доходы запрещены
29. О вы, кто верует, не потребляйте имущества друг друга незаконным путём – разрешаются вам только сделки, заключённые по обоюдному согласию. Вы не должны убивать себя. **БОГ** Милосерден к вам.

30. Каждого, кто совершит эти преступления злонамеренно и умышленно, мы обречём на Ад. **БОГУ** легко это сделать.

31. Если вы воздержитесь от совершения тяжких грехов, которые запрещены вам, то мы простим ваши грехи и примем вас почётным приёмом.

Мужчины и женщины наделены уникальными качествами
32. Вы не должны желать качеств, которыми **БОГ** наделил других: мужчины обладают определёнными качествами, и женщины обладают определёнными качествами. Вы можете умолять **БОГА** осыпать вас Его милостью. Ведь **БОГ** в полной мере знает о всякой вещи.

Не возражайте против законов о наследовании, установленных Богом
33. Для каждого из вас мы определили долю наследства, оставляемого родителями и родственниками. А также тем, которые связаны с вами браком, вы должны отдать должную долю. **БОГ** видит все вещи.

Не бейте свою жену*
34. На мужчин возложена ответственность за женщин,** и **БОГ** наделил их определёнными качествами и

---

*4:25. Этот закон доказывает, что наказанием за супружескую измену не может быть забивание камнями до смерти, как указано в законах заблуждающихся мусульман (см. 4:2).

сделал их кормильцами. Праведные женщины с радостью примут такой уклад, поскольку это – **БОЖЬЯ** заповедь, и будут чтить своих мужей в их отсутствие. Если женщины бунтуют против вас, то вы сначала должны поговорить с ними, затем (*вы можете воспользоваться негативными стимулами, такими как*) избегание их на супружеском ложе, после вы можете (*как последнее средство*) ударить их. Если они повинуются вам, то вам не дозволено преступать пределы в отношении их. **БОГ** – Всевышний, Верховный.

Брачный арбитраж

35. Если пара опасается разрыва, то вы должны назначить арбитра из его семьи и арбитра из её семьи; если они решат помириться, то **БОГ** поможет им сойтись. **БОГ** – Всеведущий, Осведомлённый.

Основные заповеди

36. Вы должны поклоняться только **БОГУ** – не ассоциируйте с Ним ничего. Вы должны считаться с родителями, с родственниками, с сиротами, с бедными, с соседом-родственником и с соседом, не состоящим с вами в родстве, с близким товарищем, с путешествующим иноземцем и с вашими слугами. **БОГ** не любит высокомерных хвастунов.

37. Те, кто скупы, призывают людей быть скупыми и утаивают то, что **БОГ** даровал им из Своих щедрот. Мы уготовили неверующим позорное возмездие.

38. Они дают деньги на благотворительность только напоказ, и при этом не веруют в **БОГА** и в Последний День. Если чьим-либо спутником является дьявол, то это наихудший спутник.

39. Почему они не веруют в **БОГА** и в Последний День и не расходуют из того, чем наделил их **БОГ**? **БОГУ** известно всё о них.

Божественная справедливость

40. **БОГ** не причиняет несправедливости даже весом в атом. Напротив, Он многократно приумножает награду за праведные дела и воздаёт от Себя великое вознаграждение.

---

*4:34. *Бог запрещает бить жену, используя лучший психологический подход. Например, если я не хочу, чтобы вы покупали товары на Рынке X, то я прошу вас делать покупки на рынке Y, затем на рынке Z, и затем, как последнее средство, – на рынке X. Это эффективно остановит вас от покупки на рынке X, не оскорбляя вас. Точно так же Бог даёт альтернативы, касающиеся избиения жены: сначала объяснитесь с ней, и только тогда прибегайте к применению определённых отрицательных стимулов. Помните, что темой этой суры является защита прав женщин и борьба с распространённым угнетением женщин. Любое толкование стихов этой суры должно быть в пользу женщин. Тема этой суры – «защита женщин».*

**4:34. *Это выражение просто означает, что Бог назначает мужа «капитаном корабля». Брак, как корабль, и капитан управляет им после соответствующих консультаций со своими офицерами. Верующая жена с готовностью принимает назначение Бога без мятежа.*

---

41. Таким образом, когда наступит день (суда), мы призовём по свидетелю от каждой общины, и ты (посланник) будешь свидетелем среди этих людей.

42. В тот день те, которые не уверовали и ослушались посланника, пожелают, чтобы они сровнялись с землёй; они не смогут утаить от **БОГА** ни одного слова.

Что делает омовение недействительным

43. О вы, кто верует, не совершайте Контактные Молитвы (Салат), находясь в состоянии опьянения, затем, чтобы вы осознавали, что говорите. А также после сексуального оргазма, не искупавшись, если только вы не путешественники в дороге; если вы больны или находитесь в путешествии, или у вас имело место мочеиспускание или фекальные выделения (например, газы), или вы имели близость (половую) с женщинами и не можете найти воды, то вы должны соблюсти Тайаммум (сухое омовение) – касаясь чистой, сухой почвы, затем обтирая ею ваши лица и руки. **БОГ** – Извиняющий, Прощающий.

44. Обратил ли ты внимание на тех, кто получил часть писания, и как они выбрали заблуждение и хотят, чтобы вы сбились с пути?

45. **БОГ** лучше знает, кто ваш враг.

БОГ – единственный Господь и Властелин. **БОГ** – единственный Покровитель.

46. Среди иудеев есть такие, которые искажают истинное значение слов и говорят: «Мы слышим, но не повинуемся», и «Твои слова проходят мимо ушей», и «Ра'ина* (будь нашим пастырем)», – так они высмеивают религию, кривя своими языками. Если бы они сказали: «Мы слышим и повинуемся» и «Мы слышим тебя», и «Унзурна (присматривай за нами)», то это было бы лучше для них и праведнее. Однако они навлекли на себя осуждение **БОГА** из-за их неверия. Следовательно большинство из них не могут уверовать.

47. О вы, получившие писание, вы должны поверить в то, что мы ниспослали здесь в подтверждение того, что у вас есть, пока мы не сослали определённых лиц в изгнание или осудили их, как мы осудили тех, кто осквернил Шаббат. Повеление **БОГА** исполняется.

Непростительный грех

48. **БОГ** не прощает идолопоклонства,* но Он прощает менее тяжкие грехи тому, кому Он пожелает. Тот, кто создаёт идолов наряду с **БОГОМ**, совершает ужасное преступление.

49. Обратил ли ты внимание на тех, кто превозносит себя? Нет, это **БОГ** превозносит, кого Он пожелает, без малейшей несправедливости.

---

*4:46. Слово «Ра'ина» было искажено некоторыми ивритоязычными людьми до такой степени, что оно звучит как брань. См. 2:104.

*4:48. Идолопоклонство не простительно, если сохраняется до смерти. Всегда можно покаяться в совершении любого правонарушения, в том числе идолопоклонства, до прихода смерти (см. 4:18 и 40:66).

50. Заметь, как они выдумывают ложь о **БОГЕ**; какое же это тяжкое преступление!

51. Обратил ли ты внимание на тех, кто получил часть писания, и как они верят в идолопоклонство и ложные учения, затем говорят: «Неверующие следуют более верным путём, чем верующие»?!

52. Это они навлекли на себя осуждение **БОГА**, а кого **БОГ** осуждает, тому ты не найдёшь ни одного помощника.

53. Неужели они обладают долей верховной власти? Будь это так, то они не дали бы людям даже одного зёрнышка.

54. Или они завидуют людям за то, что **БОГ** осыпал их Своей благодатью? Мы даровали семье Авраама (Ибрагима) писание и мудрость; мы одарили их великой властью.

55. Одни из них поверили в него, а другие среди них отвернулись от него; единственное справедливое возмездие для них – это Ад.

Аллегорические описания Ада

56. Несомненно, тех, кто не веруют в наши откровения, мы обречём на адский огонь. Всякий раз, когда их кожа будет сожжена, мы заменим её новой кожей. Таким образом, они будут страдать непрерывно. **БОГ** – Всемогущий, Самый Мудрый.

57. А тех, кто верует и ведёт праведную жизнь, мы введём в сады с текущими ручьями; они пребудут там вечно. Там у них будут чистые супруги. Мы введём их в блаженную тень.

Призвание к честности и справедливости

58. **БОГ** велит вам возвращать всё, что люди вверили вам. Если вы судите среди людей, то вы должны судить по справедливости. Воистину, лучшим просвещением является то, что **БОГ** рекомендует для вас. **БОГ** – Слышащий, Видящий.

59. О вы, кто верует, вы должны повиноваться **БОГУ**, и вы должны повиноваться посланнику и тем, кто руководит вами. Когда вы спорите по какому-либо вопросу, то вы должны обратиться с ним к **БОГУ** и посланнику, если вы действительно верите в **БОГА** и в Последний День. Это лучше для вас и предоставляет вам наилучшее решение.

Верующие или лицемеры?

60. Обратил ли ты внимание на тех, кто утверждают, что они веруют в ниспосланное тебе и в ниспосланное до тебя, однако придерживаются несправедливых законов своих идолов? Им было приказано отвергнуть такие законы. Воистину, это дьявол желает ввести их в глубокое заблуждение.

61. Когда им говорят: «Придите к тому, что ниспослал **БОГ**, и к посланнику», – ты видишь, как лицемеры совершенно избегают тебя.

62. Что же будет, когда бедствие постигнет их как последствие их собственных деяний? Они придут к тебе тогда и будут клясться **БОГОМ**: «Наши намерения были добрыми и благочестивыми!»

63. **БОГ** в полной мере знает об их самых сокровенных намерениях. Ты должен игнорировать их, просветлять их и давать им хороший совет, который может спасти их души.

Беспрекословная покорность – качество настоящих верующих

64. Мы отправляли каждого посланника только для того, чтобы ему повиновались в соответствии с **БОЖЬЕЙ** волей. Если бы они, после того, как причинили зло своим душам, пришли к тебе и молили **БОГА** о прощении, и если бы посланник попросил прощения за них, то они нашли бы **БОГА** Прощающим, Самым Милосердным.

65. Но нет – клянусь твоим Господом – они не верующие, пока не придут к тебе для того, чтобы ты рассудил в их спорах, и не примут твоё решение без малейшего сомнения в их сердцах. Они должны покориться полной покорностью.

Испытания Бога всегда благоразумны

66. Если бы мы предписали им: «Вы должны пожертвовать своей жизнью» или «Покинуть свои дома», – то лишь немногие их них совершили бы это. *(Даже если бы такое повеление было издано)*, если бы они выполнили то, что им было велено сделать, то это было бы лучше для них и доказало бы прочность их веры.

67. И мы даровали бы им великую награду.

68. И мы повели бы их правильным путём.

Равенство верующих

69. Те, кто повинуются **БОГУ** и посланнику, принадлежат к кругу тех, кто благословен **БОГОМ**, – пророков, святых, мучеников и праведников. Это – самая лучшая компания.

70. Таково благословение от **БОГА**; **БОГ** – Самый Знающий.

71. О вы, кто верует, вы должны быть бдительны и должны мобилизоваться поодиночке или все вместе.

72. Безусловно, среди вас есть такие, которые волочат время; впоследствии, когда несчастье постигает вас, они говорят: «**БОГ** благословил меня тем, что я не подвергся мученической смерти с ними».

73. Но если нисходит на вас благословение от **БОГА**, то они говорят, словно между ними и вами не было никакой дружбы: «О, если бы только я был с ними, дабы поучаствовать в такой великой победе».

74. Те, кто охотно сражаются за дело **БОГА**, – это те, кто отказываются от этого мира в пользу Будущей жизни. Каждого, кто будет сражаться за дело **БОГА** и будет убит или одержит победу, мы непременно одарим великим вознаграждением.

Верующие бесстрашны

75. Почему вам не сражаться за дело **БОГА**, когда слабые мужчины, женщины и дети умоляют: «Господь наш, избавь нас от этого селения, жители которого – притеснители, и будь Ты нашим Господом и Властелином» .

76. Те, кто веруют, борются за дело

БОГА, а те, кто не веруют, борются за тиранство. Поэтому вы должны сражаться с союзниками дьявола; власть дьявола равна нулю.

77. Обратил ли ты внимание на тех, кому было сказано: «Вы не должны сражаться; всё, что вам нужно делать – это соблюдать Контактные Молитвы (*Салат*) и давать на обязательную благотворительность (*Закят*)», – затем, когда им было предписано сражаться, они стали бояться людей так же, как боялись **БОГА**, или даже больше того? Они сказали: «Господь наш, зачем Ты навязал на нас это сражение? Если бы только Ты дал нам отсрочку на некоторое время!» Скажи: «Принадлежности этого мира ничтожны, а Будущая жизнь гораздо лучше для праведных, и вы никогда не подвергнетесь ни малейшей несправедливости».

*Бог – Исполнитель всего**
78. Где бы вы ни находились, смерть настигнет вас, даже если вы живёте в огромном замке. Когда случается что-либо хорошее с ними, они говорят: «Это – от **БОГА**», а когда постигает их что-либо плохое, то они обвиняют тебя. Скажи: «Всё исходит от **БОГА**». Почему эти люди почти всё понимают неправильно?

От Бога не исходит ничего плохого
79. Всё хорошее, что постигает тебя, – это от **БОГА**, а всё плохое, что постигает тебя, – от тебя самого. Мы послали тебя к людям посланником,* и **БОГА** как свидетеля достаточно.

80. Кто повинуется посланнику, тот повинуется **БОГУ**. Что же до тех, кто отворачивается, то мы не послали тебя быть их попечителем.

81. Они обещают повиноваться, но стоит им тебя покинуть, как некоторые из них утаивают намерения, противоречащие тому, что они говорят. **БОГ** записывает их самые сокровенные намерения. Ты не должен обращать на них внимания, и уповай на **БОГА**. **БОГА** как защитника достаточно.

Доказательство божественного авторства
82. Почему они не изучают Коран внимательно? Если бы он был не от **БОГА**, то они нашли бы в нём множество противоречий.*

4:78. Плохие события являются следствием наших собственных деяний (42:30, 64:11), хотя Бог и исполняет всё (8:17). Бог создал огонь, чтобы он служил нам, но вы можете решить коснуться его пальцем. Таким образом, мы вредим себе. Это Божий закон, что если вы прикоснётесь пальцем к огню, то будет больно.

4:79. Мухаммеду не было предоставлено никаких доказательств о пророчестве. Отсюда выражение «Бога достаточно в качестве свидетеля» (29:51-52). Гематрическое значение слова «Мухаммед» составляет 92, а 92+79 = 171 = 19x9.

4:82. Хотя Коран был низведен во времена Средневековья, вы не можете найти никакого вздора в нём – ещё одно доказательство божественного авторства (см. Введение и Приложение 1).

Остерегайтесь дьявольских слухов

83. Когда доходит до них слух, касающийся безопасности, они распространяют его. Если бы они обратились с ним к посланнику или тем, кто руководит ими, то знающие толк в таких делах известили бы их. Если бы не **БОЖЬЯ** благодать и милость Его к вам, то вы, кроме немногих, последовали бы за дьяволом.

84. Ты должен бороться за дело **БОГА**; ты несёшь ответственность только за свою собственную душу, и призывай верующих делать то же самое. **БОГ** нейтрализует силу неверующих. **БОГ** гораздо более могущественный и более результативный.

Ответственность

85. Тому, кто выступит посредником в добром деле, будет приписана доля заслуги, а тот, кто выступит посредником в злом деле, навлечёт на себя долю участия в нём. **БОГ** управляет всем.

Вы должны быть вежливы

86. Когда к вам обращаются с приветствием, вы должны отвечать лучшим приветствием или, по крайней мере, равным ему. **БОГ** учитывает всякую вещь.

87. **БОГ**: нет бога, кроме Него. Он непременно соберёт вас в День Воскресения – неизбежный день. Кто правдивее **БОГА** в повествовании?

Как обходиться с лицемерами

88. Зачем вы разделяетесь на две группы в отношении лицемеров *(среди вас)*? Ведь это **БОГ** осудил их из-за их собственного поведения. Неужели вы хотите наставить на прямой путь тех, кого **БОГ** ввёл в заблуждение? Тем, кого **БОГ** вводит в заблуждение, ты никак не сможешь указать прямой путь.

89. Они желают, чтобы вы не уверовали, подобно им, и чтобы вы были равны. Не считайте их друзьями, пока они не мобилизуются вместе с вами за дело **БОГА**. Если они обернутся против вас, то вы должны сражаться с ними, и вы можете убивать их при столкновении с ними на войне. Вы не должны брать их ни в друзья, ни в союзники.*

90. За исключением тех, кто присоединяются к людям, с которыми вы подписали мирный договор, а также тех, которые приходят к вам, не желая сражаться ни против вас, ни против их родственников. Если бы **БОГ** пожелал, то Он позволил бы им сразиться против вас. Поэтому, если они оставят вас в покое, откажутся от сражения с вами и предложат вам мир, то **БОГ** не даёт вам повода для борьбы с ними.

91. Вы обнаружите, что есть и другие, желающие заключить мир с вами, а также со своим народом. Однако, как только начинается война, они воюют против вас. Если эти люди не оставят вас в покое, не предложат вам мир и не прекратят воевать с вами, то вы можете сражаться с ними при столкновении. Против них мы предоставляем вам полное право.

4:89. Основное правило регулирования всех сражений изложено в 60:8-9.

Вы не должны убивать

92. Ни один верующий не должен убивать другого верующего, если только это не случайность. Тот, кто убил верующего по случайности, должен искупить свою вину путём освобождения верующего раба и выплаты компенсации семье жертвы, если только они не откажутся от такой компенсации в качестве благотворительности. Если потерпевший был из людей, которые находятся в состоянии войны с вами, хотя он был верующим, то в качестве искупления вы должны освободить верующего раба. Если он принадлежал к людям, с которыми вы подписали мирный договор, то вдобавок к освобождению верующего раба вы должны заплатить компенсацию. Если вы не можете найти* раба для освобождения, то в искупление вы должны поститься два месяца подряд, для того чтобы быть помилованным **БОГОМ**. **БОГ** – Знающий, Самый Мудрый.

Непростительное преступление

93. Если кто-либо убьёт верующего преднамеренно, то его возмездием будет Ад, в котором он пребудет вечно. **БОГ** гневается на него, осуждает его и приготовил ему страшное возмездие.

94. О вы, кто верует, если вы наносите удар за дело **БОГА**, то вы должны быть абсолютно уверены. Не говорите тому, кто предлагает вам мир: «Ты не верующий», – стремясь к выгодам этого мира. Ведь **БОГ** обладает безграничной добычей. Помните, что вы прежде были такими же, как они, но **БОГ** благословил вас. Поэтому вы должны быть абсолютно уверены (*прежде чем наносить удар*). **БОГ** в полной мере Знающий обо всём, что вы делаете.

Высшие степени для усердствующих

95. Не равняются между собою отсиживающиеся среди верующих, которые не являются инвалидами, и те, кто усердствуют в деле **БОГА** своими деньгами и своей жизнью. **БОГ** превозносит усердствующих своими деньгами и своей жизнью над отсиживающимися. И тем и другим **БОГ** обещает спасение, но **БОГ** возвышает усердствующих над отсиживающимися путём великого вознаграждения.

96. Высшие степени исходят от Него, а также прощение и милосердие. **БОГ** – Прощающий, Самый Милосердный.

Апатия осуждена

97. Тех, чья жизнь была прекращена ангелами в то время, как они причиняли вред своим душам, ангелы спросят: «В чём была ваша проблема?» Они скажут: «Мы были притеснены на земле». Они скажут: «Разве земля **БОГА** не была достаточно обширной для того, чтобы вы мигрировали на ней?» Их конечной обителью станет Ад; какая несчастная судьба!

---

*4:92. Так как рабства не существует, то для искупления преступник должен поститься два месяца подряд.

---

98. Исключением являются слабые мужчины, женщины и дети, у которых нет ни сил, ни средств, чтобы найти выход из положения.

99. Эти могут быть помилованы **БОГОМ**. **БОГ** – Извиняющий, Прощающий.

100. Каждый, кто мигрирует за дело **БОГА**, найдёт на земле большие дары и богатства. Каждому, кто покидает свой дом, мигрировав к **БОГУ** и Его посланнику, и затем его постигает смерть, у **БОГА** уготовано его вознаграждение. **БОГ** – Прощающий, Самый Милосердный.

101. Когда вы путешествуете во время войны, вы не совершите ошибки, укоротив Контактные Молитвы (*Салат*), если вы боитесь, что неверующие могут напасть на вас. Безусловно, неверующие – ваши ярые враги.

Меры предосторожности на войне
102. Когда ты находишься с ними и ведёшь для них Контактную Молитву (*Салат*), пусть одни из вас стоят на страже; пусть они держат при себе своё оружие и стоят позади вас, когда вы падаете ниц. Затем, пусть помолится с тобой другая группа, которая не молилась, в то время как другие будут стоять на страже с оружием в руках. Неверующим хотелось бы, чтобы вы пренебрегли вашим оружием и снаряжением для того, чтобы напасть на вас раз и навсегда. На вас не будет вины, если испытав неудобство от дождя или травмы, вы отложите своё оружие при условии, что вы останетесь бдительны. **БОГ** уготовил неверующим позорное возмездие.

Контактные Молитвы
103. Когда вы завершите Контактную Молитву (*Салат*), вы должны помнить **БОГА** стоя, сидя или лежа.* Как только закончится война, вы должны соблюдать Контактные Молитвы (*Салат*); Контактные Молитвы (*Салат*) предписаны верующим в определённое время.

104. Не колеблитесь при преследовании врага. Если вы страдаете, то они тоже страдают. Однако вы ожидаете от **БОГА** то, чего они никогда не ожидают. **БОГ** – Всеведущий, Самый Мудрый.

105. Поистине, мы ниспослали тебе писание для того, чтобы ты судил между людьми согласно тому, что тебе показал **БОГ**. Ты не должен поддерживать изменников.

106. Ты должен просить прощения у **БОГА**. **БОГ** – Прощающий, Самый Милосердный.

Не защищайте беззаконников
107. Не спорь в оправдание тех, кто

---

*4:103. Вашим богом является то, о чём или о ком вы думаете большую часть дня. Для того, чтобы принадлежать Царству Божьему и наслаждаться Его милостью и защитой, Коран призывает нас помнить о Боге «всегда» (2:152 и 200, 3:191, 33:41-42). Этот значительный факт объясняет многочисленные стихи, утверждающие, что «большинство» тех, кто верует в Бога, отправятся в Ад (12:106, 23:84-89, 29:61-63, 31:25, 39:38, 43:87). См. примечание к 3:191 и Приложение 27.

навредил своим собственным душам; **БОГ** не любит предателей, виновных.

108. Они скрываются от людей, но не тревожатся о том, чтобы скрыться от **БОГА**, хотя Он находится с ними, когда они питают неугодные Ему идеи. **БОГУ** в полной мере известно всё, что они делают.

Вы не помогаете им, будучи «любезными»

109. Вот вы спорите за них в этом мире, а кто будет спорить за них с **БОГОМ** в День Воскресения? Кто будет их защитником?

110. Каждый, кто совершит зло или навредит своей душе, а затем попросит **БОГА** о прощении, найдёт **БОГА** Прощающим, Самым Милосердным.

111. Каждый, кто приобретает грех, приобретает его во вред своей душе. **БОГ** – Всеведущий, Самый Мудрый.

112. Каждый, кто приобретает грех, затем обвиняет в нём невинного человека, совершает кощунство и тяжкое преступление.

113. Если бы не **БОЖЬЯ** благодать к тебе и Его милосердие, некоторые из них ввели бы тебя в заблуждение. Они только вводят в заблуждение самих себя, и они не смогут причинить тебе ни малейшего вреда. **БОГ** ниспослал тебе писание и мудрость, и Он научил тебя тому, чего ты прежде не знал. Поистине, благословение **БОГА** к тебе велико.

114. Нет ничего хорошего в их тайных совещаниях, помимо тех, где призывают к благотворительности, к праведным делам или к примирению между людьми. Каждого, кто поступает так в ответ на учения **БОГА**, мы одарим великим вознаграждением.

115. Что же касается того, кто выступает против посланника после того, как ему ясно был указан правильный путь, и следует не по пути верующих, то мы направим его путём, что он сам избрал, и предадим его Аду; какая несчастная судьба!

Непростительный грех

116. **БОГ** не прощает идолопоклонства (*поддерживаемого до самой смерти*),* но Он прощает менее тяжкие грехи тому, кому Он пожелает. Каждый, кто боготворит идолов наряду с **БОГОМ**, впал в глубокое заблуждение.

117. Помимо Него, они даже поклоняются богам женского пола, но на самом деле, они только поклоняются мятежному дьяволу.

118. **БОГ** осудил его, и он сказал: «Я непременно завербую определённую долю Твоих почитателей.*

119. Я введу их в заблуждение, прельщу их, повелю им (*запрещать употребление в пищу определённого вида мяса*), помечая уши скота, и повелю им искажать творение **БОГА**». Каждый, кто принимает дьявола как господа вместо **БОГА**, навлёк на себя тяжёлую утрату.

4:116. Простое определение идолопоклонства: вера в то, что что-либо, кроме Бога, может помочь вам.

4:118. Большинство верующих в Бога впадает в идолопоклонство (12:106).

120. Он обещает им и заманивает их; но обещанья дьявола не более чем иллюзия.

121. Они навлекли на себя Ад как их конечную обитель и никогда не смогут избежать его.

122. Что же до тех, кто верует и ведёт праведную жизнь, то мы введём их в сады с текущими ручьями, где они будут жить вечно. Таково правдивое обещание **БОГА**. Чья речь правдивее речи **БОГА**?

Закон
123. Это не в соответствии с вашими пожеланиями или пожеланиями людей писания: каждый, кто совершит зло, заплатит за это, и не будет у него ни помощника, ни покровителя против **БОГА**.

124. А те, кто ведут праведную жизнь, будь то мужчина или женщина, при этом веруя, войдут в Рай; они не испытают ни малейшей несправедливости.

Авраам – первоначальный посланник Ислама*
125. Кто же на более верном пути в своей религии, чем тот, кто абсолютно покоряется **БОГУ** и ведёт праведную жизнь согласно вере Авраама (Ибрагима) – единобожию? **БОГ** избрал Авраама (Ибрагима) любимым другом.

126. **БОГУ** принадлежит всё, что на небесах и на земле. **БОГ** держит всё под полным контролем.

127. Они советуются с тобой в отношении женщин – скажи: «**БОГ** просвещает вас относительно них, как читается вам в писании. Вы должны восстановить права девочек-сирот, которых вы обманываете касательно их должного брачного дара, желая жениться на них: вы не должны использовать их в своих интересах. Права сирот-мальчиков также должны быть защищены. Вы должны относиться к сиротам справедливо. Что бы вы ни сделали доброго, **БОГУ** в полной мере известно об этом».

Развод не рекомендуется
128. Если женщина чувствует себя угнетённой или покинутой мужем, пара должна постараться уладить разногласия, ибо примирение лучше для них. Эгоизм – это человеческая черта, но если вы будете творить добро и вести праведную жизнь, то ведь **БОГ** – Знающий в полной мере обо всём, что вы делаете.

Многожёнство не поощряется*
129. Вы никогда не сможете быть равно справедливы в отношениях с более чем одной женой, как ни старайтесь. Поэтому не будьте настолько пристрастны, чтобы оставить одну из них словно висящей (*ни наслаждающейся браком, ни позволенной выходить замуж за другого*). Если

4:125. Все посланники со времён Адама проповедовали одну и ту же религию. Авраам был первым посланником вероучения под названием «Ислам» (22:78, Приложение 26). «Ислам» – это не название, а, скорее, описание, означающее «Покорность».

4:129. см. Приложение 30, озаглавленное «Многожёнство».

вы исправите это положение и будете поддерживать праведность, то **БОГ** – Прощающий, Самый Милосердный.

130. Если паре приходится принимать решение о расставании, то **БОГ** даст каждому из них от Его щедрот. **БОГ** – Щедрый, Самый Мудрый.

131. **БОГУ** принадлежит всё, что на небесах и на земле; и мы заповедали тем, кто получил писание до вас, и заповедали вам, что вы должны благоговеть перед **БОГОМ**. Если вы не уверуете, то **БОГУ** принадлежит всё, что на небесах и на земле. **БОГ** ни в чём не нуждается, Достойный похвалы.

132. **БОГУ** принадлежит всё, что на небесах и на земле, и **БОГ** – единственный Защитник.

133. О люди, если Он пожелает, то Он может уничтожить вас и заменить вас другими. **БОГ**, безусловно, способен на это.

134. Тому, кто стремится к благам этого мира, следует знать, что **БОГ** обладает благами как этого мира, так и Будущей жизни. **БОГ** – Слышащий, Видящий.

Вы не должны давать ложные свидетельские показания

135. О вы, кто верует, вы должны быть абсолютно справедливы и помнить **БОГА**, когда вы свидетельствуете, даже против самих себя, или ваших родителей, или ваших родственников. Будь обвиняемый богатым или бедным, **БОГ** заботится о том и другом.

Таким образом, не будьте предвзяты, руководствуясь своими личными желаниями. Если вы уклонитесь или проигнорируете (*эту заповедь*), то **БОГ** – Знающий в полной мере обо всём, что вы делаете.

136. О вы, кто верует, вы должны верить в **БОГА**, Его посланника и в писание, что Он ниспослал через Своего посланника, и в писание, что Он ниспослал прежде. Тот, кто отказывается верить в **БОГА**, Его ангелов, Его писания, Его посланников и в Последний день, тот поистине впал в глубокое заблуждение.

137. Безусловно, тех, кто уверовали, затем отвергли веру, затем вновь уверовали, потом опять перестали веровать и впоследствии глубже погрузились в неверие, **БОГ** не простит их и не укажет им никакого пути.

138. Сообщи лицемерам, что они навлекли на себя мучительное возмездие.

139. Они те, кто вступают в союз с неверующими вместо верующих. Неужели они ищут себе достоинства у них? Всё достоинство принадлежит только **БОГУ**.

140. Он поучает вас в писании: если вы услышите, как они насмехаются и высмеивают откровения **БОГА**, то вы не должны сидеть с ними, если только они не углубятся в другую тему. В противном случае, вы будете так же виновны, как и они. **БОГ** соберёт лицемеров и неверующих вместе в Аду.

Лицемеры

141. Они наблюдают за вами и ждут; если вы одерживаете победу от **БОГА**, они говорят (*вам*): «Разве мы не были с вами?» Но если очередь доходит до неверующих, то они говорят (*им*): «Разве мы не были на вашей стороне и не защищали вас от верующих?» **БОГ** рассудит между вами в День Воскресения. **БОГ** никогда не позволит неверующим преобладать над верующими.

142. Лицемеры думают, что они обманывают **БОГА**, но это Он вводит их в заблуждение. Когда они встают на Контактную Молитву (*Салат*), то встают лениво. Это потому, что они делают это только напоказ перед людьми, и редко они думают о **БОГЕ**.

143. Они колеблются между ними, не принадлежа ни к той группе, ни к другой. Того, кого **БОГ** вводит в заблуждение, ты никогда не сможешь наставить на прямой путь.

144. О вы, кто верует, вы не должны вступать в союз с неверующими вместо верующих. Неужели вы хотите предоставить **БОГУ** ясное доказательство против себя?

Они думают, что они верующие

145. Лицемеры будут преданы низшей ступени Ада, и ты не найдешь для них помощника.

146. Только те, кто раскаиваются, исправляются, крепко держатся за **БОГА** и посвящают свою религию абсолютно только **БОГУ**, будут причислены к верующим. **БОГ** благословит верующих великим вознаграждением.

147. Какая была бы **БОГУ** польза от вашего наказания, если бы вы стали благодарными и уверовали? **БОГ** – Признательный, Всеведущий.

Не сквернословьте

148. **БОГ** не любит сквернословия, разве что с кем-либо поступили крайне несправедливо. **БОГ** – Слышащий, Знающий.

149. Если вы будете совершать праведные дела – заявляя их или утаивая – или простите преступление, то **БОГ** – Извиняющий, Всесильный.

Вы не должны делать различий между посланниками Бога

150. Те, кто не веруют в **БОГА** и Его посланников, стремятся провести различие между **БОГОМ** и Его посланниками, и говорят: «Мы верим в одних и отвергаем других», и желают следовать по пути, что между ними –

151. они настоящие неверующие. Мы уготовили неверующим позорное возмездие.

152. А тех, кто веруют в **БОГА** и Его посланников и не делают различий между ними, Он одарит вознаграждением. **БОГ** – Прощающий, Самый Милосердный.

Уроки на примере Израиля

153. Люди писания бросают тебе вызов, чтобы ты низвёл им книгу с неба! Моисея (Мусу) они попросили о ещё большем, когда сказали: «Покажи нам **БОГА** физически». В результате их поразила молния за их наглость. Кроме того, они поклонялись тельцу после того, как они увидели столько чудес. Тем не менее, мы простили всё это. Мы поддержали Моисея (Мусу) неимоверными чудесами.

154. И мы воздвигли гору Синай над ними, когда мы взяли завет с них. И мы сказали им: «Войдите во врата смиренно». И мы сказали им: «Не оскверняйте Шаббат». Поистине, мы взяли с них торжественный завет.

155. (*Они навлекли на себя осуждение*) за то, что нарушили свой завет, отвергли откровения **БОГА**, убивали пророков несправедливо, и за то, что говорили: «Наше решение принято!» О нет, это **БОГ** запечатал их разум за их неверие, и именно поэтому они не могут уверовать, за исключением редких случаев.

156. (*Они осуждены*) за то, что они не уверовали и изрекали ужасную ложь о Марии (Марьям).

*Распятие «тела» Иисуса**
157. И за то, что утверждали, что они убили Мессию, Иисуса (Ису), сына Марии (Марьям), посланника **БОГА**. На самом деле, они не убили его и не распяли его – им было внушено думать, что они это совершили. Все группировки, которые спорят по этому поводу, полны сомнений относительно него. Они ничего не знают, они только предполагают. Несомненно, они не убивали его.*

158. Напротив, **БОГ** вознёс его к Себе; **БОГ** – Всемогущий, Самый Мудрый.

159. Каждый из людей писания должен был поверить в него до его смерти. В День Воскресения он будет свидетелем против них.

160. За их грехи мы запретили иудеям хорошую пищу, что прежде им была дозволена; а также за то, что они постоянно отвращали от пути **БОГА**.

161. И за то, что занимались ростовщичеством, которое было запрещено, и незаконно потребляли деньги людей. Мы уготовили неверующим среди них мучительное возмездие.

162. А что касается тех из них, которые обладают основательными знаниями, и верующих, то они веруют в то, что ниспослано тебе и что ниспослано до тебя. Они – соблюдающие Контактные Молитвы (*Салат*), а также дающие на обязательную благотворительность (*Закят*); они – верующие в **БОГА** и в Последний День. Мы одарим их великим вознаграждением.

Посланники Бога
163. Мы внушили тебе так же, как внушили Ною (Нуху) и пророкам после него. И мы внушили Аврааму (Ибрагиму), Измаилу (Исмаилу), Исааку (Исхаку), Иакову (Йакубу), патриархам, Иисусу (Исе), Иову (Айюбу), Ионе (Йунусу), Аарону (Харуну) и Соломону (Сулейману). И мы дали Давиду (Дауду) Псалмы.

164. Посланникам, о которых мы рассказывали тебе, и посланникам, о которых мы тебе не сообщали. И **БОГ** непосредственно говорил с Моисеем (Мусой).

4:157-158. Иисус, настоящий человек, душа, был вознесён таким же образом, как и подвергшийся смерти любой праведник. Впоследствии его враги арестовали, подвергли пыткам и распяли его физиологически живое, но пустое тело. См. Приложения 17 и 22 и книгу «Иисус: мифы и послание», автора Лизы Спрей (Всемирное Единство, Фремонт, Калифорния, 1992 год).

165. Посланникам, чтобы они доставляли добрые вести и предостерегали. Таким образом, после того, как все эти посланники пришли к ним, у людей не будет ни одного оправдания, когда они встретятся с **БОГОМ**. **БОГ** – Всемогущий, Самый Мудрый.

166. Но **БОГ** свидетельствует о том, что Он ниспослал тебе; Он ниспослал это по Своему знанию. И ангелы тоже свидетельствуют, но **БОГА** как свидетеля достаточно.

167. Безусловно, те, кто не веруют и сбивают с пути **БОГА**, впали в глубокое заблуждение.

168. Тех, кто не веруют и преступают пределы, **БОГ** не простит и не укажет им никакого пути,

169. кроме пути в Ад, в котором они пребудут вечно. **БОГУ** легко это сделать.

170. О люди, к вам пришёл посланник с истиной от вашего Господа. Поэтому вы должны уверовать для вашего же блага. Если вы не уверуете, то **БОГУ** принадлежит всё, что на небесах и на земле. **БОГ** – Всеведущий, Самый Мудрый.

Троица – ложное учение

171. О люди писания, не преступайте пределов вашей религии и не говорите о **БОГЕ** ничего, кроме правды. Мессия, Иисус (Иса), сын Марии (Марьям), был посланником **БОГА**, Его словом, которое Он послал Марии (Марьям), и откровением от Него. Поэтому вы должны верить в **БОГА** и Его посланников. Вы не должны говорить: «Троица». Вы должны воздержаться от этого для

вашего же блага. **БОГ** – лишь единственный бог. Слава Ему; Он слишком достославен, чтобы иметь сына. Ему принадлежит всё, что на небесах, и всё, что на земле. **БОГА** как Господа и Властелина достаточно.

172. Мессия никогда бы не гнушался быть слугой **БОГА**, а также приближенные ангелы. А тех, кто гнушаются поклонением Ему и слишком высокомерны, чтобы покориться, Он соберёт их всех пред Собой.

173. Что же до тех, кто верует и ведёт праведную жизнь, Он сполна вознаградит их и осыплет их Своей благодатью. А тех, кто преисполнены пренебрежения и высокомерия, Он подвергнет мучительному возмездию. Они не найдут ни господа, кроме **БОГА**, ни спасителя.

Математический код Корана – реальное, неопровержимое доказательство

174. О люди, доказательство явилось к вам от вашего Господа; мы ниспослали вам основательный маяк.

175. Тех, кто веруют в **БОГА** и крепко держатся за Него, Он введёт в Свою милость и благодать и поведёт к Себе прямым путём.

176. Они советуются с тобой; скажи: «**БОГ** даёт вам совет относительно холостяков и незамужних. Если умирает мужчина, не оставив детей, и у него была сестра, то она получает половину наследства. Если она умирает первой, то он также наследует от неё, если у неё не было детей. Если было две сестры, то они получают две трети наследства. Если же были и братья, и сёстры, то мужчина

получает в два раза больше доли женщины». Так **БОГ** разъясняет вам, чтобы вы не сбились с пути. Ведь **БОГ** в полной мере знает о всякой вещи.

****

Сура 5: Пир (Аль-Маида)

Во имя Бога, Самого Милостивого, Самого Милосердного

1. О вы, кто верует, вы должны соблюдать свои обязательства. Вам дозволена в пищу скотина, кроме той, которая конкретно запрещена здесь. Вы не должны разрешать охоту во время паломничества Хадж. **БОГ** предписывает всё, что Он пожелает.

2. О вы, кто верует, не нарушайте обряды, установленные **БОГОМ**: ни Священных Месяцев, ни жертвенных животных, ни гирлянд, отличающих их, ни людей, направляющихся в Священный Храм (*Каабу*) в поисках благословения от их Господа и одобрения. После завершения паломничества вы можете охотиться.* И не позволяйте вашей ненависти к людям, которые однажды помешали вам пойти к Священному Масджиду, подтолкнуть вас к агрессии. Вы должны сотрудничать в праведных

и благочестивых делах; не сотрудничайте в делах, которые являются греховными и злыми. Вы должны чтить **БОГА**. **БОГ** суров в осуществлении возмездия.

Только четыре вида мяса запрещены.
Определены «животные, которые умирают своей смертью»

3. Запрещены вам животные, которые умирают своей смертью, кровь, мясо свиней* и животные, посвящённые другим, кроме **БОГА**. (*К животным, умирающим своей смертью, относятся следующие*): задушенные, ударенные каким-либо предметом, упавшие с высоты, забоданные, подвергшиеся нападению дикого животного, – разве что вы сохраните жизнь вашего животного, прежде чем оно умрёт, – и животные, принесённые в жертву на алтарях. Также запрещено делить мясо с помощью азартной игры – это мерзость. Сегодня неверующие сдали свои позиции в отношении (*искоренения*) вашей религии; не бойтесь же их, а бойтесь Меня. Сегодня Я завершил вашу религию, усовершенствовал Мое благословение на вас и утвердил Покорность в качестве вашей религии. Если кто-либо вынужден от голода (*есть запрещённую пищу*), не будучи сознательно греховным, то **БОГ** – Прощающий, Милосердный.

---

*5:2. *Охота и срезание растений запрещены во время паломничества в целях сохранения природных ресурсов. Если бы охота была разрешена для тысячей паломников, сходящихся в Мекку, то земля быстро была бы лишена её природных ресурсов. Жертвоприношения животных сделаны частью паломничества для обеспечения питанием как сходящихся паломников, так и местного населения, и чтобы пополнить недостачу поставок. См. 2:196.*

*5:3. *«Мясо» свиней запрещено, а не «жир». Всё, что конкретно не запрещено в Коране, должно считаться законным. См. 6:145-146.*

4. Они советуются с тобой относительно того, что им дозволено; скажи: «Дозволено вам всё хорошее, включая и то, что поймают для вас специально обученные собаки и соколы». Вы дрессируете их в соответствии с учением **БОГА**. Вы можете есть то, что они изловят для вас, и упоминайте над этим имя **БОГА**. Вы должны чтить **БОГА**. **БОГ** – самый исполнительный в расчёте.

5. Сегодня вам дозволена вся благая пища. И пища людей писания разрешена для вас. Кроме того, вы можете жениться на целомудренных женщинах из числа верующих, а также целомудренных женщинах из последователей предыдущих писаний при условии, что вы им заплатите должный брачный дар. Вы должны сохранять целомудрие, не совершая прелюбодеяния и не заводя тайных любовниц. Тщетными будут деяния того, кто отвергает веру, а в Будущей жизни он будет с проигравшими.

Омовение

6. О вы, кто верует, когда вы совершаете Контактные Молитвы (*Салат*), вы должны: (1) умыть ваши лица, (2) вымыть руки до локтей, (3) обтереть головы и (4) помыть ноги до щиколоток. Если вы были нечисты из-за сексуального оргазма, то вы должны искупаться. Если вы больны или находитесь в путешествии, или у вас имели место какие-либо пищеварительные выделения (*моча, фекалии или газы*), или же вы имели (*половую*) близость с женщинами и не можете найти воды, то вы должны соблюсти сухое омовение (*Тайаммум*), касаясь чистой сухой почвы, затем обтирая

ваши лица и руки. **БОГ** не желает делать религию трудной для вас; Он хочет очистить вас и усовершенствовать Своё благословение на вас, чтобы вы могли быть благодарны.

7. Помните о **БОЖЬЕЙ** благодати к вам и Его завете, который Он заключил с вами: «Мы слышим и повинуемся», – сказали вы. Вы должны чтить **БОГА**; **БОГУ** в полной мере известно о самых сокровенных мыслях.

Вы не должны лжесвидетельствовать

8. О вы, кто верует, вы должны быть абсолютно справедливы и помнить **БОГА**, когда вы выступаете в качестве свидетелей. Не позволяйте вашим конфликтам с некоторыми людьми побудить вас к совершению несправедливости. Вы должны быть абсолютно справедливы, ибо это праведнее. Вы должны чтить **БОГА**. **БОГ** – Знающий сполна обо всём, что вы делаете.

9. **БОГ** обещает тем, кто верует и ведёт праведную жизнь, прощение и великое вознаграждение.

10. Что же касается тех, кто не веруют и отвергают наши откровения, то они – обитатели Ада.

Бог защищает верующих

11. О вы, кто верует, помните благословения **БОЖЬИ** на вас; когда некоторые люди простёрли свои руки, чтобы напасть на вас, Он защитил вас и удержал их руки. Вы должны чтить **БОГА**; на **БОГА** верующие должны уповать.

Условия для пребывания под защитой Бога*

12. **БОГ** взял завет с детей Израиля, и мы воздвигли среди них двенадцать патриархов. И сказал **БОГ**: «Я с вами до тех пор, пока вы соблюдаете Контактные Молитвы (*Салат*), даёте на обязательную благотворительность (*Закят*), верите в Моих посланников и уважаете их, и продолжаете давать **БОГУ** заём праведности. Тогда Я отпущу вам ваши грехи и введу вас в сады с текущими ручьями. Кто не уверует после этого, тот поистине отклонился от правильного пути».

Последствия нарушения Божьего завета

13. Это за то, что они нарушили завет, мы осудили их и ожесточили их сердца. В результате они вырвали слова из контекста и пренебрегли некоторыми заповедями, данными им. Ты непрестанно будешь сталкиваться с их предательством, кроме некоторых из них. Ты должен простить их и не обращать на них внимания. **БОГ** любит тех, кто доброжелателен.

Христиане тоже должны повиноваться Божьему посланнику

14. Мы также взяли завет с тех, которые говорили: «Мы христиане». Но они пренебрегли некоторыми заповедями, данными им. В результате мы обрекли их на вражду и ненависть друг к другу до Дня Воскресения. Тогда **БОГ** сообщит им обо всём, что они совершили.

Коран – Божье послание

иудеям и христианам

15. О люди писания, наш посланник пришёл к вам, чтобы провозгласить для вас многое из того, что вы утаили в писании, и простить многие другие прегрешения, которые вы совершили. Явился к вам от **БОГА** маяк и мудрое писание.

16. Им **БОГ** направляет тех, кто стремится снискать Его одобрение. Он направляет их на пути мира, выводит их из тьмы к свету со Своего дозволения и ведёт их прямым путём.

Тяжкое богохульство

17. Поистине, язычниками являются те, кто говорят, что **БОГ** – это Мессия, сын Марии (Марьям). Скажи: «Кто мог бы противостоять **БОГУ**, если бы Он пожелал уничтожить Мессию, сына Марии (Марьям), и его мать, и всех на земле?» **БОГУ** принадлежит верховная власть над небесами и землёй, и всем, что между ними. Он творит всё, что Он пожелает. **БОГ** – Всесильный.

Божий посланник к иудеям, христианам и мусульманам

18. Иудеи и христиане сказали: «Мы дети **БОГА** и Его любимцы». Скажи: «Почему же тогда Он наказывает вас за ваши грехи? Вы всего лишь люди, такие же, как и остальные люди, которых Он создал». Он прощает, кого пожелает, и наказывает, кого пожелает. **БОГУ** принадлежит верховная власть над небесами и землёй, и всем, что между ними; и к Нему – окончательная судьба.

---

*5:12. Если вы будете выполнять требования, изложенные в этом стихе, то Бог даст вам знать, что Он с вами, и у вас не будет сомнений по этому поводу. Математические знамения занимают видное место среди знамений Бога для тех, кто понимает чудо Корана (Приложение 1).

Божий посланник Завета
19. О люди писания, наш посланник пришёл к вам для разъяснения вещей для вас после периода без посланников, чтобы вы не говорили: «Не приходил к нам ни проповедник, ни предостерегающий увещеватель». Проповедник и предостерегающий увещеватель теперь пришёл к вам. **БОГ** – Всесильный.*

20. Вспомните, как Моисей (Муса) сказал своему народу: «О мой народ, помните о **БОЖЬИХ** благословениях на вас: Он назначил среди вас пророков, сделал вас царями и даровал вам то, чего Он никогда не даровал никому из людей.

*Бог дарует святую
землю Израилю*
21. О мой народ, вступите на святую землю, которую **БОГ** предопределил для вас, и не бунтуйте, чтобы не оказаться вам проигравшими».

22. Они сказали: «О Моисей (Муса), на ней обитают могущественные люди, и мы не войдём туда, пока они не уйдут оттуда. Если они уйдут, то мы войдём».

23. Двое благочестивых мужчин, благословенных **БОГОМ**, сказали: «Просто войдите в ворота. Если вы просто войдёте в них, то вы непременно одержите верх. Вы должны полагаться на **БОГА**, если вы верующие».

*Несмотря на все чудеса,
которые они видели*
24. Они сказали: «О Моисей (Муса), мы никогда не войдём туда, пока они там остаются. Так иди – ты и твой Господь – и сражайтесь. Мы же посидим здесь».

25. Он сказал: «Господь мой, я властен только над собой и моим братом. Поэтому позволь нам разойтись с нечестивыми людьми».

26. Он сказал: «Отныне она запретна для них на сорок лет, в течение которых они будут бесцельно бродить по земле. Не скорби о таких нечестивых людях».

Первое убийство
27. Прочти им истинную историю двух сыновей Адама. Они принесли жертву, и она была принята от одного из них, но не от другого. Он сказал: «Я

5:19. Этот стих сообщает об исполнении библейского и Коранического пророчества о приходе Божьего Посланника Завета (Малахия 3:1, Коран 3:81). Имя этого посланника математически закодировано в Коране как «Рашад Халифа». Этот особый стих гарантирует представление конкретного доказательства. При складывании гематрического значения «Рашад» (505) со значением «Халифа» (725), с номером суры (5) и с номером стиха (19), мы получаем общую сумму, равную: 505 + 725 + 5 + 19 = 1254 или 19x66. Девятнадцать является общим знаменателем Корана, что было открыто через Рашада Халифу. Дополнительные доказательства и конкретные детали приведены в Приложении 2.

5:27-31. Имена двух сыновей, участвующих в этом первом убийстве, не имеют значения. Но они приведены в Библии как Авель и Каин (Бытие 4:2-9).

непременно убью тебя». Он сказал: «**БОГ** принимает только от праведных.

28. Если ты протянешь свою руку, чтобы убить меня, я не протяну свою, чтобы убить тебя. Ибо я благоговею перед **БОГОМ**, Господом Вселенной.

29. Я хочу, чтобы ты, а не я, понёс мой грех и свой грех, и тогда ты окажешься среди обитателей Ада. Таково воздаяние для беззаконников».

30. Его самомнение побудило его к убийству своего брата. Он убил его и в конечном итоге оказался среди проигравших.

31. И тогда **БОГ** послал ворона, для того чтобы тот разрыл землю и научил его, как похоронить труп своего брата. Он сказал: «Горе мне, мне не удалось быть столь же умным, как этот ворон, и похоронить труп моего брата». Он стал раскаиваться.

Тяжесть убийства
32. Из-за этого мы предписали детям Израиля, что любой, кто убьёт человека, не совершавшего убийства или ужасного преступления, тот словно убил всех людей. А кто пощадит жизнь, тот словно пощадил жизнь всех людей. Наши посланники приходили к ним с ясными знамениями и откровениями, но после всего этого большинство из них по-прежнему преступает границы дозволенного.

Смертная казнь: когда она оправдана?
33. Справедливым возмездием для тех, кто борется против **БОГА** и Его

посланника и совершает ужасающие преступления, должно быть предание их смерти или распятие, или отсеченье накрест их рук и ног, или изгнанье их из земли. Это для того, чтобы унизить их в этой жизни, а позже они будут страдать от гораздо худшего возмездия в Будущей жизни.

34. Исключением являются те, кто покаются, прежде чем вы одержите верх над ними. Вам следует знать, что **БОГ** – Прощающий, Самый Милосердный.

35. О вы, кто верует, вы должны благоговеть перед **БОГОМ** и искать пути и средства к Нему, и усердствовать в Его деле, чтобы вы могли преуспеть.

Цена неверия
36. Безусловно, если бы тем, кто не уверовал, принадлежало всё то, что на земле и даже вдвое больше, и они попытались бы откупиться им от возмездия в День Воскресения, то оно не было бы принято от них; они навлекли на себя мучительное возмездие.

37. Они захотят выйти из Ада, но, увы, они никогда не смогут выйти оттуда; их возмездие вечно.

Математическое доказательство поддерживает кораническую справедливость
38. Вору и воровке вы должны пометить руки* в наказание за их преступление, и чтобы это послужило примером от **БОГА**. **БОГ** – Всемогущий, Самый Мудрый.

Смотрите примечание к 5:38 на стр. 76.

39. Если кто покается после совершения этого преступления и исправится, то **БОГ** простит его. **БОГ** – Прощающий, Самый Милосердный.

40. Разве ты не знаешь, что **БОГУ** принадлежит верховная власть над небесами и землёй? Он наказывает, кого пожелает, и прощает, кого пожелает. **БОГ** – Всесильный.

41. О посланник! Не печалься о тех, кто стремится к неверию из числа тех, кто говорит своими устами: «Мы веруем», – хотя в их сердцах нет веры. Некоторые из иудеев внимали лжи. Они слушались людей, которые никогда не встречались с тобой и которые искажали слова в контексте, а затем говорили: «Если вам дадут это, то примите его, но если вам дадут что-то другое, то остерегайтесь». Тому, кого **БОГ** хочет отклонить, ты никак не сможешь помочь перед **БОГОМ**. **БОГ** не желает очищать их сердца. Они навлекли на себя унижение в этом мире, а в Будущей жизни они будут страдать от страшного возмездия.

42. Они приверженцы лжи и пожиратели незаконных доходов. Если они придут к тебе, чтобы ты рассудил между ними, то ты можешь рассудить их или можешь проигнорировать их. Если ты решишь проигнорировать их, то они нисколько не навредят тебе. Но если ты судишь между ними, ты должен судить по справедливости. **БОГ** любит справедливых.

43. Зачем же они просят тебя рассудить между ними, когда у них есть Тора, содержащая закон **БОГА**, и они решили пренебречь ею? Они не являются верующими.

Уважение к предыдущим писаниям

44. Мы ниспослали Тору,* содержащую руководство и свет. Руководили по ней иудейские пророки, а также раввины и священники, как было предписано им в писании **БОГА**, свидетелями чего они были. Поэтому не благоговейте перед людьми, вы должны благоговеть передо Мной. И не продавайте Мои откровения за ничтожную цену. Те, кто не руководят согласно откровениям **БОГА**, являются неверующими.

---

*5:38. Практикование отсечения руки вора, предписанное ложными мусульманами, является сатанинским обычаем, не основанным на Коране. В силу особой важности этого примера, Бог предоставил математическое доказательство в поддержку маркировки руки вора, а не её отсечения. Стих 12:31 относится к женщинам, которые так восхищались Иосифом, что «порезали» свои руки. Понятно, что они не «отсекли» свои руки; никто не может этого сделать. Сумма номеров суры и стиха одинакова для 5:38 и 12:31, то есть 43. Это также воля и милость Бога, что это математическое соотношение подчиняется коду Корана, основанному на числе 19. Через девятнадцать стихов после 12:31 мы опять видим то же слово (12:50).

*5:44. В Торе собраны все писания, ниспосланные до Иисуса Христа через всех пророков Израиля, то есть современный Ветхий Завет. Нигде в Коране мы не находим, что Тора была дана Моисею.

Закон равноценности

45. И мы предписали им в ней: жизнь – за жизнь, глаз – за глаз, нос – за нос, ухо – за ухо, зуб – за зуб и равноценная травма – за травму. Если кто откажется от надлежащего ему в качестве благотворительности, то это искупит ему грехи. Те, кто не руководят в соответствии с откровениями **БОГА**, те несправедливы.

Евангелие Иисуса – руководство и свет

46. После них мы послали Иисуса (Ису), сына Марии (Марьям), для подтверждения предыдущего писания, Торы. Мы даровали ему Евангелие, содержащее руководство и свет, которое подтверждало предыдущие писания, Тору, и усиливало его руководство и свет, просвещая праведных.

47. Люди Евангелия должны руководить в соответствии с откровениями **БОГА** в нём. Те, кто не руководят согласно откровениям **БОГА**, те нечестивы.

Коран – конечный справочник

48. Затем мы ниспослали тебе это писание истинно; оно подтверждает предыдущие писания и заменяет их собой. Ты должен руководить среди них в соответствии с откровениями **БОГА**, и не угождай их желаниям, если они отличаются от истины, что пришла к тебе. Для каждого из вас мы предписали законы и различные обряды. Если бы **БОГ** пожелал, то Он сделал бы вас одной общиной. Но Он так испытывает вас с помощью откровений, которые Он даровал каждому из вас. Вы должны состязаться в праведных делах. Возвращение к **БОГУ** – ваша окончательная судьба, всех вас, и тогда Он сообщит вам всё то, в чём вы разногласили.

49. Ты должен руководить среди них согласно откровениям **БОГА**, ниспосланным тебе. Не угождай их желаниям и остерегайся, чтобы они не отвратили тебя от некоторых откровений **БОГА**, ниспосланных тебе. Если же они отвернутся, то знай, что **БОГ** желает наказать их за некоторые их грехи. Поистине, многие из людей – нечестивцы.

50. Неужели они хотят соблюдать закон времён невежества? Чей закон может быть лучше закона **БОГА** для тех, кто достиг убеждённости?

Определённые иудеи и христиане не могут быть друзьями*

51. О вы, кто верует, не берите себе в союзники определённых иудеев и христиан; они союзники друг друга. Те из вас, кто вступают в союз с ними, те сами из их числа. **БОГ** не ведёт правильным путём беззаконников.

52. Ты увидишь, как те, кто питают сомнения в их сердцах, поспешат присоединиться к ним, говоря: «Мы боимся, что нас постигнет поражение». Пусть **БОГ** доставит победу или повеление от Него, что заставит их сожалеть об их тайных помыслах.

---

*5:51. Отношения с другими людьми регулируются основным правилом, изложенным в 5:57 и 60:8-9. Те из иудеев и христиан, кто не могут быть друзьями, конкретно упоминаются в 5:57; они те, кто насмехаются и издеваются над верующими или нападают на них.

53. И тогда верующие скажут: «Неужели это те самые люди, которые торжественно клялись **БОГОМ**, что они были с вами?» Их деяния сведены на нет; они – проигравшие.

54. О вы, кто верует, если вы отступите от вашей религии, тогда **БОГ** заменит вас людьми, которых Он любит и которые любят Его. Они будут добры к верующим, непреклонны с неверующими и будут усердствовать в деле **БОГА**, не боясь какого-либо порицания. Таково благословение от **БОГА**; Он дарует его, кому пожелает. **БОГ** – Щедрый, Всеведущий.

55. Ваши истинные союзники – это **БОГ** и Его посланник, и верующие, которые соблюдают Контактные Молитвы (*Салат*) и дают на обязательную благотворительность (*Закят*), и они преклоняются.

56. Те, кто вступает в союз с **БОГОМ** и Его посланником, и с теми, кто уверовал, входят в окружение **БОГА**; абсолютно, они являются победителями.

Какие иудеи и христиане?
57. О вы, кто верует, не дружите с теми среди получателей предыдущего писания, которые насмехаются и издеваются над вашей религией; также не дружите с неверующими. Вы должны благоговеть перед **БОГОМ**, если вы действительно верующие.

Получатели писаний преступают границы
58. Когда вы призываете к Контактной Молитве (*Салат*), они насмехаются над этим. Это потому, что они – люди непонимающие.

59. Скажи: «О люди писания, неужели вы ненавидите нас лишь потому, что мы верим в **БОГА** и в то, что ниспослано нам, и в то, что было ниспослано до нас, и потому, что большинство из вас неправедны?»

60. Скажи: «Позвольте мне сообщить вам о тех, кто хуже в глазах **БОГА**. Это те, которые осуждены **БОГОМ** после того, как они навлекали на себя Его гнев до тех пор, пока Он не сделал их (*такими презренными, как*) обезьяны и свиньи, и идолопоклонники. Они гораздо хуже и ещё дальше от правильного пути».

61. Когда они приходят к вам, они говорят: «Мы веруем», хотя они полны неверия, когда входят, и полны неверия, когда выходят. **БОГ** в полной мере знает обо всём, что они скрывают.

62. Ты видишь, как многие из них охотно совершают зло и грех и питаются из незаконного заработка. Поистине, жалко то, что они делают.

63. Если бы только раввины и священники запрещали им их греховные высказывания и незаконные доходы! Поистине, жалко то, что они совершают.

Богохульство на Бога
64. Иудеи даже сказали: «**БОЖЬЯ** рука связана!» Это их руки связаны. Они осуждены за то, что произнесли такое богохульство. На самом деле, Его руки широко простёрты, расходуя так, как Он пожелает. Безусловно, ниспосланные тебе откровения от твоего Господа побудят многих из них погрузиться глубже в

греховность и неверие. В результате мы обрекли их на вражду и ненависть друг к другу до Дня Воскресения. Каждый раз, когда они разжигают пламя войны, **БОГ** гасит его. Они бродят по земле, творя нечестие, но **БОГ** не любит злодеев.

Спасение для иудеев и христиан
65. Если только люди писания уверуют и будут вести праведную жизнь, то мы простим их грехи и введём их в сады блаженства.

Они должны поверить в этот Коран
66. Если бы только они придерживались Торы и Евангелия, и того, что ниспослано им здесь от их Господа, они были бы осыпаны благодатью, что над ними и что под их ногами. Некоторые из них праведные, но многие из них злодеи.

Посланник должен доставить
67. О посланник, передай то, что ниспослано тебе от твоего Господа, – пока ты не сделаешь этого, ты не доставишь Его послание – и **БОГ** защитит тебя от людей. **БОГ** не наставляет на прямой путь неверующих людей.

68. Скажи: «О люди писания, у вас нет никаких оснований, пока вы не будете придерживаться Торы и Евангелия, и того, что ниспослано вам здесь от вашего Господа». Наверняка, эти откровения от твоего Господа побудят многих из них окунуться глубже в греховность и неверие. Поэтому не жалей неверующих людей.

Минимальные требования для спасения
69. Воистину, тем, кто верует, и иудеям, и новообращённым, и христианам – каждому из них, кто (1) верит в **БОГА**, (2) верит в Последний День и (3) ведёт праведную жизнь, нечего бояться, и они не будут опечалены.

70. Мы вступили в завет с детьми Израиля и отправили к ним посланников. Всякий раз, когда посланник приходил к ним с тем, что им было не по душе, они отвергали одних и убивали других.

71. Они думали, что не будут испытаны, и поэтому стали слепы и глухи; тогда **БОГ** помиловал их, но затем многие из них снова стали слепы и глухи. **БОГ** – Видящий всё, что они делают.

Нынешнее христианство не является религией Иисуса*
72. Язычниками, поистине, являются те, кто говорят, что **БОГ** – это Мессия, сын Марии (Марьям). Сам Мессия говорил: «О дети Израиля, вы должны поклоняться **БОГУ**, моему Господу* и вашему Господу». Тому, кто создаёт идолов наряду с **БОГОМ**, **БОГ** запретил Рай, и его судьбой станет Ад. У нечестивцев нет помощников.

---

*5:72-76. В Евангелии от Иоанна 20:17 сказано, что Иисус учил, что он не был ни Богом, ни сыном Божьим. Многие теологи после тщательного исследования пришли к выводу, что современное христианство не является тем же самым христианством, которое проповедовал Иисус. (см. продолжение на стр. 80)

---

73. Язычниками, поистине, являются те, кто говорит, что **БОГ** третий в троице. Нет божества, кроме единого бога. Если они не прекратят говорить это, то те из них, которые не уверовали, навлекут на себя мучительное возмездие.

74. Неужели они не покаются перед **БОГОМ** и не попросят у Него прощения? **БОГ** – Прощающий, Самый Милосердный.

75. Мессия, сын Марии (Марьям), не более чем посланник, как и предшествующие ему посланники, а его мать была святой. Оба они питались пищей. Обрати внимание, как мы разъясняем откровения для них, и обрати внимание, как они по-прежнему отклоняются!

76. Скажи: «Неужели вы станете поклоняться, помимо **БОГА**, бессильным идолам, которые не могут принести вам ни вреда, ни пользы? **БОГ** – Слышащий, Всеведущий».

Выбирайте себе друзей тщательно

77. Скажи: «О люди писания, не преступайте пределов истины в вашей религии и не следуйте за мнениями людей, которые сбились с пути и ввели в заблуждение множество людей;

они сильно уклонились от правильного пути».

78. Те, кто не уверовал среди детей Израиля, осуждены языком Давида (Дауда) и Иисуса (Исы), сына Марии (Марьям). Это потому, что они ослушались и преступили границы.

Апатия осуждена

79. Они не удерживали друг друга от совершения зла. Поистине, скверно то, что они делали.

80. Ты бы видел, как многие из них вступали в союз с теми, кто не веровал. Поистине, скверно то, что уготовили их руки для своих душ. **БОГ** гневается на них, и следовательно в возмездии им пребывать вечно.

81. Если бы они поверили в **БОГА** и пророка, и в то, что ему ниспослано здесь, то они не брали бы их в друзья. Но многие из них нечестивы.

Констатация факта

82. Ты увидишь, что злейшими врагами верующих являются иудеи и идолопоклонники. И ты найдёшь, что ближе всех в дружбе к верующим являются те, кто говорят: «Мы христиане». Это потому, что среди них есть священники и монахи, и они не высокомерны.

(продолжение примечания к 5:72-76 со стр. 79). Существуют две выдающиеся книги на эту тему: «Миф о воплощённом Боге» (The Westminster Press, Филадельфия, 1977 год) и «Создатель мифов» (Harper & Row, Нью-Йорк, 1986 год). На передней стороне суперобложки книги «Создатель мифов» мы читаем следующее заявление: «... Хиям Маккоби представляет новые доводы в подтверждение того, что Павел, а не Иисус, был основателем христианства... это Павел самолично создал новую религию через его видение Иисуса как божественного Спасителя, кто умер, чтобы спасти человечество».

---

83. Когда они слышат то, что было ниспослано посланнику, ты видишь, как их глаза переполняются слезами, потому что они распознают правду в этом, и они говорят: «Господь наш, мы уверовали, запиши же нас в число свидетелей.

84. Отчего же нам не веровать в **БОГА** и в истину, что явилась к нам, и не надеяться, что наш Господь может причислить нас к праведным людям?»

85. **БОГ** наградил их за эти слова: Он введёт их в сады с текущими ручьями. Они пребудут там вечно. Такова награда праведным.

86. Что же до тех, кто не веруют и отвергают наши откровения, то они – обитатели Ада.

Не запрещайте то, что дозволено

87. О вы, кто верует, не запрещайте то хорошее, что дозволено **БОГОМ**, и не нападайте; **БОГ** не любит захватчиков.

88. И ешьте из хороших и дозволенных благ, которыми **БОГ** наделил вас. Вы должны благоговеть перед **БОГОМ**, в которого вы веруете.

Не произносите имя Бога напрасно

89. **БОГ** не возлагает на вас ответственность за простое произнесение клятв; Он возлагает ответственность на вас за ваши истинные намерения. При нарушении клятвы вы должны искупить вину, накормив десять бедняков из той же пищи, которой вы кормите свою собственную семью, или дав им одежду, или освободив раба. Если вы не можете позволить себе этого, то вы должны поститься три дня. Это искупление за нарушение клятв, которые вы поклялись выполнить. Вы должны соблюдать свои клятвы. Так **БОГ** объясняет вам Свои откровения, чтобы вы могли быть благодарны.

Опьяняющие вещества и азартные игры запрещены

90. О вы, кто верует, опьяняющие вещества, азартные игры, алтари идолов и игры, зависящие от случая, являются мерзостью дьявола; вы должны избегать их, чтобы вы могли преуспеть.

91. Дьявол желает спровоцировать вражду и ненависть между вами при помощи опьяняющих веществ и азартных игр и отвлечь вас от поминания **БОГА** и от соблюдения Контактных Молитв (*Салат*). Воздержитесь ли вы?

92. Вы должны повиноваться **БОГУ**, и вы должны повиноваться посланнику и остерегайтесь. Если вы отвернётесь, то знайте, что единственной обязанностью нашего посланника является успешная передача послания.

93. На тех, кто верует и ведёт праведную жизнь, нет греха за поедание любой пищи, если они соблюдают заповеди, веруют и ведут праведную жизнь, затем поддерживают своё благочестие и веру и продолжают соблюдать благочестие и праведность. **БОГ** любит праведных.

Охрана животных
94. О вы, кто верует, **БОГ** подвергнет вас испытанию дичью в пределах досягаемости ваших рук и ваших стрел (*во время паломничества*). Так **БОГ** узнаёт тех из вас, кто поминает Его в уединении. Те, кто после этого преступят границы дозволенного, навлекут на себя мучительное возмездие.

95. О вы, кто верует, не убивайте охотничью добычу во время паломничества. Если кто убьёт дичь намеренно, то взысканием с него должно быть поголовье скота, равноценное охотничьим животным, которых он убил. Решение должны вынести двое справедливых людей среди вас. Они должны убедиться, что жертва достигнет Каабы. Или же, он может в искупление накормить бедняков или соблюсти равноценный пост, чтобы искупить своё преступление. **БОГ** простил прошлые преступления. Но если кто-нибудь вернётся к такому греху, **БОГ** отомстит ему. **БОГ** – Всемогущий, Мститель.

Все морские существа дозволены в пищу
96. Вся морская рыба дозволена вам в пищу. Во время паломничества она может стать источником питания для вас в течение вашей поездки. Вы не должны охотиться во время паломничества. Вы должны благоговеть перед **БОГОМ**, перед которым вы будете собраны.

97. **БОГ** назначил Каабу, Священный Масджид,* святилищем для людей, а также Священные Месяцы, жертвоприношения (*для Священной Мечети*) и гирлянды, отличающие их. Вам следует знать, что **БОГУ** известно всё, что на небесах и на земле, и что **БОГ** – Всеведущий.

98. Знайте, что **БОГ** строг в осуществлении возмездия, и что **БОГ** – Прощающий, Самый Милосердный.

99. Единственной обязанностью посланника является передача послания, и **БОГ** знает всё, что вы заявляете, и всё, что скрываете.

100. Провозгласи: «Плохое – не то же самое, что хорошее, даже если обилие плохого может впечатлить тебя. Вы должны благоговеть перед **БОГОМ** (*даже если вы находитесь в меньшинстве*), о вы, обладатели ума, чтобы вы могли преуспеть».

101. О вы, кто верует, не спрашивайте о вещах, которые могут огорчить вас, если будут открыты вам преждевременно. Если вы спросите о них в свете Корана, то они прояснятся вам. **БОГ** намеренно игнорирует их. **БОГ** – Прощающий, Снисходительный.

102. Другие до вас задавали те же вопросы, а затем стали неверующими в них.

103. **БОГ** не запрещал ни скота, что производит на свет определённые сочетания мужского и женского пола,

---

5:97. Мусульмане-идолопоклонники учредили две «Священные Мечети» путём освящения могилы Пророка. Коран говорит только об одной Священной Мечети.

ни скота, освобождённого клятвой, ни скота, что даёт жизнь двум самцам подряд, ни быка, что становится отцом десятерым. Это неверующие изобрели такую ложь о **БОГЕ**. Большинство из них не понимает.

Не следуйте слепо религии своих родителей

104. Когда им говорят: «Придите к тому, что открыл **БОГ**, и к посланнику», – они говорят: «То, что мы нашли у наших родителей, достаточно для нас». А что, если их родители ничего не знали и не следовали правильным путём?

105. О вы, кто верует, вы должны беспокоиться только о себе. Если другие сбиваются с пути, то они не могут причинить вам вреда до тех пор, пока вы следуете прямым путём. Возвращение к **БОГУ** – ваша окончательная судьба, всех вас, и тогда Он сообщит вам обо всём, что вы делали.

Свидетельствование завещания

106. О вы, кто верует, когда кто-либо из вас умирает, то двое справедливых людей среди вас должны засвидетельствовать завещание. Если вы путешествуете, то двое других могут быть свидетелями. После совершения Контактной Молитвы (*Салат*) пусть свидетели поклянутся **БОГОМ**, чтобы облегчить ваши сомнения: «Мы не будем использовать это в целях личной выгоды, даже если завещатель является нашим родственником. И мы не будем скрывать свидетельство **БОГА**. В противном случае, мы были бы грешниками».

107. Если свидетели окажутся виновными в предвзятости, то двое других

должны заменить их. Выберите два человека, которые стали жертвами первых свидетелей, и пусть они поклянутся **БОГОМ**: «Наше свидетельство правдивее их свидетельства; мы не будем предвзяты. В противном случае, мы будем беззаконниками».

108. Это с большей долей вероятности может поощрить честные показания с их стороны, вызвав у них опасения, что их клятвами пренебрегут так же, как и клятвами предыдущих свидетелей. Вы должны чтить **БОГА** и слушайте. **БОГ** не ведёт прямым путём нечестивцев.

Мёртвые посланники ничего не знают

109. Придёт день, когда **БОГ** призовёт посланников и спросит их: «Каков был ответ вам?» Они скажут: «Мы не обладаем знанием. Ты – Знающий все тайны».

110. **БОГ** скажет: «О Иисус (Иса), сын Марии (Марьям), помни Мои благословения на тебе и твоей матери. Я поддержал тебя Святым Духом, чтобы ты мог говорить с людьми с колыбели, а также взрослым. Я научил тебя писанию, мудрости, Торе и Евангелию. Вспомни, как ты создал из глины образ птицы по Моей воле, а затем подул на него, и он стал живой птицей по Моей воле. Ты исцелял слепых и прокажённых с Моего дозволения и оживлял мёртвых с Моего дозволения. Вспомни, как Я защитил тебя от детей Израиля, которые хотели причинить тебе вред, несмотря на значительные чудеса, что ты им показал. Неверующие среди них сказали: "Это очевидное волшебство".

111. Вспомни, как Я внушил апостолам: "Вы должны уверовать в Меня и Моего посланника". Они сказали: "Мы уверовали и свидетельствуем, что мы покорные"».

Пир

112. Вспомни, как апостолы сказали: «О Иисус (Иса), сын Марии (Марьям), может ли твой Господь ниспослать нам пир с неба?» Он сказал: «Вы должны благоговеть перед **БОГОМ**, если вы верующие».

113. Они сказали: «Мы хотим поесть с него и хотим, чтобы успокоились наши сердца, и чтобы мы знали наверняка, что ты сказал нам правду. Мы будем свидетелями тому».

Более великие чудеса
влекут за собой
больше ответственности*

114. И сказал Иисус (Иса), сын Марии (Марьям): «Бог наш, Господь наш, пошли нам пир с неба. Пусть он принесёт изобилие для каждого из нас и станет знамением от Тебя. Надели нас благами; Ты – наилучший Наделитель благ».

115. **БОГ** сказал: «Я ниспошлю его. Но если кто-либо из вас не уверует после этого, то Я накажу его так, как Я никогда не наказывал никого».*

В День Воскресения
116. **БОГ** скажет: «О Иисус (Иса), сын Марии (Марьям),* говорил ли ты людям: "Сделайте меня и мою мать кумирами наряду с **БОГОМ**"?» Он скажет: «Слава Тебе. Я не мог произнести то, что не правильно. Если бы я сказал это, Ты бы уже знал об этом. Ты знаешь мои мысли, а я не знаю Твоих мыслей. Тебе известны все тайны.

117. Я говорил им только то, что Ты повелел мне говорить: "Вы должны поклоняться **БОГУ**, моему Господу и вашему Господу ". Я был свидетелем о них до тех пор, пока я жил среди них. Когда Ты прекратил мою жизнь на земле, Ты стал Наблюдателем над ними. Ты видишь все вещи.

118. Если Ты накажешь их, то они Твои слуги. Если Ты простишь им, то Ты – Всемогущий, Самый Мудрый».

119. **БОГ** провозгласит: «Это – день, когда правдивых спасёт их правдивость». Они заслужили сады с текущими ручьями. Они пребудут там вечно. **БОГ** доволен ими, и они довольны Им. Это – величайший триумф.

120. **БОГУ** принадлежит верховная власть над небесами и землёй, и всем, что находится в них, и Он – Всесильный.

****

---

*5:114-115. Ошеломляющее чудо Корана (Приложение 1), описанное в 74:35 как «Одно из величайших чудес», несёт в себе необычайно большую ответственность.

*5:116. Стоит отметить, что Коран постоянно называет Иисуса «сыном Марии», а Библия – «сын человеческий». Бог знал, что некоторые из людей будут богохульствовать и называть его «сын Божий»!

Сура 6:
Скот (Аль–Анам)

Во имя Бога, Самого Милостивого, Самого Милосердного

1. Хвала **БОГУ**, который сотворил небеса и землю и установил тьму и свет. Тем не менее, те, кто не веруют в своего Господа, продолжают отклоняться.

2. Он – Тот, кто сотворил вас из грязи, затем предопределил продолжительность вашей жизни – продолжительность жизни, которая известна только Ему. Тем не менее, вы продолжаете сомневаться.

3. Он – один **БОГ** на небесах и на земле. Он знает ваши тайны и ваши заявления, и Он знает всё, что вы приобретаете.

4. Независимо от того, какое доказательство приходит к ним от их Господа, они отворачиваются от него с отвращением.

5. Поскольку они отвергли истину, когда она явилась к ним, они навлекли на себя последствия своей беспечности.

6. Неужели они не видели, сколько поколений до них мы уничтожили? Мы устроили их на земле лучше, чем вас, и мы щедро осыпали их благословениями, и мы предоставили им текущие ручьи. Затем мы уничтожили их за их грехи и заменили их другим поколением.

7. Даже если бы мы ниспослали им вещественную книгу, написанную на бумаге, и они коснулись бы её своими руками, неверующие всё равно сказали бы: «Это не более чем искусное колдовство».

8. Они также сказали: «Если бы только ангел мог спуститься вместе с ним!» Если бы мы послали ангела, то всё дело было бы прекращено, и им больше не было бы отсрочки.

Условия испытания

9. Если бы мы послали ангела, то мы отправили бы его в виде человека, и мы оставили бы их в таком же замешательстве, в каком они находятся сейчас.

10. Посланники до тебя также были осмеяны. Это те, кто издевались над ними, пострадали от последствий своих насмешек.

11. Скажи: «Странствуйте по земле и обратите внимание на последствия, постигшие отвергающих».

12. Скажи: «Кому принадлежит всё на небесах и на земле?» Скажи: «**БОГУ**». Он постановил, что милосердие является Его характерной чертой. Он, несомненно, соберёт вас всех в День Воскресения, который неизбежен. Те, кто не веруют, теряют свои души.

13. Ему принадлежит всё, что обитает ночью и днём. Он – Слышащий, Знающий.

14. Скажи: «Неужели я признаю Господом и Властелином кого-либо другого, кроме **БОГА**, когда Он является Творцом небес и земли, и Он кормит, а Его не кормят?» Скажи: «Мне велено быть самым преданным покорным, и "Не будь идолопоклонником"».

15. Скажи: «Я боюсь, что если бы я ослушался моего Господа, меня постигло бы возмездие устрашающего дня.

16. Тот, кто в тот день будет избавлен (*от возмездия*), достиг Его милости. И это – величайший триумф».

Только Бог управляет счастьем
17. Если **БОГ** касается тебя бедой, то никто не сможет избавить от неё, кроме Него. А если Он касается тебя благословением, то Он – Всесильный.

18. Он – Верховный над Его созданиями. Он – Самый Мудрый, Знающий.

Коран, весь Коран и ничего кроме Корана
19. Скажи: «Чьё свидетельство является самым великим?» Скажи: «**БОГА**. Он – свидетель между мной и вами, что этот Коран* был внушён мне для проповедования его вам и тем, до кого он дойдёт. Поистине, вы свидетельствуете, что есть другие боги,* кроме **БОГА**». Скажи: «Я не свидетельствую, как вы; есть только один бог, и я отрекаюсь от вашего идолопоклонства».

20. Те, кому мы дали писание, признают его так же, как они признают своих собственных детей. Те, кто не веруют, теряют свои души.

21. Кто же нечестивее того, кто лжёт о

БОГЕ или отвергает Его откровения? Беззаконники никогда не добьются успеха.

Идолопоклонники отрицают своё идолопоклонство
22. В тот день, когда мы призовём их всех, мы спросим идолопоклонников: «Где идолы, которых вы создали?»

23. Их губительным ответом будет: «Клянёмся **БОГОМ**, нашим Господом, мы никогда не были идолопоклонниками».*

24. Обрати внимание, как они лгали сами себе, и как идолы, которых они выдумали, отказались от них.

25. Некоторые из них слушают тебя, но мы набросили покрывала на их сердца, чтобы они не могли понять, и поразили их уши глухотой. Поэтому независимо от того, какие доказательства они видят, они не могут поверить. Таким образом, когда они приходят спорить с тобой, неверующие говорят: «Это всего лишь сказки прошлых лет».

26. Они отвращают других от этого (*Корана*) и сами сторонятся его, и, таким образом, они только губят себя, не осознавая этого.

27. Если бы ты только мог увидеть их, когда они столкнутся с адским огнём! Они тогда скажут: «Горе нам. Ох, если бы у нас была возможность

6:19. Этот стих провозглашает Коран единственным источником религиозного руководства. Те же, кто придерживаются дополнительных источников, таких как Хадис и Сунна (ложь, приписанная Пророку), определяются как идолопоклонники.

6:23. Отныне и навечно идолопоклонники категорически отрицают, что они являются идолопоклонниками.

вернуться обратно, мы никогда не отвергали бы откровения нашего Господа и присоединились бы к верующим».

28. Но на самом деле (они говорят это только потому, что) их тайны были разоблачены. Если они вернутся обратно, они будут совершать точно такие же преступления.* Они – лжецы.

29. Они говорят (подсознательно): «У нас только эта жизнь; мы не будем воскрешены».

30. Если бы ты только мог увидеть их, когда они предстанут пред их Господом! Он скажет: «Разве это не истина?» Они скажут: «Да, клянёмся нашим Господом». Он скажет: «Вы навлекли на себя возмездие своим неверием».

31. Поистине, проигравшие те, кто отвергают встречу с **БОГОМ**, пока Час не придёт к ним внезапно, и тогда они скажут: «Мы глубоко сожалеем о нашей потраченной жизни в этом мире». Они понесут на своих спинах ноши из своих грехов – какая жалкая ноша!

Реорганизация наших приоритетов

32. Эта мирская жизнь не более чем иллюзия и тщетность, в то время как обитель Будущей жизни гораздо лучше для праведных. Разве вы не понимаете?!

33. Мы знаем, что ты можешь быть опечален тем, что они говорят. Ты должен знать, что это не тебя отвергают, – это откровениями **БОГА** нечестивые пренебрегают.

34. Посланников и до тебя отвергали, но они стойко и упорно переносили отвержение. Они подвергались гонениям, пока не приходила к ним наша победа. Такова система **БОГА**, которая никогда не изменится. Таким образом, история Моих посланников служит для тебя примером.

35. Если их отказ стал невыносим для тебя, то ты должен знать, что даже если бы ты прорыл туннель в земле или взошёл по лестнице на небо и произвёл чудо для них (они всё равно не поверят). Если бы **БОГ** пожелал, то Он повёл бы их всех единодушно прямым путём. Поэтому не веди себя как невежда.

36. Откликаются только те, кто слушают. **БОГ** воскрешает мёртвых; в конечном счёте они возвращаются к Нему.

37. Они сказали: «Если бы только некое знамение могло снизойти к нему от его Господа!» Скажи: «**БОГ** в состоянии ниспослать знамение, но многие из них не знают».

---

*6:28. Это потому, что как только мы входим в наше мирское измерение, нам становится совершенно ничего неизвестно о событиях в измерении душ, где можно увидеть Бога и Его ангелов, и Рай и Ад. Таким образом, виновные не изменят своего поведения, даже после того, как увидят это вечное измерение.

---

*Животные и птицы –
покорившиеся существа**

38. Все существа на земле и все летающие на крыльях птицы являются подобными вам общинами. Мы ничего не упустили из этой книги.** К их Господу все эти существа будут созваны.

Ошеломляющее чудо Корана

39. Те, кто отвергают наши доказательства, – глухи и немы в кромешной тьме. **БОГ**, кого пожелает, вводит в заблуждение, и кого Он пожелает, ведёт прямым путём.

40. Скажи: «Что, если бы **БОЖЬЕ** возмездие пришло к вам или Час пришёл бы к вам: умоляли бы вы кого-либо, помимо **БОГА**, если вы правдивы?»

41. На самом же деле, только Его вы умоляете; и Он отвечает на ваши молитвы, если Он того пожелает, и вы забываете своих идолов.

42. Мы уже отправляли (*посланников*) в общины до тебя; и мы испытывали их невзгодами и трудностями, дабы они взмолились.

43. Если бы только они взмолились, когда наше испытание постигло их! Вместо этого их сердца ожесточились, а дьявол приукрасил их деяния в их глазах.

*Система**

44. Таким образом, когда они пренебрегают данным им посланием, мы распахиваем пред ними врата ко всему. Затем, в то время как они радуются дарованному им, мы внезапно наказываем их; они становятся совершенно ошеломлёнными.

45. Так уничтожаются нечестивцы. Хвала **БОГУ**, Господу Вселенной.

Только Бог достоин поклонения

46. Скажи: «Что, если бы **БОГ** лишил вас слуха и зрения и запечатал ваш разум; какой бог, кроме **БОГА**, смог бы восстановить их для вас?» Обрати внимание, как мы объясняем откровения, и заметь, как они по-прежнему отклоняются!

47. Скажи: «Что, если бы **БОЖЬЕ** возмездие пришло к вам внезапно или после объявления? Разве это не нечестивцы, которые подвергаются уничтожению?»

Роль посланников

48. Мы посылаем посланников только с добрыми вестями и с предупреждением. Тем, кто веруют и исправляются, нечего бояться, и они не будут опечалены.

6:38. Животные были среди существ, которые воспользовались Божьим предложением покаяться после совершения первородного греха (см. Введение).

**6:38. Вся информация, имеющая отношение к нашей вечной Будущей жизни, содержится в Коране. Истинные верующие, не колеблясь, принимают утверждение Бога: «Мы не упустили ничего из этой книги». Важность этого заявления и подобных высказываний находит своё отражение в том, что каждое из них состоит из 19 арабских букв (Приложение 19).*

6:44. До того, как виновные выброшены из окна, их поднимают на верхний этаж.

49. Что же касается тех, кто отвергает наши откровения, то они подвергнутся возмездию за своё нечестие.

50. Скажи: «Я не говорю вам, что я обладаю сокровищами **БОГА**. И я не знаю будущего. И я не говорю вам, что я ангел. Я просто следую тому, что открыто мне». Скажи: «Равны ли слепой и зрячий? Неужели вы не поразмыслите?»

51. И проповедуй этим (*Кораном*) тем, кто с благоговением ожидают призыва к своему Господу, что у них нет, кроме Него, ни Господа, ни Властелина, ни заступника, – чтобы они могли спастись.

52. И не удаляй тех, кто взывают к своему Господу день и ночь, посвящая себя только Ему. Ты не несёшь ответственности за их расчёт, и они не ответственны за твой расчёт. Если же ты удалишь их, то окажешься беззаконником.

53. Так мы испытываем одних людей другими, дабы они сказали (*насмешливо*): «Неужели это те среди нас, которых благословил **БОГ**?» Разве **БОГ** в неведении о благодарных?

54. Когда те, кто веруют в наши откровения, приходят к тебе, ты должен сказать: «*Саламун Алейкум* (Мир вам). Ваш Господь предписал, что милосердие является Его характерной чертой. Таким образом, если любой из вас творит беззаконие по невежеству, а затем кается и исправляется, то Он – Прощающий, Самый Милосердный».

55. Так мы объясняем откровения и указываем на пути нечестивцев.

56. Скажи: «Мне запрещено поклоняться тому, чему вы поклоняетесь, кроме **БОГА**». Скажи: «Я не буду придерживаться вашего мнения. В противном случае, я собьюсь с пути, а не пойду прямым путём».

57. Скажи: «У меня есть веское доказательство от моего Господа, а вы отвергли его. Я не управляю возмездием, а вы бросаете мне вызов, чтобы я навлёк его. Решение принадлежит только **БОГУ**. Он повествует истину, и Он – наилучший судья».

58. Скажи: «Если бы я управлял возмездием, которое вы требуете, чтобы я навлёк, то всё дело уже давно было бы прекращено. **БОГУ** лучше всего известны нечестивые».

Всемогущий Бог
59. С Ним ключи ко всем тайнам; никто не знает их, кроме Него. Он знает всё, что на земле и в море. Ни один лист не падает без Его ведома. Нет ни зёрнышка в глубине почвы, и нет ничего влажного или сухого, чего бы не было записано в основательной записи.

*Смерть и воскресение –
каждый день**
60. Он – Тот, кто ночью предаёт вас смерти и знает до мельчайших деталей, что вы делаете днём. Он воскрешает вас каждое утро, пока не завершится срок вашей жизни; затем к Нему ваше окончательное возвращение. Тогда Он поведает вам обо всём, что вы совершили.

Смотрите примечание к 6:60 на стр. 90.

61. Он – Верховный над Своими творениями, и Он назначает стражей для вашей защиты. Когда назначенное время смерти приходит к любому из вас, наши посланцы без промедления предают его смерти.

62. Затем каждый возвращается к **БОГУ**, их законному Господу и Властелину. Безусловно, Он – окончательный судья; Он – самый точный в подсчётах.

63. Скажи: «Кто может спасти вас от мрака суши или моря?» Вы взываете к Нему громко и тайно: «Если Он спасёт нас в этот раз, мы будем вечно благодарны».

64. Скажи: «**БОГ** спасает вас в этот раз, а также и в другие разы; а вы всё ещё создаёте идолов рядом с Ним».

65. Скажи: «Он, безусловно, в состоянии излить на вас возмездие сверху или из-под ваших ног. Или Он может поделить вас на группировки, дав вам вкусить жестокость друг друга. Обрати внимание, как мы объясняем откровения, чтобы они могли понять».

66. Твой народ отверг это, несмотря на то, что это истина. Скажи: «Я не являюсь вашим попечителем».

67. Каждое указанное здесь пророчество сбудется, и вы обязательно узнаете.

Уважение к Божьему слову
68. Если ты видишь тех, кто насмехаются над нашими откровениями, то сторонись их, пока они не увлекутся другой темой. Если дьявол заставит тебя забыть, то как только вспомнишь, не сиди с такими злыми людьми.

69. Праведники не несут ответственности за высказывания тех людей, но напоминание может помочь им; возможно, они могут быть спасены.

70. Не обращай внимания на тех, кто относятся к своей религии легкомысленно, как будто это общественное мероприятие, и полностью поглощены этой мирской жизнью. Напоминай этим (*Кораном*), дабы душа не пострадала от последствий её злых приобретений. У неё нет, кроме **БОГА**, ни Господа, ни Властелина, ни заступника. Если бы она могла предложить какой-либо выкуп, то он не был бы принят. Они страдают от последствий приобретённых ими злых деяний; им уготованы адские напитки и мучительное возмездие за их неверие.

71. Скажи: «Разве мы будем взывать, кроме **БОГА**, к тому, что не обладает властью принести нам ни пользы, ни вреда, и обратимся вспять после того, как **БОГ** наставил нас на правильный путь? В таком случае, мы бы присоединились к тем, кем овладели дьяволы, приведя их в полное замешательство, в то время как их друзья пытаются спасти их: «Оставайтесь с нами на правильном

---

*6:60. Праведные в действительности не умирают, они идут прямо в тот же самый Рай, где когда-то жили Адам и Ева. Неправедные умирают и испытывают кошмар, который длится до Дня Воскресения (см. 2:154, 3:169, 8:24, 16:32, 22:58, 36:26-27, 40:46, 44:56 и Приложение 17).

пути»». Скажи: «Руководство **БОГА** является правильным руководством. Нам заповедано покориться Господу Вселенной.

72. И соблюдать Контактные Молитвы (*Салат*) и благоговеть перед Ним. Он – Тот, перед кем вы будете собраны (*для расчёта*)».

73. Он – Тот, кто сотворил небеса и землю правдиво. Всякий раз, когда Он говорит: «Будь», оно сбывается. Его слово является абсолютной истиной. Вся верховная власть принадлежит Ему в день, когда подуют в рог. Знающий все тайны и заявления, Он – Самый Мудрый, Знающий.

Авраам спорит с идолопоклонниками

74. Вспомните, как Авраам (Ибрагим) сказал своему отцу Азару: «Как ты можешь поклоняться статуям как богам? Я вижу, что ты и твои люди глубоко заблудшие».

75. Мы показали Аврааму (Ибрагиму) чудеса небес и земли и благословили его уверенностью:

76. Когда наступила ночь, он увидел сияющую планету. «Может быть, это мой Господь», – сказал он. Когда же она исчезла, он сказал: «Я не люблю (*богов*), которые исчезают».

77. Когда он увидел восходящую луну, он сказал: «Может быть, это мой Господь!» Когда же она исчезла, он сказал: «Если мой Господь не наставит меня на правильный путь, то я буду в числе заблудших».

78. Когда он увидел восходящее солнце, он сказал: «Это, должно быть, мой Господь. Оно самое большое». Но когда и оно зашло, он сказал: «О народ мой, я осуждаю ваше идолопоклонство.

79. Я полностью посвятил себя Тому, кто положил начало небесам и земле; я никогда не стану идолопоклонником».

80. Его народ спорил с ним. Он сказал: «Неужели вы спорите со мной о **БОГЕ** после того, как Он указал мне правильный путь? У меня нет страха перед созданными вами идолами. Ничто не может случиться со мной, если только мой Господь не пожелает этого. Знание моего Господа охватывает всё сущее. Неужели вы не внимете?

81. Почему я должен бояться ваших идолов? Это вы должны бояться, поскольку вы поклоняетесь вместо **БОГА** идолам, которые совершенно бессильны помочь вам. Какая же сторона больше заслуживает безопасности, если вы знаете?»

Идеальная безопасность для верующих

82. Те, кто веруют и не загрязняют свою веру идолопоклонством, заслужили идеальную безопасность, и они поистине идут правильным путём.

83. Таков был наш довод, которым мы поддержали Авраама (Ибрагима) против его народа. Мы возвышаем, кого пожелаем, на более высокие степени. Твой Господь – Самый Мудрый, Всеведущий.

84. И мы даровали ему Исаака (Исхака) и Иакова (Йакуба), и мы повели их обоих правильным путём. Подобным образом до этого мы повели правильным путём Ноя (Нуха), а из его потомства (*мы повели правильным путём*) Давида (Дауда), Соломона (Сулеймана), Иова (Айуба), Иосифа (Йусуфа), Моисея (Мусу) и Аарона (Харуна). Так мы награждаем праведников.

85. А также Захарию (Закарию), Иоанна (Яхью), Иисуса (Ису) и Илию (Ильяса); все они были праведниками.

86. И Исмаила (Измаила), Елисея (Аль-Йасаа), Иона (Йунуса) и Лота (Лута); каждого из них мы превознесли над всеми людьми.

87. Из числа их предков, их потомков и их братьев и сестёр мы избрали многих, и мы повели их прямым путём.

88. Таково руководство **БОГА**, посредством которого Он ведёт правильным путём того из Своих слуг, кого выбирает. Если бы кто-нибудь из них впал в идолопоклонство, то их деяния были бы сведены к нулю.

89. Это были те, кому мы дали писание, мудрость и пророчество. Если эти люди не уверуют, то мы заменим их другими, и новые люди не будут неверующими.

90. Это – те, которых **БОГ** повёл правильным путём; следуй же вслед за ними правильным путём. Скажи: «Я не прошу у вас никакой платы. Это не что иное, как послание ко всем народам».

Послания Бога к миру

91. Они никогда не ценили **БОГА** должным образом. Таким образом, они сказали: «**БОГ** ничего не открывает никакому человеку». Скажи: «Кто же ниспослал писание со светом и руководством для людей, которое Моисей (Муса) доставил?» Вы записали его на бумаге, чтобы возвестить о нём, в то же время скрывая многое из него. Вас научили тому, чего вы никогда не знали – ни вы, ни ваши родители. Скажи: «**БОГ** (*это Тот, кто ниспослал его*)», затем оставь их забавляться в их беспечности.

92. Это тоже благословенное писание, которое мы ниспослали и которое подтверждает предыдущие писания, чтобы ты мог предостеречь наиболее важную общину* и все другие вокруг неё. Те, кто верят в Будущую жизнь, поверят в это (*писание*) и будут соблюдать Контактные Молитвы (*Салат*).

Лжепосланники осуждены

93. Кто нечестивее того, кто придумывает ложь и приписывает её **БОГУ**, или говорит: «Я получил божественное внушение», когда такое внушение ему не было дано, или говорит: «Я могу написать подобное откровениям **БОГА**»? Если бы ты только мог видеть беззаконников в момент смерти! Ангелы простирают

6:92. Современной «наиболее важной общиной» является Америка, где было восстановлено послание Бога. Когда был низведен Коран, то Мекка была наиболее важной общиной.

свои руки к ним, говоря: «Отпустите ваши души. Сегодня вы навлекли на себя позорное возмездие за то, что говорили неправду о **БОГЕ**, и за то, что были слишком высокомерны, чтобы принять Его откровения.

94. Вы возвратились к нам отдельными особями, так же как мы создали вас в первый раз, и вы оставили позади то, чем мы вас наделили. Мы не видим с вами ваших заступников, которых вы боготворили и утверждали, что они помогут вам. Все связи между вами разорваны; созданные вами идолы покинули вас».

Величие Бога

95. **БОГ** – Тот, кто заставляет зёрна и семена растрескиваться и прорастать. Он производит живое из мёртвого и мёртвое из живого. Таков **БОГ**; как же вы можете отклоняться!

96. На заре Он заставляет утро появляться. Он сделал ночь покойной, и Он постановил солнцу и луне служить в качестве вычислительных приборов. Таков замысел Всемогущего, Всезнающего.

97. И Он – Тот, кто сотворил звёзды, чтобы вы находили по ним путь в темноте, на суше и на море. Так мы разъясняем откровения для людей знающих.

98. Он произвёл вас от одного человека и определил ваш путь, а также вашу окончательную судьбу. Так мы разъясняем откровения для людей понимающих.

99. Он – Тот, кто ниспосылает с неба воду, посредством которой мы производим все виды растений. Мы производим из зелёной массы множество сложных злаков, пальмы с висячими гроздьями и сады из винограда, маслин и гранат; плоды, имеющие сходство, но, тем не менее, различные. Обратите внимание на их плоды, как они растут и созревают. Это знамения для людей верующих.

100. Тем не менее, они создают рядом с **БОГОМ** идолов из числа джиннов, хотя Он – Тот, кто сотворил их. Они даже приписывают Ему сыновей и дочерей, не имея об этом никакого знания. Слава Ему. Он – Всевышний, значительно выше их утверждений.

101. Творец небес и земли. Как Он может иметь сына, когда у Него никогда не было супруги? Он сотворил всё сущее, и Он ведает о всякой вещи.

Бог

102. Таков **БОГ**, ваш Господь; нет бога, кроме Него, Создателя всего сущего. Вы должны поклоняться только Ему. Ему подчинена всякая вещь.

103. Ни один взор не может охватить Его, а Он охватывает все взоры. Он – Сострадательный, Знающий.

104. Просветления пришли к вам от вашего Господа. Что касается тех, кто могут узреть, то это для их же блага, а те, кто превратились в слепцов, делают это во вред себе. Я не являюсь вашим попечителем.

105. Так мы объясняем откровения, чтобы доказать, что ты получил знания, и чтобы разъяснить их людям знающим.

106. Следуй тому, что ниспослано тебе от твоего Господа, – нет бога, кроме Него – и пренебрегай идолопоклонниками.

107. Если бы **БОГ** пожелал, то они не поклонялись бы идолам. Мы не назначили тебя ни их попечителем, ни их защитником.

108. Не проклинайте идолов, которых они создали рядом с **БОГОМ**, чтобы они не хулили и не проклинали **БОГА** по неведению. Мы приукрасили в глазах каждой группы их деяния. В конечном счёте они возвращаются к своему Господу, и Он сообщает им обо всём, что они совершили.

109. Они торжественно клялись **БОГОМ**, что если бы чудо пришло к ним, то они, безусловно, уверовали бы. Скажи: «Чудеса приходят только от **БОГА**». Вполне возможно, что если бы чудо пришло к ним, то они продолжали бы не веровать.

110. Мы управляем их разумом и их сердцами. Таким образом, поскольку их решение – не веровать, мы оставляем их со своими прегрешениями, блуждающих вслепую.

Следствие их собственных решений

111. Даже если бы мы ниспослали ангелов к ним, даже если бы мёртвые заговорили с ними, даже если бы мы собрали все чудеса перед ними, они не смогут поверить, разве что **БОГ** пожелает этого. В самом деле, большинство из них невежественны.

Хадис и Сунна – измышления врагов пророка

112. Мы позволили врагам каждого пророка – дьяволам из числа людей и джиннов – внушать друг другу красивые слова обольщения. Если бы твой Господь пожелал, то они бы не делали этого. Не обращай внимания на них и их измышления.

Важный критерий

113. Это для того, чтобы позволить разуму тех, кто не верит в Будущую жизнь, слушать такие измышления и принимать их, и таким образом выявить их истинные убеждения.*

Коран: вполне подробный*

114. Неужели я буду искать иной источник закона, кроме **БОГА**, когда Он ниспослал вам эту книгу вполне подробной?* Те, кто получили писание, признают, что оно в истине ниспослано от твоего Господа. У тебя не должно быть никаких сомнений.

115. Слово твоего Господа совершенно* по истине и справедливости. Ничто не отменит Его слова. Он – Слышащий, Всеведущий.

116. Если ты подчинишься большинству людей на земле, то они собьют тебя с пути **БОГА**. Они лишь следуют предположениям; они лишь строят догадки.

117. Твой Господь вполне знает тех, кто отклоняется от Его пути, и Он

---

*6:113. Коран содержит критерии, которые говорят нам, действительно ли мы верим в Будущую жизнь или просто говорим, что верим. Эти важные признаки указаны здесь, в 17:45-46 и 39:45.

*6:113-115. Придерживание любого другого источника, помимо Корана, отражает неверие в Коран (Приложение 18).

вполне знает тех, кто идёт правильным путём.

118. Вы должны есть из того, над чем было произнесено имя **БОГА**, если вы истинно веруете в Его откровения.

Возможность вспомнить о Боге – упоминание имени Бога перед едой

119. Почему вы не должны есть из того, над чем было произнесено имя **БОГА**? Он подробно изложил для вас то, что вам запрещено, разве что вас принудят. Поистине, многие люди вводят в заблуждение других своими личными убеждениями и безо всякого знания. Твой Господь вполне знает беззаконников.

120. Вы должны избегать как очевидные, так и скрытые грехи. Те, кто грешили, непременно заплатят за свои прегрешения.

121. Не ешьте из того, над чем не было произнесено имя **БОГА**, ибо это мерзость. Дьяволы внушают своим союзникам спорить с вами; если вы им подчинитесь, то вы станете идолопоклонниками.*

122. Разве тот, кто был мёртв, и мы наделили его жизнью и предоставили ему свет, позволяющий ему перемещаться среди людей, равен тому, кто в полной темноте, из которой он никогда не сможет выйти? Так в глазах неверующих приукрашены их деяния.

123. Мы позволяем ведущим преступникам каждой общины строить козни и плести интриги. Но они только строят козни и плетут интриги против собственных душ, не осознавая.

Ставить под сомнение мудрость Бога*

124. Когда убедительное доказательство приходит к ним, они говорят: «Мы не уверуем, пока нам не будет даровано то, что было даровано **БОЖЬИМ** посланникам!» **БОГ** точно знает, кто лучше всех подходит для передачи Его послания.* Таких преступников постигнет унижение перед **БОГОМ** и страшное возмездие как следствие их злых интриг.

Коранические знания намного опережают человеческий прогресс*

125. Кого **БОГ** пожелает вести правильным путём, тому Он широко раскрывает грудь для Покорности. А кого Он пожелает ввести в заблуждение, тому Он сжимает грудь, делая её нетерпимой, словно тот взбирается на небо.* Так **БОГ** насылает проклятие на тех, кто отказывается верить.

6:121. Пищевые запреты, учреждённые не Богом, представляют идолопоклонство.

6:124. Зависть и самомнение – это человеческие черты, которые заставляют некоторых людей сомневаться в мудрости Бога при выборе Его посланников. Заблуждающиеся мусульманские учёные высказываются таким же самым образом относительно откровения математического кода Корана через Божьего Посланника Завета.

6:125. Спустя века после откровения Корана мы узнали, что при подъёме в гору доля кислорода уменьшается, и мы начинаем задыхаться.

126. Это прямой путь к твоему Господу. Мы объяснили откровения людям внемлющим.

127. Они заслужили обитель мира у своего Господа; Он – их Господь и Властелин как награда за их деяния.

128. Придёт день, когда Он призовёт их всех (*и скажет*): «О вы, джинны, вы завладели множеством людей». Их человеческие товарищи скажут: «Господь наш, мы наслаждались компанией друг друга до тех пор, пока не растратили впустую отрезок жизни, который Ты отвёл для нас». Он скажет: «Ад – ваша судьба». Они пребудут там вечно согласно **БОЖЬЕЙ** воле. Твой Господь – Мудрый, Всеведущий.

129. Так мы подбираем нечестивцев товарищами друг другу как наказание за их прегрешения.

130. О вы, джинны и люди, разве к вам не приходили посланники из вашей среды, которые читали вам Мои откровения и предупреждали вас о встрече с этим днём? Они скажут: «Мы свидетельствуем против самих себя». Они были совершенно поглощены мирской жизнью, и они будут свидетельствовать против самих себя, что они были неверующими.

131. Это для того, чтобы показать, что твой Господь не губит ни одну общину несправедливо, пока её люди находятся в неведении.

132. Каждый будет воздвигнут на ту ступень, которая соизмерима с его деяниями. Твой Господь никогда не находится в неведении того, чем они занимаются.

133. Твой Господь – Богатый; обладатель всего милосердия. Если Он пожелает, то может избавиться от вас и заменить вас другими, угодными Ему, так же как Он произвёл вас из потомства других людей.

134. Что обещано вам – сбудется, и вы не сможете избежать этого.

135. Скажи: «О мой народ, старайтесь, и я буду стараться. Вы обязательно узнаете, кто же окончательные победители». Воистину, нечестивцы не преуспеют.

Злоупотребление провизией Бога
136. Они даже откладывают долю из выращенных **БОГОМ** посевов и скота, говоря согласно своим утверждениям: «Эта доля принадлежит **БОГУ**, а эта доля принадлежит нашим идолам». Однако то, что было предназначено их идолам, не достигло **БОГА**; а доля, отведенная **БОГУ**, неизменно отправлялась к их идолам. Поистине, скверно их суждение.

137. Таким образом, идолопоклонники были обмануты своими идолами настолько, что даже убивали своих собственных детей.* На самом деле их идолы причиняют им сильную боль и запутывают для них их

---

*6:137. Прекрасным примером является всемирно известный инцидент 1978 года – казнь принцессы из Саудовской Аравии по обвинению в предполагаемом прелюбодеянии. Божий закон предписывает порку плетью, а не казнь как наказание за прелюбодеяние (24:1-2), в то время как идолопоклоннические законы предусматривают казнь. Как отмечается в 42:21, традиционалисты следуют религии, которая не санкционирована Богом.

религию. Если бы **БОГ** пожелал, то они не делали бы этого. Не обращай внимания на них и их измышления.

Религиозные нововведения осуждены

138. Они говорили, утверждая: «Эти скот и посевы запрещены; и никто не должен есть их без нашего позволения». Они также запретили ездить верхом на некотором скоте. Даже над скотом, который они ели, принося его в жертву, они никогда не произносили имени **БОГА**. Таковы нововведения, приписанные Ему. Он непременно воздаст им за их нововведения.

139. Они также сказали: «То, что находится в утробе этого скота, предназначено исключительно для наших мужчин и запрещено нашим жёнам». Но если оно рождалось мёртвым, то их жёны получали право на него. Он непременно воздаст им за их нововведения. Он – Самый Мудрый, Всеведущий.

140. Проигравшие на самом деле те, кто убивали своих детей по глупости и неведению, и запрещали то, что **БОГ** предоставил им, и следовали нововведениям, приписанным **БОГУ**. Они сбились с пути; они не на правильном пути.

Закят должен быть отдан «в день сбора урожая»*

141. Он – Тот, кто создал сады на трельяжах и без трельяжей, и пальмы, и злаки с различным вкусом, и маслины, и гранаты – плоды, имеющие сходство, но, тем не менее, различные. Ешьте из их плодов и отдавайте должную милостыню в день сбора урожая,* и не расточайте. Он не любит расточительных.

142. Некоторый скот служит для перевозки, а некоторый – как материал для постельных принадлежностей. Ешьте из того, чем вас наделил **БОГ**, и не следуйте по стопам Сатаны; он ваш самый ярый враг.

Нововведенные пищевые запреты осуждены

143. Восемь видов скота: что касается двух видов овец и двух видов коз, скажи: «Запретил ли Он двух самцов или двух самок, или содержимое утроб двух самок? Поведайте мне то, что вы знаете, если вы правдивы».

144. Что касается двух видов верблюдов и двух видов крупного рогатого скота, скажи: «Запретил ли Он двух самцов или двух самок, или содержимое утробы двух самок? Присутствовали ли вы тогда, когда **БОГ** заповедал такие запреты для вас? Кто более нечестив, чем те, кто выдумывают такую ложь и приписывают её **БОГУ**? Так они вводят в заблуждение людей безо всякого знания. **БОГ** не ведёт правильным путём таких злодеев».

6:141. Обязательная благотворительность Закят так важна, что Самый Милосердный ограничил Свою милость только для тех, кто даёт её (7:156). Тем не менее, заблуждающиеся мусульмане потеряли эту важнейшую заповедь: они дают Закят только один раз в год. Мы видим здесь, что Закят должен быть отдан «в день получения нами дохода». Пропорция, которая пришла к нам через Авраама, составляет 2,5% от нашего чистого дохода.

*Это единственные пищевые
запреты**

145. Скажи: «Я не нахожу в данных
мне откровениях никакой пищи, которая была бы запрещена любому
едоку, за исключением: (1) падали, (2)
льющейся крови, (3) мяса* свиней,
ибо оно заражённое, и (4) мяса животных, кощунственно посвящённых
кому-либо другому, помимо **БОГА**».
Если кто-либо вынужден (*есть это*)
непреднамеренно или не со зла, то
твой Господь – Прощающий, Самый
Милосердный.

146. Иудеям мы запретили животных с нераздвоенными копытами;
и запретили жир крупного рогатого
скота и овец, кроме того, который находится на спине, или во внутренних
органах, или смешан с костями. Это
было возмездие за их прегрешения;
воистину, мы правдивы.

147. Если они не верят тебе, то скажи:
«Ваш Господь обладает бесконечным
милосердием, но Его возмездие неизбежно для виновных людей».

148. Идолопоклонники говорят:
«Если бы **БОГ** пожелал, то ни мы,
ни наши родители не придерживались бы идолопоклонства, и мы не

запрещали бы ничего». Таким же
образом не веровали те, кто был до
них, пока они не навлекли на себя
наше возмездие. Скажи: «Есть ли у
вас достоверные знания, которые вы
можете предъявить нам? Вы следуете лишь предположению; вы только
строите догадки».

*Самый мощный довод**

149. Скажи: «**БОГ** обладает самым
мощным доводом; если Он пожелает,
то может повести всех вас правильным путём».

150. Скажи: «Приведите ваших
свидетелей, которые бы засвидетельствовали, что **БОГ** запретил то или
это». Если они станут свидетельствовать, то не свидетельствуй вместе
с ними. И не придерживайся мнения
тех, кто отвергают наши откровения,
кто не верят в Будущую жизнь и блуждают вдали от их Господа.

Основные заповеди

151. Скажи: «Придите и позвольте
мне сообщить вам, что ваш Господь
действительно запретил для вас:
вы не должны создавать идолов рядом с Ним. Вы должны почитать
ваших родителей. Вы не должны
убивать своих детей из страха перед

---

*6:145-146. *Только четыре вида продуктов животного происхождения
запрещены: животные, которые умирают сами по себе, льющаяся кровь
(не та, что задержалась в мясе), мясо свиней и животные, посвящённые
не нашему Создателю. Стих 146 сообщает нам, что такие запреты очень
конкретны: Бог запрещает либо «мясо», либо «жир», либо то и другое,
если Он того пожелает.*

*6:149. *Математический код Корана является осязаемым и совершенно
неопровержимым доказательством того, что это послание Бога к миру.
Требуется божественное вмешательство, чтобы помешать читателю
оценить это необыкновенное явление, затем пасть ниц и признать это
ошеломляющее чудо (см. 17:45-46, 18:57, 56:79 и Приложение 1).*

бедностью – мы обеспечиваем и вас, и их. Вы не должны совершать тяжкие грехи – явные или скрытые. Вы не должны убивать – **БОГ** сделал жизнь священной – разве лишь во имя правосудия. Это Его заповеди к вам, чтобы вы могли понять».

Дополнительные заповеди

152. Вы не должны касаться денег сирот, разве только с самыми праведными намерениями, пока они не достигнут зрелости. При торговле вы должны справедливо отмерять полный вес и полную меру. Мы не обременяем никакую душу сверх её возможностей. Вы должны быть абсолютно справедливы, когда вы свидетельствуете, даже против своих родственников. Вы должны выполнить ваш завет с **БОГОМ**. Это Его заповеди к вам, чтобы вы могли внять.

153. Это – Мой путь – прямой путь. Вы должны следовать по нему; и не следуйте какими-либо другими путями, чтобы они не отклонили вас от Его пути. Это Его заповеди к вам, чтобы вы могли быть спасены.

154. И мы дали Моисею (Мусе) писание с наилучшими заповедями, подробно разъясняющее всё, – маяк и милосердие – чтобы они могли поверить во встречу со своим Господом.

155. И это тоже благословенное писание, которое мы ниспослали; вы должны следовать ему и вести праведную жизнь, чтобы вы могли быть помилованы.

156. Теперь вы больше не можете сказать: «Писание было ниспослано только двум общинам до нас, и мы ничего не знали о том, что они изучали».

Математика – окончательное доказательство*

157. И вы не можете сказать: «Если бы нам было ниспослано писание, то мы придерживались бы более правильного пути, чем они». Доказанное писание теперь пришло к вам от вашего Господа – маяк и милосердие. Кто же нечестивее того, кто отвергает эти доказательства от **БОГА** и игнорирует их? Мы подвергнем тех, кто игнорирует наши доказательства, тяжкому возмездию за их беспечность.

Условия испытания

158. Неужели они ждут, когда ангелы явятся к ним или ваш Господь, или какие-либо физические проявления твоего Господа? В тот день, когда это произойдёт, ни одной душе не принесёт пользу её вера, если она не уверовала прежде и не пожинала плоды веры, ведя праведную жизнь.* Скажи: «Продолжайте ждать; мы тоже ждём».

---

*6:157. Роль математического кода Корана очевидна из того, что сумма номера стиха (157) с гематрическим значением «Рашад Халифа» (1230), через которого код был раскрыт, составляет 1387 или 19х73.

* 6:158. После уверования душа должна расти и развиваться через обряды поклонения, предписанные Богом.

Религиозные секты осуждены

159. Те, кто разделяют себя на сек-ты, не имеют отношения к тебе. Их приговор покоится у **БОГА**; позже Он поведает им обо всём, что они совершили.

160. Тот, кто совершает праведное де-яние, вознаграждается десятикратно; а тому, кто совершает грех, воздаётся только однократно. Никто не страда-ет от малейшей несправедливости.

161. Скажи: «Мой Господь наставил меня на прямой путь – на совершен-ную религию Авраама (Ибрагима) – единобожие. Он никогда не был идолопоклонником».

162. Скажи: «Мои Контактные Молит-вы (*Салат*), мои обряды поклонения, моя жизнь и моя смерть – посвящены абсолютно только **БОГУ** – Господу Вселенной.

163. У него нет соучастников. Это то, во что мне велено верить, и я являюсь первым из покорившихся».

164. Скажи: «Неужели я стану искать другого господа, помимо **БОГА**, ког-да Он Господь всего? Душе приносят пользу только её собственные деяния, и ни одна душа не понесёт чужое бре-мя. В конечном счёте вам предстоит вернуться к вашему Господу, и тог-да Он поведает вам обо всех ваших спорах».

165. Он – Тот, кто сделал вас на-следниками земли, и Он возвысил некоторых из вас над другими по степени для того, чтобы испытать вас в соответствии с тем, что Он да-ровал вам. Поистине, твой Господь эффективен в исполнении возмездия, и Он – Прощающий, Самый Мило-сердный.

****

Сура 7: Чистилище (Аль-Аараф)

Во имя Бога, Самого Милостивого, Самого Милосердного

1. А. Л. М. С.*

2. Это писание было открыто тебе – ты не должен питать сомнений о нём в своём сердце, – чтобы ты мог предостеречь им, и чтобы оно было напоминанием для верующих.

3. Вы должны все следовать тому, что ниспослано вам от вашего Господа; и не следуйте никаким идолам, кроме Него. Редко же вы внимаете.

4. Сколько же общин мы погубили! Они подверглись нашему возмездию, в то время как они спали или бодр-ствовали.

5. Когда наше возмездие настигло их, то их высказыванием было: «Поисти-не, мы были беззаконниками».

6. Мы непременно допросим тех, кто получил послание, и мы допросим посланников.

7. Мы авторитетно известим их, ибо мы никогда не отсутствовали.

8. Весы будут установлены в тот день по справедливости. Те, у кого

---

*7:1. См. Приложение 1 о роли этих инициалов в математическом чуде Корана.

вес окажется тяжёлым, будут победителями.

9. А те, чей вес окажется лёгким, – это те, кто потеряли свои души* как следствие несправедливого пренебрежения к нашим откровениям.

10. Мы утвердили вас на земле, и мы наделили вас средствами к существованию на ней. Редко же вы бываете признательны.

11. Мы создали вас, затем придали вам форму, а потом сказали ангелам: «Падите ниц перед Адамом». Они пали ниц, кроме Иблиса (*Сатаны*), он не был в числе преклонившихся.

Испытание начинается

12. Он сказал: «Что помешало тебе пасть ниц, когда Я приказал тебе?» Он сказал: «Я лучше него; Ты создал меня из огня, а его – из грязи».

13. Он сказал: «За это ты должен сойти вниз, ибо тебе не подобает быть высокомерным здесь. Убирайся, ты принижен».

14. Он сказал: «Дай мне отсрочку до Дня Воскресения».

15. Он сказал: «Отсрочка предоставлена тебе».

16. Он сказал: «За то, что Ты пожелал, чтобы я сбился с пути,* я буду подкрадываться к ним на Твоём прямом пути.

17. Я буду подходить к ним спереди и сзади, справа и слева, и Ты увидишь,

что большинство из них неблагодарны».

18. Он сказал: «Уходи прочь отсюда, презренным и побеждённым. А те из них, кто последует за тобой, – Я наполню всеми вами Ад.

19. А ты, Адам, живи со своей супругою в Раю, и ешьте из него, как вам будет угодно, но не приближайтесь лишь к этому дереву, чтобы не впасть в грех».

20. Дьявол нашептал им, чтобы обнажить их тела, которые были им невидимы. Он сказал: «Ваш Господь запретил вам это дерево только для того, чтобы вы не стали ангелами и не обрели вечное существование».

21. Он поклялся им: «Я даю вам хороший совет».

22. Так он обольстил их ложью. Как только они вкусили от дерева, их тела стали видимыми им, и они попытались прикрыться листьями Рая. Их Господь призвал их: «Разве Я не запретил вам это дерево и не предупредил вас, что дьявол – ваш самый ярый враг?»

23. Они сказали: «Господь наш, мы навредили своим душам, и если Ты не простишь нас и не помилуешь нас, то мы будем проигравшими».

24. Он сказал: «Спуститесь врагами друг другу. На Земле вам пребывать и пользоваться благами на некоторое время».

7:9. Неспособность прислушаться к нашему Создателю ведёт к духовному голоду и в конечном итоге к «потере» души.

7:16. Сатана является проверенным лжецом, а также и его избиратели (см. 2:36, 6:22-23 и 7:20-22).

---

25. Он сказал: «На ней вы будете жить, на ней будете умирать и из неё будете выведены».

26. О дети Адама, мы предоставили вам одежду для прикрытия ваших тел, а также для роскоши. Но самое лучшее одеяние – это одеяние праведности. Таковы одни из знамений **БОГА**, чтобы они могли внять.

27. О дети Адама, не позволяйте дьяволу обмануть вас, как он обманул ваших родителей, став причиной их изгнания из Рая и лишения их одежды для обнажения их тел. Он и его племя видят вас, тогда как вы их не видите. Мы назначаем дьяволов спутниками тех, кто не верует.

Изучите всю наследственную информацию

28. Они совершают тяжкий грех, затем говорят: «Мы видели, что наши родители поступали так же, и **БОГ** повелел нам это делать». Скажи: «**БОГ** никогда не призывает к греху. Неужели вы говорите о **БОГЕ** то, чего не знаете?»

29. Скажи: «Мой Господь призывает к справедливости, а также оставаться преданным Ему одному в каждом месте поклонения. Вы должны посвятить своё поклонение абсолютно Ему одному. Как Он вас изначально сотворил, так вы и вернётесь к Нему в конечном итоге».

Остерегайтесь: они думают, что они на правильном пути

30. Одних Он направил на правильный путь, а другие же обречены на заблужденье. Они взяли дьяволов себе во властители вместо **БОГА**, однако же думают, что следуют прямым путём.

Одевайтесь хорошо для мечети

31. О дети Адама, вы должны быть чисты и хорошо одеты, собираясь в мечеть. Ешьте и пейте умеренно; безусловно, Он не любит прожорливых людей.

Нововведённые запреты осуждены

32. Скажи: «Кто запретил хорошие вещи, созданные **БОГОМ** для Его творений, и прекрасные блага?» Скажи: «В этой жизни такие блага предназначены для тех, кто верует. Кроме того, прекрасные дары будут исключительно их в День Воскресения». Так мы разъясняем откровения людям знающим.

33. Скажи: «Мой Господь запрещает только злые деяния – как явные, так и скрытые – а также грехи, неоправданную агрессию и создавать, помимо **БОГА**, бессильных идолов, и говорить о **БОГЕ** то, чего не знаете».

34. Для каждой общины предопределён срок жизни. Когда их срок подходит к концу, то они не могут ни отдалить его, ни приблизить его даже на один час.

Посланники из вашей среды

35. О дети Адама, когда посланники придут к вам из вашей среды и будут читать вам Мои откровения, то те, кто будут внимать и будут вести праведную жизнь, не познают страха и не будут опечалены.

36. А те, кто отвергают наши откровения и слишком высокомерны, чтобы придерживаться их, навлекают на себя Ад, в котором они пребудут вечно.

37. Кто же нечестивее того, кто изобретает ложь о **БОГЕ** или отвергает Его откровения? Они получат свой удел согласно писанию, а затем, когда придут к ним наши посланники, чтобы завершить их жизнь, они скажут: «Где же идолы, к которым вы взывали, помимо **БОГА**?» Они скажут: «Они покинули нас». Они будут свидетельствовать против самих себя, что они были неверующими.

Взаимное обвинение

38. Он скажет: «Войдите в Ад с предыдущими общинами джиннов и людей». Каждый раз, когда одна группа будет входить, то она будет проклинать группу своих предшественников. Когда же они все окажутся там, последние из них скажут о предыдущих: «Господь наш, это они ввели нас в заблуждение. Удвой же им возмездие в Аду». Он скажет: «Каждый получит вдвойне, но вы не знаете».

39. Группа предшественников скажет последней группе: «Так как у вас было преимущество над нами, вкусите наказание за ваши собственные грехи».

Отвержение Божьих откровений – непростительное преступление

40. Безусловно, не откроются врата небесные для тех, кто отвергают наши откровения и слишком высокомерны, чтобы придерживаться их; и они не войдут в Рай, пока верблюд не пройдёт сквозь игольное ушко. Так мы воздаём виновным.

41. Они навлекли на себя Ад в качестве обители; над ними будут преграды. Так мы воздаём беззаконникам.

42. Что же до тех, кто верует и ведёт праведную жизнь, – мы никогда не обременяем душу сверх её возможностей – то они будут обитателями Рая. Они пребудут там вечно.

По милости Божьей

43. Мы удалим из их сердец всю зависть. Реки потекут под ними, и они скажут: «Хвала **БОГУ** за то, что Он направил нас. Мы не последовали бы прямым путём, если бы **БОГ** не направил нас. Посланники Господа нашего на самом деле принесли истину». Им будет возвещено: «Это ваш Рай. Вы унаследовали его в воздаяние за ваши труды».

44. Обитатели Рая воззовут к обитателям Ада: «Мы нашли обещание нашего Господа правдивым, нашли ли вы обещание вашего Господа правдивым?» Они скажут: «Да». И объявит глашатай между ними: «**БОЖИЙ** приговор постиг беззаконников,

45. которые отвращают от пути **БОГА** и стремятся исказить его, и относительно Будущей жизни они являются неверующими».

46. Их разделяет барьер, тогда как Чистилище* занимают люди, которые узнают каждую сторону по внешности. Они воззовут к обитателям Рая: «Мир вам». Они не вошли (в Рай) вследствие самообольщения.

---

*7:46-49. Сначала будет 4 места: (1) Высший Рай, (2) Низший Рай, (3) Чистилище и (4) Ад. Чистилище будет совмещено с Низшим Раем.

---

47. Когда же их взоры обратятся к обитателям Ада, они скажут: «Господь наш, не помещай нас с этими нечестивцами».

Большинство обречено

48. Обитатели Чистилища обратятся к людям, которых они узнают по их внешности, и скажут: « Ни ваша многочисленность, ни ваше высокомерие не принесли вам никакой пользы.

49. Не об этих ли людях вы клялись, что **БОГ** никогда не проявит к ним милости?» (*Людям в Чистилище затем будет сказано*): «Войдите в Рай; вам нечего бояться, и вы не будете опечалены».

50. Обитатели Ада воззовут к обитателям Рая: «Излейте нам из вашей воды или из того, чем вас наделил **БОГ**. Они скажут: «**БОГ** запретил их для неверующих».

51. А тех, кто не относятся к своей религии серьёзно и совершенно озабочены этой мирской жизнью, – мы забудем их в тот день, потому что они забыли о том дне и отвергали наши откровения.

Коран – вполне подробный

52. Мы дали им писание, вполне подробное, в котором – знание, руководство и милость для людей верующих.

53. Неужели они ждут, пока все (*пророчества*) не исполнятся? В тот день, когда они сбудутся, те, кто пренебрегал ими в прошлом, скажут: «Посланники нашего Господа принесли правду. Найдутся ли заступники, которые заступились бы за нас? Не могли ли вы послать нас обратно, чтобы мы изменили наше поведение и совершали лучшие деяния, чем те, что мы творили прежде?» Они потеряли свои души, а их собственные нововведения стали причиной их гибели.

54. Ваш Господь – единый **БОГ**, который сотворил небеса и землю за шесть дней,* а затем взял на Себя все полномочия. Ночь настигает день, непрестанно следуя за ним, а солнце, луна и звёзды обязаны служить по Его повелению. Безусловно, Он управляет всем созданием и всеми повелениями. Самый Возвышенный – это **БОГ**, Господь Вселенной.

55. Вы должны поклоняться вашему Господу публично и в уединении; Он не любит беззаконников.

56. Не распространяйте безнравственность на земле после того, как на ней был установлен порядок, и поклоняйтесь Ему с благоговением и надеждой. Несомненно, **БОЖЬЯ** милость достижима праведными.

57. Он – Тот, кто шлёт ветры с хорошим предзнаменованием, как милость из Его рук. Когда они собирают тяжёлые тучи, мы пригоняем их к мёртвым землям и низводим из них воду, чтобы взрастить посредством неё все виды фруктов. Так мы воскрешаем мёртвых, чтобы вы могли внять.

7:54. Шесть дней создания являются аллегорическими; они служат меркой для сообщения нам об относительной сложности нашей бесконечно малой планеты Земля – она была создана за «4 дня» (см. 41:10).

58. Хорошая земля легко производит свои растения с дозволения своего Господа, а плохая земля с трудом даёт что-нибудь полезное. Так мы разъясняем откровения для людей благодарных.

Ной

59. Мы послали Ноя (Нуха) к его народу, и он сказал: «О мой народ, поклоняйтесь **БОГУ**; нет у вас другого бога, кроме Него. Я боюсь, что вас постигнет возмездие устрашающего дня».

60. Предводители среди его людей сказали: «Мы видим, что ты в глубоком заблуждении».

61. Он сказал: «О мой народ, я не заблуждаюсь; я посланник от Господа Вселенной.

62. Я передаю вам послания моего Господа и даю вам совет; и я знаю от **БОГА** то, чего вы не знаете.

63. Неужели это так удивительно, что напоминание от вашего Господа явилось к вам через человека, подобного вам, для того чтобы он предостерёг вас и направил вас к праведности, и чтобы вы могли достичь милости?»

64. Они отвергли его. Следовательно мы спасли его и тех, кто был с ним в ковчеге, и мы потопили тех, кто отверг наши откровения; они были слепы.

Худ

65. К адитам мы отправили их брата Худа. Он сказал: «О мой народ, поклоняйтесь **БОГУ**: нет у вас другого бога, кроме Него. Будете ли вы теперь соблюдать праведность?»

66. Предводители из его людей, которые не уверовали, сказали: «Мы видим, что ты ведёшь себя глупо, и считаем тебя лжецом».

67. Он сказал: «О мой народ, я не являюсь глупцом; я посланник от Господа Вселенной.

68. Я передаю вам послания моего Господа и даю вам честный совет.

69. Неужели это так удивительно, что послание от вашего Господа явилось к вам через человека, подобного вам, чтобы предостеречь вас? Вспомните, как Он сделал вас преемниками народа Ноя (Нуха) и приумножил вашу численность. Помните о **БОЖЬИХ** благословениях, чтобы вы могли преуспеть».

Слепое следование примеру родителей – человеческая трагедия

70. Они сказали: «Неужели ты пришёл для того, чтобы заставить нас поклоняться одному только **БОГУ** и отказаться от того, чему поклонялись наши родители? Мы требуем, чтобы ты навлёк гибель, которой ты нам угрожаешь, если ты правдивый».

71. Он сказал: «Вы навлекли на себя осуждение и гнев вашего Господа. Неужели вы спорите со мной в защиту нововведений, выдуманных вами – вами и вашими родителями,– которые никогда не были уполномочены **БОГОМ**? Поэтому ждите, и я подожду вместе с вами».

72. Впоследствии мы спасли его и тех, кто был с ним, по милости нашей, и мы уничтожили тех, кто отверг наши откровения и отказался быть верующим.

Салих

73. К самудянам мы отправили их брата Салиха. Он сказал: «О мой народ, поклоняйтесь **БОГУ**: нет у вас другого бога, кроме Него. Предоставлено вам доказательство от вашего Господа: это – верблюдица **БОГА**, чтобы служить вам знамением. Позвольте ей питаться на земле **БОГА** и не причиняйте ей никакого вреда, чтобы не постигло вас мучительное возмездие.

74. Вспомните, как Он сделал вас преемниками адитов и утвердил вас на земле, где на равнинах вы строите особняки, а в горах высекаете дома. Вы должны помнить о **БОЖЬИХ** благословениях, и не бродите по земле безнравственно».

Послание является доказательством посланничества

75. Надменные предводители из его народа сказали простым людям, которые уверовали: «Откуда вы знаете, что Салих был послан своим Господом?» Они сказали: «Послание, которое он принёс, сделало нас верующими».

76. Надменные среди них сказали: «Мы не веруем в то, что вы веруете».

77. Впоследствии они убили верблюдицу, восстав против повелений своего Господа, и сказали: «О Салих, навлеки гибель, которой ты нам угрожаешь, если ты действительно посланник».

78. В результате землетрясение уничтожило их, оставив их мёртвыми в своих домах.

79. Он отвернулся от них и сказал: «О мой народ, я передал вам послание моего Господа и советовал вам, но вам не нравятся советники».

Лот: гомосексуализм осуждён

80. Лот сказал своему народу: «Вы совершаете такую мерзость; до вас никто в мире этого не совершал!

81. Вы практикуете половое сношение с мужчинами вместо женщин. Воистину, вы беззаконный народ».

82. В ответ его народ сказал: «Изгоните их из вашего селения. Они – люди, которые хотят быть непорочными».

83. Следовательно мы спасли его и его семью, кроме его жены: она была в числе обречённых.

84. Мы пролили на них особый дождь; обрати же внимание на последствия для виновных.

Шуайб: обман и мошенничество осуждены

85. К мадьянитам мы отправили их брата Шуайба. Он сказал: «О мой народ, поклоняйтесь **БОГУ**: нет у вас другого бога, кроме Него. Доказательство явилось к вам от вашего Господа. Вы должны отмерять полный вес и полную меру, когда торгуете. Не обманывайте людей, лишая их того, что надлежит им по праву. Не распространяйте безнравственность на земле после того, как на ней был установлен порядок. Это лучше для вас, если вы являетесь верующими.

86. Перестаньте преграждать все пути, стремясь отвратить от пути **БОГА** тех, кто верует, и не искажайте его. Помните, что вас было мало, а Он

приумножил ваше число. Вспомните, каковы последствия для нечестивых.

87. Теперь, когда одни из вас уверовали в то, с чем я был послан, а другие не уверовали, подождите, пока **БОГ** не рассудит между нами. Он – наилучший судья».

88. Надменные предводители из его народа сказали: «О Шуайб, мы изгоним тебя из нашего селения вместе с теми, кто уверовал с тобой, если ты не вернёшься к нашей религии». Он сказал: «Неужели вы заставите нас?

89. Мы бы богохульствовали на **БОГА**, если бы вернулись к вашей религии после того, как **БОГ** спас нас от неё. Как же мы можем вернуться к ней против воли **БОГА**, нашего Господа? Знание нашего Господа охватывает всякую вещь. Мы уповаем на **БОГА**. Господь наш, даруй нам решительную победу над нашим народом. Ты – наилучший покровитель».

90. Неверующие предводители из его народа сказали: «Если вы последуете за Шуайбом, вы будете проигравшими».

91. Землетрясение уничтожило их, оставив их мёртвыми в своих домах.

92. Те, кто отверг Шуайба, исчезли, словно они никогда и не существовали. Те, кто отверг Шуайба, были проигравшими.

93. Он отвернулся от них и сказал: «О мой народ, я передал вам послания моего Господа, и я советовал вам. Как я могу печалиться о неверующих людях?»

Скрытые благословения

94. Всякий раз, когда мы посылали пророка к любой общине, мы подвергали её людей невзгодам и трудностям, чтобы они могли взмолиться.

95. Затем мы заменяли эти трудности миром и процветанием. Но, увы, они становились беспечными и говорили: «Это наши родители испытывали трудности до процветания». В результате мы наказывали их внезапно, когда они меньше всего этого ожидали.

Большинство людей делает неправильный выбор

96. Если бы только люди из тех общин уверовали и стали праведными, мы бы осыпали их благодатью с небес и земли. Но поскольку они решили не веровать, мы наказали их по заслугам.

97. Разве люди нынешних общин поручились, что наше возмездие не придёт к ним ночью, в то время как они спят?

98. Разве люди нынешних общин поручились, что наша кара не придёт к ним в дневное время, в то время как они играют?

99. Неужели они приняли **БОЖЬИ** планы как должное? Никто не принимает **БОЖЬИ** планы как должное, кроме проигравших.

100. Приходило ли когда-либо в голову тем, кто наследует землю после предыдущих поколений, что если мы пожелаем, то мы можем наказать их за их грехи и запечатать их сердца, сделав их глухими?

101. Мы повествуем тебе историю тех общин: их посланники приходили к ним с ясными доказательствами, но им не суждено было уверовать в то, что они отвергли прежде. Так **БОГ** запечатывает сердца неверующих.

102. Мы обнаружили, что большинство из них пренебрегли своим заветом; мы нашли большинство из них нечестивцами.*

Моисей

103. После (*тех посланников*) мы отправили Моисея (Мусу) с нашими знамениями к Фараону и его людям, но они преступили границы дозволенного. Обрати внимание на последствия для нечестивых.

104. Моисей (Муса) сказал: «О Фараон, я посланник от Господа Вселенной.

105. Я обязан говорить о **БОГЕ** только правду. Я пришёл к вам со знамением от вашего Господа; отпусти детей Израиля».

106. Он сказал: «Если ты принёс знамение, то покажи его, если ты говоришь правду».

107. Он бросил свой посох, и тот превратился в огромную змею.

108. Он вынул руку, и она стала белой для очевидцев.

109. Лидеры среди людей Фараона сказали: «Он всего лишь искусный волшебник.

110. Он хочет вывести вас из вашей земли; что вы посоветуете?»

111. Они сказали: «Предоставь отсрочку ему и его брату и отправь созывателей в каждый город.

112. Пусть они созовут всех опытных волшебников».

113. Волшебники пришли к Фараону и сказали: «Заплатят ли нам, если мы одержим победу?»

114. Он сказал: «Да, безусловно, вы даже будете приближены ко мне».

115. Они сказали: «О Моисей (Муса), либо ты бросишь, либо бросим мы».

116. Он сказал: «Бросайте». Когда они бросили, то воздействовали уловкой на глаза людей, напугали их и произвели великое волшебство».

117. Тогда мы внушили Моисею (Мусе): «Брось свой посох», после чего он поглотил всё, что они произвели.

Знатоки распознали правду

118. Таким образом, истина восторжествовала, и то, что они сделали, было сведено на нет.

119. Они были побеждены на месте; они были унижены.

120. Волшебники пали ниц.

121. Они сказали: «Мы веруем в Господа Вселенной.

122. Господа Моисея (Мусы) и Аарона (Харуна)».

123. Фараон сказал: «Вы уверовали в него без моего позволения? Это, должно быть, заговор, который вы задумали в городе, чтобы вывести его жителей. Вы непременно узнаете.

7:102. Эта жизнь – наш последний шанс искупить себя, но большинство людей оказались упорно мятежными и злыми (см. ВВЕДЕНИЕ).

124. Я отсеку ваши руки и ноги накрест, затем распну вас всех».

125. Они сказали: «Тогда мы вернёмся к нашему Господу.

126. Ты преследуешь нас лишь потому, что мы поверили в доказательства нашего Господа, когда они явились к нам». «Господь наш, даруй нам стойкость и позволь нам умереть покорными».

127. Предводители среди людей Фараона сказали: «Неужели ты позволишь Моисею (Мусе) и его народу развращать землю и покинуть тебя и твоих богов?» Он сказал: «Мы будем убивать их сыновей и пощадим их дочерей. Мы гораздо могущественнее их».

128. Моисей (Муса) сказал своему народу: «Просите помощи у **БОГА** и стойко терпите. Земля принадлежит **БОГУ**, и Он дарует её тем, кого Он избирает из числа Своих слуг. Окончательная победа будет за праведными».

129. Они сказали: «Мы подвергались преследованиям до твоего прихода и после твоего прихода к нам». Он сказал: «Ваш Господь уничтожит ваших врагов и утвердит вас на земле, затем Он посмотрит, как вы будете вести себя».

Бедствия

130. Затем мы поразили людей Фараона засухой и неурожаем плодов, чтобы они могли внять.

131. Когда они получали хорошие предзнаменования, они говорили: «Мы заслужили это», но когда трудности постигали их, они обвиняли Моисея (Мусу) и тех, кто был с ним. На самом же деле, их предзнаменованиями распоряжается только **БОГ**, но большинство из них не знает.

132. Они сказали: «Какие бы знамения ты нам ни показывал, чтобы обмануть нас твоим волшебством, мы не поверим».

Предостережения остаются без внимания

133. В результате мы наслали на них потоп, саранчу, вшей, лягушек и кровь – основательные знамения. Но они остались высокомерными. Они были нечестивыми людьми.

134. Всякий раз, когда бедствие постигало их, они говорили: «О Моисей (Муса), взмолись своему Господу – ты близок к Нему. Если ты устранишь это бедствие, то мы уверуем вместе с тобой и отпустим детей Израиля с тобой».

135. Тем не менее, когда мы отводили бедствие на какой бы то ни было срок, они нарушали своё обещание.

Неизбежное возмездие

136. В результате мы отомстили им за их действия и потопили их в морс. Это потому, что они отвергли наши знамения и были совершенно беспечны к ним.

137. Мы позволили угнетённым людям унаследовать землю, восток и запад, и мы благословили её. Так были исполнены благословенные повеления твоего Господа касательно детей Израиля, чтобы вознаградить их за стойкость; и мы уничтожили труды Фараона и его народа, и всё, что они приобрели.

После всех чудес

138. Мы перевели детей Израиля через море. Когда они проходили мимо людей, поклоняющихся статуям, они сказали: «О Моисей (Муса), создай нам бога, подобного их богам». Он сказал: «Поистине, вы невежественные люди.

139. Эти люди совершают богохульство; ведь то, что они делают, губительно для них.

140. Стану ли я искать для вас другого бога, кроме **БОГА**, когда Он благословил вас больше всех людей в мире?»

Напоминание детям Израиля

141. Вспомните, как мы избавили вас от людей Фараона, которые подвергли вас наихудшему преследованию, убивая ваших сыновей и щадя ваших дочерей. Это было для вас суровым испытанием от вашего Господа.

Наш мир не может выносить физического присутствия Бога

142. Мы вызвали Моисея (Мусу) на тридцать* ночей и завершили их, добавив к ним ещё десять.* Таким образом, общение с его Господом продлилось сорок* ночей. Моисей (Муса) сказал своему брату Аарону (Харуну): «Оставайся здесь с моим народом, поддерживай праведность и не следуй по путям порочных людей».

143. Когда Моисей (Муса) пришёл в назначенное нами время, и его Господь заговорил с ним, он сказал:

«Господь мой, позволь мне посмотреть и увидеть Тебя». Он сказал: «Ты не можешь увидеть Меня. Посмотри на эту гору: если она останется на своём месте, то ты сможешь увидеть Меня». Затем его Господь показал Себя горе, вследствие чего она разрушилась. Моисей (Муса) потерял сознание. Когда он пришёл в себя, он сказал: «Да будешь Ты прославлен. Я каюсь перед Тобой, и я самый убеждённый верующий».

144. Он сказал: «О Моисей (Муса), Я избрал тебя из всех людей посредством Моих посланий и Моего разговора с тобой. Поэтому прими то, что Я даровал тебе, и будь благодарен».

145. Мы написали для него на скрижалях разного рода просветления и подробные разъяснения всех вещей: «Ты должен твёрдо соблюдать эти учения и увещевать свой народ соблюдать их – это наилучшие учения. Я укажу вам судьбу нечестивцев».

Божественное вмешательство держит неверующих в заблуждении

146. Я отклоню от Моих откровений тех, кто необоснованно превозносится на земле. Следовательно какие бы доказательства они не увидели, они не уверуют. И когда они увидят путь руководства, они не изберут его своим путём, но когда они увидят путь заблуждения, то примут его как свой путь. Это потому, что они отвергли наши доказательства и были совершенно невнимательны к ним.

7:142. Значительным является способ упоминания этих цифр. Как подробно изложено в Приложении 1, все числа, упомянутые в Коране, составляют сумму, равную 162146, 19х8534.

---

147. Те, кто отвергают наши откровения и встречу в Будущей жизни, их деяния будут сведены на нет. Разве им не воздастся только за то, что они совершили?

Золотой телёнок

148. Во время его отсутствия люди Моисея (Мусы) сотворили из своих драгоценностей статую тельца, завершив её звучанием телёнка.* Разве они не видели, что он не мог говорить с ними или указывать им какой-либо путь? Они поклонялись ему, и так стали нечестивцами.

149. Наконец, когда они пожалели о своём поступке и поняли, что они сбились с пути, они сказали: «Если наш Господь не помилует нас и не простит нас, то мы будем проигравшими».

150. Когда Моисей (Муса) вернулся к своему народу, сердитый и разочарованный, он сказал: «Как ужасно то, что вы совершили в моё отсутствие! Неужели вы не могли дождаться заповедей вашего Господа?» Он бросил скрижали, схватил брата за голову и потянул его к себе. (Аарон) сказал: «Сын моей матери, народ воспользовался моей слабостью и чуть не убил меня. Не давай моим врагам обрадоваться и не причисляй меня к беззаконным людям».

151. (Моисей) сказал: «Господь мой, прости меня и моего брата и введи нас в Свою милость. Из всех милосердных Ты – Самый Милосердный».

152. Воистину, те, кто поклонялись тельцу, навлекли на себя гнев их Господа и унижение в этой жизни. Так мы воздаём новаторам.

153. Что же до тех, кто совершили грехи, а после этого покаялись и уверовали, то твой Господь после этого – Прощающий, Самый Милосердный.

154. Когда гнев Моисея (Мусы) утих, он поднял скрижали, содержащие руководство и милость для тех, кто благоговеют перед их Господом.

155. Затем Моисей (Муса) отобрал семьдесят мужчин из своего народа, чтобы прийти на назначенную нами встречу. Когда землетрясение потрясло их, он сказал: «Мой Господь, Ты мог бы уничтожить их в прошлом вместе со мной, если бы Ты того пожелал. Неужели Ты уничтожил бы нас за деяния глупцов среди нас? Это, должно быть, испытание, которое Ты назначил нам. Посредством него Ты осуждаешь, кого пожелаешь, и направляешь, кого пожелаешь. Ты наш Господь и Властелин, так прости же нас, осыпь нас Своей милостью, Ты – наилучший из Прощающих».

---

*7:148. Каким образом золотой телец приобрел голос телёнка – объясняется в примечании к 20:96.

Требования для достижения Божьей милости: важность Закята

156. И предпиши для нас праведность в этом мире и в Будущей жизни. Мы покаялись перед Тобой». Он сказал: «Моё возмездие постигает того, кого Я пожелаю. Но Моя милость объемлет всякую вещь. Однако, Я определю её для тех, кто (1) ведут праведную жизнь, (2) дают на обязательную благотворительность (*Закят*),* (3) веруют в наши откровения и

157. (4) следуют за посланником, иноверным пророком (*Мухаммедом*), запись о котором они найдут в их Торе и Евангелии.* Он увещевает их быть праведными, предписывает им не совершать зло, дозволяет им всю хорошую пищу и запрещает то, что плохо, освобождает их от бремени и оков, наложенных на них. Те, кто веруют в него, уважают его, поддерживают его и следуют за светом, что пришёл с ним, – те успешные».

158. Скажи: «О люди, я посланник **БОГА** ко всем вам. Ему принадлежит верховная власть над небесами и землёй. Нет бога, кроме Него. Он управляет жизнью и смертью». Поэтому уверуйте в **БОГА** и Его посланника, иноверного пророка, который верует в **БОГА** и Его слова. Следуйте за ним, чтобы вы могли быть на правильном пути.

Иудеи, следующие прямым путём

159. Среди последователей Моисея (Мусы) есть такие, кто направляют в соответствии с истиной, и истина делает их праведными.

Чудеса в Синае

160. Мы разделили их на двенадцать племенных общин, и мы внушили Моисею (Мусе), когда его народ попросил у него воды: «Ударь своим посохом по камню», – после чего из него хлынули двенадцать источников. Таким образом, каждая община знала, какая вода была предназначена ей. И мы осенили их облаками и ниспослали им манну и перепелов: «Ешьте из тех благ, которыми мы вас наделили». Это не нам они навредили, а своим душам они причинили вред.

Бунт, несмотря на чудеса

161. Вспомните, как им было сказано: «Войдите в этот город и живите в нём, и ешьте там, как вам будет угодно, относитесь к людям дружелюбно и войдите в ворота смиренно. Тогда мы простим ваши прегрешения. Мы приумножим награду для праведных».

162. Но нечестивцы среди них заменили данные им повеления другими повелениями. В результате мы

---

*7:156. *Важность обязательной благотворительности (Закят) невозможно переоценить. Как учреждено в 6:141, Закят должен быть отдан при получении любого дохода – 2,5% от собственной чистой прибыли должны быть отданы в следующем порядке: родителям, родственникам, сиротам, бедным и путешествующим иноземцам (см. 2:215).*

*7:157. *Мухаммед был предсказан в книге Второзаконие 18:15-19 и в Евангелии от Иоанна 14:16-17 и 16:13.*

ниспослали на них осуждение с неба из-за их нечестия.

Соблюдение заповедей приносит процветание

163. Напомни им об общине на берегу моря, которая осквернила Шаббат. Когда они соблюдали Шаббат, то рыба приходила к ним в избытке. А когда они нарушали Шаббат, то рыба не приходила. Так мы подвергали их трудностям как следствие их прегрешений.

Высмеивание Божьего послания

164. Вспомни, как некоторые из них сказали: «Зачем вам проповедовать людям, которых **БОГ**, несомненно, уничтожит или строго накажет?» Они ответили: «Извинитесь перед вашим Господом», – чтобы они могли быть спасены.

165. Когда же они пренебрегли тем, о чём им напоминали, то мы спасли тех, кто запрещал зло, а преступников – мы поразили страшным возмездием за их нечестие.

166. Когда они продолжили сопротивляться заповедям, мы сказали им: «Будьте презренными обезьянами».

167. Кроме того, твой Господь предписал, что Он воздвигнет против них людей, которые будут подвергать их суровым преследованиям до Дня Воскресения. Твой Господь – самый эффективный в осуществлении наказания, и Он, безусловно, Прощающий, Самый Милосердный.

168. Мы рассеяли их среди многих общин по всей земле. Среди них были и праведные, и менее чем праведные. Мы испытали их процветанием и трудностями, чтобы они могли вернуться.

169. Он заменил их новыми поколениями, которые унаследовали писание. Но они предпочли мирскую жизнь, говоря: «Мы будем прощены». Но после они продолжали отдавать предпочтение принадлежностям этого мира. Разве они не заключали завет, что будут соблюдать писание и не будут говорить о **БОГЕ** ничего, кроме правды? Разве они не изучали писание? Безусловно, обитель Будущей жизни гораздо лучше для тех, кто соблюдает праведность. Неужели вы не понимаете?

170. Те, кто придерживаются писания и соблюдают Контактные Молитвы (*Салат*), – мы никогда не оставляем благочестивых без вознаграждения.

171. Мы вознесли гору над ними, словно зонт, и они подумали, что она упадёт на них: «Вы должны твёрдо придерживаться того, что мы вам даровали, и помнить его содержимое, чтобы вы могли быть спасены».

Мы рождаемся с инстинктивным знанием о Боге*

172. Вспомни, как твой Господь собрал всех потомков Адама и повелел им засвидетельствовать для самих себя: «Не Я ли ваш Господь?» Они все сказали: «Да. Мы свидетельствуем». Таким образом, вы не можете говорить в День Воскресения: «Мы не знали об этом».

7:172. Таким образом, каждый человек рождается с инстинктивным знанием о Боге.

---

173. Также вы не вправе говорить: «Это наши родители придерживались идолопоклонства, а мы просто следовали по их стопам. Неужели Ты накажешь нас за то, что изобрели другие?»

174. Так мы объясняем откровения, чтобы дать возможность людям искупить себя.*

175. Прочти им весть о том, кто получил наши доказательства, но предпочёл пренебречь ими. В результате дьявол стал преследовать его, пока он не стал заблудшим.

176. Если бы мы пожелали, то могли бы возвысить его посредством их, но он настоял на том, чтобы приникнуть к земле, и последовал за собственным мнением. Таким образом, он подобен псу: гладишь ли ты его или ругаешь, он тяжело дышит, высунув язык. Таков пример людей, которые отвергают наши доказательства. Повествуй эти рассказы, чтобы они могли поразмыслить.

177. Поистине, как же плох пример людей, которые отвергают наши доказательства; ведь они причиняют вред только своим душам.

178. Кого **БОГ** направляет, тот действительно на правильном пути, а кого Он вводит в заблуждение, те – проигравшие.

Сатана гипнотизирует своих подчинённых

179. Мы определили для Ада множество джиннов и людей. У них – умы, которыми они не понимают, глаза, которыми они не видят, и уши, которыми они не слышат. Они подобны животным – нет, они гораздо хуже – они совершенно не знают.

180. **БОГУ** принадлежат самые прекрасные имена; взывайте ими к Нему и не обращайте внимания на тех, кто искажает Его имена. Им воздастся за их грехи.

181. Среди наших творений есть такие, которые направляют с истиной, а истина делает их праведными.

182. Что касается тех, кто отвергает наши откровения, то мы обольщаем их, а они этого даже не осознают.

183. Я даже буду поощрять их; Мои замыслы грозны.

184. Почему они не поразмыслят об их друге (*посланнике*)? Он не сумасшедший. Он лишь проникновенный предостерегающий увещеватель.

185. Разве они не смотрели на царство небес и земли, и на всё, что создал **БОГ**? Задумывались ли они когда-либо, что, вероятно, их жизненный срок подходит к концу? В какой *Хадис*, кроме этого, они верят?

186. Кого **БОГ** вводит в заблуждение, того никто не сможет наставить на правильный путь. Он оставляет их слепо блуждать в их грехах.

187. Они спрашивают тебя о конце света (*Часе*),* и когда он наступит. Скажи: «Знание о нём – у моего Господа. Только Он открывает его

7:174. Эта жизнь – наш последний шанс вернуться в Царство Божие (см. ВВЕДЕНИЕ).

время.* Тяжек он на небесах и на земле. Он наступит для вас не иначе, как внезапно».** Они спрашивают тебя, как будто ты управляешь им. Скажи: «Знание о нём – у **БОГА**», но большинство людей не знает.

Посланники бессильны: они не знают будущего

188. Скажи: «Я не властен принести себе пользу или причинить себе вред». Со мной происходит только то, что пожелает **БОГ**. Если бы я знал будущее, я бы приумножил своё богатство, и зло не коснулось бы меня. Я не более чем предостерегающий увещеватель и добрый вестник для тех, кто верует».

Наши дети могут быть идолами

189. Он сотворил вас из одного человека (*Адама*). Впоследствии Он даёт каждому мужчине супругу, чтобы обрести спокойствие с ней. Затем она несёт лёгкую ношу, которую она почти не замечает. Когда ноша становится тяжелее, они умоляют **БОГА**, Господа своего: «Если Ты дашь нам хорошего ребёнка, то мы будем признательны».

190. Но когда Он даёт им хорошего ребёнка, они превращают Его дар в идола, который соперничает с Ним. Да будет возвеличен **БОГ**, превыше любого партнёрства.

191. Разве это не факт, что они обожествляют идолов, которые ничего не создают, тогда как сами были созданы?

192. Идолов, которые не могут помочь ни им, ни даже себе?

193. Когда вы призываете их к правильному пути, они не следуют за вами. Таким образом, для них нет разницы: призываете ли вы их или молчите.

194. Идолы, к которым вы взываете, кроме **БОГА**, – такие же существа, как и вы. Продолжайте же взывать к ним; пусть они откликнутся вам, если вы правы.

195. Есть ли у них ноги, на которых они ходят? Есть ли у них руки, которыми они защищаются? Есть ли у них глаза, которыми они видят? Есть ли у них уши, которыми они слышат? Скажи: «Призовите своих идолов и попросите их одолеть меня без задержки.

196. **БОГ** – мой единственный Господь и Властелин; Тот, кто ниспослал это писание. Он защищает праведных.

197. Что же касается идолов, которых вы создаёте, помимо Него, то они не могут вам помочь, они не могут помочь даже себе».

198. Когда вы призываете их к правильному пути, они не слышат. И ты видишь, как они смотрят на тебя, но они не видят.

---

*7:187. *Подходящим моментом для раскрытия этой информации через Божьего Посланника Завета был предопределён 1980 г. н.э. (см. 15:87, 72:27 и Приложения 2 и 11).*

**7:187. *«Час» приходит «внезапно» только к неверующим (см. Приложение 11).*

---

199. Прибегай к прощению, призывай к терпимости и игнорируй несведущих.

200. Когда дьявол нашёптывает тебе что-либо, ищи убежища у **БОГА**; Он – Слышащий, Всеведущий.

201. Те, кто праведны: когда дьявол приближается к ним с идеей, они вспоминают, после чего они прозревают.

202. Их братия непрестанно вводит их в заблуждение.

203. Если ты не показываешь им чуда, которого они требуют, они говорят: «Почему бы тебе не попросить его?» Скажи: «Я просто следую тому, что открыто мне от моего Господа». Это – просветления от вашего Господа, руководство и милость для верующих людей.

204. Когда читается Коран, слушайте его и внимайте, чтобы вы могли достичь милосердия.

205.Вспоминай Господа своего про себя, публично, в уединении и тихо, день и ночь; не будь в неведении.*

206. Те, кто у твоего Господа, никогда не превозносятся над поклонением Ему; они прославляют Его и падают ниц перед Ним.

****

Сура 8: Военные трофеи (Аль-Анфаль)

Во имя Бога, Самого Милостивого, Самого Милосердного

1. Они советуются с тобой относительно военных трофеев. Скажи: «Военные трофеи принадлежат **БОГУ** и посланнику». Вы должны чтить **БОГА**, увещевать друг друга быть праведными и повиноваться **БОГУ** и Его посланнику, если вы верующие.

Истинные верующие
2. Истинные верующие – это те, чьи сердца трепещут при упоминании **БОГА**, и когда Его откровения читаются им, их вера укрепляется, и они уповают на своего Господа.

3. Они соблюдают Контактные Молитвы (*Салат*) и дают на благотворительность из того, чем мы их наделили.

4. Таковы истинные верующие. Они достигают высоких степеней у своего Господа, а также прощение и щедрое обеспечение.

Слабые верующие
5. Когда твой Господь пожелал, чтобы ты покинул свой дом для выполнения определённого дела, некоторые верующие были разоблачены как неохотно верующие.

6. Они спорили с тобой против истины даже после того, как всё было объяснено им. Они поступали так, как будто их гнали на верную гибель.

---

*7:205. Вашим богом является то, о чём или о ком вы думаете большую часть дня. Это объясняет тот факт, что большинство из тех, кто верит в Бога, обречены на Ад (см. 12:106, 23:84-90 и Приложение 27).

---

7. Вспомните, как **БОГ** обещал вам победу над определённым отрядом, но вы по-прежнему хотели столкнуться с более слабым отрядом. Это был **БОЖИЙ** план – утвердить истину Его словами и одержать победу над неверующими.

8. Ибо Он постановил, что истина восторжествует, а ложь исчезнет, несмотря на злодеев.

Невидимые воины Бога

9. Таким образом, когда вы умоляли вашего Господа о помощи, Он ответил вам: «Я поддерживаю вас тысячью ангелов, следующих друг за другом».

Победа гарантирована для верующих

10. **БОГ** дал вам эту добрую весть, чтобы укрепить ваши сердца. Победа приходит только от **БОГА**. **БОГ** – Всемогущий, Самый Мудрый.

11. Он подверг вас мирной дремоте, чтобы успокоить вас, и Он ниспослал воду с неба, чтобы очистить вас ею. Он защитил вас от проклятия дьявола, успокоил ваши сердца и укрепил ваши позиции.

Уроки истории*

12. Вспомни, как твой Господь внушил ангелам: «Я с вами, поэтому поддерживайте тех, кто веруют. Я вселю ужас в сердца тех, кто не уверовал. Вы можете ударять их выше шей, и вы можете ударять даже по каждому пальцу».

13. Это то, что они справедливо навлекли на себя, сражаясь с **БОГОМ** и Его посланником. Для тех, кто сражается против **БОГА** и Его посланника, **БОЖЬЕ** возмездие – суровое.

14. Это для того, чтобы наказать неверующих; они навлекли на себя наказание Ада.

15. О вы, кто верует, если вы сталкиваетесь с неверующими, которые выступают в поход против вас, то не поворачивайте назад и не убегайте.

16. Каждый, кто в тот день повернёт назад, кроме того, чтобы выполнить план сражения или присоединиться к своей группе, навлёк на себя гнев **БОГА**, и его обитель – Ад. Какая несчастная судьба!

Бог совершает всё*

17. Это не вы убили их; **БОГ** – Тот, кто убил их. Это не ты бросил, когда ты бросал; **БОГ** – Тот, кто бросил. Но Он так даёт верующим возможность получить много заслуг. **БОГ** – Слышащий, Всеведущий.

18. Кроме того, **БОГ** таким образом сводит на нет происки неверующих.

8:12-16. Все войны регулируются основным правилом, изложенным в 60:8-9.

8:17. Вера в Бога требует веры в Его качества, одним из которых является то, что Он совершает всё. Не зная Бога, нет веры (23:84-90). Плохое – мы навлекаем сами на себя, а выполняется оно Сатаной согласно Божьим законам (4:78-79, 42:30).

19. Вы искали победы (*О неверующие*), и победа пришла; она принадлежала верующим. Если вы воздержитесь (*от нападения*), то это было бы лучше для вас; но если вы вернётесь, то и мы вернёмся. Ваши армии ни за что не помогут вам, какими бы многочисленными они не были. Потому что **БОГ** на стороне верующих.

20. О вы, кто верует, повинуйтесь **БОГУ** и Его посланнику и не пренебрегайте им, пока вы слышите.

Неверующие заблокированы

21. Не будьте подобны тем, кто говорят: «Мы слышим», а сами не слышат.

22. Худшие существа в глазах **БОГА** – это глухие и немые, которые не понимают.

23. Если бы **БОГУ** было известно о чём-либо добром в них, то Он бы сделал их слышащими. Но даже если бы Он сделал их слышащими, они всё равно отвернулись бы с отвращением.

Праведные в действительности не умирают*

24. О вы, кто верует, вы должны ответить **БОГУ** и посланнику, когда он призывает вас к тому, что дарует вам жизнь.* Вы должны знать, что **БОГ** ближе к вам, чем ваше сердце, и что к Нему вы будете созваны.

25. Остерегайтесь возмездия, которое может поразить не только злодеев среди вас.* Вы должны знать, что **БОЖЬЕ** возмездие – суровое.

Бог поддерживает верующих

26. Помните, что когда-то вы были малочисленны и угнетены и опасались, что люди могут схватить вас, но Он даровал вам безопасное убежище, поддержал вас Своей победой и наделил вас благами, чтобы вы могли быть благодарны.

27. О вы, кто верует, не предавайте **БОГА** и посланника, и не предавайте тех, кто доверяет вам, теперь, когда вы знаете.

Деньги и дети – это испытания

28. Вы должны знать, что ваши деньги и ваши дети – это испытания, и что **БОГ** обладает великим вознаграждением.

29. О вы, кто верует, если вы будете благоговеть перед **БОГОМ**, то Он просветит вас, отпустит вам ваши грехи и простит вас. **БОГ** обладает бесконечной милостью.

Бог защищает Своего посланника*

30. Неверующие замышляют происки, чтобы пресечь твоё влияние или убить тебя, или изгнать тебя. Однако, они замышляют происки, но так же и **БОГ**. Нет лучше замыслов **БОГА**.

31. Когда наши откровения читаются им, они говорят: «Мы уже слышали. Если бы мы захотели, то мы могли бы сказать то же самое. Это не более чем

---

*8:24. См. Приложение 17. Когда праведные покидают свои тела, они отправляются прямо в Рай.

*8:25. Например, община, которая терпима к гомосексуальности, может пострадать от землетрясения.

сказки из прошлого!»

32. Они также сказали: «Наш бог, если это действительно истина от Тебя, то обрушь на нас камни с неба или подвергни нас мучительному наказанию».

33. Тем не менее, **БОГ** не подвергнет их наказанию, пока ты находишься среди них; **БОГ** не подвергнет их мучениям, пока они ищут прощения.

34. Разве они не заслужили **БОЖЬЕГО** возмездия за то, что отвращали других от Священной Мечети, хотя они и не являются её хранителями? Праведные являются истинными её хранителями, но большинство из них не знает.

Контактные Молитвы (Салат) существовали ещё до Корана*

35. Их Контактные Молитвы (*Салат*) у храма (*Каабы*) были не более чем издевательством и средством для отталкивания людей (*посредством вытеснения их*). Так вкусите же возмездие за своё неверие.

Расходование своих денег на борьбу с Богом*

36. Те, кто не веруют, тратят свои деньги, чтобы отвратить других от пути **БОГА**. Они будут тратить их, а затем они обернутся для них сожалением и раскаянием. В конечном счёте они будут побеждены, и все неверующие будут призваны в Ад.

37. **БОГ** отсеет плохих от хороших, затем нагромоздит плохих друг на друга, всех в одну кучу, и затем бросит её в Ад. Таковы – проигравшие.

38. Скажи тем, кто не уверовал: если они прекратят, то всё их прошлое будет прощено. Но если они вернутся, то они подвергнутся той же участи, что и их предшественники.

39. Вы должны сражаться с ними, чтобы предотвратить угнетение и чтобы вы могли практиковать свою религию, посвящённую только **БОГУ**. Если они воздержатся от нападения, то **БОГ** вполне Видящий всё, что они совершают.

---

*8:30. Бог избрал Своего последнего пророка Мухаммеда из сильнейшего племени Аравии. Это был племенной закон и традиции, которые по воле Бога не позволили неверующим убить Мухаммеда. Таким же образом, это была Божья воля – переместить Его Посланника Завета с Ближнего Востока, где он был бы убит, в США, где послание Бога может процветать и достичь любого уголка земного шара. Это математически подтверждено: номера суры и стиха = 8+30 = 19x2.

*8:35. Все религиозные обычаи Ислама пришли к нам через Авраама; когда был низведен Коран, все обряды в «Покорности» уже существовали (21:73, 22:78).

*8:36. Идолопоклоняющиеся лидеры извращённого Ислама в Саудовской Аравии ежегодно выделяли огромные суммы денег для борьбы с Богом и Его чудом. Например, известный ливанский издатель, Дар аль-Ильм лиль-Малайин (Знание для миллионов), в марте 1983 года опубликовал «Чудо Корана» на арабском языке. Саудовцы скупили все экземпляры и уничтожили их.

40. Если же они отвернутся, то знайте, что **БОГ** является вашим Господом и Властелином; наилучший Господь и Властелин, наилучший покровитель.

41. Вы должны знать, что если вы захватили трофеи на войне, то пятая часть их должна причитаться **БОГУ** и посланнику, а также должна быть отдана родственникам, сиротам, бедным и путешествующим иноземцам. Вы выполните это, если вы верите в **БОГА** и в то, что мы ниспослали нашему слуге в день принятия решения – в день, когда столкнулись две армии. **БОГ** – Всесильный.

Бог управляет всем и планирует для верующих

42. Вспомните, что вы находились по эту сторону долины, в то время как они находились по другую сторону. И тогда их караван был вынужден двинуть в низину. Если бы вы задумали это таким образом, то вам бы не удалось совершить это. Но **БОГ** задумал осуществить предрешённое дело, в результате чего те, кому суждено было погибнуть, были уничтожены по вполне понятной причине, а те, кому суждено было спастись, были спасены по вполне понятной причине. **БОГ** – Слышащий, Всеведущий.

43. **БОГ** показал их тебе во сне (*О Мухаммед*) в меньшем количестве. Если бы Он показал их многочисленными, то вы бы потерпели неудачу и стали бы разногласить между собою. Но **БОГ** спас положение. Он – Знающий о самых сокровенных мыслях.

44. И когда наступило время, и вы столкнулись с ними, Он представил их в меньшем количестве в ваших глазах и также представил вас в меньшем количестве в их глазах. Потому что **БОГ** пожелал выполнить определённый план. Все решения принимаются **БОГОМ**.

45. О вы, кто верует, когда вы сталкиваетесь с армией, то вы должны быть стойки и поминать **БОГА** часто – чтобы вы могли преуспеть.

46. Вы должны повиноваться **БОГУ** и Его посланнику и не разногласить между собою, чтобы вы не потерпели неудачу и не растратили свои силы. Вы должны стойко терпеть. **БОГ** с теми, кто стойко терпит.

47. Не будьте подобны тем, кто покинули свои дома неохотно, только напоказ, и, в сущности, отбили желание у остальных следовать по пути **БОГА**. **БОГ** в полной мере знает всё, что они делают.

Дьявол видит невидимых воинов Бога

48. Дьявол приукрасил их деяния в их глазах и сказал: «Ни один народ не сможет победить вас сегодня», и «Я буду сражаться вместе с вами». Но как только две армии столкнулись друг с другом, он развернулся и убежал, сказав: «Я отрекаюсь от вас. Я вижу то, что вы не видите. Я боюсь **БОГА**. **БОЖЬЕ** возмездие – устрашающее».

49. Лицемеры и те, кто питали сомнения в своих сердцах, сказали: «Эти люди обмануты своей религией». Однако, если кто уповает на **БОГА**, то **БОГ** – Всемогущий, Самый Мудрый.

50. Если бы ты только мог видеть тех, кто не уверовал, когда ангелы предадут их смерти! Они будут бить их по лицам и по задним местам: «Вкусите мучения Ада.

51. Это следствие того, что уготовили ваши руки. **БОГ** никогда не поступает несправедливо по отношению к существам».

52. Та же самая участь постигла людей Фараона и тех, кто не уверовал прежде них. Они отвергли откровения **БОГА**, и **БОГ** наказал их за их грехи. **БОГ** – могущественный, и Его возмездие – суровое.

Возмездие – следствие греха

53. **БОГ** не меняет благословение, которым Он одарил людей, пока они сами не решат измениться. **БОГ** – Слышащий, Всеведущий.

54. Так было в случае с народом Фараона и с теми, кто жили до них. Они первыми отвергли знамения их Господа. В результате мы погубили их за их грехи. Мы утопили людей Фараона; нечестивые неизменно были наказаны.

55. Наихудшие существа в глазах **БОГА** – это те, кто не уверовали; они не могут уверовать.

56. Ты заключаешь с ними договоры, но они каждый раз нарушают свои договоры; они не праведные.

57. Поэтому, если ты столкнёшься с ними на войне, ты должен установить их сдерживающим примером для тех, кто придёт после них, чтобы они могли внять.

58. Когда тебя предаёт группа людей, то ты должен выступить против них таким же образом. **БОГ** не любит предателей.

59. Пусть не думают те, кто не веруют, что им это сойдёт с рук; им не удастся спастись.

Вы должны быть подготовлены – Божественная заповедь

60. Вы должны приготовить против них всю мощь, какую можете собрать, и всё снаряжение, которое можете мобилизовать, чтобы вы могли напугать врагов **БОГА**, ваших врагов, а также остальных, кто не известен вам; **БОГ** ведает о них. Всё, что вы потратите на дело **БОГА**, будет щедро возмещено вам без малейшей несправедливости.

61. Если они склоняются к миру, то и ты поступай также и уповай на **БОГА**. Он – Слышащий, Всеведущий.

Верующим достаточно Бога

62. Если они захотят обмануть тебя, то тебе достаточно **БОГА**. Он поможет тебе Своей поддержкой и верующими.

63. Он примирил сердца (*верующих*). Если бы ты потратил все деньги, что есть на земле, то ты не смог бы примирить их сердца. Но **БОГ** примирил их. Он – Всемогущий, Самый Мудрый.

64. О пророк, для тебя и для верующих, которые последовали за тобою, достаточно **БОГА**.

65. О пророк, ты должен призывать верующих к сражению. Если среди вас будет двадцать стойких, то они смогут победить двести, а сто из вас смогут победить тысячу тех, кто не уверовал. Это потому, что они народ непонимающий.

66. Теперь (*когда много новых людей присоединилось к вам*), **БОГ** облегчил вашу участь, потому что Он знает, что вы не так сильны, как были прежде. Отныне, сто стойких верующих смогут победить двести, а тысяча из вас сможет победить две тысячи по воле **БОГА**. **БОГ** с теми, кто стойко терпит.

67. Ни одному пророку не дозволено брать пленных, если он не участвует в сражении. Вы, люди, ищете мирских благ, в то время как **БОГ** выступает за Будущую жизнь. **БОГ** – Всемогущий, Самый Мудрый.

68. Если бы не предопределённый указ от **БОГА**, то вас постигло бы страшное возмездие за то, что вы взяли.

69. Поэтому ешьте из захваченных вами трофеев то, что законное и благое, и чтите **БОГА**. **БОГ** – Прощающий, Самый Милосердный.

70. О пророк, скажи военнопленным, которые находятся в ваших руках: «Если бы **БОГУ** было известно о чём-либо добром в ваших сердцах, то Он даровал бы вам нечто лучшее того, чего вы лишились, и простил бы вас. **БОГ** – Прощающий, Самый Милосердный».

71. А если они захотят предать тебя, то ведь они уже предали **БОГА**. Вот

почему Он сделал их проигравшими. **БОГ** – Всеведущий, Самый Мудрый.

72. Воистину, те, кто уверовали, мигрировали и боролись своими деньгами и своей жизнью за дело **БОГА**, а также те, кто приняли их и дали им убежище, и поддержали их, являются союзниками друг друга. Что же касается тех, кто веруют, но не мигрировали вместе с вами, то вы не обязаны оказывать им никакой поддержки, пока они не мигрируют. Однако, если они нуждаются в вашей помощи как братия по вере, то вы должны помочь им, но только не против народа, с которым вы подписали мирный договор. **БОГ** – Видящий всё, что вы совершаете.

73. Те, кто не уверовали, являются союзниками друг друга. Если вы не будете соблюдать эти заповеди, то на земле будет полный беспорядок и ужасная порча.

74. Те, кто уверовали и мигрировали, и боролись за дело **БОГА**, а также те, кто приняли их и дали им убежище, и поддержали их, являются истинно верующими. Они заслужили прощение и щедрое вознаграждение.

75. Те, кто уверовали позже и мигрировали, и боролись вместе с вами, – они одни из вас. Те, кто связаны друг с другом родственными узами, должны в первую очередь поддерживать друг друга согласно **БОЖЬИМ** заповедям. **БОГ** в полной мере ведает о всякой вещи.

****

Сура 9: Ультиматум (Бара'ах)

*Нет Басмалы**

1. **БОГ** и Его посланник предъявили здесь ультиматум идолопоклонникам, которые вступают с вами в договор.

2. Поэтому странствуйте по земле свободно в течение четырёх месяцев и знайте, что вы не сможете убежать от **БОГА**, и что **БОГ** унижает неверующих.

3. Провозглашение издано здесь от **БОГА** и Его посланника ко всем людям в великий день паломничества о том, что **БОГ** отрёкся от идолопоклонников, а также и Его посланник. Таким образом, если вы покаетесь, то это было бы лучше для вас. Но если вы отвернётесь, то знайте, что вы никогда не сможете убежать от **БОГА**. Обещай тем, кто не веруют, мучительное возмездие.

4. Если идолопоклонники подписывают мирный договор с вами и не нарушают его, и не объединяются с другими против вас, то вы должны выполнить условия вашего договора с ними до истечения его срока. **БОГ** любит праведников.

5. Как только Священные Месяцы минуют *(и они отказываются заключить мир)*, вы можете убивать идолопоклонников, когда сталкиваетесь с ними, наказывать их и сопротивляться каждому их шагу. Если же они покаются и начнут соблюдать Контактные Молитвы (*Салат*) и давать на обязательную благотворительность (*Закят*), то вы должны отпустить их. **БОГ** – Прощающий, Самый Милосердный.

6. Если один из идолопоклонников попросит у тебя убежища, то ты должен предоставить ему убежище, чтобы он мог услышать слово **БОГА**; затем отправь его обратно в безопасное для него место. Это потому, что они люди незнающие.

7. Как могут идолопоклонники требовать обещания от **БОГА** и от Его посланника? Исключаются те, кто подписали мирный договор с вами у Священной Мечети. Если они соблюдают и поддерживают такой договор, то вы также должны поддерживать его. **БОГ** любит праведников.

8. Как могут они (*требовать обещания*), когда они не соблюдали бы ни каких-либо родственных обязательств между вами и ими, ни завета, если бы у них когда-либо был шанс одержать победу. Они усмирили вас на словах, в то время как их сердца сопротивлялись, и большинство из них нечестивцы.

9. Они продавали откровения **БОГА** за ничтожную цену. Следовательно они сбивали людей с Его пути. Поистине, отвратительны их деяния!

---

*9:1. Отсутствие **Басмалы** *в этой суре является не только основательным знамением от Всемогущего Автора Корана, что эта сура была искажена, но также представляет само по себе удивительное чудо. См. подробности в Приложениях 24 и 29.*

10. Они никогда не соблюдают никаких родственных обязательств по отношению к любому верующему, и они не придерживаются своих заветов; они настоящие беззаконники.

Покаяние – новое начало
11. Если они покаются и будут соблюдать Контактные Молитвы (*Салат*) и давать на обязательную благотворительность (*Закят*), то тогда они ваша братия по вере. Так мы объясняем откровения для людей знающих.

12. Если они нарушат свои клятвы после того, как обязались соблюдать свои договоры, и будут поносить вашу религию, то вы можете сражаться с лидерами язычества – вы больше не связаны с ними вашим договором — чтобы они могли воздержаться.

13. Разве вы не сражались бы с людьми, которые нарушили свои договоры, пытались изгнать посланника, и они те, кто начал войну первыми? Неужели вы боитесь их? БОГ – Тот, кого вам следует бояться, если вы верующие.

14. Вы должны сражаться с ними, потому что БОГ накажет их вашими руками, унизит их, одарит вас победой над ними и успокоит сердца верующих.

15. Он также удалит гнев из сердец верующих. БОГ прощает, кого пожелает. БОГ – Всеведущий, Самый Мудрый.

Неизбежное испытание
16. Неужели вы думали, что будете оставлены в покое, и что БОГ не распознает тех из вас, кто усердствует и никогда не вступает в союз с

врагами БОГА или врагами Его посланника, или врагами верующих? БОГ – Знающий абсолютно всё, что вы совершаете.

17. Не пристало идолопоклонникам часто посещать мечети БОГА, пока они свидетельствуют о своём неверии. Они свели свои деяния на нет, и они пребудут вечно в Аду.

18. Мечети БОГА должны часто посещать только те люди, кто верят в БОГА и в Последний День, соблюдают Контактные Молитвы (*Салат*), дают на обязательную благотворительность (*Закят*) и не боятся никого, кроме БОГА. Они непременно будут среди тех, кто идёт правильным путём.

Вопрос к арабам
19. Неужели вы считаете, что напоение паломников водой и забота о Священной Мечети заменяют веру в БОГА и в Последний день и усердствование в деле БОГА? Они не равны в глазах БОГА. БОГ не ведёт правильным путём людей нечестивых.

Добрые вести
20. Те, кто веруют, и мигрируют, и усердствуют в деле БОГА своими деньгами и своей жизнью, гораздо выше по степени в глазах БОГА. Они – победители.

21. Их Господь дарует им добрые вести: милосердие и одобрение от Него, и сады, где они будут наслаждаться вечным блаженством.

22. Они пребудут там вечно. БОГ обладает великим вознаграждением.

Если вы должны сделать выбор
23. О вы, кто верует, не вступайте в

союз даже со своими родителями и вашими братьями и сёстрами, если они неверие предпочитают вере. Те из вас, кто вступают с ними в союз, преступают границы дозволенного.

Важный критерий*
24. Провозгласи: «Если ваши родители, ваши дети, ваши братья и сёстры, ваши супруги, ваша семья, деньги, которые вы заработали, бизнес, о котором вы беспокоитесь, и дома, которыми вы дорожите, милее вам, чем **БОГ** и Его посланник** и усердствование в Его деле, то тогда ждите, пока **БОГ** не вынесет Своё решение». **БОГ** не ведёт правильным путём людей нечестивых.

25. **БОГ** даровал вам победу во многих ситуациях. Но в день Хунайна вы слишком возгордились своей многочисленностью. Следовательно это совершенно не помогло вам, и просторная земля оказалась настолько стеснённой для вас, что вы развернулись и обратились в бегство.

26. Тогда **БОГ** ниспослал удовлетворённость на Его посланника и на верующих. И Он ниспослал невидимых воинов; так Он наказал тех, кто не уверовал. Таково воздаяние неверующим.

27. В конечном итоге **БОГ** прощает, кого пожелает. **БОГ** – Прощающий, Самый Милосердный.

28. О вы, кто верует, идолопоклонники осквернены; после этого года их нельзя подпускать к Священной Мечети. Если же вы боитесь потери дохода, то **БОГ** осыплет вас Своими благами согласно Его воле. **БОГ** – Всеведущий, Самый Мудрый.

29. Вы должны бороться против тех, кто не веруют ни в **БОГА**, ни в Последний День, не запрещают то, что запретили **БОГ** и Его посланник, и не соблюдают религию истины среди тех, кто получили писание, пока они вольно или невольно не заплатят причитающийся им налог.

Богохульства
30. Иудеи сказали: «Ездра – сын **БОЖИЙ**», в то время как христиане сказали: «Иисус – Сын **БОЖИЙ!**» Это – богохульства, произнесённые их устами. Так их богохульства соответствуют богохульствам тех, кто не уверовали в прошлом. **БОГ** осуждает их. Они, несомненно, отклонились.

---

*9:24. Поскольку у любого человека удручающе мало шансов по-настоящему уверовать и посвятить поклонение только Богу (12:103, 106), поэтому практически невозможно вообразить, что целая семья уверует. Таким образом, большинство верующих предстаёт перед выбором: «Или я, или Бог и Его посланник». Супруги верующих или их родители, их дети и т.п. постоянно ставят их перед таким выбором. Неизменно верующие делали правильный выбор. Это является обязательным испытанием для всех верующих (29:2).

**9:24. Кораническое математическое доказательство конкретно указывает на Божьего Посланника Завета. Складывая гематрическое значение «Рашад» (505) со значением «Халифа» (725), а также с номером стиха (24), мы получаем 505 +725 +24 = 1254 = 19x66.

Придерживание учений религиозных лидеров вместо учений Бога

31. Вместо **БОГА** они признали господами своих религиозных лидеров и учёных.* Другие же обожествляли Мессию, сына Марии (Марьям). Всем им было велено поклоняться только одному богу. Нет бога, кроме Него. Слава Ему! Он превыше того, чтобы иметь соучастников.

32. Они хотят потушить свет **БОГА** своими устами, но **БОГ** настаивает на совершенствовании Своего света, несмотря на неверующих.

«Покорности» суждено возобладать

33. Он – Тот, кто отправил Своего посланника* с руководством и религией истины, и кто превознесёт её над всеми религиями, несмотря на идолопоклонников.

Остерегайтесь профессиональных святош

34. О вы, кто верует, многие религиозные лидеры и проповедники берут деньги людей незаконно и сбивают с пути **БОГА**. Обещай мучительное возмездие тем, кто копят золото и серебро и не тратят их на дело **БОГА**.

35. Придёт день, когда их золото и серебро будут раскалены в огне Ада, а затем ими будут жечь их лбы, их бока и их спины: «Это то, что вы копили для себя; так вкусите же то, что вы накопили».

Система Бога – 12 месяцев в году

36. Количество месяцев у **БОГА** – двенадцать.* Это был **БОЖИЙ** закон с того дня, когда Он сотворил небеса и землю. Четыре из них – священные. Это совершенная религия; не

9:31. Если вы обратитесь к «мусульманским учёным» относительно того, чтобы поклоняться только Богу и придерживаться только Божьего слова, как преподано в этом проверенном писании, то они отсоветуют вас от этого. Если вы обратитесь к Папе Римскому относительно личности Иисуса, то он посоветует вам придерживаться троицы. Если вы подчиняетесь «мусульманским учёным», чей совет противоречит учению Бога, или если вы принимаете совет Папы Римского, а не совет Бога, то вы вместо Бога учредили богами этих религиозных лидеров.

9:33. Это утверждение, буква за буквой, встречается здесь и в 61:9. Если мы напишем гематрическое значение «Рашад» (505), затем значение «Халифа» (725), а затем номера суры и стиха, где это утверждение имеет место (9:33 и 61:9), то мы получаем число 505 725 9 33 61 9, кратное 19. Это подтверждает то, что посланником здесь является Рашад Халифа. Кроме того, количество стихов от 9:33 до 61:09 (3902) + 9 + 33 + 61 + 9 + значение «Рашад Халифа» (1230) даёт число 5244, также кратное 19. Гематрическое значение 9:33 и 61:9, высчитанное путём сложения значений каждой буквы, составляет 7858. Складывая это число с количеством букв в двух стихах (120), а также с количеством стихов от 9:33 до 61:9 (3902), а затем со значением «Рашад Халифа» (1230), мы получаем 7858 + 120 + 3902 + 1230 = 13110 = 19x690. См. Приложения 1, 2 и 26.

причиняйте зла своим душам (*сражаясь*) во время Священных Месяцев. Однако, вы можете объявить тотальную войну против идолопоклонников (*даже во время Священных Месяцев*), если они объявляют тотальную войну против вас; и знайте, что **БОГ** на стороне праведных.

Изменение Священных Месяцев*

37. Изменение Священных Месяцев – это признак чрезмерного неверия; это увеличивает заблуждение тех, кто не уверовали. Они чередуют Священные Месяцы с обычными месяцами, сохраняя при этом количество месяцев, освящённых **БОГОМ**. Так они нарушают то, что **БОГ** освятил. Их злодеяния кажутся прекрасными в их глазах. **БОГ** не ведёт прямым путём неверующих людей.

38. О вы, кто верует, почему, когда вам сказано: «Мобилизуйтесь на дело **БОГА**», вы словно прирастаете к земле? Неужели вы избрали эту мирскую жизнь взамен Будущей жизни? Блага этого мира, по сравнению с Будущей жизнью, равны нулю.

39. Если вы не мобилизуетесь, то Он подвергнет вас мучительному возмездию и заменит вас другими людьми; вы ничем не сможете навредить Ему. **БОГ** – Всесильный.

Невидимые воины Бога

40. Если вы не можете поддержать его (*посланника*), то **БОГ** уже поддержал его. Таким образом, когда неверующие преследовали его, и он был одним из двух в пещере, он сказал своему другу: «Не волнуйся, ибо **БОГ** с нами». Тогда **БОГ** ниспослал на него удовлетворённость и безопасность и поддержал его невидимыми воинами. Он принизил слово неверующих. А слово **БОГА** безраздельно властвует. **БОГ** – Всемогущий, Самый Мудрый.

Лучшие верующие усердствуют в деле Бога

41. Вы должны с готовностью мобилизоваться, лёгкими или тяжёлыми, и бороться вашими деньгами и вашей жизнью за дело **БОГА**. Это лучше для вас, если бы вы только знали.

Отсиживающиеся

42. Если бы намечались быстрая материальная нажива и короткое путешествие, то они последовали бы за тобой. Но усердствование – это слишком много для них. Они будут клясться **БОГОМ**: «Если бы мы могли, то мы вышли бы в поход вместе с вами». Так они причиняют себе вред, и **БОГ** знает, что они являются лжецами.

43. **БОГ** помиловал тебя: почему ты разрешил им (*остаться*), прежде чем ты смог отличить тех, кто правдивы, от лжецов?

---

*9:36. Слово «месяц» упомянуто в Коране 12 раз, а «день» – 365 раз.

*9:37. Согласно заблуждающемуся мусульманскому миру, Священными Месяцами являются Раджаб, Зуль-Када, Зуль-Хиджа и Мухаррам (7, 11, 12 и 1-й месяцы исламского календаря). Однако, внимательное изучение Корана показывает, что ими должны быть Зуль-Хиджа, Мухаррам, Сафар и Раби I (12, 1, 2 и 3-й месяцы). См. примечание к 2:196.

---

44. Те, кто истинно веруют в **БОГА** и в Последний день, не спрашивают у тебя разрешения на то, чтобы избежать возможности усердствовать своими деньгами и своей жизнью. Ведь **БОГ** вполне знает праведных.

45. Только те, кто на самом деле не веруют в **БОГА** и в Последний День, хотят, чтобы их освободили. Их сердца полны сомнений, и их сомнения заставляют их колебаться.

46. Если бы они действительно хотели выступить в поход, то они основательно приготовились бы к этому. Но **БОГУ** было неприятно их участие, поэтому Он отбил желание у них; им было сказано: «Оставайтесь с теми, кто остаётся позади».

47. Если бы они выступили в поход вместе с вами, то они внесли бы замешательство и вызвали бы споры и раскол между вами. Некоторые из вас были склонны прислушиваться к ним. **БОГ** вполне знает беззаконников.

48. Они и в прошлом стремились распространить замешательство среди вас и запутывали дела для вас. Однако, истина, в конце концов, преобладает, и **БОЖИЙ** план осуществляется, несмотря на них.

49. Некоторые из них говорили: «Разреши мне (*остаться*); не подвергай меня таким трудностям». В сущности, так они навлекли на себя страшные трудности; Ад окружает неверующих.

50. Если что-то хорошее происходит с тобой, то это им неприятно, а если несчастье постигает тебя, то они говорят: «Мы же тебе говорили», и они отворачиваются, радуясь.

51. Скажи: «Ничего не случается с нами, кроме того, что **БОГ** предопределил для нас. Он – наш Господь и Властелин. На **БОГА** верующие должны уповать».

52. Скажи: «Вы только можете ожидать для нас одно из двух благ (*победу или мученичество*), в то время как мы ожидаем, что вас постигнет осуждение от **БОГА** и возмездие от Него или от наших рук. Поэтому ждите, и мы будем ждать вместе с вами».

53. Скажи: «Расходуйте вольно или невольно. Ничто не будет принято от вас, ибо вы злые люди».

Контактная молитва существовала ещё до Мухаммеда*

54. Принятию их расходов помешало то, что они не уверовали в **БОГА** и Его посланника, и когда они соблюдали Контактные Молитвы (*Салат*),* то соблюдали их лениво, а когда они давали на благотворительность, то делали это нехотя.

---

*9:54. Это ещё одно доказательство того, что Контактные Молитвы (Салат) существовали до Корана и передавались из поколения в поколение от Авраама (см. 21:73). Кроме того, оно ставит в тупик тех, кто оспаривает утверждение Бога о том, что Коран является завершённым и вполне подробным, когда они спрашивают: «Где мы можем найти детали Контактных Молитв в Коране?» (6:19, 38, 114).

Видимый мирской успех

55. Пусть не впечатляют тебя их деньги или их дети. **БОГ** делает их источниками наказания для них в этой жизни, и (*когда они умирают*) их души отходят в то время, как они являются неверующими.

56. Они клянутся **БОГОМ**, что они с вами, тогда как они не с вами; они – вызывающие разногласия люди.

57. Если бы они могли найти убежище, или пещеры, или укрытие, то они отправились бы туда, торопясь.

58. Некоторые из них критикуют распределение тобой благотворительности; если им достаётся что-либо из неё, то они остаются довольными, но если им ничего не перепадает из неё, то они начинают возражать.

59. Они должны быть удовлетворены тем, что **БОГ** и Его посланник даровали им. Они должны были сказать: «Нам достаточно **БОГА**. **БОГ** обеспечит нас от Его щедрот, а также и Его посланник. Мы стремимся только к **БОГУ**».

Система распределения благотворительности

60. Благотворительность должна расходоваться на бедных, нуждающихся, работников, которые собирают её, новообращённых, на освобождение рабов, на тех, кто обременён внезапными расходами на дело **БОГА**, и на путешествующих иноземцев. Такова заповедь **БОГА**. **БОГ** – Всеведущий, Самый Мудрый.

61. Некоторые из них обижают пророка, говоря: «Он весь обратился в слух!» Скажи: «Это лучше для вас, что он слушает вас. Он верит в **БОГА** и доверяет верующим. Он – милость для тех из вас, кто веруют». Те, кто обижают посланника **БОГА**, навлекли на себя мучительное возмездие.

62. Они клянутся вам **БОГОМ**, чтобы угодить вам, тогда как **БОГ** и Его посланник более достойны угождения, если они искренне верующие.

Наказание за сопротивление Богу и Его Посланнику

63. Разве они не знали, что любой, кто противится **БОГУ** и Его посланнику, навечно навлёк на себя огонь Ада? Это – самое худшее унижение.

Лицемеры

64. Лицемеры опасаются, что может быть ниспослана сура, которая выявит то, что находится в их сердцах. Скажи: «Что ж, продолжайте насмехаться. **БОГ** выявит именно то, чего вы боитесь».

65. Если ты спросишь их, то они непременно скажут: «Мы только передразнивали и шутили». Скажи: «Разве вы не понимаете, что вы насмехаетесь над **БОГОМ**, Его откровениями и Его посланником?»

66. Не извиняйтесь. Вы стали неверующими после того, как уверовали. Если мы простим одних из вас, то мы накажем других среди вас как следствие их нечестия.

67. Лицемеры и лицемерки подобны друг другу: они призывают ко злу и запрещают праведность, и они скупы. Они забыли **БОГА**, поэтому и Он забыл их. Лицемеры являются истинными нечестивцами.

68. БОГ обещает лицемерам и лицемеркам, а также неверующим огонь Ада, в котором они пребудут вечно. Им этого достаточно. БОГ осудил их; они навлекли на себя вечное возмездие.

Система Бога не меняется

69. Некоторые из тех, что жили прежде, были сильнее вас и имели больше денег и детей. Они увлеклись своим материальным имуществом. Подобным образом, вы увлеклись вашим материальным имуществом, так же как увлеклись те, что жили прежде. Вы стали совершенно беспечными, так же как и они были беспечными. Таковы люди, которые сводят на нет свои деяния как в этом мире, так и в Будущей жизни; они – проигравшие.

Проигравшие

70. Разве они ничему не научились у предыдущих поколений: у народа Ноя (Нуха), Ада, Самуда, народа Авраама (Ибрагима), жителей Мадьяна и злодеев (*Содома и Гоморры*)? Их посланники приходили к ним с ясными доказательствами. БОГ никогда не был несправедлив к ним; они сами были несправедливы к своим собственным душам.

Победители

71. Верующие мужчины и женщины являются союзниками друг другу. Они выступают за праведность и запрещают зло, они соблюдают Контактные Молитвы (*Салат*) и дают на обязательную благотворительность (*Закят*), и они повинуются БОГУ и Его посланнику. Они будут осыпаны БОЖЬЕЙ милостью. БОГ – Всемогущий, Самый Мудрый.

72. БОГ обещает верующим мужчинам и верующим женщинам сады с текущими ручьями, где они пребудут вечно, и великолепные особняки в садах Эдема. А БОЖЬИ благословения и одобрение будут ещё большими. Это – величайший триумф.

Вы должны быть суровы с неверующими

73. О пророк, борись против неверующих и лицемеров и будь суров по отношению к ним. Им предназначен Ад – какая жалкая обитель!

74. Они клянутся БОГОМ, что они никогда не говорили этого, несмотря на то, что они произнесли слово неверия; они отвергли веру после того, как стали покорными. На самом деле, они отказались от того, чего у них никогда не было. Они восстали, даже несмотря на то, что БОГ и Его посланник осыпали их Своей милостью и благами. Если они покаются, то это было бы лучше всего для них. Но если они отвернутся, то БОГ подвергнет их мучительному возмездию как в этой, так и в Будущей жизни. Они не найдут никого на земле, кто был бы их господом и властелином.

75. Некоторые из них даже пообещали: «Если бы БОГ осыпал нас Своей милостью, то мы были бы благотворительны и вели бы праведную жизнь».

76. Но когда же Он осыпал их Своими благами, они сделались скупыми и отвернулись с отвращением.

77. Следовательно Он вселил лицемерие в их сердца до дня их встречи с Ним. Это за то, что они нарушили свои обещания **БОГУ**, и за их ложь.

78. Неужели они не понимают, что **БОГУ** известны их секреты и тайные сговоры, и что **БОГ** – Знающий обо всём сокровенном?

79. **БОГ** презирает тех, кто критикуют щедрых верующих за то, что они слишком много дают, и тех, кто насмехаются над бедными верующими за то, что те слишком мало дают. Они навлекли на себя мучительное возмездие.

*Наиболее эффективная приманка Сатаны:
миф о заступничестве**

80. Просишь ли ты прощения для них или не просишь прощения для них – даже если ты и семьдесят раз попросишь для них прощения – **БОГ** не простит их. Это потому, что они не веруют в **БОГА** и Его посланника. **БОГ** не ведёт правильным путём людей нечестивых.

81. Отсиживающиеся радовались тому, что остались позади посланника **БОГА**, и им было ненавистно усердствовать своими деньгами и своей жизнью за дело **БОГА**. Они сказали: «Давайте не будем выступать в такую жару!» Скажи: «Адский огонь гораздо жарче», если бы они только могли понять.

82. Пусть они мало смеются и много плачут. Это воздаяние за грехи, которые они заработали.

83. Если **БОГ** возвратит тебя к ситуации, когда они попросят у тебя разрешения отправиться в поход с тобой, то ты скажи: «Вы никогда больше не будете выступать вместе со мной, и вы никогда не будете сражаться вместе со мной против любого противника. Ибо вы с самого начала решили находиться с отсиживающимися. Поэтому вы должны оставаться с отсиживающимися».

84. Ты не должен совершать погребальную молитву по кому-либо из них, когда он умирает, и не должен стоять у его могилы. Они не уверовали в **БОГА** и Его посланника и умерли в состоянии нечестия.

*Земные принадлежности
равны нулю*

85. Пусть не впечатляют тебя их деньги или их дети; **БОГ** заставляет их быть источниками страданий для них в этом мире, и их души отойдут неверующими.

86. Когда ниспослана сура, которая заявляет: «Веруйте в **БОГА** и усердствуйте вместе с Его посланником», даже сильные в их среде говорят: «Давайте останемся позади!»

---

*9:80. Если Мухаммед не мог заступиться за своих дядей и двоюродных братьев и сестёр, то что заставляет посторонних людей, которые никогда не встречали его, думать, что он будет ходатайствовать за них? Ни Авраам не мог заступиться за своего отца, ни Ной не мог ходатайствовать за своего сына (11:46 и 60:4).

87. Они решили остаться с отсиживающимися. Следовательно их сердца были запечатаны, и, таким образом, они не могут понять.

Истинные верующие рвутся усердствовать

88. Что же касается посланника и тех, кто уверовали вместе с ним, то они рвутся усердствовать своими деньгами и своей жизнью. Они заслужили всё хорошее; они – победители.

89. **БОГ** приготовил для них сады с текущими ручьями, где они пребудут вечно. Это – величайший триумф.

90. Арабы придумали оправдания и пришли к тебе, чтобы получить разрешение остаться. Это свидетельствует об их отвержении **БОГА** и Его посланника – они остаются позади. Поистине, те, кто не уверовали среди них, навлекли на себя мучительное возмездие.

91. Нет вины на тех, кто слабы или больны, или не найдут, что предложить, если только они по-прежнему преданы **БОГУ** и Его посланнику. Не должны быть порицаемы праведные среди них. **БОГ** – Прощающий, Самый Милосердный.

92. Также освобождаются те, кто приходят к тебе, желая быть включёнными с тобой, но ты им говоришь: «У меня нет ничего, на чём бы вас везти». Тогда они отворачиваются со слезами на глазах, искренне опечаленные тем, что не были в состоянии внести свой вклад.

93. Вина лежит на тех, кто просит у тебя разрешения остаться, несмотря на то, что у них нет никакого

оправдания. Они решили остаться с отсиживающимися. Следовательно **БОГ** запечатал их сердца, и, таким образом, они не приобретают никаких знаний.

Тяжёлые времена предназначены для разоблачения лицемеров

94. Они извиняются перед вами, когда вы возвращаетесь к ним (из боя). Скажи: «Не извиняйтесь; мы больше не доверяем вам. **БОГ** сообщил нам о вас». **БОГ** увидит ваши деяния, а также и посланник; затем вы будете возвращены к Знающему все тайны и заявления, и тогда Он сообщит вам обо всём, что вы совершили.

95. Когда вы вернётесь к ним, они будут клясться вам **БОГОМ**, что вы можете не обращать на них внимания. Так не обращайте на них внимания. Они осквернены, и им предназначен Ад как воздаяние за грехи, которые они заработали.

96. Они клянутся вам, чтобы вы могли простить их. Даже если вы простите их, **БОГ** не прощает таких нечестивых людей.

Арабы

97. Арабы – самые худшие в неверии и лицемерии и, скорее всего, пренебрегут законами, которые **БОГ** открыл Своему посланнику. **БОГ** – Всеведущий, Самый Мудрый.

98. Некоторые арабы считают свои расходы (на дело Бога) убытком и даже ожидают в предвкушении, что вас может постигнуть бедствие. Но это они навлекут на себя наихудшее бедствие. **БОГ** – Слышащий, Всеведущий.

99. Другие арабы веруют в **БОГА** и в Последний День и считают свои расходы средством приближения к **БОГУ** и средством поддержки посланника. Воистину, это приблизит их; **БОГ** введёт их в Свою милость. **БОГ** – Прощающий, Самый Милосердный.

100. Что же касается головных отрядов, которые мигрировали раньше (*мухаджиры*), и тех, кто поддержали их и дали им приют (*ансары*), и тех, кто последовал за ними в праведности, то **БОГ** доволен ими, и они довольны Им. Он приготовил для них сады с текущими ручьями, где они пребудут вечно. Это – величайший триумф.

Возмездие удвоено для лицемеров*

101. Среди арабов, которые окружают вас, есть лицемеры. К тому же, среди жителей города есть те, кто привыкли к лицемерию. Ты не знаешь их, но мы их знаем. Мы удвоим для них возмездие; затем они в конечном итоге будут преданы страшному возмездию.

102. Есть и другие, кто сознались в своих грехах; они смешали добрые дела с плохими делами. **БОГ** помилует их, потому что **БОГ** – Прощающий, Самый Милосердный.

103. Возьми с их денег милостыню, чтобы очистить их и освятить их. И поощряй их, потому что твоё поощрение успокаивает их. **БОГ** – Слышащий, Всеведущий.

104. Неужели они не понимают, что **БОГ** принимает покаяние Своих почитателей и принимает благотворительность, и что **БОГ** – Искупитель, Самый Милосердный?

105. Скажи: «Творите праведность; **БОГ** увидит вашу работу, а также увидят её Его посланник и верующие. В конечном итоге вы будете возвращены к Знающему все тайны и заявления; затем Он поведает вам обо всём, что вы совершали».

106. Другие же ждут решения **БОГА**; Он может наказать их, или Он может помиловать их. **БОГ** – Всеведущий, Самый Мудрый.

Мечети, которые выступают против Бога и Его посланника*

107. Есть такие, кто злоупотребляют мечетью, практикуя идолопоклонство, разделяя верующих и обеспечивая удобствами тех, кто выступают против **БОГА** и Его посланника. Они торжественно клянутся: «Наши намерения благородны!» **БОГ** свидетельствует, что они – лжецы.

---

*9:101. Лицемеры сидят среди верующих, слушают послание и доказательства, а затем распространяют свои ядовитые сомнения. Это Коранический закон, что ныне и навеки они получают двойное возмездие.

*9:107. Любая мечеть, где обряды не посвящены абсолютно ТОЛЬКО Богу, принадлежит Сатане, а не Богу. Например, упоминание имён Авраама, Мухаммеда, и/ или Али в Азане и/ или в молитвах Салат, нарушает заповеди Бога в 2:136, 2:285, 3:84 и 72:18. К сожалению, это общепринятый идолопоклоннический обычай, практикующийся во всём заблуждающемся мусульманском мире.

Не молитесь в тех мечетях
108. Никогда не молись в такой мечети. Мечеть, которая с первого дня создана на основе праведности, является более достойной для того, чтобы ты молился в ней. В ней находятся люди, которые любят очищаться. **БОГ** любит тех, кто очищают себя.

109. Тот ли лучше, кто устанавливает своё здание на основе почитания **БОГА** и для получения Его одобрения, или тот, кто устанавливает своё здание на краю обрушивающейся скалы, которая падает вместе с ним в огонь Ада? **БОГ** не ведёт правильным путём беззаконных людей.

110. Такое здание, которое они воздвигли, останется источником сомнения в их сердцах до тех пор, пока их сердца не остановятся. **БОГ** – Всеведущий, Самый Мудрый.

Самый выгодный вклад
111. **БОГ** купил у верующих их жизнь и их деньги в обмен на Рай. Таким образом, они сражаются за дело **БОГА** – готовые убивать и быть убитыми. Таково Его правдивое обещание в Торе, Евангелии и Коране. А кто исполняет Своё обещание лучше **БОГА**? Вы должны радоваться тому, что совершаете такой обмен. Это – величайший триумф.

Верующие
112. Они – кающиеся, почитающие, восхваляющие, медитирующие, кланяющиеся и падающие ниц, призывающие к праведности и запрещающие зло и соблюдающие законы

БОГА. Передай добрую весть таким верующим.

Вы должны отречься от врагов Бога:
Авраам отрёкся от своего отца
113. Ни пророк, ни те, кто веруют, не должны просить прощения идолопоклонникам – даже если бы они были их ближайшими родственниками – как только им становится ясно, что они обречены на Ад.

114. Авраам (Ибрагим) попросил прощения своему отцу только потому, что он обещал ему выполнить это. Но как только он понял, что он был врагом **БОГА**, он отрёкся от него. Авраам (Ибрагим) был крайне добрым, снисходительным.

115. **БОГ** никого из людей не вводит в заблуждение после того, как Он повёл их правильным путём, предварительно не указав, чего им следует ожидать. Ведь **БОГ** в полной мере знает о всякой вещи.

116. **БОГУ** принадлежит верховная власть над небесами и землёй. Он управляет жизнью и смертью. И нет у вас, кроме **БОГА**, ни Господа, ни Властелина.

117. **БОГ** помиловал пророка, переселенцев (*мухаджир*) и тех, кто поддержал их, приняв их и дав им приют (*ансар*), и которые последовали за ним в трудные времена. Вот когда сердца некоторых из них почти дрогнули. Но Он помиловал их, ибо Он Сострадателен к ним, Самый Милосердный.

Не покидайте посланника

118. Также (*были помилованы*) те трое, кто остались позади. Просторная земля стала настолько стеснённой для них, что они почти лишились всякой надежды для себя. Наконец, они поняли, что нельзя убежать от **БОГА**, кроме как к Нему. Тогда Он помиловал их, чтобы они могли раскаяться. **БОГ** – Искупитель, Самый Милосердный.

119. О вы, кто верует, вы должны почитать **БОГА** и быть в числе правдивых.

120. Ни жители города, ни арабы, живущие вокруг них, не должны стремиться остаться позади посланника **БОГА** (*когда он собирается на войну*). И они не должны отдавать предпочтение своим делам в ущерб поддержания его. Это потому, что когда они страдают от жажды, или усилия, или голода во имя **БОГА**, или делают хотя бы один шаг, который приводит в ярость неверующих, или причиняют какие-либо трудности врагу, то это записывается им в заслугу. **БОГ** никогда не забывает вознаградить тех, кто творят праведные дела.

121. Они также не понесут никаких расходов, малых или больших, и не пересекут какую-либо долину без того, чтобы это не было зачтено им. **БОГ**, несомненно, щедро вознаградит их за их труды.

Важность религиозного образования

122. Когда верующие выступают в поход, то не все должны делать этого. Несколько из каждой группы должны мобилизоваться, посвящая своё время изучению религии. Таким образом, они смогут передать знания своим людям, когда те вернутся, чтобы они могли оставаться религиозно информированными.

Неверующие

123. О вы, кто уверовали, вы должны сражаться с неверующими, которые атакуют вас, – пусть они найдут вас суровыми – и знайте, что **БОГ** с праведными.

Лицемеры

124. Когда была ниспослана сура, некоторые из них говорили: «Разве эта сура укрепила веру в ком-либо из вас?» Воистину, она укрепила веру тех, кто уверовал, и они радуются любому откровению.

125. Что же касается тех, кто питал сомнения в своих сердцах, то она, фактически, прибавила греховность к их греховности, и они умерли неверующими.

126. Неужели они не видят, что каждый год, один или два раза, они претерпевают суровые испытания? Тем не менее, они настойчиво не каются и не внимают.

*Историческое преступление
раскрыто: искажение
Божьего Слова.**

*Бог представляет неопровержимое
доказательство*

127. Всякий раз, когда ниспосылалась сура, некоторые из них переглядывались, как бы говоря: «Кто-нибудь видит вас?» Потом они уходили. Таким образом, **БОГ** отвратил их сердца, потому что они люди, которые не понимают.

****

Сура 10: Иона (Йунус)

Во имя Бога, Самого Милостивого, Самого Милосердного

1. А.Л.Р.* Эти (буквы) – доказательства этой книги мудрости.

2. Неужели люди так сильно удивляются тому, что мы внушили человеку из их среды? Ему (*было внушено сказать*): «Ты должен предостеречь людей и сообщить добрую весть тем, кто верует, что они достигли выдающегося положения у своего Господа». Неверующие сказали: «Это искусный волшебник!»

3. Ваш единственный Господь – это **БОГ**: Тот, кто сотворил небеса и землю за шесть дней, а затем взял на Себя все полномочия. Он управляет всеми делами. И нет заступника, кроме как в соответствии с Его волей. Таков **БОГ**, ваш Господь. Вы должны поклоняться Ему. Неужели вы не внимете?

4. К нему вам предстоит окончательно вернуться – всем вам. Это правдивое обещание **БОГА**. Он начинает всякое творение, а затем воспроизводит его для того, чтобы по справедливости вознаградить тех, кто верует и ведёт праведную жизнь. Что касается тех, кто не верует, то они навлекают на

*9:1 и *9:127. Это единственная сура, которая не начинается с Басмалы. Это явление озадачивало изучающих Коран на протяжении 14 веков, и для его объяснения было выдвинуто много теорий. Теперь мы понимаем, что бросающееся в глаза отсутствие Басмалы служит трём целям: (1) Оно представляет собой заблаговременное божественное провозглашение о том, что идолопоклонникам было предназначено исказить Коран, добавив 2 ложных стиха (9:128-129). (2) Оно демонстрирует одну из функций Божьего математического кода в Коране, а именно: охранять Коран от каких-либо изменений. (3) Оно обеспечивает дополнительные удивительные свойства кода Корана. Вследствие их чрезвычайной важности, подробности приведены в Приложениях 24 и 29. Одним из непосредственных наблюдений является то, что количество нахождений слова «Бог» в конце суры 9 составляет 1273 (19х67). Если включить два ложных стиха 128 и 129, то это явление и многие другие исчезнут.

*10:1. Эти буквы составляют значительную часть удивительного математического кода Корана и доказательства божественного авторства. См. Приложение 1 для подробного разъяснения.

себя адские напитки и мучительное возмездие за их неверие.

5. Он – Тот, кто даровал солнцу сияние, а луне свет; и Он установил для неё фазы, чтобы вы научились вести подсчёт лет и вычислять. **БОГ** создал всё это лишь с определённой целью. Он объясняет откровения людям знающим.

6. Безусловно, в смене ночи и дня и в том, что сотворил **БОГ** на небесах и на земле, заключены доказательства для людей праведных.

Озабоченность этой мирской жизнью

7. Те, кто не ожидают встречи с нами, поглощены этой мирской жизнью, довольствуются ею и отказываются прислушаться к нашим доказательствам;

8. они навлекли на себя Ад как их конечную обитель, как следствие их собственных деяний.

Бог указывает путь верующим

9. Что же касается тех, кто верует и ведёт праведную жизнь, то их Господь указывает им путь в силу их веры. Реки потекут под ними в садах блаженства.

10. Их молитва там: «Слава Тебе, наш бог», их приветствие там: «Мир», а их окончательная молитва: «Хвала **БОГУ**, Господу Вселенной».

11. Если бы **БОГ** ускорил заслуженное людьми наказание соответственно тому, как они требуют

благ, то они были бы уничтожены давным-давно. Тем не менее, мы оставляем тех, кто не верит во встречу с нами, блуждать слепо в своих прегрешениях.

12. Когда постигает человека несчастье, он умоляет нас лёжа, сидя или стоя. Но как только мы избавляем его от горя, он ведёт себя так, как будто он никогда и не умолял нас облегчить трудности! Вот как приукрашены в глазах беззаконников их деяния.

Уроки прошлого

13. Много поколений мы уничтожили до вас, когда они преступали границы дозволенного. Их посланники приходили к ним с ясными доказательствами, но они отказывались верить. Так мы воздаём виновным людям.

Настала ваша очередь

14. Потом мы сделали вас наследниками земли после них, чтобы посмотреть, как вы будете поступать.

Каждая буква подсчитана и имеет божественное предназначение

15. Когда читают им наши откровения, те, кто не ожидают встречи с нами, говорят: «Принеси другой Коран,* а не этот, или измени его!» Скажи: «Я не могу изменить его по своему усмотрению. Я просто следую тому, что открыто мне. Я боюсь, что если ослушаюсь Господа моего, меня постигнет возмездие устрашающего дня».

---

*10:15. Слово «Коран» упоминается в Коране 58 раз, но поскольку этот стих ссылается на «другой Коран», то оно должно быть исключено; «Этот Коран» упоминается в Коране 57 раз, 19x3.

16. Скажи: «Если бы **БОГ** пожелал, я не читал бы его вам, и вы не узнали бы ничего о нём. Я прожил среди вас всю жизнь до этого (*и вы знаете меня как вменяемого, правдивого человека*). Неужели вы не понимаете?»

17. Кто же нечестивее того, кто выдумывает ложь о **БОГЕ** или отвергает Его откровения? Безусловно, беззаконники никогда не преуспеют.

18. Они поклоняются, помимо **БОГА**, идолам, которые не во власти ни навредить им, ни принести им пользу, и они говорят: «Это наши заступники у **БОГА**!» Скажи: «Неужели вы сообщаете **БОГУ** о том, чего Он не знает на небесах или на земле?» Слава Ему. Он – Всевышний, гораздо выше того, чтобы нуждаться в партнёрах.

19. Некогда люди были одной религиозной общиной, потом они впали в разногласия. Если бы не предопределённое слово твоего Господа, они были бы немедленно рассужены относительно их споров.

*Чудо Корана должно быть
раскрыто после Мухаммеда**

20. Они говорят: «Почему же не снизошло ему какое-либо чудо от его Господа?» Скажи: «Будущее принадлежит **БОГУ**; поэтому ждите, и я жду вместе с вами».

Мятежные люди

21. Когда мы даруем людям милость после того, как их постигло несчастье, они тут же плетут интриги против наших откровений! Скажи: «**БОЖЬИ** замыслы гораздо более эффективны. Ибо наши посланники записывают все ваши происки».

22. Он – Тот, кто перемещает вас по суше и по морю. Вы всходите на корабли, и они плавно плывут при приятном ветре. Затем, в то время как они радуются там, дует сильный ветер, и волны окружают их со всех сторон. Вот когда они умоляют **БОГА**, искренне посвящая свои молитвы Ему одному: «Если Ты только спасёшь нас в этот раз, мы будем вечно благодарны».

23. Но как только Он спасает их, они преступают границы дозволенного на земле и выступают против истины. О люди, ваши согрешения причиняют ущерб только вашим собственным душам. Вы продолжаете увлекаться этой мирской жизнью, затем к нам вы окончательно вернётесь, и тогда мы сообщим вам обо всём, что вы делали.

---

*10:20. Обращаясь к прошлому, мы теперь видим, что чудо Корана, поистине «Одно из величайших чудес» (74:30-35), было божественно предопределено открыть спустя 14 столетий со времён Мухаммеда. Принимая во внимание нынешние взгляды традиционных мусульман, если бы это чудо было даровано Мухаммеду, то те мусульмане, которые обожествляют, кроме Бога, ещё и Мухаммеда, стали бы поклоняться ему как Богу во плоти. Кроме того, это чудо, очевидно, предназначено для компьютерной эры и должно быть по достоинству оценено поколением, обладающим навыками изощрённой математики.

24. Вот чему подобна эта мирская жизнь: мы низводим воду с неба, чтобы взрастить ею все виды растений на земле и обеспечить пищей людей и животных. Затем, когда земля идеально приукрашена и её люди думают, что они властны над нею, наше решение исполняется ночью или днём,* оставляя её совершенно пустой, словно ничего и не существовало в предыдущий день. Так мы разъясняем откровения для людей размышляющих.

25. БОГ приглашает в обитель мира и ведёт тех, кого Он пожелает, прямым путём.

Рай и Ад вечны

26. Для праведников награда будет приумножена многократно. Их лица никогда не испытают ни лишений, ни стыда. Они – обитатели Рая; они пребудут там вечно.

27. Что касается тех, кто приобрёл грехи, то их воздаяние равноценно их грехам. Они обречены на унижение, и никто, кроме БОГА, не сможет защитить их. Их лица словно будут покрыты массами мрачной ночи. Они будут обитателями Ада, они пребудут там вечно.

Идолы отрекаются от своих почитателей

28. В тот день, когда мы соберём их всех, мы скажем тем, кто поклонялся идолам: «Мы собрали вас вместе с вашими кумирами». Мы расположим их напротив друг друга, и их идолы скажут им: «Мы понятия не имели, что вы боготворили нас.

29. БОГА достаточно как свидетеля между нами и вами, что мы были в полном неведении о том, что вы нам поклонялись».

30. Вот когда каждая душа исследует всё, что она совершила. Они будут возвращены к БОГУ, их законному Господу и Властелину; а идолы, которых они выдумали, отрекутся от них.

31. Скажи: «Кто наделяет вас благами с небес и земли? Кто распоряжается слухом и зрением? Кто производит живое из мёртвого, а мёртвое из живого? Кто управляет всем?» Они скажут: «БОГ». Скажи: «Почему же тогда вы не соблюдаете заповеди?»

32. Таков БОГ, ваш истинный Господь. Что может быть после истины, кроме лжи? Как же вы могли пренебречь всем этим?

33. Вот как воздействует решение твоего Господа на тех, кто предпочитает быть нечестивым: они не могут уверовать.

Поразмыслите о ваших идолах

34. Скажи: «Может ли кто-нибудь из ваших идолов начать творение, а затем воспроизвести его?» Скажи: «БОГ начинает творение, а затем воспроизводит его».

10:24. Бог, безусловно, знает, свершится ли Его решение днём или ночью. Но случится так, что когда наступит конец света, земля будет наполовину днём и наполовину ночью. Ещё одно «научное чудо» Корана.

35. Скажи: «Есть ли среди ваших идолов кто-нибудь, кто указывает путь к истине?» Скажи: «**БОГ** ведёт к истине. Кто же более достоин того, чтобы ему следовали: тот, кто указывает путь к истине, или тот, кто не указывает пути, а сам нуждается в руководстве? Что с вашим суждением?»

36. Большинство из них следует лишь догадкам, а догадки не могут заменить истину. **БОГ** в полной мере знает всё, что они делают.

Только Бог может быть автором Корана

37. Этот Коран не мог быть сочинён никем, кроме **БОГА**. Он подтверждает все предыдущие послания и является вполне подробным писанием. Он непогрешим, ибо исходит от Господа Вселенной.

38. Если они говорят: «Он выдумал его», скажи: «Тогда сочините одну суру, подобную этим, и пригласите, кого угодно, кроме **БОГА**, если вы правдивы».

39. В действительности, они отвергли его, не изучив и не познав его, и прежде, чем они постигли его смысл. Таким же образом не уверовали их предшественники. Поэтому обрати внимание на последствия для беззаконников.

40. Некоторые из них верят (*в это писание*), а другие не верят в него. Твоему Господу в полной мере известно о злодеях.

41. Если они отвергнут тебя, то скажи: «У меня свои деяния, а у вас свои. На вас не будет вины за то, что я совершаю, и на мне не будет вины за какие-либо ваши деяния».

42. Некоторые из них слушают тебя – но разве ты можешь заставить глухих слышать, когда они не могут понять?

Люди свободно выбирают свой путь

43. Некоторые из них смотрят на тебя – но разве ты можешь указать путь слепым, когда они не видят?

44. **БОГ** никогда не поступает несправедливо по отношению к людям; люди сами несправедливы к своим собственным душам.

45. В тот день, когда Он соберёт их всех, им будет казаться, что они пробыли в этом мире один дневной час, в течение которого они встретились. Поистине, проигравшие – это те, кто не поверили во встречу с **БОГОМ** и предпочли быть в заблуждении.

46. Независимо от того, покажем мы тебе часть (*возмездия*), которое мы обещаем им, или завершим твою жизнь до этого, они окончательно вернутся к нам. **БОГ** – свидетель всему, что они делают.

47. Каждой общине – посланник. После того, как приходит их посланник, их судят по справедливости – по абсолютной справедливости.

48. Они бросают вызов: «Когда же сбудется это пророчество, если вы говорите правду?»

Посланник не обладает никакой
властью

49. Скажи: «Я не властен ни на-вредить себе, ни принести себе пользу; всё происходит только по воле **БОГА**». Для каждой общины предопределён срок жизни. Когда их срок подходит к концу, они не могут ни отдалить его, ни приблизить его даже на час.

50. Скажи: «Ночью ли вас постигнет Его возмездие или днём: почему без-законники так торопятся?

51. Если оно постигнет вас, поверите ли вы тогда? Зачем вам тогда верить? Вы же сами требовали, чтобы оно явилось к вам?»

52. Беззаконникам будет сказано: «Вкусите вечное возмездие. Разве вам не воздаётся в точности за то, что вы заслужили?»

53. Они призывают тебя пророчить: «Это действительно произойдёт?» Скажи: «Да, действительно, клянусь моим Господом, это правда, и вы ни-когда не сможете избежать этого».

Цена веры

54. Если бы любая злая душа обла-дала всем, что на земле, то она с готовностью предложила бы это в качестве выкупа. Их охватит раска-яние, когда они увидят возмездие. Их рассудят по справедливости – абсо-лютной справедливости.

55. Абсолютно, **БОГУ** принадлежит всё, что на небесах и на земле. Без-условно, обещание **БОГА** – истина, но большинство из них не знает.

56. Он управляет жизнью и смертью,

и к Нему вы будете возвращены.

57. О люди, пришло к вам здесь просветление от вашего Господа и исцеление от всего, что беспокоит ваши сердца, а также руководство и милость для верующих.

Радость для верующих

58. Скажи: «По **БОЖЬЕЙ** благодати и Его милости они будут радоваться». Это гораздо лучше любого богатства, которое они могут накопить.

Пищевые запреты, выдуманные
людьми

59. Скажи: «Обратили ли вы вни-мание на то, как **БОГ** ниспосылает вам всякие блага, и как одни из них вы объявляете запретными, а дру-гие дозволенными?» Скажи: «**БОГ** позволил вам это делать, или вы вы-думываете ложь и приписываете её **БОГУ**?»

60. Приходило ли когда-либо в го-лову тем, кто выдумывает ложь о **БОГЕ**, что им предстоит встре-титься с Ним в День Воскресения? Безусловно, **БОГ** осыпает людей Своей милостью, но большинство из них неблагодарны.

Знание о Боге

61. В какую бы ситуацию ты ни по-падал, что бы ты ни читал из Корана, чего бы вы ни совершали – мы всегда присутствуем при всём, что вы делае-те. Ни на земле, ни на небе – ничто не выходит из-под контроля твоего Господа, даже вес одного атома. Нет ничего, что меньше атома, или боль-ше него, чего не было бы записано в основательной записи.

Счастье: теперь и навсегда*

62. Абсолютно, союзникам **БОГА** нечего бояться, и они не будут опечалены.

63. Это те, кто веруют и ведут праведную жизнь.

64. Для них – радость и счастье в этом мире, а также в Будущей жизни. Это неизменный **БОЖИЙ** закон. Таков величайший триумф.

65. Не печалься из-за их высказываний. Вся власть принадлежит **БОГУ**. Он – Слышащий, Всеведущий.

66. Абсолютно, **БОГУ** принадлежат все, кто на небесах и на земле. Те, кто создают идолов, помимо **БОГА**, в действительности ничему не следуют. Они только думают, что они следуют чему-то. Они лишь строят догадки.

67. Он – Тот, кто создал ночь для вашего отдыха, а день – освещённым. Это – доказательства для людей слышащих.

Тяжкое богохульство

68. Они сказали: «**БОГ** породил сына!» Слава Ему. Он – Самый Богатый. Ему принадлежит всё, что на небесах, и всё, что на земле. У вас нет доказательств в поддержку такого богохульства. Неужели вы говорите о **БОГЕ** то, чего не знаете?

69. Провозгласи: «Те, кто выдумывает ложь о **БОГЕ**, никогда не преуспеют».

70. Они получат свой временный удел в этом мире, но в конечном итоге им предстоит вернуться к нам, и тогда мы подвергнем их суровому возмездию за их неверие.

Ной

71. Прочти им историю Ноя (Нуха). Он сказал своему народу: «О мой народ, если для вас тягостна моя позиция и моё напоминание вам откровений **БОГА**, то я уповаю на **БОГА**. Вам следует собраться вместе с вашими предводителями, прийти меж собой к окончательному решению, затем сообщить мне о нём без промедления.

72. Если вы отвернётесь, то ведь я не просил у вас никакой платы. Моя плата приходит от **БОГА**. Мне повелено быть покорным».

73. Они отвергли его, и следовательно мы спасли его и тех, кто присоединился к нему в ковчеге; мы сделали их преемниками. И мы потопили тех, кто отверг наши откровения. Обрати внимание на последствия – их предупреждали.

Люди настаивают на своём первородном грехе

74. Вслед за ним мы отправляли посланников к их народам, и они показывали им ясные доказательства.

---

*10:62-64. Большинство людей думает, что они должны ждать до Дня Воскресения, прежде чем получат вознаграждение за праведность или возмездие за нечестие. Но Коран неоднократно уверяет верующих, что им гарантировано совершенное счастье в этом мире, сейчас и навечно. По завершении срока своего пребывания здесь они отправляются прямо в Рай (см. Приложение 17).

Но им не суждено было уверовать в то, что они отвергли в прошлом. Так мы запечатываем сердца беззаконников.

Моисей и Аарон

75. После них мы послали Моисея (Мусу) и Аарона (Харуна) к Фараону и его приближённым с нашими доказательствами. Но они возгордились; они были беззаконниками.

76. Когда пришла к ним истина от нас, они сказали: «Это очевидное волшебство!»

77. Моисей (Муса) сказал: «Неужели вы так характеризуете правду, когда она приходит к вам? Разве это волшебство? Разве волшебники могут победить?»

78. Они сказали: «Не потому ли ты пришёл, чтобы отвратить нас от того, что приняли мы от наших родителей, и чтобы вы могли достичь выдающегося положения? Мы никогда не будем с вами в числе верующих».

Истина торжествует

79. Фараон сказал: «Приведите ко мне всех опытных волшебников».

80. Когда волшебники пришли, Моисей (Муса) сказал им: «Бросайте всё, что вы собираетесь бросить».

81. Когда они бросили, Моисей (Муса) сказал: «То, что вы произвели – это волшебство, и **БОГ** обречёт его на провал. **БОГ** не поддерживает деяния беззаконников».

82. **БОГ** утверждает истину Своими словами, несмотря на преступников.

83. Поверили Моисею (Мусе) лишь немногие из его народа, боясь тирании Фараона и его старейшин. Воистину, Фараон был слишком надменным на земле и настоящим тираном.

84. Моисей (Муса) сказал: «О мой народ, если вы действительно уверовали в **БОГА** и в самом деле являетесь покорными, то уповайте на Него».

85. Они сказали: «Мы уповаем на **БОГА**. Господь наш, спаси нас от преследования этих угнетателей.

86. Избавь нас по Твоей милости от неверующих людей».

87. Мы внушили Моисею (Мусе) и его брату: «Сохраните ваши дома в Египте до поры до времени, превратите ваши дома в синагоги и соблюдайте Контактные Молитвы (*Салат*). Передайте верующим добрую весть».

88. Моисей (Муса) сказал: «Господь наш, Ты даровал Фараону и его старейшинам роскоши и богатства в этом мире. Господь наш, они используют их лишь для того, чтобы сбить других с Твоего пути. Господь наш, уничтожь их богатства и ожесточи их сердца, чтобы они не смогли уверовать, пока они не увидят мучительное возмездие».

89. Он сказал: «Ваша молитва отвечена (*О Моисей и Аарон*), так что будьте стойки и не следуйте по пути незнающих».

90. Мы перевели детей Израиля через море. Фараон и его войско погнались за ними упорно и греховно. Когда же он осознал, что тонет, он сказал: «Я верю, что нет бога, кроме Того, в кого уверовали дети Израиля; я покорный».

91. «Слишком поздно!* Ибо ты уже восстал и решил быть беззаконником.

Тело Фараона сохранено*

92. Сегодня мы сохраним твоё тело, чтобы ты послужил уроком для будущих поколений».* К сожалению, многие люди совершенно невнимательны к нашим знамениям.

93. Мы даровали детям Израиля почётное положение и благословили их благами. Тем не менее, они стали разногласить, когда это знание пришло к ним. Господь твой рассудит их в День Воскресения относительно всех их споров.

Сомнение посланника

94. Если у тебя возникли какие-либо сомнения относительно того, что открыто тебе от твоего Господа, то спроси тех, кто читал предыдущие писания. Воистину, истина явилась к тебе от твоего Господа. Не будь же в числе тех, кто сомневается.

95. Также не будь в числе тех, кто отверг откровения **БОГА**, иначе будешь одним из проигравших.

96. Безусловно, те, кто осуждены указом твоего Господа, не смогут уверовать.

97. Независимо от того, какие доказательства вы покажете им (*они не смогут поверить*), пока они не увидят мучительное возмездие.

Верующие нации процветают

98. Любая община, которая верует, непременно будет вознаграждена за веру. Например, народ Ионы (Йунуса): когда они уверовали, мы избавили их от унизительного возмездия, которое они понесли в этом мире, и мы сделали их процветающими.

99. Если бы твой Господь пожелал, то все люди на земле уверовали бы.* Разве ты хочешь принудить людей стать верующими?

Неверующие заблокированы*

100. Ни одна душа не может уверовать, кроме как в соответствии с волей **БОГА**. Ибо Он насылает проклятие на тех, кто отказывается понять.

10:91. Вера в Бога – это первый шаг. После этого необходимо питать и развивать душу с помощью обрядов поклонения (см. Приложение 15).

10:92. Бог наделил египтян исключительными знаниями искусства мумификации. В настоящее время мумифицированное тело Фараона выставлено для обозрения в Каирском музее.

10:99-101. Испытание требует, чтобы мы самостоятельно, без божественного вмешательства в наше исходное решение, осудили идолопоклонство. Бог блокирует тех, кто избирают неверие.

101. Скажи: «Взгляните на все знамения на небесах и на земле». Даже все доказательства и все предупреждения никогда не смогут помочь людям, которые решили не веровать.

102. Разве они могут ожидать иной судьбы, кроме той, что постигла подобных им предшественников? Скажи: «Просто ждите, и я жду вместе с вами».

Гарантированная победа

103. Мы в конечном итоге спасаем наших посланников и тех, кто верует. Это наш неизменный закон, что мы спасаем верующих.

104. Скажи: «О люди, если у вас возникли сомнения относительно моей религии, то я не поклоняюсь тому, чему вы поклоняетесь, кроме **БОГА**. Я поклоняюсь только **БОГУ** – Тому, кто завершит вашу жизнь. Мне повелено быть верующим».

105. Мне было повелено: «Оставайся преданным религии единобожия; ты не должен придерживаться идолопоклонства.

106. Ты не должен поклоняться, кроме **БОГА**, ничему, что не властно ни принести тебе пользу, ни навредить тебе. Если ты это сделаешь, то будешь беззаконником».

Вся власть принадлежит Богу

107. Если **БОГ** касается тебя трудностями, то никто не сможет избавить тебя от них, кроме Него. А когда Он благословляет тебя, никакая сила не сможет предотвратить Его благодати. Он дарует её тому, кого Он избирает из числа Своих слуг. Он – Прощающий, Самый Милосердный.

108. Провозгласи: «О люди, истина пришла к вам здесь от вашего Господа. Тот, кто следует правильным путём, тот поступает во благо себе. А тот, кто сбивается с пути, тот сбивается во вред себе. Я не являюсь вашим попечителем».

109. Следуй тому, что открыто тебе, и будь терпелив, пока **БОГ** не вынесет Свой приговор; Он – наилучший судья.

****

Сура 11: Худ (Худ)

Во имя Бога, Самого Милостивого, Самого Милосердного

1. А.Л.Р. Это – писание, стихи которого были усовершенствованы, затем разъяснены.* Оно приходит от Самого Мудрого, Самого Осведомлённого.

Коран – посланник Бога

2. Провозглашая: «Вы не должны поклоняться никому, кроме **БОГА**. Я пришёл к вам от Него как предостерегающий увещеватель, а также добрый вестник.

---

*11:1. Нашему поколению посчастливилось быть свидетелями двух удивительных явлений в Коране: (1) чрезвычайного математического кода (Приложение 1) и (2) литературного чуда невероятных масштабов. Если люди попытаются написать математически организованное произведение, то цифровые манипуляции отрицательно скажутся на его литературном качестве. Коран является образцом литературного мастерства.

3. Вы должны просить прощения у вашего Господа и покаяться перед Ним. Тогда Он благословит вас щедро в течение определённого срока и одарит Своей милостью тех, кто этого заслуживает. Если вы отвернётесь, то я боюсь, что вас постигнет возмездие устрашающего дня».

4. К **БОГУ** ваше окончательное возвращение, и Он – Всесильный.

5. Поистине, они скрывают свои самые сокровенные мысли, словно пытаются утаить их от Него. На самом деле, в то время как они покрывают себя одеждой, Он знает все их тайны и заявления. Он знает самые сокровенные мысли.

Средства к существованию гарантированы

6. Нет на земле ни одного живого существа, обеспечение которого не было бы гарантировано **БОГОМ**. И Он знает его путь следования и его окончательную судьбу. Всё записано в основательной записи.

7. Он – Тот, кто сотворил небеса и землю за шесть дней* – и Его *(земное)* владение было полностью покрыто водой,** – чтобы испытать вас: отличить тех из вас, кто соблюдает праведность. Тем не менее, когда ты говоришь: «Вы будете воскрешены после смерти», – то те, кто не веруют, говорят: «Это, несомненно, колдовство».

8. И если мы отсрочим возмездие, которое они навлекли на себя, – ибо мы предназначаем его для конкретной общины – они скажут: «Что же удерживает Его?» На самом деле, в тот день, когда оно постигнет их, ничто не остановит его, а их насмешки вернутся и будут преследовать их.

9. Всякий раз, когда мы благословляем человека милостью от нас, затем отнимаем её, он впадает в уныние и становится неблагодарным.

10. Всякий раз, когда мы благословляем его после постигшего его несчастья, он говорит: «Меня покинули все невзгоды»; – он ликует и исполняется гордыни.

11. Что же до тех, кто упорно и стойко терпит и ведёт праведную жизнь, то они заслуживают прощение и щедрое воздаяние.

Божье откровение тяжёлое

12. Быть может, ты пожелаешь пренебречь частью из того, что ниспослано тебе, или станешь раздражаться из-за этого. К тому же, они могут сказать: «Что же не спущено ему сокровище или не явился ангел к нему?» Ты

---

*11:7. Шесть дней – это просто мерило, предоставляющее нам много информации. Таким образом, мы узнаём, что обширная безжизненная физическая Вселенная была создана за два дня, в то время как крошечная пылинка под названием «Земля» была создана в течение четырёх дней (41:10-12). Снабжение жителей Земли продовольствием, водой и кислородом должно было быть точно рассчитано и организовано.

**11:7. Первоначально Земля была покрыта водой. Впоследствии появилась суша, и континенты постепенно разошлись в разные стороны.

лишь предостерегающий увещеватель; **БОГ** управляет всякой вещью.

Коран невозможно сымитировать

13. Если они скажут: «Он выдумал (*Коран*)», – скажи им: «Тогда сочините десять сур, подобных этим, выдуманных, и пригласите, кого сможете, помимо **БОГА**, если вы правдивы».*

14. Если они не смогут ответить на ваш вызов, то знайте, что он ниспослан по ведению **БОГА**, и что нет бога, кроме Него. Покоритесь ли вы тогда?

15. Тем, кто стремятся к этой мирской жизни и к её материальным суетам, мы воздадим им за их деяния в этой жизни – в полном объёме.

16. Это они отказались от своей доли в Будущей жизни, и следовательно их участью будет Ад. Все их деяния тщетны; всё, что они совершили, сведено на нет.

Математический код Корана

17. Те, кто получил веское доказательство* от их Господа, о чём докладывает свидетель от Него, – а до этого прецедентом и милостью была книга Моисея (Мусы)** – они непременно уверуют. А тех из разных групп, кто не уверовал, ожидает Ад. Не сомневайся в этом, ведь это истина от твоего Господа, но большинство людей не верует.

18. Кто же нечестивее того, кто выдумывает ложь о **БОГЕ**? Они будут представлены перед Господом, и свидетели скажут: «Это те, кто лгал о своём Господе. **БОЖИЙ** приговор постиг беззаконников».

19. Они отвращают от пути **БОГА** и стремятся исказить его; и они не веруют в Будущую жизнь.

Неверующие

20. Они никогда не спасутся, и не найдут они никаких господов или властелинов, которые помогли бы им против **БОГА**. Возмездие им удвоится. Они не смогли услышать и не смогли увидеть.

21. Это те, кто теряют свои души, а идолы, которых они выдумали, отрекутся от них.

22. Нет сомнения, что в Будущей жизни они будут наихудшими из проигравших.

Верующие

23. Что же до тех, кто веруют, ведут праведную жизнь и посвящают себя их Господу, – они обитатели Рая, они пребудут там вечно.

---

*11:13. Математическое чудо Корана неподражаемо (См. Приложение 1).

*11:17. Математический код Корана, основанный на числе 19, является встроенным доказательством божественного авторства. Стоит отметить, что слово «Байина» (доказательство) упоминается в Коране 19 раз.

**11:17. Как оказалось, книга Моисея была также основана на математической структуре, используя число «19» в качестве общего знаменателя. См. Примечание к 46:10 и Приложение 1.

---

24. Пример этих двух групп подобен слепому и глухому по сравнению со зрячим и слышащим. Разве они одинаковы? Неужели вы не внимете?

Ной

25. Мы послали Ноя (Нуха) к его народу, и он сказал: «Я пришёл к вам как ясный предостерегающий увещеватель.

26. Вы не должны поклоняться никому, кроме **БОГА**. Я боюсь, что вас постигнет возмездие мучительного дня».

27. Предводители среди его людей, которые не уверовали, сказали: «Мы видим, что ты всего лишь человек, как и мы, и мы видим, что первые люди, последовавшие за тобой, – это самые худшие среди нас. Мы не видим, чтобы вы чем-либо превосходили нас. На самом деле, мы считаем вас лжецами».

28. Он сказал: «О мой народ, а что если у меня есть веское доказательство от моего Господа? Что если Он благословил меня по Своей милости, хотя вы не можете этого видеть? Неужели мы станем принуждать вас верить в него?

29. О мой народ, я не прошу у вас денег: моя плата приходит только от **БОГА**. Я не буду гнать от себя тех, кто уверовал; они встретят своего Господа (*и только Он будет судить их*). Я вижу, что вы люди невежественные.

30. О мой народ, кто же сможет поддержать меня против **БОГА**, если я отвергну их? Неужели вы не внимете?

Вся власть принадлежит Богу

31. Я не утверждаю, что я обладаю сокровищами **БОГА**, я не знаю будущего, и я не заявляю, что я ангел. Я не говорю тем, которые презренны в ваших глазах, что **БОГ** не пошлёт им какие-либо благословения. **БОГ** лучше знает их самые сокровенные мысли. (*Если бы я говорил это*), то я был бы беззаконником».

32. Они сказали: «О Ной (Нух), ты спорил с нами и продолжаешь спорить. Мы призываем тебя явить ту гибель, которой ты нам угрожаешь, если ты правдив».

33. Он сказал: «**БОГ** – Тот, кто явит её вам, если Он того пожелает, и тогда вам не удастся спастись.

34. Даже если бы я посоветовал вам, мой совет не сможет помочь вам, если **БОГ** пожелал ввести вас в заблуждение. Он ваш Господь, и к Нему вы в конечном итоге вернётесь».

35. Если они скажут: «Он выдумал этот рассказ», то скажи: «Если я сочинил его, то я несу ответственность за своё преступление, и я непричастен к вашим преступлениям».

36. Ною (Нуху) было внушено: «Никто из твоих людей больше не уверует, кроме тех, кто уже верует. Не огорчайся из-за их поступков.

37. Построй ковчег под нашим бдительным присмотром и по нашему внушению и не умоляй Меня за тех, кто преступил границы дозволенного. Им суждено утонуть».

Смеётся тот, кто смеётся последним

38. Вот он строил ковчег, и каждый раз, когда некоторые из его людей проходили мимо него, они смеялись над ним. Он говорил: «Вы смеётесь над нами, но и мы смеёмся над вами, подобно тому как смеётесь вы.

39. Вы обязательно узнаете, кто пострадает от позорного возмездия и понесёт вечное наказание».

40. Когда настал час исполниться нашему решению, и обстановка накалилась, мы сказали: «Перенеси на него по паре от каждого вида* вместе со своей семьёй, кроме тех, кто осуждён. Возьми с собой тех, кто уверовал», – но лишь немногие из них уверовали вместе с ним.

41. Он сказал: «Вступите на него. Во имя **БОГА** он будет плыть и причаливать. Мой Господь – Прощающий, Самый Милосердный».

42. И когда он начал отплывать с ними по волнам, подобным холмам, Ной (Нух) позвал своего сына, который находился в стороне от других: «О сын мой, взойди к нам, не оставайся с неверующими».

43. Он сказал: «Я укроюсь на вершине холма, что станет мне защитой от воды». Он сказал: «Сегодня ничто не сможет защитить никого от **БОЖЬЕЙ** кары; только достойные Его милосердия (будут спасены)». Волны разъединили их, и он оказался среди утонувших.

Куда причалил ковчег

44. Было провозглашено: «О земля, поглоти свою воду», и «О небо, прекрати». Затем вода спала; и свершился приговор. Ковчег, наконец, остановился на холмах Иудеи.* И тогда было провозглашено: «Беззаконники сгинули».

45. Ной (Нух) стал умолять своего Господа: «Господь мой, сын мой – член моей семьи, а Твоё обещание истинно. Ты – мудрейший из всех мудрых».

Миф о заступничестве*

46. Он сказал: «О Ной (Нух), он не из твоей семьи. Неправедно просить Меня о том, чего ты не знаешь.* Я просвещаю тебя, чтобы ты не был подобен невежественным людям».

47. Он сказал: «Мой Господь, я прибегаю к Твоей защите, чтобы мне больше не умолять Тебя о том, чего я не знаю. Если Ты не простишь и не помилуешь меня, то я окажусь в числе проигравших».

---

*11:40 и 44. Это является доказанной Божьей истиной: Ноев ковчег был сделан из брёвен и связан вместе примитивными канатами (54:13). Вопреки общепринятому мнению, наводнение ограничивалось территорией, окружающей нынешнее Мёртвое море, и животными были только скот Ноя, а не каждое животное, которое жило на Земле.

*11:46. Заступничество является наиболее эффективной приманкой Сатаны, чтобы побудить людей к идолопоклонству. Тем не менее, Авраам не мог помочь своему отцу, Ной не мог помочь своему сыну, и Мухаммед не мог помочь своим родственникам (2:254, 9:80 и 114).

48. Было провозглашено: «О Ной (Нух), сойди с миром и благословениями над тобой и над народами, которые произойдут от твоих спутников. Что касается других народов, которые произойдут от тебя, то мы благословим их на некоторое время, затем подвергнем их мучительному возмездию».

49. Это вести из прошлого, которые мы открываем тебе. Ни ты, ни твой народ не ведали о них прежде. Поэтому будь терпелив. Окончательная победа будет за праведными.

Худ: одно и то же послание
50. К Адитам мы отправили их брата Худа. Он сказал: «О мой народ, поклоняйтесь **БОГУ**: нет у вас другого бога, кроме Него. Вы измышляете.

51. О мой народ, я не прошу у вас никакой платы. Моя плата приходит только от Того, кто сотворил меня. Неужели вы не понимаете?

52. О мой народ, просите прощения у вашего Господа, а затем покайтесь перед Ним. Тогда Он осыплет вас благами с неба и приумножит вашу силу. Не возвращайтесь опять к беззаконию».

53. Они сказали: «О Худ, ты не показал нам ни одного доказательства, и мы не собираемся отказываться от наших богов в силу того, что ты говоришь. Мы никогда не уверуем с тобой.

54. Мы считаем, что одни из наших богов навлекли на тебя проклятие». Он сказал: «Я свидетельствую перед **БОГОМ**, и вы тоже свидетельствуйте, что я отвергаю идолов, которых вы создали –

55. помимо Него. Так сообщите же мне без промедления о вашем коллективном решении.

56. Я уповаю на **БОГА**, моего Господа и вашего Господа. Нет ни одного живого существа, которое не было бы подвластно Ему. Мой Господь на правильном пути.

57. Если вы отвернётесь, то я доставил вам то, с чем я был послан. Мой Господь заменит вас другими людьми; вы не сможете причинить Ему ни малейшего вреда. Моему Господу подвластна всякая вещь».

58. Когда настал час исполниться нашему решению, то мы по милости своей спасли Худа и тех, кто уверовал с ним. Мы спасли их от страшного возмездия.

59. Такими были адиты: они пренебрегли откровениями своего Господа, ослушались Его посланников и последовали за всяким упрямым тираном.

60. Следовательно они навлекли на себя осуждение в этом мире и в День Воскресения. Воистину, адиты отвергли своего Господа. Воистину, адиты, народ Худа, сгинули.

Салих: одно и то же послание
61. К самудянам мы отправили их брата Салиха. Он сказал: «О мой народ, поклоняйтесь **БОГУ**: кроме Него, у вас нет другого бога. Он изначально сотворил вас из земли, затем поселил вас на ней. Вы должны просить у Него прощения, а затем покаяться перед Ним. Мой Господь всегда рядом, отзывчивый».

62. Они сказали: «О Салих, прежде ты был популярен среди нас. Неужели ты запрещаешь нам поклоняться тому, чему поклоняются наши родители? Мы в крайнем сомнении обо всём, что ты нам сообщил».

Неверующие всегда будут проигравшими

63. Он сказал: «О мой народ, что если у меня есть веское доказательство от моего Господа и на меня сошла Его милость? Кто бы поддержал меня против **БОГА**, если бы я ослушался Его? Вы лишь можете приумножить мою потерю.

64. О мой народ, это – верблюдица **БОГА**, которая послужит вам доказательством. Вы должны позволить ей питаться из земли **БОГА**, и не причиняйте ей никакого вреда, иначе вас постигнет скорое возмездие».

65. Они зарезали её. Тогда он сказал: «Вам осталось жить три дня. Это пророчество, которое неизбежно».

66. Когда настал час исполниться нашему решению, то мы по милости своей спасли Салиха и тех, кто уверовал вместе с ним, от унижения в тот день. Твой Господь – Самый Могущественный, Всемогущий.

67. Беззаконников погубило бедствие, оставив их мёртвыми в своих домах.

68. Как будто они никогда и не жили там. Воистину, самудяне отвергли своего Господа. Безусловно, самудяне навлекли на себя своё уничтожение.

Авраам и Лот

69. Когда наши посланники отправились к Аврааму (Ибрагиму) с доброй вестью, они сказали: «Мир». Он сказал: «Мир», – и вскоре принёс жареного телёнка.

70. Увидев, что их руки не дотронулись до него, он стал подозревать и бояться их. Они сказали: «Не бойся, мы посланы к народу Лота».

71. Его жена стояла, и она засмеялась, когда мы сообщили ей добрую весть об Исааке (Исхаке), а после Исаака – об Иакове (Йакубе).

72. Она сказала: «Горе мне, неужели я могу родить ребёнка в моём возрасте, и ведь мой муж – старик? Это действительно странно!»

73. Они сказали: «Неужели ты находишь это странным для **БОГА**? **БОГ** даровал вам Свою милость и Свои благословения, о обитатели святыни. Он – Достойный похвалы, Славный».

74. Когда же страх покинул Авраама (Ибрагима), и пришла к нему добрая весть, он начал спорить с нами за народ Лота.

75. Поистине, Авраам (Ибрагим) был снисходительным, очень добрым и послушным.

76. «О Авраам (Ибрагим), воздержись от этого. Решение твоего Господа издано; они навлекли на себя неизбежное возмездие».

Гомосексуализм осуждён

77. Когда наши посланники отправились к Лоту, они подверглись дурному обращению, и он был смущён их присутствием. Он сказал: «Это тяжёлый день».

78. Его люди прибежали; они привыкли к своим греховным поступкам. Он сказал: «О мой народ, было бы чище для вас, если бы вместо этого вы взяли моих дочерей. Благоговейте же перед **БОГОМ**; не смущайте меня перед моими гостями. Неужели среди вас нет ни одного разумного человека?»

79. Они сказали: «Тебе хорошо известно, что у нас нет потребности в твоих дочерях; ты прекрасно знаешь, чего мы хотим».

80. Он сказал: «О, если бы я был достаточно силён или имел могущественного союзника!»

81. (*Ангелы*) сказали: «О Лот, мы посланники Господа твоего, и эти люди не тронут тебя. Ты должен уйти со своей семьёй среди ночи, и пусть никто из вас не оглядывается, кроме твоей жены: она обречена вместе с осуждёнными. Срок, определённый им, наступит утром. Разве утро не близко?»

Уничтожение Содома и Гоморры

82. Когда настал час исполниться нашему решению, мы перевернули его вверх дном, и мы обрушили на него дождём тяжёлые, разрушительные камни.

83. Такие камни были предназначены твоим Господом для поражения беззаконников.

Шуайб: одно и то же послание

84. К мадьянитам мы отправили их брата Шуайба. Он сказал: «О мой народ, поклоняйтесь **БОГУ**: кроме Него, у вас нет другого бога. Не обманывайте, измеряя или взвешивая. Я вижу, что вы в достатке, и я боюсь, что вас постигнет возмездие ошеломляющего дня.

85. О мой народ, вы должны отмерять полную меру и полный вес по справедливости. Не обманывайте людей, лишая их того, что принадлежит им по праву, и не распространяйте безнравственность на земле.

86. Чем бы ни наделил вас **БОГ**, каким бы малым оно ни было, оно гораздо лучше для вас, если вы действительно верующие. Я не являюсь вашим попечителем».

87. Они сказали: «О Шуайб, неужели твоя религия повелевает тебе, что мы должны отказаться от религии наших родителей и перестать управлять нашими делами так, как мы пожелаем? Безусловно, ты известен как снисходительный, мудрый».

88. Он сказал: «О мой народ, что если у меня есть веское доказательство от моего Господа? Что если Он даровал мне великое благословение? Я не желаю совершать то, что я запрещаю вам. Я лишь желаю исправить столько зла, сколько в моих силах. Моё руководство полностью зависит от **БОГА**; я уповаю на Него. Ему я полностью покорился.

89. О мой народ, пусть ваше сопротивление ко мне не навлечёт на вас такие же бедствия, которые постигли людей Ноя (Нуха) или народ Худа, или народ Салиха; и народ Лота не так далёк от вас.

90. Вы должны умолять Господа своего о прощении, затем покаяться перед Ним. Мой Господь – Самый Милосердный, Добрый».

91. Они сказали: «О Шуайб, мы не понимаем многое из того, что ты нам говоришь, и мы видим, что ты бессилен среди нас. Если бы не твоё племя, то мы побили бы тебя камнями. Ты для нас не представляешь никакой ценности».

92. Он сказал: «О мой народ, неужели моё племя достойно большего уважения, чем **БОГ**? Не потому ли вы пренебрегаете Им? Мой Господь в полной мере знает всё, что вы делаете.

93. О мой народ, продолжайте делать то, что вам угодно, а я буду делать то, что мне угодно. Вы непременно узнаете, кто из нас навлечёт на себя позорное возмездие; вы узнаете, кто же является лжецом. Ждите в предвкушении, и я буду ждать в предвкушении вместе с вами».

94. Когда настал час исполниться нашему решению, мы по своей милости спасли Шуайба и тех, кто уверовал вместе с ним. А что до нечестивцев, то их поразило бедствие, оставив их мёртвыми в своих домах.

95. Как будто они никогда и не существовали. Таким образом, мадьяниты сгинули так же, как прежде погибли самудяне.

Моисей

96. Мы послали Моисея (Мусу) с нашими знамениями и значительной властью.

97. К Фараону и его старейшинам. Но они последовали повелению Фараона, хотя повеление Фараона не было мудрым.

98. В День Воскресения он поведёт свой народ прямо в Ад; какая несчастная обитель!

99. Они навлекли на себя осуждение в этой жизни, а также в День Воскресения; какой несчастный путь следования!

Уроки, которые можно извлечь

100. Это вести из прошлых общин, которые мы повествуем тебе. Одни из них до сих пор стоят, а другие исчезли.

101. Мы никогда не причиняли им зла; они сами причинили вред своим душам. Когда свершился приговор твоего Господа, их боги, к которым они взывали, помимо **БОГА**, ничем не могли помочь им. На самом деле, они лишь обеспечили их гибель.

102. Такому возмездию подвергал твой Господь общины, которые грешили. Воистину, Его возмездие мучительно и разрушительно.

103. Это должно быть уроком для тех, кто страшится возмездия в Будущей жизни. Это день, когда все люди будут собраны – день, который увидят.

104. Мы назначили определённое время для его наступления.

105. В тот день, когда это свершится, ни одна душа не произнесёт ни слова, кроме как в соответствии с Его волей. Одни из них будут несчастны, а другие будут счастливы.

106. Несчастные будут в Аду, в котором они будут охать и выть.

107. Они пребудут там вечно, пока существуют небеса и земля, в соответствии с волей твоего Господа. Твой Господь вершит то, что Он пожелает.

108. А счастливцы – они будут в Раю. Они пребудут там вечно, пока существуют небеса и земля, в соответствии с волей твоего Господа – это вечная награда.

Слепое следование примеру наших родителей – великая человеческая трагедия

109. Не предавайся же сомнениям о том, чему поклоняются эти люди: они поклоняются так же, как поклонялись их родители. Мы воздадим им сполна их долю, без убавления.

110. Мы даровали Моисею (Мусе) писание, но оно было оспорено, и если бы не предопределённое слово от твоего Господа, они были бы рассужены немедленно. Они полны сомнений и подозрений относительно этого.

111. Твой Господь обязательно воздаст каждому за его деяния. Он в полной мере Знающий обо всём, что они совершают.

112. Поэтому продолжай идти по пути, которым тебе было велено следовать, вместе с теми, кто раскаялся с тобой; и не преступайте границ дозволенного. Он – Видящий всё, что вы делаете.

113. Не склоняйтесь на сторону тех, кто преступил границы дозволенного, иначе навлечёте на себя Ад и не найдёте союзников, которые могли бы помочь вам против **БОГА**, и в конечном итоге окажетесь проигравшими.

Три молитвы из пяти

114. Ты должен соблюдать Контактные Молитвы (*Салат*) в обоих концах дня и в ночное время. Праведные дела искореняют злые дела. Это напоминание для тех, кто готов внять.

115. Ты должен стойко терпеть, потому что **БОГ** никогда не оставляет праведных без вознаграждения.

116. Если бы только некоторые люди среди предыдущих поколений обладали достаточным умом, чтобы запретить зло! Лишь немногие из них заслужили того, чтобы мы спасли их. Что касается беззаконников, то они были поглощены своими предметами роскоши; они были виновны.

117. Твой Господь никогда не губит ни одну общину несправедливо, в то время как её люди праведны.

Почему мы были созданы

118. Если бы твой Господь пожелал, то все люди были бы единой общиной (*верующих*). Но они всегда будут оспаривать (*правду*).

119. Только благословенные милостью от Господа твоего (*не будут оспаривать истину*). Вот почему Он создал их.* Решение твоего Господа

---

*11:119. Самый Милосердный создал нас на этой Земле для того, чтобы дать нам ещё одну возможность осудить наше первородное преступление и искупить свои грехи (см. Введение и Приложение 7).

уже вынесено: «Я наполню Ад джиннами и людьми – всеми вместе».**

120. Мы повествуем тебе достаточно истории посланников, чтобы укрепить твоё сердце. Истина явилась к тебе здесь, а также просветления и напоминания для верующих.

121. Скажи тем, кто не верует: «Делайте всё, что в ваших силах, и мы будем делать всё, что в наших силах.

122. Затем ждите; и мы будем ждать».

123. **БОГУ** принадлежит будущее небес и земли, и Ему подвластны все дела. Ты должен поклоняться Ему и уповать на Него. Твой Господь никогда не находится в неведении о том, что вы совершаете.

****

Сура 12: Иосиф (Йусуф)

Во имя Бога, Самого Милостивого, Самого Милосердного

1. А. Л. Р. Эти (*буквы*) являются доказательствами этого основательного писания.*

2. Мы ниспослали его в виде Корана на арабском языке, чтобы вы могли понять.*

3. Мы повествуем тебе о наиболее точной истории через откровение этого Корана. До этого ты совершенно ничего не знал.

4. Вспомни, как Иосиф (Йусуф) сказал своему отцу: «О отец мой, я видел одиннадцать планет, и солнце, и луну; я видел их падающими ниц передо мной».

5. Он сказал: «Сын мой, не рассказывай твоим братьям о своём сне, чтобы они не строили козни и не плели интриги против тебя. Воистину, дьявол является злейшим врагом человека.

6. Так твой Господь благословил тебя и даровал тебе добрые вести через твой сон. Он довёл до совершенства Свои благословения на тебе и на семье Иакова (Йакуба), как прежде Он сделал это для твоих предков – Авраама (Ибрагима) и Исаака (Исхака). Твой Господь – Всеведущий, Самый Мудрый».

7. В Иосифе (Йусуфе) и его братьях есть уроки для тех, кто ищет.

8. Они сказали: «Отец отдаёт предпочтение Иосифу (Йусуфу) и его брату, хотя мы и в большинстве. Воистину, наш отец глубоко заблуждается.

**11:119. *Бог не помещает ни одного человека в Ад; они сами выбирают это и настойчиво требуют отправить их в Ад.*

12:1. Коранические инициалы являются одним из основных компонентов великого чуда (Приложение 1).

12:2. Почему Коран был ниспослан на арабском языке? См. 41:44 и Приложение 4.

*Судьба Иосифа уже решена Богом**

9. Давайте убьём Иосифа (Йусуфа) или прогоним его, чтобы вы могли привлечь к себе внимание вашего отца. После этого вы можете быть праведными людьми».*

10. Один из них сказал: «Не убивайте Иосифа (Йусуфа); давайте бросим его в бездну колодца. Возможно, какой-нибудь караван сможет забрать его, если это то, что вы решите сделать».

11. Они сказали: «Отец наш, почему ты не доверяешь нам Иосифа (Йусуфа)? Мы будем хорошо заботиться о нём.

12. Отправь его с нами завтра побегать и поиграть. Мы защитим его».

13. Он сказал: «Я беспокоюсь, что если вы уйдёте с ним, то волк может съесть его в то время, как вы не следите за ним».

14. Они сказали: «Воистину, если волк съест его, когда нас так много вокруг, тогда мы действительно проигравшие».

Верующие благословенны Божьими заверениями

15. Когда они ушли с ним и единогласно решили бросить его в бездну колодца, то мы внушили ему: «Когда-нибудь ты расскажешь им обо всём этом, тогда как они не будут иметь понятия».

16. Вечером они вернулись к своему отцу, плача.

17. Они сказали: «Отец наш, мы бегали друг с другом наперегонки, оставив Иосифа (Йусуфа) с нашим снаряжением, а волк съел его. Ты никогда не поверишь нам, даже если бы мы говорили правду».

18. Они предъявили его рубашку с фальшивой на ней кровью. Он сказал: «Воистину, вы сговорились друг с другом, чтобы совершить определённый замысел. Всё, что я могу сделать, это прибегнуть к тихому терпению. Пусть **БОГ** поможет мне перед лицом вашего заговора».

Иосифа забрали в Египет

19. Мимо проходил караван, и вскоре они отправили своего водоноса. Он опустил своё ведро, а потом сказал: «Какое счастье! Здесь находится мальчик!» Они взяли его с собой в качестве товара, и **БОГ** в полной мере знал, что они совершили.

20. Они продали его по низкой цене – за несколько дирхамов – потому что он был им совершенно не нужен.

21. Тот, кто купил его в Египте, сказал своей жене: «Хорошо позаботься о нём. Может быть, он сможет нам помочь, а может быть, мы сможем усыновить его». Так мы устроили Иосифа (Йусуфа) на земле, и мы научили его толкованию снов. **БОЖЬЯ** воля всегда вершится, но большинство людей не ведает.

12:9. Мы узнаём из сна Иосифа, что ему было уготовано светлое будущее. Таким образом, в то время как его братья собрались решать его судьбу, его судьба уже была решена Богом. Всё совершается Богом (8:17), и всё уже изначально записано (57:22).

22. Когда он достиг зрелости, мы наделили его мудростью и знанием. Так мы награждаем праведников.

Бог защищает верующих от греха

23. Хозяйка дома, где он жил, попыталась соблазнить его. Она закрыла двери и сказала: «Я вся твоя». Он сказал: «Да защитит меня **БОГ**. Он – мой Господь, кто предоставил мне хороший дом.* Воистину, беззаконники не преуспеют».

24. Она чуть не поддалась ему, и он чуть не поддался ей, если бы он не увидел доказательства от своего Господа. Так мы отклонили от него зло и грех, ибо он был одним из наших преданных слуг.

25. Они оба бросились к двери, и в процессе она разорвала его одежду со спины. У двери они встретили её мужа. Она сказала: «Каким должно быть наказание для того, кто приставал к твоей жене, кроме тюремного заключения или мучительного наказания?»

26. Он сказал: «Это она пыталась соблазнить меня». Свидетель из её семьи предложил: «Если его одежда разорвана спереди, то она говорит правду, а он – лжец.

27. Но если его одежда разорвана со спины, тогда она солгала, а он говорит правду».

28. Когда её муж увидел, что его одежда была разорвана со спины, он сказал: «Это – женские происки. Воистину, ваши ухищрения велики.

29. Иосиф (Йусуф), не обращай внимания на это происшествие. Что же касается тебя (*моя жена*), то ты должна просить прощения за свой грех. Ты совершила ошибку».

30. Некоторые женщины в городе стали сплетничать: «Жена губернатора пытается соблазнить своего слугу. Она сильно влюблена в него. Мы видим, что она сбилась с пути».

31. Когда она услышала их сплетни, то она пригласила их, приготовила для них удобное место и дала каждой из них по ножу. Затем она сказала ему: «Войди в их комнату». Когда они увидели его, то они так восхитились им, что порезали свои руки.* Они сказали: «Хвала **БОГУ**, это не человек; это – благородный ангел».

32. Она сказала: «Это тот, из-за которого вы порицали меня за то, что я влюбилась в него. Я действительно пыталась соблазнить его, но он отказался. Если он не выполнит то, что я прикажу ему сделать, то он, несомненно, отправится в тюрьму и будет униженным».

---

*12:23. Иосиф сформулировал это заявление таким образом, что жена губернатора думала, что он говорит о её муже, тогда как, на самом деле, он говорил о Боге.

*12:31. Это же самое слово употреблялось в 5:38 относительно руки вора, и, к тому же, суммы номеров суры и стиха (12+31 и 5+38) – одинаковы. Поэтому рука вора должна быть помечена, а не отсечена, как практикуется извращённым исламом (см. примечание к 5:38).

33. Он сказал: «Господь мой, лучше в тюрьму пойти, чем уступить им. Если Ты не отклонишь их происки от меня, то я могу воспылать желанием к ним и повести себя как невежда».

34. Его Господь ответил на его молитву и отклонил их происки от него. Он – Слышащий, Всеведущий.

35. Позже, они позаботились о том, чтобы, несмотря на ясные доказательства, они заключили его в тюрьму на некоторое время.

36. Вместе с ним в тюрьме находились два молодых человека. Один из них сказал: «Я видел (*во сне*), что я делал вино», а другой сказал: «Я видел, что я нёс на своей голове хлеб, который клевали птицы. Сообщи нам о толковании этих снов. Мы видим, что ты праведный».

37. Он сказал: «Если вас наделят какой-либо пищей, то я могу сообщить вам о ней, прежде чем вы её получите. Это – часть знаний, дарованных мне моим Господом. Я отказался от религии людей, которые не веруют в **БОГА** и совершенно не признают Будущую жизнь.

38. А вместо этого я последовал за религией моих предков: Авраама (Ибрагима), Исаака (Исхака) и Иакова (Йакуба). Мы никогда не создаём никаких идолов рядом с **БОГОМ**.

Таково благословение от **БОГА** на нас и на людей, но большинство людей неблагодарны.

39. О мои товарищи по тюрьме, несколько ли богов лучше или только **БОГ**, Один, Верховный?

40. Помимо Него, вы поклоняетесь лишь нововведениям, которые вы придумали – вы и ваши родители. **БОГ** никогда не разрешал таких идолов. Всё управление принадлежит **БОГУ**, и Он постановил, что вы не должны поклоняться никому, кроме Него. Это и есть идеальная религия, но большинство людей не ведает.

41. О мои товарищи по тюрьме, один из вас будет дворецким, подающим вино своему господину, в то время как другой будет распят – птицы будут клевать с его головы. Это решает вопрос, о котором вы спрашивали».

42. Тогда он сказал тому, кто должен был спастись: «Помни обо мне у своего господина».* Таким образом, дьявол заставил его забыть своего Господа, и следовательно он пробыл в тюрьме ещё несколько лет.

Сон царя

43. Царь сказал: «Я видел, как семь тощих коров поедали семь тучных коров; и семь зелёных колосьев (*пшеницы*), и других – засохших. О мои старейшины, посоветуйте мне насчёт

12:42. Когда Иосиф умолял своего соседа по камере походатайствовать за него перед царём, то, поступая так, он показал, что полагается на других, а не на Бога, чтобы спастись от тюрьмы. Это не подобает истинно верующему, и такая серьёзная ошибка стоила Иосифу нескольких лет тюрьмы. Мы узнаём из Корана, что только Бог может облегчить любые трудности, которые могут случиться с нами. Истинно верующий уповает на Бога и полностью зависит только от Него (1:5, 6:17, 8:17, 10:107).

моего сновидения, если вы знаете, как толковать сны».

44. Они сказали: «Бессмысленные сны. Когда дело доходит до толкования сновидений, то мы не из знающих».

45. Тот, кто был спасён (*из тюрьмы*), сказал – теперь, когда он, наконец, вспомнил: «Я могу рассказать вам его толкование, так что пошлите меня (*к Иосифу*)».

Иосиф толкует сон царя

46. «Иосиф, друг мой, сообщи нам о семи тучных коровах, которых поедают семь тощих коров, и о семи зелёных колосьях, и других – засохших. Я хочу вернуться с некоторыми сведениями для людей».

47. Он сказал: «Из того, что вы будете выращивать в течение следующих семи лет, когда настанет время сбора урожая, оставьте зерно в колосьях, за исключением того, что вы едите.

48. После этого наступят семь лет засухи, которые поглотят почти всё, что вы запасли для них.

49. После этого наступит год, который принесёт облегчение людям, и они снова будут выжимать сок».

50. Царь сказал: «Приведите его ко мне». Когда посыльный пришёл к нему, он сказал: «Возвращайся к своему господину и попроси его провести расследование относительно женщин, которые порезали свои руки. Мой Господь в полной мере ведает об их происках».

51. (*Царь*) сказал (*женщинам*): «Что вам известно о происшествии, когда вы пытались соблазнить Иосифа (Йусуфа)?» Они сказали: «**БОЖЕ** упаси, мы не слышали, чтобы он совершал какое-либо зло». Жена губернатора сказала: «Теперь истина восторжествовала. Это я пыталась соблазнить его, а он был правдивым.

52. Я надеюсь, что он поймёт, что я никогда не предавала его в его отсутствие, потому что **БОГ** не благословляет происки предателей.

53. Я не утверждаю, что я невинна. Человек по натуре склонен ко злу, за исключением тех, кого помиловал мой Господь. Мой Господь – Прощающий, Самый Милосердный».

Иосиф достигает высокого положения

54. Царь сказал: «Приведите его ко мне, чтобы я мог нанять его к себе на работу». При разговоре с ним он сказал: «Сегодня у тебя при нас выдающееся положение».

55. Он сказал: «Назначь меня казначеем, ибо я имею опыт в этой области и знающий».

56. Так мы устроили Иосифа (Йусуфа) на земле: он властвовал, как хотел. Мы осыпаем нашей милостью, кого пожелаем, и мы никогда не забываем вознаградить праведных.

57. Кроме того, награда в Будущей жизни ещё лучше для тех, кто верует и ведёт праведную жизнь.

58. Пришли братья Иосифа (Йусуфа); когда они вошли, то он узнал их, а они не узнали его.

59. После того как он снабдил их провизией, он сказал: «В следующий раз приведите с собой вашего сводного брата. Разве вы не видите, что я даю полную меру и отношусь к вам великодушно?

60. Если же вы не приведёте его ко мне, то вы не получите от меня никакой доли; вы даже не подойдёте близко».

61. Они сказали: «Мы договоримся о нём с его отцом. Мы непременно сделаем это».

62. Затем он поручил своим помощникам: «Положите их товар обратно в их мешки. Когда они найдут их по возвращении в свои семьи, они могут вернуться раньше».

63. Когда они вернулись к своему отцу, они сказали: «Отец наш, мы больше не сможем получить никакого продовольствия, если ты не отправишь с нами нашего брата. Мы будем хорошо заботиться о нём».

64. Он сказал: «Неужели я доверю его вам так же, как прежде я доверил вам его брата? **БОГ** – наилучший Защитник, и из всех милосердных Он – Самый Милосердный».

65. Когда они открыли свои мешки, то нашли, что их товар был возвращён им. Они сказали: «Отец наш, что ещё мы можем попросить? Вот наш товар, который возвращён нам. Так мы сможем обеспечить наши семьи, защитить нашего брата и получить ещё один верблюжий вьюк. Это, безусловно, выгодная сделка».

66. Он сказал: «Я не отправлю его с вами до тех пор, пока вы не дадите мне торжественное обещание перед **БОГОМ**, что вы привезёте его обратно, разве что вас совершенно одолеют». Когда они дали ему своё торжественное обещание, он сказал: «**БОГ** – свидетель всему, что мы говорим».

67. И он сказал: «О сыны мои, не входите через одну дверь; входите через разные двери. Однако, я не могу спасти вас от того, что предопределено **БОГОМ. БОГУ** принадлежат все решения. На Него я уповаю, и на Него должны уповать все уповающие».

Иаков предчувствует Иосифа

68. Когда они отправились (*к Иосифу*), они вошли в соответствии с инструкциями своего отца. Хотя это и не могло изменить ничего, что предписано **БОГОМ**, но у Иакова была личная причина, чтобы попросить их сделать это. Ибо он обладал определёнными знаниями, которым мы его научили; но большинство людей не ведает.

Обратно в Египет

69. Когда они вошли к Иосифу (Йусуфу), он притянул своего брата ближе к себе и сказал: «Я – твой брат; пусть тебя не печалят их поступки».

Иосиф оставляет при себе своего брата

70. Когда он снабдил их продовольствием, он поместил чашу для питья в мешок своего брата, а затем глашатай объявил: «Владельцы этого каравана – воры».

71. Подходя к ним, они сказали: «Что вы потеряли?»

72. Они сказали: «Мы потеряли чашу

царя. Тот, кто возвратит её, получит дополнительный вьюк верблюда. Я лично ручаюсь за это».

73. Они сказали: «Ей-**БОГУ**! Вы прекрасно знаете, что мы не пришли сюда, чтобы совершить зло, и мы не воры».

74. Они сказали: «Каково наказание для вора, если вы – лжецы?»

75. Они сказали: «Наказание тому, в чьём мешке она найдётся, в том, что вор принадлежит вам. Так мы наказываем виновных».

76. Тогда он начал с осмотра их тар, прежде чем добрался до тары своего брата; и он извлёк её из тары своего брата. Так мы усовершенствовали план для Иосифа (Йусуфа); он не смог бы удержать при себе своего брата, если бы он применил закон царя. Но это была воля **БОГА**. Мы возвышаем на высшие степени того, кого мы выбираем. Ведь выше каждого знающего находится ещё более знающий.

77. Они сказали: «Если он украл, то так же в прошлом поступил и его брат». Иосиф (Йусуф) утаил в себе свои чувства и ничем не выказал их. Он сказал (*про себя*): «Вы действительно плохие. **БОГ** в полной мере ведает о ваших обвинениях».

78. Они сказали: «О благородный человек, у него есть отец, который находится в преклонном возрасте; не взял бы ты одного из нас вместо него? Мы видим, что ты добрый человек».

79. Он сказал: «Не дай **БОГ**, чтобы

мы взяли не того, в чьём имуществе мы нашли наш товар. Иначе, мы были бы несправедливы».

80. Отчаявшись изменить его мнение, они стали совещаться между собой. И самый старший из них сказал: «Понимаете ли вы, что ваш отец взял с вас торжественное обещание перед **БОГОМ**? В прошлом вы потеряли Иосифа (Йусуфа). Я не покину это место, пока мой отец не даст мне на то разрешение, или пока **БОГ** не вынесет для меня своё решение; Он – наилучший Судья.

81. Возвращайтесь к своему отцу и скажите ему: ...

Назад в Палестину
"Отец наш, твой сын совершил кражу. Мы знаем наверняка, потому что мы были свидетелями этого. Это было неожиданное происшествие.

82. Ты можешь расспросить общину, где мы были, и караван, который вернулся вместе с нами. Мы говорим правду"».

83. Он сказал: «Воистину, вы сговорились осуществить определённые происки. Тихое терпение – мой единственный выход. Да вернёт мне **БОГ** всех их. Он – Всезнающий, Самый Мудрый».

84. Он отвернулся от них, сказав: «Я скорблю по Иосифу (Йусуфу)». Его глаза побелели от сильной скорби; воистину, он был опечален.

85. Они сказали: «Ей-**БОГУ**! Ты будешь продолжать скорбеть по Иосифу (Йусуфу) до тех пор, пока не заболеешь или пока не умрёшь».

86. Он сказал: «Я просто жалуюсь **БОГУ** на мою дилемму и печаль, ибо я знаю от **БОГА** то, чего вы не знаете.

87. О сыны мои, идите и приведите Иосифа (Йусуфа) и его брата, и никогда не отчаивайтесь в милости **БОГА**. Никто не отчаивается в милости **БОГА**, кроме неверующих людей».

Израиль идёт в Египет

88. Когда они вошли в помещение (*Иосифа*), они сказали: «О благородный человек, мы вместе с нашей семьёй претерпели много трудностей, и мы привезли низкосортный товар. Но мы надеемся, что ты дашь нам полную меру и будешь благотворителен к нам. **БОГ** вознаграждает благотворительных».

89. Он сказал: «Помните, что вы сделали с Иосифом (Йусуфом) и его братом, когда вы были невежественны?»

90. Они сказали: «Ты, должно быть, Иосиф (Йусуф)». Он сказал: «Я – Иосиф (Йусуф), а это – мой брат. **БОГ** благословил нас. Это потому, что если кто ведёт праведную жизнь и стойко терпит, то **БОГ** никогда не оставляет праведных без награды».

91. Они сказали: «Ей-**БОГУ**! **БОГ** поистине предпочёл тебя нам. Мы определённо были неправы».

92. Он сказал: «Сегодня нет вины на вас. Да простит вас **БОГ**. Ибо из всех милосердных Он – Самый Милосердный.

93. Возьмите эту мою рубашку; когда вы набросите её на лицо моего отца, его зрение восстановится. Приведите всю свою семью и возвращайтесь ко мне».*

94. Ещё до того, как караван прибыл, их отец сказал: «Я чувствую запах Иосифа (Йусуфа). Просветит ли кто-нибудь меня?»

95. Они сказали: «Ей-**БОГУ**, ты всё ещё находишься в своём давнем замешательстве».

96. Когда прибыл добрый вестник, то он набросил (*рубашку*) на его лицо, после чего его зрение восстановилось. Он сказал: «Разве я не говорил вам, что мне известно от **БОГА** то, о чём вы не ведали?»

97. Они сказали: «Отец наш, молись за наше прощение; воистину, мы были неправы».

98. Он сказал: «Я буду умолять моего Господа, чтобы Он простил вас; Он – Прощающий, Самый Милосердный».

В Египте

99. Когда они вошли в помещение Иосифа, он обнял своих родителей, сказав: «Добро пожаловать в Египет. Если **БОГУ** угодно, вы будете здесь в безопасности».

100. Он поднял своих родителей на трон. Они пали ниц перед ним. Он сказал: «О отец мой, это – исполнение моего давнего сна. Господь мой сделал его явью. Он благословил меня, избавил меня от тюрьмы и привёл вас из пустыни после того,

---

*12:93. Этим знаменуется начало поселения детей Израиля в Египте. Спустя несколько столетий Моисей вывел их из Египта.

как дьявол внёс раздор между мной и моими братьями. Мой Господь Очень Добр к тому, к кому пожелает. Он – Знающий, Самый Мудрый».

101. «Мой Господь, Ты даровал мне царственную власть и научил меня толкованию снов. Творец небес и земли; Ты – мой Господь и Властелин в этой жизни и в Будущей жизни. Позволь мне умереть покорным и причисли меня к праведным».

102. Это – вести из прошлого, которые мы ниспосылаем тебе. Ведь ты не присутствовал при их сговоре, когда они пришли к единодушному решению (*бросить Иосифа в колодец*).

Большинство людей не верует

103. Большинство людей, что бы ты ни делал, не уверует.

104. Ты не просишь у них денег; ты просто доставляешь это напоминание для всех народов.

105. Так много доказательств в небесах и на земле даровано им, но они проходят мимо них беспечно!

Большинство верующих обречены на Ад

106. Большинство из тех, кто верует в **БОГА**, делают это, совершая идолопоклонство.

107. Неужели они поручились за то, что ошеломляющее возмездие от **БОГА** не поразит их или что Час не придёт к ним внезапно, когда они меньше всего ожидают этого?

108. Скажи: «Таков мой путь: я приглашаю к **БОГУ** на основании ясного доказательства, и так же делают те, кто следует за мной. Да будет славен **БОГ**. Я не являюсь идолопоклонником».

109. До тебя мы посылали только людей, выбранных из населения разных общин, которым мы внушали. Разве они не странствовали по земле и не видели последствия для тех, кто жил до них? Обитель Будущей жизни гораздо лучше для тех, кто ведёт праведную жизнь. Неужели вы не понимаете?

Победа в конечном счёте принадлежит верующим

110. Как раз, когда посланники отчаиваются и думают, что они отвергнуты, к ним приходит наша победа. Тогда мы спасаем тех, кого мы выбираем, в то время как наше возмездие для виновных людей неизбежно.

Коран – это всё, что нам нужно

111. В их истории есть урок для тех, кто обладает интеллектом. Это не выдуманный *Хадис*; этот (*Коран*) подтверждает все предыдущие писания, предоставляет подробные сведения обо всём и является маяком и милостью для тех, кто веруют.

****

Сура 13:
Гром (Аль-Раад)

Во имя Бога, Самого Милостивого, Самого Милосердного

1. А. Л. М. Р.* Эти (буквы) – доказательства этого писания. То, что открыто тебе от твоего Господа, является истиной; но большинство людей не верует.

2. **БОГ** – Тот, кто поднял небеса без видимых для вас опор, затем принял на Себя всю власть. Он обязал и солнце, и луну двигаться (по своим орбитам) в течение предопределённого срока. Он управляет всем и объясняет откровения, чтобы вы могли обрести убеждённость в том, что встретите вашего Господа.

3. Он – Тот, кто создал землю и разместил на ней горы и реки. И Он составил пары из различных видов плодов – мужского и женского пола. Ночь настигает день. Это – веские доказательства для людей размышляющих.

4. На земле есть смежные участки, на которых произрастают сады из винограда, посевы, пальмовые деревья – двудомные и не-двудомные. Хотя они и орошаются одной и той же водой, но для еды мы предпочитаем одни из них вместо других. Это веские доказательства для людей понимающих.

Вера в Будущую жизнь необходима для спасения

5. Если ты чему-нибудь удивляешься, то настоящим удивлением являются их слова: «Разве мы возродимся заново после того, как мы превратимся в пыль?» Это те, кто не уверовал в своего Господа. Это те, кто навлекли на себя оковы вокруг своих шей. Это те, кто навлёк на себя Ад, где они пребудут вечно.

6. Они бросают тебе вызов, чтобы ты навлёк на них гибель, вместо того, чтобы стать праведными! В прошлом для них было создано достаточное количество примеров. Воистину, Господь твой полон прощения к людям, несмотря на их прегрешения, и Господь твой также строг в соблюдении возмездия.

7. Те, кто не уверовали, говорят: «Если бы только чудо могло сойти к нему от его Господа (тогда мы уверуем)». Ты просто предостерегающий увещеватель – каждая община получает наставника.

8. **БОГУ** известно, что носит каждая особь женского пола, и что каждая матка освобождает или приобретает. Всё, что Он совершает, – идеально измерено.

9. Знающий все тайны и заявления; Верховный, Всевышний.

10. Нет разницы в том, скрываете ли вы свои мысли или объявляете их открыто, прячетесь ли вы в темноте

---

*13:1. Эти инициалы являются одним из основных компонентов чудесного математического кода – встроенного доказательства божественного авторства Корана. См. Приложение 1.

ночи или действуете в дневное время.

11. Смены (*ангелов*) чередуются, оставаясь с каждым из вас: они находятся перед вами и позади вас. Они остаются с вами и охраняют вас в соответствии с **БОЖЬИМИ** указаниями. Таким образом, **БОГ** не меняет положения никого из людей, пока они сами не решат измениться. Если **БОГ** пожелает каких-либо трудностей для каких-либо людей, то никакая сила не сможет остановить их. Ибо у них нет, кроме Него, другого Господа и Властелина.

12. Он – Тот, кто показывает вам молнию как источник страха, а также и надежды; и Он производит тяжёлые тучи.

13. Гром превозносит Его славу, а также и ангелы от благоговения к Нему. Он посылает молнии, которые поражают в соответствии с Его волей. Тем не менее, они спорят о **БОГЕ**, хотя Его могущество устрашающе.

14. Взывание к Нему является единственной законной мольбой, в то время как идолы, которых они умоляют, помимо Него, никогда не смогут ответить. Таким образом, они подобны тем, кто протягивают руки к воде, но ничто не достигает их ртов. Мольбы неверующих являются тщетными.

Все создания покорились Богу

15. Перед **БОГОМ** падает ниц каждый в небесах и на земле, вольно или невольно, а также их тени по утрам и вечерам.*

16. Скажи: «Кто Господь небес и земли?» Скажи: «**БОГ**». Скажи: «Почему же тогда вы создаёте, кроме Него, господ, которые не обладают никакой властью принести пользу или вред даже самим себе?» Скажи: «Разве слепой равняется зрячему? Разве тьма то же, что и свет?» Или же они нашли идолов, кроме **БОГА**, которые создали творения, подобные Его творениям до такой степени, что невозможно различить два творения? Скажи: «**БОГ** – Создатель всего сущего, и Он – Один, Верховный».

Правда в сравнении с ложью

17. Он ниспосылает воду с неба, которая переполняет долины, а затем стремнины производят обильную пену. Подобным образом образуется пена, когда они используют огонь для переплавки металлов, чтобы изготовить для себя ювелирные изделия или оборудование. Так **БОГ** приводит подобия для истины и лжи. Что же касается пены, то она идёт в отходы, а то, что приносит людям пользу, остаётся близко к земле. Так **БОГ** приводит подобия.

13:15. Даже неверующие падают ниц; они, например, не могут контролировать своё сердцебиение, свои лёгкие или перистальтику. Тени предопределены Божьей конструкцией солнечной и лунной орбит, а также своеобразной формой планеты Земля, что образует четыре времени года. Абсолютная точность соотношения солнца и земли доказана изобретением солнечных часов и их тенями.

18. Те, кто отвечают своему Господу, заслуживают хорошую награду. Что же касается тех, кто не ответил Ему, то если бы они обладали всем на земле – даже вдвое больше этого, – они бы с готовностью отдали всё это как выкуп. Они уготовили себе наихудший расчёт, и их окончательная обитель – Ад; какая несчастная судьба.

Верующие в сравнении с неверующими:
(1) Верующие

19. Разве тот, кто признаёт, что откровения твоего Господа к тебе являются истиной, равен тому, кто слеп? Только те, кто обладают интеллектом, внимут.

20. Они – те, кто выполняют свои обещания, данные **БОГУ**, и не нарушают завет.

21. Они соединяют то, что **БОГ** повелел соединять, благоговеют перед своим Господом и страшатся ужасной расплаты.

22. Они стойко терпят в поисках своего Господа, соблюдают Контактные Молитвы (*Салат*), тратят из наших к ним благ тайно и публично и противостоят злу добром. Они заслужили наилучшую обитель.

23. Они входят в сады Эдема вместе с праведными из числа их родителей, их супруг и их детей. Ангелы будут входить к ним из каждой двери.

24. «Мир вам, потому что вы стойко терпели. Какая радостная участь».

(2) Неверующие

25. Что же касается тех, кто нарушают завет **БОГА** после того, как обязались соблюдать его, разъединяют то, что **БОГ** повелел соединять, и совершают зло, то они навлекли на себя осуждение; им уготована наихудшая участь.

Бог управляет всеми благами

26. **БОГ** – Тот, кто увеличивает или ограничивает блага тому, кому пожелает. Они увлеклись этой жизнью; а эта жизнь, по сравнению с Будущей жизнью, равна нулю.

27. Неверующие говорят: «Если бы только чудо могло снизойти к нему от его Господа (*мы бы уверовали)*». Скажи: «**БОГ** вводит в заблуждение того, кого пожелает, и ведёт к Себе только тех, кто повинуется».

28. Они – те, чьи сердца радуются при поминании **БОГА**. Безусловно, при поминании **БОГА** радуются сердца.

29. Те, кто веруют и ведут праведную жизнь, заслужили счастье и радостную участь.

Божий Посланник Завета*

30. Мы послали тебя (*О Рашад)** к этой общине, так же как прежде мы посылали к другим общинам. Ты должен читать им то, что мы открываем тебе, потому что они не уверовали в

---

*13:30. Если мы сложим гематрическое значение «Рашад» (505) со значением «Халифа» (725), а также с номером суры (13) и с номером стиха (30), то мы получим 505+725+13+30 = 1273 = 19x67. Так Бог указывает имя Его посланника (см. Приложение 2 для подробного разъяснения).

Самого Милостивого. Скажи: «Он – мой Господь. Нет бога, кроме Него. Я уповаю только на Него; к Нему – моя окончательная судьба».

Математическое чудо Корана

31. Даже если бы Коран заставил двигаться горы, или рваться на части землю, или говорить мёртвых (они не уверуют). БОГ управляет всем. Разве не пришло время для верующих покориться и понять, что если бы БОГ пожелал, то Он мог бы повести правильным путём всех людей? Неверующие будут продолжать претерпевать бедствия как следствие их собственных деяний, или же бедствия разразятся близко к ним, пока не исполнится обещание БОГА. БОГ никогда не изменит предопределённую судьбу.

Все посланники должны быть осмеяны

32. Посланников и до тебя осмеивали; Я позволил неверующим вести себя так, а затем Я наказал их. Как ужасно было Моё возмездие!

33. Разве есть равный Тому, кто управляет каждой душой? Тем не менее, они создают идолов, равняя их с БОГОМ. Скажи: «Назовите их. Неужели вы сообщаете Ему о том на земле, о чём Он не ведает? Или же вы выдумываете пустые заявления?» Воистину, козни тех, кто не веруют, приукрашены в их глазах. Так они отклонены от правильного пути. Кого БОГ вводит в заблуждение, тот никогда не сможет найти наставника.

34. Они навлекли на себя возмездие в этой жизни, а наказание в Будущей жизни – гораздо хуже. Ничто не может защитить их от БОГА.

Рай описан аллегорически

35. Аллегория Рая, который обещан праведникам, – это текущие ручьи, неисчерпаемые блага и прохладная тень. Такова судьба тех, кто соблюдает праведность, в то время как судьба неверующих – это Ад.

36. Те, кто получили писание, радуются тому, что ниспослано тебе; некоторые же могут отвергнуть часть его. Скажи: «Мне просто предписано поклоняться БОГУ и никогда не приобщать к Нему идолов. Я приглашаю к Нему, и к Нему – моя окончательная судьба».

Божественное авторство математического кода Корана*

37. Мы ниспослали эти законы на арабском языке, и если ты когда-либо станешь потворствовать их желаниям после того, как пришли к тебе эти знания, то против БОГА у тебя не будет ни союзника, ни защитника.

38. Мы отправляли посланников и до тебя (О Рашад), и мы даровали им жён и детей. Ни один посланник не может произвести чудо без разрешения БОГА и вне конкретного, заранее определённого срока.

39. БОГ стирает и исправляет всё, что Он пожелает. С Ним – первоначальная Главная Запись.

---

*13:37-38. Номер стиха (38) = 19х2. Размещение значений «Рашад» (505) и «Халифа» (725) рядом с 13:37-38 даёт 505 725 13 37 38 или 19х26617112302 (См. Приложение 2).

40. Покажем ли мы тебе то, что мы обещаем им, или прекратим твою жизнь до этого, твоя единственная миссия – доставить (*послание*). Это мы призовём их к ответу.

41. Разве они не видят, что каждый день на земле приближает их к концу, и что **БОГ** безвозвратно определяет продолжительность их жизни? Он – Самый Эффективный в расчёте.

42. Другие, кто жили до них, тоже строили козни, но окончательный замысел принадлежит **БОГУ**. Он ведает, что каждый совершает. Неверующие узнают, кто являются окончательными победителями.

43. Те, кто не уверовали, скажут: «Ты не посланник!» Скажи: «Достаточно **БОГА** как свидетеля между мною и вами и тех, кто обладают знанием писания».

****

Сура 14: Авраам (Ибрахим)

Во имя Бога, Самого Милостивого, Самого Милосердного

1. А. Л. Р.* Писание, которое мы ниспослали тебе для того, чтобы вывести людей из тьмы к свету, – в соответствии с волей их Господа – на путь Всемогущего, Достойного похвалы.

2. (*Путь*) **БОГА**: Того, кто владеет всем, что на небесах, и всем, что на земле. Горе неверующим; они навлекли на себя страшное возмездие.

Каковы ваши приоритеты?

3. Они – те, кто отдают приоритет этой жизни вместо Будущей жизни, отвращают от пути **БОГА** и стремятся извратить его; они пребывают в глубоком заблуждении.

Разговорный язык посланника

4. Мы не отправляли ни одного посланника, кроме как (*проповедовать*) на языке своего народа с тем, чтобы прояснить вещи для них. Тогда **БОГ** вводит в заблуждение того, кого пожелает, и ведёт правильным путём того, кого пожелает. Он – Всемогущий, Самый Мудрый.

Моисей

5. Таким образом, мы послали Моисея (Мусу) с нашими чудесами, сказав: «Выведи свой народ из тьмы к свету и напомни им о днях **БОГА**». В этом – уроки для каждого стойкого, благодарного человека.

Как важно быть благодарным

6. Вспомни, как Моисей (Муса) сказал своему народу: «Помните о благословениях **БОГА** на вас. Он спас вас от народа Фараона, который подверг вас наихудшему гонению, убивая ваших сыновей и щадя ваших дочерей. То было суровое испытание от вашего Господа».

Благодарный в сравнении с неблагодарным

7. Ваш Господь предписал: «Чем больше вы благодарите Меня, тем

---

*14:1. Эти инициалы оставались божественно охраняемой тайной до тех пор, пока в 1974 г. н.э. не был открыт математический код Корана. См. Приложение 1, чтобы узнать значительность этих инициалов.

больше Я дарую вам». Но если вы станете неблагодарными, то Моё возмездие суровое.

8. Моисей (Муса) сказал: «Если вы, включая всех людей на земле, не уверуете, то ведь **БОГ** ни в чём не нуждается, Достойный похвалы».

Эгоистическое неповиновение – человеческая черта

9. Разве вы не слышали о тех, кто жил до вас: народе Ноя (Нуха), адитах, самудянах и тех, кто пришёл после них, и о ком ведает только **БОГ**? Их посланники пошли к ним с ясными доказательствами, но они отнеслись к ним с презрением и сказали: «Мы не верим в то, с чем вы посланы. Мы полны сомнений и относимся скептически к вашему посланию».

Слепо следовать примеру наших родителей – великая человеческая трагедия

10. Их посланники сказали: «Неужели у вас есть сомнения относительно **БОГА** – Творца небес и земли? Он призывает вас только для того, чтобы простить ваши грехи и дать вам ещё одну возможность искупить себя». Они сказали: «Вы – такие же люди, как и мы, и вы хотите отвратить нас от того, как поклонялись наши родители. Покажите же нам основательную власть».

11. Их посланники сказали им: «Мы такие же люди, как и вы, но **БОГ** благословляет того, кого Он избирает из числа Своих слуг. Мы не могли бы показать вам никакой власти, кроме как в соответствии с волей **БОГА**. На **БОГА** верующие должны уповать».

12. Почему же нам не уповать на **БОГА**, когда Он повёл нас нашими путями? Мы будем стойко терпеть ваши гонения. На **БОГА** все уповающие должны уповать».

13. Те, кто не уверовал, сказали своим посланникам: «Мы изгоним вас с нашей земли, если вы не вернётесь к нашей религии». Их Господь внушил им: «Мы непременно уничтожим беззаконников.

14. И мы позволим вам жить на их земле после них. Это – (*вознаграждение*) для тех, кто благоговеет перед Моим величием и благоговеет перед Моим обещанием».

15. Они бросили вызов, и следовательно каждый упрямый тиран оказался обречённым.

16. Его ожидает Ад, где он будет пить отвратительную воду.

17. Он будет глотать её, хотя и не может её терпеть, в то время как смерть будет подступать к нему со всех сторон, но он никогда не умрёт. Его ожидает страшное возмездие.*

14:17. Когда мы восстали против Бога и согласились с Сатаной во время великой вражды (38:69), ангелы предложили, что мы должны быть изгнаны в Ад (Приложение 7). Но Самый Милосердный решил дать нам ещё одну возможность, чтобы искупить себя. Он сказал ангелам: «Я знаю то, чего вы не знаете» (2:30). Бог знал, что многие люди запротестовали бы, что они понятия не имели, насколько плох Ад. Устрашающее описание Ада в 14:17 и в 22:19-22 сводит на нет такой протест. Теперь у нас есть довольно хорошее представление, насколько ужасен Ад.

18. Аллегория тех, кто не верует в своего Господа, такова: их деяния подобны пеплу, над которым пронёсся сильный ветер в бурный день. Они не извлекают никакой пользы из того, что они зарабатывают; таково и есть глубочайшее заблуждение.

Поклоняйтесь только Всесильному Богу

19. Неужели вы не понимаете, что **БОГ** создал небеса и землю с определённой целью? Если Он пожелает, то может удалить вас и заменить вас новым творением.

20. Это не слишком трудно для **БОГА**.

В День Воскресения

21. Когда все они будут стоять перед **БОГОМ**,* последователи скажут предводителям: «Мы прежде следовали за вами. Не могли бы вы хоть отчасти избавить нас от возмездия **БОГА**?» Они скажут: «Если бы **БОГ** повёл нас правильным путём, то и мы повели бы вас правильным путём. Теперь уже слишком поздно: будем ли мы горевать или прибегнем к терпению – для нас нет выхода».

Сатана отрекается от своих последователей

22. И дьявол скажет после того, как было вынесено решение: «**БОГ** обещал вам правдивое обещание, и я обещал вам, но я нарушил своё обещание. У меня не было власти над вами; я просто пригласил вас, и вы приняли моё приглашение. Поэтому не обвиняйте меня, а вините только себя самих. Ни моё сетование не может помочь вам, ни ваше сетование не может помочь мне. Я отрёкся от того, что вы боготворили меня. Беззаконники навлекли на себя мучительное возмездие».

23. Что же касается тех, кто веруют и ведут праведную жизнь, то они будут введены в сады с текущими ручьями. Они пребудут там вечно, в соответствии с волей их Господа. Их приветствие там – «Мир».

Истина в сравнении с ложью

24. Разве ты не видишь, что **БОГ** привёл пример хорошего слова: оно подобно хорошему дереву, корень которого прочно укреплён, а его ветви простираются высоко в небо?

25. Оно приносит плоды каждый сезон, как было задумано его Господом. Так **БОГ** приводит примеры для людей; чтобы они могли внять.

26. А пример плохого слова таков: оно как плохое дерево, срезанное на уровне почвы; у него нет корней, чтобы держать его в стоячем положении.

27. **БОГ** укрепляет тех, кто верует, проверенным словом и в этой жизни, и в Будущей жизни. И **БОГ** вводит беззаконников в заблуждение. Всё в соответствии с волей **БОГА**.

Они устраняют свои семьи от Божьей защиты

28. Обратил ли ты внимание на тех, кто ответили на благословения **БОГА** неверием и этим навлекли бедствие на свои собственные семьи?

14:21. Зачастую в Коране говорится о Будущей жизни в прошедшем времени. Это потому, что те будущие события уже увидены Богом и непременно сбудутся.

29. Ад – их судьба, где им гореть; какой несчастный конец!

Идолопоклонство – мать всех зол

30. Они создают соперников, равняя их с **БОГОМ**, чтобы отвлечь других от Его пути. Скажи: «Наслаждайтесь на некоторое время; ваша окончательная судьба – Ад».

Решающие заповеди

31. Призывай Моих слуг, кто уверовали, соблюдать Контактные Молитвы (*Салат*) и давать (*на благотворительность*) из наших к ним благ тайно и публично, прежде чем наступит день, когда не будет ни торговли, ни кумовства.

32. **БОГ** – Тот, кто сотворил небеса и землю, и Он ниспосылает с неба воду, чтобы взрастить ею все виды фруктов для вашего пропитания. Он обязал суда служить вам на море в соответствии с Его распоряжением. Он также обязал реки служить вам.

33. Он обязал солнце и луну непрерывно служить вам. Он обязал ночь и день служить вам.

34. И Он дарует вам всевозможные вещи, о которых вы молите Его. Если вы станете считать благословения **БОГА**, то вы никогда не сможете сосчитать их. Воистину, человек является нарушителем закона, неблагодарным.

Авраам

35. Вспомни, как Авраам (Ибрагим) сказал: «Господь мой, сделай эту землю мирной и защити меня и моих детей от поклонения идолам.

36. Господь мой, они ввели в заблуждение так много людей. Те, кто следует за мной, те со мной. Что же касается тех, кто не повинуется мне, то Ты – Прощающий, Самый Милосердный.

37. Господь наш, я поселил часть своей семьи в этой неплодородной долине, у Твоего Священного Дома. Господь наш, они должны соблюдать Контактные Молитвы (*Салат*), так что позволь толпам людей сойтись к ним и обеспечь их всеми видами фруктов, чтобы они могли быть благодарны.

38. Господь наш, Тебе ведомо то, что мы утаиваем, и то, что мы заявляем, – ничто не скрыто от **БОГА** ни на земле, ни на небесах.

39. Хвала **БОГУ** за то, что даровал мне, несмотря на мою старость, Измаила (Исмаила) и Исаака (Исхака). Мой Господь отвечает на молитвы.

Контактные молитвы – дар Бога

40. Господь мой, сделай меня тем, кто постоянно соблюдает Контактные Молитвы (*Салат*), а также моих детей. Господь наш, пожалуйста, ответь на мои молитвы.

41. Господь мой, прости меня и моих родителей и верующих в тот день, когда наступит час расплаты».

42. Никогда не думай, что **БОГ** не ведает о том, что творят беззаконники. Он только даёт им отсрочку до того дня, когда их глаза уставятся в ужасе.

43. Когда они устремятся (*из могил*), их лица будут обращены кверху, их глаза даже не будут мигать, а их разум будет в ужасе.

Бог ниспосылает Свои распоряжения через Своих посланников

44. Ты должен предупредить людей о том дне, когда к ним придёт возмездие. Те, кто преступил границы дозволенного, скажут: «Господь наш, дай нам ещё одну отсрочку. Тогда мы откликнемся на Твой зов и последуем за посланниками». Разве вы не клялись в прошлом, что вы будете жить вечно?

45. Вы обитали в домах тех, кто жил прежде вас и кто причинил зло своим душам; и вы ясно видели, что мы сделали с ними. Мы создали для вас много прецедентов.

46. Они строили козни; но ведь **БОГ** в полной мере знает об их кознях. Поистине, величина их козней была такова, что могла стереть горы.

Гарантированная победа для посланников Бога

47. Не думай, что **БОГ** когда-либо нарушит Своё обещание Своим посланникам. **БОГ** – Всемогущий, Мститель.

*Новые небеса и новая земля**

48. Придёт день, когда эта земля будет заменена новой землёй, а также и небеса, и все предстанут перед **БОГОМ**, Единым, Верховным.

49. И в тот день ты увидишь виновных, закованных в кандалы.

50. Их одежда будет изготовлена из смолы, а огонь покроет их лица.

51. Ибо **БОГ** воздаст каждой душе за то, что она заработала; **БОГ** является самым эффективным в расчёте.

52. Это – воззвание к народу, чтобы им предупредить их и дать им знать, что Он – только один бог, и чтобы вняли те, кто обладают интеллектом.

****

Сура 15: Долина Хиджр (Аль-Хиджр)

Во имя Бога, Самого Милостивого, Самого Милосердного

1. А. Л. Р.* Эти (*буквы*) являются доказательствами этого писания – основательного Корана.

2. Безусловно, те, кто не уверовали, пожалеют, что они не были покорными.

3. Пусть они едят, наслаждаются и остаются ослеплёнными самообольщением; они узнают.

14:48. Это пророчество также встречается в Ветхом Завете (Исаия 65:17 и 66:22) и в Новом Завете: «Мы ожидаем новых небес и новой земли, где, по обетованию Его, правосудие Бога» (2 Петра 3:13).

*15:1 и *15:9. Божественный источник и идеальное сохранение Корана доказаны математическим кодом Корана (Приложение 1). Раскрыть это великое чудо было суждено Божьему Посланнику Завета. Слово «Зикр» обозначает код Корана в нескольких стихах (15:6, 21:2, 26:5, 38:1, 38:8, 74:31). Значение «Рашад Халифа» (1230)+15+9 = 1254, 19x66.*

4. Мы уничтожали общины только в соответствии с конкретным, предопределённым временем.

5. Конец любой общины невозможно ни ускорить, ни замедлить.

6. Они сказали: «О ты, кто получил это напоминание, ты безумный.

7. Почему бы тебе не привести к нам ангелов, если ты правдивый?»

8. Мы ниспосылаем ангелов только для выполнения конкретных функций. В противном случае, никому не будет отсрочки.

Божий Посланник Завета*

9. Безусловно, мы ниспослали напоминание и, безусловно, мы будем его охранять.*

10. И до тебя мы посылали (*посланников*) к прежним общинам.

11. Каждый раз, когда посланник приходил к ним, они поднимали его на смех.

12. Так мы управляем разумом виновных.

13. Следовательно они не могут уверовать в него. Такой была система со времён прошлых поколений.

14. Даже если бы мы открыли для них ворота в небо, через которые они взбирались бы,

15. они непременно сказали бы: «Наши глаза обмануты. Мы околдованы».

16. Мы разместили галактики в небе и украсили его для зрителей.

17. И мы охранили его от всякого дьявола отверженного.

18. Если кто-либо из них подкрадётся, чтобы послушать, то могучий снаряд будет преследовать его обратно.

19. Что касается земли, то мы соорудили её и поместили на ней стабилизаторы (*горы*), и мы взрастили на ней всё идеально сбалансированным.

20. Мы сделали её обитаемой для вас* и для существ, которых вы не обеспечиваете пропитанием.

21. Не существует ничего такого, чем бы мы не владели в неограниченном количестве. Но мы ниспосылаем это в точно определённой мере.

22. И мы посылаем ветры как опылители и низводим с неба для вас воду, чтобы напоить вас ею. В противном случае, вы не смогли бы сохранить её вкусной.

23. Это мы управляем жизнью и смертью, и мы являемся окончательными наследниками.

15:9. См. примечание к 15:1.

15:20. Когда мы отправляем астронавтов в космос, мы снабжаем их точно отмеренным количеством пищи, воды и кислорода. Бог создал космический корабль Земля с миллиардами астронавтов, которые трудятся и размножаются; Он снабдил их самоокупающейся системой, которая производит кислород, пресную воду и большое разнообразие вкусных продуктов питания и напитков.

---

24. И мы в полной мере знаем тех из вас, кто прогрессирует, и мы в полной мере знаем тех, кто регрессирует.

25. Воистину, твой Господь призовёт их. Он – Самый Мудрый, Всеведущий.

Человеческая раса

26. Мы создали человека из выдержанной грязи, которая подобна гончарной глине.

27. А ещё прежде мы создали джиннов из пылающего огня.

28. Твой Господь сказал ангелам: «Я создам человека из выдержанной грязи, которая подобна гончарной глине.

29. Как только Я усовершенствую его и вдохну в него от Моего духа, вы должны пасть ниц перед ним».

30. Ангелы пали ниц – все,

31. кроме Иблиса (*Сатаны*). Он отказался быть в числе преклонившихся.

32. Он сказал: «О Иблис (*Сатана*), почему ты не в числе преклонившихся?»

33. Он сказал: «Я не паду ниц перед человеком, которого Ты создал из выдержанной грязи, подобной гончарной глине».

34. Он сказал: «В таком случае, ты должен уйти прочь; ты изгнан.

35. Ты навлёк на себя Моё осуждение до Судного Дня».

36. Он сказал: «Господь мой, отсрочь мне до того дня, когда они будут воскрешены».

37. Он сказал: «Тебе отсрочено.

38. До определённого дня и времени».

39. Он сказал: «Господь мой, поскольку Ты пожелал, чтобы я сбился с пути, воистину, я буду соблазнять их на земле; я введу их всех в заблуждение.

40. За исключением тех из Твоих почитателей, которые преданы абсолютно только Тебе».

41. Он сказал: «Это закон, который является нерушимым.

42. У тебя нет власти над Моими слугами. Тебе подвластны только заблудшие, которые последуют за тобой.

43. И всех их ожидает Ад.

44. У него будет семь ворот. И каждые ворота получат определённую часть из них».

45. А праведники будут наслаждаться садами и ручьями.

46. Входите в него с миром и в безопасности.

47. Мы удалим всю зависть из их сердец. Как одна семья, они будут находиться на прилегающих предметах мебели.

48. В нём они никогда не будут страдать от усталости; и никогда они не будут выселены из него.

49. Возвести Моим слугам, что Я – Прощающий, Самый Милосердный.

50. И что Моё возмездие – самое мучительное.

Ангелы навещают Авраама

51. Поведай им о гостях Авраама (Ибрагима).

52. Когда они вошли в его помещение, они сказали: «Мир». Он сказал: «Мы опасаемся вас».

53. Они сказали: «Не бойся. У нас есть добрая весть для тебя о просвещённом сыне».

54. Он сказал: «Как же вы можете сообщить мне такую добрую весть, когда я так стар? Неужели вы всё ещё даруете мне эту добрую весть?»

55. Они сказали: «Добрая весть, которую мы сообщаем тебе, истинна; не отчаивайся».

56. Он сказал: «Никто, кроме заблудших, не отчаивается в милости своего Господа».

57. Он сказал: «Какова ваша миссия, о посланники?»

58. Они сказали: «Нас отправили к виновным людям.

59. Что же касается семьи Лота, то мы спасём их всех.

60. Кроме его жены: ей уготовано быть с обречёнными».

Лот

61. Посланники отправились в город Лота.

62. Он сказал: «Вы люди незнакомые».

63. Они сказали: «Мы принесли тебе то, в чём они сомневались.

64. Мы принесли тебе истину; мы правдивы.

65. Ты должен вывести свою семью в ночное время. Находись позади них и проследи, чтобы никто из вас не оглядывался назад. Идите прямо туда, куда повелено».

66. Мы доставили ему это распоряжение: те люди будут уничтожены утром.

67. Жители города пришли, радуясь.

68. Он сказал: «Это – мои гости; не смущайте меня.

69. Побойтесь **БОГА** и не стыдите меня».

70. Они сказали: «Разве мы не запретили тебе с кем-либо связываться?»

71. Он сказал: «Вот мои дочери, если вам так нужно».

72. Но, увы, они были совершенно ослеплены своей похотью.

73. Следовательно на утро их поразило бедствие.

74. Мы перевернули его вверх дном и обрушили на них дождём разрушительные камни.

75. В этом – урок для тех, кто обладает интеллектом.

76. Такой будет система всегда.

77. Это – знамение для верующих.

78. Люди леса также были беззаконниками.

79. Следовательно мы отомстили им, и обе общины полностью задокументированы.

80. И народ Аль-Хиджры не поверил посланникам.

81. Мы даровали им наши откровения, но они пренебрегли ими.

82. Некогда они высекали безопасные дома в горах.

83. На утро их постигло бедствие.

84. То, что они копили, не помогло им.

Конец света раскрыт*
85. Мы создали небеса и землю, и всё, что между ними, только с определённой целью. Конец света непременно наступит, поэтому относись к ним с великодушным пренебрежением.

86. Твой Господь – Создатель, Всезнающий.

87. Мы даровали тебе семь пар и великий Коран.

88. Не завидуй тому, чем мы одарили других (*посланников*), и не печалься (*о неверующих*); и преклони своё крыло перед верующими.

89. И провозгласи: «Я – явный предостерегающий увещеватель».

90. Мы справимся с сеющими раскол.

91. Они принимают Коран лишь частично.

92. Клянусь твоим Господом! Мы непременно спросим их всех

93. обо всём, что они совершали.

94. Поэтому выполняй данные тебе наказы и пренебрегай идолопоклонниками.

95. Мы избавим тебя от насмешников,

96. которые создали другого бога, помимо **БОГА**. Они непременно узнают.

97. Мы прекрасно знаем, что ты можешь быть раздражённым от их высказываний.

98. Ты должен воспевать хвалу твоему Господу и быть в числе падающих ниц.

99. И поклоняйся твоему Господу, чтобы обрести убеждённость.*

****

Сура 16:
Пчела (Аль-Нахль)

Во имя Бога, Самого Милостивого, Самого Милосердного

1. Повеление **БОГА** уже издано (*и всё уже написано*), так что не торопите его.* Слава Ему, Всевышнему; Он превыше любых идолов, которых они создают.

2. Он ниспосылает ангелов с откровениями, содержащими Его повеления, тому, кого Он избирает из числа Своих слуг: «Вы должны проповедовать, что нет другого бога, кроме Меня; Вы должны благоговеть передо Мной».

3. Он создал небеса и землю с определённой целью. Он слишком Высок,

---

*15:85-88. Одной из функций Божьего Посланника Завета является доставка Коранического утверждения, что мир завершится в 2280 г. н.э. (20:15, 72:27 и Приложение 25).

*15:99. Обряды поклонения – это наши средства для обретения убеждённости (Приложение 15).

*16:1. Всё уже записано (57:22). См. также Приложение 14.

превыше любых идолов, которых они создают.

4. Он создал человека из крошечной капли, а потом он превращается в ярого противника.

5. И Он создал для вас скот, чтобы предоставить вам тепло и много другой пользы, а также пищу.

6. Они также предоставляют вам роскошь во время вашего отдыха, и когда вы путешествуете.

Благословения Бога

7. И они несут ваш груз к землям, которые вы не смогли бы достичь без больших трудностей. Воистину, Господь ваш – Сострадательный, Самый Милосердный.

8. И (*Он создал*) лошадей, мулов и ослов, чтобы вам ездить на них верхом и для роскоши. Кроме того, Он создаёт то, чего вы не знаете.

9. **БОГ** указывает пути, в том числе и неправильные пути. Если бы Он пожелал, то Он мог бы повести всех вас правильным путём.

10. Он ниспосылает вам с неба воду для питья и для того, чтобы выращивать деревья для вашей пользы.

11. Ею Он выращивает для вас посевы, маслины, финиковые пальмы, виноград и всевозможные плоды. Это является (*достаточным*) доказательством для людей размышляющих.

12. И Он обязывает служить вам ночь и день, а также солнце и луну. Кроме того, и звёзды служат по Его повелению. Всё это – (*достаточные*) доказательства для людей

понимающих.

13. И (*Он создал*) для вас на земле всё в разнообразных цветах. Это – (*достаточное*) доказательство для людей внемлющих.

14. И Он обязал море служить вам; вы питаетесь из него нежным мясом и извлекаете драгоценности, которые вы носите. И вы видите, как суда странствуют по нему для вашей коммерческой выгоды, когда вы стремитесь к Его щедротам; чтобы вы могли быть благодарны.

15. И Он поместил стабилизаторы (*горы*) на земле, чтобы она не обрушилась вместе с вами, а также реки и дороги, чтобы вы могли быть на правильном пути.

16. И ориентиры, а также звёзды, чтобы пользоваться ими для навигации.

17. Разве Тот, кто создаёт, подобен тому, кто не создаёт? Неужели вы и теперь не внимете?

18. Если вы станете считать благословения **БОГА**, то вы не сможете сосчитать их. **БОГ** – Прощающий, Самый Милосердный.

19. И **БОГ** знает то, что вы утаиваете, и то, что вы заявляете.

Умершие пророки и святые

20. Что же касается идолов, которых они создают, помимо **БОГА**, то они ничего не создают; они сами созданы.

21. Они мертвы, а не живы, и они не имеют понятия, как и когда они будут воскрешены.

22. Ваш бог – единый бог. Что касается тех, кто не верует в Будущую жизнь, то их сердца отрицают это, и они высокомерны.

23. Безусловно, **БОГ** знает всё, что они утаивают, и всё, что они заявляют. Он не любит высокомерных.

24. Когда их спрашивают: «Что вы думаете об этих откровениях от вашего Господа?», они говорят: «Сказки из прошлого».

25. Их призовут к ответу за их грехи в День Воскресения – за все грехи – а также за грехи всех тех, кого они ввели в заблуждение своим невежеством. Какая жалкая ноша!

26. Другие, подобные им, строили козни в прошлом, и следовательно **БОГ** разрушил основание их здания, в результате чего крыша упала на них. Возмездие поразило их, когда они меньше всего этого ожидали.

27. Затем, в День Воскресения, Он опозорит их и спросит: «Где же Мои соучастники, которых вы приобщили ко Мне, и ради которых вы сопротивлялись Мне?» Те, кто благословенны знанием, скажут: «Сегодня позор и страдание постигли неверующих».

Смерть для неверующих
28. Ангелы подвергают их смерти в то время, когда они причиняют вред своим душам. И вот когда они, наконец, покоряются и говорят: «Мы не делали ничего плохого!» Да, безусловно. **БОГ** в полной мере знает всё, что вы совершили.

29. Поэтому войдите в ворота Ада, где вы пребудете вечно. Какая несчастная участь для высокомерных.

Верующие в действительности не умирают*
30. Что же касается праведников, то когда их спрашивают: «Что вы думаете об этих откровениях от Господа вашего?», они говорят: «Добро». Для тех, кто ведёт праведную жизнь, – счастье, а обитель Будущей жизни будет ещё лучше. Какая блаженная обитель для праведных!

31. Для них уготованы сады Эдема, в которых текут реки. Там у них есть всё, что они пожелают. Так **БОГ** награждает праведных.

Они отправляются прямо в Рай
32. Ангелы завершают их жизнь, когда они находятся в состоянии праведности, говоря: «Мир вам. Войдите в Рай (сейчас) как вознаграждение за ваши деяния».*

Неверующие
33. Неужели они ждут, что ангелы придут к ним, или пока решение твоего Господа не исполнится? Те, кто жили до них, поступали точно так же. Это не **БОГ** обидел их; они сами причинили вред своим душам.

34. Они навлекли на себя последствия своих злых деяний, а всё то, над чем они насмехались, вернулось и преследует их.

---

*16:30-32. Праведные испробуют только первую смерть, которую мы уже все пережили (см. 44:56). В конце их срока пребывания в этом мире ангелы смерти просто предложат им перейти в Рай, где когда-то жили Адам и Ева (2:154, 3:169, 8:24, 22:58, 36:26 - 27).

Знаменитое оправдание

35. Идолопоклонники говорят: «Если бы **БОГ** пожелал, то ни мы, ни наши родители не поклонялись бы никаким идолам, кроме Него. И мы не запрещали бы ничего, кроме Его запретов». Те, кто жили до них, поступали точно так же. Могут ли посланники сделать что-либо, кроме как доставить полное послание?

36. Мы отправляли посланника к каждой общине, говоря: «Вы должны поклоняться **БОГУ** и избегать идолопоклонства». Впоследствии одних **БОГ** направил на правильный путь, а другие же были обречены на заблуждение. Странствуйте по земле и обратите внимание на последствия, постигшие отвергающих.

37. Как бы усердно ты ни старался наставить их на правильный путь, **БОГ** не ведёт правильным путём тех, кого Он обрёк на заблуждение. Таким образом, никто не может им помочь.

Глубоко в их сознании

38. Они торжественно поклялись **БОГОМ**: «**БОГ** не воскресит мёртвых». Безусловно, таково Его нерушимое обещание, но большинство людей не знает.

39. Тогда Он укажет каждому на всё то, о чём они спорили, и даст знать тем, кто не уверовал, что они были лжецами.

Чтобы воскресить мёртвых

40. Для того, чтобы что-либо совершить, мы просто говорим этому: «Будь», и оно сбывается.

41. Тех, кто мигрировал ради **БОГА** из-за того, что их преследовали, мы непременно щедро одарим в этой жизни, а воздаяние в Будущей жизни – ещё большее, если бы они только знали.

42. Это потому, что они стойко терпят и уповают на своего Господа.

43. До тебя мы посылали только людей, которым мы внушали. Спросите тех, кто знает писание, если вы не знаете.

44. Мы предоставили им доказательства и писания. И мы ниспослали тебе это послание, чтобы объявить людям всё то, что ниспослано им; возможно, они поразмыслят.

45. Неужели те, кто строят злые козни, поручились, что **БОГ** не заставит землю поглотить их, или что возмездие не придёт к ним тогда, когда они меньше всего его ожидают?

46. Оно может поразить их в то время, как они спят; им не удастся спастись.

47. Или оно может поразить их в то время, как они со страхом ожидают его. Твой Господь – Сострадательный, Самый Милосердный.

48. Неужели они не видели всё то, что создано **БОГОМ**? Их тени окружают их справа и слева, полностью и добровольно покорившись **БОГУ**.

49. Перед **БОГОМ** падает ниц всё, что на небесах, и всё, что на земле, – каждое существо – а также и ангелы без малейшего высокомерия.*

50. Они благоговеют перед своим Господом, который высоко над ними, и они совершают то, что им повелено делать.

51. **БОГ** провозгласил: «Не поклоняйтесь двум богам, ибо есть только один бог. Благоговейте только передо Мною».

52. Ему принадлежит всё, что на небесах и на земле, и следовательно религия должна быть посвящена абсолютно только Ему. Неужели вы станете поклоняться кому-либо другому, а не **БОГУ**?

53. Любое благословение, которым вы наслаждаетесь, – от **БОГА**. Тем не менее, всякий раз, когда вас постигает беда, вы сразу же жалуетесь Ему.

54. Но как только Он избавляет вас от несчастья, некоторые из вас возвращаются к идолопоклонству.

55. Так пусть они не веруют в то, что мы даровали им. Продолжайте наслаждаться временно; вы непременно узнаете.

56. Они назначают для идолов, которых они создали из-за своего невежества, долю благ, которыми мы одарили их. Клянусь **БОГОМ**! Вам придётся ответить за ваши нововведения.

Фанатичные предубеждения против девочек-младенцев

57. Они даже приписывают дочерей **БОГУ** – Слава Ему – в то время как для себя они предпочитают то, что им нравится.

58. Когда один из них получает девочку-младенца, то его лицо темнеет от ошеломляющей печали.

59. Пристыженный, он прячется от людей из-за плохих вестей, которые ему принесли. Он даже размышляет: оставить ли младенца скрепя сердце или похоронить её в пыли. Поистине, скверно их суждение.

60. Те, кто не веруют в Будущую жизнь, подают наихудшие примеры, тогда как **БОГУ** принадлежат самые возвышенные примеры. Он – Всемогущий, Самый Мудрый.

Первородный грех

61. Если бы **БОГ** наказывал людей за их грехи, то Он бы уже уничтожил всякое существо на земле. Но Он даёт им отсрочку до конкретного, заранее определённого срока. Когда их срок подходит к концу, то они не могут ни отдалить его, ни приблизить его даже на час.

62. Они приписывают **БОГУ** то, что им самим не нравится, а потом произносят ложь своими устами, что они праведные! Вне всякого сомнения, им уготован Ад, ибо они восстали.

63. Клянусь **БОГОМ**! Мы и до тебя отправляли (*посланников*) к общинам,

---

16:49. Человеческое тело, принадлежит ли оно верующему или неверующему, покоряется Богу; сердцебиение, движение лёгких и перистальтика иллюстрируют эту покорность.

но дьявол приукрасил их деяния в их глазах. Следовательно теперь он является их господом, а их постигнет мучительное возмездие.

64. Мы ниспослали тебе это писание для того, чтобы указать им то, о чём они спорят, и обеспечить руководством и милостью людей верующих.

Дополнительные доказательства от Бога

65. **БОГ** ниспосылает с неба воду, чтобы оживить ею землю после того, как она омертвела. Это должно быть (*достаточным*) доказательством для людей слышащих.

66. И в скоте есть урок для вас: мы обеспечиваем вас питьём из их животов. Из смеси переваренной пищи и крови вы получаете чистое молоко, вкусное для пьющих.

67. А из плодов финиковых пальм и винограда вы производите как опьяняющие напитки, так и прекрасные блага. Это должно быть (*достаточным*) доказательством для людей понимающих.

Пчела

68. И твой Господь внушил пчеле: строй дома в горах, и на деревьях, и в (*ульях*), которые они строят для тебя.

69. Затем питайся всякими плодами, точно следуя замыслу твоего Господа. Из их брюшков исходит питьё разных цветов, в котором исцеление для людей. Это должно быть (*достаточным*) доказательством для людей размышляющих.*

70. **БОГ** создал вас, затем Он завершает вашу жизнь. Он позволяет некоторым из вас дожить до глубокой старости только для того, чтобы они узнали, что существует предел знаний, которые они могут приобрести. **БОГ** – Всеведущий, Всесильный.

Нет соучастников с Богом

71. **БОГ** обеспечил некоторых из вас в большей степени, чем других. Те, кому даровано изобилие, никогда не дадут своё имущество своим подчинённым настолько, чтобы сделать их партнёрами. Неужели они откажутся от благословений **БОГА**?*

72. И **БОГ** создал для вас супругов из вас самих и произвёл для вас детей и внуков от ваших супругов, и обеспечил вас прекрасными благами. Неужели они веруют в ложь и неблагодарны за благословения **БОГА**?

Идолопоклонство не очень умно

73. Тем не менее, они поклоняются, кроме **БОГА**, тому, что не обладает никакими благами для них ни на небесах, ни на земле, и не может ничем их обеспечить.

16:69 Кроме признанной питательной ценности мёда, было научно доказано, что он является целебным лекарством от определённых аллергий и других заболеваний.

16:71. Если люди не желают лишаться своей власти до такой степени, то почему они ожидают, что Бог сделает это и создаст соучастников для Себя?

---

74. Поэтому не приводите примеры для **БОГА**; **БОГ** знает, а вы не знаете.

*Богатый верующий лучше,
чем бедный верующий*

75. **БОГ** приводит в пример раба, которым владеют и кто совершенно безвластен, сравнивая его с тем, кого мы благословили прекрасными благами, из которых он отдаёт на благотворительность тайно и публично. Разве они равны? Хвала **БОГУ**, большинство из них не знает.

76. И **БОГ** приводит в пример двух людей: один – глупый, который ни на что не способен и полностью зависит от своего хозяина, – куда бы он его ни послал, он не может произвести ничего хорошего. Разве он равен тому, кто правит по справедливости и наставлен на правильный путь?

Эта жизнь очень коротка

77. **БОГУ** принадлежит будущее небес и земли. Для Него конец света (*Час*) наступит в мгновение ока или ещё быстрее. **БОГ** – Всесильный.

78. **БОГ** вывел вас из чрева ваших матерей, когда вы ничего не знали, и Он даровал вам слух, зрение и мозги, чтобы вы были благодарны.

79. Разве они не видят птиц, которым повелено летать в атмосфере неба? Никто не удерживает их в воздухе, кроме **БОГА**. Это должно быть (*достаточным*) доказательством для людей знающих.

80. И **БОГ** обеспечил вас неподвижными домами, где вы можете жить. И Он обеспечил вас переносными домами, сделанными из шкур скота, чтобы вы могли использовать их, когда путешествуете, и когда поселяетесь на постоянное жительство. А из их шерсти, меха и волос вы делаете мебель и предметы роскоши на определённый срок.

81. И **БОГ** обеспечил вас тенью от вещей, которые Он создал, и обеспечил вас укрытиями в горах; и обеспечил вас одеждой, которая защищает вас от жары, и одеждой, которая защищает, когда вы сражаетесь в войнах. Так Он совершенствует Свои благословения на вас, чтобы вы могли покориться.

82. Но если они всё равно отвернутся, то твоей единственной миссией является ясная передача (*послания*).

Неверующие – неблагодарные

83. Они полностью признают благословения **БОГА**, а потом отрицают их; большинство из них – неверующие.

В День Воскресения

84. Придёт день, когда мы воздвигнем из каждой общины свидетеля, и тогда тем, кто не уверовал, не будет позволено (*говорить*), и они не будут оправданы.

85. Когда те, кто преступил границы дозволенного, увидят возмездие, то будет слишком поздно; оно не будет им облегчено, и не будет им отсрочено.

*Идолы отрекаются от своих
почитателей*

86. И когда те, кто совершал идолопоклонство, увидят своих идолов, они скажут: «Господь наш, это те идолы, которых мы создали, помимо Тебя».

Тогда идолы противостоят им и скажут: «Вы – лжецы».

87. Они полностью покорятся **БОГУ** в тот день, а идолы, которых они выдумали, отрекутся от них.

88. Тем, кто не веруют и отвращают от пути **БОГА**, мы, из-за их прегрешений, прибавим им возмездия сверх возмездия.

89. Придёт день, когда мы воздвигнем от каждой общины свидетеля из их числа и приведём тебя как свидетеля этих людей. Мы ниспослали тебе эту книгу, чтобы предоставить объяснения всему, и руководство, и милость, и добрые вести для покорных.

90. **БОГ** призывает к справедливости, к благотворительности и к уважению родственников. И Он запрещает нечестие, зло и беззаконие. Он просвещает вас, чтобы вы могли внять.

Вы должны держать своё слово

91. Вы должны выполнять ваш завет с **БОГОМ**, когда вы заключаете такой завет. Вы не должны нарушать клятвы после того, как поклялись (*Богом*), что вы их выполните, ибо вы сделали **БОГА** вашим поручителем. **БОГ** знает всё, что вы совершаете.

92. Не будьте подобны вязальщице, которая распускает своё прочное вязание, превратив его в груды непрочной пряжи. Таков ваш пример, если вы злоупотребляете клятвами, чтобы использовать друг друга в своих интересах. Независимо от того, является ли одна группа больше другой или нет, **БОГ** так подвергает вас испытанию. Он непременно покажет вам в День Воскресения всё то, о чём вы спорили.

93. Если бы **БОГ** пожелал, то Он мог бы сделать вас одной религиозной общиной. Но Он вводит в заблуждение того, кто выбирает путь заблудших, и Он направляет того, кто желает быть на правильном пути.* Вас непременно спросят обо всём, что вы совершили.

Нарушение клятвы – это серьёзное преступление

94. Не злоупотребляйте клятвами между вами, чтобы вам не соскользнуть назад после того, как у вас была твёрдая опора для ног, и чтобы потом вас не постигло страдание. Таково последствие отвращения от пути **БОГА** (*путём подачи плохого примера*); вы навлекаете на себя страшное возмездие.

95. Не продавайте дёшево ваши клятвы, данные **БОГУ**. То, чем обладает **БОГ**, гораздо лучше для вас, если бы вы только знали.

96. То, чем вы обладаете, иссякает, но то, чем **БОГ** обладает, остаётся навечно. Мы непременно вознаградим тех, кто упорно терпит; мы вознаградим их за их праведные деяния.

---

*16:93. Бог знает искренних верующих среди нас, кто заслуживают того, чтобы быть помилованными. Соответственно, Он ведёт их правильным путём, в то время как блокирует тех, кто решил не веровать.

---

*Гарантированное счастье
сейчас и навечно*

97. Каждому, кто творит праведность – будь то мужчина или женщина – при этом веруя, мы непременно даруем счастливую жизнь в этом мире, и мы непременно воздадим им их полное вознаграждение (*в Судный день*) за их праведные деяния.

Важная заповедь*

98. Когда ты читаешь Коран, то ты должен прибегать к защите **БОГА** от Сатаны отверженного.

99. У него нет власти над теми, кто верует и уповает на своего Господа.

100. Его власть распространяется только на тех, кто избирает его своим властелином, и на тех, кто избирает его своим богом.

101. Когда мы заменяем одно откровение другим – а **БОГ** в полной мере знает то, что Он ниспосылает, – они говорят: «Ты выдумал это!» Воистину, большинство из них не знает.

102. Скажи: «Святой Дух спустил его от твоего Господа истинно, чтобы уверить тех, кто верует, а также обеспечить маяком и добрыми вестями покорных».

Коран не скопирован с Библии

103. Мы вполне знаем, что они говорят: «Человек учит его!» Язык источника, на который они намекают, не является арабским, а это – безупречный арабский язык.

104. Безусловно, тех, кто не верует в откровения **БОГА**, **БОГ** не ведёт правильным путём. Они навлекли на себя мучительное возмездие.

105. Ложные учения выдумывают только те, кто не веруют в откровения **БОГА**; они – настоящие лжецы.

Только слова – не в счёт

106. Те, кто не веруют в **БОГА** после того, как приобрели веру, и полностью удовлетворены неверием, навлекли на себя гнев **БОГА**. Это прощается только тем, кто вынужден исповедовать неверие, в то время как их сердца полны веры.*

*Увлечение этой жизнью
ведёт к изгнанию от Бога*

107. Это потому, что они отдали предпочтение этой жизни над Будущей жизнью, а **БОГ** не ведёт правильным путём таких неверующих людей.

108. Это те, кому **БОГ** запечатал их сердца, их слух и их зрение. Следовательно они остаются в неведении.

109. Без сомнения, они будут проигравшими в Будущей жизни.

---

*16:98. Наше спасение достигается знанием послания Бога к нам – Корана; и Сатана будет делать всё возможное, чтобы удержать нас от искупления. Поэтому существует эта заповедь.

*16:106. Мудрость Бога предписывает, что если кто-либо приставит оружие к вашей голове и прикажет вам заявить, что вы не веруете в Бога, то вы можете удовлетворить его желание. Учитывается то, что сердце таит.

110. А для тех, кто мигрируют из-за преследований, а затем продолжают усердствовать и стойко терпеть, твой Господь, по причине всего этого, – Прощающий, Самый Милосердный.

111. Придёт день, когда каждая душа будет служить в качестве своего собственного защитника, и каждой душе сполна воздастся за всё, что она совершила, без малейшей несправедливости.

Запрещение дозволенной пищи приводит к лишениям

112. **БОГ** приводит в пример общину, которая когда-то была безопасной и процветающей и была наделена благами, поступающими к ней отовсюду. Но потом она стала неблагодарной за благословения **БОГА**. Следовательно **БОГ** заставил их вкусить тяготы голода и отсутствие безопасности. Таково воздаяние за то, что они совершили.

113. Посланник пришёл к ним из их числа, но они отвергли его. Следовательно возмездие поразило их за их прегрешения.

114. Поэтому вы должны есть из благ **БОГА** всё то, что законное и хорошее, и быть признательными за благословения **БОГА**, если вы действительно поклоняетесь только Ему.

Только четыре продукта питания запрещены

115. Он только запрещает вам мёртвых животных, кровь, мясо свиней* и пищу, которая посвящена кому-либо другому, помимо **БОГА**. Если кто-либо вынужден (*есть это*) непреднамеренно или не со зла, тогда **БОГ** – Прощающий, Самый Милосердный.

116. Вы не должны произносить ложь своими устами, заявляя: «Это дозволено, а это не дозволено», чтобы выдумать ложь и приписать её **БОГУ**. Безусловно, те, кто выдумывают ложь и приписывают её **БОГУ**, никогда не добьются успеха.

117. Они наслаждаются недолго, а затем их постигает мучительное возмездие.

118. А иудеям мы запретили то, о чём мы рассказали тебе раньше.* Это не мы навредили им; они сами причинили вред своим собственным душам.

119. Тем не менее, что касается тех, кто впадает в грех из-за неведения, а после этого кается и исправляется, то твой Господь, после того, как это совершено, – Прощающий, Самый Милосердный.

Авраам

120. Воистину, Авраам (Ибрагим) был образцовым вождём в своей покорности **БОГУ**, монотеистом, кто никогда не поклонялся идолам.

121. За то, что он был благодарен за благословения Его Господа, Он избрал его и наставил его на прямой путь.

16:115 и 118. Самый разрушительный паразит трихинеллёза, Trichinella spiralis (а также свиной солитёр Taenia solium), остаётся жизнеспособным не в жире, а в мясе свиней. Более 150 тысяч человек инфицированы ежегодно в Соединенных Штатах. См. 6:145-146 и Приложение 16.

---

122. Мы даровали ему счастье в этой жизни, а в Будущей жизни он будет с праведными.

Мухаммед – последователь Авраама*

123. Затем мы внушили тебе (*Мухаммед*) следовать религии Авраама,* монотеиста; он никогда не был идолопоклонником.

Шаббат отменён

124. Шаббат был предписан только для тех, кто в конечном итоге впал в разногласия относительно его (*иудеи и христиане*). Твой Господь – Тот, кто будет судить их в День Воскресения относительно их споров.

Как распространять послание Бога

125. Ты должен призывать на путь Господа твоего с мудростью и добрым просвещением и спорить с ними самым наилучшим образом. Твой Господь лучше знает тех, кто сбился с Его пути, и Он лучше знает тех, кто на правильном пути.

126. И если вы наказываете, то вы должны подвергнуть их равноценному наказанию. Но если вы прибегнете к терпению (*вместо мести*), то это было бы лучше для терпеливых.

127. Ты должен прибегать к терпению – а твоё терпение достижимо только с помощью **БОГА**. Не печалься о них и не раздражайся из-за их козней.

128. **БОГ** с теми, кто ведут праведную жизнь, и с теми, кто благотворительны.

****

Сура 17: Дети Израиля (Бани Исраил)

Во имя Бога, Самого Милостивого, Самого Милосердного

1. Самым прославленным является Тот, кто вызвал Своего слугу (*Мухаммеда*) в ночное время из Священной Мечети (*в Мекке*) в самое отдалённое место, где падают ниц,* окрестности которого мы благословили, для того, чтобы показать ему некоторые из наших знамений. Он – Слышащий, Видящий.

2. Подобным образом мы даровали писание Моисею (*Мусе*) и сделали его маяком для детей Израиля: «Вы не должны учреждать никакого идола Господом и Властелином, кроме Меня».

3. Они являются потомками тех, кого мы перенесли вместе с Ноем; он был благодарным слугой.

---

*16:123. *Это информирует нас о том, что все религиозные обряды, которые пришли к нам через Авраама, оставались неизменёнными во времена Мухаммеда (см. 22:78 и Приложение 9).*

*17:1. *«Масджид Акса» означает «самое отдалённое место, где есть падение ниц», и находится на расстоянии многих миллиардов световых лет от Земли. Этот стих сообщает нам, что Мухаммед, душа, был взят на высочайшие Небеса, чтобы даровать ему Коран (2:185, 44:3, 53:1-18, и 97:1).*

4. Мы обратились к детям Израиля в писании: «Вы дважды совершите грубейшее зло на земле. Вам суждено впасть в чрезмерное высокомерие.

5. Когда настанет пора первого из них, то мы пошлём против вас наших слуг, которые обладают большой мощью, и они вторгнутся в ваши дома. Это пророчество, которое должно исполниться.

6. Потом мы одарим вас победой над ними и предоставим вам много богатства и детей; мы позволим вам возобладать.

7. Если вы творите праведность, то вы творите праведность для вашего же блага, но если вы совершаете зло, то вы делаете это во вред себе. Таким образом, когда наступит срок второго раза, то они победят вас и войдут в мечеть (*масджид*), так же как они сделали это в первый раз. Они уничтожат все ваши приобретения».

8. Господь ваш осыпает вас Своей милостью. Но если вы вернётесь к прегрешению, то мы противостоим возмездием. Мы определили Геенну как последнюю обитель для неверующих.

Коран – наше средство к спасению
9. Этот Коран наставляет на самый лучший путь и приносит хорошую весть верующим, которые ведут праведную жизнь, что они заслужили огромное вознаграждение.

10. Что же касается тех, кто не веруют в Будущую жизнь, то мы приготовили для них мучительное возмездие.

11. Человек часто молится о том, что может навредить ему, думая, что он молится о чём-то хорошем. Человек нетерпелив.

12. Мы сделали ночь и день двумя знамениями. Мы сделали ночь тёмной, а день освещённым, чтобы во время него вы могли искать блага от вашего Господа. Это также устанавливает для вас систему измерения времени и средства исчисления. Так мы всё подробно объясняем.

Видеоплёнка*
13. Мы записали судьбу каждого человека; она привязана к его шее. В День Воскресения мы вручим ему запись, которая будет открыта для доступа.

14. Читай свою собственную запись. Сегодня достаточно того, что ты сам ведёшь подсчёт.

15. Тот, кто следует правильным путём, тот поступает во благо себе, а тот, кто сбивается с пути, тот сбивается во вред себе. Ни один грешник не понесёт грехи кого-либо ещё. Мы никогда не наказываем, предварительно не отправив посланника.

16. Если нам предстоит уничтожить какую-либо общину, то мы позволяем её предводителям совершать там огромную безнравственность. Как только они заслуживают возмездие, мы полностью её уничтожаем.

**17:13. Ваша жизнь уже записана, как на видеокассете, от рождения до смерти. Эта же запись будет доступна нам после воскресения. См. 57:22 и Приложение 14.*

17. Много поколений мы уничтожили после Ноя (Нуха). Господь твой самым эффективным образом справляется с грехами Его слуг; Он – вполне Знающий, Видящий.

Выбирайте свои приоритеты внимательно.
Эта жизнь

18. Каждый, кто выбирает эту скоротечную жизнь в качестве своего приоритета, мы ускорим для него то, что мы решим ему дать, а потом мы обречём его на Геенну, где он будет страдать вечно, презренный и побеждённый.

Будущая жизнь

19. Что же касается тех, кто выбирает Будущую жизнь в качестве своего приоритета и творит праведность, при этом веруя, то их усилия будут оценены по достоинству.

20. Мы обеспечиваем каждого из них; мы обеспечиваем тех и этих от щедрот твоего Господа. Щедроты твоего Господа неисчерпаемы.

21. Обрати внимание, как мы предпочли одних людей другим (*в этой жизни*). Но различия в Будущей жизни гораздо больше и гораздо значительнее.

Основные заповеди

22. Ты не должен создавать никакого другого бога, кроме **БОГА**, чтобы ты не оказался презренным и посрамлённым.

23. Твой Господь предписал вам не поклоняться никому, кроме Него, и почитать своих родителей. Пока один из них или оба они живы, ты не должен говорить им: «Уф» (*малейший жест раздражения*) – и не должен кричать на них; ты должен относиться к ним дружелюбно.

24. И преклони перед ними крылья смирения и доброты и говори: «Господь мой, помилуй их, ибо они вырастили меня с младенчества».

25. Ваш Господь в полной мере знает ваши самые сокровенные мысли. Если вы поддерживаете праведность, то Он – Прощающий тех, кто кается.

26. Ты должен отдавать надлежащую милостыню родственникам, нуждающимся, бедным и путешествующим иноземцам, но не будь чрезмерным, расточительным.

27. Расточители – это братия дьяволов, а дьявол неблагодарен своему Господу.

28. Даже если тебе необходимо отвернуться от них, стремясь к милости твоего Господа, ты должен относиться к ним наилучшим образом.

Скупость осуждена

29. Ты не должен держать свою руку скупо привязанной к своей шее, и ты не должен глупо раскрывать её, чтобы ты не оказался порицаемым и сожалеющим.

30. Ибо твой Господь увеличивает и уменьшает блага для того, кого Он выбирает. Он в полной мере Осведомлённый о Своих созданиях, Видящий.

Аборт – это убийство

31. Вы не должны убивать своих детей из-за страха перед бедностью. Мы обеспечиваем их, а также и вас. Убийство их является тяжким преступлением.

32. Вы не должны совершать прелюбодеяние; ибо это – тяжкий грех и нечестивое поведение.

33. Вы не должны убивать человека – ибо **БОГ** сделал жизнь священной – разве лишь во имя правосудия. Если кто-либо убит несправедливо, то мы даём его наследнику право соблюсти справедливость. Таким образом, он не должен превышать пределы в мщении за убийство; ему будет оказана помощь.

34. Вы не должны касаться денег сирот, разве лишь для их же блага, пока они не достигнут зрелости. Вы должны выполнять свои заветы, ибо завет является большой ответственностью.

35. Вы должны отмерять полную меру, когда вы торгуете, и взвешивайте справедливо. Это лучше и праведнее.

Решающий совет

36. Ты не должен принимать никакие сведения, пока ты не проверил их для себя. Я даровал тебе слух, зрение и мозг, и ты несёшь ответственность за пользование ими.

37. Ты не должен ходить по земле горделиво: ты не можешь пробурить землю, и ты не можешь быть таким же высоким, как горы.

38. Всё плохое поведение осуждено твоим Господом.

Коран – это мудрость

39. Это часть мудрости, которую внушил тебе твой Господь. Ты не должен создавать другого бога, кроме **БОГА**, чтобы не оказаться тебе в Геенне, порицаемым и побеждённым.

40. Неужели Господь ваш даровал вам мальчиков, а Себе взял дочерей из ангелов?! Как вы можете произносить такое богохульство?

41. Мы привели в этом Коране (*все виды примеров*), чтобы они могли внять. Но это только увеличивает их отвращение.

42. Скажи: «Если бы были другие боги, кроме Него, как они утверждают, то они попытались бы свергнуть Обладателя трона».

43. Слава Ему, Он слишком возвышенный, гораздо выше их высказываний.

Всё прославляет Бога

44. Прославляют Его семь Вселенных, Земля и всё в них. Нет ничего, что нс прославляло бы Его, но вы не понимаете их прославления. Он – Снисходительный, Прощающий.

Неверующие не могут понять Коран

45. Когда ты читаешь Коран, то мы помещаем между тобой и теми, кто не верует в Будущую жизнь, невидимый барьер.

Коран – ЕДИНСТВЕННЫЙ источник

46. Мы помещаем щиты вокруг их умов, чтобы они не смогли понять его, и глухоту в их уши. И когда ты проповедуешь о своём Господе, используя только Коран,* то они убегают с отвращением.

47. Мы в полной мере знаем то, что они слышат, когда они слушают тебя, и когда они тайно сговариваются, – неверующие говорят: «Вы следуете за безумным человеком».

48. Обрати внимание, как они описывают тебя, и как это заставляет их отклоняться от пути.

49. Они сказали: «Неужели после того, как мы превратимся в кости и куски, мы будем воскрешены заново?!»

50. Скажи: «Даже если вы превратитесь в камни или железо.

51. Даже если вы превратитесь в любое создание, что вы считаете невозможным». Они тогда скажут: «Кто же нас возвратит?» Скажи: «Тот, кто сотворил вас в первую очередь». Тогда они будут качать своими головами и говорить: «Когда это будет?» Скажи: «Это может быть ближе, чем вы думаете».

52. В день, когда Он призовёт вас, вы будете откликаться, восхваляя Его, и вы тогда поймёте, что вы находились в этой жизни совсем недолго.

Относитесь друг к другу дружелюбно

53. Возвести слугам Моим, чтобы относились друг к другу самым наилучшим образом, потому что дьявол всегда будет пытаться внести раздор между ними. Воистину, дьявол – самый ярый враг человека.

54. Ваш Господь знает вас лучше всего. Согласно Его знанию, Он может осыпать вас милостью, или Он может воздать вам. Мы не посылали тебя быть их защитником.

55. Твой Господь самый лучший знаток всех, кто на небесах и на земле. В соответствии с этим знанием, мы предпочли одних пророков другим. Например, мы даровали Давиду (Дауду) Псалмы.

56. Скажи: «Умоляйте любых идолов, которых вы создали, кроме Него». У них нет власти, чтобы облегчить ваши несчастья, и они не могут предотвратить их.

Праведные идолы поклоняются только Богу

57. Даже идолы, которых они умоляют, ищут пути и средства к их Господу. Они молятся о Его милости и страшатся Его возмездия. Воистину, возмездие Господа твоего ужасно.

58. Нет ни одной общины, которую мы не уничтожим до Дня Воскресения или не нанесём им суровое возмездие. Это уже записано в книге.

---

*17:46. *Арабское слово «только» относится к Богу в 7:70, 39:45, 40:12, 40:84 и 60:4. Если вы сложите эти номера, то вы получите 361, 19х19. Но если вы включите стих 17:46, который относится к Корану, то результат не будет кратным 19. Поэтому в 17:46 «только» относится к Корану (Приложение 18).*

Прежние виды чудес устарели

59. От отправления чудес нас удержало только то, что предыдущие поколения отвергли их. Например, мы показали самудянам верблюдицу, основательное (*чудо*), но они преступили границы дозволенного в отношении этого. Мы посылали чудеса только для того, чтобы вселить благоговение.

60. Мы сообщили тебе, что Господь твой полностью управляет людьми, и мы сделали видение, которое мы показали тебе, испытанием для людей, а также и дерево, проклятое в Коране.* Мы показали им веские доказательства, чтобы вселить благоговение в них, но это только увеличило их неповиновение.

Сатана обманывает людей

61. Когда мы сказали ангелам: «Падите ниц перед Адамом», они пали ниц, кроме Сатаны. Он сказал: «Неужели я паду ниц перед тем, кого Ты создал из грязи?»

62. Он сказал: «Поскольку Ты оказал ему большую почесть, чем мне, то если Ты отсрочишь мне до Дня Воскресения, я овладею всеми его потомками, за исключением немногих».

63. Он сказал: «Тогда иди; ты и те, кто последуют за тобой, окажутся в Аду, который будет вам воздаянием – справедливым воздаянием.

64. Ты можешь соблазнять их своим голосом и мобилизовать все свои силы и всех своих воинов против них, можешь делить с ними их деньги и детей и обещать им. Всё, что обещает дьявол, не более чем иллюзия.

65. Что же касается Моих слуг, то у тебя нет власти над ними». Твоего Господа как защитника достаточно.

66. Ваш Господь – Тот, кто заставляет суда плавать по океану,* чтобы вы могли стремиться к Его щедротам. Он – Самый Милосердный по отношению к вам.

Друзья в непогоду

67. Если вас постигает несчастье посреди моря, то вы забываете своих идолов и искренне умоляете только Его. Но как только Он спасает вас и доставляет к берегу, вы возвращаетесь к прежнему. Воистину, человек неблагодарен.

68. Неужели вы поручились за то, что Он не заставит землю на берегу поглотить вас? Или что Он не пошлёт на вас бурю – ведь тогда вы не найдётс защитника?

69. Неужели вы поручились за то, что Он не вернёт вас в море в другой раз, затем пошлёт на вас шторм, который потопит вас из-за вашего неверия? Если это случится, то мы не предоставим вам ещё одну возможность.

---

*17:60. Путешествие Мухаммеда к высочайшим небесам для того, чтобы получить Коран, как указано в 17:1 и 53:1-18, является испытанием, потому что люди должны были поверить Мухаммеду на слово.

*17:66. Теперь мы узнаём из физики и физической химии, что вода обладает уникальными качествами, которые делают её идеально подходящей для служения нашим различным потребностям.

---

70. Мы почтили сынов Адама и обеспечили их средствами передвижения по суше и по морю. Мы наделили их прекрасными благами, и мы даровали им больше преимуществ, чем многим из наших созданий.

71. Придёт день, когда мы соберём всех людей вместе с их записью. Те, кому дана запись праведности, будут читать свою запись, и их не постигнет ни малейшая несправедливость.

72. Что же касается тех, кто слеп в этой жизни, то они будут слепы и в Будущей жизни, даже намного хуже.

Бог укрепляет посланника
73. Они почти отклонили тебя от откровений, которые мы даровали тебе. Они хотели, чтобы ты выдумал что-либо другое для того, чтобы считать тебя своим другом.

74. Если бы мы не укрепили тебя, то ты бы почти склонился к ним хотя бы немного.

75. Если бы ты сделал это, то мы бы удвоили возмездие для тебя в этой жизни и после смерти, и ты бы не нашёл никого, кто бы помог тебе против нас.

76. Они чуть не изгнали тебя с этой земли, чтобы избавиться от тебя; так они могли бы возвратиться к прежнему, как только бы ты ушёл.

77. Это неизменно случалось со всеми посланниками, которых мы посылали до тебя, и ты увидишь, что наша система никогда не меняется.

Полуденная Молитва
78. Ты должен соблюдать Контактную Молитву (*Салат*), когда солнце отклоняется от своей высшей точки в полдень, двигаясь к закату. Ты также должен соблюдать (*чтение вслух*) Корана на рассвете. (*Чтение вслух*) Корана на рассвете имеет свидетелей.

Медитация
79. Во время ночи ты должен медитировать для дополнительной заслуги; быть может, Господь твой поднимет тебя на почётную ступень.

80. И скажи: «Господь мой, прими меня почётным приёмом и позволь мне уйти почётным уходом, и даруй мне от Тебя мощную поддержку».

81. Провозгласи: «Истина восторжествовала, а ложь исчезла; ложь неизбежно исчезнет».

Исцеление и милосердие
82. Мы ниспосылаем в Коране исцеление и милость для верующих. В то же время, он только увеличивает нечестие беззаконников.

83. Когда мы благословляем человека, он всецело увлекается и становится беспечным. Но когда беда поражает его, он впадает в уныние.

84. Скажи: «Каждый трудится в соответствии со своей верой, и ваш Господь лучше всего знает, кто наставлен на правильный путь».

Божественное откровение – источник всех знаний
85. Они спрашивают тебя об откровении. Скажи: «Откровение приходит от моего Господа. Знание, дарованное вам, очень мало́».

86. Если мы пожелаем, мы можем взять обратно то, что мы ниспослали тебе, и тогда ты не найдёшь защитника против нас.

87. Это не что иное, как милость от твоего Господа. Его благословения на тебя были велики.

Математическая композиция Корана

88. Скажи: «Если бы все люди и все джинны объединились для того, чтобы создать Коран, как этот, то они никогда не смогли бы создать ничего подобного, как бы усердно они ни помогали друг другу».

89. Мы привели для людей в этом Коране всякого рода примеры, но большинство людей настаивает на неверии.

Посланникам Бога брошен вызов

90. Они сказали: «Мы не поверим тебе, пока ты не заставишь источник хлынуть из-под земли.

91. Или пока ты не будешь владеть садом из финиковых пальм и винограда с протекающими через него реками.

92. Или пока ты не заставишь массы с неба, как ты утверждал, упасть на нас. Или пока ты на наших глазах не приведёшь **БОГА** и ангелов.

93. Или пока ты не будешь владеть роскошным особняком, или пока ты не взберёшься на небо. Даже если ты взберёшься, мы всё равно не поверим,

пока ты не принесёшь книгу, которую мы сможем читать».* Скажи: «Хвала Господу моему. Разве я больше, чем человеческий посланник?»

Посланничество – существенное испытание

94. Помешало людям уверовать, когда верное руководство пришло к ним, только их высказывание: «Неужели **БОГ** отправил человека в качестве посланника?»

95. Скажи: «Если бы земля была населена ангелами, то мы ниспослали бы им с неба ангела-посланника».

Бог – мой свидетель

96. Скажи: «**БОГА** как свидетеля достаточно между мной и вами. Он в полной мере Осведомлённый о Своих почитателях, Видящий».

97. Кого **БОГ** направляет, тот поистине на правильном пути. А кого Он вводит в заблуждение, то ты никогда не найдёшь для них никаких господов и властелинов, кроме Него. Мы призовём их в День Воскресения принудительно – слепых, немых и глухих. Их место назначения – Ад; всякий раз, когда он будет остывать, мы увеличим их огонь.

Их сокровенные мысли

98. Таково их справедливое возмездие, поскольку они отвергли наши откровения. Они сказали: «После того как мы превратимся в кости и куски, неужели мы возродимся как новое творение?»

17:93. Божьему Посланнику Завета, Рашаду Халифе, таким образом был брошен вызов, включая требование принести новую книгу или низвести с неба массы. Стих 3:81 определяет обязанности Божьего Посланника Завета. Ошеломляющее доказательство подробно описано в Приложениях 2 и 26.

99. Неужели они не видят, что **БОГ**, кто сотворил небеса и землю, в состоянии создать такие же творения; и что Он предопределил для них безвозвратную продолжительность жизни? Тем не менее, неверующие настаивают на неверии.

100. Провозгласи: «Если бы вы обладали сокровищами милости моего Господа, то вы бы удерживали их, опасаясь, что вы могли бы истощить их. Человек является скупым».

Моисей и Фараон

101. Мы поддержали Моисея (Мусу) девятью основательными чудесами – спроси детей Израиля. Когда он пошёл к ним, Фараон сказал ему: «Я думаю, что ты, Моисей (Муса), околдован».

102. Он сказал: «Ты прекрасно знаешь, что никто не может показать их, кроме Господа небес и земли, и это очевидно. Я думаю, что ты, Фараон, обречён».

103. Когда он преследовал их, изгоняя их из земли, мы потопили его вместе с теми, кто принял его сторону, – всех их.

104. И после этого мы сказали детям Израиля: «Живите на этой земле. Когда окончательное пророчество сбудется, мы соберём вас всех в одну группу».

Коран отпускался медленно, чтобы облегчить запоминание

105. Воистину, мы ниспослали его, и с истиной он спустился. Мы послали тебя только как доброго вестника, а также как предостерегающего увещевателя.

106. Коран, который мы отпускали медленно для того, чтобы ты читал его людям в течение длительного периода времени; хотя мы ниспослали его весь одновременно.

107. Провозгласи: «Верьте в него, или не верьте в него». Те, кто обладают знаниями из предыдущих писаний, падают ниц на свои подбородки, когда он читается им.

108. Они говорят: «Хвала нашему Господу. Это исполнение пророчества нашего Господа».

109. Они падают ниц на свои подбородки, плача. Ибо это увеличивает их благоговение.

110. Скажи: «Называйте Его **БОГОМ** или называйте Его Самым Милостивым; какое бы имя вы ни использовали, Ему принадлежат наилучшие имена».

Тон Контактных Молитв (Салат)

Ты не должен произносить свои Контактные Молитвы (*Салат*) слишком громко или тайно; используй умеренный тон.

111. И провозгласи: «Хвала **БОГУ**, который никогда не порождал сына, и у Него нет соучастника в Его царствовании, и Ему не нужен союзник по причине слабости»; и восхваляй Его постоянно.

****

Сура 18: Пещера (Аль-Кахф)

Во имя Бога, Самого Милостивого, Самого Милосердного

1. Хвала **БОГУ**, кто ниспослал Своему слуге это писание и сделал его безупречным.

2. Идеальное (*писание*), чтобы предупредить о суровом возмездии от Него, и чтобы доставить добрую весть верующим, которые ведут праведную жизнь, что они заработали щедрое вознаграждение.

3. Где они пребудут вечно.

4. И чтобы предупредить тех, кто сказал: «**БОГ** породил сына!»

5. Ни они, ни их родители не обладают никакими знаниями об этом. Что за богохульство выходит из их уст! То, что они изрекают, является грубой ложью.

6. Ты, может быть, станешь винить себя из-за их ответа на это повествование и их неверия в него; ты можешь быть опечален.

Конец света*
7. Мы украсили всё на земле, чтобы испытать их, и так отличить тех из них, кто творит праведность.

8. Мы неизбежно уничтожим всё на ней, оставив её совершенно пустой.*

Обитатели пещеры
9. Почему же ещё, ты думаешь, мы говорим тебе о людях пещеры и о числах, связанных с ними? Они входят в число наших чудесных знамений.

10. Когда молодёжь укрылась в пещере, они сказали: «Господь наш, осыпь нас Своей милостью и благослови наши дела Твоим руководством».

11. Мы затем запечатали их уши в пещере на предопределённое количество лет.

12. Потом мы воскресили их, чтобы посмотреть, какая из двух сторон могла бы подсчитать продолжительность их пребывания в ней.

13. Мы рассказываем тебе их историю правдиво. Это были молодые люди, которые уверовали в своего Господа, и мы увеличили их руководство.

14. Мы укрепили их сердца, когда они встали и провозгласили: «Наш единственный Господь – это Господь небес и земли. Мы никогда не будем поклоняться никакому другому богу, кроме Него. В противном случае, мы были бы в глубоком заблуждении.

15. Вот наши люди, которые создают богов, кроме Него. Если бы только они могли предоставить какое-либо доказательство, чтобы поддержать их позицию! Кто же нечестивее того, кто придумывает ложь и приписывает её **БОГУ**?

---

*18:7. См. примечание к 18:8-9.

*18:8-9. Как выясняется, история этих верующих христиан, семерых спящих из Эфеса, напрямую связана с концом света, как указано в 18:9 и 21. Роль этих верующих в открытии конца света подробно изложена в Приложении 25.

Семь спящих из Эфеса*

16. Так как вы хотите избежать их и их поклонение не **БОГУ**,* то давайте укроемся в пещере. Пусть Господь ваш осыплет вас Своей милостью и направит вас к правильному решению».

Наставник является необходимым условием

17. Ты мог бы видеть, как солнце, когда оно всходило, появлялось с правой стороны их пещеры, а когда оно садилось, то оно освещало их слева, в то время как они спали в этом углублении. Это одно из предзнаменований **БОГА**.* Кого **БОГ** направляет, тот действительно на правильном пути, а кого Он вводит в заблуждение, то ты не найдёшь для него наставника.

18. Ты бы подумал, что они бодрствовали, когда, в сущности, они спали. Мы поворачивали их на правый бок и на левый бок, в то время как их собака лежала среди них, вытянув свои лапы. Если бы ты посмотрел на них, то ты бежал бы прочь от них, поражённый ужасом.

19. Когда мы воскресили их, то они спросили друг друга: «Как долго вы пробыли здесь?» «Мы пробыли здесь один день или часть дня», – ответили они. – «Ваш Господь лучше знает, как долго мы оставались здесь, поэтому давайте пошлём одного из нас с этими деньгами в город. Пусть он сходит за самой чистой пищей и купит её для нас. Пусть он держится незаметно и не привлекает внимания.

20. Если они обнаружат вас, то они побьют вас камнями или заставят вас вернуться к их религии, и тогда вы никогда не сможете добиться успеха».

Связь с концом света*

21. Мы позволили обнаружить их, чтобы все знали, что обещание **БОГА** истинно, и чтобы удалить все сомнения относительно конца света.* Затем люди стали спорить между собою относительно их. Одни говорили: «Давайте построим здание вокруг них». Их Господь лучше всех знает о них. Те, кто преобладали, сказали: «Мы построим место поклонения вокруг них».

---

*18:16-20. Эфес находится примерно в 200 милях к югу от древней Никеи и в 30 милях к югу от современного Измира в Турции. Обитатели пещеры были молодые христиане, которые хотели следовать учению Иисуса и поклоняться только Богу. Они бежали от преследования нео-христиан, провозгласивших искажённое христианство спустя три столетия после Иисуса, следуя Никейской конференции, когда было объявлено учение о Троице. В 1928 году Франц Милтнер, австрийский археолог, обнаружил гробницу семерых спящих в Эфесе. Их история хорошо задокументирована в нескольких энциклопедиях.

*18:17. Этот знак или намёк, говорит нам, что пещера была обращена на север.

*18:21. Как подробно описано в Приложении 25, эта история помогла точно определить конец света.

---

22. Одни говорили: «Их было трое, а их собака была четвёртой», в то время как другие говорили, предполагая: «Пятеро; шестой была их собака». Другие говорили: «Семеро», а восьмой была их собака. Скажи: «Господь мой лучше всех знает об их числе». Лишь немногие знали верное число. Поэтому не спорь с ними; просто соглашайся с ними. Тебе не нужно ни с кем советоваться об этом.

Поминание Бога при каждой возможности, которую мы имеем

23. Ты не должен говорить, что ты будешь делать что-либо в будущем,

24. не сказав: «Если **БОГУ** угодно».* Если ты забудешь это сделать, то ты должен немедленно вспомнить своего Господа и сказать: «Пусть мой Господь поможет мне сделать лучше в следующий раз».

*[300 + 9]**

25. Они пробыли в их пещере триста лет, увеличенных на девять.*

26. Скажи: «**БОГ** лучше всех знает, как долго они пробыли там». Он знает все тайны на небесах и на земле. По Его милости вы можете видеть; по Его милости вы можете слышать. Нет, кроме Него, другого Господа и Властелина, и Он никогда не позволит никаких соучастников в Его царствовании.

27. Ты должен читать то, что открыто тебе из писания твоего Господа. Ничто не может отменить Его слова, и ты не должен искать другого источника, кроме этого.

Группы по изучению Корана

28. Ты должен заставлять себя находиться с теми, кто поклоняется своему Господу день и ночь, стремясь только к Нему. Не отводи своих глаз от них, стремясь к суетам этого мира. И не повинуйся тем, чьё сердце мы сделали невнимательным к нашему посланию; тем, кто предаются своим собственным желаниям и чьи приоритеты спутаны.

Абсолютная свобода религии

29. Провозгласи: «Это истина от вашего Господа», тогда кто хочет, пусть верует, а кто хочет, пусть не верует. Мы приготовили для беззаконников огонь, который полностью окружит их. Когда они завопят о помощи, им дадут жидкость, подобную концентрированной кислоте, которая обжигает лица. Какой скверный напиток! Какая несчастная участь!

30. Что же касается тех, кто верует и ведёт праведную жизнь, то мы никогда не оставляем без вознаграждения тех, кто творит праведность.

18:24. Эта важная заповедь даёт нам возможность ежедневно помнить о Боге.

18:25. Разница между 300 солнечных лет и 300 лунных лет составляет девять лет. Таким образом, открытию конца света Всемогущий предопределил произойти в 1980 г. н.э. (1400 г. до хиджры) – за 300 лет (309 лунных лет) до конца света (см. 72:27 и Приложение 25).

31. Они заслужили сады Эдема, где текут реки. Они будут украшены в нём браслетами из золота и будут носить одежду из зелёного шёлка и бархата, и будут отдыхать на удобной мебели. Какая замечательная награда; какая чудесная обитель!

*Собственность как идол**

32. Приведи им в пример двух мужчин: одному из них мы даровали два сада из винограда в окружении финиковых пальм и поместили другие посевы между ними.

33. Оба сада произвели их урожай вовремя и щедро, ибо мы провели реку между ними.

34. Однажды, после сбора урожая, он хвастливо сказал своему другу: «Я гораздо более зажиточный, чем ты, и я пользуюсь большим уважением со стороны людей».

35. Когда он вошёл в свой сад, он навредил своей душе, сказав: «Я не думаю, что этому когда-нибудь придёт конец.

36. Более того, я думаю, что это предел; я не думаю, что Час (*Будущая жизнь*) когда-нибудь наступит. Даже если меня вернут к моему Господу, то я буду (*достаточно умным, чтобы*) обладать там ещё лучшим этого».

37. Его друг, споря с ним, сказал ему: «Неужели ты не уверовал в Того, кто создал тебя из праха, потом из крошечной капли, а затем усовершенствовал тебя в человека?

38. Что же касается меня, то **БОГ** – мой Господь; и я никогда не буду создавать другого бога, кроме моего Господа.

Важная заповедь

39. Когда ты вошёл в свой сад, ты должен был сказать: "Это **БОЖИЙ** дар мне (*Ма Ша Аллах*). Никто не обладает властью, кроме **БОГА** (*Ла Куата Илла Беллах*) ". Ты видишь, что у меня меньше денег и меньше детей, чем у тебя.

40. Но мой Господь может даровать мне лучше, чем твой сад. Он может послать сильный шторм с неба, который уничтожит твой сад, оставив его совершенно пустым.

41. Или его вода может уйти глубже, вне твоей досягаемости».

42. Воистину, его урожай был уничтожен, и он оказался печальным, сокрушаясь о том, что он потратил на него напрасно, в то время как его собственность лежала опустошённой. Наконец, он сказал: «О, если бы только я никогда не учреждал мою собственность как бога, помимо моего Господа».

43. Никакая сила на земле не могла бы помочь ему против **БОГА**, и у него не было возможности получить какую-либо помощь.

18:32-42. Коран приводит много примеров разных богов, которым люди поклоняются, кроме Бога; к ним относятся: дети (7:190), религиозные лидеры и учёные (9:31), собственность (18:42), умершие святые и пророки (16:20-21, 35:14 и 46:5-6) и собственная персона (25:43, 45:23).

44. Это потому, что единственным истинным Господом и властелином является **БОГ**; Он обеспечивает наилучшее вознаграждение, и с Ним наилучшая судьба.

45. Приведи для них в пример подобие этой жизни: она как вода, которую мы посылаем с неба, чтобы произвести растения земли, затем они превращаются в сено, которое разносится ветром. **БОГ** в состоянии сделать всё.

Реорганизация наших приоритетов

46. Деньги и дети – это радости этой жизни, но праведные деяния обеспечивают вечное вознаграждение от твоего Господа и гораздо лучшую надежду.

47. Придёт день, когда мы уничтожим горы, и ты увидишь землю пустой. Мы соберём их всех, не оставляя из них никого.

48. Они будут представлены перед твоим Господом, выстроившись в ряд. Вы пришли к нам поодиночке, так же как мы создали вас с самого начала. Воистину, это то, что, как вы утверждали, никогда не случится.

49. Будет показана запись, и ты увидишь, как виновные боятся её содержания. Они скажут: «Горе нам. Почему эта книга не оставляет ничего, ни малого, ни большого без их учёта?» Перед ними предстанет всё то, что они совершили. Твой Господь никогда не поступает несправедливо с кем-либо.

Классификация созданий Бога

50. Мы сказали ангелам: «Падите ниц перед Адамом». Они пали ниц, кроме Сатаны. Он стал джинном, ибо он ослушался повеления Его Господа.* Неужели вместо Меня вы изберёте его и его потомков господами, даже если они являются вашими врагами? Какая несчастная замена!

51. Я никогда не позволял им стать свидетелями сотворения небес и земли и создания самих себя. И Я не позволяю нечестивцам трудиться в Моём Царстве.*

52. Придёт день, когда Он скажет: «Призовите Моих соучастников, которых вы считали богами наряду со Мной»; они будут звать их, но они не будут отвечать им. Непреодолимый барьер будет отделять их друг от друга.

53. Виновные увидят Ад и поймут, что они попадут в него. И они не смогут вырваться оттуда.

Неверующие отказываются принять законченность Корана

54. Мы привели в этом Коране всякого рода примеры, но человек является самым спорящим существом.

18:50. Когда в небесном обществе произошла великая вражда (38:69), все существа стали подразделяться на ангелов, джиннов и людей (Приложение 7).

18:51. Бог знал, что Сатана и его сторонники (джинны и люди) собирались принять неправильное решение. Поэтому их исключили из наблюдения процесса создания.

55. Ничто не мешало людям уверовать, когда верное руководство пришло к ним, и стремиться к прощению своего Господа, кроме того, что они потребовали увидеть те же самые (*виды чудес*), что и предыдущие поколения, или потребовали увидеть возмездие преждевременно.

56. Мы отправляем посланников только доставщиками добрых вестей и предостерегающими увещевателями. Те, кто не веруют, спорят посредством лжи, чтобы опровергнуть истину, и они относятся легкомысленно к Моим доказательствам и предупреждениям.

Божественное вмешательство

57. Кто же более нечестив, чем те, которым напоминают о доказательствах их Господа, а они пренебрегают ими, не понимая, что они совершают? Следовательно мы помещаем щиты на их сердца, чтобы они не могли понять его (*Коран*), и глухоту в их уши. Таким образом, что бы ты ни делал, чтобы указать им прямой путь, они никогда не смогут быть на правильном пути.

58. Тем не менее, Господь твой – Прощающий, полный милосердия. Если бы Он призвал их к ответу за их деяния, то Он уничтожил бы их прямо там же. Вместо этого, Он даёт им отсрочку до конкретного, предопределённого срока; тогда им не удастся спастись.

59. Много общин мы уничтожили из-за их прегрешений; мы назначили определённый срок для их уничтожения.

Ценные уроки от Моисея и его учителя

60. Моисей (Муса) сказал своему слуге: «Я не стану отдыхать, пока я не достигну места, где встречаются две реки, независимо от того, сколько времени это займёт».

61. Когда они достигли места их слияния, то они забыли свою рыбу, и она украдкой нашла свой путь обратно в реку.

62. После того как они миновали то место, он сказал своему слуге: «Давай пообедаем. Это путешествие основательно изнурило нас».

63. Он сказал: «Помнишь, когда мы сидели там у скалы? Я не обращал внимания на рыбу. Это дьявол заставил меня забыть о ней, и она нашла свой путь обратно в реку, как ни странно».

64. (*Моисей*) сказал: «Это было то место, которое мы искали». Они пошли назад по своим следам.

65. Они нашли одного из наших слуг, кого мы благословили милостью и даровали ему от наших собственных знаний.

66. Моисей (Муса) сказал ему: «Могу ли я последовать за тобой, чтобы ты мог научить меня некоторым знаниям и руководству, дарованным тебе?»

67. Он сказал: «У тебя не хватит терпения быть со мной.

68. Как ты можешь вытерпеть то, что ты не понимаешь?»

69. Он сказал: «Ты найдёшь меня, если **БОГУ** угодно, терпеливым. Я

не ослушаюсь тебя ни в одном данном мне повелении».

70. Он сказал: «Если ты последуешь за мной, то ты не должен спрашивать меня ни о чём, разве что я решу рассказать тебе об этом».

71. Итак, они пошли. Когда они сели на корабль, он сделал в нём дыру. Он сказал: «Неужели ты сделал дыру в нём, чтобы утопить его людей? Ты совершил нечто ужасное».

72. Он сказал: «Разве я не говорил, что у тебя не хватит терпения, чтобы быть со мной?»

73. Он сказал: «Извини, пожалуйста. Не наказывай меня за мою забывчивость; не будь слишком суровым со мной».

74. Итак, они пошли. Когда они встретили мальчика, он убил его. Он сказал: «Почему ты убил такую невинную душу, которая не убивала другую душу? Ты совершил нечто ужасающее».

75. Он сказал: «Разве я не говорил тебе, что у тебя не хватит терпения быть со мной?»

76. Он сказал: «Если я спрошу тебя о чём-нибудь ещё, то не продолжай путь со мной. Ты видел достаточно извинений от меня».

77. Итак, они пошли. Когда они достигли определённой общины, они попросили людей покормить их, но они отказались принять их гостями.

Вскоре они обнаружили стену, которая готова была обрушиться, и он поправил её. Он сказал: «Ты мог бы потребовать за это плату!»

На всё есть достаточное основание

78. Он сказал: «Теперь мы должны расстаться. Но я объясню тебе всё то, что ты не смог вытерпеть.

79. Что касается корабля, то он принадлежал бедным рыбакам, и я захотел сделать его неисправным. Ибо за ними следовал царь, который конфисковывал каждое судно принудительно.

80. Что же касается мальчика, то его родители были хорошими верующими, и мы увидели, что он обременил бы их своим прегрешением и неверием.*

81. Мы пожелали, чтобы твой Господь заменил его другим сыном – таким, кто лучше в праведности и доброте.

82. А что касается стены, то она принадлежала двум мальчикам-сиротам в городе. Под ней находился клад, который принадлежал им. Так как их отец был праведным человеком, твой Господь пожелал, чтобы они подросли и возмужали, а затем извлекли свой клад. Такова милость от твоего Господа. Я не совершал всё это по собственному желанию. Вот объяснение того, на что у тебя не хватило терпения».

---

*18:80. Адольф Гитлер был милым и, казалось бы, невинным ребёнком. Если бы он умер ребёнком, многие бы горевали и многие бы даже усомнились в мудрости Бога. Мы узнаём из этих значительных уроков, что на всё есть достаточное основание.

*Зуль-Карнайн: тот,
кто с двумя рогами
или двумя поколениями*

83. Они спрашивают тебя о Зуль-Карнайне. Скажи: «Я расскажу вам кое-что из его истории».

84. Мы даровали ему власть на земле и обеспечили его всеми видами средств.

85. Затем он последовал по одному пути.

86. Когда он добрался до дальнего запада, он обнаружил, что солнце садится в огромный океан, и нашёл там людей. Мы сказали: «О Зуль-Карнайн, ты можешь править, как ты пожелаешь: либо наказывай, либо будь добрым к ним».

87. Он сказал: «Тех, кто преступает границы дозволенного, мы накажем, а затем, когда они возвратятся к своему Господу, Он подвергнет их ещё большему возмездию.

88. Что же касается тех, кто верует и ведёт праведную жизнь, то они получат хорошее вознаграждение; мы будем относиться к ним доброжелательно».

89. Затем он последовал по другому пути.

90. Когда он добрался до дальнего востока, он обнаружил, что солнце всходит над людьми, у которых

не было ничего, чем можно было укрыться от него.

91. Естественно, мы в полной мере знали обо всём, что он обнаружил.

92. После этого он последовал по другому пути.

93. Когда он добрался до долины между двумя рядами отвесных скал, то он нашёл людей, чей язык был едва понятным.

Гог и Магог*
94. Они сказали: «О Зуль-Карнайн, Гог и Магог – осквернители земли. Можем ли мы заплатить тебе, чтобы ты создал барьер между нами и ними?»

95. Он сказал: «Мой Господь даровал мне великие щедроты. Если вы будете сотрудничать со мной, то я построю плотину между вами и ними.

96. Принесите мне много железа». Как только он заполнил промежуток между двумя рядами отвесных скал, он сказал: «Дуйте». После того, как оно раскалилось докрасна, он сказал: «Помогите мне вылить смолу поверх него».

97. Таким образом, они не могли ни взобраться на неё, ни пробить в ней дыру.

98. Он сказал: «Это милость от Господа моего. Когда пророчество Господа моего исполнится, Он

---

*18:94-98. Одна из моих обязанностей как Божьего Посланника Завета – это сообщить, что Гог и Магог, заключительное знамение перед концом света, вновь появятся в 2270 г. н.э. (1700 г. после хиджры), всего за 10 лет до конца. Обратите внимание, что Гог и Магог встречаются в Сурах 18 и 21, ровно 17 стихов до конца каждой суры, представляя 17 лунных веков (см. 72:27 и Приложение 25).

заставит плотину разрушиться. Пророчество Господа моего – истина».

99. И тогда мы позволим им вторгнуться друг к другу, а затем подуют в рог, и мы соберём их всех вместе.

100. Мы представим Ад в этот день неверующим.

101. Это те, кто не смог увидеть Моё послание из-за того, что их глаза были покрыты пеленой. И они не могли слышать.

102. Неужели те, кто не веруют, думают, что им сойдёт с рук то, что они учреждали Моих слуг богами, кроме Меня? Мы приготовили для неверующих Ад как вечную обитель.

Проверьте себя

103. Скажи: «Не сообщить ли мне вам, кто наихудшие проигравшие?

104. Это те, чьи деяния в этой жизни – в полном заблуждении, но они думают, что они поступают хорошо».

105. Таковы те, кто не уверовал в откровения своего Господа и во встречу с Ним. Поэтому их деяния напрасны; в День Воскресения они не имеют веса.

106. Их справедливое воздаяние – Ад, в ответ на их неверие и насмешки над Моими откровениями и Моими посланниками.

107. Что же касается тех, кто верует и ведёт праведную жизнь, то они заслужили блаженный Рай как их обитель.

108. Они пребудут в нём вечно; они никогда не пожелают никакой другой замены.

Коран – всё, что нам нужно

109. Скажи: «Если бы океан был чернилами для слов Господа моего, то океан бы иссяк прежде, чем иссякли бы слова Господа моего, даже если бы мы удвоили запас чернил».

110. Скажи: «Я такой же человек, как и вы, не более того, и внушено мне, что ваш бог – единый бог. Те, кто надеются встретить своего Господа, должны творить праведность и никогда не поклоняться никакому другому богу, кроме своего Господа».

****

Сура 19: Мария (Марьям)

Во имя Бога, Самого Милостивого, Самого Милосердного

1. К. Х. Й. А. С.* (*Кааф Ха Йа Айн Саад*)

Захария

2. Повествование о милости твоего Господа по отношению к Своему слуге Захарии.

19:1. Это максимальное количество Коранических инициалов, так как эта сура имеет дело с такими решающими фактами, как чудесное рождение Иоанна и непорочное зачатие Иисуса, и решительно осуждает явное богохульство, которое считает Иисуса сыном Бога. Пять инициалов предоставляют мощное физическое доказательство в поддержку этих спорных вопросов (см. Приложения 1 и 22).

3. Он воззвал к своему Господу тайным зовом.

4. Он сказал: «Мой Господь, кости стали хрупкими в моём теле, и мои волосы пылают сединой. Умоляя Тебя, Господь мой, я никогда не отчаиваюсь.

5. Я беспокоюсь о моих иждивенцах после меня, и моя жена бесплодна. Даруй мне от Тебя наследника.

6. Пусть он будет моим наследником и наследником рода Иакова (Йакуба), и сделай его, Господь мой, угодным».

Иоанн
7. «О Захария, мы даруем тебе добрую весть о мальчике, имя которого должно быть Иоанн (Яхья). Мы никогда не создавали никого, подобного ему».

8. Он сказал: «Мой Господь, неужели у меня будет сын, несмотря на бесплодие моей жены и несмотря на мою старость?»

9. Он сказал: «Так сказал твой Господь: "Это легко для Меня совершить. Я создал тебя прежде, и ты был ничем"».

10. Он сказал: «Господь мой, дай мне знамение». Он сказал: «Твоим знамением будет то, что ты не будешь говорить с людьми в течение трёх ночей подряд».

11. Он вышел к своей семье из святилища и дал им понять жестами: «Медитируйте (*о Боге*) день и ночь».

12. «О Иоанн (Яхья), ты должен твёрдо соблюдать писание». Мы даровали ему мудрость ещё в юности.

13. И (*мы даровали ему*) доброту от нас и чистоту, потому что он был праведным.

14. Он чтил своих родителей и никогда не был непослушным тираном.

15. Мир ему в день, когда он родился, в день, когда он умрёт, и в день, когда он будет воскрешён к жизни.

Мария
16. Упомяни в писании Марию. Она уединилась от своей семьи в восточной местности.

17. В то время как барьер отделял её от них, мы послали к ней нашего Духа. Он предстал пред ней в виде человека.

18. Она сказала: «Я прибегаю к защите Самого Милостивого, чтобы ты мог быть праведным».

19. Он сказал: «Я посланник Господа твоего, чтобы даровать тебе чистого сына».

20. Она сказала: «Как я могу иметь сына, когда ни один мужчина не касался меня, и я никогда не была нецеломудренной?»

21. Он сказал: «Так сказал твой Господь: "Это легко для Меня. Мы сделаем его знамением для людей и милостью от нас. Это предопределённое дело"».

Рождение Иисуса
22. Когда она вынашивала его, то она уединилась в отдалённом месте.

23. Роды наступили у неё у ствола пальмы. Она сказала: «(*Мне так стыдно*). О, лучше бы я умерла прежде, чем это произошло, и была совсем забытой».

24. (*Младенец*) позвал её из-под неё, сказав: «Не печалься. Твой Господь предоставил тебе ручей.

25. Если ты потрясёшь ствол этой пальмы, то она уронит спелые финики для тебя.*

26. Ешь, пей и будь счастлива. А когда ты увидишь кого-либо, то скажи: "Я дала обет молчания; сегодня я ни с кем не разговариваю"».

27. Она пришла к своей семье, неся его. Они сказали: «О Мария (Марьям), ты совершила что-то совершенно неожиданное.

28. О потомок Аарона (Харуна), твой отец не был плохим человеком, и твоя мать не была нецеломудренной».

Младенец делает заявление

29. Она указала на него. Они сказали: «Как мы можем говорить с младенцем в колыбели?»

30. (*Младенец заговорил и*) сказал: «Я – слуга **БОГА**. Он даровал мне писание и назначил меня пророком.

31. Он сделал меня благословенным, где бы я ни был, и заповедал мне соблюдать Контактные Молитвы (*Салат*) и обязательную благотворительность (*Закят*) до тех пор, пока я живу.

32. Я должен почитать мою мать; Он не сделал меня непослушным бунтарём.

33. И мир мне в тот день, когда я родился, в день, когда я умру, и в день, когда я воскресну».

Доказанная истина

34. Это был Иисус (Иса), сын Марии (Марьям), и это истина об этом деле, в котором они по-прежнему сомневаются.

35. Не подобает **БОГУ** порождать сына, Слава Ему. Когда Он желает что-нибудь сделать, то стоит Ему сказать: «Будь!», как это становится явным.

36. Он также провозгласил: «**БОГ** – мой Господь и ваш Господь; вы должны поклоняться только Ему. Это правильный путь».*

37. Различные группы спорили между собой (*относительно личности Иисуса*). Поэтому горе неверующим от того, что они увидят в страшный день.

38. Подожди, пока ты не услышишь и не увидишь их, когда они предстанут перед нами. Беззаконники в этот день будут совершенно потерянными.

39. Предупреди их о дне раскаяния, когда будет вынесено решение. Они совершенно невнимательны; они не веруют.

40. Мы те, кто наследует землю и всех на ней; к нам они будут возвращены.

---

*19:25. *Таким образом, Иисус родился в конце сентября или начале октября. Именно тогда на Ближнем Востоке финики созревают до такой степени, что осыпаются с дерева.*

*19:36. *Это похоже на заявление, приписываемое Иисусу в Евангелии от Иоанна 20:17.*

Авраам

41. Упомяни в писании Авраама (Ибрагима); он был святым, пророком.

42. Он сказал своему отцу: «О мой отец, почему ты поклоняешься тому, что не может ни слышать, ни видеть, ни помочь тебе ничем?

43. О мой отец, я получил определённые знания, которые ты не получил. Следуй за мной, и я поведу тебя прямым путём.

44. О мой отец, не поклоняйся дьяволу. Дьявол восстал против Самого Милостивого.

45. О мой отец, я боюсь, как бы тебя не постигло возмездие от Самого Милостивого, ведь тогда ты станешь союзником дьявола».

46. Он сказал: «Неужели ты оставил моих богов, о Авраам? Если ты не прекратишь, то я побью тебя камнями. Оставь меня в покое».

47. Он сказал: «Мир тебе. Я буду молить моего Господа, чтобы Он простил тебя. Он был Очень Добрым ко мне.

48. Я покину тебя и твоих богов, которым ты поклоняешься, кроме БОГА. Я буду поклоняться только моему Господу. Взывая только к моему Господу, я не могу сбиться с истинного пути».

49. За то, что он покинул их и богов, которым они поклонялись, кроме БОГА, мы даровали ему Исаака (Исхака) и Иакова (Йакуба), и мы сделали каждого из них пророком.

50. Мы осыпали их нашей милостью, и мы даровали им почётное место в истории.

Моисей

51. Упомяни в писании Моисея (Мусу). Он был преданным, и он был посланником-пророком.

52. Мы позвали его с правой стороны горы Синай. Мы приблизили его для совещания с ним.

53. И мы даровали ему по нашей милости его брата Аарона (Харуна) как пророка.

54. И упомяни в писании Измаила (Исмаила). Он был правдивым, когда он дал обещание, и он был посланником-пророком.

55. Он заповедывал своей семье соблюдать Контактные Молитвы (*Салат*) и обязательную благотворительность (*Закят*); он был угодным для своего Господа.

56. И упомяни в писании Идриса. Он был святым, пророком.

57. Мы вознесли его на почётную ступень.

58. Вот некоторые из пророков, которых БОГ благословил. Они были избраны из числа потомков Адама и потомков тех, кого мы перенесли вместе с Ноем (Нухом), и потомков Авраама (Ибрагима) и Израиля (Исраила), и из числа тех, кого мы наставили на правильный путь и избрали. Когда откровения Самого Милостивого читаются им, они падают ниц, плача.

*Потеря Контактных Молитв
(Салат)*

59. Он заменил их поколениями, которые потеряли Контактные Молитвы (*Салат*) и предавались своим страстям. Они пострадают от последствий.

60. Только те, кто каются, веруют и ведут праведную жизнь, войдут в Рай без малейшей несправедливости.

61. Сады Эдема ожидают их, как было обещано Самым Милостивым тем, кто поклоняется Ему даже в уединении. Безусловно, Его обещание исполнится.

62. Они не услышат там никакого вздора; только мир. Они день и ночь получают в нём их блага.

63. Таков Рай; мы даруем его тем из числа наших слуг, кто праведны.

64. Мы спускаемся только по велению твоего Господа. Ему принадлежит наше прошлое, наше будущее и всё, что между ними. Твой Господь никогда не бывает забывчивым.

65. Господь небес и земли и всего, что между ними; ты должен поклоняться Ему, и будь стоек в поклонении Ему. Знаешь ли ты кого-либо, кто равен Ему?

66. Человек спрашивает: «Неужели я возвращусь к жизни, после того как я умру?»

67. Разве человек забыл, что мы уже создали его и он был ничем?

*Специальное предупреждение
для предводителей*

68. Клянусь твоим Господом, безусловно, мы призовём их вместе с дьяволами и соберём их вокруг Ада униженными.

69. Затем мы выберем из каждой группы наиболее ярого противника Самого Милостивого.

70. Мы прекрасно знаем тех, кто больше всего заслуживает гореть в нём.

Каждый видит Ад*

71. Каждый из вас должен увидеть его; это неизменное решение твоего Господа.

72. Потом мы спасём праведных и оставим беззаконников в нём униженными.

Большинство

73. Когда наши откровения читаются им ясно, те, кто не веруют, говорят тем, кто веруют: «Кто из нас более состоятельный? Кто из нас в большинстве?»

74. Многие поколения мы уничтожили до них; они были более могущественными и более процветающими.

---

*19:71. Как подробно изложено в Приложении 11, мы будем воскрешены до физического прибытия Бога в нашу Вселенную. Это будет временный вкус Ада, поскольку отсутствие Бога является Адом. Когда придёт Бог (89:22), праведные будут спасены. См. 19:72.

75. Скажи: «Тех, кто выбирает путь заблуждения, Самый Милостивый будет вести по этому пути, пока они не увидят то, что обещано им, – либо возмездие, либо Час. Это тогда они узнают, кто на самом деле находится в худшем положении и слабее могуществом».

76. **БОГ** увеличивает руководство тем, кто желают находиться на правильном пути. Ибо благие деяния навечно вознаграждаются твоим Господом и приносят гораздо лучшее воздаяние.

77. Обратил ли ты внимание на того, кто отверг наши откровения, а затем сказал: «Мне будут дарованы богатство и дети»?

78. Неужели он видел будущее? Неужели он взял такое обещание от Самого Милостивого?

79. Воистину, мы запишем то, что он изрекает, а затем подвергнем его всё более увеличивающемуся возмездию.

80. Затем мы унаследуем всё, чем он обладал, и он вернётся к нам в полном одиночестве.

81. Они поклоняются, кроме **БОГА**, другим богам, чтобы они могли помочь им.

Идолы отрекаются от своих почитателей

82. Напротив, они отвергнут их идолопоклонство и будут их врагами.

83. Разве ты не видишь, как мы насылаем дьяволов на неверующих, чтобы те подстрекали их?

84. Не будь нетерпелив; мы готовим для них некоторое приготовление.

85. Придёт день, когда мы созовём праведных в одну группу перед Самым Милостивым.

86. И мы погоним виновных толпою в Ад, чтобы он был их вечной обителью.

87. Ни у кого не будет права заступиться, кроме тех, кто подчиняется законам Самого Милостивого.

Тяжкое богохульство

88. Они сказали: «Самый Милостивый породил сына!»

89. Вы произнесли тяжкое богохульство.

90. Небеса готовы разрушиться, земля готова разорваться на части, и горы готовы рассыпаться.

91. Потому что они утверждают, что Самый Милостивый породил сына.

92. Не подобает Самому Милостивому порождать сына.

93. Каждый в небесах и на земле является слугой Самого Милостивого.

94. Он охватил их и пересчитал их по одному.

95. Все они предстанут перед Ним в День Воскресения поодиночке.

96. Воистину, тех, кто верует и ведёт праведную жизнь, Самый Милостивый осыплет любовью.

97. Так мы разъяснили этот (*Коран*) на твоём языке для того, чтобы доставить добрую весть праведникам, и чтобы предостеречь им противников.

98. Много поколений до них мы уничтожили. Можешь ли ты ощутить кого-либо из них или услышать от них какой-либо звук?

****

Сура 20: Т. X. (Та Ха)

Во имя Бога, Самого Милостивого, Самого Милосердного

1. Т. X.*

2. Мы ниспослали тебе Коран не для того, чтобы причинить тебе какие-либо трудности.

3. А только, чтобы напомнить благоговейным.

4. Откровение от Создателя земли и высоких небес.

5. Самого Милостивого; Он взял на Себя все полномочия.

6. Ему принадлежит всё на небесах и на земле, и всё между ними, и всё, что под землёй.

7. Заявляешь ли ты свои убеждения (*или нет*), Он знает тайну и даже то, что ещё более скрыто.

8. **БОГ**: нет другого бога, кроме Него. Ему принадлежат самые прекрасные имена.

9. Обратил ли ты внимание на историю Моисея (Мусы)?

10. Когда он увидел огонь, он сказал своей семье: «Оставайтесь здесь. Я видел огонь. Может быть, я смогу принести вам что-либо от него или найду у огня руководство».

11. Когда он подошёл к нему, то его позвали: «О Моисей (Муса).

12. Я – твой Господь; сними свои сандалии. Ты находишься в священной долине Тува.

13. Я избрал тебя, так что слушай то, что открывается.

14. Я – **БОГ**; и нет другого бога, кроме Меня. Ты должен поклоняться только Мне и соблюдать Контактные Молитвы (*Салат*), чтобы помнить Меня.

Конец света не скрыт*

15. Воистину, час (*конец света*) приближается; Я буду держать его почти скрытым. Ибо каждой душе должно быть воздано за её деяния.

16. Пусть не отклонят тебя от него те, кто не веруют в это, – те, кто следуют своим собственным мнениям, – чтобы тебе не пасть.

17. Что это у тебя в правой руке, Моисей (Муса)?»

18. Он сказал: «Это мой посох. Я опираюсь на него, сгоняю стадо моих овец им, и я использую его для других целей».

19. Он сказал: «Брось его на землю, Моисей (Муса)».

---

*20:1. *Роль этих Коранических инициалов, как компонентов удивительного математического чуда Корана, подробно изложена в Приложении 1.*

*20:15. *Информация о конце света приведена в Коране – последнем послании Бога (15:87).*

20. Он бросил его на землю, после чего он превратился в движущуюся змею.

21. Он сказал: «Подними его; не бойся. Мы вернём его в первоначальное состояние.

22. И положи свою руку под мышку; она выйдет белой, без изъяна; ещё одно доказательство.

23. Так мы показываем тебе некоторые из наших великих предзнаменований.

24. Иди к Фараону, ибо он преступил границы дозволенного».

25. Он сказал: «Господь мой, охлади мою вспыльчивость.

26. И сделай это дело для меня лёгким.

27. И развяжи узел на моём языке.

28. Чтобы они могли понять мою речь.

29. И назначь мне помощника из моей семьи.

30. Моего брата Аарона (Харуна).

31. Укрепи меня с ним.

32. Пусть он будет моим соучастником в этом деле.

33. Чтобы мы могли прославлять Тебя часто.

34. И поминать Тебя часто.

35. Ты – Видящий нас».

36. Он сказал: «Твоя просьба удовлетворена, о Моисей (Муса).

37. Мы уже благословили тебя в другой раз.

38. Когда мы открыли твоей матери то, что мы открыли.

39. Сказав: "Брось его в коробку, а затем брось его в реку. Река выбросит его на берег, где его подберёт Мой враг и его враг". Я осыпал тебя любовью от Меня, и ты был создан по Моему велению перед Моим бдительным оком.

40. Твоя сестра подошла к ним и сказала: "Я могу рассказать вам о кормящей матери, которая может хорошо позаботиться о нём". Так мы вернули тебя к твоей матери, чтобы она могла быть счастливой и перестала беспокоиться. А когда ты убил душу, мы спасли тебя от прискорбных последствий; поистине, мы испытали тебя основательно. Ты пробыл годы с народом Мадьяна, а теперь ты вернулся в соответствии с точным планом.

41. Я создал тебя только для Себя.

42. Иди вместе со своим братом с Моими знамениями вам в поддержку, и не колеблитесь в поминании Меня.

43. Идите к Фараону, ибо он преступил границы дозволенного.

44. Говорите с ним вежливо; быть может, он внимет или станет благоговейным».

45. Они сказали: «Господь наш, мы боимся, что он может напасть на нас или преступить границы дозволенного».

46. Он сказал: «Не бойтесь, ибо Я буду с вами, слушая и наблюдая.

47. Идите к нему и скажите: "Мы – два посланника от твоего Господа. Отпусти детей Израиля. Ты должен воздержаться от их преследования. Мы принесли знамение от твоего Господа, и мир будет уделом тех, кто внимают руководству.

48. Нам внушено, что возмездие неизбежно коснётся тех, кто не веруют и отворачиваются"».

49. Он сказал: «Кто твой Господь, о Моисей (Муса)?»

50. Он сказал: «Наш Господь – Тот, кто даровал всему его существование и его руководство».

51. Он сказал: «А как насчёт прошлых поколений?»

52. Он сказал: «Знание о них находится у моего Господа в записи. Мой Господь никогда не ошибается, и Он никогда не забывает».

53. Он – Тот, кто сделал землю обитаемой для вас и проложил дороги на ней для вас. И Он ниспосылает с неба воду, при помощи которой мы производим много различных видов растений.

54. Ешьте и выращивайте свой скот. Это достаточные доказательства для тех, кто обладает умом.*

55. Из неё мы создали вас, в неё мы возвращаем вас, и из неё мы выведем вас ещё раз.

56. Мы показали ему все наши доказательства, но он не уверовал и отказался.

57. Он сказал: «Не для того ли ты пришёл сюда, чтобы вывести нас из нашей земли своим волшебством, о Моисей (Муса)?

58. Мы непременно покажем тебе подобное волшебство. Поэтому назначь встречу, которую ни ты, ни мы не нарушим – в нейтральном месте».

59. Он сказал: «Вашим назначенным временем встречи будет день торжеств. Давайте все встретимся до полудня».

60. Фараон созвал свои силы и потом пришёл.

61. Моисей (Муса) сказал им: «Горе вам. Неужели вы выдумываете ложь, чтобы сражаться с **БОГОМ**, и так навлекаете на себя Его возмездие? Воистину, такие выдумщики обречены на провал».

62. Они стали спорить между собою, когда они совещались в уединении.

63. Они сказали: «Эти двое не более чем волшебники, которые желают вывести вас из вашей земли своим волшебством и погубить ваш идеальный образ жизни.

---

*20:54. Те, кто обладают умом, ценят тот факт, что мы являемся астронавтами, которые были запущены в космос на этом «Космическом корабле Земля». Бог предоставил нам возобновляемую пищу, воду, животных-питомцев, диких животных и домашний скот, когда мы отправились в это временное космическое путешествие. Сравните провизию Бога для «Космического корабля Земля» с провизией, которую мы даём нашим космонавтам (Приложение 7).

---

64. Давайте сойдёмся на одной уловке и столкнёмся с ними как единый фронт. Победитель сегодня одержит верх».

65. Они сказали: «О Моисей (Муса), или ты бросай, или мы бросим первыми».

66. Он сказал: «Вы бросайте». После чего показалось ему, что их верёвки и палки из-за их магии пришли в движение.

67. Моисей почувствовал в душе некоторый страх.

68. Мы сказали: «Не бойся. Ты восторжествуешь.

69. Брось то, что ты держишь в своей правой руке, и оно поглотит то, что они произвели. То, что они произвели, это не более чем происки волшебника. Работа волшебника не увенчается успехом».

Эксперты признают истину

70. Волшебники пали ниц, говоря: «Мы веруем в Господа Аарона (Харуна) и Моисея (Мусы)».

71. Он сказал: «Неужели вы поверили в него без моего разрешения? Он, должно быть, ваш глава; тот, кто научил вас волшебству. Я непременно отрублю ваши руки и ноги накрест. Я распну вас на стволах пальм. Вы узнаете, кто из нас может причинить наихудшее возмездие, и кто кого переживёт».

72. Они сказали: «Мы не предпочтём тебя ясным доказательствам, что пришли к нам, и Тому, кто создал нас.

Поэтому издавай любое решение, какое ты хочешь издать. Ты только можешь править в этой низшей жизни.

73. Мы уверовали в Господа нашего, чтобы Он простил нам грехи наши и волшебство, которое ты заставил нас совершить. **БОГ** гораздо лучше и Вечный».

74. Каждый, кто приходит к своему Господу виновным, навлечёт на себя Ад, где он никогда не умирает и не остаётся живым.

75. Что же касается тех, кто приходят к Нему верующими, которые вели праведную жизнь, то они достигают высоких степеней.

76. Сады Эдема, под которыми текут реки, будут их обителью навечно. Такова награда для тех, кто очищают себя.

77. Мы внушили Моисею (Мусе): «Выведи слуг Моих и проложи для них ударом сухую дорогу через море. Ты не должен бояться, что тебя могут схватить, и ты не должен беспокоиться».

78. Фараон преследовал их со своим войском, но море накрыло их, так как ему было предназначено накрыть их.

79. Таким образом, Фараон ввёл в заблуждение свой народ; он не повёл их правильным путём.

80. О дети Израиля, мы избавили вас от вашего врага, созвали вас к правой стороне горы Синай, и мы ниспослали вам манну и перепелов.

81. Питайтесь благами, которыми мы вас наделили и не преступайте границ дозволенного, чтобы не навлечь на себя Мой гнев. Тот, кто навлечёт на себя Мой гнев, тот – падший.

82. Воистину, Я – Прощающий для тех, кто кается, верует, ведёт праведную жизнь и продолжает стойко следовать правильным путём.

Дети Израиля бунтуют

83. «Почему ты поспешил удалиться от своего народа, о Моисей (Муса)?»

84. Он сказал: «Они недалеко, позади меня. Я поспешил к Тебе, мой Господь, чтобы Ты был доволен».

85. Он сказал: «Мы подвергли твой народ испытанию после твоего ухода, но самаритянин ввёл их в заблуждение».

86. Моисей (Муса) вернулся к своему народу, сердитый и разочарованный, говоря: «О мой народ, разве ваш Господь не обещал вам хорошего обещания? Неужели вы не могли подождать? Неужели вы хотели навлечь на себя гнев от вашего Господа? Не потому ли вы нарушили своё соглашение со мной?»

87. Они сказали: «Мы не нарушили наше соглашение с тобой преднамеренно. Но мы были нагружены драгоценностями и решили вбросить наш груз. Это то, что предложил самаритянин».

88. Он произвёл для них изваянного тельца, завершив его звучанием телёнка.* Они сказали: «Это – ваш бог и бог Моисея (Мусы)». Таким образом, он забыл.

89. Неужели они не видели, что он не отвечал им и не обладал властью ни навредить им, ни принести им пользу?

90. И Аарон сказал им до этого: «О мой народ, это испытание для вас. Ваш единственный Господь – Самый Милостивый, так что следуйте за мной и повинуйтесь моим повелениям».

91. Они сказали: «Мы будем продолжать поклоняться ему, пока Моисей (Муса) не возвратится».

92. (Моисей) сказал: «О Аарон (Харун), что же помешало тебе, когда ты увидел, что они сбились с пути,

93. следовать моим повелениям? Неужели ты взбунтовал против меня?»

94. Он сказал: «О сын моей матери, не тяни меня за мою бороду и голову. Я боялся, что ты мог бы сказать: "Ты разделил детей Израиля и ослушался моих велений"».

95. Он сказал: «Что с тобой, о самаритянин?»

96. Он сказал: «Я видел то, чего они не могли видеть. Я схватил горсть (пыли) из места, где стоял посланник, и использовал её (чтобы смешать с золотым тельцом). Это то, что мой разум внушил мне сделать».*

---

*20:88 и 96. Самаритянин отправился в то место, где Бог говорил с Моисеем (Мусой), и схватил горсть пыли, на которой отдавался эхом голос Бога. Эта пыль, смешанная с расплавленным золотом, дала возможность золотой статуе приобрести голос телёнка.

97. Он сказал: «Тогда иди и в течение всей своей жизни даже не приближайся. У тебя есть назначенное время (*для твоего окончательного суда*), которое ты никогда не сможешь избежать. Посмотри на своего бога, которому ты поклонялся; мы сожжём его и бросим его в море, чтобы он остался там навечно».

У вас есть только один Бог

98. Вашим единственным богом является **БОГ** – Тот, помимо которого нет никакого другого бога. Его знание охватывает всякую вещь.

99. Так мы рассказываем тебе некоторые вести из прошлых поколений. Мы ниспослали тебе послание от нас.

100. Те, кто пренебрегают им, будут нести груз (*грехов*) в День Воскресения.

101. Вечно они пребудут в нём; какая жалкая ноша в День Воскресения!

102. Это день, когда подуют в рог, и мы призовём виновных в этот день синими.

103. Перешёптываясь между собой, они скажут: «Вы пребывали (*в первой жизни*) не более, чем десять дней!»

104. Мы в полной мере знаем об их высказываниях. Наиболее точный из них скажет: «Вы пробыли не больше одного дня».

В День Воскресения

105. Они спрашивают тебя о горах. Скажи: «Мой Господь уничтожит их.

106. Он оставит их, как пустую, плоскую землю.

107. Даже ни малейшего холма, ни углубления ты не увидишь на ней».

108. В этот день все будут следовать за призывающим без малейшего отклонения. Все звуки будут приглушены перед Самым Милостивым; ты ничего не услышишь, кроме шёпота.

109. В этот день заступничество будет бесполезным, разве лишь для тех, кому разрешено Самым Милостивым, и чьи высказывания будут соответствовать Его воле.

110. Он знает их прошлое и их будущее, в то время как никто не охватывает Его знание.

111. Все лица покорятся Живому, Вечному, а те, кто обременены своими прегрешениями, будут проигравшими.

112. Что же касается тех, кто творил праведность, при этом веруя, то они не будут бояться несправедливости или беды.

113. Так мы ниспослали его, Коран на арабском языке, и мы привели в нём все виды пророчеств, чтобы они могли быть спасены, или чтобы он мог побудить их внять.

114. Самым Возвышенным является **БОГ**, единственный истинный Царь. Не торопись изрекать Коран, пока он не открыт тебе, и скажи: «Господь мой, увеличь мои знания».

Люди не заняли твёрдую позицию*

115. Мы испытали Адама в прошлом, но он забыл, и мы нашли его нерешительным.

116. Вспомни, как мы сказали ангелам: «Падите ниц перед Адамом». Они пали ниц, кроме Сатаны; он отказался.

117. Мы тогда сказали: «О Адам, это враг тебе и твоей жене. Не позволяй ему выселить вас из Рая, чтобы тебе не стать несчастным.

118. Тебе гарантировано никогда не голодать в нём и не ходить неприкрытым.

119. И ты не будешь испытывать жажду в нём и не будешь страдать от зноя».

120. Но дьявол нашептал ему, говоря: «О Адам, позволь мне показать тебе дерево вечности и бесконечного господства».

121. Они поели от него, после чего их тела стали видимыми им, и они пытались прикрыться листьями Рая. Так Адам ослушался своего Господа и пал.

122. Впоследствии его Господь избрал его, помиловал его и наставил его на правильный путь.

123. Он сказал: «Спускайтесь отсюда, все вы. Вы – враги друг другу. Когда руководство придёт к вам от Меня, то тот, кто последует за Моим руководством, не впадёт в заблуждение и не будет страдать от несчастья.

*Для неверующих
несчастная жизнь неизбежна*

124. Что же касается того, кто пренебрегает Моим посланием, то у него будет несчастная жизнь, и мы воскресим его в День Воскресения слепым».

125. Он скажет: «Господь мой, почему ты призвал меня слепым, когда я прежде был зрячим?»

126. Он скажет: «Потому что ты забыл наши откровения, когда они пришли к тебе, а теперь и ты забыт».

127. Так мы воздаём тем, кто преступают границы дозволенного и отказываются веровать в откровения своего Господа. Воздаяние в Будущей жизни гораздо хуже и вечное.

128. Задумывались ли они когда-либо, сколько прежних поколений мы уничтожили? Они теперь ходят в дома тех, кто жил до них. Это знамения для тех, кто обладают умом.

129. Если бы не предопределённый план твоего Господа, то они были бы рассужены немедленно.

130. Поэтому будь терпелив, несмотря на их высказывания, и восхваляй и прославляй Господа твоего перед восходом солнца и перед заходом солнца. И в течение ночи прославляй Его, а также в обоих концах дня, чтобы ты мог быть счастлив.

---

*20:115. Когда Сатана бросил вызов абсолютной власти Бога (38:69), вы и я не заняли твёрдую позицию против Сатаны. Бог на этой земле даёт нам возможность искупить себя, отвергнув Сатану и поддержав абсолютную власть Бога (Приложение 7).

131. И не жажди того, что мы даровали другим людям. Таковы временные украшения этой жизни, посредством чего мы их испытываем. То, чем твой Господь наделяет тебя, гораздо лучше и вечно.

Ответственность родителей

132. Ты должен заповедовать своей семье соблюдать контактные молитвы (*Салат*) и стойко упорствовать в этом. Мы не просим у тебя никаких благ; ведь это мы обеспечиваем тебя. Окончательный триумф будет за праведными.

Почему посланники?

133. Они сказали: «Если бы он только мог показать нам чудо от его Господа!» Разве они не получили достаточные чудеса с предыдущими посланиями?

134. Если бы мы уничтожили их до этого, то они бы сказали: «Господь наш, если бы Ты отправил посланника к нам, то мы бы последовали за Твоими откровениями и избежали бы этого позора и унижения».

135. Скажи: «Все мы ждём, поэтому и вы ждите; вы, несомненно, узнаете, кто находится на правильном пути, и кто получил верное руководство».

****

Сура 21:
Пророки (Аль-Анбийа)

Во имя Бога, Самого Милостивого, Самого Милосердного

1. Быстро приближается час расплаты к людям, но они не обращают внимания и отвращаются.

Сопротивление новому доказательству

2. Когда новое доказательство приходит к ним от их Господа, они слушают его беспечно.

3. Их умы беспечны. И беззаконники тайно совещаются: «Разве он не такой же человек, как вы? Неужели вы примете колдовство, которое представлено вам?»*

4. Он сказал: «Мой Господь знает всякую мысль в небесах и на земле. Он – Слышащий, Всеведущий».

5. Они даже сказали: «Галлюцинации», «Он выдумал его», и «Он поэт. Пусть он покажет нам чудо, подобное тем, что были у предыдущих посланников».

6. Мы никогда прежде не уничтожали верующую общину. Неужели эти люди верующие?

7. До тебя мы посылали только мужчин, которым мы внушали. Спросите

21:3. Хотя Библия (Малахия 3:1) и Коран (3:81) предсказывают появление Божьего Посланника Завета, однако, когда он появился, поддерживаемый «одним из величайших чудес» (74:30-35), его встретили с беспечностью и сопротивлением. Божественное утверждение, что люди выступают против каждого «нового» доказательства, было доказано сопротивлением арабов чуду Корана. (Приложения 1 и 2).

тех, кто знает писание, если вы не знаете.

8. Мы не давали им тел, которые не едят, и они не были бессмертными.

9. Мы исполнили наше обещание им; мы спасли их вместе с теми, с кем мы пожелали, и уничтожили беззаконников.

10. Мы ниспослали вам писание, содержащее послание вам. Неужели вы не понимаете?

11. Мы прекратили существование многих общин за их прегрешения, и мы заменили их другими людьми.

12. Когда наше воздаяние настигло, они бросились бежать.

13. Не бегите и вернитесь к своей роскоши и своим особнякам, ибо вы должны понести ответственность.

14. Они сказали: «Горе нам. Мы на самом деле были нечестивцами».

15. И это оставалось их провозглашением до тех пор, пока мы полностью не уничтожили их.

16. Мы не создали небеса и землю и всё, что между ними, просто для развлечения.

17. Если бы мы нуждались в развлечении, то мы могли бы устроить его без всего этого, если бы это было то, что мы хотели сделать.

18. Однако, это наш план для поддержки истины против лжи, чтобы сокрушить её. Горе вам за высказывания, которые вы произносите.

19. Ему принадлежат все, кто на небесах и на земле; и те, кто у Него, никогда не бывают слишком высокомерными, чтобы поклоняться Ему, и они никогда не колеблются.

20. Они прославляют ночь и день, никогда не уставая.

Один Бог

21. Неужели они нашли на земле богов, которые могут создавать?

22. Если бы были на них (*на небесах и на земле*) другие боги, кроме **БОГА**, то там был бы полный беспорядок. Хвала **БОГУ**, Господу с абсолютной властью. Он значительно выше их утверждений.

Никогда не сомневайтесь в мудрости Бога

23. Его никогда не подобает спрашивать о том, что Он совершает, а все остальные будут спрошены.

24. Неужели они нашли других богов, кроме Него? Скажи: «Покажите мне ваши доказательства. Это послание моему поколению, которое завершает все предыдущие писания». Воистину, большинство из них не распознаёт истину; вот почему они такие враждебные.

Один Бог/ одно послание/ одна религия

25. Мы не посылали до тебя ни одного посланника, которому не было бы внушено: «Нет бога, кроме Меня; вы должны поклоняться только Мне».

26. Тем не менее, они сказали: «Самый Милостивый породил сына!» Слава Ему. Все (*посланники*) – (*Его*) почтенные слуги.

27. Они никогда не говорят сами от себя, и они строго следуют Его повелениям.

Миф о заступничестве

28. Он знает их будущее и их прошлое. Они не заступаются, разве лишь за тех, кто уже принят Им, и они беспокоятся о себе самих.*

29. Если кто-либо из них утверждает, что он бог, кроме Него, то мы воздаём ему Адом; так мы воздаём нечестивым.

*Теория большого взрыва подтверждена**

30. Разве неверующие не понимают, что небеса и земля были когда-то одной сплошной массой, которую мы взорвали, превратив в бытие? И из воды мы сотворили всё живое. Неужели они не уверуют?

31. И мы разместили на земле стабилизаторы, чтобы она не обрушилась с ними, и мы разместили прямые дороги на ней, дабы они были на правильном пути.

32. И мы сделали небо охраняемым потолком. Тем не менее, они абсолютно невнимательны ко всем предзнаменованиям на ней.

33. И Он – Тот, кто создал ночь и день, и солнце и луну; и каждое из них плывёт по своей орбите.

34. Мы никогда никому до тебя не предписывали бессмертия; неужели ты умрёшь, а они будут бессмертными?

35. Каждая душа вкусит смерть, после того, как мы подвергнем вас испытанию невзгодами и процветанием, а затем к нам вы в конечном счёте вернётесь.

Все посланники были осмеяны

36. Когда те, кто не веруют, видят тебя, то они насмехаются над тобой: «Неужели это тот, кто бросает вызов вашим богам?» Тем временем, они по-прежнему совершенно беспечны к посланию от Самого Милостивого.

37. Человек нетерпелив по своей природе. Я неизбежно покажу вам Мои знамения; не будьте слишком торопливы.

38. Они бросают вызов: «Где это (*возмездие*), если вы говорите правду?»

39. Если бы только те, кто не веруют, могли представить себе, как они пытаются отвратить огонь от их лиц и спин! Никто не поможет им тогда.

40. Воистину, оно придёт к ним внезапно, и они будут совершенно ошеломлены. Они не смогут ни избежать его, ни получить отсрочку.

41. Посланники до тебя также были осмеяны, и следовательно те, кто высмеивал их, навлекли на себя возмездие за их насмешки.

---

*21:28. Миф о заступничестве является наиболее эффективной приманкой Сатаны (см. Приложение 8).

*21:30. Теория Большого Взрыва теперь поддержана непогрешимым математическим кодом Создателя (Приложение 1). Таким образом, это уже не теория, а закон и доказанный факт.

Приоритеты спутаны

42. Скажи: «Кто может защитить вас от Самого Милостивого в ночное время или в течение дня?» Воистину, они совершенно невнимательны к посланию их Господа.

43. Разве у них есть боги, которые могут защитить их от нас? Они даже не могут помочь самим себе. И они не смогут сопровождать друг друга, когда их созовут предстать перед нами.

44. Мы обеспечили этих людей и их предков вплоть до старости. Разве они не видят, что каждый день на земле приближает их к концу? Могут ли они повернуть обратно этот процесс?

45. Скажи: «Я предупреждаю вас согласно божественному внушению». Однако, глухие не слышат призыва, когда их предупреждают.

46. А когда образец возмездия твоего Господа касается их, они с готовностью говорят: «Мы, безусловно, были нечестивыми».

47. Мы установим весы правосудия в День Воскресения. Ни одну душу не постигнет ни малейшая несправедливость. Даже равноценное горчичному зерну будет учтено. Мы самые эффективные в расчёте.

Пророки Моисей и Аарон

48. Мы даровали Моисею (Мусе) и Аарону (Харуну) Свод Законов, маяк и напоминание для праведных.

49. Тех, кто благоговеют перед своим Господом, даже когда одни в уединении; и они беспокоятся о Часе.

50. Это тоже благословенное напоминание, которое мы ниспослали. Неужели вы отрицаете его?

Авраам

51. До этого мы даровали Аврааму (Ибрагиму) его руководство и понимание, ибо мы в полной мере ведали о нём.*

52. Он сказал своему отцу и своему народу: «Что это за статуи, которым вы преданы?»

53. Они сказали: «Мы видели, что наши родители поклонялись им».

54. Он сказал: «Воистину, вы и ваши родители совершенно сбились с истинного пути».

55. Они сказали: «Ты говоришь нам истину или ты забавляешься?»

56. Он сказал: «Ваш единственный Господь – это Господь небес и земли, кто создал их. Это утверждение, о котором я свидетельствую.

21:51. Был ли Авраам так умён, что открыл для себя Бога, или же Бог даровал ему ум, потому что Он знал, что он заслужил, чтобы его спасли? Оказывается, весь этот мир был создан для того, чтобы простить тех из нас, кто заслуживает искупления. Когда ангелы предложили, что все мятежники – люди и джинны – должны быть изгнаны из Божьего царства, Он сказал: «Я знаю то, чего вы не знаете» (2:30). В то же время, этот мир доказывает некомпетентность Сатаны как бога (Приложение 7).

57. Клянусь **БОГОМ**, у меня есть план, как обойтись с вашими статуями, как только вы уйдёте».

58. Он разбил их на части, кроме большой статуи, чтобы они могли обратиться к ней.

59. Они сказали: «Тот, кто поступил так с нашими богами, на самом деле беззаконник».

60. Они сказали: «Мы слышали, как один юноша угрожал им; его зовут Авраам (Ибрагим)».

61. Они сказали: «Приведите его на глазах у всех людей, чтобы они могли засвидетельствовать».

62. Они сказали: «Ты ли сделал это с нашими богами, о Авраам (Ибрагим)?»

Авраам доказывает
свою точку зрения

63. Он сказал: «Это сделал тот, большой. Идите и спросите их, если они могут говорить».

64. Они были озадачены и сказали самим себе: «Воистину, это вы грешили».

65. Тем не менее, они вернулись к своим старым идеям: «Ты прекрасно знаешь, что они не могут говорить».

66. Он сказал: «Неужели вы тогда поклоняетесь, кроме **БОГА**, тому, что не властно ни принести вам пользу, ни навредить вам?

67. Вы навлекли на себя позор, поклоняясь идолам, кроме **БОГА**. Неужели вы не понимаете?»

Основательное чудо

68. Они сказали: «Сожгите его и поддержите ваших богов, если это то, что вы решили совершить».

69. Мы сказали: «О огонь, будь прохладным и безопасным для Авраама (Ибрагима)».*

70. Таким образом, они замыслили козни против него, но мы сделали их проигравшими.

71. Мы спасли его и мы спасли Лота (Лута), переселив их на землю, которую мы благословили для всех людей.

72. И мы даровали ему Исаака (Исхака) и Иакова (Йакуба) в дополнение, и мы сделали их обоих праведными.

Авраам доставил все
религиозные обязанности ислама

73. Мы сделали их имамами, которые наставляли на правильный путь согласно нашим заповедям, и мы научили их, как творить праведность и как соблюдать Контактные Молитвы (*Салат*) и обязательную благотворительность (*Закят*).* Для нас они были преданными почитателями.

Лот

74. Что касается Лота (Лута), то мы даровали ему мудрость и знание, и мы спасли его от общины, которая совершала мерзкие поступки; они были нечестивыми и злыми людьми.

21:69. Повеление «прохладный» без «и безопасный» заморозило бы Авраама.

21:73. Когда был низведен Коран, все религиозные обязанности уже были учреждены через Авраама (2:128, 16:123, 22:78).

75. Мы ввели его в нашу милость, ибо он был праведным.

Ной

76. А до этого Ной (Нух) воззвал, и мы ответили ему. Мы спасли его и его семью от великого бедствия.

77. Мы поддержали его против людей, которые отвергли наши откровения. Они были злыми людьми, поэтому мы утопили их всех.

Давид и Соломон

78. Также Давида (Дауда) и Соломона (Сулеймана), когда однажды они правили в отношении чьего-то посева, который повредили чужие овцы. Мы стали свидетелями их решения.

79. Мы даровали Соломону (Сулейману) правильное понимание, хотя мы даровали им обоим мудрость и знание. Мы обязали горы, а также птиц, служить Давиду (Дауду) в прославлении (*Бога*). Это то, что мы сделали.

80. И мы научили его мастерству изготовления щитов, чтобы защищать вас во время войны. Разве вы благодарны?

81. Соломону (Сулейману) мы подчинили ветер, чтобы он дул порывами по его распоряжению. Он мог направить его, как хотел, к той земле, которую он выбирал, и мы благословили такую землю для него. Мы в полной мере знаем обо всём.

82. И из дьяволов были такие, кто нырял для него (*чтобы собирать урожай с моря*) или делал всё остальное, что он заповедал им делать. Мы обязали их служить ему.

Иов

83. И Иов (Айуб) умолял своего Господа: «Беда постигла меня, и из всех милосердных Ты – Самый Милосердный».

84. Мы ответили ему, избавили его от беды и восстановили его семью для него, даже вдвое больше этого. Это была милость от нас и напоминание для почитателей.

85. А также Измаил (Исмаил), Идрис, Зул-Кифл; все они были стойкими, терпеливыми.

86. Мы ввели их в нашу милость, ибо они были праведными.

Иона

87. И Зан-Нун (*Иона «тот, кто с "Н" в его имени»*) отказался от своей миссии в знак протеста, думая, что мы не смогли бы контролировать его. Он кончил тем, что умолял из темноты (*из живота большой рыбы*): «Нет бога, кроме Тебя. Слава Тебе. Я совершил тяжкий грех».

88. Мы ответили ему и спасли его от кризиса; так мы спасаем верующих.

Захария и Иоанн

89. И Захария умолял своего Господа: «Господь мой, не держи меня без наследника, хотя Ты – наилучший наследник».

90. Мы* ответили ему и даровали ему Иоанна (Яхью); мы сделали пригодной его жену для него. Это потому, что они спешили творить праведность и умоляли нас в ситуациях радости, а также и страха. Для нас они были благоговейными.

Мария и Иисус

91. Что же касается той, что хранила свою девственность, то мы вдули в неё от нашего духа, и, таким образом, мы сделали её и её сына знамением для всего мира.

Один Бог – одна религия

92. Ваша религиозная община – лишь одна религиозная община, и только Я являюсь вашим Господом; вы должны поклоняться только Мне.

93. Однако, они разделились на разногласящие религии. Все они возвратятся к нам (на суд).

94. Что же касается тех, кто творит праведность, при этом веруя, то их труд не пропадёт даром; мы записываем его.

95. Любой общине, которую мы уничтожили, запрещается вернуться.

Конец света*

96. Только когда опять появятся Гог и Магог,* они возвратятся – они придут со всех сторон.

97. Вот тогда и исполнится неизбежное пророчество, и неверующие уставятся в ужасе: «Горе нам; мы были невнимательны. Воистину, мы были нечестивыми».

Будущая жизнь

98. Вы и идолы, которым вы поклоняетесь, кроме **БОГА**, будете топливом для Ада; это ваша неизбежная судьба.

99. Если бы те были богами, то они не попали бы в Ад. Все его обитатели пребывают в нём навечно.

100. Они будут вздыхать и стонать в нём, и у них не будет доступа ни к каким вестям.

101. Что же касается тех, кто заслужил наши великолепные награды, то они будут защищены от него.

Праведные

102. Они не услышат его шипения. Они будут наслаждаться обителью, где они могут получить всё, чего пожелают, навечно.

---

*21:90. Использование множественного числа во всём Коране указывает на участие ангелов. Из 3:39 и из Библии ясно, что ангелы в значительной степени имели дело с Захарией, когда они доставили ему добрые вести об Иоанне (Яхье). См. Приложение 10.

*21:96. Благодаря Божьему математическому чуду в Коране (Приложение 1), к 2270 году нашей эры Америка будет сердцем Ислама, и миллиарды по всему миру уверуют в Коран (9:33, 41:53 , 48:28, 61:9). Гог и Магог (аллегорические названия злодейских общин) будут единственными бастионами язычества, и они атакуют покорных. Именно тогда и наступит конец света (15:87, 18:94, Приложение 25). Гог и Магог упоминаются в 18:94 и 21:96, за 17 стихов до конца каждой суры; это может указывать на время их появления.

103. Великий ужас не потревожит их, и ангелы примут их радостно: «Это ваш день, который был обещан вам».

День Воскресения

104. В тот день мы сложим небеса подобно тому, как складывают книгу. Как мы произвели первое творение, так мы и повторим его. Это наше обещание, и мы, безусловно, выполним его.

105. Мы предписали в Псалмах, а также в наших других писаниях, что землю унаследуют Мои праведные почитатели.

106. Это воззвание к людям, которые являются почитателями.

107. Мы послали тебя из милости нашей ко всему миру.

108. Возвести: «Мне было даровано божественное внушение, что ваш бог – единый бог. Неужели вы и теперь не покоритесь?»

109. Если же они отвернутся, то скажи: «Я предупредил вас в достаточной мере, и я не имею понятия, как скоро или поздно (*возмездие*) придёт к вам.

110. Он в полной мере знает ваши публичные высказывания, и Он в полной мере знает всё, что вы утаиваете.

111. Насколько мне известно, этот мир – испытание для вас и временное наслаждение».

112. Скажи: «Господь мой, Твоё решение является абсолютно справедливым. Наш Господь – Самый Милостивый; только у Него мы ищем помощи против ваших утверждений».

****

Сура 22: Паломничество (Аль-Хадж)

Во имя Бога, Самого Милостивого, Самого Милосердного

1. О люди, вы должны благоговеть перед вашим Господом, ибо сотрясение Часа – это что-то ужасное.

2. В тот день, когда вы станете свидетелями его, даже кормящая мать бросит своего младенца, а беременная женщина потеряет свой плод. Ты увидишь людей шатающимися, как будто бы они пьяны, хотя они и не пьяны. Это потому, что возмездие **БОГА** настолько устрашающее.

3. Среди людей есть такие, кто спорят о **БОГЕ** без всякого знания и следуют за всяким мятежным дьяволом.

4. И предопределено, что любого, кто вступает с ним в союз, он будет вводить в заблуждение и вести к мукам Ада.

Откуда мы пришли?

5. О люди, если у вас есть какие-либо сомнения относительно воскресения, то (*помните, что*) мы создали вас из праха, а затем из крошечной капли, которая превращается в подвесной (*зародыш*), затем он становится плодом, которому дарована жизнь или он признан безжизненным. Так мы проясняем вещи для вас. Мы поселяем в утробах то, что мы пожелаем, на предопределённый срок.* Затем мы выводим вас младенцами, а потом вы достигаете зрелости. В то время как некоторые из вас умирают молодыми, другие живут до наихудшего возраста только для того, чтобы узнать, что невозможно обрести больше знаний сверх определённого предела. Кроме того, ты смотришь на омертвевшую землю, которая, как только мы польём её водой, вибрирует жизнью и взращивает все виды красивых растений.

6. Это доказывает то, что **БОГ** есть Истина, и что Он оживляет мёртвых, и что Он – Всесильный.

7. И что Час приближается – нет сомнения в этом, и что **БОГ** воскрешает тех, кто в могилах.

Обычное явление

8. Среди людей есть такой, кто спорит о **БОГЕ** безо всякого знания, и без истинного руководства, и без просвещающего писания.

9. Высокомерно он усердствует, чтобы отклонить людей от пути **БОГА**.

Так он навлекает на себя унижение в этой жизни, а в День Воскресения мы подвергнем его мукам адского огня.

10. Это то, что твои руки уготовили для тебя. **БОГ** никогда не поступает несправедливо с людьми.

Друзья только в счастье

11. Среди людей есть такой, кто поклоняется **БОГУ** условно. Если всё идёт так, как ему угодно, то он удовлетворён. Но если какая-либо невзгода постигает его, то он делает поворот кругом. Таким образом, он теряет как эту жизнь, так и Будущую жизнь. Такова истинная утрата.

12. Он боготворит, кроме **БОГА**, то, что не во власти ни навредить ему, ни принести ему пользу; таково истинное заблуждение.

13. Он боготворит то, что более склонно навредить ему, чем принести ему пользу. Какой несчастный господин! Какой несчастный товарищ!

14. **БОГ** вводит тех, кто верует и ведёт праведную жизнь, в сады с текущими ручьями. Всё происходит согласно **БОЖЬЕЙ** воле.

Счастье сейчас и навечно

15. Если кто-либо думает, что **БОГ** не может поддержать его в этой жизни и в Будущей жизни, то пусть он полностью обратится к (*его Создателю в*) небесах и разорвёт (*его зависимость от кого-либо ещё*). Он тогда увидит,

---

*22:5. *Математическое чудо Корана основано на числе 19. Как оказалось, это число представляет собой подпись Творца на Его творениях. Таким образом, вы и я имеем 209 костей в нашем теле (209 = 19x11). Длительность беременности для доношенного плода составляет 266 дней (19x14) (Медицинская Эмбриология Лангмана, Т. В. Сэдлер, страница 88, 1985 год).*

что этот план устраняет всё, что его беспокоит.

16. Так мы открыли здесь ясные откровения, и тогда **БОГ** ведёт правильным путём того, кого Он пожелает.

Бог – единственный судья

17. И те, кто веруют, и иудеи, и новообращённые, и христиане, и зороастрийцы, и идолопоклонники – **БОГ** будет судить среди них в День Воскресения. **БОГ** видит все вещи.

18. Разве ты не понимаешь, что перед **БОГОМ** падают ниц все, кто на небесах и на земле, и солнце, и луна, и звёзды, и горы, и деревья, и животные, и много людей? А многие другие среди людей обречены на гибель. Кого **БОГ** позорит, того никто не будет почитать. Всё происходит согласно **БОЖЬЕЙ** воле.

Как ужасен Ад!*

19. Вот две группы, враждующие относительно их Господа. Что касается тех, кто не уверовали, то у них будет выкроенная для них одежда из огня. Адская жидкость будет литься на их головы.

20. От этого будут плавиться их внутренности, а также их кожи.

21. Они будут заключены в металли-ческие горшки.

22. Всякий раз, когда они попытаются выйти, чтобы избавиться от таких страданий, их заставят вернуться в него: «Вкусите муки горения».

Блаженство Рая

23. **БОГ** введёт тех, кто верует и ведёт праведную жизнь, в сады с текущими ручьями. Они будут украшены там браслетами из золота и жемчугом, а их одежда будет из шёлка.

24. Они были направлены к добрым словам; и они были наставлены на путь Самого Восхвалённого.

25. Безусловно, тех, кто не веруют и отвращают других от пути **БОГА** и от Священной Мечети, которую мы определили для всех людей – будь они местные или приезжие, – и стремятся осквернить её и опорочить её, мы подвергнем их мучительному возмездию.

Паломничество, как и все обязанности в Исламе, предписано через Авраама*

26. Мы предписали Аврааму (Ибрагиму) установить Храм: «Ты не должен боготворить никакого другого бога, кроме Меня, и очищай Мой храм для посещающих его, живущих рядом с ним, кланяющихся и падающих ниц.

---

*22:19-22. Люди, которые настаивали на отправлении в Ад, неизбежно будут жаловаться: «Если бы мы знали, насколько это плохо, мы бы вели себя по-другому». Им будет сказано, что ужасы Ада были указаны им в самых живописных, хотя и символических, выражениях. Следует отметить, что в Коране Рай и Ад почти неизменно упоминаются вместе.

*22:26-27. Авраам был первоначальным посланником Покорности (Ислама). См. 22:78 и Приложение 9.

27. И провозгласи, что люди должны совершить паломничество Хадж.* Они придут к тебе пешком или верхом на различных изнурённых (*транспортных средствах*). Они придут из самых отдалённых мест».

28. Они могут искать коммерческую выгоду, и они должны поминать имя **БОГА** в установленные дни за то, что Он наделил их домашним скотом. «Питайтесь им и накормите унылого и бедного».

29. Они должны завершить свои обязанности, выполнить свои обеты, а также посетить древнюю святыню.

30. Те, кто почитают обряды, предписанные **БОГОМ**, заслужили доброе вознаграждение от своего Господа. Весь скот дозволен вам в пищу, кроме того, который конкретно запрещён для вас. Вы должны избегать мерзости идолопоклонства, а также избегать лжесвидетельствования.

31. Вы должны сохранять вашу преданность абсолютно только **БОГУ**. Тот, кто создаёт какого-либо идола, кроме **БОГА**, подобен тому, кто упал с неба, а затем схвачен грифами или унесён ветром в глубокий овраг.

32. Воистину, те, кто почитают обряды, предписанные **БОГОМ**, проявляют праведность своих сердец.

Жертвоприношение скота во время паломничества*

33. (*Скот*) обеспечивает вас многими благами на определённый срок, прежде чем его пожертвуют древней святыне.

34. Для каждой религиозной общины мы предписали обряды, которыми они поминают имя **БОГА** за обеспечение их скотом. Ваш бог – один и тот же бог; вы все должны покориться Ему. Передай добрые вести послушным.

35. Это те, чьи сердца трепещут при упоминании **БОГА**, они стойко и упорно переносят невзгоды, они соблюдают Контактные Молитвы (*Салат*), и из наших благ к ним они дают на благотворительность.

36. Жертвенные животные являются одним из обрядов, предписанных **БОГОМ** для вашего же блага.* Вы должны упоминать имя **БОГА** над ними, пока они стоят в очереди. Когда их принесут в жертву, ешьте от них и накормите бедных и нуждающихся. Вот почему мы подчинили их вам, чтобы вы могли показать свою признательность.

37. Ни их мясо, ни их кровь не достигают **БОГА**. То, что достигает Его, – это ваша праведность. Он подчинил их вам, чтобы вы могли показать свою признательность, прославляя **БОГА** за то, что Он направил вас на правильный путь. Передай добрые вести благотворительным.

---

*22:27. См. примечание к 22:26.

*22:36. Жертвенные животные от паломников сохраняют ресурсы на территории паломничества. Обратите внимание, что почти 2 миллиона паломников сходятся в Мекку во время паломничества.

Бог защищает верующих

38. **БОГ** защищает тех, кто верует. **БОГ** не любит всякого предателя, неблагодарного.

Синагоги, церкви и мечети

39. Разрешение даровано тем, кто подвергается гонению, поскольку несправедливость постигла их, и **БОГ**, безусловно, в состоянии поддержать их.

40. Они несправедливо были выселены из своих домов только за то, что говорили: «Наш Господь – **БОГ**». Если бы **БОГ** не поддерживал одних людей против других, то монастыри, церкви, синагоги и мечети – где имя **БОГА** поминается часто – были бы разрушены. Безусловно, **БОГ** поддерживает тех, кто поддерживает Его. **БОГ** – Могущественный, Всемогущий.

41. Они те, кто – если бы мы назначили их правителями на земле – учредили бы Контактные Молитвы (*Салат*) и обязательную благотворительность (*Закят*), и отстаивали бы праведность, и запрещали бы зло. **БОГ** – окончательный властитель.

42. Если они отвергнут тебя, то ещё до них народ Ноя (Нуха), адиты и самудяне также не уверовали.

43. А также народ Авраама (Ибрагима) и народ Лота (Лута).

44. И жители Мадьяна. Моисей (Муса) также был отвергнут. Я обольстил всех тех людей, а затем Я призвал их к ответу; как (*разрушительно*) было Моё воздаяние!

45. Много общин мы уничтожили за их нечестие. Они в конечном итоге оказались в руинах, с заброшенными колодцами и большими пустыми особняками.

46. Разве они не странствовали по земле, а потом использовали свои умы, чтобы понимать, а свои уши, чтобы слышать? Воистину, настоящая слепота – это не слепота глаз, а слепота сердец в груди.

47. Они требуют, чтобы ты навлёк на них возмездие, и **БОГ**, несомненно, выполнит Своё пророчество. День у твоего Господа подобен тысяче ваших лет.

48. Много общин в прошлом совершили зло, и Я обольстил их на определённый срок, а потом Я наказал их. Ко Мне предстоит окончательная судьба.

Божий Посланник Завета

49. Скажи: «О люди, я послан к вам как проникновенный предостерегающий увещеватель».*

50. Те, кто веруют и ведут праведную жизнь, заслужили прощение и щедрое вознаграждение.

51. Что же касается тех, кто стремится бросить вызов нашим откровениям, то они навлекают на себя Ад.

---

*22:49. *Это повеление непосредственно направленно Божьему Посланнику Завета. Этот факт и конкретное имя посланника математически закодированы в Коране. Смотрите подробности вместе с неопровержимыми доказательствами в Приложениях 2 и 26.*

Система*

52. Мы не отправляли до тебя ни одного посланника или пророка, не позволив дьяволу вмешаться в его пожелания. Но потом **БОГ** сводит на нет то, что совершил дьявол. **БОГ** совершенствует Свои откровения. **БОГ** – Всеведущий, Самый Мудрый.*

Лицемеры выбывают

53. Так Он учреждает козни дьявола как испытание для тех, кто питают сомнения в их сердцах, и для тех, чьи сердца ожесточены. Нечестивые должны оставаться с оппозицией.

54. Те, кто благословенны знанием, распознают истину от твоего Господа, затем уверуют в неё, и их сердца с готовностью примут её. Истинно, **БОГ** направляет верующих на правильный путь.

55. Что же касается тех, которые не уверовали, то они будут продолжать питать сомнения, пока Час не придёт к ним внезапно, или пока не постигнет их возмездие страшного дня.

Временное господство Сатаны

56. Вся верховная власть в этот день будет принадлежать **БОГУ**, и Он будет судить между ними. Что касается тех, кто верует и ведёт праведную жизнь, то они заслужили сады блаженства.

57. А те, кто не уверовали и отвергли наши откровения, навлекли на себя позорное возмездие.

Усердствование в деле Бога

58. Тех, кто мигрировали ради **БОГА**, а затем были убиты или умерли, **БОГ** непременно осыплет прекрасными благами. **БОГ**, безусловно, наилучший Наделитель благ.

59. Несомненно, Он примет их приёмом, который будет радовать их. **БОГ** – Всеведущий, Снисходительный.

Божественная помощь для угнетённых

60. Предписано, что если кто-либо справедливо отомстит за несправедливость, которая была причинена ему, и после этого подвергнется гонению за это, то **БОГ** непременно поддержит его. **БОГ** – Извиняющий, Прощающий.

Всемогущество Бога

61. Это факт, что **БОГ** вводит ночь в день и вводит день в ночь, и что **БОГ** – Слышащий, Видящий.

62. Это факт, что **БОГ** есть Истина, а создание каких-либо идолов, кроме Него, является ложью, и что **БОГ** – Всевышний, Верховный.

22:52. На протяжении всего этого мирского испытания Сатане разрешено представить свою точку зрения (мы рождаемся с представителем Сатаны в нашем теле). Это позволяет людям сделать выбор между свидетельством Бога и свидетельством Сатаны. Свидетельство Сатаны неизменно основано на лжи. Эта система объясняет тот факт, что агенты дьявола непрерывно придумывают самую абсурдную ложь, оскорбления и обвинения против каждого посланника (См. 6:33-34, 8:30, 17:76-77, 27:70).

63. Разве ты не видишь, что **БОГ** ниспосылает с неба воду, которая делает землю зелёной? **БОГ** – Возвышенный, Осведомлённый.

64. Ему принадлежит всё, что на небесах, и всё, что на земле. Безусловно, **БОГ** – Самый Богатый, Наиболее Достойный похвалы.

65. Разве ты не видишь, что **БОГ** обязал всё на земле служить вам? Корабли движутся по океану согласно Его воле. Он удерживает небесные тела от столкновения с землёй, разве что если это не согласуется с Его волей. **БОГ** Очень Добр к людям, Самый Милосердный.

66. Он – Тот, кто даровал вам жизнь, потом Он умертвит вас, а затем Он оживит вас. Воистину, человек неблагодарен.

67. Для каждой религиозной общины мы предписали набор обрядов, которых они должны придерживаться. Поэтому им не следует спорить с тобой. Ты должен продолжать призывать каждого к твоему Господу. Истинно, ты находишься на правильном пути.

68. Если они спорят с тобой, то скажи: «**БОГ** в полной мере знает всё, что вы совершаете».

69. **БОГ** рассудит между вами в День Воскресения относительно всех ваших споров.

70. Разве ты не понимаешь, что **БОГ** знает всё, что на небесах, и всё, что на земле? Всё это записано в записи. **БОГУ** легко это сделать.

71. Тем не менее, они боготворят,

кроме **БОГА**, идолов, которым Он не предоставил никакой власти, и они ничего не знают о них. У беззаконников нет помощника.

Насилие и воинственность – признаки неверия

72. Когда наши откровения ясно читаются им, ты распознаёшь нечестие на лицах тех, кто не веруют. Они готовы наброситься на тех, кто читает им наши откровения. Скажи: «Не сообщить ли вам о том, что гораздо хуже? Ад обещан **БОГОМ** тем, кто не веруют; какая несчастная участь».

Могут ли они создать муху?

73. О люди, вот притча, над которой вы должны внимательно поразмыслить: идолы, которых вы создали, помимо **БОГА**, никогда не смогут создать муху, даже если бы они объединились, чтобы сделать это. Более того, если муха похитит что-нибудь у них, то они не смогут возвратить это; слаб и преследователь, и преследуемый.

74. Они не ценят **БОГА** так, как надлежит Его ценить. **БОГ** – Самый Могущественный, Всемогущий.

75. **БОГ** избирает посланников из числа ангелов, а также из числа людей. **БОГ** – Слышащий, Видящий.

76. Он знает их прошлое и их будущее. **БОГУ** принадлежит окончательное управление всеми делами.

77. О вы, кто верует, вы должны кланяться, падать ниц, поклоняться вашему Господу и творить праведность, чтобы вы могли достичь успеха.

Авраам – первоначальный посланник Ислама*

78. Вы должны усердствовать в деле **БОГА** так, как вам надлежит усердствовать в Его деле. Он избрал вас и не возложил на вас трудностей в соблюдении вашей религии – религии вашего отца Авраама (Ибрагима). Он тот, кто первоначально назвал вас «Покорными». Таким образом, посланник должен быть свидетелем среди вас, а вы должны быть свидетелями среди людей. Поэтому вы должны соблюдать Контактные Молитвы (*Салат*), давать на обязательную благотворительность (*Закят*) и крепко держаться за **БОГА**; Он – ваш Господь, наилучший Господь и наилучший Покровитель.

****

Сура 23: Верующие (Аль-Муминун)

Во имя Бога, Самого Милостивого, Самого Милосердного

1. Воистину, успешны верующие;

2. кто благоговейны во время их Контактных Молитв (*Салат*).

3. И они избегают тщетных разговоров.

4. И они дают на обязательную благотворительность (*Закят*).

5. И они сохраняют своё целомудрие.

6. Только с их супругами или с теми, кто по праву принадлежит им, они имеют сексуальные отношения; на них нет вины.

7. Те, кто преступают эти границы, – беззаконники.

8. Когда дело доходит до вкладов, порученных им на хранение, а также любых соглашений, которые они заключают, то они заслуживают доверия.

9. И они регулярно соблюдают свои Контактные Молитвы (*Салат*).

10. Таковы наследники.

11. Они унаследуют Рай, где они пребудут вечно.

Точная эмбриология

12. Мы создали человека из определённого вида грязи.

13. Впоследствии мы воспроизвели его из крошечной капли, которая помещена в хорошо защищённое вместилище.

14. Затем мы превратили каплю в подвесной (*зародыш*), затем превратили подвесной (*зародыш*) в крохотный (*плод*), затем создали из крохотного (*плода*) кости, а затем покрыли кости плотью. Так мы производим новое существо. Самый благословенный – это **БОГ**, наилучший Создатель.

---

*22:78. Хотя все посланники проповедовали одно и то же послание «Поклоняться только Богу», Авраам был первым посланником, который придумал эти выражения «Покорность» (Ислам) и «Покорный» (Мусульманин) (2:128). Какой же вклад Авраам внёс в Покорность (Ислам)? Мы узнаём из 16:123, что все религиозные обязанности в Покорности были ниспосланы через Авраама (См. Приложения 9 и 26).

15. Затем, позже, вы умираете.

16. Затем, в День Воскресения, вы будете воскрешены.

Семь Вселенных

17. Мы создали над вами семь Вселенных слоями, и мы никогда не находимся в неведении ни об одном существе в них.

Бесчисленные благословения от Бога

18. Мы ниспосылаем с неба воду в точном количестве, а затем мы храним её в земле. Безусловно, мы можем позволить ей утечь.

19. Ею мы взращиваем для вас сады из финиковых пальм и винограда, все виды фруктов и различную пищу.

20. Кроме того, дерево родом из Синая производит масло, а также приправу для едоков.

21. И скот должен предоставить вам урок. Мы позволяем вам пить (*молоко*) из их животов, вы получаете другие выгоды от них, а некоторые из них вы используете в пищу.

22. На них и на кораблях вы передвигаетесь.

Ной

23. Мы послали Ноя (Нуха) к его народу, чтобы он сказал: «О народ мой, поклоняйтесь **БОГУ**. У вас нет другого бога, кроме Него. Неужели вы не станете праведными?»

24. Предводители из его народа, кто не уверовали, сказали: «Это – всего лишь человек, подобный вам, кто хочет получить над вами преимущество. Если бы **БОГ** пожелал, то Он мог бы ниспослать ангелов. Мы никогда не слышали ничего подобного от наших предков.

25. Он лишь человек, который сошёл с ума. Просто игнорируйте его на некоторое время».

26. Он сказал: «Господь мой, даруй мне победу, ибо они не поверили мне».

27. Потом мы внушили ему: «Сделай судно* под нашим бдительным присмотром и согласно нашему внушению. Когда наше повеление придёт и обстановка накалится, то введи в него по паре из всех видов (*твоих домашних животных*) и твою семью, кроме тех, кто обречён на гибель. Не обращайся ко Мне от имени тех, кто преступил границы дозволенного; они будут потоплены.

28. После того, как ты и те, кто с тобой, устроитесь на судне, ты должен сказать: "Хвала **БОГУ** за то, что спас нас от злых людей".

29. И скажи: "Господь мой, позволь мне высадиться на благословенное место; Ты – наилучший доставитель"».

30. В этом должны быть достаточные доказательства для вас. Мы, безусловно, подвергнем вас испытанию.

23:27. Расказчики сделали посмешище из истории Ноя. Ноев ковчег был плоским судном, сделанным из брёвен, которые были связаны вместе примитивными канатами (54:13); потоп был местным, на территории, окружающей Мёртвое море, и животными были домашний скот Ноя.

31. Впоследствии мы учредили ещё одно поколение после них.

32. Мы отправили к ним посланника из их числа, чтобы он сказал: «Вы должны поклоняться **БОГУ**. У вас нет другого бога, кроме Него. Неужели вы не станете праведными?»

33. Предводители из его народа, кто не уверовали и отвергли идею Будущей жизни, – хотя мы щедро обеспечили их в этой жизни – сказали: «Это – всего лишь человек, подобный вам. Он ест из того, что вы едите, и пьёт, как вы пьёте.

34. Если вы станете повиноваться человеку, подобному вам, то вы на самом деле проигравшие.

35. Неужели он вам обещает, что после того, как вы умрёте и превратитесь в прах и кости, вы опять появитесь?

36. Невозможно, воистину, невозможно то, что обещано вам.

37. Мы живём только эту жизнь – мы живём и умираем – и мы никогда не будем воскрешены.

38. Он просто человек, который выдумал ложь и приписал её **БОГУ**. Мы никогда не поверим ему».

39. Он сказал: «Господь мой, даруй мне победу, ибо они не поверили мне».

40. Он сказал: «Скоро они пожалеют».

41. Возмездие поразило их по справедливости, и так мы превратили их в руины. Нечестивые люди сгинули.

42. Впоследствии мы создали другие поколения после них.

43. Ни одна община не может ни приблизить свою предопределённую судьбу, ни отдалить её.

44. Потом мы отправили наших посланников, следующих друг за другом. Каждый раз, когда посланник приходил к своей общине, они не верили ему. Следовательно мы уничтожали их один за другим, и они вошли в историю. Люди, которые не уверовали, сгинули.

Моисей и Аарон

45. Затем мы послали Моисея (Мусу) и его брата Аарона (Харуна) с нашими откровениями и основательным доказательством.

46. К Фараону и его старейшинам, но они возгордились. Они были угнетателями.

47. Они сказали: «Неужели мы поверим двум людям, когда их народ является нашими рабами?»

48. Они отвергли этих двоих, и следовательно они были уничтожены.

49. Мы даровали Моисею (Мусе) писание, дабы они были на правильном пути.

50. Мы сделали сына Марии (Марьям) и его мать знамением, и мы дали им убежище на холме с едой и питьём.

Один Бог – одна религия

51. О посланники, ешьте из прекрасных благ и творите праведность. Я в полной мере знаю всё, что вы совершаете.

52. Такова ваша религиозная община – одна община; и Я – ваш Господь; вы должны благоговеть передо Мной.

53. Но они разделились на спорящие группировки; и каждая из групп довольна тем, что у них есть.

54. Поэтому просто оставь их в их замешательстве на некоторое время.

55. Неужели они думают, что поскольку мы обеспечили их деньгами и детьми,

56. то мы, должно быть, осыпаем их благословениями? Воистину, они не имеют понятия.

57. Безусловно, те, кто благоговейно осознают своего Господа,

58. И кто веруют в откровения своего Господа,

59. И кто никогда не создают никаких идолов, кроме своего Господа,

60. И когда они дают свои милостыни, их сердца полностью благоговейны, ибо они признают, что они будут созваны перед их Господом, –

61. Они стремятся совершать праведные дела; они соревнуются в выполнении их.

Неверующие неблагодарны

62. Мы не обременяем никакую душу сверх её возможностей, и мы храним запись, которая изрекает истину. Никого не постигнет несправедливость.

63. Из-за того, что их умы невнимательны к этому, они совершают дела, которые не согласуются с этим; их деяния злые.

64. Потом, когда мы воздаём их предводителям возмездием, они жалуются.

65. Не жалуйтесь теперь; вы сами отказались от нашей помощи.

66. Мои доказательства были представлены вам, но вы отвернулись от них.

67. Вы были слишком высокомерны, чтобы принять их, и вы демонстративно пренебрегали ими.

68. Почему они не поразмыслят над этим писанием? Неужели они не понимают, что они получили нечто такое, чего не было достигнуто их предками?

69. Неужели они не признали своего посланника? Не потому ли они игнорируют его?

70. Неужели они решили, что он безумный? Воистину, он принёс им истину, но большинство из них ненавидит истину.

71. Воистину, если бы истина соответствовала их желаниям, то на небесах и на земле был бы полный беспорядок, и всё на них было бы развращено. Мы даровали им их доказательство, но они пренебрегают своим доказательством.

72. Разве ты просишь у них плату? Плата твоего Господа гораздо лучше. Он – наилучший Наделитель благ.

73. Истинно, ты призываешь их к прямому пути.

74. Те, кто не веруют в Будущую жизнь, безусловно, отклоняются от правильного пути.

75. Даже когда мы осыпали их милостью и избавили от их проблем, они всё равно окунулись глубже в греховность и продолжали блуждать вслепую.

76. Даже когда мы подвергли их возмездию, они никогда не обращались к своему Господу, взывая.

77. Впоследствии, когда мы воздали им суровым возмездием, которое они навлекли на себя, они были потрясены.

78. Он – Тот, кто даровал вам слух, зрение и мозги. Редко же вы бываете признательны.

79. Он – Тот, кто утвердил вас на земле, и перед Ним вы будете собраны.

80. Он – Тот, кто управляет жизнью и смертью, и Он – Тот, кто чередует день и ночь. Разве вы не понимаете?

81. Они сказали то, что их предки говорили.

82. Они сказали: «Неужели мы воскреснем после того, как мы умрём и станем прахом и костями?

83. Такие обещания были даны нам и нашим родителям в прошлом. Это не более чем сказки из прошлого».

Большинство верующих обречено на Ад*

84. Скажи: «Кому принадлежит земля и всё, что на ней, если вы знаете?»

85. Они скажут: «БОГУ». Скажи: «Почему же вы тогда не внимете?»

86. Скажи: «Кто Господь семи Вселенных и Господь великого владения?»

87. Они скажут: «БОГ». Скажи: «Почему же вы тогда не станете праведными?»

88. Скажи: «В чьих руках вся верховная власть над всеми вещами, и Он единственный, кто может оказать помощь, но не нуждается в помощи, если вы знаете?»

89. Они скажут: «БОГ». Скажи: «Где же вы сбились с истинного пути?»

90. Мы даровали им истину, хотя они – лжецы.

91. БОГ никогда не порождал сына. И кроме Него, никогда не было какого-либо другого бога. В противном случае каждый бог объявил бы независимость со своими творениями, и они бы состязались друг с другом за господство. Да будет славен БОГ; значительно выше их утверждений.

92. Знающий все тайны и заявления; да будет возвеличен Он, превыше того, чтобы иметь соучастника.

93. Скажи: «Господь мой, независимо от того, покажешь ли Ты мне (возмездие), которое они навлекли на себя, или нет,

94. Мой Господь, не позволь мне быть одним из беззаконников».

95. Показать тебе (возмездие), которое мы уготовили для них, – это то, что мы можем легко сделать.

---

*23:84-89. Вера в Бога действительна, только если мы признаём качества Бога, например, тот факт, что Бог управляет всем (8:17). Верующие, которые не знают Бога, на самом деле не верующие. Большинство верующих сводит на нет свою веру, обожествляя таких бессильных идолов, как пророки и святые (6:106).

96. Поэтому противодействуй их злым деяниям добром; мы в полной мере знаем их утверждения.

Чтобы быть защищёнными от Сатаны

97. Скажи: «Господь мой, я прибегаю к Твоей защите от нашёптывания дьяволов.

98. И я прибегаю к Твоей защите, Господь мой, дабы они не приближались ко мне».

Мёртвые не вернутся до Дня Воскресения

99. Когда смерть приходит к кому-нибудь из них, он говорит: «Господь мой, пошли меня обратно.

100. Я тогда буду творить праведность во всём, что я оставил». Неправда. Это ложное утверждение, которое он делает. Преграда будет отделять его душу от этого мира до воскресения.

101. Когда подуют в рог, никаких отношений между ними не будет существовать в этот день, и они не будут заботиться друг о друге.

102. Что же касается тех, чей вес окажется тяжёлым, то они будут победителями.

103. А те, чей вес окажется лёгким, – это те, кто потеряли свои души; они пребудут в Аду вечно.

104. Огонь покроет их лица, и их пребывание в нём будет жалким.

105. Разве не читались вам Мои откровения, а вы продолжали отвергать их?

106. Они скажут: «Господь наш, наше нечестие одолело нас, и мы были заблудшими людьми.

107. Господь наш, выведи нас отсюда; если мы вернёмся (*к нашему прежнему поведению*), то тогда мы на самом деле нечестивцы».

108. Он скажет: «Пребывайте в нём униженными и не говорите со Мной.

Они насмехались над верующими

109. Часть Моих слуг обычно говорила: "Господь наш, мы уверовали, прости же нас и осыпь нас милостью. Из всех милосердных Ты – Самый Милосердный".

110. Но вы издевались и насмехались над ними до такой степени, что вы забыли Меня. Вы смеялись над ними.

111. Я наградил их сегодня в обмен на их стойкость, сделав их победителями».

112. Он сказал: «Как долго вы пробыли на земле? Сколько лет?»

113. Они сказали: «Мы пробыли день или часть дня. Спроси тех, кто считал».

114. Он сказал: «В сущности, вы пробыли всего лишь краткий промежуток времени, если бы вы только знали.

115. Неужели вы думали, что мы создали вас напрасно, что вы не будете возвращены к нам?»

116. Самый возвышенный – это **БОГ**, истинный Властелин. Нет другого бога, кроме Него; Самый Почётный Господь, обладатель всей власти.

117. Каждый, кто боготворит, кроме **БОГА**, любого другого бога и без какого-либо доказательства, его расплата покоится у его Господа. Неверующие никогда не преуспеют.

118. Скажи: «Господь мой, осыпь нас прощением и милостью. Из всех милосердных Ты – Самый Милосердный».

****

Сура 24: Свет (Аль-Нур)

Во имя Бога, Самого Милостивого, Самого Милосердного

1. Сура, которую мы ниспослали и предписали как закон. Мы ниспослали в ней ясные откровения, чтобы вы могли внять.

Прелюбодеяние
2. Прелюбодейку и прелюбодея вы должны выпороть, нанеся каждому из них сто ударов плетью. Не поддавайтесь жалости при выполнении закона **БОГА**, если вы истинно веруете в **БОГА** и в Последний День. И пусть группа верующих присутствует при их наказании.*

3. Прелюбодей в конечном итоге женится на прелюбодейке или идолопоклоннице, а прелюбодейка окажется замужем за прелюбодеем или идолопоклонником. Это запрещено для верующих.

4. Тех, кто обвиняют замужних женщин в супружеской измене и при этом не представляют четырёх свидетелей, вы должны выпороть, нанеся им восемьдесят ударов плетью; и не принимайте от них никаких показаний; они нечестивые.

5. Если они раскаются после этого и исправятся, то **БОГ** – Прощающий, Милосердный.

6. Что же касается тех, кто обвиняет своих супругов, не имея других свидетелей, кроме самих себя, то его показания могут быть приняты, если он поклянётся **БОГОМ** четыре раза, что он говорит правду.

7. Пятой клятвой должно быть призвание на себя **БОЖЬЕГО** осуждения, если он лжёт.

8. Она должна считаться невиновной, если она поклянётся **БОГОМ** четыре раза, что он лжец.

9. Пятая клятва навлечёт на неё гнев **БОГА**, если он говорит правду.

10. Это **БОЖЬЯ** благодать и милость к вам. **БОГ** – Искупитель, Самый Мудрый.

Как обойтись со слухами и непроверенными обвинениями
11. Шайка из вашего числа произвела большую ложь.* Не думайте, что это было плохо для вас; напротив, это было хорошо для вас. Между тем, каждый из них заработал свою

---

*24:2. Социальное давление, то есть, когда публика становится свидетелем карательной меры, является основным наказанием (см. также 5:38). Удары плетью должны быть символическими, а не суровыми.

*24:11. См. примечание на стр. 237.

долю вины. Что же касается того, кто затеял весь этот инцидент, то он навлёк на себя страшное возмездие.

12. Когда вы услышали это, то верующие мужчины и верующие женщины должны были иметь лучшее мнение о себе и должны были сказать: «Это, безусловно, большая ложь».

13. Только если бы они представили четырёх свидетелей (*вы могли бы поверить им*). Если они не смогут представить свидетелей, то они перед **БОГОМ** являются лжецами.

14. Если бы не **БОЖЬЯ** благодать к вам и Его милость в этом мире и в Будущей жизни, то вас постигло бы великое возмездие из-за этого инцидента.

15. Вы выдумали её своими языками, а остальные из вас повторили это своими устами без доказательства. Вы думали, что это было незначительно, но перед **БОГОМ** это было велико.

Что делать

16. Когда вы услышали это, вы должны были сказать: «Мы не будем повторять это. Хвала Тебе. Это – великая ложь».

17. **БОГ** увещевает вас, что вы никогда не должны совершать ничего подобного, если вы верующие.

18. **БОГ** так объясняет вам откровения. **БОГ** – Всеведущий, Мудрый.

19. Те, кто желают видеть, как безнравственность распространяется среди верующих, навлекли на себя мучительное возмездие в этой жизни и в Будущей жизни. **БОГ** знает, а вы не знаете.

20. **БОГ** осыпает вас Своей благодатью и милостью. **БОГ** Очень Добр к верующим, Самый Милосердный.

Дьявол поощряет необоснованные обвинения

21. О вы, кто верует, не следуйте по стопам Сатаны. Любой, кто следует по стопам Сатаны, должен знать, что он призывает ко злу и пороку. Если бы не **БОЖЬЯ** благодать к вам и Его милость, то никто из вас не был бы очищен. Но **БОГ** очищает, кого пожелает. **БОГ** – Слышащий, Знающий.

22. Те из вас, кто благословенны ресурсами и богатством, должны быть благотворительны по отношению к своим родственникам, бедным и тем, кто мигрировал ради **БОГА**. Они должны относиться к ним с добротой и терпимостью; разве вы не желаете достичь прощения **БОГА**? **БОГ** – Прощающий, Самый Милосердный.

Тяжкий грех

23. Воистину, те, кто ложно обвиняют замужних женщин, которые являются благочестивыми верующими, навлекли на себя осуждение в этой жизни и в Будущей жизни; им уготовано ужасное возмездие.

24:11. Это относится к историческому происшествию, когда Айша, жена Пророка Мухаммеда, была по ошибке оставлена в пустыне и позже найдена молодым человеком, который помог ей догнать караван Пророка. Это спровоцировало знаменитую «Большую ложь» против Айши.

24. Настанет день, когда их собственные языки, руки и ноги будут свидетельствовать обо всём, что они совершили.

25. В этот день **БОГ** воздаст им в полной мере за их деяния, и они узнают, что **БОГ** есть Истина.

26. Плохие женщины – для плохих мужчин, и плохие мужчины – для плохих женщин, а хорошие женщины – для хороших мужчин, и хорошие мужчины – для хороших женщин. Последние непричастны к таким обвинениям. Они обрели прощение и щедрое вознаграждение.

Божественный этикет

27. О вы, кто верует, не входите в чужие дома без разрешения их обитателей и не приветствуя их. Это лучше для вас, чтобы вы могли внять.

28. Если вы никого не найдёте в них, то не входите в них, пока не получите разрешения. Если вам сказано: «Вернитесь», то вы должны вернуться. Это чище для вас. **БОГ** в полной мере знает всё, что вы совершаете.

29. Вы не совершите ошибки, входя в необитаемые дома, в которых находится нечто, что принадлежит вам. **БОГ** знает всё, что вы открываете, и всё, что вы утаиваете.

Правила одежды для верующих*

30. Скажи верующим мужчинам, что они должны усмирять свои взоры (*и*

не глазеть на женщин) и сохранять своё целомудрие. Это чище для них. **БОГ** – в полной мере Знающий всё, что они делают.

31. И скажи верующим женщинам, чтобы они усмиряли свои взоры и сохраняли своё целомудрие. Они не должны выявлять какие-либо части своего тела, кроме того, что необходимо. Они должны покрывать свои груди и не должны ослаблять эти правила ни при ком, кроме как в присутствии своих мужей, отцов, отцов своих мужей, сыновей, сыновей своих мужей, братьев, сыновей своих братьев, сыновей своих сестёр, других женщин, слуг мужского пола или служащих, половое влечение которых было аннулировано, или детей, не достигших половой зрелости. Они не должны ударять ногами во время ходьбы для того, чтобы встряхивать и выявлять некоторые детали их тел. Все вы должны покаяться перед **БОГОМ**, о вы, верующие, чтобы вы могли преуспеть.*

Поощряйте брак, чтобы препятствовать распространению безнравственности

32. Вы должны поощрять холостых и незамужних из вас вступать в брак. Они могут вступать в брак с вашими праведными слугами и служанками, если они бедны. **БОГ** обогатит их от Своей милости. **БОГ** – Щедрый, Знающий.

24:30-31. Таким образом, одеваться скромно – это характерная черта верующих мужчин и женщин. Минимальные требования для одеяния женщин – это удлинить её одежду (33:59) и покрыть её грудь. Тиранические арабские традиции создали ложное впечатление, что женщина должна быть покрыта с ног до головы; однако это не является Коранической или мусульманской одеждой.

33. Те, кто не могут позволить себе вступить в брак, должны поддерживать нравственность, пока **БОГ** не обеспечит их от Своей милости. Тем из ваших слуг, кто пожелает получить свободу для того, чтобы вступить в брак, вы должны удовлетворить их просьбу, как только вы поймёте, что они честны. И дайте им из денег **БОГА**, которыми Он вас наделил. Вы не должны заставлять ваших девочек заниматься проституцией, стремясь к благам этого мира, если они хотят быть целомудренными. Если кто-либо заставляет их, то **БОГ** – видя, что их принудили, – Прощающий, Милосердный.

34. Мы ниспослали вам разъясняющие откровения и примеры из прошлых поколений, и просвещение для праведных.

Бог

35. **БОГ** – свет небес и земли. Аллегория Его света представляет собой вогнутое зеркало, находящееся за лампой, которая помещена внутрь стеклянной тары. Стеклянная тара подобна яркой звезде, похожей на жемчужину. Топливо в неё поступает от благословенного маслопроизводящего дерева, которое ни восточное, ни западное. Его масло почти самостоятельно светится и не нуждается в огне, чтобы зажечься. Свет поверх света. **БОГ** ведёт к Своему свету, кого пожелает. Так **БОГ** приводит притчи для людей. **БОГ** в полной мере ведает о всякой вещи.

36. (*Руководство Бога найдено*) в домах, возвеличенных **БОГОМ**, ибо Его имя поминается в них. Прославляют Его там днём и ночью –

Те, кто часто посещают мечеть

37. Люди, которых ни бизнес, ни торговля не отвлекают от поминания **БОГА**; они соблюдают Контактные Молитвы (*Салат*) и дают на обязательную благотворительность (*Закят*); и они сознательно помнят о том дне, когда разум и глаза будут в ужасе.

38. **БОГ** непременно вознаградит их за их добрые деяния и осыплет их Своей милостью. **БОГ** обеспечивает того, кого пожелает, без ограничений.

Погоня за миражом

39. Что же касается тех, кто не уверовал, то их деяния подобны миражу в пустыне. Томимый жаждой человек думает, что это вода. Но когда он достигает его, то ничего там не находит; а вместо этого он находит там **БОГА**, который воздаёт ему в полной мере за его деяния. **БОГ** является самым эффективным в расчёте.

Изгнание от Бога – полная тьма

40. А вот другая аллегория: пребывание в полной тьме, посередине неистового океана, где волны поднимаются над волнами в дополнение к густому туману. Тьма над тьмой – если бы он посмотрел на свою руку, то он едва смог бы увидеть её. Кого **БОГ** лишает света, у того не будет света.

41. Неужели ты не понимаешь, что все на небесах и на земле прославляют **БОГА**, даже птицы, когда они летают в колонне? Каждый знает свою молитву и прославление. **БОГ** в полной мере знает всё, что они совершают.

42. **БОГУ** принадлежит верховная власть над небесами и землёй, и к **БОГУ** – окончательная судьба.

43. Разве ты не понимаешь, что **БОГ** гонит облака, затем собирает их вместе, затем громоздит их друг на друга, а потом ты видишь, как льётся дождь из них? Он ниспосылает с неба массу снега, чтобы покрыть, кого Он пожелает, при этом отклоняя его от того, кого Он пожелает. Яркость снега почти ослепляет глаза.

44. **БОГ** управляет днём и ночью. Это должно быть уроком для тех, кто обладает глазами.

45. И **БОГ** создал все живые существа из воды. Некоторые из них ходят на животе, некоторые ходят на двух ногах, а некоторые ходят на четырех. **БОГ** создаёт всё, что Он пожелает. **БОГ** – Всесильный.

46. Мы ниспослали вам разъясняющие откровения, а затем **БОГ** ведёт прямым путём того, кого пожелает.

Бог шлёт инструкции через Своих посланников

47. Они говорят: «Мы веруем в **БОГА** и в посланника, и мы повинуемся», но потом некоторые из них отступают. Они не являются верующими.

48. Когда их призывают к **БОГУ** и Его посланнику для того, чтобы рассудить их, некоторые из них расстраиваются.

49. Однако, если решение вынесено в их пользу, то они с готовностью принимают его!

50. Нет ли в их сердцах болезни? Неужели они сомневаются? Неужели они боятся, что **БОГ** и Его посланник могут отнестись к ним несправедливо? В сущности, это они несправедливы.

Верующие решительно повинуются Богу и Его посланнику

51. Единственное изречение верующих, когда они призваны к **БОГУ** и Его посланнику для того, чтобы рассудить их дела, – это: «Мы слышим и повинуемся». Они – победители.

52. Те, кто повинуется **БОГУ** и Его посланнику, и благоговеет перед **БОГОМ** и чтит Его, они – торжествующие.

53. Они торжественно клянутся **БОГОМ**, что если бы ты приказал им мобилизоваться, то они бы мобилизовались. Скажи: «Не клянитесь. Послушание является обязанностью. **БОГ** – в полной мере Знающий всё, что вы совершаете».

54. Скажи: «Повинуйтесь **БОГУ** и повинуйтесь посланнику». Если они откажутся, то он несёт ответственность за свои обязанности, а вы несёте ответственность за свои обязанности. Если вы будете повиноваться ему, то вы будете на правильном пути. Единственной обязанностью посланника является передача (*послания*).

Божье обещание: цари и царицы на земле

55. **БОГ** обещает тем из вас, кто веруют и ведут праведную жизнь, что Он сделает их властителями на земле, как Он сделал это для тех, кто был до них, и учредит для них религию, которую Он избрал для них, и заменит страх миром и безопасностью.

Всё это потому, что они поклоняются только Мне; они никогда не создают никаких идолов, кроме Меня. Те, кто станут неверующими после этого, воистину являются нечестивцами.

Формула для успеха

56. Вы должны соблюдать Контактные Молитвы (*Салат*) и давать на обязательную благотворительность (*Закят*), и повиноваться посланнику, чтобы вы могли быть помилованы.

57. Не думай, что тем, кто не веруют, это когда-либо сойдёт с рук. Их последней обителью является Ад; какая несчастная участь.

Этикет; две молитвы, упомянутые по названию

58. О вы, кто верует, ваши слуги и дети, не достигшие половой зрелости, должны спрашивать разрешения (*прежде чем войти в ваши комнаты*). Это должно быть сделано в трёх случаях: до Рассветной Молитвы, в полдень, когда вы сменяете свою одежду для отдыха, и после Ночной Молитвы. Это три личных времени для вас. В остальное время ни на вас, ни на них не будет вины, если вы будете вращаться в окружении друг друга. Так **БОГ** разъясняет откровения для вас. **БОГ** – Всеведущий, Самый Мудрый.

59. Как только дети достигнут половой зрелости, то они должны спрашивать разрешения (*прежде чем войти*) так же, как спрашивали разрешения (*прежде чем войти*) те, кто стали взрослыми до них. Так **БОГ** разъясняет Свои откровения вам. **БОГ** – Всеведущий, Самый Мудрый.

Вы должны одеваться скромно

60. Пожилые женщины, которые не надеются выйти замуж, не совершат ничего плохого, расслабив правила одежды, при условии, что они не будут слишком выявлять своё тело. Соблюдение скромности – это лучше для них. **БОГ** – Слышащий, Знающий.

Убедитесь, что ваша еда дозволена

61. Не будет вины на слепом, не будет вины на калеке, и не будет вины на инвалиде, так же как и на вас не будет вины за то, что едите в своих домах, или в домах ваших отцов, или в домах ваших матерей, или в домах ваших братьев, или в домах ваших сестёр, или в домах братьев ваших отцов, или в домах сестёр ваших отцов, или в домах братьев ваших матерей, или в домах сестёр ваших матерей, или в домах, которые принадлежат вам, и вы обладаете их ключами, или в домах ваших друзей. Вы не совершаете ничего плохого, питаясь вместе или поодиночке. Когда вы входите в чей-либо дом, вы должны приветствовать друг друга приветствием от **БОГА**, благословенным и благим. Так **БОГ** объясняет вам откровения, чтобы вы могли понять.

62. Истинные верующие – это те, кто веруют в **БОГА** и Его посланника,* и когда они находятся с ним на собрании общины, то они не уходят без его разрешения. Те, кто просят разрешения, – это те, кто веруют в **БОГА** и Его посланника. Если они просят твоего разрешения уйти, чтобы позаботиться о некоторых из своих дел, то ты можешь разрешить тому, кому пожелаешь, и попроси **БОГА**, чтобы Он простил их. **БОГ** – Прощающий, Самый Милосердный.

63. Не относитесь к просьбе посланника так, как вы относитесь к просьбам друг друга. **БОГ** в полной мере знает тех из вас, кто уходит украдкой, пользуясь неубедительными отговорками. Пусть они остерегаются – те, кто ослушаются его наказов, – ибо их может поразить бедствие или суровое возмездие.

64. Безусловно, **БОГУ** принадлежит всё на небесах и на земле. Он полностью знает все условия, в которых вы можете оказаться. В день, когда вы вернётесь к Нему, Он поведает им обо всём, что они совершили. Ведь **БОГ** в полной мере знает о всякой вещи.

****

Сура 25: Свод Законов (Аль-Фуркан)

Во имя Бога, Самого Милостивого, Самого Милосердного

1. Самый благословенный Тот, кто ниспослал Свод Законов Своему слуге, чтобы он мог быть предостерегающим увещевателем для всего мира.

2. Тот, кому принадлежит вся верховная власть над небесами и землёй. У Него никогда не было сына, и у Него нет соучастников в верховной власти. Он создал всё в точной мере; Он всё точно задумал.*

3. Тем не менее, они создали, кроме Него, богов, которые ничего не создают – они сами созданы – и которые не во власти даже самим себе причинить вред или принести пользу, и они не во власти управлять ни жизнью, ни смертью, ни воскресением.

---

*24:62. Этот стих относится к Божьему Посланнику Завета; сложив гематрическое значение «Рашад» (505) со значением «Халифа» (725) и номером стиха (62), мы получаем 1292, кратное 19 (1292 = 19x68). См. Приложение 2.

*25:2. Когда мы запускаем астронавтов в космос, то мы отмеряем точное количество пищи, воды, кислорода и других потребностей, необходимых на продолжительность всего пути. Точно так же Бог запустил нас в космос – на борту космического корабля Земля – и Он задумал все виды возобновляемых провизий для нас и других существ – совершенный замысел. Подумайте, например, о симбиотическом отношении между нами и растениями; мы используем кислород, который они производят в процессе фотосинтеза, в то время как они используют углекислый газ, который мы производим в процессе дыхания.

Неверующие опровергнуты математическим кодом Корана

4. Те, кто не уверовали, сказали: «Это выдумка, которую он произвёл с помощью других людей». Они произнесли богохульство и ложь.

5. Они также сказали: «Сказки из прошлого, которые он записал; их диктовали ему день и ночь».*

6. Скажи: «Это было ниспослано Тем, кто знает Тайну* в небесах и на земле. Он – Прощающий, Самый Милосердный».

Типичные высказывания неверующих

7. И сказали они: «Как же так, что этот посланник ест пищу и ходит по рынкам? Если бы только ангел мог снизойти вместе с ним, чтобы служить с ним проповедником!»

8. Или: «Если бы только сокровище могло быть даровано ему!» Или: «Если бы только у него был сад, из которого он бы питался!» Беззаконники также сказали: «Вы следуете за околдованным человеком».

9. Обрати внимание, как они называют тебя разными именами, и как это ввело их в заблуждение, и они не могут найти дорогу обратно.

10. Самый благословенный Тот, кто может, если Он пожелает, даровать тебе гораздо лучшее, чем их требования, – сады с текущими ручьями и много особняков.

Настоящая причина

11. В сущности, они не уверовали в Час (*Судный День*), и мы приготовили для тех, кто не уверовал в Час, пылающий Ад.

Возмездие для неверующих

12. Когда он увидит их издалека, они услышат его ярость и неистовство.

13. И когда их скованными бросят в него через узкое место, они заявят о своём раскаянии.

14. Вы заявите не только об одном раскаянии в этот день; вы будете страдать от большого количества раскаяний.

Награда для праведных

15. Скажи: «Это ли лучше или вечный Рай, который обещан праведным? Это их вполне заслуженное вознаграждение, вполне заслуженная судьба».

16. В нём они получат всё, что пожелают, навечно. Это неизменное обещание твоего Господа.

17. В день, когда Он призовёт их вместе с идолами, которых они создали, кроме **БОГА**, Он скажет: «Вы ли ввели в заблуждение Моих слуг или они сами сбились с пути?»

25:5. Современники Мухаммеда знали, что он был грамотным человеком, который мог читать и писать; он собственноручно записал откровения Бога (см. Приложение 28).

25:6. Чудесный математический код Корана, неопровержимый ответ на утверждения неверующих, оставался божественно охраняемой тайной в течение 1400 лет. Божьему Посланнику Завета суждено было раскрыть его по воле Бога (Приложения 1, 2 и 26).

18. Они скажут: «Слава Тебе, для нас было бы неправильно создавать каких-либо господ, кроме Тебя. Но Ты позволил им наслаждаться вместе с их родителями. Следовательно они пренебрегли посланием и так сделались нечестивыми людьми».

19. Они отвергли послание, которое вы дали им, и следовательно вы не можете ни защитить их от возмездия, которое они навлекли на себя, ни помочь им каким-либо образом. Любого из вас, кто совершает зло, мы подвергнем суровому возмездию.

Посланники – просто люди

20. Мы не отправляли посланников до тебя, которые бы не ели пищу и не ходили бы по рынкам. Так мы испытываем вас друг другом; будете ли вы стойко терпеть? Твой Господь – Видящий.

21. Те, кто не ожидают встретиться с нами, сказали: «Если бы только ангелы могли спуститься к нам или мы могли бы видеть нашего Господа (*мы бы тогда уверовали*)!» Воистину, они проявили грубое высокомерие и совершили явное богохульство.

22. В день, когда они увидят ангелов, не будет доброй вести для виновных; они скажут: «Теперь мы необратимо заключены».

23. Мы посмотрим на все деяния, которые они совершали, и сделаем их недействительными.

24. Обитатели Рая будут в гораздо лучшем положении в этот день; они услышат лучшие вести.

25. Небо распадётся на клубы облаков, и ангелы снизойдут толпами.

26. Вся верховная власть в этот день принадлежит Самому Милостивому. Для неверующих это будет трудный день.

Божий Посланник Завета*

27. Придёт день, когда беззаконник будет кусать свои руки (*в страдании*) и говорить: «Увы, о если бы я следовал по пути с посланником.

28. Увы, горе мне, о если бы я не брал этого человека себе в друзья.

29. Он увёл меня от послания после того, как оно пришло ко мне. Воистину, дьявол подводит свои человеческие жертвы».

30. Посланник* сказал: «Господь мой, мой народ забросил этот Коран».

31. Мы также создали против каждого пророка врагов из числа виновных. Твоего Господа как руководителя и властелина достаточно.

---

*25:27-30. Этот стих также относится к Божьему Посланнику Завета, имя которого математически закодировано в Коране как «Рашад Халифа». Если вы запишите гематрическое значение «Рашад» (505), затем гематрическое значение «Халифа» (725), затем номер суры (25), а потом стихи 27, 28, 29 и 30, то окончательное число (5057252527282930) является кратным 19 (см. Приложения 2 и 26 для подробных разъяснений). В Судный День пророк Мухаммед также сделает такое же заявление, как в 25:30.

32. Те, кто не уверовали, сказали: «Почему Коран не пришёл через него весь сразу?» Мы отпускали его тебе постепенно для того, чтобы укрепить его в твоей памяти. Мы читали его в определённой последовательности.

Свидетельство Бога – ошеломляющее

33. Какой бы довод они ни приводили, мы снабжаем тебя истиной и лучшим пониманием.

34. Те, кто принудительно призваны в Ад, находятся в худшем положении; они находятся дальше всего от правильного пути.

35. Мы даровали Моисею (Мусе) писание и назначили его брата Аарона (Харуна) его помощником.

36. Мы сказали: «Идите вы оба к людям, которые отвергли наши откровения», и впоследствии мы совершенно уничтожили отвергающих.

37. Подобным образом, когда народ Ноя (Нуха) не поверил посланникам, мы потопили их, и мы учредили их знамением для людей. Мы приготовили для беззаконников мучительное возмездие.

38. А также адитов, самудян, жителей Аль-Расса и многие поколения между ними.

39. Каждой из этих групп мы передали достаточно примеров, прежде чем мы уничтожили их.

40. Они проходили мимо общины, на которую был пролит скверный дождь (*Содом*). Разве они не видели её? На самом же деле, они никогда не верили в воскресение.

Посланников осмеивали

41. Когда они видели тебя, то они всегда насмехались над тобой: «Неужели это тот, кто избран **БОГОМ** быть посланником?

42. Он чуть не отклонил нас от наших богов, если бы мы не проявили стойкое терпение с ними». Они, безусловно, узнают, когда они увидят возмездие, кто являются поистине заблудшими.

Собственная персона в качестве бога

43. Видел ли ты того, чьим богом является его собственная персона? Разве ты будешь его защитником?

44. Неужели ты думаешь, что большинство из них слышит или понимает? Они просто подобны животным; нет, они гораздо хуже.

Безграничные благословения от Бога

45. Разве ты не видел, как твой Господь задумал тень? Если бы Он пожелал, то Он мог бы сделать её неподвижной, но тогда мы и солнце создали бы в соответствии.

46. Но мы устроили её так, чтобы она медленно двигалась.

47. Он – Тот, кто задумал ночь быть покровом для вас, чтобы спать и отдыхать. И Он сделал день воскресением.

48. Он – Тот, кто посылает ветры с хорошими предзнаменованиями Своей милости, и мы ниспосылаем с неба чистую воду.

49. С её помощью мы возрождаем мёртвые земли и предоставляем питьё для наших творений – множеству животных и людей.

50. Мы распространили её среди них в точной мере, чтобы они могли внять. Но большинство людей настаивает на неверии.

51. Если бы мы пожелали, то мы могли бы послать к каждой общине предостерегающего увещевателя.

52. Поэтому не повинуйся неверующим и борись с этим против них великим усердием.

53. Он – Тот, кто соединяет два моря: одно – пресное и вкусное, а другое – солёное и непригодное для питья. И Он разделил их непреодолимой, нерушимой преградой (испарением).

54. Он – Тот, кто создал из воды человека, а затем воспроизводит его через брак и спаривание. Твой Господь – Всесильный.

55. Тем не менее, они по-прежнему создают, кроме **БОГА**, идолов, которые не во власти ни принести им пользу, ни причинить им вред. Воистину, неверующий является врагом своего Господа.

56. Мы послали тебя (*Рашад*) в качестве доброго вестника и предупреждающего увещевателя.*

57. Скажи: «Я не прошу у вас никаких денег. Всё, к чему я стремлюсь, это помочь вам найти правильный путь к вашему Господу, если это то, что вы выберете».

Пророки и святые мертвы

58. Ты должен уповать на Того, кто Жив, Того, кто никогда не умирает, и восхвалять Его и прославлять Его. Он – в полной мере Знающий грехи Своих созданий.

59. Он – Тот, кто сотворил небеса и землю и всё, что между ними, за шесть дней, а затем взял на Себя все полномочия. Самый Милостивый; спроси о Нём тех, кто обладает основательным знанием.

Неблагодарный человек

60. Когда им говорят: «Падите ниц перед Самым Милостивым», они говорят: «Что такое Самый Милостивый? Неужели мы будем падать ниц перед тем, к чему ты призываешь?» Таким образом, это лишь усиливает их отвращение.

61. Самый благословенный Тот, кто поместил созвездия на небе и поместил на нём лампу и сияющую луну.

62. Он – Тот, кто задумал, чтобы ночь и день чередовались, – достаточное доказательство для тех, кто желает внять или быть благодарным.

Характерные черты праведников

63. Почитателями Самого Милостивого являются те, кто ступают по земле кротко, и когда несведущие говорят с ними, то они только произносят: «Мир».

64. В уединении ночи они медитируют на своего Господа и падают ниц.

---

*25:56. Сложение гематрического значения «Рашад Халифа» (1230) с номерами суры и стиха (25+56) даёт сумму, равную: 1230+25+56 = 1311 = 19x69.

65. И они говорят: «Господь наш, избавь нас от мук Ада; его возмездие ужасающее.

66. Это наихудшая обитель, наихудшая судьба».

67. Когда они дают, то они ни расточительны, ни скупы; они дают умеренно.

68. Они никогда не умоляют, кроме **БОГА**, какого-либо другого бога, и они не убивают никакую душу – ибо **БОГ** сделал жизнь священной – разве лишь во имя правосудия. И они не прелюбодействуют. Тем, кто совершают эти преступления, придётся платить.

69. Возмездие удвоено для них в День Воскресения, и они пребудут там униженными.

70. За исключением тех, которые покаялись, уверовали и ведут праведную жизнь. **БОГ** преобразует их грехи в заслуги. **БОГ** – Прощающий, Самый Милосердный.

71. Тех, кто каются и ведут праведную жизнь, **БОГ** прощает их – полное искупление.

Дополнительные черты праведников

72. Они не свидетельствуют лживо. Когда они сталкиваются с тщетным разговором, то они игнорируют его.

73. Когда им напоминаешь об откровениях их Господа, то они никогда не реагируют на них так, как будто они глухие и слепые.

74. И они говорят: «Господь наш, пусть наши супруги и дети будут источником радости для нас, и держи нас в первых рядах праведников».

75. Они те, кто достигают Рая в воздаяние за их стойкость; их принимают в нём с радостными приветствиями и миром.

76. Они пребудут в нём вечно; какая прекрасная судьба; какая прекрасная обитель.

77. Скажи: «Вы обретаете ценность у моего Господа только через ваше поклонение. Но если вы не уверуете, вы навлечёте на себя неизбежные последствия».

****

Сура 26: Поэты (Аль-Шуара)

Во имя Бога, Самого Милостивого, Самого Милосердного

1. Т. С. М.*

2. Эти (*буквы*) составляют доказательства этого разъясняющего писания.

3. Ты, может, станешь винить себя из-за того, что они не верующие.

4. Если мы пожелаем, то мы можем послать с неба знамение, которое заставит склоняться их шеи.

---

*26:1. См. Приложение 1 для определения значимости этих ранее загадочных букв.

Математический код Корана

5. Всякий раз, когда новое напоминание от Самого Милостивого приходит к ним, они отворачиваются с отвращением.

6. Поскольку они не уверовали, они навлекли на себя последствия их беспечности.

7. Неужели они не видели землю, и сколько видов красивых растений мы взрастили на ней?

8. Это должно быть достаточным доказательством для них, но большинство из них не являются верующими.

9. Истинно, твой Господь – Всемогущий, Самый Милосердный.

Моисей

10. Вспомни, как твой Господь призвал Моисея (Мусу): «Иди к беззаконникам.

11. К людям Фараона; возможно, они исправятся».

12. Он сказал: «Господь мой, я боюсь, что они не поверят мне.

13. Я могу выйти из себя. Мой язык не развяжется; пошли за моим братом Аароном (Харуном).

14. Кроме того, они считают меня беглецом; я боюсь, что они меня убьют».

15. Он сказал: «Нет (*они не сделают этого*). Идите с Моими доказательствами. Мы будем с вами, слушая.

16. Идите к Фараону и скажите: "Мы посланники Господа Вселенной.

17. Отпусти детей Израиля"».

18. Он сказал: «Разве мы не растили тебя с младенчества, и ты провёл много лет с нами?

19. Тогда ты совершил преступление, которое ты совершил, и ты был неблагодарным».

20. Он сказал: «Воистину, я сделал это, когда я был в заблуждении.

21. Затем я сбежал, когда я испугался вас, и мой Господь даровал мне мудрость и сделал меня одним из посланников.

22. Ты хвастаешься тем, что проявил ко мне благосклонность, в то время как поработил детей Израиля!»

23. Фараон сказал: «Что такое Господь Вселенной?»

24. Он сказал: «Господь небес и земли, и всего того, что между ними. Вы должны быть уверены в этом».

25. Он сказал тем, кто находился вокруг него: «Слышали ли вы это?»

26. Он сказал: «Ваш Господь и Господь ваших предков».

27. Он сказал: « Отправленный к вам посланник – безумный».

28. Он сказал: «Господь востока и запада, и всего, что между ними, если вы понимаете».

29. Он сказал: «Если ты примешь какого-либо бога, кроме меня, то я брошу тебя в тюрьму».

30. Он сказал: «Что если я покажу тебе что-то значительное?»

31. Он сказал: «Тогда произведи это, если ты правдив».

32. Тогда он бросил свой посох, после чего он стал значительной змеёй.

33. И он вынул свою руку, и она стала белой для очевидцев.

34. Он сказал старейшинам вокруг него: «Это опытный волшебник.

35. Он хочет вывести вас из вашей земли своим волшебством. Что вы предлагаете?»

36. Они сказали: «Предоставь отсрочку ему и его брату и отправь созывателей в каждый город.

37. Пусть они созовут всех опытных волшебников».

38. Волшебники собрались в назначенное время в назначенный день.

39. Людям было сказано: «Приходите все как один; давайте вместе соберёмся здесь.

40. Может быть, мы последуем за волшебниками, если они окажутся победителями».

41. Когда волшебники пришли, то они сказали Фараону: «Заплатят ли нам, если мы одержим победу?»

42. Он сказал: «Да, безусловно, вы даже будете приближены ко мне».

43. Моисей сказал им: «Бросайте то, что вы собираетесь бросить».

44. Они бросили свои верёвки и палки и сказали: «Клянёмся величием Фараона, мы будем победителями».

45. Моисей (Муса) бросил свой посох, после чего он поглотил то, что они произвели.

Знатоки видят правду
46. Волшебники пали ниц.

47. Они сказали: «Мы веруем в Господа Вселенной.

48. Господа Моисея (Мусы) и Аарона (Харуна)».

49. Он сказал: «Вы уверовали в него прежде, чем я позволил вам? Он, должно быть, ваш учитель, который научил вас волшебству. Вы непременно узнаете. Я отсеку ваши руки и ноги накрест. Я распну вас всех».

50. Они сказали: «Это не изменит нашего решения; мы вернёмся к нашему Господу.

51. Мы надеемся, что наш Господь простит нам наши грехи, тем более, что мы первые верующие».

52. Мы внушили Моисею (Мусе): «Отправляйся в путь с Моими слугами; вас будут преследовать».

53. Фараон послал в города призывающих.

54. (*Провозглашая*): «Это небольшая шайка.

55. Теперь они выступают против нас.

56. Нам всем следует остерегаться их».

Неизбежное возмездие
57. Следовательно мы лишили их садов и источников.

58. Сокровищ и почётного положения.

59. Затем мы сделали это наследством для детей Израиля.

60. Они погнались за ними на восток.

61. Когда обе стороны увидели друг друга, люди Моисея (Мусы) сказали: «Мы будем пойманы».

62. Он сказал: «Ни в коем случае. Мой Господь со Мной; Он укажет мне путь».

63. Мы тогда внушили Моисею (Мусе): Ударь по морю своим посохом», после чего оно разделилось. Каждая часть была подобна большому холму.

64. Затем мы переправили их всех.

65. Мы так спасли Моисея (Мусу) и всех тех, кто были с ним.

66. И мы потопили других.

67. Это должно быть достаточным доказательством, но большинство людей не являются верующими.

68. Истинно, твой Господь – Всемогущий, Самый Милосердный.

Авраам
69. Расскажи им историю Авраама (Ибрагима).

70. Он сказал своему отцу и своему народу: «Чему это вы поклоняетесь?»

71. Они сказали: «Мы поклоняемся статуям; мы полностью преданы им».

72. Он сказал: «Могут ли они слышать вас, когда вы умоляете?

73. Могут ли они принести вам пользу или навредить вам?»

74. Они сказали: «Нет, но мы видели, что наши родители поступали так же».

75. Он сказал: «Разве вы не видите этих идолов, которым вы поклоняетесь.

76. Вы и ваши предки?

77. Я против них, ибо я предан только Господу Вселенной.

78. Тому, кто создал меня и наставил меня на прямой путь.

79. Тому, кто кормит меня и поит меня водой.

80. И когда я заболеваю, Он исцеляет меня.

81. Тому, кто предаёт меня смерти, а затем оживляет.

82. Тому, кто, я надеюсь, простит мои грехи в Судный День.

83. Господь мой, даруй мне мудрость и включи меня в число праведных.

84. Пусть пример, который я подаю для будущих поколений, окажется хорошим.

85. Сделай меня одним из наследников блаженного Рая.

86. И прости моего отца, ибо он сбился с пути.

87. И не оставь меня в День Воскресения».

88. Это день, когда ни деньги, ни дети не смогут помочь.

89. Только те, которые приходят к **БОГУ** со всем своим сердцем (*будут спасены*).

90. Рай будет представлен праведным.

91. Ад будет создан для заблудших.

Они отрекутся от своих идолов

92. Их спросят: «Где же идолы, которым вы поклонялись,

93. кроме **БОГА**? Могут ли они помочь вам теперь? Могут ли они помочь самим себе?»

94. Они будут брошены в него вместе с заблудшими.

95. И со всеми воинами Сатаны.

96. Они скажут, враждуя там:

97. «Клянёмся **БОГОМ**! Мы были в глубоком заблуждении.

98. Как мы могли создать вас, равняя вас с Господом Вселенной?

99. Те, кто ввёл нас в заблуждение, были нечестивыми.

100. Теперь у нас нет заступников.

101. И ни одного близкого друга.

102. Если бы только мы могли получить ещё одну возможность, то мы бы тогда уверовали».

103. Это должно быть хорошим уроком. Но большинство людей не являются верующими.

104. Твой Господь – Всемогущий, Самый Милосердный.

Ной

105. Народ Ноя (Нуха) не поверил посланникам.

106. Их брат Ной (Нух) сказал им: «Неужели вы не станете праведными?

107. Я честный посланник к вам.

108. Вы должны благоговеть перед **БОГОМ** и повиноваться мне.

109. Я не прошу у вас никакой платы. Моя плата приходит от Господа Вселенной.

110. Вы должны почитать **БОГА** и повиноваться мне».

111. Они сказали: «Как мы можем уверовать вместе с тобой, когда худшие среди нас последовали за тобой?»

112. Он сказал: «Как мне знать, что они совершили?

113. Их приговор покоится только у моего Господа, если бы вы могли осознать.

114. Я никогда не отвергну верующих.

115. Я не более чем разъясняющий и предостерегающий увещеватель».

116. Они сказали: «Если ты не воздержишься, о Ной (Нух), то ты будешь побит камнями».

117. Он сказал: «Господь мой, мои люди не поверили мне.

118. Даруй мне победу над ними и спаси меня и мою компанию верующих».

119. Мы спасли его и тех, кто сопровождал его в нагруженном ковчеге.

120. Затем мы потопили других.

121. Это должно быть уроком, но большинство людей не являются верующими.

122. Истинно, твой Господь – Всемогущий, Самый Милосердный.

Худ

123. Адиты не поверили посланникам.

124. Их брат Худ сказал им: «Неужели вы не станете праведными?

125. Я честный посланник к вам.

126. Вы должны благоговеть перед **БОГОМ** и повиноваться мне.

127. Я не прошу у вас никакой платы; моя плата приходит от Господа Вселенной.

128. Ради тщеславия вы строите особняк на каждом холме.

129. Вы создаёте здания, как будто вы будете жить вечно.

130. И когда вы бьёте, то бьёте беспощадно.

131. Вы должны благоговеть перед **БОГОМ** и повиноваться мне.

132. Благоговеть перед Тем, кто предоставил вам всё, что вы знаете.

133. Он предоставил вам скот и детей.

134. Сады и источники.

135. Я боюсь, что вас постигнет возмездие устрашающего дня».

136. Они сказали: «Нет разницы в том, проповедуешь ли ты или не проповедуешь.

137. Это бедствие распространялось только на наших предков.

138. Никакое возмездие никогда не постигнет нас».

139. Таким образом, они не уверовали, и следовательно мы уничтожили их. Это должно быть уроком, но большинство людей не являются верующими.

140. Истинно, твой Господь – Всемогущий, Самый Милосердный.

Салих

141. Самудяне не поверили посланникам.

142. Их брат Салих сказал им: «Неужели вы не станете праведными?

143. Я честный посланник к вам.

144. Вы должны благоговеть перед **БОГОМ** и повиноваться мне.

145. Я не прошу у вас никакой платы, моя плата приходит только от Господа Вселенной.

146. Неужели вы полагаете, что вы останетесь навечно в безопасности в этом состоянии?

147. Вы наслаждаетесь садами и источниками.

148. Посевами и финиковыми пальмами с вкусными плодами.

149. Вы высекаете в горах роскошные особняки.

150. Вы должны благоговеть перед **БОГОМ** и повиноваться мне.

151. Не повинуйтесь беззаконникам.

152. Которые совершают злые, а не добрые деяния».

153. Они сказали: «Ты околдован.

154. Ты не более чем человек, подобный нам. Произведи чудо, если ты правдив».

155. Он сказал: «Вот верблюдица, которая будет пить только в тот день, что назначен ей; в день, который отличается от ваших установленных дней для питья.

156. Не причиняйте ей никакого вреда, иначе вас постигнет возмездие устрашающего дня».

157. Они зарезали её, и так понесли скорбь.

158. Возмездие сокрушило их. Это должно быть уроком, но большинство людей не являются верующими.

159. Истинно, твой Господь – Всемогущий, Самый Милосердный.

Лот

160. Народ Лота (Лута) не поверил посланникам.

161. Их брат Лот (Лут) сказал им: «Неужели вы не станете праведными?

162. Я честный посланник к вам.

163. Вы должны благоговеть перед **БОГОМ** и повиноваться мне.

164. Я не прошу у вас никакой платы; моя плата приходит только от Господа Вселенной.

165. Неужели вы совершаете половое сношение с мужчинами из всех людей?

166. Вы оставляете жён, которых ваш Господь создал для вас! Воистину, вы беззаконники».

167. Они сказали: «Если ты не воздержишься, о Лот (Лут), то ты будешь изгнан».

168. Он сказал: «Я осуждаю ваши поступки».

169. «Господь мой, спаси меня и мою семью от их деяний».

170. Мы спасли его и всю его семью.

171. Но не старуху: она была обречена.

172. Затем мы уничтожили остальных.

173. Мы пролили на них скверный дождь; какой страшный дождь для тех, кто был предупреждён!

174. Это должно быть уроком, но большинство людей не являются верующими.

175. Истинно, твой Господь – Всемогущий, Самый Милосердный.

Шуайб

176. Люди Леса не поверили посланникам.

177. Шуайб сказал им: «Неужели вы не станете праведными?

178. Я честный посланник к вам.

179. Вы должны благоговеть перед **БОГОМ** и повиноваться мне.

180. Я не прошу у вас никакой платы; моя плата приходит только от Господа Вселенной.

181. Вы должны отмерять полную меру, когда торгуете; не обманывайте.

182. Вы должны взвешивать на точных весах.

183. Не обманывайте людей, лишая их того, что надлежит им по праву, и не распространяйте безнравственность на земле.

184. Благоговейте перед Тем, кто создал вас и предыдущие поколения».

185. Они сказали: «Ты околдован.

186. Ты не более чем человек, подобный нам. В сущности, мы думаем, что ты лжец.

187. Пусть массы с неба упадут на нас, если ты правдив».

188. Он сказал: «Мой Господь – Тот, кто знает всё, что вы совершаете».

189. Они не поверили ему, и следовательно их постигло возмездие в День Покрова. Это было возмездие устрашающего дня.

190. Это должно быть уроком, но большинство людей не являются верующими.

191. Истинно, твой Господь – Всемогущий, Самый Милосердный.

Коран
192. Это откровение от Господа Вселенной.

193. Честный Дух (*Гавриил*) сошёл с ним.

194. Чтобы низвести его на твоё сердце, чтобы ты был одним из предостерегающих увещевателей.

195. На безупречном арабском языке.

196. Оно было предсказано в книгах предыдущих поколений.

197. Разве не является для них достаточным знамением то, что о нём было известно учёным среди детей Израиля?

Коран должен быть переведён
198. Если бы мы ниспослали его людям, которые не знают арабский

язык.

199. И обязали его читать его (*на арабском языке*), то они никак не смогли бы поверить в него.

200. Так мы представляем его (*как иностранный язык*) в сердцах виновных.

201. Таким образом, они не могут уверовать в него; они не смогут, пока не увидят мучительное возмездие.

202. Оно придёт к ним внезапно, когда они меньше всего ожидают этого.

203. Тогда они скажут: «Могут ли нам предоставить отсрочку?»

204. Разве они не бросали вызов нашему возмездию?

205. Как видишь, мы позволили им наслаждаться в течение многих лет.

206. Затем возмездие пришло к ним точно так, как было обещано.

207. Их огромные ресурсы ничуть не помогли им.

208. Мы никогда не уничтожали никой общины, не послав до этого предостерегающего увещевателя.

209. Таким образом, это является напоминанием, ибо мы никогда не поступаем несправедливо.

*Посланники-самозванцы не способны проповедовать поклонение ТОЛЬКО Богу**
210. Дьяволы никогда не смогут открыть это.

26:210. Посланник-самозванец – это посланник Сатаны, ибо он выдумщик самой ужасной лжи. Такой посланник никогда не сможет отвергнуть идолопоклонство или проповедовать поклонение ТОЛЬКО Богу.

211. Они не склонны к этому, да и не могут они.

212. Ибо им мешают слушать.

213. Поэтому не боготвори, кроме **БОГА**, какого-либо другого бога, чтобы не навлечь на себя возмездие.

*Божий Посланник Завета**

214. Ты должен проповедовать тем людям, которые находятся ближе всего к тебе.

215. И преклони своё крыло перед верующими, которые следуют за тобой.

216. Если они ослушаются тебя, то скажи: «Я отрекаюсь от того, что вы совершаете».

217. И уповай на Всемогущего, Самого Милосердного.

218. Кто видит тебя, когда ты медитируешь в ночное время.

219. И твои частые земные поклоны.

220. Он – Слышащий, Всеведущий.

221. Не сообщить ли Мне вам, на кого спускаются дьяволы?

222. Они нисходят на всякого виновного выдумщика.

223. Они делают вид, что слушают, но большинство из них – лжецы.

224. Что же касается поэтов, то за ними следуют только заблудшие.

225. Разве ты не видишь, что их лояльность меняется в зависимости от ситуации?

226. И что они говорят то, чего они не делают?

227. За исключением тех, кто веруют, ведут праведную жизнь, поминают часто **БОГА** и встают на защиту своих прав. Безусловно, беззаконники узнают, какой будет их окончательная судьба.

****

Сура 27:
Муравей (Аль-Намль)

Во имя Бога, Самого Милостивого, Самого Милосердного

1. Т. С.* Эти (*буквы*) составляют доказательства Корана, основательного писания.

2. Маяк и добрые вести для верующих.

3. Кто соблюдают Контактные Молитвы (*Салат*), дают на обязательную благотворительность (*Закят*), и относительно Будущей жизни они совершенно уверены.

4. Тем, кто не верует в Будущую жизнь, мы приукрашаем их деяния в их глазах. Таким образом, они продолжают блуждать вслепую.

26:214-223. Эти стихи относятся к Божьему Посланнику Завета. Сложение гематрического значения «Рашад Халифа» (1230) с номером стиха (214) составляет сумму, равную: 1230 +214 = 1444 = 19x76 = 19x19x4; и сумма номеров стихов с 214 по 223 равняется 2185 = 19x115 (Приложение 1).

27:1. См. Приложение 1 для определения значения этих Коранических инициалов.

5. Это те, которым уготовано наихудшее воздаяние; и в Будущей жизни они будут наихудшими проигравшими.

6. Безусловно, ты получаешь Коран от Самого Мудрого, Всеведущего.

Моисей

7. Вспомни, как Моисей (Муса) сказал своей семье: «Я вижу огонь; давайте я принесу вам оттуда новости или факел, чтобы согреть вас».

8. Когда он подошёл к нему, то его позвали: «Благословен Тот *(кто говорит из)* огня и те, кто вокруг него». Хвала **БОГУ**, Господу Вселенной.

9. «О Моисей (Муса), это – Я, **БОГ**, Всемогущий, Самый Мудрый.

10. Брось на землю свой посох». Когда он увидел, что он движется, словно демон, он развернулся и убежал. «О Моисей (Муса), не бойся. Мои посланники не должны бояться.

11. Кроме тех, кто совершают прегрешение, а затем заменяют грех праведностью; Я – Прощающий, Самый Милосердный.

12. Положи свою руку в карман; она выйдет белой, без изъяна. Вот некоторые из девяти чудес для Фараона и его народа, потому что они нечестивые люди».

13. Когда наши чудеса были представлены им, ясные и основательные, они сказали: «Это очевидное волшебство».

14. Они отвергли их и были совершенно убеждены в своих неправильных путях из-за своего высокомерия. Обрати внимание на последствия для злодеев.

Давид и Соломон

15. Мы даровали Давиду (Дауду) и Соломону (Сулейману) знания, и они сказали: «Слава **БОГУ** за то, что благословил нас больше, чем многих из Его верующих слуг».

16. Соломон (Сулейман) был наследником Давида (Дауда). Он сказал: «О люди, нам было даровано понимание языка птиц, и мы наделены всевозможными вещами. Воистину, это настоящее благословение».

17. На службу к Соломону были мобилизованы его послушные воины из джиннов и людей, а также из птиц; все они были в его распоряжении.

18. Когда они приблизились к долине муравьёв, одна муравьиха сказала: «О вы, муравьи, войдите в ваши дома, чтобы вас не раздавили Соломон (Сулейман) и его воины, сами не сознавая того».*

---

*27:18-19. *Чем больше необычайных событий в той или иной суре, тем сильнее математическое доказательство, поддерживающее их. Это помогает уверить нас в том, что такие странные явления свидетельствуют о могуществе Бога. Инициалы этой суры, Т.С., составляют сложную часть математических чудес, связанных с Кораническими инициалами. Необычное рождение и чудеса Иисуса изложены в суре 19, которая начинается пятью Кораническими инициалами. См. Приложение 1 для подробного разъяснения.*

19. Он улыбнулся и засмеялся над её заявлением* и сказал: «Господь мой, направь меня, чтобы я был благодарным за благословения, которые Ты даровал мне и моим родителям, и творил праведные дела, которые угодны Тебе. Введи меня по Твоей милости в круг Твоих праведных слуг».

20. Он осмотрел птиц и заметил: «Почему я не вижу удода? Почему он отсутствует?

21. Я сурово накажу его или принесу его в жертву, разве что он даст мне хорошее оправдание».

22. Ему не пришлось долго ждать. (*Удод*) сказал: «У меня есть новость, которой нет у тебя. Я принёс тебе из Савы некоторые важные сведения.

23. Я нашёл женщину, которая правит ими, и которая наделена всем и обладает огромным дворцом.

24. Я нашёл, что она и её народ падают ниц перед солнцем, а не перед **БОГОМ**. Дьявол приукрасил их деяния в их глазах и сбил их с пути; следовательно они не на правильном пути».

25. Они должны были падать ниц перед **БОГОМ** – перед Тем, кто показывает все тайны на небесах и на земле, и Тем, кто знает всё, что вы скрываете, и всё, что вы заявляете.

26. **БОГ**: нет другого бога, кроме Него; Господь с великим владением.

27. (*Соломон*) сказал: «Мы увидим, сказал ли ты правду, или же ты лжец.

28. Возьми это письмо от меня, отдай его им, а затем следи за их ответом».

Назад в Саву

29. Она сказала: «О мои советники, я получила почётное письмо.

30. Оно от Соломона (Сулеймана), и в нём: **"Во имя БОГА, Самого Милостивого, Самого Милосердного"**.*

31. Провозглашение: "Не будьте высокомерными; приходите ко мне покорными"».

32. Она сказала: «О мои советники, посоветуйте мне в этом деле. Я не решаю ничего, пока вы не посоветуете мне».

33. Они сказали: «У нас есть власть, у нас есть боевые навыки, но окончательное распоряжение находится в твоих руках. Тебе решать, что делать».

34. Она сказала: «Цари наносят вред любой земле, на которую они вторгаются, и подчиняют её достойных людей. Это то, что они обычно делают.

35. Я пошлю подарок им; давайте посмотрим, с чем вернутся послы».

---

*27:19. См. примечание к 27:18

*27:30. «Басмала» в этом стихе возмещает «Басмалу», отсутствующую в Суре 9, до которой ровно 19 сур. Это восстанавливает общее нахождение «Басмалы» до 114, 19x6. См. Приложение 29 для подробного разъяснения огромного и основательного чуда, связанного с этой «Басмалой».

---

36. Когда удод вернулся к Соломону (Сулейману), (*он передал ему новости*), и он ответил (*людям Савы*): «Неужели вы даёте мне деньги? То, что **БОГ** дал мне, гораздо лучше того, что Он дал вам. Это вы радуетесь таким подаркам».

37. (*А удоду он сказал*): «Возвращайся к ним (*и дай им знать, что*) мы придём к ним с силами, которые они даже не могут себе представить. Мы выселим их, оскорблённых и униженных».

Быстрее, чем скорость света

38. Он сказал: «О вы, старейшины, кто из вас может принести мне её особняк, прежде чем они прибудут сюда покорными?»

39. Один африт из джиннов сказал: «Я могу принести его тебе прежде, чем ты встанешь. Я достаточно силён, чтобы сделать это».

40. Тот, кто обладал знанием из книги, сказал: «Я могу принести его тебе в мгновение ока». Когда он увидел его установленным перед ним, он сказал: «Это благословение от моего Господа, которым Он испытывает меня, чтобы показать, благодарен ли я или неблагодарен. Тот, кто благодарен, благодарен для своего же блага, а если кто-либо становится неблагодарным, то мой Господь не нуждается в нём, Самый Почётный».

41. Он сказал: «Переделайте её особняк для неё. Давайте посмотрим, будет ли она на правильном пути или продолжит быть с заблудшими».

42. Когда она прибыла, её спросили:

«Похож ли твой особняк на этот?» Она сказала: «Кажется, что это и есть он». (*Соломон сказал*): «Мы заранее знали, что она собиралась делать, и мы уже были покорными».

43. Поклонение идолам вместо **БОГА** отклонило её; она принадлежала к неверующим людям.

44. Ей было сказано: «Войди во дворец». Когда она увидела его внутренность, она подумала, что это бассейн с водой, и она (*приподняла своё платье*), обнажив ноги. Он сказал: «Этот интерьер теперь вымощен хрусталём». Она сказала: «Господь мой, я навредила своей душе. Я теперь покоряюсь вместе с Соломоном (Сулейманом) **БОГУ**, Господу Вселенной».

Салих

45. Мы направили к самудянам их брата Салиха, и он сказал: «Вы должны поклоняться **БОГУ**». Но они превратились в две враждующие группировки.

46. Он сказал: «О народ мой, почему же вы спешите совершать злые, а не добрые дела? Если бы вы только умоляли **БОГА** о прощении, то вы могли бы быть помилованы».

47. Они сказали: «Мы считаем тебя и тех, кто присоединился к тебе, плохим предзнаменованием для нас». Он сказал: «Ваше предзнаменование полностью контролируется **БОГОМ**. Воистину, вы отклоняющиеся люди».

48. В городе было девять бандитов, которые были злыми и никогда не делали ничего хорошего.

49. Они сказали: «Давайте поклянёмся **БОГОМ**, что мы убьём его и его людей, а его племени скажем: "Мы ничего не знаем об их смерти. Мы говорим правду"».

Бог защищает верующих

50. Они строили козни и плели интриги, но мы также замышляли хитрость, хотя они не ощущали этого.

51. Обрати внимание на последствия их интриг; мы уничтожили их и всех их людей.

52. Вот их дома, полностью разрушенные из-за их прегрешений. Это должно быть уроком для людей, которые знают.

53. Мы спасаем тех, кто веруют и ведут праведную жизнь.

Лот

54. Лот сказал своему народу: «Как вы можете совершать такую мерзость публично, видя это?

55. Вы похотливо практикуете половое сношение с мужчинами вместо женщин. Воистину, вы невежественные люди».

56. И единственным ответом его народа было то, что они сказали: «Изгоните семью Лота из города; это люди, которые хотят быть чистыми».

57. Следовательно мы спасли его и его семью, кроме его жены; мы посчитали её в числе обречённых.

58. Мы пролили на них особый дождь. Это был скверный дождь для людей, которые были предупреждены.

Не делайте различий между посланниками Бога

59. Скажи: «Хвала **БОГУ** и мир Его слугам, которых Он избрал. **БОГ** ли лучше или идолы, которые некоторые люди учреждают?»

ТОЛЬКО Бог достоин поклонения

60. Кто Тот, кто создал небеса и землю? Кто Тот, кто ниспосылает вам с неба воду, с помощью которой мы взращиваем сады, полные красоты, – вы не смогли бы произвести их деревья? Неужели это другой бог с **БОГОМ**? Воистину, они люди, которые отклонились.

Иисус, Мария, Мухаммед, святые и т. д. никогда не участвовали

61. Кто Тот, кто создал землю обитаемой, заставил реки течь по ней, разместил на ней горы и создал преграду между двумя водоёмами? Неужели это ещё один бог с **БОГОМ**? Воистину, большинство из них не знает.

62. Кто Тот, кто спасает тех, кто отчаялся и взывает к Нему, избавляет от невзгод и делает вас наследниками земли? Неужели это ещё один бог с **БОГОМ**? Редко же вы внимаете.

63. Кто Тот, кто указывает вам путь во мраке суши и моря? Кто Тот, кто посылает ветры с добрыми вестями как вестники Его милости? Неужели это ещё один бог с **БОГОМ**? Самый возвышенный – это **БОГ**; Он выше того, чтобы иметь соучастников.

64. Кто Тот, кто начинает создание, а затем повторяет его? Кто Тот, кто обеспечивает вас с неба и с земли? Неужели это ещё один бог с **БОГОМ**? Скажи: «Покажите мне ваше доказательство, если вы правдивы».

65. Скажи: «Никто на небесах и на земле не знает будущего, кроме **БОГА**. Они даже не осознают, как и когда они будут воскрешены».

Вера в Будущую жизнь – большое препятствие для большинства людей

66. В сущности, их знание относительно Будущей жизни в замешательстве. В сущности, они питают сомнения по этому поводу. В сущности, они совершенно беспечны к ней.

67. Те, кто не уверовал, сказали: «Неужели после того, как мы и наши родители превратимся в прах, мы будем выведены?

68. Нам и в прошлом давали такое же обещание. Это не что иное, как сказки из прошлого».

69. Скажи: «Странствуйте по земле и обратите внимание на последствия для виновных».

70. Не печалься о них и не раздражайся из-за их козней.

71. Они говорят: «Когда же это обещание сбудется, если вы правдивы?»

72. Скажи: «Вы уже страдаете от некоторого возмездия, которому вы бросаете вызов».

73. Твой Господь полон благодати по отношению к людям, но большинство из них неблагодарно.

74. Твой Господь вполне знает, что кроется у них в груди, и что они заявляют.

75. Нет ничего на небесах и на земле, что было бы скрыто (*от Бога*); всё находится в основательной записи.

76. Этот Коран разрешает многие вопросы для детей Израиля, вопросы, о которых они до сих пор спорят.

77. И, несомненно, это руководство и милость для верующих.

78. Твой Господь – Тот, кто судит между ними в соответствии с Его правилами. Он – Всемогущий, Всеведущий.

79. Поэтому уповай на **БОГА**; ты следуешь за очевидной истиной.

80. Ты не можешь заставить ни мёртвых, ни глухих услышать зов, если они отвернутся.

81. И ты не можешь вывести из заблуждения слепых. Только те услышат тебя, кто веруют в наши откровения и решают стать покорными.

*Компьютер – это существо**

82. В нужное время мы произведём для них существо, сделанное из земных материалов, которое заявит, что люди не уверены в наших откровениях.

27:82. (2 +7 +8 +2 = 19). Компьютер был необходим, чтобы раскрыть математическое чудо Корана, и он доказал, что большинство людей отказалось от послания Бога (см. Приложения 1 и 19).

83. Придёт день, когда мы принудительно призовём из каждой общины тех, кто не верил в наши доказательства.

Изучайте математический код Корана

84. Когда они прибудут, то Он скажет: «Вы отвергли Мои откровения прежде, чем приобрели знания о них. Разве это не то, что вы совершили?»

85. Их постигнет воздаяние за их нечестие; они ничего не скажут.

86. Неужели они не видят, что мы создали ночь для их отдыха, а день освещённым? Они должны быть достаточными доказательствами для людей верующих.

87. В день, когда задуют в рог, все на небесах и на земле будут в ужасе, кроме тех, кто избран **БОГОМ**. Все придут к Нему принудительно.

Движение Земли – научное чудо

88. Когда ты смотришь на горы, ты думаешь, что они стоят неподвижно. Но они двигаются, подобно облакам. Таково произведение **БОГА**, который усовершенствовал всё. Он в полной мере Знающий всё, что вы совершаете.

Судный День

89. Те, кто принесут добрые деяния (в их записях), получат гораздо лучшие награды, и они будут совершенно защищены от ужасов того дня.

90. Что же касается тех, кто принесут злые деяния, то их вынудят пойти в Ад. Разве вы не получите воздаяние за то, что вы совершили?

91. Мне просто повелено поклоняться Господу этого города – Он сделал его безопасным святилищем – и Он обладает всеми вещами. Мне повелено быть покорным.

92. И читать Коран. Тот, кто следует правильным путём, тот поступает во благо себе, а если они сбиваются с пути, то скажи: «Я всего лишь предостерегающий увещеватель».

93. И скажи: «Хвала **БОГУ**; Он будет показывать вам Свои доказательства, пока вы не распознаете их. Ваш Господь никогда не находится в неведении о том, что вы совершаете».

****

Сура 28:
История (Аль-Касас)

Во имя Бога, Самого Милостивого, Самого Милосердного

1. Т. С. М.*

2. Эти (буквы) составляют доказательства этой основательной книги.

3. Мы правдиво читаем тебе здесь историю Моисея (Мусы) и Фараона на благо людей, которые веруют.

4. Фараон превратился в тирана на земле и дискриминировал некоторых людей. Он подверг гонению беспомощную группу из них, убивая их сыновей и щадя их дочерей. Поистине, он был нечестивым.

---

*28:1. См. Приложение 1 для подробного разъяснения чудесного математического кода Корана и смысла или значения этих Коранических инициалов.

Бог компенсирует угнетённым

5. Мы пожелали компенсировать тем, кто был угнетён на земле, и сделать их предводителями и наследниками.

6. И утвердить их на земле, и отплатить Фараону, Хаману и их войскам той же монетой.

Доверие к Богу

7. Мы внушили матери Моисея (Мусы): «Корми его грудью, а когда ты станешь опасаться за его жизнь, то брось его в реку без страха и печали. Мы вернём его к тебе и сделаем его одним из посланников».

8. Семья Фараона подобрала его только для того, чтобы он возглавил сопротивление и стал источником печали для них. Это потому, что Фараон, Хаман и их войска были беззаконниками.

Внутри логова льва

9. Жена Фараона сказала: «Это может быть радостной находкой для меня и для тебя. Не убивайте его, ибо он может принести нам пользу или мы можем усыновить его». Они понятия не имели.

10. Разум матери Моисея (Мусы) встревожился до такой степени, что она чуть не выдала его личность. Но мы укрепили её сердце, чтобы сделать её верующей.

11. Она сказала его сестре: «Следуй за ним». Она наблюдала за ним издалека, а они не осознавали.

Младенец возвращён к своей матери

12. Мы запретили ему принимать всех кормящих матерей. Тогда (его сестра) сказала: «Я могу показать вам семью, которая может вырастить его для вас и хорошо заботиться о нём».

13. Таким образом, мы возвратили его к его матери для того, чтобы угодить ей, удалить её беспокойство и дать ей понять, что обещание **БОГА** – это истина. Однако, большинство из них не ведает.

14. Когда он достиг зрелости и возмужал, мы даровали ему мудрость и знание. Так мы вознаграждаем праведных.

Моисей совершает убийство

15. Однажды он вошёл в город неожиданно, неопознанный людьми. Он обнаружил двух дерущихся мужчин: один был (иврит) из его народа, а другой был (египтянин) из его врагов. Тот, кто был из его народа, позвал его на помощь против своего врага. Моисей (Муса) ударил его кулаком, убив его. Он сказал: «Это дело рук дьявола; он поистине враг, глубоко вводящий в заблуждение».

16. Он сказал: «Господь мой, я причинил вред своей душе. Пожалуйста, прости меня», – и Он простил ему. Он – Прощающий, Самый Милосердный.

17. Он сказал: «Мой Господь, в ответ на Твои благословения на мне я никогда не буду сторонником виновных».

18. Утром он был в городе, напуганный и бдительный. Тот, кто искал его помощи вчера, вновь попросил его о помощи. Моисей (Муса) сказал ему:

«Ты истинный нарушитель порядка».

Преступление Моисея разоблачено

19. Прежде чем он попытался ударить их общего врага, он сказал: «О Моисей (Муса), неужели ты хочешь убить меня, как вчера убил того человека? Очевидно, ты хочешь быть тираном на земле; ты не желаешь быть праведным».

20. Тут прибежал человек с другой стороны города, говоря: «О Моисей (Муса), люди сговариваются, чтобы убить тебя. Ты лучше немедленно уходи. Я даю тебе хороший совет».

21. Он бежал из города в страхе, остерегаясь. Он сказал: «Мой Господь, спаси меня от угнетателей».

В Мадьяне

22. Путешествуя по направлению к Мадьяну, он сказал: «Пусть Господь мой поведёт меня правильным путём».

23. Когда он добрался до воды Мадьяна, он обнаружил толпу людей, которые поили, и заметил двух женщин, ожидающих в стороне. Он сказал: «Что вам нужно?» Они сказали: «Мы не в состоянии поить, пока толпа не разойдётся, а наш отец – старик».

24. Он напоил для них, потом отвернулся к тени, сказав: «Господь мой, какое бы благо Ты ни послал мне, я крайне нуждаюсь в нём».

25. Вскоре, одна из двух женщин застенчиво подошла к нему и сказала: «Мой отец приглашает тебя, чтобы заплатить тебе за то, что ты напоил для нас». Когда он встретил его и рассказал ему свою историю, он сказал: «Не бойся. Ты был спасён от угнетателей».

Моисей женится

26. Одна из двух женщин сказала: «О мой отец, найми его. Он самый лучший из тех, кого ты можешь нанять, ибо он сильный и честный».

27. Он сказал: «Я хочу предложить тебе жениться на одной из моих двух дочерей в обмен на то, что ты будешь работать на меня в течение восьми паломничеств; а если ты сделаешь их десятью, то это будет добровольным актом с твоей стороны. Я не желаю слишком затруднять это дело для тебя. Ты найдёшь меня, если **БОГУ** угодно, праведным».

28. Он сказал: «Это соглашение между мною и тобой. Какой бы срок я ни исполнил, ты не будешь против ни одного из них. **БОГ** является поручителем того, что мы сказали».

Назад в Египет

29. Когда он выполнил своё обязательство, то он отправился в путь со своей семьёй (*в сторону Египта*). Он увидел огонь со склона горы Синай. Он сказал своей семье: «Оставайтесь здесь. Я видел огонь. Может быть, я смогу принести вам новости или немного огня, чтобы согреть вас».

Моисей назначен

30. Когда он достиг его, то его позвали от края правой стороны долины, в благословенном месте, где находился горящий куст: «О Моисей (Муса), это Я, **БОГ**, Господь Вселенной.

31. Брось на землю свой посох». Когда он увидел, что он движется, как демон, он повернулся и убежал. «О Моисей, вернись, не бойся. Ты в полной безопасности.

32. Положи руку в свой карман; она выйдет белой, без изъяна. Сложи свои крылья, успокойся и преодолей свой страх. Это два доказательства от твоего Господа, чтобы показать Фараону и его старейшинам; они были нечестивыми людьми».

33. Он сказал: «Господь мой, я убил одного из них, и я боюсь, что они убьют меня.

34. Кроме того, мой брат Аарон (Харун) более красноречив, чем я. Пошли его со мной как помощника, чтобы подтвердить и укрепить меня. Я боюсь, что они не поверят мне».

35. Он сказал: «Мы укрепим тебя твоим братом, и мы предоставим вам обоим явную власть. Таким образом, они не смогут тронуть ни одного из вас. С нашими чудесами вы оба вместе с теми, кто последуют за вами, будете победителями».

Высокомерие Фараона

36. Когда Моисей (Муса) пришёл к ним с нашими доказательствами, ясными и основательными, они сказали: «Это выдуманное волшебство. Мы никогда не слышали об этом от наших древних предков».

37. Моисей (Муса) сказал: «Мой Господь лучше знает, кто принёс руководство от Него, и кто станут окончательными победителями. Воистину, беззаконники никогда не преуспеют».

38. Фараон сказал: «О вы, старейшины, я не знаю для вас другого бога, кроме меня. Поэтому, о Хаман, разожги саман для того, чтобы построить башню, чтобы я мог взглянуть на бога Моисея (Мусы). Я уверен, что он лжец».

39. Таким образом, он и его войска продолжали поступать высокомерно на земле без какого-либо права и думали, что они не будут возвращены к нам.

40. Следовательно мы наказали его и его войска, бросив их в море. Обрати внимание на последствия для беззаконников.

41. Мы сделали их имамами, которые повели своих людей в Ад. Более того, в День Воскресения им не будет помощи.

42. Они навлекли на себя осуждение в этой жизни, а в День Воскресения они будут презираемы.

Книга Моисея*

43. Мы даровали Моисею (Мусе) писание – после того, как уничтожили предыдущие поколения, и после того, как сделали их примерами, – чтобы предоставить просвещение для людей и руководство, и милость, чтобы

---

*28:43. Тора является совокупностью всех писаний, ниспосланных всем пророкам Израиля, включая книгу Моисея (Мусы). Коран неизменно сообщает, что Моисею была дарована книга или «Свод Законов». Нигде в Коране мы не видим, что Моисею была дарована «Тора». Поэтому современный Ветхий Завет – это Тора (см. 3:50 и 5:46).

они могли внять.

*Обращение к Божьему Посланнику
Завета*

44. Ты не присутствовал на склоне западной горы, когда мы издали повеление Моисею (Мусе), ты не был свидетелем.*

45. Но мы создали многие поколения, и из-за продолжительного времени (*они отклонились*). И не был ты среди людей Мадьяна, читая им наши откровения. Но мы действительно отправляли посланников.

46. И не был ты на склоне горы Синай, когда мы позвали (*Моисея*). Но это милость от Господа твоего (*к людям*) для того, чтобы предупредить людей, которые не получали предостерегающего увещевателя до тебя, чтобы они могли внять.

Нет оправдания

47. Таким образом, когда бедствие поразит их как следствие их собственных деяний, они не смогут сказать: «Господь наш, если бы Ты послал к нам посланника, то мы бы последовали за Твоими откровениями и стали бы верующими».

Тора и Коран

48. Теперь, когда истина пришла к ним от нас, они сказали: «Если бы только нам было даровано то, что было даровано Моисею (Мусе)!» Разве они не отвергли то, что было даровано Моисею (Мусе) в прошлом? Они сказали: «Оба (*писания*) являются произведениями колдовства, скопированными друг с друга».

Они также сказали: «Мы не веруем в них обоих».

49. Скажи: «Тогда произведите писание от **БОГА** с лучшим руководством, чем эти два, так чтобы я мог последовать за ним, если вы правдивы».

*Бог шлёт Свои учения нам через
Своих посланников*

50. Если они не смогут ответить тебе, то знай, что они следуют только за своими собственными мнениями. Кто находится в большем заблуждении, чем те, которые следуют за своими собственными мнениями без руководства от **БОГА**? **БОГ** не ведёт правильным путём таких нечестивых людей.

*Все истинные верующие
принимают Коран*

51. Мы доставили им послание, чтобы они могли внять.

52. Те, кого мы благословили предыдущими писаниями, уверуют и в это.

53. Когда им будут читать его, они скажут: «Мы веруем в него. Это – истина от нашего Господа. Даже прежде, чем мы услышали о нём, мы были покорными».

*Двойное вознаграждение для
христиан и иудеев, которые
распознают истину*

54. Этим мы даруем двойное вознаграждение, потому что они стойко терпят. Они противостоят злым деяниям добрыми делами, и они дают из наших благ к ним.

**28:44. Имя этого посланника подтверждено математически: поместив
гематрическое значение «Рашад Халифа» (1230) рядом с номером стиха
(44), мы получаем 123044 = 19х6476.*

55. Когда они сталкиваются с тщетными разговорами, они пренебрегают ими и говорят: «Мы несём ответственность за наши деяния, а вы несёте ответственность за ваши деяния. Мир вам. Мы не хотим оказаться в числе невежд».

Бог – единственный, Кто наставляет на правильный путь

56. Ты не можешь наставить на правильный путь тех, кого ты любишь. **БОГ** – единственный, Кто наставляет на правильный путь согласно Его воле и согласно Его знанию о тех, кто заслуживает руководство.

57. Они сказали: «Если мы будем следовать за твоим руководством, то мы будем страдать от преследования». Разве мы не учредили для них Священное Святилище, в которое привозят все виды фруктов как блага от нас? Воистину, большинство из них не ведает.

58. Многие общины мы уничтожили за то, что они стали неблагодарными за их жизнь. Следовательно, вот их дома, которые после них стали не чем иным, как необитаемыми руинами, за исключением немногих. Мы были наследниками.

59. Ибо твой Господь никогда не уничтожает никакую общину, не послав посланника среди них, чтобы он читал им наши откровения. Мы никогда не уничтожаем никакую общину, разве что её люди являются нечестивыми.

60. Всё, что даровано вам, – это только принадлежность этой жизни и её тщетность. А то, что у **БОГА**, – гораздо лучше и вечно. Разве вы не понимаете?

61. Разве тот, кому мы обещали хорошее обещание, которое, несомненно, исполнится, равен тому, кого мы обеспечиваем временными принадлежностями этой жизни, а потом он вкушает вечную гибель в День Воскресения?

Идолы отрекаются от своих почитателей

62. Придёт день, когда Он призовёт их, сказав: «Где те идолы, которых вы создали, кроме Меня?»

63. Те, кто навлёк на себя приговор, скажут: «Господь наш, это те, которых мы ввели в заблуждение; мы ввели их в заблуждение только потому, что мы сами были заблудшими. Теперь мы полностью преданы Тебе. В действительности, они не поклонялись нам».

64. Будет сказано: «Призовите своих идолов (*чтобы помочь вам*)». Они будут звать их, но они не ответят. Они вкусят возмездие и станут сожалеть, что они не были на правильном пути!

Наш ответ посланникам

65. В тот день Он спросит каждого: «Что вы ответили посланникам?»

66. Они будут настолько ошеломлены фактами в этот день, что они потеряют дар речи.

67. Что же касается тех, кто каются, веруют и ведут праведную жизнь, то они окажутся среди победителей.

68. Твой Господь – Тот, кто создаёт всё, что Он пожелает и избирает; никто больше не делает никакого выбора. Да будет славен **БОГ**, Самый Возвышенный. Он гораздо выше того, чтобы нуждаться в партнёрах.

69. Твой Господь знает самые сокровенные мысли, что кроются в их груди, а также всё то, что они заявляют.

70. Он – единый **БОГ**; и нет другого бога, кроме Него. Ему принадлежит вся хвала в этой первой жизни и в Будущей жизни. Все решения принимает Он, и к Нему вы будете возвращены.

Благословения Бога

71. Скажи: «Что, если бы **БОГ** сделал ночь непрерывной до Дня Воскресения? Какой бог, кроме **БОГА**, может предоставить вам свет? Разве вы не слышите?»

72. Скажи: «Что, если бы **БОГ** сделал дневной свет непрерывным до Дня Воскресения? Какой бог, кроме **БОГА**, может предоставить вам ночь для отдыха? Разве вы не видите?»

73. Это милость от Него, что Он создал для вас ночь и день, чтобы вы отдыхали (*в ночное время*), а затем искали Его блага (*в течение дня*), чтобы вы могли быть благодарны.

У идолов нет власти

74. Придёт день, когда Он спросит их: «Где же идолы, которых вы выдумали, равняя со Мной?»

75. Мы выберем из каждой общины свидетеля, а затем скажем: «Предъявите ваше доказательство». Они поймут тогда, что вся истина принадлежит **БОГУ**, в то время как идолы, которых они выдумали, покинут их.

Карун

76. Карун (*надсмотрщик над рабами*) был одним из народа Моисея (Мусы), который предал их и угнетал их. Мы даровали ему так много сокровищ, что ключи от них были почти слишком тяжелы даже для сильнейшей группы. Его люди сказали ему: «Не будь таким высокомерным; **БОГ** не любит высокомерных.

77. Используй блага, дарованные тебе **БОГОМ**, для того, чтобы стремиться к обители Будущей жизни, при этом не пренебрегая своей долей в этом мире. Будь благотворительным подобно тому, как **БОГ** был благотворительным к тебе. Не продолжай распространять безнравственность на земле. Ибо **БОГ** не любит порочных людей».

78. Он сказал: «Я достиг всё это благодаря моему собственному уму». Неужели он не понимает, что **БОГ** уничтожил до него поколения, которые были намного сильнее, чем он, и многочисленнее? (*Уничтоженные*) беззаконники не были спрошены об их преступлениях.

79. Однажды он вышел к своему народу в полном великолепии. Те, которые предпочитали эту мирскую жизнь, сказали: «О, как бы мы хотели обладать тем, чего Карун достиг. Поистине, ему очень повезло».

Настоящее богатство

80. Что же касается тех, кто были наделены знаниями, то они сказали: «Горе вам, вознаграждение **БОГА** гораздо лучше для тех, кто верует и ведёт праведную жизнь». Никто не достигает этого, кроме стойких.

Неизбежная судьба тиранов

81. Затем мы заставили землю поглотить его и его особняк. Ни одна армия не смогла бы помочь ему против **БОГА**; ему не суждено было быть победителем.

82. Те, которые завидовали ему накануне, сказали: «Теперь мы понимаем, что **БОГ** – Тот, кто предоставляет блага и ограничивает их для того, кого Он избирает из числа Своих слуг. Если бы не **БОЖЬЯ** благодать к нам, Он мог бы заставить землю поглотить нас тоже. Мы теперь понимаем, что неверующие никогда не преуспеют».

Окончательные победители

83. Мы приберегаем обитель Будущей жизни для тех, кто не стремится превозносить себя на земле и сеять безнравственность. Окончательная победа принадлежит праведным.

84. Кто творит праведность, тот получает гораздо лучшее вознаграждение. Что же касается тех, кто совершают грехи, то воздаяние за их грехи в точности равноценно их деяниям.

85. Воистину, Тот, кто предписал для тебя Коран, призовёт тебя на предопределённую встречу. Скажи:

«Господь мой в полной мере знает тех, кто соблюдают руководство, и тех, кто сбились с истинного пути».

86. Ты совсем не ожидал получить это писание; но это милость от твоего Господа. Поэтому ты не должен поддерживать неверующих.

87. И ты не должен отклоняться от откровений **БОГА** после того, как они пришли к тебе, и призывай остальных к твоему Господу. И никогда не впадай в идолопоклонство.

88. Ты не должен поклоняться, кроме **БОГА**, никакому другому богу. Нет другого бога, кроме Него. Всё гибнет, кроме Его присутствия. Ему принадлежит вся верховная власть, и к Нему вы будете возвращены.

****

Сура 29:
Паук (Аль-Анкабут)

Во имя Бога, Самого Милостивого, Самого Милосердного

1. А. Л. М.*

Испытание является обязательным

2. Неужели люди думают, что если они скажут: «Мы веруем», то их оставят в покое и не подвергнут испытанию?

3. Мы испытывали тех, кто был до них, ибо **БОГУ** необходимо отличить тех, кто правдив, и Он должен разоблачить лжецов.

---

*29:1. См. Приложение 1 для подробного разъяснения математической композиции Корана и значения этих ранее загадочных Коранических инициалов.

4. Неужели те, кто совершают грехи, думают, что они могут обмануть нас? Воистину, неправильно их суждение.

5. Каждый, кто надеется на встречу с **БОГОМ**, (*должен знать, что*) такая встреча с **БОГОМ** непременно исполнится. Он – Слышащий, Всеведущий.

6. Те, кто усердствуют, усердствуют для своего же блага. **БОГ** ни в ком не нуждается.

7. Мы, безусловно, отпустим грехи тем, кто веруют и ведут праведную жизнь, и мы, безусловно, щедро вознаградим их за их праведные дела.

Вы должны почитать своих родителей

8. Мы предписали человеку почитать своих родителей. Но если они попытаются заставить тебя создать идолов, кроме Меня, то не повинуйся им. Ко Мне ваше окончательное возвращение; затем Я поведаю вам обо всём, что вы совершали.

9. Тех, кто веруют и ведут праведную жизнь, мы, безусловно, причислим к праведным.

Друзья только в счастье

10. Среди людей есть такие, которые говорят: «Мы веруем в **БОГА**», но как только они подвергаются какой-либо трудности из-за **БОГА**, они приравнивают преследование людей к возмездию **БОГА**. Но если

благословение от твоего Господа приходит к тебе, они говорят: «Мы были с вами». Разве **БОГ** не знает в полной мере самые сокровенные мысли людей?

11. **БОГ**, несомненно, отличит тех, кто верует, и Он, несомненно, разоблачит лицемеров.

12. Те, кто не уверовали, сказали тем, кто уверовали: «Если вы последуете нашим путём, то мы будем нести ответственность за ваши грехи». Это не правда; они не могут понести ни один из их грехов. Они – лжецы.

13. В сущности, они понесут свои собственные грехи в дополнение к грузу чужих грехов, за которые они были ответственны. Несомненно, в День Воскресения их спросят об их ложных утверждениях.

Ной

14. Мы послали Ноя (Нуха) к его народу, и он пробыл с ними тысячу лет без пятидесяти.* Впоследствии их постиг потоп из-за их прегрешений.

15. Мы спасли его и тех, кто был вместе с ним в ковчеге, и мы сделали их уроком для всех людей.

Авраам

16. Авраам (Ибрагим) сказал своему народу: «Вы должны поклоняться **БОГУ** и почитать Его. Это лучше для вас, если бы вы только знали.

---

*29:14. Поскольку чудо Корана является математическим, поэтому номера представляют собой особо важную часть кода, основанного на числе 19. Таким образом, числа, упомянутые в Коране, составляют сумму, равную 162146 или 19x8534 (см. Приложение 1 для подробного разъяснения).

17. То, чему вы поклоняетесь вместо **БОГА**, – бессильные идолы; вы изобрели ложь».

Бог – единственный источник благ

Идолы, которым вы поклоняетесь, кроме **БОГА**, не обладают никакими благами для вас. Поэтому вы должны искать благ только у **БОГА**. Вы должны поклоняться только Ему и быть благодарны Ему; к Нему ваше окончательное возвращение.

18. Если вы не уверуете, то поколения до вас также не веровали. Единственная функция посланника – это доставить (*послание*).

Изучайте происхождение жизни*

19. Неужели они не видели, как **БОГ** начинает всякое творение, а затем воспроизводит его? Это легко для **БОГА** совершить.

20. Скажи: «Странствуйте по земле и выясните происхождение жизни».* Ибо **БОГ** таким же образом положит начало творению в Будущей жизни. **БОГ** – Всесильный.

21. Он обрекает на возмездие, кого пожелает, и осыпает Своей милостью, кого пожелает. В конечном счёте к Нему вы будете возвращены.

22. Никто из вас не может спастись от этих фактов ни на земле, ни на небе; и нет у вас, кроме **БОГА**, ни Господа, ни Властелина.

23. Те, кто не веруют в откровения **БОГА** и во встречу с Ним, отчаялись в Моём милосердии. Их постигнет мучительное возмездие.

Возвращаемся к Аврааму

24. Единственным ответом его народа было их высказывание: «Убейте его или сожгите его». Но **БОГ** спас его от огня. Это должно предоставить уроки для верующих людей.

Общественное давление – значительное бедствие

25. Он сказал: «Вы поклоняетесь, помимо **БОГА**, бессильным идолам из-за давления со стороны сверстников лишь для того, чтобы сохранить дружбу между вами в этой мирской жизни. Но затем, в День Воскресения, вы отречётесь друг от друга и будете проклинать друг друга. Вам предназначен Ад, где вы не сможете помочь друг другу».

26. Лот уверовал с ним и сказал: «Я переселяюсь к моему Господу. Он – Всемогущий, Самый Мудрый».

27. Мы даровали ему Исаака (Исхака) и Иакова (Йакуба); мы назначили его потомкам пророчество и писания; мы даровали ему должное вознаграждение в этой жизни, а в Будущей жизни он, несомненно, будет с праведными.

Лот

28. Лот сказал своему народу: «Вы совершаете такую мерзость, которую никто в мире ещё не совершал до вас.

29. Вы практикуете половое сношение с мужчинами, вы совершаете разбой на дорогах, и вы позволяете все виды порока в вашем обществе». Единственным ответом его народа

**29:19-20. Мы узнаём из Корана, что эволюция – это божественно управляемый процесс. См. Приложение 31 для подробного разъяснения.*

было высказывание: «Доставь нам возмездие **БОГА**, если ты правдив».

30. Он сказал: «Господь мой, даруй мне победу над этими нечестивыми людьми».

Ангелы навещают Авраама и Лота

31. Когда наши посланники отправились к Аврааму (Ибрагиму) с добрыми вестями (*о рождении Исаака*), они также сказали: «Мы собираемся уничтожить людей того города (*Содома*). Ибо его люди нечестивые».

32. Он сказал: «Но Лот живёт там». Они сказали: «Мы в полной мере знаем каждого, кто живёт в нём. Мы, конечно, спасём его и его семью, кроме его жены; она обречена».

33. Когда наши посланники прибыли к месту Лота, они подверглись дурному обращению, и он был смущён их присутствием. Но они сказали: «Не бойся и не волнуйся. Мы спасём тебя и твою семью, кроме твоей жены; она обречена.

34. Мы изольём на людей этого города бедствие с неба как следствие их нечестия».

35. Мы оставили стоять некоторые его руины, чтобы они служили основательным уроком для тех, кто понимает.

Шуайб

36. К мадьянитам мы послали их брата Шуайба. Он сказал: «О народ мой, вы должны поклоняться **БОГУ** и стремиться к Последнему дню; и не распространяйте безнравственность на земле».

37. Они не поверили ему, и следовательно землетрясение уничтожило их; к утру они остались лежать мёртвыми в своих домах.

38. Подобным образом адиты и самудяне (*были уничтожены*). Это стало явным для вас по их руинам. Дьявол приукрасил их деяния в их глазах и отклонил их от пути, несмотря на то, что у них были глаза.

Неизменная система Бога

39. А также Карун, Фараон и Хаман; Моисей (Муса) пошёл к ним с ясными знамениями. Но они продолжали совершать тиранство на земле. Следовательно они не могли избежать (*возмездия*).

40. Все эти неверующие были обречены как следствие их грехов. Некоторых из них мы уничтожили сильным ветром, некоторые были уничтожены землетрясением, некоторых поглотила земля по нашему указанию, а некоторых мы потопили. Это не **БОГ** обидел их; они сами причинили вред своим душам.

Паук

41. Аллегория тех, кто принимает других господов, кроме **БОГА**, – это паук и её дом; самым непрочным из всех домов является дом паука, если бы они только знали.*

42. **БОГ** прекрасно знает, что всё то, чему они поклоняются, помимо Него, на самом деле ничто. Он – Всемогущий, Самый Мудрый.

---

*29:41. См. примечание к 29:41-43 на стр. 272.

43. Мы приводим эти примеры для людей, и никто не оценит их, кроме знающих.*

44. **БОГ** создал небеса и землю правдиво. Это представляет достаточное доказательство для верующих.

Контактные Молитвы (Салат)

45. Ты должен читать то, что открыто тебе из писания, и соблюдать Контактные Молитвы (*Салат*), ибо Контактные Молитвы запрещают зло и порок. Но поминание **БОГА** (*через Салат*) является наиболее важной целью.* **БОГ** знает всё, что вы совершаете.

Один Бог – одна религия

46. Не спорьте с людьми писания (*иудеями, христианами и мусульманами*), кроме как наилучшим возможным образом – разве что они преступят границы дозволенного – и скажите: «Мы веруем в то, что ниспослано нам, и в то, что ниспослано вам, и наш бог и ваш бог – один и тот же; Ему мы покорны».

47. Мы ниспослали тебе это писание, и те, кого мы благословили предыдущим писанием, уверуют в него. Кроме того, некоторые из твоих людей уверуют в него. Воистину, те, кто пренебрегают нашими откровениями, настоящие неверующие.

Коран – чудо Мухаммеда

48. Ты не читал предыдущие писания, и ты не писал их своей рукой. В таком случае отвергающие имели бы основание питать сомнения.

49. В сущности, эти откровения ясны в груди тех, кто обладает знаниями. Только нечестивые пренебрегут нашими откровениями.

50. Они сказали: «Если бы только чудеса* могли снизойти к нему от его Господа!» Скажи: «Все чудеса приходят только от **БОГА**; я не более чем явный предостерегающий увещеватель».

29:41-43. Только хорошо осведомлённый человек может знать, что самка паука «Чёрная вдова» убивает своего партнёра. Поэтому использование местоимения женского рода по отношению к пауку в 29:41, является весьма значительным. Это в дополнение к тому, что паутина по физическим свойствам очень непрочная.

29:45. Вашим богом является то, о чём вы думаете большую часть времени (см. 20:14 и Приложение 27).

29:48-51. Это была воля Самого Мудрого отделить Коран от его удивительного математического чуда сроком, равным 1400 лет. Видя, как мусульмане массово боготворят Мухаммеда, становится очевидным, что если бы и математическое чудо Корана было также открыто через Мухаммеда, то многие люди поклонялись бы ему как воплощённому Богу. Так что Бог пожелал, чтобы великое чудо Корана (74:30-35) дождалось компьютерного века и было открыто через Его Посланника Завета (см. Приложения 1, 2 и 26).

51. Разве это не достаточное чудо,* что мы ниспослали тебе эту книгу, которая читается им? Это действительно милость и напоминание для верующих людей.

52. Скажи: «**БОГА** как свидетеля достаточно между мной и вами. Он знает всё, что на небесах и на земле. Воистину, те, кто верят в ложь и не веруют в **БОГА**, – истинные проигравшие».

Они находятся в Аду

53. Они бросают вызов тебе, чтобы ты навлёк на них возмездие! Если бы не предопределённый срок, то возмездие пришло бы к ним немедленно.* Безусловно, оно придёт к ним внезапно, когда они меньше всего ожидают этого.

54. Они бросают вызов тебе, чтобы ты навлёк на них возмездие! Ад уже окружает неверующих.

55. Придёт день, когда возмездие покроет их и сверху, и из-под ног; Он скажет: «Вкусите последствия ваших деяний».

Мигрируйте во имя Бога

56. О Мои слуги, которые уверовали, Моя земля просторная, так что поклоняйтесь Мне.

57. Каждая душа вкусит смерть, затем в конечном счёте к нам вы будете возвращены.

58. Тех, кто веруют и ведут праведную жизнь, мы, воистину, поселим их в Раю с особняками и текущими ручьями. Они пребудут там вечно. Какая прекрасная награда трудящимся.

59. Это те, кто стойко терпят и уповают на своего Господа.

60. Как много существ, которые не носят себе пропитание; **БОГ** обеспечивает их, а также и вас. Он – Слышащий, Всеведущий.

Большинство верующих обречено на Ад

61. Если ты спросишь их: «Кто создал небеса и землю и определил солнце и луну вам на службу?», они скажут: «**БОГ**». Почему же они отклонились?

62. **БОГ** – Тот, кто увеличивает и ограничивает блага тому, кого Он избирает из числа Своих созданий. Ведь **БОГ** в полной мере знает о всякой вещи.

63. Если ты спросишь их: «Кто ниспосылает с неба воду, чтобы оживить мёртвую землю?», они скажут: «**БОГ**». Скажи: «Хвала **БОГУ**». Большинство из них не понимает.

Реорганизуйте ваши приоритеты

64. Эта мирская жизнь не более чем суета и забава, а обитель Будущей жизни – это настоящая жизнь; если бы они только знали.

---

*29:51. См. примечание к 29:48.

*29:53. Каждый, кто умирает в возрасте до 40 лет, попадает в Рай, но не каждый заслуживает этого. Иногда люди жалуются на медлительность правосудия, когда порочного преступника не казнят в кратчайшие сроки. Бог знает, кто заслуживает Рай (см. 46:15 и Приложение 32).

65. Когда они плывут на судне, то они умоляют **БОГА**, посвящая Ему свои молитвы. Но как только Он спасает их и доставляет к берегу, они возвращаются к идолопоклонству.

66. Пусть они не веруют в то, что мы даровали им, и пусть они наслаждаются временно; они, несомненно, узнают.

67. Неужели они не видят, что мы учредили Священное Святилище и сделали его безопасным, в то время как все люди вокруг них находятся в постоянной опасности? Неужели они всё еще будут верить в ложь и отвергать **БОЖЬИ** благословения?

68. Кто нечестивее того, кто выдумывает ложь и приписывает её **БОГУ** или отвергает истину, когда она приходит к нему? Разве Ад не является справедливым возмездием для неверующих?

69. Что же касается тех, кто усердствуют в нашем деле, то мы, безусловно, поведём их нашими путями. Истинно, **БОГ** с благочестивыми.

****

Сура 30: Римляне (Аль-Рум)

Во имя Бога, Самого Милостивого, Самого Милосердного

1. А. Л. М.*

2. Безусловно, римляне будут побеждены.

3. На ближайшей земле. После своего поражения они опять поднимутся и победят.

4. Через несколько лет. Таково решение **БОГА** как в первом, так и во втором пророчестве. В тот день верующие возрадуются

5. победе **БОГА**. Он дарует победу тому, кому Он пожелает. Он – Всемогущий, Самый Милосердный.

Озабоченность не той жизнью

6. Таково обещание **БОГА** – а **БОГ** никогда не нарушает Своего обещания; но большинство людей не ведает.

7. Они заботятся только о вещах этого мира, которые видимы им, будучи совершенно невнимательными к Будущей жизни.

8. Почему они не поразмыслят о себе? **БОГ** создал небеса и землю, и всё, что между ними, лишь с определённой целью и на конкретную продолжительность жизни. Однако, относительно встречи с их Господом большинство людей являются неверующими.

9. Неужели они не странствовали по земле и не заметили последствия для тех, кто предшествовал им? Они были более могущественными, более процветающими и более производительными на земле. Их посланники приходили к ним с ясными знамениями. Следовательно, это не **БОГ** обидел их, а они сами причинили вред своим душам.

*30:1. См. Приложение 1 для детального разъяснения этих ранее загадочных инициалов.

10. Последствием для тех, кто совершил зло, должно быть зло. Это потому, что они отвергли откровения **БОГА** и насмехались над ними.

Идолопоклонники отрекаются от своих идолов

11. **БОГ** – Тот, кто начинает творение и воспроизводит его. В конечном счёте вы будете возвращены к Нему.

12. В тот День, когда наступит Час, виновные будут потрясены.

13. У их идолов не будет власти заступиться за них; напротив, они отрекутся от своих идолов.

14. В тот день, когда наступит Час, они расстанутся.

15. Что касается тех, кто веруют и ведут праведную жизнь, то они будут в Раю, радуясь.

16. А те, которые не веруют, отвергают наши откровения и встречу в Будущей жизни, то для них возмездие будет длиться вечно.

Всегда помните Бога

17. Поэтому вы должны прославлять **БОГА**, когда вы ложитесь спать ночью и когда встаёте утром.

18. Ему надлежит вся хвала на небесах и на земле в течение вечера, а также в середине дня.

19. Он производит живое из мёртвого и производит мёртвое из живого, и Он оживляет землю после того, как она омертвела; и вы будете воскрешены подобным образом.

Брак – божественное учреждение

20. Среди Его доказательств – то, что Он создал вас из праха, затем вы стали воспроизводящими людьми.

21. Среди Его доказательств – то, что Он создал для вас супругов из вас самих для того, чтобы вы испытали спокойствие и удовлетворённость друг с другом; и Он поместил в ваши сердца любовь и заботу по отношению к вашим супругам. В этом – достаточные доказательства для людей думающих.

Ещё больше доказательств

22. Среди Его доказательств – создание небес и земли и различие ваших языков и цветов. Воистину, в этом – знамения для знающих.

23. Среди Его доказательств – то, что вы спите во время ночи или дня и работаете в поиске Его благ. В этом – достаточные доказательства для людей слышащих.

24. Среди Его доказательств – то, что Он показывает вам молнию как источник страха, а также и надежды; затем Он ниспосылает с неба воду, чтобы оживить омертвевшую землю. В этом – достаточные доказательства для людей понимающих.

25. Среди Его доказательств – то, что небо и земля стоят в Его распоряжении. Наконец, когда Он вызовет вас из земли одним зовом, то вы немедленно выйдете.

26. Ему принадлежат все, кто на небесах и на земле; Ему все подчинены.

27. И Он – Тот, кто начинает творение, а затем воспроизводит его; это даже легче для Него. Ему принадлежит самое возвышенное подобие на небесах и на земле, и Он – Всемогущий, Самый Мудрый.

Нелепость идолопоклонства

28. Он приводит для вас здесь пример из вас самих: вы когда-либо поднимаете ваших слуг или подчиненных на такой уровень, где они соперничают с вами, и до такой степени, что вы платите им такой же преданностью, какая платится вам? Мы так объясняем откровения для людей понимающих.

29. Воистину, беззаконники последовали за своими собственными мнениями без знания. Кто же тогда может наставить на правильный путь тех, кого **БОГ** ввёл в заблуждение? Никто никогда не сможет помочь им.

Единобожие – природный инстинкт*

30. Поэтому ты должен посвятить себя религии абсолютного единобожия. Таков природный инстинкт, помещённый в людей **БОГОМ**. Такое творение **БОГА** никогда не изменится. Это совершенная религия, но большинство людей не ведает.

31. Вы должны покориться Ему, благоговеть перед Ним, соблюдать Контактные Молитвы (*Салат*), и что бы вы ни делали, никогда не впадайте в идолопоклонство.

Сектантство осуждено

32. (*Не впадайте в идолопоклонство*) как те, кто делит свою религию на секты, при этом каждая группа радуется тому, что у них есть.

Друзья в непогоду

33. Когда невзгоды постигают людей, то они обращаются к своему Господу, полностью посвящая себя Ему. Но затем, как только Он осыпает их милостью, некоторые из них возвращаются к идолопоклонству.*

34. Пусть они будут неблагодарными тому, что мы даровали им. Наслаждайтесь временно; вы непременно узнаете.

35. Разве мы дали им разрешение, которое оправдывало бы их идолопоклонство?

36. Когда мы даруем милость людям, то они радуются этому. Но когда постигают их невзгоды как следствие их собственных деяний, они впадают в уныние.

37. Неужели они не понимают, что **БОГ** увеличивает блага, кому пожелает, или уменьшает их? Это должно быть уроком для верующих людей.

38. Поэтому ты должен давать родственникам их законную долю (*благотворительности*), а также бедным и путешествующим иноземцам. Это лучше для тех, кто искренне стремится угодить **БОГУ**; они – победители.

30:30. Признание ТОЛЬКО Бога нашим Господом и Властелином – это природный инстинкт. Мы рождены в этом мире с таким инстинктом. См. 7:172-173 и Приложение 7.

30:33. Обычным примером являются рекламные объявления, замеченные нами в газетах, которые поместили люди, чтобы поблагодарить Святого Иуду за их исцеление. До проведения операции они искренне умоляют Бога, чтобы Он исцелил их. Но как только операция завершается успешно, они благодарят Святого Иуду!!!

39. Ростовщичество, которое практикуется для того, чтобы увеличить богатство некоторых людей, не получает никакой пользы у **БОГА**. Но если вы дадите на благотворительность, стремясь угодить **БОГУ**, то это те, которые получают своё приумноженное вознаграждение.

Кто достоин поклонения?

40. **БОГ** – Тот, кто создал вас. Он – Тот, кто обеспечивает вас. Он – Тот, кто предаёт вас смерти. Он – Тот, кто воскрешает вас. Может ли кто-либо из ваших идолов совершить любое из этих вещей? Слава Ему. Он слишком возвышенный, чтобы иметь соучастников.

41. Бедствия распространились по всей земле и на море из-за того, что люди совершили. Он так позволяет им вкусить последствия некоторых своих деяний, дабы они вернулись (*к правильным деяниям*).

Уроки из истории

42. Скажи: «Странствуйте по земле и обратите внимание на последствия для тех, кто был до вас». Большинство из них были идолопоклонниками.

43. Поэтому ты должен посвятить себя полностью этой совершенной религии, прежде чем придёт день, который **БОГ** сделал неизбежным. В этот день они будут потрясены.

44. Кто не верует, тот не верует во вред своей душе, а те, кто ведут праведную жизнь, поступают так, чтобы укрепить и развить свои души.

45. Ибо Он щедро вознаградит Своими дарами тех, кто верует и ведёт праведную жизнь. Он не любит неверующих.

46. Среди его доказательств – то, что Он посылает ветры с хорошим предзнаменованием, чтобы осыпать вас Своей милостью, и чтобы позволить судам плыть по морю согласно Его правилам, и чтобы вы искали Его щедрот (*через торговлю*), дабы вы были благодарны.

Гарантированная победа для верующих

47. Мы отправляли посланников до тебя к их народам с основательными знамениями. Впоследствии мы наказали тех, кто преступил границы дозволенного. Это наш долг – даровать победу верующим.

48. **БОГ** – Тот, кто посылает ветры, которые разгоняют облака, чтобы распространить их по всему небу согласно Его воле. Потом Он нагромождает облака, а затем ты видишь, как из них льётся дождь. Когда он льётся на того, кого Он избирает из числа своих слуг, они радуются.

49. Хотя до того, как он пролился на них, они предались отчаянию.

50. Ты должен ценить непрерывную милость **БОГА** и то, как Он оживляет землю, которая была мертва. Он, безусловно, так же воскресит и мёртвых. Он – Всесильный.

51. Если бы вместо этого мы послали на них жёлтую песчаную бурю, то они продолжали бы не веровать.

52. Ты не можешь заставить ни мёртвых, ни глухих услышать зов после того, как они отвернутся.

53. И ты не можешь вывести слепых из их заблуждения. Ты можешь быть услышанным только теми, кто веруют в наши откровения и решают стать покорными.

Эта жизнь очень короткая

54. **БОГ** – Тот, кто создал вас слабыми, затем после слабости даровал вам силу, а затем заменил её слабостью и седыми волосами. Он творит то, что Он пожелает. Он – Всеведущий, Всесильный.

55. В тот день, когда наступит Час, виновные будут клясться, что они пробыли (*в этом мире*) только один час. Вот как они ошибались.

56. Те, кто благословенны знанием и верой, скажут: «Вы пробыли согласно указу **БОГА** до Дня Воскресения. Вот, это и есть День Воскресения, но вы не узнали его».

57. Поэтому в этот день извинения не принесут пользу беззаконникам, и они не будут оправданы.

58. Таким образом, мы привели для людей в этом Коране все виды примеров. Тем не менее, независимо от того, какие доказательства ты представляешь неверующим, они говорят: «Вы – фальсификаторы».

Божественное вмешательство

59. Так **БОГ** запечатывает сердца тех, кто не знает.

60. Поэтому ты должен стойко терпеть – ибо обещание **БОГА** истинно – и пусть не пугают тебя те, кто не обрёл убеждённости.

****

Сура 31: Лукман (Лукман)

Во имя Бога, Самого Милостивого, Самого Милосердного

1. А. Л. М.*

2. Эти (*буквы*) составляют доказательства этой книги мудрости.

3. Маяк и милость для праведных.

4. Кто соблюдают Контактные Молитвы (*Салат*), дают на обязательную благотворительность (*Закят*), и в отношении Будущей жизни они абсолютно уверены.

5. Они следуют за руководством от их Господа, и они – победители.

6. Среди людей есть такие, кто придерживаются необоснованного *Хадиса*, и так они отвлекают других от пути **БОГА** без знания и относятся к этому легкомысленно. Их постигнет позорное возмездие.

7. И когда наши откровения читаются одному из них, то он отворачивается высокомерно, как будто он никогда не слышал их, как будто в его ушах глухота. Обещай ему мучительное возмездие.

8. Воистину, те, кто веруют и ведут праведную жизнь, заслужили сады блаженства.

9. Они пребудут там вечно. Это правдивое обещание **БОГА**. Он – Всемогущий, Самый Мудрый.

---

*31:1. См. Приложение 1 для выявления важной роли этих инициалов.

10. Он создал небеса без видимых для вас опор. Он установил на земле стабилизаторы (*горы*), чтобы она не обрушилась вместе с вами, и Он распространил на ней всякие живые существа. Мы ниспосылаем с неба воду, чтобы выращивать всевозможные красивые растения.

11. Таково творение **БОГА**; покажите мне, что создали идолы, которых вы учредили, кроме Него. Воистину, беззаконники в глубоком заблуждении.

Мудрость Лукмана

12. Мы даровали Лукману мудрость: «Ты должен быть признателен **БОГУ**». Кто признателен, тот признателен для своего же блага. Что же касается тех, кто становится неблагодарным, то **БОГ** ни в чём не нуждается, Достойный похвалы.

13. Вспомни, как Лукман сказал своему сыну, просвещая его: «О мой сын, не создавай никаких идолов, кроме **БОГА**; идолопоклонство является вопиющей несправедливостью».*

Вторая заповедь

14. Мы предписали человеку почитать своих родителей. Его мать вынашивала его, и ноша становилась всё тяжелее и тяжелее. Необходимо два года (*интенсивного ухода*), прежде чем можно отнять ребёнка от груди. Ты должен быть признательным Мне и твоим родителям. Ко Мне предстоит окончательное возвращение.

15. Если они попытаются заставить тебя создать каких-либо идолов, кроме Меня, то не повинуйся им. Но продолжай относиться к ним дружелюбно в этом мире. Ты должен следовать только путём тех, кто покорился Мне. В конечном счёте вы все возвращаетесь ко Мне; затем Я поведаю вам обо всём, что вы совершили.

Совет Лукмана

16. «О сын мой, знай, что даже если нечто такое же крохотное, как горчичное зерно, будет глубоко внутри скалы, будь то на небесах или на земле, **БОГ** предъявит его. **БОГ** – Возвышенный, Осведомлённый.

17. О мой сын, ты должен соблюдать Контактные Молитвы (*Салат*). Ты должен отстаивать праведность и запрещать зло, и стойко переносить невзгоды. Это самые почётные черты.

18. Ты не должен относиться к людям высокомерно и не должен странствовать по земле горделиво. **БОГ** не любит высокомерных хвастунов.

19. Ходи смиренно и понижай свой голос, ибо самый неприятный голос – это голос осла».

20. Разве вы не видите, что **БОГ** подчинил вам всё, что на небесах и на земле, и осыпал вас Своими благословениями – явными и скрытыми? Тем не менее, некоторые люди спорят о **БОГЕ** безо всякого знания, без руководства и без просвещающего писания.

---

*31:13. Как вы будете себя чувствовать, если вы заботитесь о ребёнке, даёте ему наилучшее образование и готовите его к жизни только для того, чтобы увидеть, что он благодарит кого-то другого? Таким является идолопоклонство – несправедливостью.

Слепое следование примеру
родителей – частая трагедия

21. Когда им сказано: «Следуйте за этими откровениями **БОГА**», они говорят: «Нет, мы следуем только за тем, что мы нашли у наших родителей». Что если дьявол ведёт их к мукам Ада?

Крепчайшая связь

22. Те, кто полностью покоряются **БОГУ** и ведут праведную жизнь, обрели крепчайшую связь. Ибо **БОГ** держит всё под полным контролем.

23. Что же касается тех, кто не уверовал, то не печалься из-за их неверия. К нам их окончательное возвращение, затем мы поведаем им обо всём, что они совершали. **БОГУ** в полной мере известно о самых сокровенных мыслях.

24. Мы позволим им наслаждаться временно, а затем подвергнем их суровому возмездию.

Они верят в Бога

25. Если ты спросишь их: «Кто создал небеса и землю?» – они скажут: «**БОГ**». Скажи: «Хвала **БОГУ**». Тем не менее, большинство из них не ведает.

26. **БОГУ** принадлежит всё, что на небесах и на земле. **БОГ** – Самый Богатый, Наиболее Достойный похвалы.

Это все слова, которые нам
нужны

27. Если бы все деревья на земле стали перьями, а океан – чернилами с прибавлением ещё семи океанов, то слова **БОГА** не иссякли бы. **БОГ** – Всемогущий, Самый Мудрый.

28. Создание и воскресение всех вас является таким же, как и одного человека. **БОГ** – Слышащий, Видящий.

ТОЛЬКО Бог достоин
поклонения

29. Разве ты не понимаешь, что **БОГ** вводит ночь в день и вводит день в ночь, и что Он обязал служить вам солнце и луну, каждое из которых движется по своей орбите в течение конкретной продолжительности жизни, и что **БОГ** полностью Знающий обо всём, что вы делаете?

30. Это доказывает то, что **БОГ** – истина, а любой идол, которого они создают, кроме Него, является ложью, и что **БОГ** – Всевышний, Величайший.

31. Разве ты не видишь, что корабли странствуют по морю, перевозя **БОЖЬИ** блага, чтобы показать вам некоторые из Его доказательств? Воистину, они должны быть достаточными доказательствами для каждого, кто стоек и благодарен.

32. Когда неистовые волны окружают их, они умоляют **БОГА**, искренне посвящая свои молитвы только Ему. Но как только Он спасает их и доставляет к берегу, некоторые из них возвращаются к прежнему. Никто не отвергает наши откровения, кроме изменников, неблагодарных.

33. О люди, вы должны благоговеть перед вашим Господом и страшиться дня, когда ни отец не сможет помочь своему ребенку, ни ребёнок – своему отцу. Безусловно, обещание **БОГА** – истина. Поэтому не отвлекайтесь на эту жизнь; не отвлекайтесь от **БОГА** простыми иллюзиями.

*Вещи, которые мы можем знать,
но можем и не знать**

34. У **БОГА** находится знание о Часе (*конце света*).* Он – Тот, кто ниспосылает дождь, и Он знает содержимое утробы. Ни одна душа не знает, что произойдёт с ней завтра, и никто не знает, на какой земле он или она умрёт. **БОГ** – Всеведущий, Осведомлённый.

****

Сура 32: Земной поклон (Аль-Саджда)

Во имя Бога, Самого Милостивого, Самого Милосердного

1. А. Л. М.*

2. Эта книга, без сомнения, откровение от Господа Вселенной.

3. Они сказали: «Он выдумал его». Воистину, это истина от твоего Господа, чтобы предупредить людей, которые никогда не получали предостерегающего увещевателя до тебя; дабы они были на правильном пути.

*Между Богом и вами нет
посредника*

4. **БОГ** – Тот, кто создал небеса и землю, и всё, что между ними, за шесть дней, а затем взял на Себя все полномочия. И нет у вас, кроме Него, ни Господа, ни заступника. Неужели вы не внимете?

5. Все дела находятся под Его управлением с небес до земли. Для Него день равноценен одной тысяче ваших лет.

6. Знающий все тайны и заявления; Всемогущий, Самый Милосердный.

Происхождение человека

7. Он – Тот, кто усовершенствовал всё, что Он создал, и начал создание человека из глины.

8. Затем Он продолжил его размножение посредством определённой низшей жидкости.

9. Он придал ему форму и вдохнул в него от Своего духа. И Он дал вам слух, зрение и мозги; как же редко вы бываете благодарны.

10. Они удивляются: «После того как мы исчезнем в земле, неужели мы будем сотворены заново?» Таким образом, относительно встречи с их Господом они являются неверующими.

11. Скажи: «Вы будете преданы смерти ангелом, попечению которого вы поручены, а затем к вашему Господу вы будете возвращены».

---

*31:34. *Бог открывает Свои знания тогда, когда Он пожелает. Мы узнаём из этого стиха, что, возможно, нам удастся предсказать дождь и пол плода. Но мы никогда не сможем узнать время или место смерти. В соответствии с 72:27 Бог раскрыл конец света через Своего Посланника Завета. См. 15:87, 20:15 и Приложение 25 для подробного разъяснения.*

*32:1. *Значение этих букв изложено в следующем стихе: «Эта книга, без сомнения, откровение от Господа Вселенной». См. Приложение 1 для подробного разъяснения.*

Слишком поздно

12. Если бы ты только мог видеть виновных, когда они склонят головы перед своим Господом: «Господь наш, теперь мы увидели и услышали. Отправь нас обратно, и мы будем праведными. Теперь мы обрели убеждённость».*

13. Если бы мы пожелали, то мы могли бы дать каждой душе её руководство, но уже предопределено, что Я заполню Ад джиннами и людьми, всеми вместе.*

14. Вкусите же последствия того, что вы забыли об этом дне; а теперь мы забудем вас. Вы навлекли на себя вечное возмездие в воздаяние за ваши дела.

15. Истинно веруют в наши откровения только те, кто падают ниц, услышав их. Они прославляют и восхваляют своего Господа без всякого высокомерия.

16. Их бока с готовностью оставляют свои постели для того, чтобы поклоняться своему Господу от благоговения и надежды, и они дают из наших к ним благ.

Рай – неописуемо красивый

17. Вы даже не представляете себе,

сколько радости и счастья ожидает вас как вознаграждение за ваши *(праведные)* деяния.

18. Разве тот, кто верует, подобен тому, кто нечестив? Они не равны.

19. Те, кто веруют и ведут праведную жизнь, заслужили вечный Рай. Такова их обитель в воздаяние за их труды.

20. Что же касается нечестивых, то им предназначен Ад. Каждый раз, когда они попытаются выйти из него, их принудительно вернут обратно. Им скажут: «Вкусите муки Ада, в который вы прежде не верили».

Поймите намёк

21. Мы позволяем им вкусить меньшее возмездие *(этого мира)*, прежде чем они подвергнутся большему возмездию *(в Будущей жизни)*, чтобы они могли *(понять намёк и)* исправиться.

22. Кто же нечестивее того, кому напомнили об этих откровениях его Господа, а он всё же упорно пренебрегает ими? Мы, безусловно, накажем виновных.

23. Мы дали Моисею (Мусе) писание – не питай никаких сомнений о встрече с Ним – и мы сделали его руководством для детей Израиля.

32:12. Если бы их отослали назад, то они совершали бы те же самые прегрешения. См. примечание к 6:28.

32:13. Большинство людей «настаивает» на том, чтобы пойти в Ад, предпочитая игнорировать призыв Бога к их искуплению. Бог не поместит ни одного человека в Ад. Тем, кто не смогут искупить себя, осудив идолопоклонство и посвятив себя ТОЛЬКО Богу, и кто не смогут развить свои души через обряды, предписанные нашим Создателем, придётся бежать в Ад по собственному желанию. Они будут слишком слабы, чтобы выдержать физическое присутствие энергии Бога.

---

24. Мы назначили из их числа имамов, которые наставляли на правильный путь согласно нашим заповедям, потому что они стойко терпели и обрели убеждённость в отношении наших откровений.

25. Твой Господь – Тот, кто рассудит их в День Воскресения относительно всех их споров.

26. Задумывались ли они когда-либо, сколько поколений мы уничтожили до них? Теперь они живут и ходят в домах своих предков. В этом должны быть достаточные доказательства. Неужели они не слышат?

27. Неужели они не понимают, что мы гоним воду на бесплодные земли и производим ею посевы, которыми питаются их скот, а также и они сами? Неужели они не видят?

28. Они бросают вызов: «Где эта победа, если вы правдивы?»

29. Скажи: «В день, когда придёт такая победа, вера не принесёт пользы тем, кто веровал до этого, и им не будет предоставлена ещё одна возможность».

30. Поэтому не обращай на них внимания и жди; они тоже ждут.

****

Сура 33:
Отряды (Аль-Ахзаб)

Во имя Бога, Самого Милостивого, Самого Милосердного

1. О пророк, благоговей перед **БОГОМ** и не повинуйся неверующим и лицемерам. **БОГ** – Всеведущий, Самый Мудрый.

2. Следуй тому, что ниспослано тебе от твоего Господа. **БОГ** – Знающий обо всём, что вы все делаете.

3. И уповай на **БОГА**. **БОГА** достаточно как защитника.

Преданность Богу неделима

4. **БОГ** не даровал человеку два сердца в его груди. И Он не превратил ваших жён, которых вы отдалили от себя (*согласно вашему обычаю*), в ваших матерей.* Он также не превратил ваших приёмных детей в генетическое потомство. Это всего лишь простые высказывания, которые вы выдумали. **БОГ** говорит истину, и Он ведёт (*правильным*) путём.

Не меняйте свои имена

5. Вы должны давать вашим приёмным детям имена, которые сохраняют их родство с их генетическими родителями. Это более справедливо в глазах **БОГА**. Если вы не знаете их родителей, то как их братия по религии вы должны относиться к ним, как к членам вашей семьи. Вы не совершите греха, если вы допустите ошибку в этом отношении; вы несёте ответственность за свои умышленные намерения. **БОГ** – Прощающий, Самый Милосердный.

---

*33:4. В Аравии был обычай – отдалять жену, заявив, что она была подобна матери мужа. Такой несправедливый обычай отменён здесь.

---

6. Пророк ближе к верующим, чем они друг к другу, и его жёны, как матери им. Родственники должны заботиться друг о друге согласно писанию **БОГА**. Таким образом, верующие должны заботиться о своих родственниках, которые мигрировали к ним, при условии, что они сначала позаботятся о своих семьях. Это заповеди этого писания.

Мухаммед обещает поддержать Божьего Посланника Завета*

7. Вспомни, что мы заключили с пророками завет, включая тебя (*о Мухаммед*), Ноя (Нуха), Авраама (Ибрагима), Моисея (Мусу) и Иисуса (Ису), сына Марии (Марьям). Мы взяли с них торжественное обещание.*

8. Впоследствии Он непременно спросит правдивых об их правдивости; и Он приготовил для неверующих (*в этот Коранический факт*) мучительное возмездие.

Битва сторон

9. О вы, кто верует, помните благословение **БОГА** на вас; когда воины напали на вас, мы направили на них сильный ветер и невидимых воинов. **БОГ** – Видящий всё, что вы совершаете.

10. Когда они пришли к вам сверху и снизу, ваши глаза были в ужасе, ваши сердца лишились терпения, и вы питали неподобающие мысли о **БОГЕ**.

11. Вот когда верующие были поистине испытаны; они были сильно потрясены.

12. Лицемеры и те, сердца которых питают сомнения, сказали: «То, что **БОГ** и Его посланник обещали нам, не более чем иллюзия!»

13. Одна группа из них сказала: «О люди Ясриба, вы не сможете одержать победу, вернитесь». Другие же придумали оправдания для пророка: «Наши дома беззащитны», тогда как они не были беззащитны. Они только хотели сбежать.

14. Если бы враг вторгся и попросил их присоединиться, то они бы присоединились к врагу без колебаний.

15. В прошлом они обещали **БОГУ**, что они не повернутся вспять и не обратятся в бегство; обет, данный **БОГУ**, влечёт за собой большую ответственность.

16. Скажи: «Если вы обратитесь в бегство, то вы никогда не сможете убежать от смерти или от убиения. Что бы ни случилось, вы только проживёте немного дольше».

**33:7. Завет подробно изложен в 3:81. Бог заключил завет с пророками о том, что они будут поддерживать Его Посланника Завета, который придёт после Мухаммеда для очищения и объединения их посланий. Завет был заключён до создания земли и был выполнен в Мекке, Зуль-Хиджа 3, 1391 года (21 декабря, 1971 года). Сложение исламского месяца (12) с числом дня (3) и с годом (1391) даёт сумму, равную 1406, 19х74. Ошеломляющее доказательство, определяющее Божьего Посланника Завета как Рашада Халифу, представлено по всему Корану (Приложения 2 и 26).*

17. Скажи: «Кто бы защитил вас от **БОГА**, если бы Он пожелал невзгоды или пожелал благословение для вас?» Они никогда не смогут найти, кроме **БОГА**, никакого другого Господа и Властелина.

18. **БОГ** в полной мере знает удерживающих среди вас и тех, кто говорит своим товарищам: «Давайте все останемся позади». Редко они мобилизуются для защиты.

19. Кроме того, они слишком скупы по отношению к вам. Если что-то угрожает общине, то ты видишь, как их глаза вращаются от страха, как будто смерть уже пришла к ним. А как только кризис кончается, они хлещут вас острыми языками. Они слишком скупы со своим богатством. Они не верующие, и следовательно **БОГ** свёл на нет их деяния. Это легко для **БОГА** сделать.

20. Они думали, что отряды могут вернуться. В этом случае они хотели бы затеряться в пустыне, спрашивая о ваших вестях издалека. Если бы отряды атаковали вас, когда они были с вами, то они редко поддерживали бы вас.

Мужество пророка*

21. Посланник **БОГА** подал хороший пример для тех из вас, кто стремится к **БОГУ** и к Последнему Дню и постоянно думает о **БОГЕ**.

22. Когда истинно верующие увидели отряды (*готовые к атаке*), они сказали: «Это то, что **БОГ** и Его посланник обещали нам, а **БОГ** и Его посланник правдивые». Эта (*опасная ситуация*) только укрепила их веру и увеличила их покорность.

23. Среди верующих есть люди, которые выполняют свои обещания **БОГУ**. Некоторые из них умерли, тогда как другие стоят наготове, не дрогнув.

24. **БОГ** непременно вознаградит правдивых за их правдивость и накажет лицемеров, если Он так пожелает, или помилует их. **БОГ** – Прощающий, Самый Милосердный.

Во времена Мухаммеда

25. **БОГ** отразил тех, которые не уверовали, с их яростью, и они ушли с пустыми руками. Так **БОГ** избавил верующих от сражения. **БОГ** – Могущественный, Всемогущий.

26. Он также вывел из безопасных позиций их союзников из числа людей писания и вселил в их сердца страх. Некоторых из них вы убили, а некоторых вы взяли в плен.

27. Он дал вам в наследие их землю, их дома, их деньги и земли, на которые вы никогда не ступали. **БОГ** держит всё под полным контролем.

33:21. Сатана вырвал этот стих из контекста и положился на обожествление людьми пророка Мухаммеда, чтобы ввести целый набор неуполномоченных и необоснованных правил под названием «Сунна Пророка». Это создало совершенно иную религию (См. 42:21 и Приложение 18).

Особая ответственность за близкие отношения

28. О пророк, скажи своим жёнам: «Если вы стремитесь к этой жизни и её суетам, то позвольте мне компенсировать вам и разрешить вам уйти дружелюбно.

29. Но если вы стремитесь к **БОГУ** и Его посланнику, и к обители Будущей жизни, то **БОГ** приготовил для праведных среди вас большое вознаграждение».

Особая ответственность

30. О жёны пророка, если кто из вас совершит тяжкий грех, то возмездие для неё будет удвоено. Это легко для **БОГА** сделать.

31. Каждую из вас, которая будет повиноваться **БОГУ** и Его посланнику и вести праведную жизнь, мы одарим двойным вознаграждением, и мы приготовили для неё щедрый удел.

Подавая пример

32. О жёны пророка, вы не таковы, как любые другие женщины, если вы соблюдаете праведность. (*У вас больше ответственности.*) Поэтому вы не должны говорить слишком мягко, ибо у тех, в чьих сердцах болезнь, может сложиться неверное представление; вы должны говорить только праведно.

33. Вы должны обосноваться в ваших домах, и не общайтесь с людьми чрезмерно, как вы обычно поступали в старые времена невежества. Вы должны соблюдать Контактные Молитвы (*Салат*) и давать на обязательную благотворительность (*Закят*), и повиноваться **БОГУ** и Его посланнику. **БОГ** желает удалить всю греховность от вас – о вы, кто живёт вокруг Священного Храма, – и полностью очистить вас.

34. Помните, что читается в ваших домах из откровений **БОГА**, и мудрость, присущую им. **БОГ** – Возвышенный, Осведомлённый.

Равенство мужчин и женщин

35. Покорные мужчины, покорные женщины, верующие мужчины, верующие женщины, послушные мужчины, послушные женщины, правдивые мужчины, правдивые женщины, стойкие мужчины, стойкие женщины, благоговейные мужчины, благоговейные женщины, благотворительные мужчины, благотворительные женщины, постящиеся мужчины, постящиеся женщины, целомудренные мужчины, целомудренные женщины, и мужчины, которые поминают **БОГА** часто, и поминающие женщины – **БОГ** приготовил для них прощение и великое вознаграждение.

Большая ошибка, совершённая Мухаммедом.

Мухаммед-человек не повинуется Мухаммеду-посланнику

36. У верующего мужчины или верующей женщины, если **БОГ** и Его посланник издают какое-либо повеление, нет выбора относительно этого повеления. Тот, кто ослушается **БОГА** и Его Посланника, глубоко заблудший.

37. Вспомни, как ты сказал тому, кого благословил **БОГ** и благословил ты: «Удержи свою жену и благоговей перед **БОГОМ**», и ты утаил в душе то, что **БОГ** повелел провозгласить.

Таким образом, ты побоялся людей, когда ты должен был бояться только **БОГА**. Когда у Зейда со своей женой всё было кончено, мы велели тебе жениться на ней, с тем чтобы установить прецедент, что мужчина может жениться на разведённой жене своего приёмного сына. **БОЖЬИ** повеления должны выполняться.

38. Пророк не совершает ошибку, делая то, что определено законным **БОГОМ**. Такова система **БОГА** со времён первых поколений. Повеления **БОГА** являются священным долгом.

39. Те, кто доставляют послания **БОГА**, и кто благоговеют только перед Ним, никогда не должны никого бояться, кроме **БОГА**. **БОГ** является самым эффективным в расчёте.

Не последний посланник*

40. Мухаммед не был отцом кого-либо из ваших мужчин. Он был посланником **БОГА** и последним пророком. Ведь **БОГ** в полной мере знает о всякой вещи.

41. О вы, кто верует, вы должны помнить о **БОГЕ** часто.*

42. Вы должны прославлять Его день и ночь.

43. Он – Тот, кто помогает вам вместе с Его ангелами, чтобы вывести вас из тьмы к свету. Он – Самый Милосердный к верующим.

44. Их приветствие в день, когда они встретят Его: «Мир», – и Он приготовил для них щедрое вознаграждение.

45. О пророк, мы послали тебя свидетелем, добрым вестником, а также предостерегающим увещевателем.

46. Приглашающим к **БОГУ** согласно Его воле, и путеводным маяком.

47. Доставь же добрую весть верующим, что они заслужили от **БОГА** великое благословение.

48. Не повинуйся неверующим и лицемерам, пренебрегай их оскорблениями и уповай на **БОГА**; **БОГА** как защитника достаточно.

Законы бракосочетания

49. О вы, кто верует, если вы женились на верующих женщинах, а затем развелись с ними до вступления в половое сношение с ними, то они не обязаны перед вами выжидать срок (*до вступления в брак с другим мужчиной*). Вы должны компенсировать им по справедливости и отпустить их дружелюбно.

---

*33:40. *Несмотря на это чёткое определение Мухаммеда, большинство мусульман настаивает на том, что он был последним пророком, а также последним посланником. Это – трагическая человеческая черта, как мы видим в 40:34. Те, кто с готовностью верят Богу, понимают, что Бог послал Своего очищающего и сплочающего Посланника Завета после окончательного пророка Мухаммеда (3:81, 33:7).*

*33:41-42. *Вашим богом является то, о чём вы думаете большую часть времени. Отсюда и заповедь, чтобы поминать Бога и прославлять Его день и ночь. См. Приложение 27.*

50. О пророк, мы сделали для тебя дозволенными твоих жён, которым ты уплатил их брачный дар, или то, что у тебя уже есть, дарованное тебе **БОГОМ**. Также дозволены тебе для вступления в брак дочери братьев твоего отца, дочери сестёр твоего отца, дочери братьев твоей матери, дочери сестёр твоей матери, которые мигрировали вместе с тобой. Кроме того, если верующая женщина подарила себя пророку – отказавшись от брачного дара – то пророк может жениться на ней без брачного дара, если он того пожелает. Однако, её отказ от брачного дара относится только к пророку, а не к другим верующим. Мы уже предписали их права относительно их супруг или того, что они уже имеют. Это чтобы избавить тебя от всякого смущения. **БОГ** – Прощающий, Самый Милосердный.

51. Ты можешь бережно сторониться любой из них, и ты можешь приблизить к себе любую из них. Если ты примиришься с какой-либо из тех, кого ты отдалил от себя, то ты не совершишь ошибки. Таким образом, они будут довольны, не будут опечалены и будут удовлетворены тем, что ты справедливо предлагаешь им всем. **БОГ** знает то, что в ваших сердцах. **БОГ** – Всеведущий, Снисходительный.

52. За пределами категорий, описанных для тебя, тебе запрещено вступать в брак с любыми другими женщинами, и ты не можешь заменить их новой женой (*из запрещённых категорий*), независимо от того, как сильно ты восхищаешься их красотой. Ты должен быть доволен теми, которые уже дозволены тебе. **БОГ** бдителен ко всем вещам.

Этикет
53. О вы, кто верует, не входите в дома пророка, если только вам не дано разрешение на трапезу, и вы никоим образом не должны настаивать на таком приглашении. Если вас пригласили, то вы можете войти. Когда вы закончите есть, вы должны уйти; не вступайте с ним в длительные разговоры. Некогда это удручало пророка, а он был слишком застенчив, чтобы сказать вам об этом. Но **БОГ** не уклоняется от истины. Если вы должны спросить его жён о чём-либо, то спрашивайте их из-за преграды. Это чище для ваших сердец и их сердец. Вам не пристало обижать посланника **БОГА**. Вы не должны жениться на его жёнах после него, ибо это было бы тяжким преступлением в глазах **БОГА**.*

33:53. Нам запрещено в 4:22 вступать в брак с женщинами, которые ранее были замужем за нашими отцами. И отец не может жениться на разведённой жене своего генетического сына (4:23). Эта божественная заповедь сохраняет наше уважение к нашим отцам и к их сугубо личным делам. Подобным образом пророк был отцом для верующих своего времени. Для блага тех верующих Бог предписал им не вступать в брак с женщинами, которые ранее были замужем за пророком. Брак – это священная и очень личная связь, и поэтому лучше, когда личная жизнь пророка держится в тайне.

54. Заявляете ли вы что-либо открыто или скрываете это, **БОГ** в полной мере знает обо всём.

55. Женщины могут расслабить (*их правила одежды*) в обществе своих отцов, своих сыновей, своих братьев, сыновей своих братьев, сыновей своих сестёр, других женщин и их слуг (*женского пола*). Они должны благоговеть перед **БОГОМ**. **БОГ** видит все вещи.

Во время жизни пророка*

56. **БОГ** и Его ангелы помогают и поддерживают пророка. О вы, кто верует, вы должны помогать и поддерживать его, и относиться к нему должным образом.*

57. Безусловно, тех, кто выступают против **БОГА** и Его посланника, **БОГ** проклинает в этой жизни и в Будущей жизни; Он приготовил для них позорное возмездие.

58. Те, кто подвергают гонениям верующих мужчин и верующих женщин, которые не сделали ничего плохого, не только изобрели ложь, но и совершили тяжкий грех.

Правила одежды для женщин

59. О пророк, скажи своим жёнам, своим дочерям и жёнам верующих, что они должны удлинять свои одежды. Таким образом, они будут распознаны (*как праведные женщины*) и избегут оскорблений. **БОГ** – Прощающий, Самый Милосердный.

60. Если лицемеры и те, в чьих сердцах болезнь, и порочные лжецы города не воздержатся (*от преследования вас*), то мы непременно позволим тебе возобладать; затем они будут вынуждены уйти в течение короткого времени.

61. Они навлекают на себя осуждение везде, куда бы они ни пошли; (*если только они не прекратят атаковать вас*), они могут быть схвачены и убиты.

62. Это вечная система **БОГА**, и ты увидишь, что система **БОГА** неизменна.

Конец света раскрыт*

63. Люди спрашивают тебя о Часе (*конце света*). Скажи: «Знание о нём только у **БОГА**. И откуда тебе знать, может быть, Час уже близок».

Последователи ополчаются против своих предводителей

64. **БОГ** осудил неверующих и приготовил для них Ад.

65. Они пребудут там вечно. Они не найдут ни господина, ни покровителя.

---

*33:56. Слово «пророк» (Наби) неизменно относится к Мухаммеду только тогда, когда он был жив. Сатана использовал этот стих, чтобы побудить мусульман постоянно поминать Мухаммеда вместо поминания Бога, как предписано в 33:41-42.

*33:63. Например, менее столетия назад только Бог обладал знанием о телевидении и космических спутниках. Он открыл это знание в предопределённое время. Подобным образом Бог раскрыл время, назначенное для конца этого мира (Приложение 25).

66. В тот день, когда они будут брошены в Ад, они скажут: «Ох, если бы только мы повиновались **БОГУ** и повиновались посланнику».

67. Они также скажут: «Господь наш, мы повиновались нашим властелинам и предводителям, но они ввели нас в заблуждение.

68. Господь наш, воздай им двойным возмездием и прокляни их огромным проклятием».

69. О вы, кто верует, не будьте подобны тем, кто обижал Моисея (Мусу); затем **БОГ** оправдал его от того, что они говорили. Он был в глазах **БОГА** благородным.

70. О вы, кто верует, благоговейте перед **БОГОМ** и произносите только то, что правильно.

71. Он тогда исправит ваши дела и простит ваши грехи. Те, кто повинуются **БОГУ** и Его посланнику, достигли великого триумфа.

Свобода выбора

72. Мы предложили ответственность (*свободу выбора)* небесам и земле, и горам, но они отказались нести её и испугались её. Но человек принял её; он был беззаконником, невежественным.*

73. Ибо **БОГ** неизбежно накажет лицемеров и лицемерок, а также идолопоклонников и идолопоклонниц. **БОГ** прощает верующих мужчин и верующих женщин. **БОГ** – Прощающий, Самый Милосердный.

****

Сура 34: Сава (Саба)

Во имя Бога, Самого Милостивого, Самого Милосердного

1. Хвала **БОГУ**, кому принадлежит всё на небесах и на земле; вся хвала также надлежит Ему и в Будущей жизни. Он – Самый Мудрый, Осведомлённый.

2. Он знает всё, что входит в землю, и всё, что выходит из неё, и всё, что нисходит с неба, и всё, что восходит на него. Он – Самый Милосердный, Прощающий.

3. Те, кто не веруют, сказали: «Час никогда не наступит!» Скажи: «Абсолютно – клянусь моим Господом – он, несомненно, придёт к вам. Он – Знающий будущее. Даже то, что равноценно весу атома, не скрыто от Него, будь то на небесах или на земле. И даже то, что ещё меньше того или больше того (*не скрыто).* Всё находится в основательной записи».

4. Несомненно, Он вознаградит тех, кто верует и ведёт праведную жизнь. Они заслужили прощение и щедрые дары.

5. Что же касается тех, кто постоянно бросает вызов нашим откровениям, то они навлекли на себя возмездие в виде мучительного унижения.

6. Для тех, кто благословенны знанием, ясно, что это откровение от твоего Господа к тебе – истина, и что оно направляет на путь Всемогущего, Наиболее Достойного похвалы.

---

*33:72. Животные, деревья, звёзды и т.д. воспользовались этим очень милостивым предложением. См. Приложение 7.

7. Те, кто не веруют, сказали: «Давайте мы покажем вам человека, который говорит вам, что после того, как вы разложитесь на куски, вы будете сотворены заново.

8. Либо он выдумывает ложь о **БОГЕ**, либо он безумный». Воистину, те, кто не веруют в Будущую жизнь, навлекли на себя наихудшее возмездие; они пребывают в глубоком заблуждении.

9. Неужели они не видели всё то, что перед ними и позади них, на небесах и на земле? Если бы мы пожелали, то мы заставили бы землю поглотить их или заставили бы массы упасть на них с неба. Это должно быть достаточным доказательством для каждого покорного слуги.

Давид и Соломон

10. Мы даровали Давиду (Дауду) благословения от нас: «О горы, покоритесь ему, и вы тоже, о птицы». Мы смягчили железо для него.

11. «Ты можешь делать щиты, которые идеально подходят, и твори праведность. Что бы вы ни делали, Я – Видящий это».

Первое нефтяное месторождение

12. А Соломону (Сулейману) мы подчинили ветер в его распоряжение, который перемещался, приходя на один месяц, и уходя на один месяц. И мы заставили источник нефти хлынуть для него. Кроме того, джинны работали для него по воле его Господа. Каждого из них, кто пренебрёг нашими повелениями, мы подвергли

суровому возмездию.

13. Они делали для него всё, что он хотел, – ниши, статуи, глубокие бассейны и тяжёлые кастрюли. О семья Давида (Дауда), творите (*праведность*), чтобы показать вашу признательность. Лишь немногие из Моих слуг признательны.

Знания джиннов ограничены

14. Когда назначенное время его смерти пришло, они не имели понятия, что он умер. Только когда одно из животных попыталось съесть его посох, и он упал на землю, джинны поняли, что он был мёртв. Так они осознали, что если бы они действительно знали невидимое, то они перестали бы работать так тяжело, как только он умер.

15. Родина Савы некогда была дивом с двумя садами справа и слева. Ешьте из благ вашего Господа и будьте благодарны Ему – хорошая земля и прощающий Господь.

16. Они отвернулись, и следовательно мы пролили на них катастрофический потоп, и мы заменили их два сада двумя садами с невкусными плодами, колючими растениями и скудным урожаем.

17. Так мы воздали им за их неверие. Разве мы не воздаём только неверующим?

18. Мы поместили между ними и общинами, которые мы благословили, другие оазисы, и мы сделали путешествие между ними безопасным: «Путешествуйте там дни и ночи в полной безопасности».

19. Но они (*стали неблагодарными и)* бросили вызов: «Господь наш, нам всё равно, если Ты увеличишь расстояние наших поездок (*без каких-либо станций)*». Так они навредили своим собственным душам. Следовательно мы сделали их историей и рассеяли их небольшими общинами по всей земле. Это должно стать уроком для тех, кто стоек, благодарен.

Сатана претендует на большинство

20. Сатана увидел, что они с готовностью оправдали его ожидания. Они последовали за ним, кроме нескольких верующих.

Задача: верим ли мы в Будущую жизнь?*

21. Он никогда не имел власти над ними. Но так мы отличаем тех, кто верует в Будущую жизнь, от тех, кто сомневается в ней.* Твой Господь держит всё под полным контролем.

22. Скажи: «Умоляйте идолов, которых вы создали, помимо **БОГА**. Они не обладают даже ни одним атомом на небесах или на земле. Они не обладают партнёрством там, и Он не позволяет им быть Его помощниками».

Нет заступничества

23. Заступничество с Ним будет напрасным, разве что оно совпадёт с Его волей. Когда их умы, наконец, успокоятся, и они спросят: «Что ваш Господь сказал?» – они скажут: «Истину». Он – Всевышний, Величайший.

24. Скажи: «Кто обеспечивает вас из небес и земли?» Скажи: «**БОГ**», и «Либо мы, либо вы – на правильном пути или глубоко заблудшие».

25. Скажи: «Вы не несёте ответственность за наши преступления, и мы не ответственны за то, что вы совершаете».

26. Скажи: «Наш Господь соберёт всех нас вместе перед Ним, затем Он будет судить между нами справедливо. Он – Судья, Всеведущий».

27. Скажи: «Покажите мне идолов, которых вы приобщаете к Нему в партнёры!» Скажи: «Нет, Он – единый **БОГ**, Всемогущий, Самый Мудрый».

Божий Посланник Завета

28. Мы послали тебя (*О Рашад)** ко всем людям добрым вестником,

---

*34:21. *Критерии, которые указывают нам, веруем ли мы или не веруем в Будущую жизнь, находятся в 6:113, 17:45 и 39:45. Эти три признака выявляют наши истинные убеждения, несмотря на наши устные заявления.*

*34:28. *Как подробно разъяснено в Приложении 2, имя этого посланника математически закодировано в Коране как «Рашад Халифа». Сложив числовое значение имени «Рашад» (505) с числовым значением фамилии «Халифа» (725), с номером суры (34) и с номером стиха (28), мы получаем сумму, которая согласуется с математическим чудом Корана, основанным на числе 19, которое было открыто через Рашада Халифу. (505 +725 +34 +28 = 1292 = 19х68). Более подробная информация представлена в стихе 5:19 и его примечании.*

а также предостерегающим увещевателем; но большинство людей не ведает.

29. Они бросают вызов: «Когда же это обещание сбудется, если вы правдивы?»

30. Скажи: «Назначено вам время в определённый день, которое вы не можете ни замедлить на один час, ни ускорить».

31. Те, кто не веруют, говорят: «Мы не уверуем ни в этот Коран, ни в предыдущие писания». Если бы ты только мог представить себе этих беззаконников, когда они будут стоять перед их Господом! Они будут спорить друг с другом. Последователи скажут своим предводителям: «Если бы не вы, то мы были бы верующими».

В День Воскресения

32. Предводители скажут тем, кто последовал за ними: «Разве это мы отклонили вас от руководства после того, как оно пришло к вам? Нет, вы сами были нечестивыми».

33. Последователи скажут своим предводителям: «Это вы строили козни день и ночь, затем велели нам быть неблагодарными **БОГУ** и создавать идолов, равняя их с Ним». Их охватит раскаяние, когда они увидят возмездие, ибо мы поместим оковы вокруг шей тех, кто не уверовал. Разве не справедливо воздано им за то, что они совершили?

Каждый раз!

34. Каждый раз, когда мы посылали предостерегающего увещевателя к общине, предводители этой общины говорили: «Мы отвергаем то, с чем вы посланы».

35. Они также сказали: «Мы могущественнее, с большим количеством денег и детей, и мы не будем наказаны».

36. Скажи: «Мой Господь – Тот, кто управляет всеми благами; Он дарует блага, кому пожелает, или уменьшает их; но большинство людей не ведает».

37. Это не ваши деньги или ваши дети приближают вас к нам. Только те, кто веруют и ведут праведную жизнь, получат вознаграждение за свои деяния, приумноженное многократно. В обители Рая они будут жить в идеальном мире и покое.

38. Что же касается тех, кто постоянно бросает вызов нашим откровениям, то они будут пребывать в возмездии.

39. Скажи: «Мой Господь – Тот, кто управляет всеми благами; Он увеличивает блага тому, кого Он выбирает из числа своих слуг, или уменьшает их. Что бы вы ни потратили (*на дело Бога*), Он вознаградит вас за это; Он – Наилучший Наделитель благ».

40. В день, когда Он призовёт их всех, Он скажет ангелам: «Поклонялись ли эти люди вам?»

41. Они ответят: «Слава Тебе. Ты наш Господь и Властелин, а не они. Нет, они поклонялись джиннам; большинство из них были верующими в них».

42. В этот день, вы будете не во власти ни помочь, ни навредить друг другу, и мы скажем беззаконникам: «Вкусите же возмездие Ада, которое вы прежде отрицали».

Математическое чудо Корана*

43. Когда наши доказательства читались им совершенно ясными, они сказали: «Это просто человек, который хочет отвлечь вас от того, чему поклоняются ваши родители». Они также сказали: «Это выдуманная ложь». Те, кто не уверовали, также сказали об истине, которая пришла к ним: «Это очевидное волшебство».

44. Мы не давали им никаких других книг для изучения, и мы не посылали к ним до тебя другого предостерегающего увещевателя.

45. Те, что были до них, не уверовали; и хотя они не видели и одной десятой* (чуда), которое мы даровали этому поколению, но когда они не уверовали в Моих посланников – каким суровым было Моё возмездие!

Божий Посланник Завета*

46. Скажи: «Я прошу вас сделать одну вещь: посвятить себя **БОГУ** попарно или по одному, а затем поразмыслить. Ваш друг (Рашад) не безумный. Он – явный предостерегающий увещеватель к вам, как раз перед пришествием страшного возмездия».

47. Скажи: «Я не прошу у вас никакой платы; вы можете оставить её у себя. Моя плата исходит только от **БОГА**. Он свидетель всякой вещи».

48. Скажи: «Мой Господь заставляет истину преобладать. Он – Знающий все тайны».

49. Скажи: «Истина пришла; в то время как ложь не может ни положить начало чему-либо, ни повторить его».

50. Скажи: «Если я собьюсь с пути, то я собьюсь с него только из-за моих собственных недостатков. А если я пойду правильным путём, то это благодаря внушению моего Господа. Он – Слышащий, Близкий».

51. Если бы ты только мог видеть их, когда великий ужас поразит их; им не удастся спастись тогда, и их заберут принудительно.

52. Тогда они скажут: «Теперь мы верим в него», но будет слишком поздно.

53. Они отвергли его в прошлом; вместо этого они решили следовать предположениям и догадкам.*

---

*34:43. Сложив гематрическое значение «Рашад» (505) со значением «Халифа» (725) и с номером этого стиха (43), мы получаем 505 +725 +43 = 1273 = 19x67. См. Приложения 1 и 2.

*34:45. Великие чудеса, дарованные Моисею и Иисусу, были ограничены по времени и месту; их свидетелями были несколько человек, которые просто оказались в том месте и в то время. Но математическое чудо Корана является бессрочным (См. 74:30-35 и Приложение 1).

*34:46. Поместив за гематрическим значением «Рашад» (505) значение «Халифа» (725), затем номер суры (34), а потом номер стиха (46), мы получаем 5057253446 = 19x266171234.

*34:53. См. примечание на стр. 295.

54. Следовательно они были лишены всего, чего они желали. Та же самая участь постигла их сотоварищей из предыдущих поколений. Они питали слишком много сомнений.

****

Сура 35: Творец (Фатыр)

Во имя Бога, Самого Милостивого, Самого Милосердного

1. Хвала **БОГУ**, Творцу небес и земли, назначившему ангелов посланниками с крыльями – двумя, тремя и четырьмя (*крыльями*). Он увеличивает создания по Своему изволению. **БОГ** – Всесильный.

2. Когда **БОГ** осыпает людей милостью, то никакая сила не может остановить её. А если Он удерживает её, то никакая сила, кроме Него, не может послать её. Он – Всемогущий, Самый Мудрый.

3. О люди, помните благословения **БОГА** на вас. Есть ли иной создатель, помимо **БОГА**, который обеспечивает вас из небес и земли? Нет другого бога, кроме Него. Как же вы можете отклоняться?

4. Если они не поверят тебе, то и до тебя посланникам не верили. **БОГ** управляет всем.

5. О люди, обещание **БОГА** – истина; поэтому не отвлекайтесь на эту низшую жизнь. Не позволяйте простым иллюзиям отклонить вас от **БОГА**.

6. Дьявол – ваш враг, поэтому относитесь к нему как к врагу. Он приглашает своё окружение только для того, чтобы им быть обитателями Ада.

7. Те, кто не веруют, навлекли на себя суровое возмездие; а те, кто веруют и ведут праведную жизнь, заслужили прощение и великое вознаграждение.

8. Обрати внимание на того, чьё злое деяние приукрашено в его глазах до тех пор, пока он думает, что оно праведное. Так **БОГ** вводит в заблуждение того, кто желает (*сбиться с пути*), и Он ведёт правильным путём того, кто желает (*быть на правильном пути*). Поэтому не печалься о них. **БОГ** в полной мере знает всё, что они совершают.

9. **БОГ** – Тот, кто посылает ветры, чтобы расшевелить облака, затем мы гоним их к пустым землям и оживляем такие земли после того, как они были мертвы. Таким является воскресение.

34:53. Люди всех религий склонны отказываться от слова Бога и придерживаться слова человека. Иудеи и мусульмане руководствуются Мишной (Хадисом) и Гемарой (Сунной), в то время как христиане придерживаются троицы, сфабрикованной Никейской конференцией спустя 325 лет после Иисуса.

Всё достоинство принадлежит Богу

10. Каждый, кто стремится к достоинству, должен знать, что всё достоинство принадлежит **БОГУ**. К Нему восходят хорошие слова, и Он возвеличивает праведные деяния. Что же касается тех, кто замышляет злые дела, то они навлекли на себя суровое возмездие; интриги таких людей обречены на провал.

Бог полностью контролирует всё

11. **БОГ** создал вас из праха, потом из крошечной капли, затем Он заставляет вас размножаться через ваших супругов. Ни одна особь женского пола не может ни зачать, ни родить без Его ведома. Никто не живёт долгую жизнь, и ничья жизнь не укорачивается, кроме как в соответствии с уже существующей записью. Это легко для **БОГА**.

Признание величия Бога*

12. Два моря не равны: одно пресное и вкусное, а другое солёное и непригодное для питья. Из каждого из них вы едите нежное мясо и извлекаете ювелирные изделия, которые вы носите. И вы видите, как корабли плывут по ним в поисках Его благ, дабы вы были благодарны.

13. Он вводит ночь в день и вводит день в ночь. Он обязал солнце и луну двигаться в течение предопределённого периода времени. Таков **БОГ**, ваш Господь; Ему принадлежит всё царство. Никакие идолы, которых вы создали, помимо Него, не обладают даже оболочкой семени.

Идолы совершенно бессильны*

14. Если вы взываете к ним, то они не могут слышать вас. Даже если они слышат вас, они не могут ответить вам. В День Воскресения они отрекутся от вас. Никто не может поведать тебе так же, как Самый Осведомлённый.

15. О люди, это вы нуждаетесь в **БОГЕ**, в то время как **БОГУ** никто не нужен, Наиболее Достойному похвалы.

16. Если Он пожелает, то Он может избавиться от вас и заменить новым творением.

17. Это не слишком трудно для **БОГА**.

---

*35:12-13. Когда мы посылаем наших астронавтов в космос, мы обеспечиваем их минимальными потребностями в пище, воде и кислороде. Когда миллиарды лет назад мы поддержали богохульство Сатаны (Приложение 7), Бог запустил нас в космос на борту космического корабля Земля. Но Бог снабдил наш космический корабль удивительными возобновляемыми системами, которые обеспечивают большое разнообразие свежих продуктов, воды, кислорода и даже воспроизведение нас, астронавтов.

*35:14. Люди боготворят Иисуса, Марию, Мухаммеда, Али и/ или святых; такие идолы в неведении и совершенно бессильны. Даже тогда, когда они были живы на этой земле, они были бессильны.

18. Ни одна душа не может нести грехи другой души. Если душа, которая нагружена грехами, умоляет другую душу понести часть её ноши, то никакая другая душа не может понести какую-либо часть её, даже если бы они были родственниками. Единственные люди, которые внимут твоим предупреждениям, это те, кто благоговеют перед своим Господом, даже когда находятся в уединении, и соблюдают Контактные Молитвы (*Салат*). Тот, кто очищает свою душу, делает это для своего же блага. К **БОГУ** – окончательная судьба.

19. Не равны слепые и зрячие.

20. И ни тьма и свет.

21. И ни прохлада тени и тепло солнца.

22. И ни живые и мёртвые; **БОГ** заставляет слышать, кого Он пожелает. Ты не можешь сделать слушателей из тех, кто в могилах.

23. Ты не более чем предостерегающий увещеватель.

Божий Посланник Завета*

24. Мы послали тебя* с истиной добрым вестником, а также предостерегающим увещевателем. Каждая община должна получить предостерегающего увещевателя.

25. Если они не поверят тебе, то те, кто жил до них, также не верили. Их посланники приходили к ним с ясными доказательствами, с Псалмами и просвещающими писаниями.

26. Впоследствии Я наказал тех, кто не уверовал; каким ужасным было Моё возмездие!

Красочные творения Бога

27. Разве ты не понимаешь, что **БОГ** ниспосылает с неба воду, посредством которой мы производим фрукты различных цветов? Даже горы имеют разные цвета: пики – белые или красные, или какого-либо другого цвета. А вороны черные.

28. Кроме того, люди, животные и скот бывают различных цветов. Вот почему люди, которые истинно благоговеют перед **БОГОМ**, – это знающие. **БОГ** – Всемогущий, Прощающий.

29. Безусловно, те, кто читают книгу **БОГА**, соблюдают Контактные Молитвы (*Салат*) и из наших благ к ним тратят тайно и публично, делают вложения, которые никогда не будут безуспешными.

30. Он вознаградит их щедро и приумножит Свои благословения на них. Он – Прощающий, Благодарный.

Коран – завершение всех писаний

31. То, что мы ниспослали тебе в этом писании – истина и завершение всех предыдущих писаний. **БОГ** – Знающий сполна Своих слуг, Видящий.

35:24. Гематрическое значение «Рашад Халифа» (1230) плюс номер стиха (24) дают нам сумму, кратную 19 (1230 +24 = 1254 = 19x66).

32. Мы передавали писание из поколения в поколение, и мы позволили тому, кого мы избрали из числа наших слуг, получить его. Впоследствии одни из них навредили своим душам, другие придерживались его лишь часть времени, в то время как остальные были готовы творить праведность согласно **БОЖЬЕЙ** воле; это – величайший триумф.

Верующие

33. Они войдут в сады Эдема, где они будут украшены браслетами из золота и жемчуга, а их одежда там будет сделана из шёлка.

34. Они скажут: «Хвала **БОГУ** за устранение всех наших беспокойств. Наш Господь – Прощающий, Благодарный.

35. Он ввёл нас в обитель вечного блаженства по Своей милости. Нас не коснётся здесь ни скука, ни усталость».

Неверующие

36. Что же касается тех, которые не веруют, то им уготован огонь Ада, где они никогда не предадутся смерти, и возмездие никогда не облегчится для них. Так мы воздаём неблагодарным.

37. Они будут вопить в нём: «Наш Господь, если ты заберёшь нас отсюда, то мы будем творить праведность вместо тех деяний, которые мы прежде совершали». Разве мы не дали вам пожизненную возможность с непрерывными напоминаниями для тех, кто был готов внять? Разве вы не получили предостерегающего увещевателя? Поэтому вкусите (*последствия*). У беззаконников не будет помощника.

38. **БОГ** – Знающий будущее небес и земли. Он – Знающий все самые сокровенные мысли.

Победители и проигравшие

39. Он – Тот, кто сделал вас наследниками земли. Впоследствии тот, кто избирает неверие, поступает так во вред себе. Неверие неверующих лишь усиливает отвращение их Господа к ним. Неверие неверующих погружает их глубже в убыток.

40. Скажи: «Поразмыслите об идолах, которых вы учредили рядом с **БОГОМ**; покажите мне, что на земле они создали». Разве они владеют каким-либо партнёрством на небесах? Неужели мы дали им книгу, в которой нет никаких сомнений? Поистине, то, что беззаконники обещают друг другу, не более чем иллюзия.

41. **БОГ** – Тот, кто держит небеса и землю, чтобы они не исчезли. Если бы кто-то другой держал их, то они бы несомненно исчезли. Он – Снисходительный, Прощающий.

Подвержение их испытанию

42. Они торжественно поклялись **БОГОМ**, что если бы предостерегающий увещеватель пришёл к ним, то они встали бы на более правильный путь, чем определённая религиозная община! Однако теперь, когда предостерегающий увещеватель пришёл к ним, это только погрузило их глубже в отвращение.

43. Они прибегли к высокомерию на земле и злым ухищрениям, но злые козни оборачиваются только против тех, кто их строит. Должны ли они тогда ожидать чего-либо иного, кроме судьбы тех, кто делал то же самое в прошлом? Ты увидишь, что система **БОГА** никогда не меняется; и ты увидишь, что система **БОГА** непреложна.

44. Неужели они не странствовали по земле и не заметили последствия для тех, кто предшествовал им? Они были даже сильнее их. Ничто не может быть скрыто от **БОГА** ни на небесах, ни на земле. Он – Всеведущий, Всесильный.

45. Если бы **БОГ** наказал людей за их грехи, то Он не оставил бы ни одного существа на земле. Но он отсрочивает им на предопределённый срок. Как только их срок завершится, тогда **БОГ** – Видящий Своих слуг.

****

Сура 36: Й. С. (Йа Син)

Во имя Бога, Самого Милостивого, Самого Милосердного

1. Й. С.*

2. И Коран, полный мудрости.

3. Истинно, ты (*Рашад*) являешься одним из посланников.*

4. На прямом пути.

5. Это откровение от Всемогущего, Самого Милосердного.

6. Чтобы предупредить людей, чьи родители никогда не были предупреждены, и следовательно они не знают.

7. Уже было предопределено, что большинство из них не уверует.

8. Ибо мы помещаем оковы вокруг их шеи вплоть до их подбородков. Следовательно они замкнуты в своём неверии.

9. И мы помещаем преграду перед ними и преграду позади них, и так мы покрываем их пеленой – они не могут видеть.

10. Нет разницы в том, предупреждаешь ли ты их или нет – они не могут уверовать.*

11. Тебе будут внимать только те, кто придерживается этого послания и благоговеет перед Самым Милостивым – даже когда в уединении. Передай им добрую весть о прощении и щедром вознаграждении.

12. Мы, безусловно, оживим мёртвых, и мы записали всё то, что они совершили в этой жизни, а также и последствия, которые продолжаются после их смерти. Мы всё учли в основательной записи.

---

*36:1. См. Приложение 1 для детального разъяснения этих инициалов.

*36:3. См. Приложения 2 и 26 для неопровержимых вещественных доказательств.

*36:10. Каждый уже помечен клеймом как верующий или неверующий. См. Приложение 14.

---

*Отвержение посланников –
трагическая человеческая черта**

13. Приведи им в пример людей из общины, которая получила посланников.

14. Когда мы послали к ним двух (*посланников*), то они не поверили им. Затем мы поддержали их третьим. Они сказали: «Мы посланники (*Бога*) к вам».

15. Они сказали: «Вы не более чем люди, подобные нам. Самый Милостивый ничего не ниспосылал. Вы – лжецы».

16. Они сказали: «Наш Господь знает, что мы были посланы к вам.

17. Нашей единственной миссией является передача послания».

18. Они сказали: «Мы считаем вас плохим предзнаменованием. Если вы не воздержитесь, то мы непременно побьём вас камнями или подвергнем вас мучительному возмездию».

19. Они сказали: «Теперь, когда вам напомнили, ваше предзнаменование зависит от вашего ответа. Воистину, вы являетесь беззаконниками».

20. И пришёл с другого конца города человек, говоря: «О народ мой, следуйте за посланниками.

21. Следуйте за теми, кто не просит у вас никакой платы и находится на правильном пути.

22. Почему же я не должен поклоняться Тому, кто сотворил меня, и к Кому ваше окончательное возвращение?

23. Неужели я стану создавать богов, кроме Него? Если бы Самый Милостивый пожелал вреда для меня, то их заступничество нисколько не смогло бы помочь мне, и они не смогли бы спасти меня.

24. В таком случае, я находился бы в полном заблуждении.

25. Я уверовал в вашего Господа; пожалуйста, послушайте меня».

*Праведные идут прямо в Рай**

26. (*Во время его смерти*) ему было сказано: «Войди в Рай». Он сказал: «О, если бы только мой народ знал.

27. Что мой Господь простил меня и сделал меня почётным».

28. Мы не посылали на его народ после него воинов с неба; нам не нужно было посылать их.

29. Всё, что потребовалось, это один удар, после чего они замерли.

*Высмеивание посланников –
трагическая человеческая черта**

30. Каким жалким является состояние людей! Каждый раз, когда посланник приходил к ним, они поднимали его на смех.

36:13-27. Посланники Бога имеют доказательства, призывают только к Богу и не просят денег.

36:26. Праведные на самом деле не умирают; они просто переходят в тот же самый Рай, где жили Адам и Ева. Они присоединятся к пророкам, святым и мученикам в активной и утопической жизни (См. Приложение 17).

36:30. См. примечание на стр. 301.

---

31. Неужели они не видели, сколько поколений мы уничтожили до них и что они никогда не возвращаются к ним?

32. Каждый из них будет собран перед нами.

Знамения Бога

33. Одним из знамений для них является мёртвая земля: мы оживляем её и производим из неё злаки для их питания.

34. Мы взращиваем на ней сады из финиковых пальм и виноград, и мы заставляем родники хлынуть из неё.

35. Это для того, чтобы обеспечить их плодами и позволить им производить своими руками всё, что им нужно. Будут ли они благодарны?

36. Слава Тому, кто создал все виды растений из земли, а также их самих, и другие создания, о которых они даже не знают.

37. Ещё одним знамением для них является ночь: мы удаляем из неё дневной свет, после чего они оказываются в темноте.

38. Солнце садится в определённом месте согласно замыслу Всемогущего, Всезнающего.

39. Луну мы задумали появляться фазами, пока она не становится подобной старым изогнутым ножнам.

40. Солнцу никогда не догнать луну – ночь и день никогда не отклоняются – каждый из них плывёт по своей собственной орбите.

Изобретение первого корабля

41. Ещё одним знамением для них является то, что мы несли их предков в нагруженном ковчеге.

42. Затем мы создали такой же для них, чтобы ездить на нём.

43. Если бы мы пожелали, то мы могли бы утопить их, так что их крик не был бы услышан, и они не могли бы быть спасены.

44. Вместо этого мы осыпаем их милостью и позволяем им наслаждаться на некоторое время.

45. Тем не менее, когда им говорят: «Учитесь на своём прошлом, чтобы творить праведность для вашего будущего, чтобы вы могли быть помилованы»,

46. Независимо от того, какие доказательства даны им от их Господа, они постоянно игнорируют их.

47. Когда им говорят: «Давайте из благ **БОГА** к вам», то те, которые не веруют, говорят тем, которые веруют: «Почему мы должны давать тем, кого **БОГ** мог бы накормить, если бы Он так пожелал? Вы действительно находитесь в глубоком заблуждении».

48. Они также бросают вызов: «Когда же это обещание исполнится, если вы правдивы?»

49. Всё, что они увидят, – это один удар, который сокрушит их, пока они будут спорить.

36:30. Если посланник представляет веское доказательство посланничества, призывает поклоняться только Богу и не просит у нас денег, то почему бы нам не верить? (См. Приложение 2).

50. У них даже не будет времени составить завещание, и у них не будет возможности вернуться к своему народу.

51. Задуют в рог, после чего они восстанут из могил и пойдут к своему Господу.

52. Они скажут: «Горе нам. Кто воскресил нас из нашей смерти? Это то, что Самый Милостивый обещал. Посланники были правы».

53. Всё, что потребуется, – это один удар, после чего они будут собраны перед нами.

54. В этот день ни одна душа не будет ничем обижена незаслуженно. Вам воздадут именно за то, что вы совершили.

55. Обитатели Рая будут в тот день счастливо заняты.

56. Они обитают со своими супругами в красивой тени, наслаждаясь удобной мебелью.

57. У них будут там фрукты; они будут иметь всё, чего пожелают.

58. Приветствие мира от Самого Милосердного Господа.

59. Что же касается вас, о виновные, то вас отставят в сторону.

Дьявол является другой альтернативой

60. Разве Я не заключил с вами завет, о сыны Адама, что вы не должны поклоняться дьяволу, что он ваш самый ярый враг?

61. И что вы должны поклоняться только Мне? Это правильный путь.

62. Он ввёл в заблуждение множество из вас. Неужели вы не обладали каким-либо пониманием?

63. Вот Ад, который был обещан вам.

64. Сегодня вы будете гореть в нём как следствие вашего неверия.

65. В этот день мы запечатаем их рты; их руки и ноги будут свидетельствовать обо всём, что они совершили.

66. Если мы пожелаем, мы можем покрыть пеленой их глаза, и следовательно, когда они будут искать путь, то они не увидят.

67. Если мы пожелаем, мы можем заморозить их на месте так, что они не смогут ни двигаться вперед, ни вернуться назад.

68. Кому мы позволяем жить в течение длительного времени, того мы возвращаем к слабости. Неужели они не понимают?

69. То, чему мы научили его (*посланника*), не было поэзией, и он вовсе не (*поэт*). Это не что иное, как великое доказательство* и основательный Коран.

70. Чтобы проповедовать тем, кто жив, и чтобы разоблачить неверующих.

71. Неужели они не видели, что мы создали для них своими руками скот, которым они владеют?

---

*36:69. Слово «Зикр» часто относится к великому математическому коду Корана, который, безусловно, ни литературный, ни поэтический. Пожалуйста, ознакомьтесь с 38:1, 8; 15:6, 9; 16:44; 21:2, 24; 26:5 и 36:11.

72. И мы покорили его им; на одних они ездят, а других едят.

73. Они получают и другие выгоды от них, а также напитки. Неужели они не будут благодарными?

Беспомощные идолы

74. Они создали, помимо **БОГА**, других богов в надежде на то, что они смогут помочь им!

75. Напротив, они не могут помочь им; в конечном счёте они будут служить им как преданные воины.

76. Поэтому не будь опечален из-за их высказываний. Мы в полной мере знаем всё, что они утаивают, и всё, что они заявляют.

77. Разве человек не видит, что мы создали его из крошечной капли, а затем он превращается в ярого врага?

78. Он задаёт нам вопрос, забывая при этом своё первоначальное творение: «Кто может воскресить кости после того, как они сгнили?»

79. Скажи: «Тот, кто сотворил их в первую очередь, воскресит их. Он в полной мере знает каждое творение».

80. Он – Тот, кто создаёт для вас из зелёных деревьев топливо, которое вы сжигаете для света.

81. Неужели Тот, кто сотворил небеса и землю, не в состоянии воссоздать то же самое? Да, безусловно; Он – Создатель, Всеведущий.

82. Чтобы выполнить любое повеление, Ему только стоит сказать: «Будь», и оно становится явным.

83. Поэтому, слава Тому, в чьей руке находится верховная власть над всеми вещами, и к Нему вы будете возвращены.*

****

Сура 37: Организаторы (Аль-Саффат)

Во имя Бога, Самого Милостивого, Самого Милосердного

1. Организаторы, стоящие в колоннах.

2. Порицающие тех, кто заслуживает порицания.

3. Чтецы посланий.

4. Ваш бог един.

5. Господь небес и земли, и всего, что между ними, и Господь востоков.*

6. Мы украсили нижнее небо украшением из планет.*

---

*36:83. Следует отметить, что сложение гематрического значения «Рашад» (505) с гематрическим значением «Халифа» (725), с номером суры (36) и с количеством стихов (83), производит сумму, кратную 19 (505 +725 +36 +83 = 1349 = 19x71). Кроме того, сура 36 находится на месте 19 среди 29 содержащих инициалы сур.

*37:5. Каждое небесное тело восходит и заходит на планете Земля. Каждый восход называется «востоком».

*37:6. Мы живем в ближайшей к центру и самой маленькой Вселенной. Джинны заключены в этой Вселенной.

---

7. Мы охраняем его от всякого нечестивого дьявола.

8. Они не могут шпионить за Высшим Обществом; их бомбардируют со всех сторон.

9. Они осуждены; они навлекли на себя вечное возмездие.

10. Если кто-либо из них отваживается атаковать внешние границы, то его поражает ожесточённый снаряд.

11. Спроси у них: «Их ли труднее создать или другие творения?» Мы создали их из жидкой грязи.

12. Ты благоговеешь, тогда как они насмехаются.

13. Когда им напоминаешь, они не внимают.

14. Когда они видят доказательство, они осмеивают его.

15. Они говорят: «Это очевидное волшебство!

16. Нежели после того, как мы умрём и станем прахом и костями, мы воскреснем?

17. Даже наши древние предки?»

18. Скажи: «Да, вы будете принудительно собраны».

19. Всё, что требуется, это один лёгкий толчок, после чего они (*встанут*), глядя.

20. Они скажут: «Горе нам; это – Судный День».

21. Это день решения, в который вы прежде не верили.

22. Соберите беззаконников и их супругов, и идолов, которым они поклонялись,

23. помимо **БОГА**, и направьте их на путь Ада.

24. Остановите их и спросите их:

25. «Почему вы не помогаете друг другу?»

26. В тот день они полностью покорятся.

Взаимное обвинение

27. Они придут друг к другу, спрашивая и обвиняя друг друга.

28. Они скажут (*своим предводителям*): «Вы обычно приходили к нам с правой стороны».

29. Они ответят: «Вы сами были неверующими.

30. У нас никогда не было власти над вами; вы сами были нечестивыми.

31. Мы справедливо навлекли на себя суд нашего Господа; теперь мы должны страдать.

32. Мы ввели вас в заблуждение лишь потому, что мы сами были заблудшими».

33. Таким образом, вместе они все вкусят возмездие в этот день.

34. Вот так мы воздаём виновным.

Первая заповедь

35. Когда им говорили: «*Ла Илаха Илла Аллах* [Нет другого бога, кроме **БОГА**]», они проявляли высокомерие.

36. Они говорили: «Неужели мы оставим наших богов ради безумного поэта?»

37. В сущности, он принёс истину и подтвердил посланников.

38. Истинно, вы вкусите самое мучительное возмездие.

39. Вам будет воздано только за то, что вы сделали.

40. Только слуги **БОГА**, которые совершенно преданы Ему одному (*будут спасены*).

41. Они заслужили благ, которые уготованы исключительно для них.

42. Все виды фруктов. Им будет оказано почтение.

43. В садах блаженства.

44. На предметах мебели, находящихся близко друг к другу.

45. Чаши с чистыми напитками будут предложены им.

46. Прозрачными и вкусными для пьющих.

47. Они никогда не загрязняются и не исчерпываются.

48. С ними будут замечательные спутники.

49. Охраняемые, подобно хрупким яйцам.

Обитатели Рая посещают обитателей Ада

50. Они будут приходить друг к другу и совещаться друг с другом.

51. Один из них скажет: «У меня некогда был друг.

52. Он обычно насмехался: "Неужели ты веришь всему этому?

53. Неужели после того, как мы умрём и превратимся в прах и кости, нас призовут к ответу?"»

54. Он скажет: «Вы только взгляните!»

55. Когда он посмотрит, то он увидит своего друга в глубине Ада.*

56. Он (*пойдёт к нему и*) скажет: «Клянусь **БОГОМ**, ты чуть было не погубил меня.

57. Если бы не благословение моего Господа, то я был бы сейчас с тобой.

58. (*Ты всё ещё веришь*), что мы умираем

59. только первой смертью, и что мы никогда не получим воздаяния?

Искупление – величайший триумф

60. Таков величайший триумф.

61. Это то, за что каждый трудящийся должен трудиться.

62. Это ли лучшая судьба или дерево горечи?

63. Мы сделали его наказанием для беззаконников.

64. Это дерево, которое растёт в самом сердце Ада.

65. Его цветы похожи на головы дьяволов.

---

*37:55. *Люди, которые достигнут Рая, смогут посещать своих родственников и друзей в Аду без негативных последствий. В Будущей жизни каждый может двигаться вниз, но не вверх, выше определённого предела. Предел определяется степенью роста и развития личности (Приложение 5).*

66. Они будут есть с него до тех пор, пока их животы не наполнятся.

67. Затем они довершат его адским напитком.

68. Затем они вернутся в Ад.

Они слепо следовали за своими родителями

69. Они нашли своих родителей заблудшими.

70. И они слепо следовали по их стопам.

71. Большинство предыдущих поколений впали в заблуждение таким же образом.

72. Мы посылали к ним предостерегающих увещевателей.

73. Обрати внимание на последствия для тех, кто был предупреждён.

74. Только слуги **БОГА**, которые совершенно преданы Ему одному (*спасены*).

Ной

75. Таким образом, Ной (Нух) воззвал к нам, и мы были наилучшими ответчиками.

76. Мы спасли его и его семью от большого бедствия.

77. Мы оставили в живых его спутников.

78. И мы сохранили его историю для последующих поколений.

79. Мир Ною (Нуху) среди народов.

80. Так мы вознаграждаем праведных.

81. Он является одним из наших верующих слуг.

82. Мы потопили всех остальных.

Авраам

83. Среди его последователей был Авраам (Ибрагим).

84. Он пришёл к своему Господу всей душой.

85. Он сказал своему отцу и своему народу: «Чему вы поклоняетесь?

86. Неужели вы желаете этих выдуманных богов, вместо **БОГА**?

87. Что вы думаете о Господе Вселенной?»

88. Он внимательно посмотрел на звёзды.

89. Затем он сдался и сказал: «Я устал от этого!»

90. Они отвернулись от него.

91. Затем он повернулся к их идолам, сказав: «Не хотели бы вы поесть?

92. Почему вы не разговариваете?»

93. После этого он разрушил их.

94. Они направились к нему в большой ярости.

95. Он сказал: «Как вы можете поклоняться тому, что вы сами высекли?

96. Тогда как **БОГ** создал вас и всё то, что вы делаете!»

97. Они сказали: «Давайте разведём огромный огонь и бросим его в него».

98. Они умышляли против него, но мы сделали их проигравшими.

99. Он сказал: «Я иду к моему Господу; Он поведёт меня правильным путём».

100. «Господь мой, даруй мне праведных детей».

101. Мы даровали ему добрую весть о хорошем ребёнке.

Сатанинский сон*
102. Когда он достаточно подрос, чтобы работать с ним, он сказал: «Сын мой, я вижу во сне, что я приношу тебя в жертву. Что ты думаешь?» Он сказал: «О отец мой, делай то, что тебе велено делать. Ты найдёшь меня, если **БОГУ** угодно, терпеливым».

103. Они оба покорились, и он уложил его лбом на землю (*чтобы принести его в жертву*).

Бог вмешался, чтобы спасти Авраама и Измаила

104. Мы позвали его: «О Авраам (Ибрагим).

105. Ты поверил в сон». Так мы вознаграждаем праведных.

106. Воистину, это было суровое испытание.

107. Мы освободили (*Измаила*), заменив его жертвенным животным.

108. И мы сохранили его историю для последующих поколений.

109. Мир Аврааму.

110. Так мы вознаграждаем праведных.

111. Он является одним из наших верующих слуг.

Рождение Исаака
112. Затем мы даровали ему добрую весть о рождении Исаака (Исхака), и что он будет одним из праведных пророков.

113. Мы благословили его и Исаака (Исхака). Среди их потомков некоторые – праведные, а некоторые – нечестивые беззаконники.

Моисей и Аарон
114. Мы также благословили Моисея (Мусу) и Аарона (Харуна).

115. Мы избавили их и их людей от великого бедствия.

116. Мы поддерживали их, пока они не стали победителями.

117. Мы даровали обоим им основательное писание.

118. Мы повели их правильным путём.

119. Мы сохранили их историю для последующих поколений.

120. Мир Моисею (Мусе) и Аарону (Харуну).

121. Так мы вознаграждаем праведных.

122. Оба они были в числе наших праведных слуг.

Илья
123. Илья (Ильяс) был одним из посланников.

124. Он сказал своему народу: «Неужели вы не хотите творить праведность?

125. Неужели вы поклоняетесь статуе вместо Всевышнего Создателя?

---

*37:102. Самый Милосердный никогда не призывает ко злу (7:28). Как и с Иовой, Сатана утверждал, что Авраам слишком сильно любил своего сына, поэтому было разрешено подвергнуть Авраама этому суровому испытанию.

126. **БОГА**, вашего Господа и Господа ваших предков!»

127. Они не поверили ему. Следовательно они должны были быть призваны к ответу.

128. Только слуги **БОГА**, которые совершенно преданы Ему одному (*спасены*).

129. Мы сохранили его историю для последующих поколений.

130. Мир Илье (Ильясу) и всем тем, подобным Илье (Ильясу).

131. Так мы вознаграждаем праведных.

132. Он был одним из наших верующих слуг.

Лот
133. Лот (Лут) был одним из посланников.

134. Мы спасли его и всю его семью.

135. Только старуха была обречена.

136. Мы уничтожили всех остальных.

137. Вы всё ещё проходите мимо их руин днём.

138. И ночью. Разве вы не понимаете?

Иона
139. Иона (Йунус) был одним из посланников.

140. Он сбежал на нагруженный корабль.

141. Он восстал, и, таким образом, он присоединился к проигравшим.

142. Следовательно рыба проглотила его, и он сам был во всём виноват.

143. Если бы он не прибегнул к медитации (*на Бога*),

144. то он остался бы в её чреве до Дня Воскресения.

145. Мы повелели выбросить его в пустыню, истощённого.

146. Мы вырастили для него дерево со съедобными плодами.

147. Затем мы отправили его к ста тысячам* или более того.

148. И они уверовали, и мы позволили им наслаждаться этой жизнью.

149. Спроси их, есть ли у твоего Господа дочери, а у них сыновья!

150. Создали ли мы ангелов женского пола? Разве они были свидетелями этого?

151. Воистину, они сильно богохульствуют, когда они говорят:

152. «**БОГ** породил сына». Воистину, они – лжецы.

153. Неужели Он предпочёл мальчикам девочек?

154. Что не так с вашей логикой?

Обращение к неверующим
155. Почему вы не внимете?

156. Есть ли у вас какие-либо доказательства?

---

*37:147. *Коран упоминает 30 чисел: 1, 2, 3, 4, 5, 6, 7, 8, 9, 10, 11, 12, 19, 20, 30, 40, 50, 60, 70, 80, 99, 100, 200, 300, 1000, 2000, 3000, 5000, 50000 и 100000. Сумма этих чисел составляет 162146 или 19x8534 (См. Приложение 1).*

157. Покажите нам свою книгу, если вы правдивы.

158. Они даже придумали особенные отношения между Ним и джиннами. Джинны сами знают, что они – подчинённые.

159. Да будет славен **БОГ**, кто значительно выше их утверждений.

160. Только слуги **БОГА**, которые совершенно преданы Ему одному (*спасены*).

161. Воистину, вы и то, чему вы поклоняетесь.

162. Не сможете ничего навязать Ему.

163. Только вы будете гореть в Аду.

Ангелы
164. Каждый из нас имеет конкретную работу.

165. Мы – организаторы.

166. Мы должным образом прославляем (*нашего Господа*).

Слепое следование за родителями
167. Они некогда говорили:

168. «Если бы мы получили правильные инструкции от наших родителей,

169. то мы были бы почитателями, преданными только **БОГУ**».

170. Но они не уверовали, и они, несомненно, узнают.

Победа для посланников гарантирована
171. Наше решение уже предписано для наших слуг-посланников.

172. Они, безусловно, победители.

173. Наши воины победоносны.

174. Так что игнорируй их на некоторое время.

175. Наблюдай за ними; они тоже будут наблюдать.

176. Неужели они бросают вызов нашему возмездию?

177. Когда оно постигнет их однажды, то это будет несчастный день; они были достаточно предупреждены.

178. Игнорируй их на некоторое время.

179. Наблюдай за ними; они тоже будут наблюдать.

180. Слава твоему Господу, великому Господу; Он значительно выше их утверждений.

181. Мир посланникам.

182. Хвала **БОГУ**, Господу Вселенной.

****

Сура 38: С. (Саад)

Во имя Бога, Самого Милостивого, Самого Милосердного

1. С. (Саад)* и Коран, который содержит доказательство.**

2. Те, кто не веруют, погрязли в высокомерии и неповиновении.

---

*38:1. Этот инициал (Саад) встречается в сурах 7, 19 и 38 в общей сложности 152 раза, 19х8 (Приложение 1).

**38:1. См. примечание на стр. 310.

3. Мы уничтожили многие поколения до них. Они звали на помощь, но напрасно.

4. Они удивлялись тому, что предостерегающий увещеватель пришёл к ним из их среды. Неверующие сказали: «Волшебник, лжец.

5. Неужели он превратил богов в одного бога? Это действительно странно».

6. Предводители объявили: «Идите и стойко терпите в поклонении вашим богам. Это то, что требуется.

7. Мы никогда не слышали об этом из религии наших отцов. Это – ложь.

8. Почему доказательство снизошло к нему, а не к нам?» Воистину, они сомневаются в Моём доказательстве. Воистину, они ещё не вкусили Моего возмездия.

9. Неужели они обладают сокровищами милости твоего Господа, Всемогущего, Дарующего?

10. Разве они обладают верховной властью над небесами и землёй, и всем, что между ними? Пусть они помогут самим себе.

11. В действительности, какие бы силы они ни смогли собрать – даже если бы все их отряды объединились – они будут побеждены.

12. Неверующими до них были люди Ноя (Нуха), адиты и могучий Фараон.

13. А также самудяне, народ Лота (Лута), жители Леса (*мадьяниты*); они были противниками.

14. Каждый из них не поверил посланникам, и, таким образом, Моё возмездие было неизбежным.

15. Эти люди могут ожидать одного удара, от которого они никогда не оправятся.

16. Они бросили вызов: «Господь наш, почему же ты не ускоришь возмездие для нас до Дня Расплаты?»

17. Будь терпелив перед лицом их высказываний и помни нашего слугу Давида (Дауда), находчивого; он был послушным.

18. Мы обязали горы служить ему, прославляя с ним день и ночь.

19. А также птицы были обязаны служить ему; все были послушны ему.

20. Мы укрепили его царствование и даровали ему мудрость и хорошую логику.

21. Дошла ли до тебя весть о враждующих мужчинах, которые проникли в его святилище?

22. Когда они вошли в его комнату, он был напуган. Они сказали: «Не бойся. Мы враждуем друг с другом, и мы нуждаемся в твоём справедливом решении. Не будь несправедлив к нам и наставь нас на правильный путь.

**38:1.* Слово «Зикр» обособляется от Корана и ясно указывает на чудесный математический код Корана. См. 15:6, 9; 16:44; 21:02, 24; 26:5; и 36:11, 69.*

23. Этот брат мой владеет девяносто девятью* овцами, а я владею одной овцой. Он хочет приобщить мою овцу к своим овцам и продолжает оказывать давление на меня».

Образцовое благочестие Давида

24. Он сказал: «Он поступает несправедливо по отношению к тебе, прося объединить твою овцу со своими. Большинство людей, которые объединяют свои имущества, относятся друг к другу несправедливо, за исключением тех, которые уверовали и творят праведность, но их так мало». После этого Давид (Дауд) задумался, вынес ли он правильное решение. Он подумал, что мы испытывали его. Тогда он взмолил своего Господа о прощении, поклонился и покаялся.*

25. Мы простили его в этом деле. Мы даровали ему почётное место с нами и красивую обитель.

26. О Давид (Дауд), мы сделали тебя правителем на земле. Поэтому ты должен судить среди людей по справедливости и не следовать своему личному мнению, а не то это отвлечёт тебя от пути **БОГА**. Воистину, тех, кто отклоняются от пути **БОГА**, постигнет суровое возмездие за то, что они забыли День Расплаты.

27. Мы не создали небеса и землю, и всё, что между ними, напрасно. Таково мышление тех, кто не верует. Поэтому горе тем, которые не уверовали; они будут страдать в Аду.

28. Неужели мы будем относиться к тем, кто верует и ведёт праведную жизнь, так же, как мы относимся к тем, кто совершает зло на земле? Неужели мы будем относиться к праведным так же, как мы относимся к нечестивым?

29. Это – писание, которое мы ниспослали тебе, оно священное – возможно, они поразмыслят над его стихами. Те, кто обладают умом, внимут.

Образцовая преданность Соломона

30. Давиду (Дауду) мы даровали Соломона (Сулеймана), хорошего и послушного слугу.

31. Однажды он целиком увлёкся красивыми лошадьми, пока не наступила ночь.

32. Тогда он сказал: «Я насладился матриальными вещами больше, чем я насладился поклонением моему Господу, пока не исчезло солнце.*

38:23. Это единственное место, где число 99 встречается. Тридцать разных чисел упоминаются в Коране, а их общая сумма доходит до 162146, 19х8534. См. Приложение 1.

38:24. В этом наглядном примере, где противопоставляется с одной стороны – 99, а с другой стороны – 1, чрезвычайная осторожность Давида вынести правильное решение заставила его попросить прощения. А мы так же осторожны?

38:32. Соломон пропустил свою послеобеденную молитву из-за своих лошадей. Чтобы свести на нет возможное утверждение Сатаны, что Соломон любил своих лошадей больше, чем он любил Бога, он избавился от своих лошадей.

33. Верните их». (*Чтобы попро-
щаться*), он погладил их по ногам
и шеям.

34. Так мы подвергли Соломона
(Сулеймана) испытанию; мы благословили его огромным материальным
состоянием, но он стойко покорился.*

35. Он сказал: «Господь мой, прости
меня и даруй мне царствование, которого никогда ещё никто не достигал.
Ты – Дарующий.

36. Мы (*ответили на его молитву
и*) подчинили ветер в его распоряжение, проливавший дождь там, где он
хотел.

37. И дьяволов, строящих и ныряю-
щих.

38. И другие были предоставлены в
его распоряжение.

39. «Это наши блага тебе; ты можешь
давать щедро или удерживать, без ограничений».

40. Он заслужил почётное место у
нас и прекрасную обитель.

Дьявол причиняет
страдание Иову*

41. Вспомни нашего слугу Иова (Айюба). Он воззвал к своему
Господу: «Дьявол поразил меня трудностями и болью».

42. «Ударь о землю своей ногой.
Источник даст тебе исцеление и
питьё».

Бог возмещает верующим

43. Мы восстановили его семью для
него, удвоив её число. Такова наша
милость и напоминание для тех, кто
обладает умом.

44. «Теперь, ты должен путешест-
вовать по земле и проповедовать
послание, чтобы выполнить своё
обещание». Мы нашли его стойким.
Какой хороший слуга! Он был покорным.

45. Вспомни также наших слуг:
Авраама (Ибрагима), Исаака (Исхака) и Иакова (Йакуба). Они были
находчивыми и обладали проница-
тельностью.

46. Мы даровали им великое благословение – осведомлённость о
Будущей жизни.

47. Они были избранными, ибо они
были в числе самых праведных.

48. Вспомни Измаила (Исмаила),
Елисея (Альйаса) и Зул-Кифла среди
самых праведных.

Праведные

49. Это – напоминание: праведные
заслужили прекрасную судьбу.

50. Сады Эдема откроют свои ворота
для них.

51. Отдыхающим в нём, им будет
даровано много видов фруктов и напитков.

52. У них будут прекрасные супруги.

---

*38:34 и 41. Соломон и Иов представляют две крайности испытательного
спектра. Мы подвергаемся испытанию через богатство, здоровье или их
недостаток, чтобы увидеть, поклоняемся ли мы только Богу при любых
обстоятельствах.*

---

53. Это то, что вы заслужили в День Расплаты.

54. Наши блага неисчерпаемы.

*Неверующие враждуют
друг с другом*

55. Что же касается беззаконников, то они уготовили себе несчастную судьбу.

56. Ад, где они горят; какая несчастная обитель!

57. То, что они вкусят там, будут адские напитки и горькая пища.

58. И многое другое, подобное этому.

59. «Вот группа, которая будет ввергнута в Ад вместе с вами». Их не будут приветствовать (*обитатели Ада*). Они заслужили гореть в адском огне.

60. Вновь прибывшие ответят: «И вам нет приветствия. Это вы предшествовали нам и ввели нас в заблуждение. Поэтому вкусите же мучения этого несчастного конца».

61. Они также скажут: «Господь наш, это те, которые привели нас сюда; удвой возмездие адского огня для них».

Сюрприз!

62. Они скажут: «Почему мы не видим (*в Аду*) людей, которых мы некогда причисляли к нечестивым?

63. Мы обычно насмехались над ними; мы отворачивали свой взор от них».

64. Это предопределённый факт: люди Ада будут враждовать друг с другом.

65. Скажи: «Я предупреждаю вас: нет другого бога, кроме **БОГА**, Единого, Верховного.

66. Господа небес и земли, и всего, что между ними; Всемогущего, Прощающего».

Великая вражда

67. Скажи: «Вот удивительная весть.

68. К которой вы совершенно невнимательны.

69. У меня прежде не было знания о вражде в Высшем Обществе.*

70. Мне внушено, что моя единственная задача – это доставить вам предупреждения».

71. Твой Господь сказал ангелам: «Я создаю человека из глины.

72. Как только Я сформирую его и вдуну в него от Моего духа, вы должны пасть ниц перед ним».

73. Ангелы пали ниц – все они,

74. кроме Сатаны; он отказался и был слишком высокомерным, неблагодарным.

75. Он сказал: «О Сатана, что помешало тебе пасть ниц перед тем, что Я создал Своими руками? Неужели ты слишком возгордился? Неужели ты восстал?»

38:69. Вражда в Высшем Обществе была вызвана тем, что Сатана бросил вызов абсолютной власти Бога. Это, определённо, самое важное событие в истории человеческой расы. Мы не смогли занять твёрдую позицию в отношении абсолютной власти Бога. Эта жизнь представляет третью и последнюю возможность искупить себя (См. Введение и Приложение 7).

76. Он сказал: «Я лучше, чем он; Ты создал меня из огня, а его – из глины».

77. Он сказал: «Поэтому ты должен быть сослан, ты будешь изгнан.

78. Ты навлёк на себя Моё осуждение до Судного Дня».

79. Он сказал: «Мой Господь, дай мне отсрочку до Дня Воскресения».

80. Он сказал: «Тебе отсрочено.

81. До назначенного дня».

82. Он сказал: «Клянусь Твоим величеством, что я введу их всех в заблуждение.

83. Кроме Твоих почитателей, которые преданы абсолютно Тебе одному».

84. Он сказал: «Это – истина, а истина – это всё, что Я изрекаю.

85. Я наполню Ад тобою и всеми теми, кто последует за тобой».

86. Скажи: «Я не прошу у вас никакой платы, и я не самозванец.

87. Это – напоминание для всего мира.

88. И вы непременно узнаете через некоторое время».

****

Сура 39:
Толпы (Аль-Зумар)

Во имя Бога, Самого Милостивого, Самого Милосердного

1. Это откровение писания от **БОГА**, Всемогущего, Мудрого.

2. Мы ниспослали тебе это писание правдиво; ты должен поклоняться **БОГУ**, посвящая свою религию только Ему.

Идолы как посредники – общеизвестный миф

3. Безусловно, религия должна быть посвящена только **БОГУ**. Те, кто создали идолов, кроме Него, говорят: «Мы боготворим их только для того, чтобы приблизиться к **БОГУ**, ибо они находятся в лучшем положении!» **БОГ** рассудит их относительно их споров. **БОГ** не ведёт правильным путём таких лжецов, неверующих.

4. Если бы **БОГ** захотел иметь сына, то Он мог бы выбрать, кого Он пожелал среди Своих творений. Слава Ему; Он – **БОГ**, Единый, Верховный.

Форма Земли*

5. Он создал небеса и землю истинно. Он день обволакивает ночью, и ночь обволакивает днём.* Он обязал солнце и луну двигаться в течение ограниченного периода времени. Безусловно, Он – Всемогущий, Прощающий.

---

*39:5. Этот стих ясно сообщает нам, что земля круглая. По-арабски «Он обволакивает» (Юкаввир) происходит от арабского слова «шар» (Курах). Поскольку земля не совсем круглая, то конкретная ссылка на её форму приведена в 79:30. Коран изобилует научной информацией, которая стала известна нам спустя столетия после откровения Корана. См. Приложение 20.

6. Он сотворил вас из одного человека, затем создал из него его пару. Он ниспослал вам восемь видов скота. Он творит вас в животах ваших матерей, создание за созданием, в триместрах темноты. Таков **БОГ**, ваш Господь. Ему принадлежит вся верховная власть. Нет другого бога, кроме Него. Как же вы можете отклоняться?

Веруйте для своего же блага

7. Если вы не уверуете, то **БОГ** ни в ком не нуждается. Но Ему не нравится видеть, как Его слуги принимают неправильное решение. Если вы решаете быть благодарными, то Он рад за вас. Ни одна душа не несёт грехи другой души. В конечном счёте к вашему Господу вы вернётесь, затем Он сообщит вам обо всём, что вы совершали. Он в полной мере знает самые сокровенные мысли.

8. Когда постигает человека беда, то он умоляет своего Господа, будучи искренне преданным Ему. Но как только Он благословляет его, он забывает свою предыдущую мольбу, создаёт идолов, чтобы равнять их с **БОГОМ**, и чтобы отклонить других от Его пути. Скажи: «Наслаждайся временно своим неверием; ты навлёк на себя Адский огонь».

9. Не лучше ли быть одним из тех, кто медитирует ночью, падая ниц и вставая, помня о Будущей жизни и стремясь к милости своего Господа? Скажи: «Разве те, кто знают, равны тем, кто не знают?» Только те, кто обладают умом, внимут.

10. Скажи: «О Мои слуги, которые уверовали, вы должны благоговеть перед своим Господом». Для тех, кто творил праведность в этом мире, – хорошее вознаграждение. Земля **БОГА** обширна; и те, кто стойко терпят, получат своё щедрое вознаграждение, без ограничений.

ТОЛЬКО Бог

11. Скажи: «Мне было велено поклоняться **БОГУ**, посвящая религию абсолютно Ему одному.

12. И мне велено быть наилучшим покорным».

13. Скажи: «Я боюсь возмездия великого дня, если я ослушаюсь моего Господа».

14. Скажи: «Я поклоняюсь только **БОГУ**, посвящая мою религию абсолютно Ему одному.

15. Поэтому поклоняйтесь тому, чему вы желаете, кроме Него». Скажи: «Истинные проигравшие те, кто теряют свои души и свои семьи в День Воскресения». Несомненно, это настоящий убыток.

16. Клубы огня будут находиться сверху них и под ними. Так **БОГ** предупреждает своих слуг: о слуги Мои, вы должны благоговеть передо Мной.

17. Что же касается тех, кто отказывается от поклонения всем идолам и посвящает себя полностью только **БОГУ**, то они заслужили счастье. Передай добрую весть Моим слугам.

Следуйте слову Бога

18. Они – те, кто изучают все слова, а затем следуют за наилучшими. Это – те, которых **БОГ** направил; это – те, кто обладают умом.

19. А относительно тех, кто заслужил возмездие, – можешь ли ты спасти тех, кто уже находится в Аду?

Праведные

20. Что же касается тех, кто благоговеет перед своим Господом, то они будут иметь особняки над особняками, построенные для них, с текущими ручьями. Это обещание **БОГА**, а **БОГ** никогда не нарушает Своего обещания.

21. Разве ты не видишь, что **БОГ** ниспосылает с неба воду, затем помещает её в подземные скважины, затем производит ею растения разных цветов, затем они растут, пока не пожелтеют, а потом Он превращает их в сено? Это должно быть напоминанием для тех, кто обладает умом.

22. Если **БОГ** делает сердце человека удовлетворённым Покорностью, то он последует за светом от своего Господа. Поэтому горе тем, чьи сердца ожесточились против послания **БОГА**; они пребывают в глубоком заблуждении.

Наилучший Хадис

23. **БОГ** открыл здесь наилучший *Хадис* – книгу, которая последовательная, и которая указывает оба пути (*в Рай и в Ад*). От этого съёживается кожа тех, которые благоговеют перед их Господом, а потом их кожа и сердца смягчаются к посланию **БОГА**. Таково руководство **БОГА**; Он дарует его тому, кому Он пожелает. Что же касается тех, кого **БОГ** ввёл в заблуждение, то ничто не может наставить их на правильный путь.

24. Что может быть лучше, чем

сохранить своё лицо от ужасного возмездия в День Воскресения? Беззаконникам будет сказано: «Вкусите последствия того, что вы заработали».

25. Другие, что были до них, не уверовали, и следовательно возмездие постигло их, откуда они и не ожидали.

26. **БОГ** осудил их на унижение в этой жизни, а возмездие в Будущей жизни будет гораздо хуже, если бы они только знали.

Коран: никакой двусмысленности

27. Мы привели для людей всякого рода примеры в этом Коране, чтобы они могли внять.

28. Коран на арабском языке, без какой-либо двусмысленности, чтобы они были праведными.

29. **БОГ** приводит в пример человека, который имеет дело со спорящими партнёрами (*Хадисом*), сравнивая его с человеком, который имеет дело только с одним последовательным источником (*Кораном*). Разве они одинаковы? Хвала **БОГУ**; большинство из них не ведает.

Хадис – тяжкое богохульство

30. Ты (*Мухаммед*) непременно умрёшь, так же как и они умрут.

31. В День Воскресения вы, люди, будете враждовать друг с другом перед вашим Господом.

32. Кто же злее того, кто приписывает ложь **БОГУ**, не веруя в истину, которая пришла к нему? Разве Ад не является справедливым воздаянием для неверующих?

Коран– абсолютная истина

33. Что же касается тех, кто проповедуют истину и верят в неё, то они – праведные.

34. Они получат всё, что они пожелают у их Господа. Таково вознаграждение для праведных.

35. **БОГ** отпускает им греховные деяния и вознаграждает их щедро за их добрые дела.

Глубокий вопрос

36. Разве **БОГА** не достаточно для Его слуг? Они пугают тебя идолами, которых они создали, помимо Него. Кого **БОГ** вводит в заблуждение, того ничто не может наставить на правильный путь.

37. А кого **БОГ** направляет, того ничто не может ввести в заблуждение. Разве **БОГ** не Всемогущий, Мститель?

Они веруют в Бога, тем не менее, им предназначен Ад

38. Если ты спросишь их: «Кто создал небеса и землю?», они скажут: «**БОГ**». Скажи: «Почему же тогда вы создаёте идолов, кроме **БОГА**? Если **БОГ** пожелает какой-либо невзгоды для меня, могут ли они избавить от такой невзгоды? И если Он пожелает мне благословения, то могут ли они предотвратить такое благословение?» Скажи: «Мне достаточно **БОГА**». На Него все уповающие должны уповать.

39. Скажи: «О мой народ, делайте всё возможное, и я буду делать всё возможное; вы непременно узнаете.

40. (*Вы узнаете*), кто навлёк на себя позорное наказание и заслужил вечное возмездие».

41. Мы истинно ниспослали писание через тебя к людям. Тогда кто следует правильным путём, тот поступает во благо себе, а кто сбивается с пути, тот сбивается во вред себе. Ты не являешься их защитником.

42. **БОГ** предаёт души смерти, когда приходит конец их жизни, а также во время сна. Таким образом, Он забирает некоторых назад во время их сна, тогда как другим позволено продолжать жить до конца их предопределённого срока. Это должно служить уроком для размышляющих людей.

Миф о заступничестве

43. Неужели они изобрели заступников, чтобы посредничать между ними и **БОГОМ**? Скажи: «Что если они не обладают никакой властью и не понимают?»

44. Скажи: «Всё заступничество принадлежит **БОГУ**». Ему принадлежит вся верховная власть над небесами и землёю, затем к Нему вы будете возвращены.

Величайший критерий*

45. Когда ТОЛЬКО **БОГ** упоминается, сердца тех, кто не верует в Будущую жизнь, сжимаются с отвращением. Но когда другие упоминаются, кроме Него, они остаются довольными.*

46. Провозгласи: «Наш бог, Творец небес и земли, Знающий все тайны и заявления; Ты единственный, кто судит среди Твоих слуг относительно их споров».

47. Если бы те, кто преступили границы дозволенного, владели всем на земле и даже тем, что в двое больше этого, то они бы с готовностью отказались от этого, чтобы избежать страшного возмездия в День Воскресения. Им будет показано **БОГОМ** то, чего они не ожидали.

48. Греховные деяния, которые они заработали, будут показаны им, и всё то, над чем они обычно издевались, вернётся и будет преследовать их.

Человеческое непостоянство

49. Когда человека касается невзгода, то он умоляет нас, но как только мы даруем благословение ему, он говорит: «Я достиг этого благодаря моему уму!» Воистину, это только испытание, но большинство из них не ведает.

50. Те, что были до них, произносили то же самое, и их приобретения ничуть не помогли им.

51. Они пострадали от последствий своих злых деяний. Подобным образом беззаконники среди нынешнего поколения будут страдать от последствий их злых деяний; им не удастся спастись.

52. Неужели они не понимают, что **БОГ** – Тот, кто увеличивает или ограничивает блага тому, кому пожелает? Это уроки для людей верующих.

Безграничная милость Бога

53. Провозгласи: «О слуги Мои, кто преступил пределы, никогда не отчаивайтесь в милости **БОГА**. Ибо **БОГ** прощает все грехи. Он – Прощающий, Самый Милосердный».

54. Вы должны повиноваться вашему Господу и полностью покориться Ему, прежде чем возмездие настигнет вас; тогда вам нельзя будет помочь.

55. И следуйте наилучшим путём, который указан для вас вашим Господом, прежде чем возмездие настигнет вас внезапно, когда вы меньше всего этого ожидаете.

56. Чтобы душа не смогла сказать: «Как мне жаль, что я пренебрегала **БОЖЬИМИ** заповедями; безусловно, я была одной из насмешников».

57. Или сказать: «Если бы **БОГ** наставил меня на правильный путь, то я была бы с праведными».

---

*39:45. Несмотря на чёткую заповедь в 3:18, что Первый Столп Ислама провозглашает: «Аш-хаду Ан Ла Илаха Илла Аллах (нет другого бога, кроме Бога)», большинство «мусульман» настаивают на добавлении имени Мухаммеда. Этот Величайший Критерий предупреждает нас, что ликование при добавлении имени Мухаммеда или любого другого имени выявляет неверие в Будущую жизнь. См. также примечание к 17:46.

---

58. Или сказать, когда она увидит возмездие: «Если я получу ещё одну возможность, то я буду творить праведность».

59. Да, безусловно (*у тебя было достаточно возможностей*). Мои доказательства пришли к тебе, но ты отказалась от них, возгордилась и стала неверующей.

60. В День Воскресения ты увидишь лица тех, кто лгал о **БОГЕ**, покрытыми страданиями. Разве Ад не является справедливым возмездием для высокомерных?

61. И **БОГ** спасёт тех, кто соблюдали праведность; Он вознаградит их. Никакое зло не коснётся их, и они не будут опечалены.

62. **БОГ** – Создатель всего сущего, и Он держит всё под полным контролем.

63. Ему принадлежат все решения на небесах и на земле, а те, кто не веруют в откровения **БОГА**, – истинные проигравшие.

64. Скажи: «Неужели вы увещеваете меня поклоняться кому-либо другому вместо **БОГА**, о вы, невежды?»

Идолопоклонство сводит на нет все деяния

65. Тебе и тем, кто были до тебя, было открыто, что если ты когда-либо совершишь идолопоклонство, то все твои деяния будут сведены на нет, и ты будешь с проигравшими.

66. Поэтому ты должен поклоняться только **БОГУ** и быть благодарным.

Величие Бога*

67. Они никогда не смогут постичь величие **БОГА**. Вся земля уместится в Его кулаке в День Воскресения. В сущности, Вселенные сложены в Его правой руке.* Слава Ему; Он слишком велик, чтобы нуждаться в каких-либо соучастниках.

День Суда

68. Подуют в рог, после чего все на небесах и на земле будут повергнуты в бессознательное состояние, за исключением тех, кого пощадит **БОГ**. Затем в него подуют ещё раз, после чего все они поднимутся, глядя.*

---

*39:67. Наша Вселенная с её миллиардами галактик, миллиардами триллионов звёзд, бесчисленными дециллионами небесных тел, охватывающих много миллиардов световых лет, является самой маленькой и самой внутренней из семи Вселенных. Этот непостижимый простор семи Вселенных умещается в руке Бога. Таково величие Бога. См. Приложение 6.

*39:68. Последовательность событий в День Воскресения начинается с символического дутья в рог. Второе дутьё в рог, выполненное существом, которое было избавлено от впадения в бессознательное состояние, знаменует воскрешение всех людей; они будут воскрешены на теперешней земле. Потом эта земля будет разрушена физическим пришествием Бога, и тогда будут созданы новая земля и новые небеса (14:48). Затем нас разделят на группы в зависимости от нашей степени развития (Приложение 11).

69. Затем земля озарится светом её Господа. Запись будет провозглашена, и приведут пророков и свидетелей. Затем каждого будут судить по справедливости – по абсолютной справедливости.

70. Каждой душе будет воздано за всё, что она сделала, ибо Он в полной мере знает всё, что они совершали.

Неверующие

71. Тех, кто не уверовали, поведут в Ад толпами. Когда они доберутся до него, и его ворота откроются, то его стражи скажут: «Разве не приходили к вам посланники из вашей среды, которые читали вам откровения вашего Господа и предупреждали вас о встрече этого дня?» Они ответят: «Да, безусловно. Но неверующие уже были помечены клеймом «возмездие».

72. Будет сказано: «Войдите во врата Ада, где вы пребудете вечно». Какая несчастная судьба для высокомерных.

Верующие

73. Тех, кто благоговели перед их Господом, поведут в Рай толпами. Когда они доберутся до него и его ворота откроются, его стражи скажут: «Мир вам; вы выиграли. Поэтому, вы пребываете здесь вечно».

74. Они скажут: «Хвала **БОГУ**, кто исполнил Своё обещание нам и сделал нас наследниками земли, где мы наслаждаемся Раем, как нам угодно».

Какое прекрасное вознаграждение для трудящихся!

75. Ты увидишь ангелов, парящих вокруг трона, славя и хваля их Господа. После того, как всем будет вынесено справедливое решение, будет провозглашено: «Хвала **БОГУ**, Господу Вселенной».

****

Сура 40: Прощающий (Гафир)

Во имя Бога, Самого Милостивого, Самого Милосердного

1. Х. М.*

2. Это откровение писания от **БОГА**, Всемогущего, Всезнающего.

3. Прощающего грехи, принимающего покаяние, строгого в соблюдении возмездия и обладателя всей власти. Нет другого бога, кроме Него. К Нему – окончательная судьба.

4. Никто не оспаривает откровения **БОГА**, кроме тех, которые не уверовали. Пусть не впечатляет тебя их видимый успех.

5. Неверующими до них были народ Ноя (Нуха) и много других противников после них. Каждая община преследовала своего посланника, чтобы пресечь его влияние. И они спорили посредством лжи, чтобы опровергнуть истину. Следовательно Я наказал их; Как ужасно было Моё возмездие!

---

*40:1. Инициалы «Ха Мим» встречаются в Сурах 40-46. Общая частота появления букв «Ха» и «Мим» в семи сурах составляет 2147 или 19х113 (Приложение 1).

6. Таким образом, те, кто не веруют, уже заклеймены решением твоего Господа, что они обитатели Ада.

Ангелы молятся за верующих

7. Те, кто служат трону, и все те, кто окружают его, прославляют и восхваляют своего Господа и веруют в Него. И они просят прощения для тех, кто веруют. «Господь наш, Твоё милосердие и Твоё знание охватывают все вещи. Прости тех, кто кается и следует Твоим путём, и избавь их от возмездия Ада.

8. Господь наш, и введи их в сады Эдема, которые Ты обещал им и праведным среди их родителей, супругов и детей. Ты – Всемогущий, Самый Мудрый.

9. И защити их от падения в грех. Тот, кого Ты защищаешь от падения в грех, в тот день будет помилован Тобой. Это – величайший триумф».

ТОЛЬКО Бог: неверующие сознаются

10. Будет сказано тем, кто не веруют: «Отвращение **БОГА** к вам ещё хуже, чем ваше собственное отвращение к себе самим. Ибо вас призвали уверовать, но вы предпочли не веровать».

ТОЛЬКО Бог: неверующие подвергнутся двум смертям*

11. Они скажут: «Господь наш, ты дважды подверг нас смерти,* и Ты дал нам две жизни; теперь мы сознались в наших грехах. Есть ли выход из создавшегося положения?»

ТОЛЬКО Бог: заметьте причину

12. Это потому, что когда вас призывали ТОЛЬКО к **БОГУ**, вы не веровали, но когда другие были упомянуты, помимо Него, вы веровали. Поэтому решение **БОГА** было издано; Он – Всевышний, Великий.

13. Он – Тот, кто постоянно показывает вам Свои доказательства и ниспосылает вам с неба блага. Только те, которые полностью покорятся, будут в состоянии внять.

14. Поэтому вы должны посвятить своё поклонение абсолютно ТОЛЬКО **БОГУ**, даже если это не нравится неверующим.

15. Обладатель наивысших ступеней и Властитель всего владения. Он посылает внушение, несущее Его повеления тому, кого Он избирает из числа своих слуг, чтобы предупредить о Дне Созыва.

16. Это день, когда все будут полностью разоблачены; никто из них ничего не утаит от **БОГА**. Кому принадлежит вся верховная власть в тот день? **БОГУ**, Единому, Верховному.

Приготовьтесь к Значительному Дню

17. В тот день каждой душе будет воздано за всё, что она заработала. В тот день не будет несправедливости. **БОГ** – самый исполнительный в расчёте.

---

*40:11-12. Неверующие проходят через две смерти, в то время как праведные верующие не вкусят смерти после смерти, которую мы уже пережили (44:56). Пожалуйста, см. Приложение 17. Причина для отправления в Ад очевидна: даже те, кто веруют в Бога, приобщают других к Нему (см. 39:45).

Нет заступничества

18. Предупреди их о надвигающемся дне, когда сердца будут в ужасе, и многие будут раскаиваться. У беззаконников не будет ни друга, ни заступника, которым бы повиновались.

19. Он в полной мере знает то, что глаза не могут видеть, и всё то, что разум скрывает.

20. **БОГ** судит по справедливости, в то время как идолы, которых они умоляют, кроме Него, не могут судить ничего. **БОГ** – Тот, кто Слышащий, Видящий.

21. Разве они не странствовали по земле и не обращали внимания на последствия для тех, кто был до них? Они некогда были сильнее их и производительнее на земле. Но **БОГ** наказал их за их грехи, и ничто не могло защитить их от **БОГА**.

22. Это потому, что их посланники отправились к ним с ясными доказательствами, но они не уверовали. Следовательно **БОГ** наказал их. Он – Могущественный, строгий в осуществлении возмездия.

Моисей

23. Мы послали Моисея (Мусу) с нашими знамениями и значительной властью.

24. К Фараону, Хаману и Каруну. Но они сказали: «Волшебник, лжец».

25. И когда он показал им истину от нас, они сказали: «Убейте сыновей тех, кто уверовал вместе с ними, и пощадите их дочерей». Таким образом, происки неверующих всегда нечестивы.

Моисей в сравнении с Фараоном

26. Фараон сказал: «Позвольте мне убить Моисея (Мусу), и пусть он умоляет своего Господа. Я беспокоюсь, чтобы он не опорочил вашу религию или распространил зло по всей земле».

27. Моисей (Муса) сказал: «Я прибегаю к защите моего Господа и вашего Господа от всякого высокомерного, кто не верует в День Расплаты».

Бог не направляет лжецов

28. Верующий человек среди людей Фараона, который скрывал свою веру, сказал: «Как вы можете убить человека только за то, что он говорит: "Мой Господь – **БОГ**", и он показал вам ясные доказательства от вашего Господа? Если он лжец, то это его проблема, а если он правдив, то его обещания принесут вам пользу. Воистину, **БОГ** не ведёт правильным путём всякого беззаконника, лжеца.

29. О мой народ, сегодня у вас есть царствование и превосходство над другими. Но кто поможет нам против **БОЖЬЕГО** суда, если он придёт к нам?» Фараон сказал: «Вы должны следовать только тому, что я считаю нужным; я буду наставлять вас только на правильный путь».

30. Тот, кто уверовал, сказал: «О народ мой, я боюсь, что вас постигнет та же самая участь, что и предыдущих противников.

31. Противников Ноя (Нуха) и адитов, самудян и тех, кто пришли после них. **БОГ** не желает несправедливости людям.

32. О народ мой, я боюсь наступления для вас Дня Созыва.

33. Это день, когда, быть может, вы пожелаете повернуться вспять и обратиться в бегство. Но ничто не защитит вас тогда от **БОГА**. Кого **БОГ** вводит в заблуждение, того ничто не может наставить на правильный путь».

Кто является последним посланником?*

Трагическая человеческая черта

34. До этого к вам приходил Иосиф (Йусуф) с ясными откровениями, но вы продолжали сомневаться в его послании. Потом, когда он умер, вы сказали: «**БОГ** не пошлёт другого посланника после него. (*Он был последним посланником*)!»** Так **БОГ** вводит в заблуждение беззаконников и сомневающихся.

35. Они оспаривают откровения **БОГА** без всяких оснований. Это черта, к которой **БОГ** и те, кто веруют, питают наибольшее отвращение. Так **БОГ** запечатывает сердце каждого высокомерного тирана.

36. Фараон сказал: «О Хаман, построй для меня высокую башню, чтобы я мог дотянуться и обнаружить.

37. Я хочу достичь небес и взглянуть на бога Моисея (Мусы). Я полагаю, что он лжец». Таким образом, злые деяния Фараона были приукрашены в его глазах, и так он был удержан от следования (*правильным*) путём. Ухищрения Фараона были поистине злыми.

38. Тот, кто уверовал, сказал: «О народ мой, следуйте за мной, и я поведу вас по правильному пути.

39. О мой народ, эта первая жизнь – временная иллюзия, в то время как Будущая жизнь является вечной обителью».

Наилучшая сделка

40. Кто совершает грех, тому воздаётся только за это, а кто творит праведность – мужчина или женщина – при этом веруя, то они войдут в Рай, в котором они получат блага без каких-либо ограничений.

Верующий египтянин спорит со своими людьми

41. «О мой народ, я призываю вас к спасению, а вы призываете меня к адскому огню.

---

*40:34. Иудеи отказались верить в Мессию, когда он пришёл к ним, христиане отказались верить в Мухаммеда, когда он пришёл к ним, и большинство современных мусульман верят, что Мухаммед был последним посланником. На этой ошибочной основе они отказались принять Божьего Посланника Завета. Мы узнаём из 3:81-90 и 33:7, что те, кто не принимают Кораническое предписание «верить и поддерживать Божьего Посланника Завета», больше не являются верующими. См. Приложения 2 и 26.

**40:34. Следует отметить, что мы находим имя «Рашад» в арабском тексте ровно за четыре стиха до предписания против высказывания «последний посланник», а также через четыре стиха после него.

42. Вы призываете меня быть неблагодарным **БОГУ** и создавать, кроме Него, идолов, которых я не признаю. Я призываю вас к Всемогущему, Прощающему.

43. Нет сомнений в том, что то, что вы призываете меня делать, не имеет оснований ни в этом мире, ни в Будущей жизни, что наше окончательное возвращение – к **БОГУ**, и что беззаконники навлекли на себя адский огонь.

44. Когда-нибудь вы вспомните то, что я вам сейчас говорю. Решение этого вопроса я оставляю **БОГУ**; **БОГ** – Видящий всех людей».

45. **БОГ** затем защитил его от их злых умыслов, в то время как люди Фараона навлекли на себя наихудшее возмездие.

Пока в могиле: непрерывный кошмар
46. Ад будет показан им день и ночь, и в День Воскресения: «Введите людей Фараона в наихудшее возмездие».

47. Во время ссоры в Аду последователи скажут своим предводителям: «Мы прежде были вашими последователями; не могли бы вы хоть отчасти избавить нас от этого Ада?»

48. Предводители скажут: «Мы здесь все вместе. **БОГ** рассудил среди людей».

Слишком поздно
49. Те, кто находятся в адском огне, скажут стражам Ада: «Призовите вашего Господа уменьшить возмездие для нас хотя бы на один день».

50. Они скажут: «Разве не приходили к вам ваши посланники, которые доставили вам ясные послания?» Они ответят: «Да». Они скажут: «Тогда умоляйте (*сколько пожелаете*); ибо взывание неверующих всегда напрасно».

Гарантированная победа здесь и навечно
51. Истинно, мы одарим победой наших посланников и тех, кто верует, как в этом мире, так и в день, когда будут созваны свидетели.

52. В этот день извинения неверующих не принесут им пользы. Они навлекли на себя осуждение; им уготована наихудшая судьба.

Извлекайте уроки из истории
53. Мы даровали Моисею (Мусе) руководство и позволили детям Израиля унаследовать писание.

54. (*Их история*) является уроком и напоминанием для тех, кто обладает умом.

55. Поэтому будь терпелив, ибо обещание **БОГА** истинно, и проси прощения за свой грех; и прославляй, и восхваляй твоего Господа день и ночь.

56. Воистину, те, кто оспаривают откровения **БОГА** без доказательств, выявляют высокомерие, которое скрыто внутри их грудей; и они даже не знают об этом. Поэтому прибегай к защите **БОГА**; Он – Слышащий, Видящий.

Удивительное строение Вселенной

57. Создание небес и земли ещё более удивительно, чем создание человека, но большинство людей не ведает.

58. Не равны слепой и зрячий. И не равны те, которые веруют и творят праведность, и грешники. Редко же вы внимаете.

59. Несомненно, Час (*Судный День*) приближается, нет сомнения в этом, но большинство людей не верует.

Мольба – форма поклонения*

60. Ваш Господь говорит: «Взывайте ко Мне, и Я отвечу вам. Воистину, те, кто слишком высокомерны, чтобы поклоняться Мне, принудительно войдут в Геенну».

61. **БОГ** – Тот, кто задумал ночь, чтобы вы могли отдыхать во время неё, и день освещённым. **БОГ** дарует много благословений людям, но большинство людей не благодарны.

62. Таков **БОГ**, ваш Господь, Создатель всех вещей. Нет бога, кроме Него. Как вы можете отклоняться?

63. Отклоняются те, кто пренебрегают откровениями **БОГА**.

64. **БОГ** – Тот, кто сделал землю обитаемой для вас, а небо огромным сооружением; и Он сформировал вас и сформировал вас хорошо. Он – Тот, кто предоставляет вам прекрасные блага.* Таков **БОГ**, ваш Господь; Самый Возвышенный – это **БОГ**, Господь Вселенной.

65. Он – Живой; нет бога, кроме Него. Вы должны поклоняться только Ему, посвящая свою религию абсолютно Ему одному. Хвала **БОГУ**, Господу Вселенной.

До благословений Бога на него Мухаммед прежде поклонялся идолам

66. Скажи: «Мне было запрещено поклоняться идолам, которым вы поклоняетесь, помимо **БОГА**, когда ясные откровения пришли ко мне от моего Господа. Мне было велено покориться Господу Вселенной».*

67. Он – Тот, кто создал вас из праха, а впоследствии из крошечной капли, затем из подвешенного зародыша, затем Он выводит вас ребёнком, затем Он позволяет вам достичь зрелости, потом вы становитесь старыми – а некоторые из вас умирают раньше. Вы достигаете предопределённого возраста, чтобы вы могли понять.

40:60. Мольба, взывание к Богу о чём-либо, даже о материальных предметах роскоши, является одной из форм поклонения. Отсюда и заповедь – умолять Бога всякий раз, когда у нас есть какая-либо потребность. Атеист никогда и ни о чём не будет умолять Бога.

40:64. См. примечания к 15:20, 20:54, 25:2 и 35:12-13.

40:66. Арабское слово «Наха», используемое в этом стихе, указывает на прекращение чего-то происходившего. Смотрите, например, то же слово в 4:171. См. также 93:7.

68. Он – Тот, кто управляет жизнью и смертью. Когда Он пожелает что-нибудь сделать, то стоит Ему сказать: «Будь!», как это становится явным.

69. Обратил ли ты внимание на тех, кто оспаривают доказательства БОГА, и как они отклонились?

70. Это те, кто не уверовали в писание и в послания, которые мы отправляли с нашими посланниками. Поэтому они, несомненно, узнают.

71. Оковы будут вокруг их шей, и с помощью цепей их будут волочить.

72. В Инферно,* а затем в Огне они будут гореть.

73. Их спросят: «Где идолы, которым вы некогда поклонялись,

Они поклонялись ничему

74. кроме БОГА?» Они скажут: «Они отказались от нас. В сущности, когда мы поклонялись им, мы поклонялись ничему». Так БОГ вводит неверующих в заблуждение.

75. Это потому, что вы некогда радовались ложным учениям на земле, и вы обычно проповедовали их.

76. Войдите в ворота Геенны, где вы пребудете вечно. Какая несчастная судьба для высокомерных.

77. Ты должен быть терпеливым, ибо обещание БОГА истинно. Независимо от того, покажем мы тебе часть (*возмездия*), которое мы обещали им, или завершим твою жизнь до этого, они вернутся к нам.

*Разрешение Бога на математическое чудо Корана**

78. Мы отправляли посланников до тебя: некоторых из них мы упомянули тебе, а некоторых мы не упомянули тебе. Ни один посланник не может произвести какое-либо чудо без разрешения БОГА.* Как только решение БОГА издаётся, истина преобладает и фальсификаторы оказываются разоблачёнными и униженными.

79. БОГ – Тот, кто создал скот для вас; на одних вы ездите, а других вы едите.

80. Они также предоставляют вам дополнительные преимущества, которые удовлетворяют многие из ваших потребностей. На них, а также на судах вас перевозят.

---

*40:72. Те, кто не подготовили себя, будут чрезвычайно страдать в присутствии Бога в Судный День. Они не смогут вынести близость к Богу из-за отсутствия достаточного роста и развития их душ. Я использую «Инферно» для описания данной ситуации (55:44). Подготовка души достигается путём исполнения предписанных Богом обрядов, таких как Контактная Молитва.

*40:78. Мы узнаём из 17:45-46, 18:57 и 56:79, что неверующие не имеют доступа к Корану; только верующим и искренне ищущим разрешено Богом понять его. Математический код Корана, «Одно из великих чудес» (74:30-35), был уполномочен Богом и открыт через Его Посланника Завета (Приложение 2).

81. Так Он показывает вам Свои доказательства. Какое же из доказательств **БОГА** вы можете отрицать?

82. Неужели они не странствовали по земле и не заметили последствия для тех, кто предшествовал им? Некогда они были многочисленнее, сильнее могуществом и обладали большим наследием на земле. Тем не менее, все их достижения ничуть не помогли им.

83. Когда их посланники пошли к ним с ясными доказательствами, то они радовались знаниям, которые они уже унаследовали; а всё то, над чем они насмехались, было причиной их падения.

ТОЛЬКО Бог
84. Впоследствии, когда они увидели наше возмездие, они сказали: «Теперь мы веруем ТОЛЬКО в **БОГА**, и мы теперь не веруем в идолопоклонство, которого мы прежде придерживались».

Слишком поздно
85. Их вера тогда ничуть не смогла помочь им после того, как они увидели наше возмездие. Такова система **БОГА**, которая была учреждена для того, чтобы иметь дело с Его творениями; неверующие всегда обречены.

****

Сура 41: Подробный (Фуссилат)

Во имя Бога, Самого Милостивого, Самого Милосердного

1. Х. М.*

2. Откровение от Самого Милостивого, Самого Милосердного.

3. Писание, стихи которого предоставляют полное и подробное разъяснение в виде Корана на арабском языке для людей знающих.

4. Добрый вестник, а также предостерегающий увещеватель. Однако, большинство из них отворачивается; они не слышат.

5. Они сказали: «Наше решение принято, наши уши глухи к твоему посланию, и преграда отделяет нас от тебя. Делай то, что ты хочешь, и мы тоже будем делать то, что хотим».

6. Скажи: «Я такой же человек, как и вы, не более того, кому было внушено, что ваш бог – единый бог. Вы должны быть преданы Ему и просить у Него прощения. Горе идолопоклонникам.

7. Которые не дают на обязательную благотворительность (*Закят*), и относительно Будущей жизни они неверующие».

8. Что же касается тех, кто веруют и ведут праведную жизнь, то они получат вполне заслуженное вознаграждение.

---

*41:1. Чтобы узнать значительность этих Коранических инициалов, см. примечание к 40:1.

---

9. Скажи: «Вы не веруете в Того, кто создал землю за два дня,* и вы создаёте идолов, равняя их с Ним, хотя Он – Господь Вселенной».

10. Он поместил на ней стабилизаторы (*горы*), сделал её производительной, и Он рассчитал её блага в течение четырёх дней, чтобы удовлетворить потребности всех её обитателей.

11. Затем Он обратился к небу, когда оно ещё было газом, и сказал ему и земле: «Начните существовать вольно или невольно». Они сказали: «Мы начинаем существовать добровольно».

12. Таким образом, Он* завершил создание семи Вселенных за два дня и учредил законы для каждой Вселенной. И мы* украсили самую низшую Вселенную лампами и поместили стражей вокруг неё. Таков замысел Всемогущего, Всеведущего.

Предупреждение

13. Если же они отвернутся, то скажи: «Я предупреждаю вас о бедствии, которое подобно бедствию, уничтожившему адитов и самудян».

14. Их посланники пошли к ним, а также до них и после них, говоря: «Вы не должны поклоняться никому,

кроме **БОГА**». Они сказали: «Если бы наш Господь пожелал, то Он мог бы послать ангелов. Мы не верим в то, что вы говорите».

15. Что касается адитов, то они возгордились на земле, выступили против истины и сказали: «Кто могущественнее, чем мы?» Разве они не понимают, что **БОГ**, кто создал их, является более могущественным, чем они? Они были неблагодарными за наши откровения.

16. Следовательно мы послали на них сильный ветер, продолжавшийся несколько скверных дней. Так мы подвергли их унизительному возмездию в этой жизни, а возмездие Будущей жизни – ещё унизительнее; они никогда не смогут победить.

17. Что же касается самудян, то мы предоставили им руководство, но они предпочли слепоту руководству. Следовательно губительное и позорное возмездие уничтожило их за то, что они заработали.

18. Мы всегда спасаем тех, кто веруют и ведут праведную жизнь.

19. Придёт день, когда враги **БОГА** будут собраны к адскому огню принудительно.

---

*41:9-10. *«Дни» создания представляют мерило. Таким образом, физическая Вселенная была создана за два дня, в то время как для расчёта благ для всех живых существ на земле потребовалось четыре дня. Это также учит нас, что жизнь есть только на этой планете Земля.*

*41:12. *Бог один создал Вселенную (18:51), но ангелы принимали участие в выполнении определённых работ в самой низшей Вселенной. Наша Вселенная не может вынести физического присутствия Бога (7:143). Множественное число признаёт роль ангелов в нашей Вселенной (Приложение 10).*

20. Когда они попадут туда, то их собственные слух, глаза и кожа будут свидетельствовать обо всём, что они совершали.

Видеозапись

21. Они скажут своим кожам: «Почему вы свидетельствуете против нас?» Они ответят: «**БОГ** заставил нас говорить; Он – Тот, кто заставляет всё говорить. Он – Тот, кто создал вас в первый раз, и теперь вы возвращены к Нему».

22. Никто никоим образом не сможет скрыться от своего собственного слуха, своих глаз или своей кожи. В сущности, вы думали, что **БОГ** не знал многое из того, что вы делаете.

23. Такой вид мышления о вашем Господе приведёт вас к падению, и тогда вы окажетесь проигравшими.

24. Если они будут продолжать в том же духе, то Ад будет их судьбой; и если они придумают оправдания, то они не будут приняты от них.

Джинны-спутники

25. Мы назначаем им спутников, которые приукрашивают всё, что они делают, в их глазах. Таким образом, их постигает та же участь, что и предыдущие общины джиннов и людей, которые также были проигравшими.

26. Те, кто не уверовали, сказали: «Не слушайте этот Коран и искажайте его, чтобы вы могли победить».

27. Мы, безусловно, подвергнем этих неверующих суровому возмездию. Мы, безусловно, воздадим им за их злые деяния.

28. Таково воздаяние, которое уготовано врагам **БОГА**. Ад будет их вечной обителью – справедливое воздаяние за отвержение наших откровений.

В Судный День

29. Те, кто не уверовали, скажут: «Господь наш, покажи нам тех из двух видов – джиннов и людей – которые ввели нас в заблуждение, чтобы мы могли топтать их нашими ногами и сделать их самыми низкими».

Идеальное счастье сейчас и навечно

30. Те, кто провозглашают: «Наш Господь – **БОГ**», затем ведут праведную жизнь, ангелы спускаются на них: «У вас не должно быть страха и вы не должны печалиться. Радуйтесь доброй вести, что Рай был отведён для вас.

31. Мы ваши союзники в этой жизни и в Будущей жизни. Вы будете иметь в нём всё, что вы пожелаете; вы будете иметь всё, что вам угодно.

32. (*Такова ваша*) окончательная обитель от Прощающего, Самого Милосердного».

Покорные

33. Кто может изречь лучшие слова, чем тот, кто призывает к **БОГУ**, творит праведность и говорит: «Я один из покорных»?

34. Не равны хороший ответ и плохой ответ. Ты должен прибегать к наиболее приятному из возможных ответов. Таким образом, тот, кто некогда был твоим врагом, может стать твоим самым лучшим другом.

35. Никто не может достичь этого, кроме тех, кто стойко терпит. Никто не может достичь этого, кроме тех, кто чрезвычайно удачлив.

Когда дьявол соблазняет вас

36. Когда дьявол нашёптывает идею тебе, ты должен прибегать к защите **БОГА**. Он – Слышащий, Всеведущий.

Доказательства Бога

37. Среди Его доказательств – ночь и день, солнце и луна. Не падайте ниц ни перед солнцем, ни перед луной; вы должны падать ниц перед **БОГОМ**, который создал их, если вы поистине поклоняетесь только Ему.

38. Если они слишком высокомерны, чтобы сделать это, то те, кто у твоего Господа, прославляют Его ночью и днём, никогда не уставая.

39. Среди его доказательств – то, что ты видишь землю безжизненной, затем, как только мы польём её водой, она вибрирует жизнью. Воистину, Тот, кто оживил её, может оживить и мёртвых. Он – Всемогущий.

40. Воистину, те, кто искажают наши откровения, не скрыты от нас. Тот ли лучше, кто брошен в Ад, или тот, кто приходит безопасным в День Воскресения? Делайте всё, что пожелаете; Он видит всё, что вы делаете.

Математическое чудо Корана*

41. Те, кто отвергли доказательство Корана,* когда оно пришло к ним, также отвергли Почётную книгу.

42. Никакая ложь не смогла бы проникнуть в неё ни в прошлом, ни в будущем;* откровение от Самого Мудрого, Достойного похвалы.

Божий Посланник Завета*

43. То, что сказано тебе, – это именно то, что было сказано предыдущим посланникам. Твой Господь обладает прощением, и Он также обладает мучительным возмездием.

Язык не имеет значения

44. Если бы мы создали Коран не на арабском языке, то они сказали бы: «Почему он снизошёл на этом языке?» Независимо от того, арабский это язык или не арабский, скажи: «Для тех, кто верует, – это руководство и исцеление. Что же касается тех, которые не веруют, то они будут глухи и слепы к нему, как если бы к ним обращались издалека».

41:41. Слово «Зикр» относится к математическому коду Корана, как ясно указано в 38:1.

41:42. Одной из основных функций математического чуда Корана является защита каждой буквы и каждого аспекта Корана. Таким образом, любое вмешательство сразу же распознаётся (Приложения 1 и 24).

41:43. Математическое доказательство показывает, что этот стих относится к Божьему Посланнику Завета. Сложив гематрическое значение «Рашад» (505) со значением «Халифа» (725) и с этим номером стиха (43), мы получаем 505 + 725 + 43 = 1273 = 19x67. См. Приложение 2.

45. Мы даровали Моисею (Мусе) писание, и оно также оспаривалось. Если бы не было предопределённого решения твоего Господа, то они были бы рассужены немедленно. Воистину, они питают слишком много сомнений.

46. Кто творит праведность, тот поступает так во благо себе, а кто творит зло, тот делает это во вред себе. Твой Господь никогда не поступает несправедливо с людьми.

Идолы отрекаются от своих последователей

47. С Ним находится знание о Часе (конце света).* Ни один плод не появляется из своей оболочки, и ни одна женская особь не может зачать или родить без Его ведома. Придёт день, когда Он спросит их: «Где же те идолы, которых вы создали помимо Меня?» Они скажут: «Мы провозглашаем Тебе, что никто из нас не свидетельствует об этом».

48. Идолы, которых они боготворили, отрекутся от них; и они поймут, что им не будет спасения.

Друзья в непогоду

49. Человек никогда не устаёт умолять о хороших вещах. А когда невзгода постигает его, он впадает в уныние и в отчаяние.

50. А когда мы благословляем его после перенесенной невзгоды, то он говорит: «Это принадлежит мне. Я не верю, что Час когда-нибудь наступит. Даже если я вернусь к моему Господу, то я найду у Него лучшие вещи». Несомненно, мы сообщим неверующим обо всех их деяниях и подвергнем их суровому возмездию.

51. Когда мы благословляем человека, он отворачивается и отклоняется всё дальше и дальше, а когда он терпит несчастье, он умоляет громко.

52. Провозгласи: «А что если это действительно от **БОГА**, а вы решаете отвергнуть его? Кто находится в большем заблуждении, чем те, кто решают выступить против этого?»

Великое пророчество*

53. Мы покажем им наши доказательства на горизонте и в них самих, пока они не поймут, что это истина.* Разве твоего Господа не достаточно как свидетеля всякой вещи?

54. Воистину, они сомневаются во встрече с их Господом. Он в полной мере ведает о всякой вещи.

****

---

*41:47. Бог открыл это знание через Своего Посланника Завета (Приложение 25).

*41:53. Букв, которые составляют этот стих, насчитывается 19, а сумма их гематрических значений составляет 1387, 19х73. Это великое пророчество вместе с 9:33, 48:28, 61:9 и 110:2 сообщает нам, что всему миру суждено принять Коран как неизменённое послание Бога (см. Приложение 38).

Сура 42: Совещание (Аль-Шура)

Во имя Бога, Самого Милостивого, Самого Милосердного

1. Х. М.*

2. А. С. К.*

3. Внушает тебе и тем, кто были до тебя, **БОГ**, Всемогущий, Самый Мудрый.

4. Ему принадлежит всё, что на небесах, и всё, что на земле, и Он – Всевышний, Великий.

5. Небеса над ними готовы разрушиться из почтения к Нему; и ангелы восхваляют и прославляют своего Господа, и они просят прощения для тех, кто на земле. Безусловно, **БОГ** – Прощающий, Самый Милосердный.

6. Те, кто создают других господ, помимо Него, – **БОГ** – Тот, кто руководит ими; ты не являешься их защитником.

7. Так мы ниспосылаем тебе Коран на арабском языке, чтобы предупредить центральную общину и всех вокруг неё и предостеречь о Дне Созыва, который неизбежен. Некоторые окажутся в Раю, а некоторые – в Аду.

8. Если бы **БОГ** пожелал, то Он мог бы сделать их одной общиной. Но Он вводит в Свою милость, кого пожелает. Что же касается беззаконников, то у них нет ни властелина, ни помощника.

9. Неужели они нашли других господ, кроме Него? **БОГ** – единственный Господь и Властелин. Он – Тот, кто воскрешает мёртвых, и Он – Всесильный.

10. Если вы спорите о какой-либо части этого послания, то решение об этом покоится у **БОГА**. Таков **БОГ** – мой Господь. На Него я уповаю, и Ему я покоряюсь.

Никто не равен Богу
11. Творец небес и земли. Он создал для вас супругов из вас самих, а также для животных. Так Он предоставляет вам средства для размножения. Нет ничего равного Ему. Он – Слышащий, Видящий.

12. Ему принадлежит абсолютное управление над небесами и землёй. Он – Тот, кто увеличивает или уменьшает блага для того, кого пожелает. Он в полной мере ведает о всякой вещи.

Только одна религия
13. Он предписал для вас ту же религию, которую предписал для Ноя (Нуха), и то, что мы внушили тебе, и то, что мы предписали для Авраама (Ибрагима), Моисея (Мусы) и Иисуса

42:1. Эти инициалы составляют значительную часть чуда Корана (примечание к 40:1).

42:2. Это единственная сура, где мы видим инициалы А. С. К. (Айн Син Каф); а общее появление этих трёх букв в этой суре равняется 209, 19×11. Кроме того, буква «К» встречается в этой суре 57 раз, 19×3. Сура 50 является единственной другой сурой, где мы видим инициал «К», и эта буква также встречается в этой суре 57 раз (см. Приложение 1).

(Исы): «Вы должны исповедовать эту религию, и не делите её».

Монотеисты в сравнении с идолопоклонниками

Идолопоклонники будут сильно негодовать против того, что ты призываешь их делать. **БОГ** избирает к Себе, кого пожелает; Он направляет к Себе только тех, кто полностью покоряется.

14. По иронии судьбы, они распались на секты только после того, как знание пришло к ним, из-за зависти и обиды между собой. Если бы не предопределённое решение от твоего Господа отсрочить им на определённый срок, то они были бы рассужены немедленно. Воистину, последующие поколения, которые унаследовали писание, полны сомнений.

Послание христианам и иудеям

15. Это то, что ты должен проповедовать, и стойко поддерживать то, что тебе велено делать, и не следуй их желаниям. И провозгласи: «Я верую во все писания, ниспосланные **БОГОМ**. Мне велено судить между вами справедливо. **БОГ** – наш Господь и ваш Господь. У нас наши деяния, а у вас ваши деяния. Нет спора между нами и вами. **БОГ** соберёт нас всех вместе; к Нему – окончательная судьба».

16. Те, кто спорят о **БОГЕ** после того, как получили Его послание, то их доводы сведены на нет у их Господа. Они навлекли на себя осуждение и заслужили суровое возмездие.

17. **БОГ** – Тот, кто ниспослал писание, чтобы доставить истину и закон. И откуда тебе знать, может быть, Час (*Судный день*) уже очень близок.

Верующие помнят о Судном дне

18. Бросают вызов ему те, кто не верует в него. Что же касается тех, кто верует, то они обеспокоены им, и они знают, что это истина. Безусловно, те, кто отрицают Час, пребывают в глубоком заблуждении.

19. **БОГ** в полной мере знает все Свои творения; Он обеспечивает того, кого пожелает. Он – Могущественный, Всемогущий.

20. Тому, кто ищет наград Будущей жизни, мы приумножим вознаграждения для него. А тому, кто ищет принадлежностей этого мира, то мы даём ему из них, но тогда он не получает никакой доли в Будущей жизни.

Идолы: введение новых религиозных законов*

21. Они следуют за идолами, которые предписывают для них религиозные законы, которые никогда не были уполномочены **БОГОМ**. Если бы не было предопределённого решения, то они были бы рассужены немедленно. Воистину, беззаконники навлекли на себя мучительное возмездие.*

42:21. Ислам в настоящем мусульманском мире был настолько искажён, что он стал сатанинским культом. Улемы, то есть религиозные учёные, добавили много посторонних законов, запретов, правил одежды, пищевых правил и религиозных обрядов, которые никогда не были разрешены Богом. Это одна из главных причин для отправки Божьего Посланника Завета (9:31, 33:67 и Приложение 33).

22. Ты увидишь, как беззаконники будут беспокоиться обо всём, что они совершали; всё вернётся и будет преследовать их. Что же касается тех, кто веровал и вёл праведную жизнь, то они будут в садах Рая. Они получат всё, что они пожелают, от их Господа. Это великое благословение.

23. Это добрые вести от **БОГА** Его слугам, которые веруют и ведут праведную жизнь. Скажи: «Я не прошу у вас никакой платы. Я прошу каждого из вас позаботиться о ваших собственных родственниках». Любому, кто творит праведное дело, мы приумножим его награду за это. **БОГ** – Прощающий, Благодарный.

*Бог стирает ложь и утверждает истину**

24. Неужели они говорят: «Он (*Рашад*)* выдумал ложь о **БОГЕ!**»? Если бы **БОГ** пожелал, то Он мог бы запечатать ваш разум, но **БОГ** стирает ложь и утверждает истину Своими словами. Он в полной мере знает самые сокровенные мысли.

25. Он – Тот, кто принимает покаяние от Своих слуг и прощает грехи. Он в полной мере знает всё, что вы делаете.

26. Отвечают Ему те, кто веруют и ведут праведную жизнь. Он осыплет их Своими благословениями. Что же касается неверующих, то они навлекли на себя суровое возмездие.

27. Если бы **БОГ** увеличил блага для Своих слуг, то они преступили бы границы дозволенного на земле. Вот почему Он посылает их точно отмеренными тому, кому Он пожелает. Он в полной мере Знающий и Видящий Своих слуг.

28. Он – Тот, кто ниспосылает дождь после того, как они отчаялись, и распространяет Свою милость. Он – единственный Властелин, Наиболее Достойный похвалы.

29. Среди его доказательств – создание небес и земли и живые существа, которых Он распространил на них. Он способен созвать их, когда Он пожелает.

Только последствие

30. Всё плохое, что происходит с вами, – это последствие ваших деяний; и Он игнорирует многие (*из ваших грехов*).

31. Вы никогда не сможете убежать, и нет у вас, кроме **БОГА**, ни Господа, ни Властелина.

32. Среди его доказательств – корабли, которые плывут по морю с парусами, подобными флагам.

33. Если бы Он пожелал, то Он мог бы успокоить ветры, оставив их неподвижными на поверхности воды. Это доказательства для тех, кто стойки, благодарны.

42:24. Неверующие добавили 2 ложных заявления в конце суры 9 в честь своего идола, пророка Мухаммеда. Бог открыл ошеломляющее доказательство, чтобы стереть это кощунство и установить истину. Сложив гематрическое значение «Рашад Халифа» (1230) с номером стиха (24), мы получаем 1254, 19х66 (пожалуйста, см. Приложения 2 и 24 для подробного разъяснения).

34. Он может уничтожить их как последствие их собственных деяний. Вместо этого, Он игнорирует многие (*из их грехов*).

35. Те, кто спорят против наших доказательств, узнают, что у них нет никаких оснований.

36. Всё, что вам даровано, не более чем временная принадлежность этой жизни. Но то, чем обладает **БОГ**, гораздо лучше и вечно для тех, кто верует и уповает на своего Господа.

Черты верующих

37. Они избегают тяжких грехов и порока, а когда разгневаны, они прощают.

38. Они отвечают своему Господу соблюдением Контактных Молитв (*Салат*). Их дела решаются после надлежащих консультаций между собой, и из наших к ним благ они дают (*на благотворительность*).

39. Когда вопиющая несправедливость постигает их, то они встают на защиту своих прав.

40. Хотя справедливым воздаянием за несправедливость является равноценное возмездие, но те, кто прощают и поддерживают праведность, вознаграждаются **БОГОМ**. Он не любит несправедливых.

41. Безусловно, те, кто встают на защиту своих прав, когда несправедливость постигает их, не совершают никакой ошибки.

42. Неправы те, которые поступают с людьми несправедливо и прибегают к агрессии, не будучи спровоцированными. Они навлекли на себя мучительное возмездие.

43. Прибегание к терпению и прощению отражает истинную силу характера.

44. Кого **БОГ** вводит в заблуждение, тот никогда не найдёт никакого другого господа; и ты увидишь, как такие беззаконники, увидев возмездие, скажут: «Можем ли мы получить ещё одну возможность?»

45. Ты увидишь, как они предстанут перед ним, униженные и приниженные, и будут смотреть, прикрывая взоры. Те, кто уверовали, провозгласят: «Истинные проигравшие – это те, кто потерял свои души и свои семьи в День Воскресения. Беззаконники заслужили вечное воздаяние».

46. Не будет им союзников, чтобы помочь им против **БОГА**. Кого **БОГ** вводит в заблуждение, тот никогда не сможет быть на правильном пути.

47. Вы должны ответить вашему Господу, прежде чем придёт день, который предписан **БОГОМ** как неизбежный. Для вас не будет ни убежища, ни защитника в этот день.

Единственная миссия посланника

48. Если они отвернутся, то мы не посылали тебя их опекуном. Твоей единственной миссией является передача послания. Когда мы осыпаем людей милостью, они становятся гордыми, а когда невзгоды поражают их как последствия их собственных деяний, то люди превращаются в неверующих.

49. **БОГУ** принадлежит верховная власть над небесами и землёй. Он создаёт всё, что Он пожелает, даруя дочерей, кому Он пожелает, и даруя сыновей, кому Он пожелает.

50. Или Он может сочетать мужчин и женщин браком, а потом сделать, кого Он пожелает, бесплодным. Он – Всеведущий, Всемогущий.

Как Бог общается с нами

51. Ни один человек не может общаться с **БОГОМ**, кроме как через внушение или из-за преграды, или путём отправления посланника, через которого Он открывает то, что Он пожелает. Он – Всевышний, Самый Мудрый.

52. Таким же образом мы внушили тебе откровение, провозглашая наши заповеди. Ты не имел понятия о писании или о вере. Тем не менее, мы сделали это маяком, чтобы вести правильным путём того, кого мы выбираем из числа наших слуг. Воистину, ты наставляешь на прямой путь.

53. Путь **БОГА**, кому принадлежит всё на небесах и всё на земле.

Безусловно, все дела находятся под управлением **БОГА**.

****

Сура 43: Украшения (Аль-Зухруф)

Во имя Бога, Самого Милостивого, Самого Милосердного

1. X. M.*

2. И просвещающее писание.

3. Мы предоставили его в виде Корана на арабском языке, чтобы вы могли понять.*

4. Он хранится у нас в первоначальной главной записи, достойный и полный мудрости.

5. Неужели мы должны просто игнорировать тот факт, что вы преступили границы дозволенного?*

План для искупления

6. Мы посылали много пророков к предыдущим поколениям.

7. Каждый раз, когда пророк приходил к ним, они поднимали его на смех.

---

*43:1. См. примечание к 40:1. Частота появления буквы «Х» (Ха) и «М» (Мим) в семи сурах, содержащих инициалы X. M., равняется 292 и 1855 соответственно. Их общая сумма составляет 2147 или 19х113.

*43:3. Арабский язык является наиболее эффективным, особенно для выражения заповедей, уставов и строгих законов. Поэтому откровение Корана ниспослано на арабском языке для его ясного понимания всеми народами, независимо от их языка. См. Приложение 4 для подробного разъяснения.

*43:5. Это относится к нашему первородному греху, как подробно разъяснено в Введении и Приложении 7.

8. Следовательно мы уничтожили людей, которые были даже ещё более могущественными, чем эти. Так мы приводим примеры из предыдущих общин.

9. Если бы ты спросил их: «Кто создал небеса и землю?», они бы сказали: «Всемогущий, Всеведущий создал их».

10. Он – Тот, кто сделал землю обитаемой для вас, и создал для вас дороги на ней, чтобы вы могли следовать правильным путём.

11. Он – Тот, кто ниспосылает с неба воду в точной мере, чтобы ею оживлять мёртвые земли. Подобным образом и вы будете воскрешены.

12. Он – Тот, кто создал все виды в парах (*мужская и женская особи*), и Он создал для вас корабли и скот, чтобы ездить на них.

13. Когда вы покоитесь на них, вы должны ценить такое благословение от вашего Господа и говорить: «Хвала Тому, кто покорил это для нас. Мы не смогли бы управлять ими сами.

14. Мы в конечном счёте возвращаемся к нашему Господу».

Ангелы как дочери – богохульство

15. Они даже приписали Ему долю из Его собственного создания! Воистину, человек совершенно неблагодарен.

16. Неужели Он избрал из числа Его созданий для Себя дочерей, а вас благословил сыновьями?

17. Когда кому-либо из них сообщают новость (*о дочери*), как они утверждали для Самого Милостивого, то его лицо темнеет от страдания и гнева!

18. (*Они говорят:*) «Что хорошего в отпрыске, который воспитан быть красивым, но не может помочь в войне?»

19. Они утверждали, что ангелы, которые являются слугами Самого Милостивого, женского пола! Неужели они наблюдали за их созданием? Их утверждения записаны, и они будут спрошены.

20. Они даже сказали: «Если бы Самый Милостивый пожелал, то мы бы не поклонялись им». Они не имеют никаких оснований для таких утверждений; они только предполагают.*

21. Разве мы даровали им книгу до этого, и они руководствуются ею?

Унаследованные традиции осуждены

22. На самом же деле, они сказали: «Мы видели, что наши родители выполняли определённые обычаи, и мы следуем по их стопам».

23. Неизменно, когда мы посылали предупреждающего увещевателя к какой-либо общине, то предводители этой общины говорили: «Мы видели, что наши родители следовали определённым обычаям, и мы будем продолжать идти по их стопам».

43:20. Идолопоклонники не могут винить Бога за их идолопоклонство, поскольку у нас есть абсолютная свобода выбора: поклоняться только Богу или не поклоняться.

24. (*Посланник*) говорил: «Что если я принёс вам лучшее руководство, чем то, что вы унаследовали от своих родителей?» Они говорили: «Мы не веруем в послание, которое вы принесли».

25. Следовательно мы воздали им. Обрати внимание на последствия для отвергающих.

Пример Авраама
26. Авраам (Ибрагим) сказал своему отцу и своему народу: «Я отрекаюсь от того, чему вы поклоняетесь.

27. Только Тот, кто сотворил меня, может повести меня правильным путём».

28. Этот пример (*Авраама*) был сделан вечным уроком для последующих поколений; возможно, они искупят свои души.

29. Воистину, Я дал этим людям и их предкам достаточно возможностей, затем истина пришла к ним и разъясняющий посланник.

30. Когда истина пришла к ним, то они сказали: «Это – волшебство, и мы неверующие в него».

Мухаммед осмеян
31. Они сказали: «Если бы только этот Коран был ниспослан через какого-либо выдающегося человека из двух общин (*Мекка или Ясриб*)!»

32. Неужели это они распределяют милость твоего Господа? Мы назначили их долю в этой жизни, возвысив некоторых из них над другими по степеням, для того, чтобы позволить им служить друг другу. Милость от твоего Господа гораздо лучше, чем любое материальное благо, которое они могут накопить.

Принадлежности этого мира – всё, что неверующие получают
33. Если бы не то, что все люди могли бы стать одной (*неверующей*) общиной, то мы бы предоставили каждому, кто не верует в Самого Милостивого, особняки с серебряными крышами и лестницы, по которым они могли бы подниматься.

34. Их особняки имели бы впечатляющие ворота и роскошную мебель.

35. А также много украшений. Всё это – временные принадлежности этой низшей жизни. Будущая жизнь – у твоего Господа – гораздо лучше для праведных.

Невидимые дьявольские спутники*
36. Каждому, кто игнорирует послание Самого Милостивого, мы назначаем дьявола, чтобы он был его постоянным спутником.*

37. Такие спутники отвлекут их от пути, однако заставят их поверить, что они на правильном пути.

38. Когда он явится перед нами, он скажет: «О, если бы только ты был так далеко от меня, как два востока.* Какой скверный спутник!»

43:36-39. Каждый из нас имеет представителя Сатаны в качестве постоянного спутника (Приложение 7).

43:38. «Востоки» означают места восхода солнца, восхода луны и восхода небесных тел.

39. Не утешит вас в тот день как беззаконников то, что вы оба разделите возмездие.

Божий Посланник Завета
40. Можешь ли ты заставить глухих слышать; можешь ли ты заставить видеть слепых или тех, кто в глубоком заблуждении?

41. Независимо от того, позволим ли мы умереть тебе до этого или нет, мы непременно воздадим им.

42. Или мы можем показать тебе (*возмездие*), которое мы обещали им. Мы полностью управляем ими.

43. Ты должен стойко проповедовать то, что ниспослано тебе; ты находишься на правильном пути.*

44. Это послание для тебя и твоего народа; все вы будете спрошены.

45. Наведи справку о посланниках, которых мы посылали до тебя: «Разве мы когда-либо назначали других богов – помимо Самого Милостивого – которым следует поклоняться?»

46. Например, мы послали Моисея (Мусу) с нашими доказательствами к Фараону и его старейшинам, и он провозгласил: «Я посланник от Господа Вселенной».

47. Когда он показал им наши доказательства, то они стали смеяться над ними.

Моисей и Фараон
48. Каждое знамение, которое мы показали им, было больше предыдущего. Мы подвергли их бедствиям, может быть, они покаются.

49. Они сказали: «О ты, волшебник, взмолись за нас твоему Господу, поскольку у тебя есть договор с Ним (*чтобы избавить от этого бедствия*); тогда мы будем на правильном пути».

50. Но как только мы избавили их от несчастья, они возвратились к прежнему.

51. Фараон объявил своему народу: «О мой народ, разве я не обладаю царствованием над Египтом, и разве эти текущие реки не принадлежат мне? Разве вы не видите?

52. Кто лучше: я или тот, низший, который едва может говорить?

53. Почему же он не обладает сокровищами из золота? Почему ангелы не сопровождают его?»

54. Так он обманул свой народ и они повиновались ему; они были нечестивыми людьми.

55. Когда же они настойчиво продолжили выступать против нас, то мы наказали их и утопили их всех.

56. Мы сделали их прецедентом и примером для остальных.

Иисус – другой пример
57. Когда сын Марии (Марьям) был приведен в качестве примера, то твой народ пренебрёг этим.

43:43. Сумма гематрического значения «Рашад Халифа» (1230) и 43 равняется 1273, 19х67.

58. Они сказали: «Что лучше: поклоняться нашим богам или поклоняться ему?» Они сказали это только для того, чтобы поспорить с тобой. Воистину, это люди, которые присоединились к оппозиции.

59. Он был не более чем слугой, которого мы благословили, и мы послали его в качестве примера для детей Израиля.

60. Если бы мы пожелали, то мы могли бы сделать вас ангелами, которые колонизируют и размножаются на земле.

Иисус и конец света*

61. Он будет служить меткой для определения конца света,* для того, чтобы вы больше не могли питать никаких сомнений. Вы должны следовать за Мной; это – правильный путь.

62. Не позволяйте дьяволу отвратить вас; он ваш самый ярый враг.

63. Когда Иисус (Иса) пошёл с доказательствами, он сказал: «Я пришёл к вам с мудростью и для того, чтобы разъяснить некоторые вопросы, по поводу которых вы спорите. Вы должны благоговеть перед **БОГОМ** и повиноваться мне.

64. **БОГ** – мой Господь и ваш Господь, вы должны поклоняться только Ему. Это правильный путь».

65. Противники стали спорить между собою. Горе тем, кто преступают границы дозволенного, от возмездия в мучительный день.

66. Неужели они ждут, когда Час (*Судный день*) придёт к ним внезапно, когда они меньше всего этого ожидают?

67. Близкие друзья в этот день станут врагами друг другу, кроме праведных.

Праведные

68. О слуги Мои, у вас не будет страха в тот день, и вы не будете опечалены.

69. Это те, кто уверовал в наши откровения и были покорными.

70. Войдите в Рай вместе со своими супругами и возрадуйтесь.

71. Им будут предложены золотые подносы и чаши, и они найдут всё, что душе угодно, и что глаза пожелают. Вы живёте в нём вечно.

72. Таков Рай, который вы унаследуете в обмен на ваши деяния.

73. У вас будут в нём все виды фруктов, которые вы будете есть.

74. Воистину, виновные будут пребывать в возмездии Геенны вечно.

43:61. Как подробно разъяснено в Приложении 25, информация о Конце Света приведена в Коране, и дата рождения Иисуса (Исы) представляет один из значительных признаков того, что расчёты верные. Мы узнаём, что мир закончит своё существование в 2280 (19x120) году после рождения Иисуса (см. 47:18). Кроме того, как лунный год (1710), так и солнечный год (2280) делятся на 570 (19x30) – количество лет от рождения Иисуса до рождения Мухаммеда. Таким образом, дата рождения Иисуса является меткой.

75. Никогда возмездие не будет облегчено для них; они будут заключены в ней.

76. Это не мы им навредили; они сами причинили вред своим душам.

77. Они будут умолять: «О Малик, пусть твой Господь прикончит нас». Он скажет: «Вы остаётесь навечно.

Они ненавидят истину
78. Мы даровали вам истину, но большинство из вас ненавидит истину».

79. Не замыслили ли они какие-либо происки? Мы тоже замышляем.

80. Неужели они думают, что мы не слышим их тайны и сговоры? Да, безусловно; наши посланники находятся при них, записывая.

81. Провозгласи: «Если бы Самый Милостивый на самом деле имел сына, то я по-прежнему был бы самым первым почитателем».

82. Слава Ему; Он – Господь небес и земли, Господь с великим владением, гораздо выше их утверждений.

83. Пусть они блуждают вслепую и забавляются, пока они не встретят свой день, который ожидает их.

84. Он – Единственный, кто является божеством на небесах и божеством на земле. Он – Самый Мудрый, Всеведущий.

85. Самый Возвышенный – Тот, кто обладает всей верховной властью над небесами и землёй, и всем, что между ними. С ним – знание о Часе (*конце света*), и к Нему вы будете возвращены.

86. Никто из тех, кому они поклоняются, помимо Него, не обладают какой-либо властью заступиться, разве что их заступничество совпадёт с истиной, и они в полной мере знают.

87. Если бы ты спросил их, кто создал их, они бы сказали: «**БОГ**». Почему же они тогда отклонились?

88. И будет провозглашено: «О мой Господь, эти люди не веруют».

89. Не обращай на них внимания и скажи: «Мир»; они непременно узнают.

****

Сура 44: Дым (Аль-Духан)

Во имя Бога, Самого Милостивого, Самого Милосердного

1. Х. М.

2. И это просвещающее писание.

3. Мы ниспослали его в благословенную ночь, ибо мы предостерегаем.

4. В нём (*писании*) разъяснено каждое мудрое дело.

5. Это предопределённое повеление от нас, что мы отправляем посланников.

6. Это милость от твоего Господа. Он – Слышащий, Всеведущий.

7. Господь небес и земли, и всего, что между ними. Если бы только вы могли быть уверены!

8. Нет другого бога, кроме Него. Он управляет жизнью и смертью; ваш Господь и Господь ваших предков.

9. Воистину, они сомневаются, не обращают внимания.

*Дым – основное пророчество**

10. Поэтому ожидай тот день, когда небо принесёт значительный дым.*

11. Он окутает людей; это мучительное возмездие.

12. «Господь наш, избавь нас от этого возмездия. Мы – верующие».

*Божий Посланник Завета**

13. Теперь, когда уже слишком поздно, они помнят! Просвещающий посланник приходил к ним.*

14. Но они отвернулись от него, говоря: «Хорошо образованный, но безумный!»

15. Мы устраним возмездие на некоторое время; но вы вскоре возвратитесь к прежнему.

16. В день, когда мы поразим большим ударом, мы отомстим.

17. До них мы испытали народ Фараона; почётный посланник пошёл к ним.

18. Провозглашая: «Послушайте меня, слуги **БОГА**. Я – честный посланник к вам.

19. Не преступайте границы дозволенного в отношении **БОГА**. Я принёс вам мощные доказательства.

20. Я прибегаю к защите Господа моего и Господа вашего, если вы выступите против меня.

21. Если вы не желаете верить, то просто оставьте меня в покое».

22. Впоследствии он взмолился своему Господу: «Это нечестивые люди».

23. (*Бог сказал*): «Путешествуй с Моими слугами ночью; вас будут преследовать.

24. Быстро пересеки море; их войска будут потоплены».

25. Таким образом, они оставили после себя много садов и источников.

26. И посевы, и роскошную жизнь.

27. И благословения, которыми они наслаждались.

28. Всё это мы позволили унаследовать другим людям.

29. Ни небо, ни земля не оплакивали их, и им не было отсрочено.

30. Тем временем, мы спасли детей Израиля от унизительного преследования.

31. От Фараона; он был тираном.

32. Мы избрали их из числа всех людей сознательно.

33. Мы показали им так много доказательств, которые составляли большое испытание.

44:10. Только два знамения ещё не исполнены – этот дым и Гог и Магог (Приложение 25).

44:13. Сумма номеров суры и стиха (44 +13) равняется 57, 19х3, и этот Коранический код был провозглашён Божьим Посланником Завета (Приложения 1, 2 и 26).

Ожидайте те же самые последствия

34. Нынешние поколения говорят:

35. «Мы только умрём этой первой смертью; мы никогда не будем воскрешены!

36. Приведите назад наших предков, если вы правдивы».

37. Неужели они лучше, чем народ Тубба и другие, что были до них? Мы уничтожили их за их преступления.

38. Мы не создали небеса и землю, и всё, что между ними, лишь для забавы.

39. Мы создали их для определённой цели, но большинство из них не знает.

40. День Решения ожидает их всех.

41. Это тот день, когда друг ничем не сможет помочь своему другу; никому нельзя будет помочь.

42. Кроме тех, кто помилован **БОГОМ**. Он – Всемогущий, Самый Милосердный.

Неверующие

43. Воистину, дерево горечи

44. обеспечит пищей греховного.

45. Подобно щёлоку, оно будет кипеть в желудках.

46. Как кипение адских напитков.

47. Возьмите его и бросьте его в центр Ада.

48. Затем налейте на его голову возмездие Инферно.

49. «Вкуси это; ты был таким могущественным, таким благородным».

50. Это то, в чём вы сомневались.

Праведные

51. Праведные будут в безопасном месте.

52. Наслаждаясь садами и источниками.

53. Одетые в бархат и атлас; близко друг к другу.

54. Мы даруем им прекрасных супругов.

55. Они наслаждаются там разнообразными фруктами в совершенном покое.

Праведные на самом деле не умирают*

56. Они не вкусят там смерти – после первой смерти* – и Он избавил их от возмездия Ада.

57. Таково благословение от твоего Господа. Таков великий триумф.

58. Так мы разъяснили его на твоём языке, чтобы они могли внять.

59. Поэтому жди; им тоже придётся ждать.

****

---

*44:56. Как подробно разъяснено в Приложении 17, праведные на самом деле не умирают; они переходят непосредственно в тот же Рай, где когда-то жили Адам и Ева. Сравните это утверждение с заявлением неверующих в 40:11.

Сура 45:
Коленопреклонение
(Аль-Джасийа)

Во имя Бога, Самого Милостивого, Самого Милосердного

1. Х. М.

2. Откровение этого писания от **БО-ГА**, Всемогущего, Самого Мудрого.

3. Небеса и земля полны доказательств для верующих.

4. А также в вашем создании и создании всех животных есть доказательства для людей убеждённых.

5. Кроме того, в смене ночи и дня и в благах, которые **БОГ** ниспосылает с неба для оживления мёртвой земли, и в манипуляции ветров; все это является доказательствами для людей понимающих.

Какой Хадис? *

6. Это откровения **БОГА**, которые мы читаем тебе правдиво. В какой другой *Хадис*, помимо **БОГА** и Его откровений, они веруют?

7. Горе всякому выдумщику, виновному.*

8. Тому, кто слушает откровения **БО-ГА**, которые читаются ему, а затем высокомерно настаивает на своём, как будто он никогда не слышал их. Обещай ему мучительное возмездие.

9. Когда он узнаёт что-нибудь о наших откровениях, он издевается над ними. Они навлекли на себя позорное возмездие.

10. Их ожидает Геенна. Ни их заработки не помогут им, ни идолы, которых они создали, помимо **БО-ГА**. Они навлекли на себя страшное возмездие.

11. Это – маяк, и те, кто не веруют в эти откровения своего Господа, навлекли на себя осуждение и мучительное возмездие.

12. **БОГ** – Тот, кто обязал море служить вам, чтобы корабли могли странствовать по нему согласно Его законам. Вы так ищете Его благ, чтобы вы могли быть благодарны.

13. Он обязал служить вам всё, что на небесах и на земле; всё от Него. Это – доказательства для людей размышляющих.

14. Скажи тем, которые уверовали, чтобы они простили тех, кто не ожидают дней **БОГА**. Он в полной мере воздаст каждому за то, что они заработали.

15. Кто творит праведность, поступает так во благо себе, а тот, кто творит зло, делает это во вред себе. К вашему Господу вы будете возвращены.

16. Мы даровали детям Израиля писание, мудрость и пророчество, и обеспечили их прекрасными благами; мы даровали им больше благословений, чем любому другому народу.

17. Мы даровали им здесь ясные заповеди. По иронии судьбы, они не оспаривали это, пока знание не пришло к ним. Это из-за зависти с их стороны. Воистину, твой Господь

---

*45:6-7. Бог осуждает «Хадис» по названию и сообщает нам, что это – кощунственный вымысел.

рассудит их в День Воскресения относительно всего, о чём они спорили.

18. Потом мы предписали тебе установить правильные законы; ты должен следовать этому, и не следуй пожеланиям тех, кто не ведают.

19. Они нисколько не могут помочь тебе против **БОГА**. Это беззаконники вступают в союз друг с другом, в то время как **БОГ** – Господь праведных.

20. Это предоставляет просветления для людей и руководство, и милость для тех, кто уверены.

21. Неужели те, кто творит зло, ожидают, что мы будем обращаться с ними таким же образом, как и с теми, которые уверовали и ведут праведную жизнь? Может ли их жизнь и их смерть быть одинаковой?* Воистину, неправильно их суждение.

22. **БОГ** создал небеса и землю с определённой целью, чтобы воздать каждой душе за то, что она заработала, без малейшей несправедливости.*

Обычная форма идолопоклонства – собственная персона в качестве бога

23. Обратил ли ты внимание на того, чьим богом является его собственная персона? Следовательно **БОГ** вводит его в заблуждение, несмотря на его знание, запечатывает его слух и его разум и покрывает его глаза пеленой. Кто же тогда может наставить его на правильный путь после такого решения **БОГА**? Неужели вы не внимете?

24. Они сказали: «Мы живём только эту жизнь; мы живём и умираем, и только время становится причиной нашей смерти!» У них нет верного знания об этом; они только предполагают.

25. Когда наши откровения читаются им ясно, их единственный довод – это слова: «Приведите назад наших предков, если вы правдивы».

26. Скажи: «**БОГ** даровал вам жизнь, затем Он предаёт вас смерти, а потом Он соберёт вас в День Воскресения, который неизбежен. Но большинство людей не ведает».

27. **БОГУ** принадлежит вся верховная власть над небесами и землёй. В день, когда наступит Час (*Суд*), – вот когда выдумщики проиграют.

Коленопреклонение

28. Ты увидишь, как каждая община преклонит колени. Каждую общину призовут для просмотра её записи. Сегодня вам воздастся за всё, что вы совершали.

29. Это наша запись; она изрекает истину о вас. Мы записывали всё, что вы делали.

45:21. Сегодня мы понимаем, что праведники на самом деле не умирают – они идут прямо в Рай (16:32), а неправедных избивают ангелы смерти (8:50 и 47:27).

45:22. Бог даровал нам эту жизнь как драгоценную возможность искупить себя, отвергнуть древний союз с Сатаной и вернуться в царство Бога. См. Введение и Приложение 7.

30. Что касается тех, кто веруют и творят праведность, то их Господь введёт их в Свою милость. Это – великий триумф.

31. А что до тех, кто не веруют: «Разве Мои откровения не читались вам, но вы возгордились и оказались нечестивыми людьми?»

32. Когда провозгласили, что обещание **БОГА** – истина, и что Час (*Суда*) неизбежен, то вы сказали: «Мы не знаем, что такое Час! Мы полны предположений об этом; мы не уверены».

33. Зло их деяний станет очевидным для них, а всё то, над чем они насмехались, вернётся и будет преследовать их.

34. Будет провозглашено: «Сегодня мы забываем вас, так же как и вы забыли о встрече этого дня. Ваша обитель – адский огонь, и у вас не будет помощников.

35. Это потому, что вы относились легкомысленно к откровениям **БОГА** и были поглощены первой жизнью». Следовательно они никогда не выйдут оттуда, и они не будут оправданы.

36. **БОГУ** принадлежит вся хвала; Господу небес, Господу земли, Господу Вселенной.

37. Ему принадлежит всё превосходство на небесах и на земле. Он – Всемогущий, Самый Мудрый.

****

Сура 46:
Дюны (Аль-Ахкаф)

Во имя Бога, Самого Милостивого, Самого Милосердного

1. Х. М.

2. Откровение этого писания от **БОГА**, Всемогущего, Самого Мудрого.

3. Мы создали небеса и землю, и всё, что между ними, только с определённой целью и на ограниченный промежуток времени. Те, кто не веруют, совершенно невнимательны к предупреждениям, предоставленным им.

4. Скажи: «Обратите внимание на идолов, которых вы создали, помимо **БОГА**. Покажите мне, что они создали на земле. Разве они владеют частью небес? Покажите мне любое другое писание, предшествовавшее этому, или что-либо из установленного знания, которое поддерживает ваше идолопоклонство, если вы правдивы».

Идолы совершенно не знают
5. Кто находится в большем заблуждении, чем те, которые боготворят помимо **БОГА** идолов, которые не могут ответить им до Дня Воскресения и совершенно не знают об их поклонении?

Идолы отрекаются от своих почитателей*
6. И когда люди будут собраны (*в Судный День*), их идолы станут их врагами и отвергнут их идолопоклонство.*

---

*46:6. См. также Евангелие от Матфея 7:21-23. Иисус (Иса) явно отрекается от тех, кто называет его «Господом».

7. Когда наши откровения читались им совершенно ясно, те, кто не уверовали, сказали об истине, которая пришла к ним: «Это очевидное волшебство!»

8. Когда они говорят: «Он выдумал это», скажи: «Если я выдумал это, то вы не можете защитить меня от **БОГА**. Он в полной мере знает все ваши происки. Его как свидетеля достаточно между мной и вами. Он – Прощающий, Самый Милосердный».

9. Скажи: «Я не отличаюсь от других посланников. Я не имею понятия, что произойдёт со мной или с вами. Я только следую тому, что ниспослано мне. Я не более чем проникновенный предостерегающий увещеватель».

*Раввин Иуда Благочестивый**

10. Скажи: «Что если оно от **БОГА**, а вы не уверовали в него? Свидетель из детей Израиля засвидетельствовал о подобном явлении,* и он уверовал, а вы возгордились. Воистину, **БОГ** не ведёт правильным путём людей нечестивых.

11. Те, кто не уверовали, сказали о тех, кто уверовали: «Если бы это было что-либо хорошее, то они не приняли бы его прежде нас». Так как они не увидели в нём руководства, они сказали: «Это старый вымысел!»

12. До этого книга Моисея (Мусы) обеспечивала руководство и милость. Это тоже писание, которое подтверждает на арабском языке предыдущие писания, чтобы предупредить тех, кто преступил границы дозволенного, и передать добрые вести праведным.

Добрые вести

13. Воистину, у тех, кто говорят: «Наш Господь – **БОГ**» и затем ведут праведную жизнь, не будет страха, и они не будут опечалены.

14. Они заслужили Рай, где они пребудут вечно, – вознаграждение за их деяния.

*40 – возраст принятия решения**

15. Мы предписали человеку чтить своих родителей. Его мать вынашивала его с трудом, рожала его с трудом и ухаживала за ним в течение тридцати месяцев. Когда он достигает зрелости – достигает сорокалетнего возраста,* он должен сказать: «Господь мой, направь меня, чтобы я был благодарным за благословения, которые Ты даровал мне и моим родителям, и творил праведные дела, которые угодны Тебе. Пусть мои дети также будут праведными. Я покаялся перед Тобой; я – покорный».

*46:10. Этим свидетелем является раввин Иуда Благочестивый (11-й век н.э.), который обнаружил тот же самый математический код, основанный на числе 19, в нетронутых фрагментах писания (см. Приложение 1).

*46:15. Бог прекрасно знает, кто заслуживает попасть в Рай, а кто заслуживает отправиться в Ад. Это Его закон, что тот, кого Он предаст смерти до 40-летнего возраста, попадает в Рай. Огромная милость Бога находит своё отражение в том, что большинству людей трудно принять эту божественную милость; они спорят: «Помести их в Ад!». См. Приложение 32.

16. Это от них мы принимаем праведные дела и игнорируем их грехи. Они заслужили Рай. Это правдивое обещание, которое дано им.

17. А есть такой, который говорит своим родителям: «Горе вам; вы говорите мне, что (после смерти) я возвращусь к жизни? Почему же те, кто умер до нас, никогда не возвращаются?» Родители воззвут к помощи БОГА и скажут: «Горе тебе; пожалуйста, поверь! Обещание БОГА – истина». Он скажет: «Сказки из прошлого!».

18. Таковы те, которых заклеймили как неверующих среди каждого поколения джиннов и людей; они – проигравшие.

19. Они все достигнут степеней, которых они заслужили согласно их деяниям. Он воздаст им за их дела без малейшей несправедливости.

20. Придёт день, когда те, кто не уверовали, будут представлены адскому огню: «Вы упустили все хорошие возможности, дарованные вам во время вашей мирской жизни, и вы наслаждались ими. Следовательно сегодня вас постигнет позорное возмездие как воздаяние за высокомерие, которое вы совершали на земле без каких-либо оснований, и за ваши злые деяния».

Худ

21. Вспомни, как брат адитов предупредил свой народ на дюнах – многочисленные предупреждения были также доставлены до него и после него: «Вы не должны поклоняться никому, кроме БОГА. Я боюсь, что вас постигнет возмездие великого дня».

22. Они сказали: «Неужели ты пришёл, чтобы отклонить нас от наших богов? Мы требуем, чтобы ты навлёк (возмездие), которым ты угрожаешь, если ты правдив».

23. Он сказал: «Знание об этом у БОГА. Я только доставляю вам то, что я был послан доставить. Однако, я вижу, что вы люди невежественные».

24. Когда они увидели бурю, которая направлялась в их сторону, они сказали: «Эта буря принесёт нам столь необходимый дождь». О нет! Это то, что вы требовали (от Худа) навлечь: сильный ветер – в нём мучительное возмездие.

25. Он разрушил всё, как повелено его Господом. К утру ничто не стояло, кроме их домов. Так мы воздаём виновным людям.

Они насмехались над предупреждениями посланника

26. Мы утвердили их таким же образом, как мы утвердили вас, и предоставили им слух, глаза и разум. Но их слух, глаза и разум нисколько не помогли им. Это потому, что они решили пренебречь откровениями БОГА. Таким образом, пророчества и предостережения, которые они высмеивали, навлекли на них гибель.

27. Мы уничтожили много общин вокруг вас после того, как мы объяснили доказательства, чтобы они могли покаяться.

28. Почему же идолы, которых они создали, чтобы приблизить их ближе к **БОГУ**, не смогли помочь им? Вместо этого, они покинули их. Таковы были ложные боги, которых они боготворили; таковы были нововведения, которые они выдумали.

Верующие среди джиннов*

29. Вспомни, как мы направили нескольких джиннов к тебе для того, чтобы позволить им услышать Коран. Когда они прибыли туда, они сказали: «Послушайте». Как только оно было завершено, они бросились к своему народу, предостерегая.*

30. Они сказали: «О наш народ, мы услышали книгу, которая была ниспослана после Моисея (Мусы) и подтверждает предыдущие писания. Она ведёт к истине, к правильному пути.

31. О наш народ, откликнитесь на призыв **БОГА** и уверуйте в Него. Тогда Он простит вам ваши грехи и избавит вас от мучительного возмездия».

32. Тем, кто не откликаются на призыв **БОГА**, не удастся спастись, и у них не будет другого Господа, кроме Него; они пребывают в глубоком заблуждении.

33. Неужели они не понимают, что **БОГ**, сотворивший небо и землю без малейшего усилия, способен оживить мёртвых? Да, безусловно; Он – Всесильный.

34. В тот день, когда неверующих представят Адскому огню, их спросят: «Разве это не истина?» Они ответят: «Да, безусловно, клянёмся нашим Господом». Он скажет: «Так вкусите же возмездие за своё неверие».

Божий Посланник Завета*

35. Поэтому будь терпелив, подобно посланникам до тебя, которые обладали силой и прибегали к терпению. Не спеши увидеть возмездие, которое неизбежно придёт к ним. В тот день, когда они увидят его, им будет казаться, что они пробыли только один час дня. Это – воззвание: разве нечестивцы не те, которых постоянно уничтожают?

****

---

*46:29. Джинны – это существа, которые полностью согласились с Сатаной, когда он начал своё знаменитое богохульство миллиарды лет назад. Они приведены в этот мир как потомки Сатаны. Один джинн рождается каждый раз, когда человек рождается. Новорожденному джинну назначено то же самое тело, что и новорожденному человеку, и он постоянно выдвигает точку зрения Сатаны (Приложение 7).

*46:35. Коранические и математическое свидетельство доказывает, что посланником, которому это адресуется, является Рашад Халифа. Сложив гематрическое значение «Рашад Халифа» (1230) с номером суры (46) и с номером стиха (35), мы получаем 1311 или 19x69. Это согласуется с кодом Корана (Приложение 2).

Сура 47: Мухаммед

Во имя Бога, Самого Милостивого, Самого Милосердного

1. Тем, кто не верует и отвращает от пути **БОГА**, Он сводит на нет их деяния.

2. Тем, кто веруют и творят праведность и веруют в то, что было ниспослано Мухаммеду, – а это истина от их Господа – Он прощает их грехи и благословляет их довольством.

3. Это потому, что неверующие следуют лжи, а те, кто веруют, следуют истине от их Господа. Так **БОГ** приводит для людей их примеры.

4. Если вы столкнётесь (*на войне*) с теми, которые не уверовали, то вы можете разить их по шеям. Если вы берёте их в плен, то вы можете освободить их бесплатно или за выкуп, пока не закончится война. Если бы **БОГ** пожелал, то Он мог бы даровать вам победу без войны. Но Он так испытывает вас друг другом. Что же касается тех, которые были убиты на пути **БОГА**, то Он никогда не сделает их жертву напрасной.

5. Он укажет им прямой путь и благословит их довольством.

6. Он введёт их в Рай, который Он описал им.

7. О вы, кто верует, если вы поддержите **БОГА**, то Он тоже поддержит вас и укрепит вашу опору.

8. Те, кто не веруют, навлекают на себя страдание; Он делает их деяния совершенно напрасными.

9. Это потому, что они возненавидели то, что **БОГ** ниспослал, и следовательно Он сводит на нет их деяния.

10. Разве они не странствовали по земле и не видели последствия для тех, кто был до них? **БОГ** погубил их деяния; всех неверующих постигнет та же самая участь.

11. Это потому, что **БОГ** – Господь тех, кто верует, в то время как у неверующих нет господа.

12. **БОГ** вводит тех, кто верует и ведёт праведную жизнь, в сады с текущими ручьями. Что же касается тех, кто не верует, то они живут и едят, как едят животные, и в конечном итоге окажутся в адском огне.

13. Много общин были намного сильнее, чем община, которая выселила тебя из города; когда мы уничтожили их, то никто не мог помочь им.

14. Разве те, кто просвещены их Господом, подобны тем, чьи злые деяния приукрашены в их глазах, и они следуют своим собственным мнениям?

15. Аллегория Рая, который обещан для праведных, такова: в нём – реки из незагрязненной воды и реки из свежего молока, и реки из вина – вкусного для пьющих – и реки из процеженного мёда. Там у них есть все виды фруктов и прощение от их Господа. (*Они ли лучше*) или те, кто пребывают вечно в адском огне и пьют адскую воду, которая разрывает их кишечник?

16. Некоторые из них слушают тебя,

но затем, как только они покидают тебя, они спрашивают тех, кто были просвещены: «Что он только что сказал?» **БОГ** так запечатывает их сердца, и следовательно они следуют только своим мнениям.

17. Что же касается тех, кто на правильном пути, то Он увеличивает их руководство и дарует им их праведность.

Конец света*

18. Неужели они ждут, пока Час не придёт к ним внезапно? Все его знамения уже пришли.* Когда Час придёт к ним, какую пользу они извлекут из их послания?

Ла Илаха Илла Аллах – первая заповедь

19. Ты должен знать, что: «**Нет другого бога, кроме БОГА**»,* и проси прощения за свои грехи и за грехи всех верующих мужчин и женщин. **БОГ** в полной мере знает ваши решения и вашу окончательную судьбу.

Разоблачение лицемеров

20. Те, кто уверовали, сказали: «Когда будет ниспослана новая сура?» Но когда была ниспослана ясно изложенная сура, в которой сражение было упомянуто, ты бы увидел, как те, кто питал сомнения в своих сердцах, смотрят на тебя, как будто смерть уже пришла к ним. Так они были разоблачены.

Доказательство веры в эпоху Мухаммеда

21. От них ожидаются послушание и праведные высказывания. Если бы только они показали уверенность в **БОГЕ**, когда были призваны на мобилизацию, то это было бы лучше для них.

22. Не намереваетесь ли вы совершать зло и дурно обращаться со своими родственниками, как только уйдёте?

23. Это те, кто навлекли на себя проклятие от **БОГА**, посредством которого Он сделал их глухими и слепыми.

Изучайте Коран

24. Почему они не изучают Коран внимательно? Неужели у них замки на их разуме?

25. Воистину, тех, кто отступают после того, как руководство было показано им, дьявол соблазнил их и ввёл в заблуждение.

26. Это потому, что они сказали тем, кто ненавидел то, что **БОГ** ниспослал: «Мы будем повиноваться вам в некоторых делах». **БОГ** в полной мере знает их тайные сговоры.

27. И каково же будет им, когда ангелы предадут их смерти? Они будут бить их по лицам и по задним местам.

---

*47:18. Коран, будучи Последним Заветом, предоставляет все знамения, необходимые для точного определения конца света – 2280 год н. э. См. Приложение 25 для подробного разъяснения.

*47:19. Примечательно, что «Первый Столп» религии заявлен в суре, озаглавленной «Мухаммед», и полностью посвящён только Богу. Имя Мухаммеда было добавлено его почитателями против его воли.

28. Это потому, что они последовали за тем, что гневило **БОГА**, и ненавидели вещи, которые угодны Ему. Следовательно, Он свёл на нет их деяния.

29. Неужели те, кто питают сомнения в своих сердцах, думают, что **БОГ** не выявит их злые мысли?

30. Если мы пожелаем, то мы можем разоблачить их для тебя для того, чтобы ты мог распознать их, просто взглянув на них. Однако, ты можешь распознать их по тому, как они говорят. **БОГ** в полной мере знает все ваши деяния.

31. Мы, безусловно, подвергнем вас испытанию для того, чтобы отличить тех из вас, кто усердствует и стойко и упорно терпит. Мы должны разоблачить ваши истинные качества.

32. Те, кто не веруют и отвращают от пути **БОГА**, и выступают против посланника после того, как руководство было показано им, ничуть не повредят **БОГУ**. Вместо этого, Он сводит на нет их деяния.

33. О вы, кто верует, вы должны повиноваться **БОГУ** и повиноваться посланнику. В противном случае все ваши деяния будут напрасными.

Великое бедствие
34. Тех, кто не веруют и отвращают от пути **БОГА**, а потом умирают в неверии, **БОГ** никогда не простит их.

35. Поэтому вы не должны дрогнуть и сдаваться в стремлении к миру, ибо вам гарантирована победа, и **БОГ** – с вами. Он никогда не даст вашим усилиям пропасть даром.

36. Эта мирская жизнь не более чем забава и суета. Но если вы веруете и ведёте праведную жизнь, то Он вознаградит вас, не спрашивая с вас никаких денег.

37. Если бы Он попросил у вас денег, создавая трудности для вас, то вы могли бы стать скупыми, и ваше скрытое зло могло бы быть разоблачено.

38. Вас призывают тратить на дело **БОГА**, но некоторые из вас становятся скупыми. Скупые – скупы по отношению к своим собственным душам. **БОГ** – Богатый, а вы – бедные.

Предупреждение для арабов*
Если вы отвернётесь, то Он заменит вас другими людьми, и они не будут подобны вам.

****

Сура 48:
Победа (Аль-Фатх)

Во имя Бога, Самого Милостивого, Самого Милосердного

---

*47:38. Коран был дарован арабам на их языке в течение 1400 лет, но они явно отвергли его и отказались верить, что он совершенный; они выдумали Хадис и Сунну.

1. Мы даровали тебе (*о Посланник*) великую победу.*

2. Посредством которой **БОГ** прощает твои прошлые грехи, а также и будущие грехи, и совершенствует Его благословения на тебя, и ведёт тебя прямым путём.

3. Кроме того, **БОГ** поддержит тебя непоколебимой поддержкой.

4. Он – Тот, кто помещает довольство в сердца верующих, чтобы прибавить больше веры к их вере. **БОГУ** принадлежат все силы небес и земли. **БОГ** – Всеведущий, Самый Мудрый.

5. Он, безусловно, введёт верующих мужчин и женщин в сады с текущими ручьями, где они пребудут вечно. Он отпустит их грехи. Это в глазах **БОГА** – великий триумф.

6. И Он воздаст лицемерам и лицемеркам, идолопоклонникам и идолопоклонницам, ибо они питали злые мысли о **БОГЕ**. Их зло обернётся против них самих. Потому что **БОГ** гневается на них, осуждает их и приготовил для них Геенну. Какая несчастная судьба!

7. **БОГУ** принадлежат все силы на небесах и на земле. **БОГ** – Всемогущий, Самый Мудрый.

8. Мы послали тебя как свидетеля, доброго вестника и предостерегающего увещевателя.

9. Чтобы вы, люди, могли верить в **БОГА** и Его посланника и благоговеть перед Ним, и почитать Его, и прославлять Его день и ночь.

Вы должны поддерживать посланника Бога

10. Воистину, те, кто дают обет верности тебе, – дают обет верности **БОГУ**. **БОГ** одобряет их обещание; Он кладёт Свою руку поверх их рук. Те, кто нарушают такое обещание, совершают нарушение во вред себе. Что же касается тех, кто выполняет свой обет перед **БОГОМ**, то Он одарит их великим вознаграждением.

11. Отсиживающиеся арабы, которые остаются позади, скажут: «Мы были поглощены нашими деньгами и нашими семьями, так что попроси прощения за нас!» Они произносят своими языками то, чего нет в их сердцах. Скажи: «Кто может защитить вас от **БОГА**, если бы Он пожелал каких-либо невзгод для вас, или если бы Он пожелал какое-либо благословение для вас?» **БОГ** – Знающий абсолютно всё, что вы совершаете.

12. Вы тайно верили, что посланник и верующие будут побеждены и никогда не вернутся к своим семьям, и это было твёрдо утверждено в ваших сердцах. Вы питали злые мысли и стали нечестивыми людьми.

13. Каждому, кто отказывается веровать в **БОГА** и Его посланника, – мы приготовили для неверующих адский огонь.

---

*48:1. Это основательное заявление состоит из 19 букв, указывая, что наше поколение является поколением победы для очищенной, объединённой и сплочённой религии Бога – Покорности (3:19, 85). Именно наше поколение стало свидетелем откровений великого чуда Бога в Коране (Приложение 1).

14. **БОГУ** принадлежит верховная власть над небесами и землёй. Он прощает, кого Он пожелает, и наказывает, кого Он пожелает. **БОГ** – Прощающий, Самый Милосердный.

15. Когда вами ожидается сбор военных трофеев, отсиживающиеся, которые остались позади, скажут: «Позвольте нам последовать за вами, чтобы поделиться этим!» Так они хотят изменить слова **БОГА**. Скажи: «Вы не будете следовать за нами. Это решение **БОГА**». Тогда они скажут: «Вы, должно быть, завидуете нам *(из-за того, что мы остались позади)*». Воистину, они редко что-либо понимали.

Испытание для ранних поколений

16. Скажи отсиживающимся арабам, оставшимся позади: «Вас призовут встретиться с могущественными людьми и сражаться с ними, разве что они покорятся. Если вы будете повиноваться, то **БОГ** вознаградит вас щедрым вознаграждением. Но если вы отвернётесь опять, как вы поступили в прошлом, то Он воздаст вам мучительным возмездием».

17. Нет вины на слепом, нет вины на калеке, и нет вины на больном. Тех, кто повинуется **БОГУ** и Его посланнику, Он введёт в сады с текущими ручьями. Что же касается тех, кто отворачивается, то Он воздаст им мучительным возмездием.

18. **БОГ** доволен верующими, которые дали тебе обет верности под деревом. Он знал, что было в их сердцах, и следовательно Он благословил их удовлетворенностью и

вознаградил их немедленной победой.

19. Кроме того, они завоевали много трофеев. **БОГ** – Всемогущий, Самый Мудрый.

20. **БОГ** обещал вам много трофеев, которые вы завоюете. Так Он ускорил некоторые блага для вас в этой жизни, и Он удержал руки людей от нападения на вас и сделал это знамением для верующих. Так Он ведёт вас прямым путём.

21. Что же касается отряда, который вы никак не смогли бы победить, то **БОГ** позаботился о них; **БОГ** – Всесильный.

Победа гарантирована для верующих

22. Если бы неверующие сражались с вами, то они бы повернулись вспять и обратились бы в бегство. У них нет ни Господа, ни Властелина; у них нет помощника.

23. Такова система **БОГА** на протяжении всей истории, и ты увидишь, что система **БОГА** неизменна.

24. Он – Тот, кто удержал их руки от нападения на вас и удержал ваши руки от нападения на них в долине Мекки после того, как Он даровал вам победу над ними. **БОГ** – Видящий всё, что вы совершаете.

25. Это они не уверовали и не впустили вас в Священную Мечеть, и даже помешали вашим жертвенным животным достичь их места назначения. *(В лагере противника)* были верующие мужчины и женщины, которых вы не знали, и вы готовы были

навредить им по незнанию. **БОГ** так вводит в Свою милость того, кого Он пожелает. Если они будут упорствовать, то Он воздаст тем из них, которые не веруют, мучительным возмездием.

26. В то время как те, кто не уверовали, были в ярости, и их сердца были наполнены гордостью дней невежества, **БОГ** благословил Своего посланника и верующих мирным довольством и наставил их придерживаться слова праведности. Это то, что они вполне заслужили. Ведь **БОГ** в полной мере знает о всякой вещи.

27. **БОГ** исполнил правдивое видение Своего посланника: «Вы войдёте в Священную мечеть, если **БОГУ** угодно, в совершенной безопасности, и там вы сострежёте свои волосы или укоротите их (*выполняя ритуалы паломничества*). У вас не будет страха. Поскольку Он знал то, чего вы не знали, Он совместил это с немедленной победой».

*Великое пророчество**
28. Он – Тот, кто послал Своего посланника с руководством и религией истины, чтобы она преобладала над всеми другими религиями. **БОГА** достаточно как свидетеля.*

Качества верующих
29. Мухаммед – посланник **БОГА** – и те, кто с ним, суровы и непреклонны к неверующим, но добры и сострадательны друг к другу. Ты видишь их кланяющимися и падающими ниц, когда они стремятся к благословениям и одобрению **БОГА**. Их знаки на их лицах от падения ниц. Это тот же пример, что и в Торе. Их образ в Евангелии таков: они подобны растениям, которые растут, становясь выше и сильнее, и радуют фермеров. Так Он приводит в ярость неверующих. **БОГ** обещает тем из них, которые веруют и ведут праведную жизнь, прощение и великое вознаграждение.

****

Сура 49: Стены (Аль-Худжурат)

Во имя Бога, Самого Милостивого, Самого Милосердного

1. О вы, кто верует, не ставьте своё мнение выше мнения **БОГА** и Его посланника. Вы должны благоговеть перед **БОГОМ**. **БОГ** – Слышащий, Всеведущий.

**48:28. Это важное пророчество сообщает нам, что Покорность неизбежно будет преобладать в целом мире. Это, вместе со стихами 9:33, 41:53 и 61:9, не оставляет сомнения в том, что Божье математическое чудо Корана будет играть главную роль в этом пророчестве. Веское Кораническое математическое доказательство указывает на Божьего Посланника Завета, как исполняющего это пророчество. См. Приложения 2 и 26 для доказательства и конкретных подробных разъяснений.*

2. О вы, кто веруют, не повышайте свои голоса над голосом пророка,* и вы не должны кричать на него, как вы кричите друг на друга, иначе ваши деяния будут сведены на нет, пока вы не осознаёте.

3. Воистину, те, кто понижают свои голоса перед посланником БОГА, – это те, чьи сердца приготовлены БОГОМ, чтобы стать праведными.* Они заслужили прощение и великое вознаграждение.

4. Что же касается тех, кто вызывают тебя из-за стен, то большинство из них не понимают.

5. Если бы они были терпеливы, пока ты не выйдешь к ним, то это было бы лучше для них. БОГ – Прощающий, Милосердный.

Расследуйте слухи, прежде чем поверить им

6. О вы, кто веруют, если нечестивый человек приносит вам какие-либо вести, то вы сначала должны расследовать, чтобы не совершить несправедливость по отношению к некоторым людям по незнанию, и чтобы потом не жалеть и не раскаиваться за то, что вы сделали.

7. И знайте, что посланник БОГА пришёл к вам. Если бы он слушался вас во многих вещах, то вы бы создали трудности для самих себя.

Но БОГ привил вам любовь к вере и приукрасил её в ваших сердцах, и Он сделал для вас ненавистными неверие, нечестие и неповиновение. Такие на правильном пути.

8. Такова милость от БОГА и Его благословения. БОГ – Всеведущий, Самый Мудрый.

Примирите верующих

9. Если две группы верующих воюют между собой, то вы должны примирить их. Если одна группа нападает на другую, то вы должны сражаться против нападающей стороны до тех пор, пока они не покорятся повелению БОГА. Как только они покорятся, вы должны примирить две группы по справедливости. Вы должны поддерживать справедливость; БОГ любит справедливых.

Настоящая семья

10. Верующие являются членами одной семьи; вы должны сохранять мир в вашей семье и благоговеть перед БОГОМ, чтобы вы могли быть помилованы.

Верующие подают пример

11. О вы, кто веруют, ни один человек не должен насмехаться над другими людьми, ибо они могут быть лучше, чем он. И ни одна женщина не должна насмехаться над другими женщинами, ибо они могут быть лучше, чем она. И вы не должны издеваться

---

*49:2. Всякий раз, когда слово «пророк» (Наби) используется со ссылкой на Мухаммеда, оно неизменно относится к нему во время его жизни, а не после его смерти. И это очевидно, что мы не можем повысить наши голоса над голосом Мухаммеда, теперь, когда он мёртв. См. также 33:56.

*49:3. Уважение к посланнику помогает посторонним и посетителям приблизиться к посланию Бога.

друг над другом или высмеивать ваши имена. Воистину, злом является возврат к нечестию после обретения веры. Каждый, кто не покается после этого, является беззаконником.

Подозрение греховно

12. О вы, кто верует, вы должны избегать любых подозрений, ибо даже небольшое подозрение греховно. Вы не должны шпионить друг за другом, и вы не должны злословить за спиной друг друга; это так же отвратительно, как есть плоть своего покойного брата. Вы, безусловно, питаете отвращение к этому. Вы должны почитать **БОГА. БОГ** – Искупитель, Самый Милосердный.

Единственный критерий для различения среди людей

13. О люди, мы создали вас из одного мужчины и одной женщины и сделали из вас различные народы и племена, чтобы вы могли узнать друг друга. Самые лучшие среди вас в глазах **БОГА** – это самые праведные. **БОГ** – Всеведущий, Осведомлённый.

Мусульманин в сравнении с мумином

14. Арабы сказали: «Мы – *мумины (верующие)*». Скажи: «Вы ещё не уверовали; то, что вы должны говорить, – это: "Мы – *мусульмане (покорные)*", пока вера не утвердится в ваших сердцах». Если вы будете повиноваться **БОГУ** и Его посланнику, то Он не допустит, чтобы ваши деяния пропали даром. **БОГ** – Прощающий, Самый Милосердный.

15. *Мумины (верующие)* – это те, кто веруют в **БОГА** и Его посланника, а потом достигают состояния, когда у них нет ни малейшего сомнения, и усердствуют своими деньгами и своей жизнью в деле **БОГА**. Таковы правдивые.

16. Скажи: «Неужели вы сообщаете **БОГУ** о своей религии? **БОГУ** известно всё, что на небесах и на земле. **БОГ** – Всеведущий».

Кто к кому проявляет благосклонность?

17. Они ведут себя так, словно они делают тебе одолжение тем, что вступили в Покорность! Скажи: «Вы не делаете мне никаких одолжений тем, что вступили в Покорность. **БОГ** – Тот, кто делает вам большое одолжение, направляя вас к вере, если вы искренни».

18. **БОГУ** известны все тайны на небесах и на земле; **БОГ** – Видящий всё, что вы совершаете.

****

Сура 50: К. (Каф)

Во имя Бога, Самого Милостивого, Самого Милосердного

1. К. и славный Коран.*

2. Им показалось странным, что предостерегающий увещеватель из их числа пришёл к ним! Неверующие сказали: «Это действительно странно.

---

*50:1. Смотрите Приложение 1 для объяснения удивительных чудес, связанных с инициалом «К».

3. После того как мы умрём и станем прахом; это невозможно».

4. Мы прекрасно знаем о каждом из них, кого поглотила земля; у нас есть точная запись.

5. Они отвергли истину, когда она пришла к ним; они находятся в совершенном замешательстве.

6. Неужели они не смотрели на небо, что над ними, и как мы построили его и украсили его без изъяна?

7. И мы создали землю, и рассеяли на ней горы, и взрастили на ней все виды красивых растений.

8. Это – просвещение и напоминание для каждого благочестивого почитателя.

9. И мы ниспослали с неба благословенную воду, чтобы ею взрастить сады и злаки для сбора урожая.

10. Высокие финиковые пальмы с гроздьями плодов.

11. Блага для людей. И мы оживляем ею мёртвые земли; и вы подобным образом будете воскрешены.

12. Неверующими до них были люди Ноя (Нуха), жители Расса и самудяне.

13. И адиты, Фараон, и братия Лота (Лута).

14. И обитатели леса и народ Тубба. Все они не верили посланникам, и следовательно их постигло Моё возмездие.

15. Неужели мы были слишком обременены первым творением? Не потому ли они сомневаются в воскресении?

16. Мы создали человека и мы знаем, что он нашёптывает себе. Мы ближе к нему, чем его яремная вена.

17. Два записывающих (*ангела*), справа и слева, постоянно записывают.

18. И слова не произносит он без бдительного свидетеля.

19. Наконец, наступает неизбежная кома смерти; это то, что вы пытались избежать.

20. Подули в рог; это – обещанный день.

21. Каждая душа приходит с погонщиком и свидетелем.

22. Ты некогда был невнимателен к этому. Теперь мы удаляем твою пелену; сегодня твоё зрение (*такое же сильное, как*) сталь.

23. Спутник сказал: «Вот мои грозные показания».*

24. Бросайте в Геенну каждого упрямого неверующего.

25. Запрещающего благотворительность, агрессора, полного сомнений.

26. Он создавал, кроме **БОГА**, другого бога. Бросьте его в суровое возмездие.

27. Его спутник сказал: «Господь наш, я не вводил его в заблуждение; он сам был в глубоком заблуждении».

---

*50:23-28. *Ваш пожизненный спутник является свидетелем всему, что вы совершаете. См. Приложение 7.*

28. Он сказал: «Не враждуйте передо Мной; Я в достаточной мере предупреждал вас.

29. Ничто нельзя изменить сейчас. Я никогда не поступаю несправедливо с людьми».

30. То будет день, когда мы спросим Ад: «Достаточно ли тебе?» Он скажет: «Дайте мне ещё».

31. Рай с готовностью будет предложен праведным.

32. Это то, что было обещано каждому кающемуся, стойкому.

33. Они благоговели перед Самым Милостивым в своём уединении и пришли со всей душой.

34. Войдите в него с миром; это – День Вечности.

35. Они получат там всё, чего пожелают, и у нас есть ещё больше.

36. Многие поколения до них, которые были более могущественными, мы уничтожили. Они исследовали землю; нашли ли они спасение?

37. Это должно быть уроком для всех, кто обладает разумом или в состоянии слышать и видеть.

38. Мы создали небеса и землю, и всё, что между ними, за шесть дней, и усталость не коснулась нас.

39. Поэтому будь терпелив перед лицом их высказываний и восхваляй, и прославляй твоего Господа перед восходом солнца и перед заходом солнца.

40. В течение ночи и после падения ниц ты должен медитировать на Его имя.

41. Подготовься ко дню, когда призывающий воззовёт с близлежащего места.

42. Когда они услышат неизбежный крик: это – день, когда вы выйдете.

43. Мы – те, кто управляет жизнью и смертью; к нам – окончательная судьба.

44. Придёт день, когда земля стремительно растрескается, выводя их наружу. Такой созыв нам легко совершить.

45. Мы в полной мере знаем всё, что они произносят, а у тебя нет власти над ними. Поэтому напоминай этим Кораном тем, кто благоговеет перед Моими предупреждениями.

****

Сура 51: Погонщики ветров (Аль-Зарийат)

Во имя Бога, Самого Милостивого, Самого Милосердного

1. Дующие ветры.

2. Несущие дождь.

3. Приносящие блага.

4. Распределяющие их, как повелено.

5. То, что обещано вам, несомненно, исполнится.

6. Судный День неизбежен.

7. Несмотря на идеально созданное небо.

8. Вы продолжаете оспаривать истину.

9. Отклоняются от неё отклоняющиеся.

10. Горе фальсификаторам.

11. Будучи в заблуждении, они совершенно беспечны.

12. Они ставят под сомнение Судный День.

13. День, когда их представят огню.

14. Вкусите возмездие; это то, что вы некогда требовали.

15. Праведные заслужили сады и ручьи.

16. Они получают награды своего Господа, ибо они были благочестивыми.

17. Редко они спали целую ночь.

18. На рассвете они молились о прощении.

19. Часть их денег была отведена для просящих и нуждающихся.

20. Земля полна знамений для тех, кто убеждён.

21. И в вас самих; можете ли вы видеть?

22. В небесах ваши блага и всё, что вам обещано.

23. Клянусь Господом небес и земли, это так же истинно, как и тот факт, что вы говорите.

24. Обратил ли ты внимание на историю о почётных гостях Авраама (Ибрагима)?

25. Они посетили его, сказав: «Мир». Он сказал: «Мир вам, незнакомые люди!»

26. Он попросил свою семью приготовить жирного телёнка.

27. Когда он предложил его им, то он заметил: «Неужели вы не едите?»

28. Он питал страх перед ними. Они сказали: «Не бойся», и они передали добрую весть о знающем сыне.

29. Его жена была поражена. Указав на своё сморщенное лицо: «Я бесплодная старуха».

30. Они сказали: «Так сказал твой Господь. Он – Самый Мудрый, Всеведущий».

31. Он сказал: «Каковы ваши планы, о посланники?»

32. Они сказали: «Мы отправлены к преступным людям.

33. Мы обрушим на них камни из глины.

34. Отмеченные твоим Господом для беззаконников».

35. Затем мы спасли всех верующих.

36. Мы нашли в нём только один дом с покорными.

37. Мы учредили его уроком для тех, кто страшится мучительного возмездия.

38. И в Моисее (Мусе) (*есть урок*). Мы послали его к Фараону с явными знамениями.

39. Но он отвернулся высокомерно и сказал: «Волшебник или безумный».

40. Следовательно мы наказали его и его войско. Мы бросили их в море, и он сам был виноват.

41. И в адитах (*есть урок*). Мы наслали на них губительный ветер.

42. Всё, с чем он столкнулся, было совершенно разрушено.

43. И в самудянах (*есть урок*). Им было сказано: «Наслаждайтесь временно».

44. Они восстали против повелений их Господа. Следовательно молния поразила их, в то время как они смотрели.

45. Они не могли встать, и никто им не помог.

46. И люди Ноя (Нуха) до этого; они были нечестивыми людьми.

Теория расширения Вселенной подтверждена

47. Мы построили небо нашими руками, и мы будем продолжать расширять его.

48. И мы сделали землю обитаемой – совершенная конструкция.

49. Мы создали всё парами (*мужская и женская особи*), чтобы вы могли внять.

50. Вы должны бежать к **БОГУ**. Я послан Им к вам как явный предостерегающий увещеватель.

51. Не создавайте, кроме **БОГА**, никакого другого бога. Я послан Им к вам как явный предостерегающий увещеватель.

52. Каждый раз, когда посланник приходил к предыдущим поколениям, они говорили: «Волшебник» или «Безумный».

53. Неужели они заключили договор друг с другом? Воистину, они – беззаконники.

54. Ты можешь игнорировать их; ты не будешь порицаем.

55. И напоминай, ибо напоминание приносит пользу верующим.

Цель нашего существования

56. Я создал джиннов и людей только для того, чтобы они поклонялись Мне одному.

57. Мне не нужно никаких благ от них и не нужно, чтобы они кормили Меня.

58. **БОГ** – Наделитель, Обладатель всей власти, Верховный.

59. Беззаконникам уготована та же самая участь, что и их подобным предшественникам; они не должны бросать вызов.

60. Горе тем, которые не уверовали, от дня, который ожидает их.

****

Сура 52: Гора Синай (Аль-Тур)

Во имя Бога, Самого Милостивого, Самого Милосердного

1. Гора Синай.

2. Записанное писание.

3. Опубликованное в книгах.

4. Часто посещаемый Храм.

5. Возвышенный потолок.

6. Море, объятое пламенем.

7. Воздаяние твоего Господа неизбежно.

8. Никакая сила во Вселенной не может остановить его.

9. Придёт день, когда небо будет яростно греметь.

10. Горы будут уничтожены.

11. Горе в тот день неверующим,

12. которые блуждают вслепую, беспечные.

13. Их принудительно погонят в Геенну.

14. Это – Огонь, в который вы прежде не верили.

15. Разве это волшебство, или вы не видите?

16. Страдайте от горения. Терпеливы ли вы или нетерпеливы – для вас не будет разницы. Это справедливое воздаяние за то, что вы совершили.

17. Праведные заслужили сады и блаженство.

18. Они наслаждаются тем, что их Господь приберёг для них; их Господь пощадил их от возмездия Ада.

19. Ешьте и пейте счастливо в обмен на ваши деяния.

20. Они отдыхают на роскошной мебели, и мы сочетаем их с красивыми супругами.

21. Для тех, кто уверовал, и их дети также последовали за ними в вере, мы позволим их детям присоединиться к ним. Мы никогда не оставим без награды ни одно их деяние. Каждому человеку воздано за то, что он совершил.

22. Мы предоставим им плоды и мясо, какие они любят.

23. Они будут наслаждаться напитками, которые не загрязнены и не грешны для питья.

24. Прислуживать им будут слуги, подобные оберегаемому жемчугу.

25. Они встретятся друг с другом и будут предаваться воспоминаниям между собой.

26. Они скажут: «Мы некогда были добрыми и скромными среди наших людей.

27. **БОГ** благословил нас и пощадил нас от мук жестокого ветра.

28. Мы прежде взывали к Нему; Он – Самый Добрый, Самый Милосердный».

Посланник
29. Ты должен напоминать людям. С благословениями твоего Господа на тебя ты не являешься ни предсказателем, ни безумным.

30. Они могут сказать: «Он – поэт; давайте же подождём, пока он не умрёт».

31. Скажи: «Что ж, ожидайте; и я буду ждать вместе с вами».

32. Сны ли их диктуют их поведение, или они нечестивые от природы?

33. Неужели они говорят: «Он выдумал всё это»? На самом же деле, они просто неверующие.

«Магометане» бросили вызов
Богу и произвели **Хадис**

34. Пусть они произведут *Хадис*, подобный этому, если они правдивы.

35. Неужели они созданы из ничего? Разве они творцы?

36. Разве они создали небеса и землю? Воистину, у них нет убеждённости.

37. Неужели они обладают сокровищами твоего Господа? Разве у них есть власть?

38. Неужели они поднимаются по лестнице, которая позволяет им слушать? Пусть их слушатели покажут свои доказательства.

39. Неужели у Него есть дочери, а у вас сыновья?

40. Разве ты просишь у них какой-либо платы, и они обременены этим?

41. Неужели они знают будущее и записали его?

42. Или же они строят козни и плетут интриги? Интриги неверующих обернутся против них.

43. Разве у них есть другой бог, кроме **БОГА**? Да будет славен **БОГ**; Он превыше того, чтобы иметь партнёров.

44. Когда они увидят, как массы падают с неба, они скажут: «Нагромождение облаков!»

45. Не обращай внимания на них, пока они не встретят день, в который они будут поражены.

46. В тот день их интриги не защитят их, и им не будет оказана помощь.

47. Тех, кто преступают границы дозволенного, постигает возмездие здесь, но большинство из них не знает.

48. Ты должен стойко терпеть, выполняя повеление твоего Господа, – ты перед нашими глазами – и прославляй и восхваляй твоего Господа, когда ты встаёшь.

49. Также прославляй Его в течение ночи и на рассвете, когда звёзды постепенно исчезают.

****

Сура 53:
Звёзды (Аль-Наджм)

Во имя Бога, Самого Милостивого, Самого Милосердного

1. Когда звёзды исчезали.*

2. Ваш друг (*Мухаммед*) не был в заблуждении, и он не был обманут.

3. И он не говорил по личному желанию.

4. Это было божественное внушение.

5. Продиктованное Самым Могущественным.

---

*53:1-18. Мухаммед был призван в высочайшую Вселенную, чтобы получить этот Коран в своё сердце. Звёзды исчезали, когда он путешествовал сквозь них со скоростью, превышающей скорость света в миллионы раз. Впоследствии Коран был постепенно введён в его память. Пожалуйста, см. Приложение 28.

---

6. Обладателем всей власти. С Его высочайшей высоты.

7. На наивысшем горизонте.

8. Он приблизился, спускаясь вниз.

9. Пока Он не стал как можно ближе.

10. Потом Он внушил Своему слуге то, что должно было быть внушено.

11. Разум не придумал то, что он видел.

12. Неужели вы сомневаетесь в том, что он видел?

13. Он видел его в другом нисхождении.

14. У конечной точки.

15. Где находится вечный Рай.

16. Всё место было заполнено.

17. Глаза не дрогнули и не ослепли.

18. Он видел великие знамения своего Господа.

Неубедительные идолы

19. Сравните это с женщинами-идолами – Аллат и Аль-Уззой.

20. И с Манат – третьей.

21. Неужели вы имеете сыновей, а Он имеет их как дочерей?

22. Какое позорное распределение!

23. Это всего лишь имена, которые вы выдумали – вы и ваши предки. **БОГ** никогда не давал полномочия на такое богохульство. Они следуют предположению и личному желанию, хотя истинное руководство пришло к ним здесь от их Господа.

24. Что же это такое, чего желает человек?

25. **БОГУ** принадлежит и Будущая жизнь, и этот мир.

26. Даже ангелы на небесах не обладают властью, чтобы заступиться. Только тем разрешено **БОГОМ**, кто действуют согласно Его воле и Его одобрению.

27. Те, кто не веруют в Будущую жизнь, дали ангелам женские имена.

28. У них не было знаний об этом; они лишь предполагали. Предположение не может заменить истину.

Выбирайте своих друзей внимательно

29. Ты должен игнорировать тех, кто отворачивается от нашего послания и увлекается этой мирской жизнью.

30. Это – предел их знаний. Твой Господь в полной мере знает тех, кто отклонился от Его пути, и Он в полной мере знает тех, кто идёт правильным путём.

31. **БОГУ** принадлежит всё, что на небесах, и всё, что на земле. Он воздаст тем, кто совершает зло, за их деяния и вознаградит праведных за их праведность.

32. Они избегают тяжких грехов и прегрешений, кроме незначительных проступков. Прощение твоего Господа необъятно. Он был в полном ведении о вас с тех пор, как Он сотворил вас из земли, и пока вы были зародышами в животах ваших матерей. Поэтому не возвеличивайте себя; Он в полной мере знает праведных.

33. Обратил ли ты внимание на того, кто отвернулся?

34. Редко он давал на благотворительность, и к тому же очень мало.

35. Разве он обладал знанием о будущем? Мог ли он видеть его?

36. Разве ему не было поведано об учениях, содержащихся в писании Моисея (Мусы)?

37. И Авраама (Ибрагима), который исполнил?

38. Ни одна душа не несёт грехи другой души.

39. Каждый человек несёт ответственность за свои собственные деяния.

40. И деяния каждого будут показаны.

41. Тогда им в полной мере будет воздано за такие деяния.

42. К твоему Господу – окончательная судьба.

43. Он – Тот, кто заставляет вас смеяться или плакать.

44. Он – Тот, кто управляет смертью и жизнью.

Муж определяет пол ребёнка

45. Он – Тот, кто создал два вида – мужчину и женщину –

46. из крошечной капли спермы.

47. Он осуществит процесс нового создания.

48. Он – Тот, кто делает вас богатыми или бедными.

49. Он – Господь галактик.

50. Он – Тот, кто уничтожил древних адитов.

51. И погубил самудян.

52. А также народ Ноя (Нуха) ещё до этого; они были нечестивыми беззаконниками.

53. Нечестивые общины (*Содома и Гоморры*) были самыми ничтожными.

54. В результате они совершенно исчезли.

55. Какие из чудес твоего Господа ты можешь отрицать?

56. Это – предупреждение, подобное прежнему.

57. Неизбежное надвигается.

58. Никто, кроме **БОГА**, не может избавить от него.

59. Неужели вы сомневаетесь в этом деле?

60. Неужели вы смеётесь вместо того, чтобы плакать?

61. Неужели вы настаиваете на ваших путях?

62. Вы должны пасть ниц перед **БОГОМ** и поклоняться.

****

Сура 54:
Луна (Аль-Камар)

Во имя Бога, Самого Милостивого, Самого Милосердного

1. Час приблизился, и луна раскололась.*

2. Затем они увидели чудо, но они отвернулись и сказали: «Старое волшебство».

3. Они не уверовали, последовали за своими мнениями и остались верными своим старым традициям.

4. Достаточные предостережения были переданы, чтобы предупредить их.

5. Великая мудрость; но все предупреждения были напрасны.

6. Не обращай на них внимания; придёт день, когда призывающий объявит о страшном бедствии.

7. С униженными взорами они выйдут из могил, подобно рассеянной саранче.

8. Отвечая призывающему, неверующие скажут: «Это – трудный день».

9. Народ Ноя (Нуха) не уверовал ещё до них. Они не поверили нашему слуге и сказали: «Безумный!». Он подвергался гонениям.

10. Он умолял своего Господа: «Я угнетён; даруй мне победу».

11. Тогда мы открыли ворота неба, изливая воду.

12. И мы заставили источники хлынуть из-под земли. Воды встретились, чтобы осуществить предопределённое решение.

Ковчег

13. Мы несли его на судне, сделанном из брёвен и верёвок.

14. Он плыл под нашим бдительным присмотром – вознаграждение для тех, кто был отвергнут.

15. Мы сделали его уроком. Есть ли у кого из вас желание учиться?

16. Как ужасно было Моё возмездие после предупреждений!

17. Мы сделали Коран лёгким для изучения. Есть ли у кого из вас желание учиться?

18. Адиты не уверовали. Следовательно как страшно было Моё возмездие после предупреждений!

19. Мы наслали на них сильные ветры в день непрерывных страданий.

20. Они разбрасывали людей, словно те были гнилыми стволами пальм.

21. Как ужасно было Моё возмездие после предупреждений!

22. Мы сделали Коран лёгким для изучения. Есть ли у кого из вас желание учиться?

54:1. Это важное знамение приближающегося конца света сбылось в 1969 году, когда люди высадились на Луне и привезли куски Луны на Землю. В то же время постепенно открывалось Божье математическое Чудо Корана. Традиционные мусульмане выступили против него, так как оно разоблачило ошибочность их обрядов (Приложение 25).

---

23. И самудяне отвергли предупреждения.

24. Они сказали: «Неужели мы должны следовать за одним из нас – за человеком? Тогда мы собъёмся с пути и в конечном итоге окажемся в Аду.

25. Неужели послание ниспослано ему вместо нас? Он – вопиющий лжец».

26. Завтра они узнают, кто является вопиющим лжецом.

27. Мы посылаем верблюда как испытание для них. Наблюдай за ними и будь терпелив.

28. Сообщи им, что вода должна быть разделена между ними; (*верблюдице*) должны позволить пить в назначенный для неё день.

29. Но они убедили их друга убить (*верблюдицу*), и он угодил им.

30. В результате как ужасно было Моё возмездие! Они были предупреждены.

31. Мы послали на них одно дуновение, после чего они стали подобны собранному сену.

32. Мы сделали Коран лёгким для изучения. Есть ли у кого из вас желание учиться?

33. Народ Лота (Лута) отверг предупреждения.

34. Мы обрушили на них дождём камни. Только семья Лота (Лута) была спасена на рассвете.

35. Мы благословили его и его семью; так мы награждаем благодарных.

36. Он предупредил их о нашем воздаянии, но они высмеяли предупреждения.

37. Они вели переговоры с ним насчёт его гостей; мы ослепили их. Страдайте от Моего возмездия; вы были предупреждены.

38. Ранним утром следующего дня их поразило разрушительное возмездие.

39. Страдайте от Моего возмездия; вы были предупреждены.

40. Мы сделали Коран лёгким для изучения. Есть ли у кого из вас желание учиться?

41. Народ Фараона был предупреждён.

42. Они отвергли все наши знамения. Следовательно мы воздали им так, как это надлежит сделать Всемогущим, Всесильным.

43. Разве ваши неверующие лучше тех неверующих? Неужели вы были избавлены от ответственности по писанию?

44. Возможно, они думают: «Мы будем победителями».

45. Все они будут побеждены; они повернутся вспять и обратятся в бегство.

46. Час ожидает их, а Час гораздо хуже и мучительнее.

47. Безусловно, виновные находятся в заблуждении и окажутся в Аду.

48. Их будут принудительно тащить в адский огонь. Страдайте от мук возмездия.

49. Всё, что мы создали, точно отмерено.

50. Наши повеления выполняются в мгновение ока.

51. Мы уничтожили подобных вам. Есть ли у кого из вас желание учиться?

52. Всё, что они совершили, записано в писаниях.

53. Всё, малое или большое, записано.

54. Воистину, праведные заслужили сады и реки.

55. В почётном положении, у Всесильного Царя.

****

Сура 55:
Самый Милостивый
(Аль-Рахман)

Во имя Бога, Самого Милостивого, Самого Милосердного

1. Самый Милостивый.

2. Учитель Корана.

3. Создатель человека.

4. Он научил его, как отличать.

5. Солнце и луна идеально рассчитаны.

6. Звёзды и деревья падают ниц.

7. Он соорудил небо и установил закон.

8. Вы не должны преступать закон.

9. Вы должны установить справедливость; не нарушайте закон.

10. Он создал землю для всех живых существ.

11. На ней находятся фрукты и финиковые пальмы с их висячими плодами.*

12. А также злаки и специи.

13. (*О люди и джинны*), какие из чудес вашего Господа вы можете отрицать?

14. Он создал человека из выдержанной глины, подобной гончарной глине.

15. И создал джиннов из пылающего огня.

16. (*О люди и джинны*), какие из чудес вашего Господа вы можете отрицать?

17. Господь двух востоков и двух западов.

18. Какие из чудес вашего Господа вы можете отрицать?

19. Он разделяет два моря там, где они встречаются.

20. Между ними помещена преграда, чтобы они не смогли её преступить.

21. Какие из чудес вашего Господа вы можете отрицать?

22. Из них обоих вы получаете жемчуг и кораллы.

55:11. Сравните возобновляемые системы и воспроизведение астронавтов на космическом корабле «Земля» с самыми изощрёнными космическими кораблями, которые мы запускаем в космос. Хвала Богу.

23. Какие из чудес вашего Господа вы можете отрицать?

24. Он дал вам корабли, которые плывут по морю, как флаги.

25. Какие из чудес вашего Господа вы можете отрицать?

26. Каждый на земле погибает.

27. Только присутствие твоего Господа продолжается. Обладателя Величия и Почёта.

28. Какие из чудес вашего Господа вы можете отрицать?

29. Умоляет Его каждый на небесах и на земле. Каждый день Он полностью контролирует всё.

30. Какие из чудес вашего Господа вы можете отрицать?

31. Мы призовём вас к ответу, о люди и джинны.

32. Какие из чудес вашего Господа вы можете отрицать?

33. О вы, джинны и люди, если вы можете проникнуть за внешние пределы небес и земли, то идите и пробирайтесь. Вы не сможете проникнуть без разрешения.

34. Какие из чудес вашего Господа вы можете отрицать?

35. Вас бомбардируют снарядами огня и металла, и вы не сможете выиграть.

36. Какие из чудес вашего Господа вы можете отрицать?

37. Когда небо распадётся и станет розовым, как краска.

38. Какие из чудес вашего Господа вы можете отрицать?

39. В тот день ни человек, ни джинн не будет спрошен о его грехах.

40. Какие из чудес вашего Господа вы можете отрицать?

41. (Это потому, что) виновные будут распознаны по внешности; они будут схвачены за чубы и ноги.

42. Какие из чудес вашего Господа вы можете отрицать?

43. Это – Геенна, которую виновные прежде отрицали.

44. Они будут метаться между нею и невыносимым инферно.*

45. Какие из чудес вашего Господа вы можете отрицать?

46. Для тех, кто благоговеет перед величием своего Господа, – два сада (один для джиннов, и один для людей).

47. Какие из чудес вашего Господа вы можете отрицать?

48. Полные благ.

49. Какие из чудес вашего Господа вы можете отрицать?

50. В них текут два источника.

51. Какие из чудес вашего Господа вы можете отрицать?

52. И в них – два вида каждого плода.

53. Какие из чудес вашего Господа вы можете отрицать?

---

*55:44. Полное и подробное разъяснение о Высшем Рае, Низшем Рае, Чистилище, Аде и невыносимом инферно приведено в Приложениях 5 и 11.

---

54. Отдыхая на мебели, обитой атласом, в то время как фрукты находятся в пределах досягаемости.

55. Какие из чудес вашего Господа вы можете отрицать?

56. Их красивые супруги никогда не были тронуты ни человеком, ни джинном.

57. Какие из чудес вашего Господа вы можете отрицать?

58. Они выглядят как драгоценные камни и кораллы.

59. Какие из чудес вашего Господа вы можете отрицать?

60. Может ли вознаграждение за добро быть чем-либо иным, а не добром?

61. Какие из чудес вашего Господа вы можете отрицать?

62. Под ними находятся два сада (один для джиннов и один для людей).

63. Какие из чудес вашего Господа вы можете отрицать?

64. Бок о бок.

65. Какие из чудес вашего Господа вы можете отрицать?

66. В них – колодцы для выкачивания.

67. Какие из чудес вашего Господа вы можете отрицать?

68. В них – фрукты, финиковые пальмы и гранаты.

69. Какие из чудес вашего Господа вы можете отрицать?

70. В них красивые супруги.

71. Какие из чудес вашего Господа

72. Укрытые в шатрах.

73. Какие из чудес вашего Господа вы можете отрицать?

74. Ни человек, ни джинн никогда не прикасались к ним.

75. Какие из чудес вашего Господа вы можете отрицать?

76. Они отдыхают на зелёных коврах в прекрасном окружении.

77. Какие из чудес вашего Господа вы можете отрицать?

78. Самое возвышенное – это имя твоего Господа, Обладателя Величия и Почёта.

****

Сура 56: Неизбежное (Аль-Вакиа)

Во имя Бога, Самого Милостивого, Самого Милосердного

1. Когда неизбежное исполнится.

2. Ничто не может остановить его наступление.

3. Оно принизит одних и возвысит других.

4. Сотрясётся земля.

5. Горы будут уничтожены.

6. Словно они никогда и не существовали.

7. Вы будете разделены на три группы.

8. Те, кто заслужили блаженство, будут в блаженстве.

9. Те, кто заслужили страдание, будут в страдании.

10. И будет также элита из элиты.

11. Это те, кто будут ближе всех (*к Богу*).

12. В садах блаженства.

13. Многие из первых поколений.*

14. Немногие из более поздних поколений.

15. На роскошной мебели.

16. Наслаждаясь всем, они будут соседями.

17. Обслуживать их будут бессмертные слуги.

18. С чашами, кувшинами и чистыми напитками.

19. Они никогда не исчерпают их, и им не будет скучно.

20. Фрукты на их выбор.

21. Мясо птиц, которое они желают.

22. Красивые супруги.

23. Как оберегаемый жемчуг.

24. Вознаграждения за их деяния.

25. Они никогда не слышат там ни вздора, ни греховных высказываний.

26. Только высказывание: «Мир, мир».

Низший Рай

27. Те, которые с правой стороны, будут на правой стороне.

28. В пышных садах.

29. С ароматными фруктами.

30. Протяжёнными тенями.

31. Обильной водой.

32. Многими плодами.

33. Которые никогда не кончаются и никогда не запрещаются.

34. Роскошная мебель.

35. Мы создаём для них супругов.

36. Никогда ранее не тронутых.

37. Отлично подобранных.

38. Для тех, кто на правой стороне.

39. Многие из ранних поколений.

40. Многие из более поздних поколений.*

Ад

41. Те, которые слева, будут на левой стороне.

42. В страдании и инферно.

43. Даже их тени горячи.

44. Они никогда не бывают прохладными и терпимыми.

45. Некогда они были богатыми.

56:13-40. Людям, которые веруют и питают свою душу через поклонение только Богу, предназначен Высший Рай. Современные последователи каждого посланника всегда подвергаются преследованию традиционалистами и сторонниками искажённой религии. Таким образом, они занимают особое место, отведённое для них в Высшем Раю. Все люди, которые умирают в возрасте до 40 лет, по меньшей мере идут в Низший Рай (46:15).

---

46. Они настаивали на великом богохульстве.

47. Они говорили: «Неужели после того как мы умрём и превратимся в прах и кости, мы воскреснем?

48. Включает ли это и наших предков?»

49. Скажи: «Ранние поколения и более поздние поколения.

50. Будут созваны на встречу в предопределённый день.

51. Тогда вы, о неверующие, заблудшие.

52. Будете есть с деревьев горечи.

53. Наполняя ими ваши животы.

54. Потом запивая это адскими напитками.

55. И добавляя к тому напитки из песка».

56. Такова их доля в Судный День.

Размышления
57. Мы создали вас, если бы вы только могли поверить!

58. Обратили ли вы внимание на сперму, которую вы производите?

59. Вы ли создали её или же мы?

60. Мы предопределили смерть для вас. Ничто не может помешать нам

61. заменить вас новыми поколениями и создать то, чего вы не знаете.

62. Вы же знаете о первом творении. Разве вы не помните?

63. Обратили ли вы внимание на посевы, которые вы пожинаете?

64. Вы ли вырастили их или же мы?

65. Если мы пожелаем, то мы можем превратить их в сено. Тогда вы будете сокрушаться:

66. «Мы потерпели убыток.

67. Мы лишены».

68. Обратили ли вы внимание на воду, которую вы пьёте?

69. Вы ли ниспослали её из облаков или мы?

70. Если мы пожелаем, то мы можем сделать её солёной. Вы должны быть благодарны.

71. Обратили ли вы внимание на огонь, который вы зажигаете?

72. Вы ли положили начало дереву для него или же мы?

73. Мы сделали его напоминанием и полезным орудием для пользователей.

74. Ты должен прославлять имя твоего Господа, Великого.

Только искренние могут понять Коран
75. Клянусь расположением звёзд.

76. Эта клятва, если бы вы только знали, является удивительной.*

56:75-76. Наша Вселенная, самая маленькая и самая внутренняя из семи Вселенных, содержит миллиарды галактик и миллиарды триллионов звёзд, охватывающих миллиарды, световых лет. Эти бесчисленные дециллионы небесных тел поддерживают свои орбиты с божественно контролируемой точностью. Чем больше мы узнаём, тем больше мы понимаем, насколько удивительна эта клятва. См. Приложение 6.

---

77. Это – благородный Коран.

78. В охраняемой книге.

79. Никто не может понять его, кроме искренних.*

80. Откровение от Господа Вселенной.

81. Неужели вы пренебрегаете этим повествованием?

82. Неужели вы делаете вашим делом то, что вы не веруете?

83. Когда придёт время, и она (*ваша душа*) достигнет вашей гортани,

84. тогда вы будете смотреть вокруг.

85. Мы ближе к ней, чем вы, но вы не видите.

86. Если это правда, что вы не обязаны ни за что отвечать,

87. то почему же вы не восстановите (*вашу душу*), если вы правдивы?

88. Если же он окажется одним из приближённых ко Мне,

89. то тогда радость, цветы и сады блаженства.

90. А если он окажется одним из тех, кто на правой стороне,

91. то мир – это участь тех, кто на правой стороне.

92. Но если он окажется одним из неверующих, заблудших,

93. то тогда обитель инферно

94. и горение в Аду.

95. Это – абсолютная истина.

96. Ты должен прославлять имя твоего Господа, Великого.

****

Сура 57: Железо (Аль-Хадид)

Во имя Бога, Самого Милостивого, Самого Милосердного

1. **БОГА** прославляет всё, что на небесах и на земле. Он – Всемогущий, Самый Мудрый.

2. Ему принадлежит царствование над небесами и землёй. Он управляет жизнью и смертью. Он – Всесильный.

3. Он – Альфа и Омега. Он – Самый Дальний и Самый Близкий. Он ведает о всякой вещи.

4. Он – Тот, кто создал небеса и землю за шесть дней,* а затем взял на Себя все полномочия. Он знает всё, что входит в землю, и всё, что выходит из неё, и всё, что нисходит с неба, и всё, что восходит на него. Он с вами, где бы вы ни были. **БОГ** – Видящий всё, что вы совершаете.

---

*56:79. Неискренние, которые не удовлетворены одним Кораном, божественно лишены понимания Корана. Эта идея повторяется по всему Корану (17:45-46, 18:57). Следовательно они не могут понять этот стих. Например, сравните этот перевод стихов 7:3, 17:46, 41:44 и 56:79 с другими переводами.

*57:4. См. примечание на стр. 374.

5. Ему принадлежит царствование над небесами и землёй. Все дела контролируются **БОГОМ**.

6. Он вводит ночь в день и вводит день в ночь. Он в полной мере знает самые сокровенные мысли.

7. Веруйте в **БОГА** и Его посланника и давайте из того, чем Он наделил вас. Те из вас, которые веруют и дают (*на благотворительность*), заслужили великое вознаграждение.

8. Почему же вы не веруете в **БОГА**, когда посланник призывает вас уверовать в вашего Господа? Он взял обет с вас, если вы верующие.

9. Он – Тот, кто ниспосылает Своему слуге ясные откровения для того, чтобы вывести вас из тьмы к свету. **БОГ** Сострадателен к вам, Самый Милосердный.

10. Почему же вы не расходуете на дело **БОГА**, когда **БОГ** обладает всем богатством на небесах и на земле?

Особая честь

Отличаются от остальных те из вас, кто расходуют до победы и усердствуют. Они достигают высших ступеней, чем те, которые расходуют после победы и усердствуют. Для каждого **БОГ** обещает спасение. **БОГ** – Знающий обо всём, что вы делаете.

11. Кто хотел бы одолжить **БОГУ** заём праведности, чтобы он был преумножен ему многократно, и чтобы оказаться с щедрым вознаграждением?

Великий триумф

12. Настанет день, когда ты увидишь, как от верующих мужчин и женщин будет излучаться их свет впереди них и справа от них. Добрая весть вам в том, что в этот день у вас будут сады с текущими ручьями. Вы пребудете там вечно. Это – великий триумф.

Наихудшие проигравшие

13. В тот день, лицемеры и лицемерки скажут тем, кто уверовал: «Пожалуйста, позвольте нам впитать часть вашего света». И будет сказано: «Возвращайтесь назад и ищите света». Преграда будет создана между ними, чьи ворота отделяют милость, которая находится с внутренней стороны, от возмездия, находящегося с внешней стороны.

14. Они будут призывать их: «Разве мы не были с вами?» Они ответят: «Да, но вы обманули свои души, колебались, сомневались и ввели себя в заблуждение, принимая желаемое за действительное, пока **БОЖИЙ** суд не пришёл. Вы были отклонены от **БОГА** иллюзиями.

15. Поэтому сегодня никакой выкуп не может быть взят ни с вас, ни с тех, которые не уверовали. Ваша обитель – огонь; это ваш господь и несчастная обитель».

57:4. Шесть дней создания – это просто мерило, чтобы сообщить нам об относительной важности различных компонентов, подчеркнуть значение планеты Земля и дать нам знать, что Земля является единственной обитаемой планетой. См. Примечание к 41:9-10.

Порча религии

16. Разве не пришло время для тех, кто уверовал, открыть свои сердца для послания **БОГА** и истины, которая открыта здесь? Они не должны быть подобны последователям предыдущих писаний, чьи сердца ожесточились со временем, и следовательно многие из них сделались нечестивыми.

17. Знайте, что **БОГ** оживляет землю после её омертвения. Так мы объясняем откровения для вас, чтобы вы могли понять.

18. Поистине, благотворительные мужчины и женщины одолжили **БОГУ** заём добра. Они получат своё вознаграждение многократно преумноженным; они заслужили щедрое вознаграждение.

19. Те, кто уверовали в **БОГА** и Его посланников, являются святыми и мучениками. Уготованы для них у их Господа их награды и их свет. Что же касается тех, которые не уверовали и отвергли наши откровения, то они навлекли на себя Ад.

Озабоченность этой жизнью осуждена

20. Знайте, что эта земная жизнь не более чем забава и игра, и хвастовство между вами, и накопление денег, и преумножение детей. Она как обильный дождь, который производит растения и радует неверующих. Но потом растения превращаются в бесполезное сено и сдуваются ветром. А в Будущей жизни есть либо суровое возмездие, либо прощение от **БОГА** и одобрение. Эта мирская жизнь не более чем временная иллюзия.

Разумная альтернатива

21. Поэтому вы должны спешить к прощению от вашего Господа и к Раю, ширина которого охватывает небеса и землю. Он ожидает тех, кто уверовал в **БОГА** и Его посланников. Такова **БОЖЬЯ** благодать, которую Он дарует тем, кому Он пожелает. **БОГ** – Обладатель Безграничной Милости.

Основательный факт*

22. Всё, что происходит на земле или с вами, уже записано ещё до сотворения. Это легко для **БОГА** сделать.

23. Таким образом, вы не должны ни печалиться ни о чём, что вы упускаете, ни гордиться чем-либо, что Он даровал вам. **БОГ** не любит хвастливых, надменных.

24. Они скупы и повелевают людям быть скупыми. Если кто отворачивается, то ведь **БОГ** – Богатый, Достойный похвалы.

---

*57:22. *Мы абсолютно свободны стать на сторону Бога или Сатаны. Бог, оказывается, точно знает какое решение каждый из нас примет. Видеозапись вашей жизни от рождения до смерти уже записана. См. Приложение 14.*

Железо – самый полезный металл

25. Мы отправили наших посланников, поддерживаемых ясными доказательствами, и мы ниспослали им писание и закон, чтобы люди могли придерживаться справедливости. И мы ниспослали железо, в котором есть сила и много пользы для людей. Всё это для того, чтобы **БОГУ** отличить тех, кто будет поддерживать Его и Его посланников, принимая на веру. **БОГ** – Могущественный, Всемогущий.

Пророки

26. Мы послали Ноя (Нуха) и Авраама (Ибрагима), и мы даровали их потомкам пророчество и писание. Некоторые из них были на правильном пути, в то время как многие из них были нечестивцами.

Порча религии

27. После них мы отправили наших посланников. Мы послали Иисуса (Ису), сына Марии (Марьям), и мы даровали ему **Инджил** (*Евангелие*), и мы поместили в сердцах его последователей доброту и милосердие. Но они выдумали отшельничество, которое мы никогда не предписывали для них. Всё, что мы просили их сделать, это соблюдать заповеди, одобренные **БОГОМ**. Однако они не следовали посланию должным образом. Следовательно мы даровали тем из них, кто уверовал, их воздаяние, в то время как многие из них были нечестивцами.

28. О вы, кто верует, вы должны благоговеть перед **БОГОМ** и веровать в Его посланника. Тогда Он одарит вас двойной наградой от Его милости, наделит вас светом, чтобы вы шли правильным путём, и простит вас. **БОГ** – Прощающий, Самый Милосердный.

29. Таким образом, последователи предыдущего писания должны знать, что они не монополизировали **БОЖЬЮ** милость и благодать, и что вся благодать находится в руке **БОГА**. Он дарует её тому, кому Он пожелает. **БОГ** – Обладатель Безграничной Милости.

****

Сура 58:
Спор (Аль-Муджадала)

Во имя Бога, Самого Милостивого, Самого Милосердного

1. **БОГ** услышал женщину, которая спорила с тобой по поводу своего мужа и пожаловалась **БОГУ**. **БОГ** слышал всё, что вы вдвоём обсуждали. **БОГ** – Слышащий, Видящий.

2. Те из вас, кто отдаляют своих жён (*объявив их такими же запретными для полового сношения*), как их матери, прекрасно знают, что они не являются их матерями.* Их матери – это женщины, которые родили их. Воистину, они совершают богохульство и ложь. **БОГ** – Извиняющий, Прощающий.

---

*58:2. Отдаление жены, заявив, что она подобна его матери, было древней традицией в Аравии. Это единственная сура, где слово «Аллах» встречается в каждом стихе.

---

3. Те, кто отдаляют своих жён таким способом, а потом мирятся после этого, должны искупить свою вину путём освобождения раба, прежде чем возобновить свои сексуальные отношения. Это для того, чтобы просветить вас. **БОГ** – Знающий всё, что вы совершаете.

4. Если вы не можете найти раба для освобождения, то вы должны поститься два месяца подряд, прежде чем возобновить сексуальные отношения. Если вы не можете поститься, то тогда вы должны накормить шестьдесят бедняков. Вы должны веровать в **БОГА** и Его посланника. Это законы **БОГА**. Неверующих постигнет мучительное возмездие.

5. Воистину, те, кто борется против **БОГА** и Его посланника, обречены на поражение так же, как были обречены на поражение и их предшественники. Мы ниспослали ясные доказательства, а отвергающие навлекли на себя позорное возмездие.

6. Придёт день, когда **БОГ** воскресит их всех, а потом поведает им обо всём, что они совершали. **БОГ** записал всё, в то время как они забыли обо всём. **БОГ** видит все вещи.

Бог с вами сейчас
7. Разве ты не понимаешь, что **БОГ** знает всё, что на небесах, и всё, что на земле? Не могут сговориться тайно ни трое без того, чтобы Он не был четвёртым, ни пятеро без того, чтобы Он не был шестым; ни меньше их, ни больше – без того, чтобы Он не был с ними, где бы они ни были. Затем, в День Воскресения, Он поведает им обо всём, что они совершали. Ведь **БОГ** в полной мере знает о всякой вещи.

Не сговаривайтесь
8. Обратил ли ты внимание на тех, кому было предписано не сговариваться тайно, а они настаивают на сговоре? Они сговариваются, чтобы совершить грех, беззаконие и неповиновение посланнику. Когда они приходят к тебе, то они приветствуют тебя не тем приветствием, которое предписано **БОГОМ**. Они говорят в душе: «**БОГ** не накажет нас за наши высказывания». Их единственное воздаяние – это Геенна, где они горят; какая несчастная судьба.

9. О вы, кто верует, если вы должны совещаться тайно, то не совещайтесь о совершении греха, беззаконии и неповиновении посланнику. Вы должны совещаться для того, чтобы творить праведность и благочестие. Вы должны благоговеть перед **БОГОМ**, перед которым вы будете собраны.

10. Тайный заговор – это идея дьявола, с помощью которой он стремится навредить тем, кто уверовал. Однако он не может навредить им против воли **БОГА**. На **БОГА** верующие должны уповать.

11. О вы, кто верует, если вам сказано: «Пожалуйста, потеснитесь», то вы должны освободить место и позволить сесть друг другу. Тогда **БОГ** освободит место для вас. Если же вас попросят встать и подвинуться, то встаньте и подвиньтесь. **БОГ** возвышает на высшие ступени тех из вас, которые веруют, и тех, кто приобретает знания. **БОГ** – Знающий абсолютно всё, что вы совершаете.

12. О вы, кто верует, когда вы хотите посовещаться с посланником, то вы должны подать милостыню (*бедному*), прежде чем это сделать. Это лучше для вас и чище. Если вы не можете позволить себе этого, тогда **БОГ** – Прощающий, Самый Милосердный.

13. Если вы не смогли дать на благотворительность до совещания и покаялись после этого, то **БОГ** примет ваше покаяние. Вы должны соблюдать контактные молитвы (*Салат*), давать на обязательную благотворительность (*Закят*) и повиноваться **БОГУ** и Его посланнику. **БОГ** – Знающий абсолютно всё, что вы совершаете.

Выбирайте ваших друзей

14. Обратил ли ты внимание на тех, кто вступил в дружбу с людьми, на которых **БОГ** гневается? Они не относятся ни к вам, ни к ним. Они намеренно клянутся ложью!

15. **БОГ** приготовил для них суровое возмездие. Воистину, скверно то, что они делали.

16. Они использовали свои клятвы как средство отвращения от пути **БОГА**. Следовательно они навлекли на себя позорное возмездие.

17. Ни их деньги, ни их дети не помогут им против **БОГА**. Им уготован адский огонь, где они пребудут вечно.

18. Придёт День, когда **БОГ** воскресит их всех. Тогда они будут клясться Ему, так же как они клянутся сейчас вам, думая, что они на самом деле правы! Воистину, они – настоящие лжецы.

19. Дьявол овладел ими и заставил их пренебречь посланием **БОГА**. Они являются партией дьявола. Безусловно, партия дьявола – это проигравшие.

20. Воистину, те, кто противятся **БОГУ** и Его посланнику, будут в числе самых ничтожных.

21. **БОГ** предписал: «Я и Мои посланники, несомненно, победим». **БОГ** – Могущественный, Всемогущий.

Бегите что есть мочи, спасая свою жизнь

22. Ты не увидишь, чтобы люди, которые веруют в **БОГА** и в Последний День, дружили с теми, кто противится **БОГУ** и Его посланнику, даже если бы они были их родителями, их детьми, их братьями и сёстрами, или их племенем. Для них Он предписывает веру в их сердца и поддерживает их внушением от Него, и вводит их в сады с текущими ручьями, где они пребывают вечно. **БОГ** доволен ими, и они довольны Им. Это – партия **БОГА**. Истинно, партия **БОГА** – это победители.

****

Сура 59: Исход (Аль-Хашр)

Во имя Бога, Самого Милостивого, Самого Милосердного

1. Прославляет **БОГА** всё, что на небесах и на земле, и Он – Всемогущий, Самый Мудрый.

Бог защищает верующих

2. Он – Тот, кто изгнал неверующих из людей писания из их домов при массовом исходе. Вы никогда не думали, что они уйдут, а они полагали, что их приготовления защитят их от **БОГА**. Но тогда **БОГ** пришёл к ним оттуда, откуда они и не ожидали, и вселил в их сердца ужас. Таким образом, они покинули свои дома по собственному желанию, в дополнение к давлению со стороны верующих. Вы должны извлечь из этого урок, о вы, обладающие зрением.

3. Если бы **БОГ** не заставил их уйти, то Он бы воздал им в этой жизни (*даже хуже, чем вынудить их уйти*). В Будущей жизни Он подвергнет их возмездию Ада.

4. Это потому, что они воспротивились **БОГУ** и Его посланнику. Для тех, кто противится **БОГУ** и Его посланнику, **БОГ** – самый строгий в исполнении возмездия.

5. Рубите ли вы дерево или оставляете его стоящим на его стволе – это происходит согласно **БОЖЬЕЙ** воле. Он, несомненно, унизит нечестивых.

6. Всё, что **БОГ** возвратил Своему посланнику, не было результатом ваших военных усилий, независимо от того – сражались ли вы на конях или пешими. **БОГ** – Тот, кто отправляет Своих посланников, против кого Он пожелает. **БОГ** – Всесильный.

Военные трофеи

7. Всё, что **БОГ** возвратил Своему посланнику из (*побеждённых*) общин, должно быть отведено **БОГУ** и Его посланнику (*в форме благотворительности*). Вы должны отдать это родственникам, сиротам, бедным и путешествующим иноземцам. Таким образом, оно не останется монополизированным сильными из вас. Вы можете оставить себе трофеи, данные вам посланником, но не берите то, что он запрещает вам брать. Вы должны благоговеть перед **БОГОМ**. **БОГ** строг в осуществлении возмездия.

8. (*Вы должны давать*) нуждающимся, которые мигрировали. Они были изгнаны из своих домов и лишены своего имущества, потому что они искали **БОЖЬЕЙ** благодати и довольства, и потому что поддерживали **БОГА** и Его посланника. Они – правдивые.

9. Что же касается тех, кто предоставили им дом и убежище и были верующими до них, то они любят тех, кто мигрировал к ним, и помогают им без малейшего сомнения в их сердцах. В сущности, они с готовностью отдают им предпочтение над собой, даже когда они сами нуждаются в том, что они отдают. Воистину, те, кто преодолевают свою природную скупость, являются успешными.

10. Те, кто стали верующими после них, говорят: «Господь наш, прости нас и нашу братию, которая предшествовала нам в вере, и не позволяй нашим сердцам таить ненависть к тем, кто уверовал. Наш Господь, Ты – Сострадательный, Самый Милосердный».

11. Обратил ли ты внимание на тех, кто заражены лицемерием, и как они говорили своим спутникам по неверию из людей писания: «Если вас изгонят, то мы уйдём вместе с вами и никогда не будем повиноваться никому, кто выступит против вас. Если кто-либо сразится с вами, то мы будем сражаться на вашей стороне». **БОГ** свидетельствует, что они – лжецы.

12. В сущности, если бы они были изгнаны, то они не ушли бы вместе с ними, и если бы кто-либо сражался с ними, то они не поддержали бы их. Даже если бы они поддержали их, то они бы повернулись и убежали. Они никогда не смогут победить.

13. Воистину, вы поражаете их сердца большим ужасом, чем их страх перед **БОГОМ**. Это потому, что они – люди, которые не понимают.

14. Они не собираются вместе, чтобы сражаться с вами, пока они не находятся в хорошо защищённых зданиях или за стенами. Их мощь представляется им грозной. Можно подумать, что они едины, когда на самом деле их сердца разделены. Это потому, что они – люди, которые не понимают.

15. Их судьба такая же, как и подобных им предшественников. Они пострадали от последствий своих решений. Они навлекли на себя мучительное возмездие.

16. Они подобны дьяволу: он говорит человеку: «Не веруй», но потом, как только тот становится неверующим, он говорит: «Я отрекаюсь от тебя. Я боюсь **БОГА**, Господа Вселенной».

17. Судьбой обоих будет Адский огонь, в котором они пребудут вечно. Это воздаяние для беззаконников.

18. О вы, кто верует, вы должны благоговеть перед **БОГОМ**, и пусть каждая душа проверит, что она приготовила на завтра. Вы должны благоговеть перед **БОГОМ**; **БОГ** – в полной мере Знающий всё, что вы совершаете.

19. Не будьте подобны тем, кто забыл **БОГА**, поэтому Он заставил их забыть самих себя. Таковы нечестивые.

20. Не равны обитатели Адского огня и обитатели Рая; обитатели Рая – победители.

Величие Корана

21. Если бы мы ниспослали этот Коран горе, то ты увидел бы её трепещущей, рушащейся от благоговения к **БОГУ**. Мы приводим эти примеры для людей, чтобы они могли поразмыслить.

Бог

22. Он – Единый **БОГ**; и нет другого бога, кроме Него. Знающий все тайны и заявления. Он – Самый Милостивый, Самый Милосердный.

23. Он – Единый **БОГ**; и нет другого бога, кроме Него. Царь, Самый Святой, Мир, Самый Верный, Верховный, Всемогущий, Самый Могущественный, Самый Достойный. Да будет славен **БОГ**; Он превыше того, чтобы иметь партнёров.

24. Он – Единый **БОГ**; Создатель, Творец, Дизайнер. Ему принадлежат самые красивые имена. Прославляет Его всё, что на небесах и на земле. Он – Всемогущий, Самый Мудрый.

Сура 60: Испытание (Аль-Мумтахана)

Во имя Бога, Самого Милостивого, Самого Милосердного

1. О вы, кто верует, вы не должны дружить с Моими врагами и вашими врагами, проявляя к ним любовь и дружбу, ведь они не уверовали в истину, которая пришла к вам. Они подвергают гонениям посланника и вас только потому, что вы верите в **БОГА**, вашего Господа. Если вы мобилизуетесь для борьбы за Моё дело, стремясь к Моим благословениям, то как же вы можете тайно любить их? Я в полной мере знаю всё, что вы утаиваете, и всё, что вы заявляете. Те из вас, кто делает это, воистину сбились с правильного пути.

2. Всякий раз, когда они сталкиваются с вами, они относятся к вам как к врагам и вредят вам своими руками и языками. Они хотят, чтобы вы не веровали.

3. Ваши родственники и ваши деньги никогда не смогут вам помочь. В День Воскресения Он рассудит между вами. **БОГ** – Видящий всё, что вы совершаете.

Пример Авраама

4. Прекрасный пример был подан для вас Авраамом (Ибрагимом) и теми, кто был с ним. Они сказали своему народу: «Мы отрекаемся от вас и идолов, которым вы поклоняетесь, кроме **БОГА**. Мы осуждаем вас, и вы не увидите ничего от нас, кроме вражды и ненависти, пока вы не станете веровать ТОЛЬКО* в **БОГА**». Однако, Авраам совершил ошибку, когда он сказал своему отцу: «Я буду молиться о твоём прощении,** но я не обладаю никакой властью, чтобы защитить тебя от **БОГА**». – «Господь наш, мы уповаем на Тебя и покоряемся Тебе; к Тебе – окончательная судьба.

5. Господь наш, не позволяй нам быть угнетёнными теми, которые не уверовали, и прости нас. Ты – Всемогущий, Самый Мудрый».

6. Прекрасный пример был подан ими для тех, кто стремится к **БОГУ** и к Последнему Дню. Что же касается тех, кто отворачивается, то **БОГ** не нуждается (*в них*), Наиболее Достойный похвалы.

7. **БОГ** может заменить вражду между вами и ими на любовь. **БОГ** – Всесильный. **БОГ** – Прощающий, Самый Милосердный.

60:4. Арабское слово «ВАХДАХУ» (ТОЛЬКО) встречается только шесть раз в Коране; одно из них относится к руководствованию ТОЛЬКО Кораном (17:46). Ссылка на ТОЛЬКО Бога встречается в 7:70, 39:45, 40:12, 84 и 60:4. Сумма этих чисел (7 +70 +39 +45 +40 + 12 +84 +60 +4) равна 361 или 19х19. Этим подчёркивается, что основная тема Корана – «поклоняться ТОЛЬКО Богу». См. Приложение 1.

**60:4. Мы можем молиться за руководство для идолопоклонников, но не за прощение, поскольку закон Бога заключается в том, что идолопоклонство является единственным непростительным преступлением (См. 4:48 и 4:116).*

Основной закон, регулирующий отношения с неверующими

8. **БОГ** не запрещает вам дружить с теми, кто не сражается с вами из-за религии и не изгоняет вас из ваших жилищ. Вы можете дружить с ними и быть справедливыми по отношению к ним. **БОГ** любит справедливых.

9. **БОГ** запрещает вам только дружбу с теми, кто сражается с вами из-за религии, выселяет вас из ваших жилищ и объединяется с другими для того, чтобы изгнать вас. Вы не должны дружить с ними. Те, кто дружит с ними, – беззаконники.

В случае войны

10. О вы, кто верует, когда верующие женщины (*покидают врага и*) просят у вас убежища, то вы должны испытать их. **БОГ** в полной мере знает их веру. После того, как вы установите, что они верующие, вы не должны возвращать их неверующим. Им не дозволено оставаться в браке с ними, а неверующим не должно быть разрешено жениться на них. Возвратите брачный дар, который неверующие заплатили. Вы не совершите ошибку, женившись на них, если только вы заплатите им надлежащий брачный дар. Не удерживайте неверующих жён (*если они хотят присоединиться к врагу*). Вы можете попросить у них брачный дар, который вы заплатили, и они могут попросить то, за что они платили. Это правило **БОГА**; Он правит между вами. **БОГ** – Всеведущий, Самый Мудрый.

11. Если какая-либо из ваших жён присоединится к лагерю врагов, и вы вынуждены сражаться, то вы должны заставить врага компенсировать мужчинам, которые потеряли своих жён, отдав им то, что они потратили на своих жён. Вы должны благоговеть перед **БОГОМ**, в которого вы веруете.

12. О пророк, когда верующие женщины (*которые покинули неверующих*) в поисках убежища у тебя, обещают тебе, что они не будут создавать никаких идолов, кроме **БОГА**, не будут ни воровать, ни прелюбодействовать, ни убивать своих детей, ни выдумывать какую-либо ложь, ни ослушиваться твоих праведных наказов, тогда ты должен принять их обет и молиться **БОГУ**, чтобы Он простил их. **БОГ** – Прощающий, Самый Милосердный.

13. О вы, кто верует, не дружите с теми, на кого гневается **БОГ**, и кто безнадёжно увяз в неверии; они так же безнадёжны, как и неверующие, которые уже в могилах.

****

Сура 61: Колонна (Аль-Сафф)

Во имя Бога, Самого Милостивого, Самого Милосердного

1. **БОГА** прославляет всё, что на небесах, и всё, что на земле. Он – Всемогущий, Самый Мудрый.

2. О вы, кто верует, почему вы говорите то, чего вы не делаете?

3. Самое отвратительное в глазах **БОГА** – это когда вы говорите то, чего вы не делаете.

4. **БОГ** любит тех, кто сражаются за Его дело, объединившись в одну колонну, как кирпичи в одной стене.

5. Вспомни, как Моисей (Муса) сказал своему народу: «О мой народ, почему вы обижаете меня, хотя вы знаете, что я посланник **БОГА** к вам?» И когда они уклонились, **БОГ** отклонил их сердца. Ибо **БОГ** не ведёт правильным путём людей нечестивых.

Посланник после Иисуса

6. Вспомните, как Иисус (Иса), сын Марии (Марьям), сказал: «О дети Израиля, я – посланник **БОГА** к вам, подтверждающий Тору и принёсший добрую весть о посланнике, который придёт после меня, имя которого будет ещё более восхвалённым (*Ахмад*)». Потом, когда он показал им ясные доказательства, они сказали: «Это – явное волшебство».

7. Кто же нечестивее того, кто выдумывает ложь о **БОГЕ**, когда его призывают к Покорности? **БОГ** не ведёт правильным путём людей нечестивых.

8. Они желают потушить свет **БОГА** своими устами. Но **БОГ** настаивает на совершенствовании Своего света, несмотря на неверующих.

Великое пророчество

9. Он отправил Своего посланника* с руководством и истинной религией и превознесёт её над всеми религиями,

несмотря на идолопоклонников.

Наилучшая сделка

10. О вы, кто верует, позвольте Мне сообщить вам о торговле, которая спасёт вас от мучительного возмездия.

11. Веруйте в **БОГА** и Его посланника и усердствуйте в деле **БОГА** вашими деньгами и вашей жизнью. Это самая лучшая сделка для вас, если бы вы только знали.

12. Взамен Он простит ваши грехи и введёт вас в сады с текущими ручьями и с красивыми особняками в садах Эдема. Это – величайший триумф.

13. Кроме того, вы получите то, что вы поистине любите, – поддержку от **БОГА** и гарантированную победу. Передай верующим добрые вести.

14. О вы, кто верует, будьте сторонниками **БОГА**, как апостолы Иисуса (Исы), сына Марии (Марьям). Когда он сказал им: «Кто мои сторонники на пути **БОГА**», они сказали: «Мы сторонники **БОГА**». Таким образом, одна группа из детей Израиля уверовала, а другая группа не уверовала. Мы помогали тем, кто уверовал, против их врагов, пока они не победили.

****

Сура 62: Пятница (Аль-Джумуа)

Во имя Бога, Самого Милостивого, Самого Милосердного

*61:9. Конкретное имя этого посланника расшифровано математически (Приложение 2).

1. **БОГА** прославляет всё, что на небесах, и всё, что на земле; Царя, Самого Святого, Всемогущего, Самого Мудрого.

2. Он – Тот, кто отправил к иноверным посланника из их числа, чтобы читать им Его откровения, очищать их и научить их писанию и мудрости. До этого они были глубоко заблудшими.

3. И ко многим поколениям после них. Он – Всемогущий, Самый Мудрый.

4. Такова **БОЖЬЯ** благодать, которую Он дарует тому, кому Он пожелает. **БОГ** – Обладатель Безграничной Милости.

5. Пример тех, кому была дарована Тора, и кто не придерживался её, подобен ослу, несущему великие произведения литературы. Воистину, жалким является пример людей, которые отвергли откровения **БОГА**. **БОГ** не ведёт правильным путём людей нечестивых.

6. Скажи: «О вы, иудеи, если вы утверждаете, что из всех людей только вы избраны **БОГОМ**, то возжелайте же смерти для себя, если вы правдивы!»

7. Они никогда не возжелают её из-за того, что они совершили. **БОГ** в полной мере знает нечестивых.

8. Скажи: «Смерть, которую вы пытаетесь избежать, настигнет вас рано или поздно. Тогда вы будете возвращены к Знающему все тайны и заявления, и Он сообщит вам обо всём, что вы совершили».

Важные заповеди для всех верующих

9. О вы, кто верует, когда Общинная Молитва (*Салат аль-Джумуа*) объявляется в пятницу, то вы должны спешить к поминанию **БОГА** и оставить все дела. Это лучше для вас, если бы вы только знали.

10. Как только молитва завершится, вы можете расходиться по земле в поисках щедрот **БОГА**, и продолжайте поминать **БОГА** часто, чтобы вы могли преуспеть.

11. Когда некоторые из них сталкиваются с деловой сделкой или каким-либо развлечением, то они устремляются к ним, оставив тебя стоящим! Скажи: «То, чем обладает **БОГ**, гораздо лучше развлечения или бизнеса. **БОГ** – наилучший Наделитель благ».

****

Сура 63: Лицемеры (Аль-Мунафикун)

Во имя Бога, Самого Милостивого, Самого Милосердного

1. Когда лицемеры приходят к тебе, они говорят: «Мы свидетельствуем, что ты посланник **БОГА**».* **БОГ** знает, что ты Его посланник, и **БОГ** свидетельствует, что лицемеры – лжецы.

63:1. См. примечание на стр. 385.

2. Под видом их кажущейся веры они отвращают людей от пути **БОГА**. Воистину, скверно то, что они делают.

3. Это потому, что они уверовали, а потом стали неверующими. Поэтому их разум заблокирован; они не понимают.

Они настроены враждебно

4. Когда ты видишь их, то тебя может впечатлить их внешний вид. И когда они говорят, ты можешь слушать их красноречие. Они похожи на стоящие брёвна. Они думают, что каждый зов обращён против них. Это – истинные враги; остерегайся их. **БОГ** осуждает их; они отклонились.

5. Когда им говорят: «Приходите, позвольте посланнику **БОГА** помолиться о вашем прощении», они насмешливо поворачивают свои головы, и ты видишь, как они отвращают других и ведут себя высокомерно.

Миф о заступничестве разрушен*

6. Им всё равно – молишься ли ты об их прощении или не молишься; **БОГ** не простит их. Ибо **БОГ** не ведёт правильным путём людей нечестивых.

7. Они те, которые говорят: «Не давайте денег тем, кто последовал за посланником **БОГА**; возможно, они покинут его!» Однако, **БОГ** обладает сокровищами небес и земли, но лицемеры не понимают.

8. Они говорят: «Если мы вернёмся в город, то могущественные в нём изгонят слабых (*и мы будем жертвами*)». (*Они должны знать, что*) всё достоинство принадлежит **БОГУ** и Его посланнику, и верующим. Однако, лицемеры не знают.

9. О вы, кто верует, пусть ваши деньги и ваши дети не отвлекают вас от поминания **БОГА**. Те, кто делают это, – проигравшие.

10. Вы должны давать из наших благ к вам прежде, чем смерть придёт к вам, и тогда вы скажете: «Господь мой, если бы Ты только мог отложить это на некоторое время! Я бы тогда был благотворительным и присоединился бы к праведным!»

11. **БОГ** никогда не откладывает назначенное время смерти ни для какой души. **БОГ** – в полной мере Знающий всё, что вы совершаете.

****

---

*63:1. «Первый столп Ислама», как указано в 3:18, – это свидетельствование, что Бог является единственным богом. Но заблуждающиеся «мусульманские» учёные добавляют: «Мухаммед – посланник Бога», а это нарушает ряд заповедей (см. 2:285). Стих 63:1 – единственное место в Коране, где сделано такое заявление. Только лицемеры делают такое заявление.

*63:6. Миллионы людей боготворят своих пророков из-за этого мифа (Приложение 8).

Сура 64:
Взаимное обвинение
(Аль-Тагабун)

Во имя Бога, Самого Милостивого, Самого Милосердного

1. Прославляет **БОГА** всё, что на небесах, и всё, что на земле. Ему принадлежит всё царство, и Ему принадлежит вся хвала, и Он – Всесильный.

2. Он – Тот, кто создал вас; и среди вас есть неверующие, и есть верующие. **БОГ** – в полной мере Видящий всё, что вы совершаете.

3. Он создал небеса и землю с определённой целью,* задумал вас и усовершенствовал ваш образ, а потом к Нему – окончательная судьба.

4. Он знает всё, что на небесах и на земле, и Он знает всё, что вы утаиваете, и всё, что вы заявляете. **БОГУ** в полной мере известно о самых сокровенных мыслях.

5. Обратили ли вы внимание на тех, которые не уверовали в прошлом, а потом пострадали от последствий своих решений? Они навлекли на себя мучительное возмездие.

6. Это потому, что их посланники приходили к ним с ясными знамениями, а они говорили: «Неужели мы последуем за людьми, подобным нам?» Они не уверовали и отвернулись. **БОГУ** они не нужны; **БОГ** ни в чём не нуждается, Достойный похвалы.

7. Те, кто не уверовали, утверждают, что они не будут воскрешены! Да, безусловно, клянусь моим Господом, вы будете воскрешены, и вы понесёте ответственность за всё, что вы совершали. Это легко для **БОГА** сделать.

8. Поэтому вы должны веровать в **БОГА** и Его посланника, и в свет, который мы открыли здесь. **БОГ** – в полной мере Знающий всё, что вы совершаете.

9. Придёт день, когда Он призовёт вас ко Дню Созыва. Это – День Взаимного Обвинения. Каждому, кто верует в **БОГА** и ведёт праведную жизнь, Он отпустит его грехи и введёт его в сады с текущими ручьями. Они пребудут там вечно. Это – величайший триумф.

10. Что же касается тех, кто не веруют и отвергают Наши откровения, то они – обитатели Адского огня; они пребудут там вечно. Какая несчастная судьба!

Божественный Закон

11. Всё, что случается с вами, происходит только согласно **БОЖЬЕЙ** воле. Каждому, кто верует в **БОГА**, Он наставит его сердце на правильный путь. Ведь **БОГ** в полной мере знает о всякой вещи.

12. Вы должны повиноваться **БОГУ**, и вы должны повиноваться посланнику. Если вы отвернётесь, то единственной миссией нашего

64:3. Мы находимся в этом мире благодаря огромной милости Бога. Самый Милостивый дал нам возможность искупить себя. См. Введение и Приложение 7.

посланника является передача этого послания.

13. **БОГ**: нет другого бога, кроме Него. На **БОГА** верующие должны уповать.

14. О вы, кто верует, ваши супруги и ваши дети могут быть вашими врагами – остерегайтесь. Если вы помилуете, забудете и простите, тогда **БОГ** – Прощающий, Самый Милосердный.

15. Ваши деньги и дети являются испытанием, а **БОГ** обладает великим вознаграждением.

16. Поэтому вы должны благоговеть перед **БОГОМ** столько, сколько вы можете, и слушать, и повиноваться, и давать (*на благотворительность*) для вашего же блага. Те, кто защищены от своей собственной скупости, – они и есть успешные.

17. Если вы одолжите **БОГУ** заём праведности, то Он приумножит награду для вас многократно и простит вас. **БОГ** – Благодарный, Снисходительный.

18. Знающий все тайны и заявления; Всемогущий, Самый Мудрый.

****

Сура 65:
Развод (Аль-Талак)

Во имя Бога, Самого Милостивого, Самого Милосердного

1. О пророк, когда вы, люди, разводитесь с женщинами, то вы должны убедиться, что срок, отведенный на развод, выждан. Вы должны точно отсчитать такой срок.* Вы должны благоговеть перед **БОГОМ**, вашим Господом. Не выгоняйте их из их домов и не делайте их жизнь невыносимой, чтобы заставить их уйти по собственной воле, разве что они совершат доказанное прелюбодеяние. Это законы **БОГА**. Каждый, кто нарушает законы **БОГА**, совершает несправедливость против самого себя. Ты не знаешь; возможно, **БОГ** желает, чтобы из этого вышло что-либо хорошее.

2. Как только назначенный срок истечёт, вы можете помириться с ними по справедливости или расстаться справедливо. Вы должны иметь два справедливых свидетеля, чтобы они были свидетелями развода перед **БОГОМ**. Это для того, чтобы просветить тех, кто верует в **БОГА** и в Последний День. Каждому, кто благоговеет перед **БОГОМ**, Он создаст выход из положения.

3. И наделит его, откуда он и не ожидал. Каждому, кто уповает на **БОГА**, достаточно Его. Повеления **БОГА** выполняются. **БОГ** предопределил всему свою судьбу.

---

*65:1. Разведённая женщина, прежде чем получить право на повторный брак, должна переждать три менструации. Это гарантирует то, что разведённая не была беременна (2:228).

4. Что касается женщин, достигших менопаузы, если у вас есть какие-либо сомнения, то их срок должен составлять три месяца. А относительно тех, кто не менструирует и обнаружит, что они беременны, то их срок заканчивается после родов. Каждому, кто благоговеет перед **БОГОМ**, Он всё облегчает.

5. Это – повеление **БОГА**, которое Он ниспосылает вам. Каждому, кто благоговеет перед **БОГОМ**, Он прощает его грехи и щедро вознаграждает.

6. Вы должны позволить им жить в том же доме, в котором они жили с вами, и не делайте их жизнь настолько невыносимой, что они сами вынуждены будут уйти. Если они беременны, то вы должны тратить на них, пока они не родят. Если они кормят грудью младенца, то вы должны заплатить им за эту услугу. Вы должны поддерживать дружеские отношения между собой. Если вы расходитесь во мнениях, то вы можете нанять другую женщину для кормления ребёнка.

7. Богатый муж должен оказывать поддержку в соответствии со своими средствами, а бедный должен обеспечивать в соответствии с тем, что даровал ему **БОГ**. **БОГ** не возлагает на душу сверх того, что Он даровал ей. **БОГ** пошлёт облегчение после трудностей.

8. Многие общины восстали против повелений своего Господа и против Его посланников. Следовательно мы привлекли их к строгой ответственности, и мы воздали им страшным воздаянием.

9. Они пострадали от последствий своих решений – тяжёлая утрата.

10. **БОГ** приготовил для них суровое возмездие. Поэтому вы должны благоговеть перед **БОГОМ**, о вы, обладатели ума, которые уверовали. **БОГ** ниспослал вам послание –*

11. посланника*, который ясно читает вам откровения **БОГА**, чтобы вывести тех, которые веруют и творят праведность, из тьмы к свету. Каждого, кто верует в **БОГА** и ведёт праведную жизнь, Он введёт в сады с текущими ручьями; они пребудут там вечно. **БОГ** щедро вознаградит его.

*Семь Вселенных и семь земель**

12. **БОГ** создал семь Вселенных и столько же земель. Повеления текут между ними. Это для того, чтобы вы знали, что **БОГ** – Всесильный, и что **БОГ** в полной мере знает о всякой вещи.

****

65:10-11. «Посланником» здесь явно называется Коран. Стих 10 говорит о «ниспослании послания», и это указывает на Коран как на посланника в 65:11 (Приложение 20).

65:12. Хотя Бог и создал шесть других планет, идентичных с нашей Землёй, но жизнь существует только на нашей планете. Таким образом, эволюционистам будет показано в Судный День, что жизнь на планете не просто «развилась» в силу её особенных обстоятельств.

Сура 66: Запрещение (Аль-Тахрим)

Во имя Бога, Самого Милостивого, Самого Милосердного

1. О пророк, почему ты запрещаешь то, что **БОГ** сделал законным для тебя, только, чтобы угодить своим жёнам? **БОГ** – Прощающий, Самый Милосердный.*

2. **БОГ** предписал для вас законы, касающиеся ваших клятв. **БОГ** – ваш Господь, и Он – Всеведущий, Самый Мудрый.

3. Пророк доверил некоторым из своих жён определённое заявление, потом одна из них распространила его, и **БОГ** дал ему знать об этом. Тогда он сообщил жене часть этого дела и пренебрёг частью. Она спросила его: «Кто сообщил тебе об этом?» Он сказал: «Мне сообщил Всеведущий, Самый Осведомлённый».

4. Если вы обе раскаетесь перед **БОГОМ**, то тогда ваши сердца слушали. Но если вы объединитесь против него, то **БОГ** – его союзник, а также Гавриил и праведные верующие. Кроме того, ангелы являются его помощниками.

5. Если он разведётся с вами, то его Господь заменит вас другими жёнами, которые лучше вас: покорными (*мусульманками*), верующими (*муминами*), послушными, кающимися, поклоняющимися, благочестивыми, как состоявшими ранее в браке, так и девственницами.

6. О вы, кто верует, защищайте себя и свои семьи от Адского огня, топливом которого являются люди и камни. Охраняют его суровые и мощные ангелы, которые никогда не ослушаются **БОГА**; они делают то, что им велено делать.

7. О вы, кто не уверовал, не извиняйтесь сегодня. Вам воздано только за то, что вы совершили.

Верующие каются
8. О вы, кто верует, вы должны каяться перед **БОГОМ** твёрдым покаянием. Тогда ваш Господь простит ваши грехи и введёт вас в сады с текущими ручьями. В тот день **БОГ** не разочарует пророка и тех, кто уверовал вместе с ним. Их свет будет сиять перед ними и справа от них. Они скажут: «Господь наш, усовершенствуй наш свет для нас и прости нас; Ты – Всесильный».

9. О пророк, борись против неверующих и лицемеров и будь непреклонен к ним. Их обитель – Геенна и несчастная судьба.

Миф о заступничестве разрушен
10. **БОГ** приводит в качестве примеров о тех, кто не уверовал, жену Ноя (Нуха) и жену Лота (Лута). Они были замужем за двумя нашими праведными слугами, но они предали их, и следовательно они совсем не могли помочь им против **БОГА**. Им двоим было сказано: «Войдите в Адский огонь с теми, кто заслужил это».

---

*66:1. Магометане во всём мире полагают, что Мухаммед был непогрешимым. Этот стих учит нас, что на самом деле он был подверженным ошибкам человеком (18:110, 33:37, 40:66, 80:1).

Примеры верующих: жена Фараона

11. И **БОГ** приводит в качестве примера о тех, кто уверовал, жену Фараона. Она сказала: «Мой Господь, построй для меня дом у Тебя в Раю и спаси меня от Фараона и его деяний; спаси меня от беззаконников».

Мария

12. А также Марию (Марьям) из семейства Имрана. Она сохранила своё целомудрие, и тогда мы вдули в неё от нашего духа. Она уверовала в слова своего Господа и Его писания; она была послушной.

****

Сура 67: Царствование (Аль-Мульк)

Во имя Бога, Самого Милостивого, Самого Милосердного

1. Самый возвышенный – Тот, в чьих руках всё царствование, и Он – Всесильный.

Цель нашей жизни*

2. Тот, кто создал смерть и жизнь с целью различения тех из вас, чьи деяния окажутся лучше.* Он – Всемогущий, Прощающий.

3. Он создал семь Вселенных слоями. Ты не увидишь никакого несовершенства в творении Самого Милостивого. Продолжай смотреть: видишь ли ты какой-либо изъян?

4. Взгляни снова и снова; твой взор вернётся озадаченным и покорённым.

5. Мы украсили низшую Вселенную лампами и охранили её границы против дьяволов снарядами; мы приготовили для них возмездие в Аду.

6. Для тех, кто не уверовал в своего Господа, – возмездие Геенны. Какая несчастная судьба.

7. Когда их бросают туда, они слышат её ярость, когда она кипит от гнева.

8. Она готова взорваться от ярости. Всякий раз, когда брошена в неё группа, её стражи спрашивают их: «Разве к вам не приходил предупреждающий увещеватель?»

9. Они отвечают: «Да, безусловно, предупреждающий увещеватель приходил к нам, но мы не уверовали и сказали: "БОГ ничего не посылал. Вы находитесь в совершенном заблуждении"».

10. Они также говорят: «Если бы мы услышали и поняли, то мы бы не оказались среди обитателей Ада!»

11. Таким образом, они сознались в своих грехах. Горе обитателям Ада.

12. Что же касается тех, кто благоговеют перед своим Господом, даже когда одни в уединении, то они достигли прощения и великого вознаграждения.

13. Скрываете ли вы свои высказывания или заявляете о них вслух, Ему в полной мере известно о самых сокровенных мыслях.

14. Разве Он не знает, что Он создал? Он – Возвышенный, Самый Осведомлённый.

---

*67:2. См. Введение и Приложение 7 для подробного разъяснения назначения этого мира.

15. Он – Тот, кто предоставил Землю к вашим услугам. Странствуйте по её уголкам и питайтесь Его благами. К Нему – окончательный созыв.

16. Неужели вы поручились за то, что Тот, кто на небесах, не поразит землю и не заставит её обрушиться?

17. Неужели вы поручились за то, что Тот, кто на небесах, не пошлёт на вас сильный шторм? Будете ли вы тогда ценить Моё предупреждение?

18. Те, что были до них, не уверовали; как ужасно было Моё воздаяние!

19. Неужели они не видели птиц над собой, которые выстраиваются в колонны и простирают свои крылья? Самый Милостивый – Тот, кто удерживает их в воздухе. Он – Видящий всё сущее.

20. Где же те воины, которые могут помочь вам против Самого Милостивого? Воистину, неверующие введены в заблуждение.

21. Кто может обеспечить вас, если Он удержит Свои блага? Воистину, они окунулись глубоко в греховность и отвращение.

22. Тот ли следует более верным путём, кто ходит, упав на своё лицо, или тот, кто ходит прямо по правильному пути?

23. Скажи: «Он – Тот, кто сотворил вас первоначально и даровал вам слух, глаза и мозги. Редко же вы бываете признательны».

24. Скажи: «Он – Тот, кто поместил вас на земле, и перед Ним вы будете собраны».

25. Они бросают вызов: «Когда же это пророчество сбудется, если вы правдивы?»

26. Скажи: «Такое знание – у **БОГА**; я не более чем явный предостерегающий увещеватель».

27. Когда они увидят, что это происходит, тогда лица тех, кто не уверовал, станут несчастными, и будет провозглашено: «Это то, над чем вы некогда насмехались».

28. Скажи: «Независимо от того, решит ли **БОГ** уничтожить меня и тех, кто со мной, или осыпать нас Своей милостью – кто защитит неверующих от мучительного возмездия?»

29. Скажи: «Он – Самый Милостивый; мы веруем в Него, и мы уповаем на Него. Вы непременно узнаете, кто действительно находится в глубоком заблуждении».

30. Скажи: «Что если ваша вода уйдёт вглубь, кто тогда обеспечит вас чистой водой?»

****

Сура 68:
Перо (Аль-Калам)

Во имя Бога, Самого Милостивого, Самого Милосердного

1. НуН,* перо и то, что они (*люди*) пишут.

---

*68:1. «НуН» является уникальной буквой среди чудесных инициалов Корана. См. Приложение 1.

2. Ты достиг великого благословения от твоего Господа; ты не безумный.

3. Ты достиг вознаграждения, которое вполне заслужено.

4. Ты наделён великим моральным характером.

5. Ты увидишь, и они увидят.

6. Кто из вас обречён.

7. Твой Господь в полной мере знает тех, кто отклонился от Его пути, и Он в полной мере знает тех, кто идёт правильным путём.

8. Не повинуйся отвергающим.

9. Они желают, чтобы ты пошёл на компромисс, чтобы они тоже могли пойти на компромисс.

10. Не повинуйся всякому презренному, раздающему клятвы.

11. Клеветнику, любителю злословия.

12. Запрещающему благотворительность, беззаконнику, грешнику.

13. Неблагодарному и жадному.

14. Хотя он обладал достаточным количеством денег и детей.

15. Когда наши откровения читаются ему, то он говорит: «Сказки из прошлого!»

16. Мы пометим его лицо.

17. Мы испытали их так же, как мы испытали владельцев сада, которые клялись, что они соберут урожай с него утром.

18. Они были абсолютно уверены в этом.

19. Проходящая (*буря*) от вашего Господа прошла через него, в то время как они спали.

20. К утру он был опустевшим.

21. Утром они позвали друг друга.

22. «Давайте собирать урожай».

23. По дороге они поверяли друг другу.

24. Что с этого часа ни один из них не будет бедным.

25. Они были абсолютно уверены в их урожае.

26. Но когда они увидели его, они сказали: «Мы были так неправы!

27. Теперь у нас ничего нет!»

Они должны были сказать: «Если Богу угодно»

28. Праведный из них сказал: «Если бы вы только прославили (*Бога*)!»

29. Они сказали: «Да будет славен наш Господь. Мы преступили границы дозволенного».

30. Они начали обвинять друг друга.

31. Они сказали: «Горе нам. Мы согрешили.

32. Пусть наш Господь дарует нам лучше этого. Мы раскаиваемся перед нашим Господом».

33. Таково было воздаяние. Но возмездие Будущей жизни гораздо хуже, если бы они только знали.

34. Праведные заслужили у своего Господа сады блаженства.

35. Разве мы должны относиться к покорным, как к преступникам?

36. Что не так с вашей логикой?

37. Неужели у вас есть ещё одна книга, которой вы придерживаетесь?

38. И вы находите в ней всё, что вы хотите?

39. Или же вы получили от нас торжественные заверения, которые даруют вам всё, что вы пожелаете в День Воскресения?

40. Спроси их: «Кто поручится вам за это?»

41. Есть ли у них идолы? Пусть их идолы помогут им, если они правдивы.

42. Придёт день, когда они будут разоблачены, и они должны будут пасть ниц, но они не смогут.

43. Поникшими будут их взоры, и унижение покроет их. Они были призваны пасть ниц тогда, когда они были здоровыми и способными на это.

44. Поэтому позволь Мне иметь дело с теми, кто отвергает этот *Хадис*; мы завлечём их так, что они и не осознают.

45. Я дам им достаточно верёвки; Мой замысел грозен.

46. Разве ты просишь у них денег, и поэтому они обременены взысканием?

47. Неужели они знают будущее? Неужели они его записали?

48. Ты должен стойко и упорно терпеть, выполняя повеления своего Господа. Не будь подобен (*Ионе*), который взывал изнутри рыбы.

49. Если бы не милость его Господа, то он был бы выброшен в пустыню как грешник.

50. Но его Господь благословил его и сделал его праведным.

51. Во взглядах тех, кто не уверовал, видны насмешки, когда они слышат послание и говорят: «Он – безумный!»

52. В сущности, это послание к миру.

****

Сура 69: Неоспоримое (Аль-Хакка)

Во имя Бога, Самого Милостивого, Самого Милосердного

1. Неоспоримое (*событие*).

2. Какое неоспоримое (*событие*)!

3. Оно поистине неоспоримо.

4. Самудяне и адиты не уверовали в Ужасающее.

5. Что касается самудян, то они были уничтожены разрушительным (*землетрясением*).

6. Адиты же были уничтожены непрестанной, сильной бурей.

7. Он наслал её на них в течение семи ночей и восьми дней, яростно. Ты мог бы увидеть людей, разбросанных, словно гнилые стволы пальм.

8. Можешь ли ты найти какой-либо след от них?

9. Фараон, другие до него и грешники (*Содома)* были нечестивыми.

10. Они ослушались посланника их Господа. Следовательно Он воздал им разрушительным воздаянием.

11. Наводнение было разрушительным, поэтому мы перенесли вас на плавучем (*ковчеге*).

12. Мы сделали это уроком для вас, чтобы любое прислушивающееся ухо могло понять.

13. Когда подуют в рог один раз.

14. Земля и горы будут унесены и раздроблены; совершенно раздроблены.

15. Это тот день, когда исполнится неизбежное событие.

16. Небо расколется и распадётся.

17. Кругом будут ангелы, и тогда владение твоего Господа охватит восемь (*Вселенных*).*

18. В тот день вы будете разоблачены, и ничего вы не сможете скрыть.

Верующие

19. Что касается того, кто получит свою запись своей правой рукой, то он скажет: «Подойдите, прочтите мою запись.

20. Я действительно верил, что меня призовут к ответу».

21. Он заслужил счастливую жизнь.

22. В возвышенном Раю.

23. Его плоды в пределах досягаемости.

24. Ешьте и пейте счастливо в обмен на то, что вы совершили в минувшие дни.

Неверующие

25. Что же касается того, кому будет дана его запись в левую руку, то он скажет: «Ох, лучше бы я никогда не получал мою запись.

26. Ох, лучше бы я никогда не знал моего расчёта.

27. Ох, лучше бы моя смерть была вечной.

28. Мои деньги не могут мне помочь.

29. Вся моя власть исчезла».

30. Возьмите его и закуйте его в кандалы.

31. Сожгите его в Аду.

32. Свяжите его цепью длиной в семьдесят локтей.

33. Ибо он не веровал в **БОГА**, Величайшего.

34. И он не призывал к кормлению бедных.

35. Следовательно у него нет друга здесь.

36. И никакой пищи, кроме горького сорта.

37. Пищи для грешников.

38. Я клянусь тем, что вы видите.

39. И тем, что не видите.

40. Это высказывание почётного посланника.

69:17. Эта земля полна страданий из-за своей физической отдалённости от Бога, поскольку она находится в седьмой Вселенной (7:143). В Будущей жизни будет создана восьмая Вселенная, которая будет находиться ещё дальше, чем наша седьмая Вселенная; она будет называться «Ад» (89:23).

41. А не слова поэта; редко же вы веруете.

42. И не высказывание прорицателя; редко же вы внимаете.

43. Откровение от Господа Вселенной.

Мухаммеду запрещено издавать какие-либо религиозные учения

44. Если бы он произнёс какие-либо другие учения.

45. То мы бы наказали его.

46. Мы бы прекратили ниспосылать ему откровения.

47. И ни один из вас не смог бы помочь ему.

48. Это – напоминание для праведных.

49. Мы знаем, что некоторые из вас отвергающие.

50. Это не что иное, как горе для неверующих.

51. Это – абсолютная истина.

52. Поэтому ты должен прославлять имя Господа твоего, Величайшего.

****

Сура 70:
Высоты (Аль-Маaридж)

Во имя Бога, Самого Милостивого, Самого Милосердного

1. Вопрошающий может усомниться в неизбежном возмездии.

2. Для неверующих никто не может остановить его.

3. От **БОГА**, Обладателя высочайшей Высоты.

4. Ангелы со своими докладами поднимаются к Нему в день, равный пятидесяти тысячам лет.

5. Поэтому ты должен прибегнуть к доброму терпению.

6. Ибо они видят его издалека.

7. В то время как мы видим его очень близко.

8. Придёт день, когда небо будет подобно расплавленным камням.

9. Горы будут, как пушистая шерсть.

10. Ни один друг не позаботится о своём близком друге.

11. Когда они увидят их, то виновный пожелает, чтобы он мог отдать своих собственных детей в качестве выкупа, чтобы избавиться от возмездия этого дня.

12. А также свою супругу и своего брата.

13. Даже всё своё племя, которое взрастило его.

14. Даже всех людей на земле, если бы это спасло его.

15. Нет, он пылает.

16. Стремится жечь.

17. Он зовёт тех, кто отвернулся.

18. Тех, кто копил и считал.

19. Воистину, человек беспокойный.

20. Если его касаются невзгоды – он в унынии.

21. Если благословлен богатством – он скуп.

22. Кроме почитателей.

23. Которые всегда соблюдают свои контактные молитвы (*Салат*).

24. Часть их денег отложена.

25. Для бедных и нуждающихся.

26. Они веруют в Судный День.

27. Они благоговеют перед воздаянием своего Господа.

28. Воздаяние их Господа не принято как должное.

29. Они сохраняют своё целомудрие.

30. (*Они имеют отношения*) только со своими супругами или с тем, что принадлежит им по закону –

31. любой, кто преступает эти границы, – грешник.

32. И верующие держат своё слово; они заслуживают доверия.

33. Их показания правдивы.

34. Они постоянно соблюдают свои контактные молитвы (*Салат*) в надлежащее время.

35. Они заслужили почётное место в Раю.

36. Что мешает тем, кто не уверовал, присоединиться к тебе?

37. Направо и налево они бегут.

38. Каким образом кто-либо из них ожидает войти в блаженный Рай?

39. Никогда; мы создали их, и они знают из чего.

40. Я торжественно клянусь Господом востоков и западов; мы способны

41. заменить вас лучшими людьми;

мы никогда не можем быть побеждены.

42. Поэтому пусть они блуждают вслепую и забавляются, пока они не встретят день, который ожидает их.

43. Это – день, когда они выйдут из могил поспешно, словно их гонят на (*жертвенные*) алтари.

44. Поникшими будут их взоры, и стыд покроет их. Это – день, который ожидает их.

****

Сура 71: Ной (Нух)

Во имя Бога, Самого Милостивого, Самого Милосердного

1. Мы послали Ноя (Нуха) к его народу: «Ты должен предупредить свой народ прежде, чем мучительное возмездие поразит их».

2. Он сказал: «О мой народ, я – явный предостерегающий увещеватель к вам.

3. Чтобы предупредить вас о том, что вы должны поклоняться **БОГУ**, благоветь перед Ним и повиноваться мне.

4. Тогда Он простит вам ваши грехи и даст вам отсрочку на предопределённый срок. Несомненно, назначенное **БОГОМ** нельзя отдалить, когда наступает его срок; если бы вы только знали».

5. Он сказал: «Господь мой, я призывал мой народ день и ночь.

6. Но мой призыв только увеличил их отвращение.

7. Всякий раз, когда я призывал их к тому, чтобы они были прощены Тобою, они вкладывали свои пальцы в свои уши, закрывали себя своей одеждой, настаивали и проявляли высокомерие.

8. Затем я призвал их публично.

9. Затем я провозгласил им громко и говорил с ними наедине.

10. Я говорил: "Умоляйте вашего Господа о прощении; Он – Прощающий.

11. Тогда Он ниспошлёт вам обильный дождь.

12. И обеспечит вас деньгами и детьми, и садами, и ручьями"».

13. Почему бы вам не стремиться к благоговению перед **БОГОМ**?

14. Он – Тот, кто создал вас поэтапно.

15. Разве вы не понимаете, что **БОГ** создал семь Вселенных слоями?

16. Он задумал, чтобы луна там была светом, и поместил солнце, чтобы оно было лампой.

17. И **БОГ** взрастил вас из земли, подобно растениям.

18. Затем Он возвращает вас в неё, и Он непременно выведет вас оттуда.

19. **БОГ** сделал землю обитаемой для вас.

20. Чтобы вы могли строить дороги на ней.

21. Ной (Нух) сказал: «Господь мой, они ослушались меня и последовали за теми, которые стали ещё более

порочными, когда их благословили деньгами и детьми.

22. Они замыслили ужасные козни.

23. Они сказали: "Не покидайте ваших богов. Не покидайте Вадда, Суву, Йагуса, Йаука и Насра".

24. Они ввели в заблуждение многих. Поэтому пусть нечестивые окунутся глубже в убыток».

25. Из-за своих грехов они были потоплены и назначены в адский огонь. Они не нашли никаких помощников, чтобы защитить их от **БОГА**.

26. Ной (Нух) также сказал: «Господь мой, не оставляй ни одного неверующего на земле.

27. Ибо, если ты позволишь им, то они только введут в заблуждение твоих слуг и породят лишь нечестивых неверующих.

28. Господь мой, прости меня и моих родителей и каждого, кто входит в мой дом верующим, и всех верующих мужчин и женщин. Но не даруй неверующим ничего, кроме уничтожения».

****

Сура 72:
Джинны (Аль-Джинн)

Во имя Бога, Самого Милостивого, Самого Милосердного

1. Скажи: «Мне было внушено, что группа джиннов слушала, а потом сказала: "Мы услышали замечательный Коран.*

---

* 72:1-28. См. примечание на стр. 398.

2. Он направляет к праведности, и мы уверовали в него; мы никогда не будем создавать никаких идолов, кроме нашего Господа.

3. Всевышний – наш единственный Господь. У Него никогда не было ни супруги, ни сына.

4. Это глупцы из нас обычно говорили такой вздор о **БОГЕ**.

5. Мы думали, что ни люди, ни джинны не могли произнести ложь о **БОГЕ**.

6. Люди некогда искали власти через джиннов, но те только подвергли их многим невзгодам.

7. Они думали так же, как и вы, что **БОГ** не пошлёт другого (*посланника*).

8. Мы коснулись небес и обнаружили, что они наполнены грозными стражами и снарядами.

9. Мы обычно сидели там для того, чтобы шпионить. За каждым, кто слушает, следует мощный снаряд.

10. Мы не имеем понятия, плохое ли предназначено для обитателей Земли, или их Господь пожелает простить их.

11. Некоторые из нас праведные, а некоторые из нас менее, чем праведные; мы следуем различными путями.

12. Мы прекрасно знали, что мы никогда не сможем убежать от **БОГА** на земле; мы никогда не сможем убежать и спастись.

13. Когда мы услышали руководство, то мы уверовали в него. Каждый, кто уверует в своего Господа, никогда не будет бояться никакой несправедливости и никакого несчастья.

14. Среди нас есть покорные, и среди нас есть соглашатели. «Что касается тех, кто покорился, то они находятся на правильном пути.

15. Что же до соглашателей, то они будут топливом для Геенны.

16. Если они останутся на правильном пути, то мы благословим их обильной водой.

17. Мы непременно испытаем их всех. Что же касается того, кто игнорирует послание своего Господа, то Он направит его ко всё увеличивающемуся возмездию.

18. Места поклонения принадлежат **БОГУ**; не призывайте никого, кроме **БОГА**.

72:1-28. Математически посланник здесь именуется как «Рашад Халифа», которому Бог открыл информацию о наступлении конца света (Приложение 25). Количество стихов от 1:1 до 72:27, где посланник упоминается, равняется 5472, 19x72x4. Слово «Рашада» встречается 4 раза в суре 72. Значение «Рашада» составляет 504, а 504 +28 (стихи суры 72) равняется 532, 19x28. Значение «Рашад Халифа» (1230) +72 +28 = 1330 = 19x70. Цифры номера Суры 72 и её количества стихов (28) составляют сумму, равную: 7 +2 +2 +8 = 19. Кроме этого, решающее выражение «только посланнику, которого Он избирает» имеет значение 1919, 19 x101.

*Божий Посланник Завета**

19. Когда слуга **БОГА*** призывал к Нему одному, то почти все они объединились, чтобы выступить против него.

20. Скажи: «Я поклоняюсь только моему Господу; я никогда не создаю никаких идолов, кроме Него».

21. Скажи: «Я не обладаю никакой властью ни навредить вам, ни наставить вас на правильный путь».

22. Скажи: «Никто не может защитить меня от **БОГА**, и я не могу найти никакого другого убежища, кроме как у Него.

23. Я передаю провозглашения и послания **БОГА**». Те, кто не повинуются **БОГУ** и Его посланнику, навлекают на себя огонь Ада, где они пребудут вечно.

24. Как только они увидят, что ожидает их, они узнают, кто на самом деле слабее могуществом и в меньшем количестве.

25. Скажи: «Я не знаю, скоро ли случится то, что обещано вам, или же мой Господь отсрочит его на некоторое время».

26. Он – Знающий будущее; Он никому не открывает будущее.

27. Только посланнику, которого Он избирает,* Он открывает определённые вести* из прошлого и из будущего.

28. Это для того, чтобы убедиться, что они передали послания их Господа. Он в полной мере знает, что у них есть. Он посчитал количество всех вещей.

****

Сура 73: Закутавшийся (Аль-Муззаммиль)

Во имя Бога, Самого Милостивого, Самого Милосердного

1. О закутавшийся.

2. Медитируй в ночное время, за исключением редких случаев.

3. Половину её или чуть меньше.

4. Или чуть больше. И читай Коран от корки до корки.

5. Мы дадим тебе тяжёлое послание.

6. Медитация ночью более эффективна и более праведна.

7. У тебя есть много времени в течение дня для других дел.

8. Ты должен поминать имя твоего Господа, чтобы приблизиться ещё ближе к Нему.

9. Господь востока и запада; нет другого бога, кроме Него. Ты должен избрать Его своим покровителем.

10. И оставайся стойким перед лицом их высказываний, и пренебрегай ими по-хорошему.

11. И позволь Мне иметь дело с отвергающими, которые были щедро наделены; просто дай им немного времени.

---

*72:19. См. примечание к 72:1.

*72:27. См. примечание к 72:1.

12. У нас есть суровые наказания и Ад.

13. Еда, которую вряд ли можно проглотить, и мучительное возмездие.

14. Придёт день, когда земля и горы сотрясутся, и горы превратятся в невесомую кучу.

15. Мы отправили к вам посланника, так же как мы отправили посланника к Фараону.

16. Фараон ослушался посланника, и следовательно мы строго наказали его.

17. Если вы не уверуете, то как вы можете избежать тот день, который так страшен, что делает младенцев седыми?

18. Небеса разрушатся тогда. Его обещание истинно.

19. Это – напоминание: всякий, кто пожелает, пусть изберёт путь к своему Господу.

20. Твой Господь знает, что ты медитируешь в течение двух третей ночи, или половину её, или треть её, а также и некоторые из тех, кто уверовал с тобой. **БОГ** задумал ночь и день, и Он знает, что вы не всегда можете это делать. Он простил вас. Вместо этого вы должны читать из Корана то, что вы можете. Он знает, что некоторые из вас могут быть больны, другие путешествуют в поисках благ **БОГА**, а некоторые усердствуют в деле **БОГА**. Вы должны читать из него то, что вы можете, и соблюдать контактные молитвы (*Салат*), давать на обязательную благотворительность (*Закят*) и одалживать **БОГУ** заём праведности. И то благое, что вы пошлёте наперёд от имени душ своих, вы найдёте его у **БОГА** гораздо лучшим и щедрым по награде. И умоляйте **БОГА** о прощении. **БОГ** – Прощающий, Самый Милосердный.

****

Сура 74: Скрытая тайна (Аль-Муддассир)

Во имя Бога, Самого Милостивого, Самого Милосердного

1. О ты, скрытая тайна.*

2. Выйди и предупреди.

3. Превознеси своего Господа.

4. Очисти свою одежду.*

5. Откажись от того, что неправильно.

6. Довольствуйся своим уделом.

7. Стойко поминай своего Господа.

74:1. Бесконечная мудрость Бога пожелала ниспослать Коран через Мухаммеда, в то время как удивительное, основанное на числе 19, математическое чудо Корана было открыто через Божьего Посланника Завета спустя 1406 лунных лет после откровения Корана (1406 = 19x74 и 1974 год н. э. был Солнечным Годом открытия). Обращаясь к прошлому, мы понимаем, что вся сура относится к основанному на числе 19 чуду Корана (Приложения 1 и 2).

74:4. Коран – это одежда, содержащая таинственный код. Это относится к устранению 9:128-129.

---

8. Затем, когда подуют в рог.

9. Тот день будет трудным.

10. Для неверующих нелёгким.

11. Позволь Мне иметь дело с тем, кого Я создал как личность.

12. Я предоставил ему много денег.

13. И детей, чтобы созерцать.

14. Я облегчил всё для него.

15. Тем не менее, он жаждет большего.

16. Он упрямо отказывался принять эти доказательства.

17. Я подвергну его всё возрастающему наказанию.

18. Ибо он поразмыслил, а потом решил.

19. Скверно то, что он решил.

20. Воистину, скверно то, что он решил.

21. Он посмотрел.

22. Он нахмурился и засопел.

23. Потом он отвернулся надменно.

24. Он сказал: «Это всего лишь искусное колдовство!

25. Это сделано человеком».

26. Я обреку его на возмездие.

27. Что за возмездие!

28. Основательное и всеобъемлющее.

29. Очевидное для всех людей.

Общий знаменатель Корана

30. При нём – девятнадцать.*

31. Мы назначили ангелов быть стражами Ада, и мы установили их количество *(19)*:

(1) чтобы беспокоить неверующих,

(2) чтобы убедить христиан и иудеев *(что это божественное писание)*,

(3) чтобы укрепить веру верующих,

(4) чтобы удалить все следы сомнений в сердцах христиан, иудеев, а также верующих, и

(5) чтобы разоблачить тех, кто питают сомнения в своих сердцах, и неверующих; они скажут: «Что **БОГ** подразумевал под этой аллегорией?» Так **БОГ** вводит в заблуждение того, кого Он пожелает, и направляет на правильный путь того, кого Он пожелает. Никто не знает воинов Господа твоего, кроме Него. Это – напоминание для людей.

32. Абсолютно, (*Я клянусь*) луною.

33. И ночью, когда она проходит.

34. И утром, когда оно светится.

Одно из великих чудес

35. Это – одно из великих чудес.*

36. Предупреждение человеческой расе.

37. Для тех из вас, кто хотят прогрессировать или регрессировать.

38. Каждая душа находится в плену своих грехов.

---

*74:30-35. Это выражение «Одно из великих чудес» предоставляет первое вещественное доказательство того, что Коран является посланием Бога к миру. Это чудо, основанное на числе 19, подробно разъяснено в Приложении 1.

39. Кроме тех, кто справа.

40. Находясь в Раю, они спросят.

41. О виновных.

42. «Что привело вас к этому возмездию?»

43. Они скажут: «Мы не соблюдали контактные молитвы (*Салат*).

44. Мы не кормили бедняков.

45. Мы блуждали вместе с заблудшими.

46. Мы не верили в Судный День.

47. Пока убеждённость не пришла к нам сейчас».

48. Заступничество заступников никогда не поможет им.

49. Почему же они питают отвращение к этому напоминанию?

50. И бегут, подобно зебрам.

51. Которые убегают от льва!

52. Неужели каждый из них хочет получить писание лично?

53. Воистину, они не боятся Будущей жизни.

54. Воистину, это – напоминание.

55. Для тех, кто желает внять.

56. Они не могут внять против воли **БОГА**. Он – источник праведности; Он – источник прощения.

****

Сура 75: Воскресение (Аль-Кийама)

Во имя Бога, Самого Милостивого, Самого Милосердного

1. Клянусь Днём Воскресения.

2. И клянусь обвиняющей душой.

3. Неужели человек думает, что мы не восстановим его кости?

4. Да, безусловно, мы можем восстановить кончик его пальца.

5. Но человек склонен верить только тому, что он видит перед собой.

6. Он сомневается в Дне Воскресения!

7. Когда зрение обострится.

8. И луна затмится.

9. А солнце и луна столкнутся друг с другом.

10. Человек скажет в тот день: «Где же спасение?»

11. Абсолютно, нет никакого спасения.

12. К твоему Господу в этот день – окончательная судьба.

13. Человеку сообщат в тот день обо всём, что он совершил для своего прогресса, и обо всём, что он совершил для своего регресса.

14. Человек будет своим собственным судьёй.

15. Никакие оправдания не будут приняты.

Мухаммеду запрещено объяснять Коран

16. Не двигай своим языком, чтобы ускорить это.

17. Это мы будем собирать его в Коран.

18. Как только мы прочтём его, ты должен следовать такому Корану.

19. Тогда мы и объясним его.

20. Воистину, вы любите эту мимолётную жизнь.

21. Тогда как пренебрегая Будущей жизнью.

22. Некоторые лица в тот день будут счастливы.

23. Глядя на своего Господа.

24. Другие же лица будут в тот день несчастными.

25. В ожидании наихудшего.

26. Воистину, когда (*душа*) достигнет гортани.

27. И будет приказано: «Отпусти!»

28. Он поймёт, что это конец.

29. Каждая нога будет лежать неподвижно рядом с другой ногой.

30. К твоему Господу в тот день будет созыв.

31. Ибо он не соблюдал ни благотворительности, ни контактных молитв (*Салат*).

32. И он не уверовал и отвернулся.

33. Со своей семьёй он обращался надменно.

34. Ты заслужил это.

35. Воистину, ты заслужил это.

36. Неужели человек думает, что он уйдёт в ничто?

37. Разве не был он каплей выброшенной спермы?

38. Затем Он создал зародыш из неё!

39. Он превратил его в мужчину или женщину!

40. Неужели Он не в состоянии оживить мёртвых?

****

Сура 76:
Человек (Аль-Инсан)

Во имя Бога, Самого Милостивого, Самого Милосердного

1. Разве это не факт, что было время, когда человек был ничем, чтобы о нём упоминать?»

2. Мы создали человека из жидкой смеси от двух родителей для того, чтобы испытать его. Таким образом, мы сделали его слышащим и видящим.

3. Мы показали ему два пути: тогда он либо благодарный, либо неблагодарный.

4. Мы приготовили для неверующих цепи, оковы и пылающий Ад.

5. Что касается добродетельных, то они будут пить из чаш, приправленных нектаром.

6. Источник, который уготован для слуг **БОГА**; он будет изливаться по их желанию.

7. Они выполняют свои обещания и благоговеют перед днём, который чрезвычайно трудный.

8. Они жертвуют свою любимую пищу бедным, сиротам и пленным.

9. «Мы кормим вас ради **БОГА**; мы не ожидаем от вас ни вознаграждения, ни благодарности.

10. Мы боимся от нашего Господа дня, полного страданий и бед».

11. Следовательно **БОГ** защищает их от зла того дня и вознаграждает их радостью и удовлетворённостью.

12. Он вознаграждает их за их стойкость Раем и шелками.

13. Они отдыхают там на роскошной мебели. Они не страдают ни от солнечного тепла, ни от холода.

14. Тень покрывает их там, и фрукты принесены в пределах досягаемости.

15. Им подаются напитки в серебряных тарах и чашах, которые прозрачны.

16. Прозрачные чаши, хотя и сделаны из серебра; они по праву заслужили всё это.

17. Они наслаждаются очень вкусными напитками.

18. Из источника, известного как «Сальсабиль».

19. Обслуживать их будут бессмертные слуги. Когда ты увидишь их, они будут похожи на рассыпанный жемчуг.

20. Куда бы ты ни посмотрел, ты увидишь блаженство и замечательное владение.

21. На них будет одежда из зелёного бархата, атласа и серебряные украшения. Их Господь обеспечит их чистыми напитками.

22. Это вознаграждение, которое ожидает вас, ибо ваши усилия были оценены.

23. Мы ниспослали тебе этот Коран – особое откровение от нас.

24. Ты должен стойко выполнять заповеди Господа твоего, и не повинуйся никакому греховному неверующему среди них.

25. И поминай имя твоего Господа днём и ночью.

26. В течение ночи падай ниц перед Ним и прославляй Его многими долгими ночами.

27. Эти люди поглощены этой скоротечной жизнью, тогда как пренебрегая – прямо впереди них – тяжёлым днём.

28. Мы создали их и устроили их, и если мы пожелаем, мы можем заменить их другими.

29. Это – напоминание: тот, кто пожелает, должен избрать путь к своему Господу.

30. Всё, что вы желаете, согласуется с волей **БОГА**. **БОГ** – Всеведущий, Мудрый.

31. Он вводит, кого Он пожелает, в Свою милость. Что же касается беззаконников, то Он приготовил для них мучительное возмездие.

****

Сура 77: Отправленные (Аль-Мурсалат)

Во имя Бога, Самого Милостивого, Самого Милосердного

1. (*Ангелы*), отправленные поочерёдно.

2. Чтобы управлять ветром.

3. Разгонять облака.

4. Распространять блага.

5. Передавать послания.

6. Добрые вести, а также предупреждения.

7. Что обещано, то исполнится.

8. Таким образом, когда звёзды погаснут.

9. Небо откроется.

10. Горы будут взорваны.

11. Посланники будут собраны.

12. Это – назначенный день.

13. День Решения.

14. Что за День Решения!

15. Горе в тот день отвергающим.

16. Разве мы не уничтожили предыдущие поколения?

17. Затем мы заставили других следовать за ними?

18. Это то, что мы делаем с преступниками.

19. Горе в тот день отвергающим.

20. Разве мы не создали вас из ничтожной жидкости?*

21. Потом мы поместили её в хорошо защищённое хранилище.

22. На определённый период времени.

23. Мы точно отмерили его.* Мы – наилучшие дизайнеры.

24. Горе в тот день отвергающим.

25. Разве мы не сделали землю обителью?

26. Для живых и мёртвых?

27. Мы разместили на ней высокие горы и обеспечили вас пресной водой для питья.

28. Горе в тот день отвергающим.

29. Идите к тому, во что вы прежде не веровали.

30. Идите к тени, имеющей три различные плотности.

31. Тем не менее, она не обеспечивает ни прохлады, ни защиты от жары.

32. Она выбрасывает искры такие же большие, как особняки.

33. Такие же жёлтые, как масть верблюдов.

34. Горе в тот день отвергающим.

35. Это – день, когда они не говорят.

36. И им не позволено извиняться.

37. Горе в тот день отвергающим.

38. Это – День Решения. Мы созвали вас и предыдущие поколения.

39. Если у вас есть какие-либо козни, то продолжайте, стройте их.

77:20-23. Согласно «Медицинской эмбриологии Лангмана», автор Т. В. Сэдлер (Пятое издание, стр. 88): «Как правило, длительность беременности для доношенного плода составляет 266 дней или 38 недель с момента оплодотворения». Числа 266 и 38 оба кратны 19 (Приложение 1).

40. Горе в тот день отвергающим.

41. Праведные будут наслаждаться тенью и источниками.

42. И плодами, каких они пожелают.

43. Ешьте и пейте счастливо в обмен на ваши деяния.

44. Так мы награждаем добродетельных.

45. Горе в тот день отвергающим.

46. Ешьте и наслаждайтесь временно; вы виновны.

47. Горе в тот день отвергающим.

48. Когда им сказано: «Поклонитесь», они не кланяются.

49. Горе в тот день отвергающим.

50. Какого же *Хадиса*, кроме этого, они придерживаются?

****

Сура 78:
Событие (Аль-Наба)

Во имя Бога, Самого Милостивого, Самого Милосердного

1. Что они ставят под сомнение?

2. Великое событие.

3. Которое оспаривается ими.

4. Воистину, они узнают.

5. Несомненно, они узнают.

6. Разве мы не сделали землю обитаемой?

7. А горы – стабилизаторами?

8. Мы создали вас парами (*друг для друга*).

9. Мы создали сон, чтобы вы могли отдохнуть.

10. Мы сделали ночь покрывалом.

11. А день – чтобы стремиться к благам.

12. Мы построили над вами семь Вселенных.

13. Мы создали яркую лампу.

14. Мы низводим из облаков льющуюся воду.

15. Чтобы взрастить посредством неё злаки и растения.

16. И различные фруктовые сады.

17. День Решения назначен.

18. День, когда подуют в рог, и вы придёте толпами.

19. Небеса откроются, как ворота.

20. Горы будут удалены, словно они были миражом.

21. Геенна неизбежна.

22. Для беззаконников; это будет их обитель.

23. Они останутся в ней на века.

24. Они никогда не вкусят в ней ни прохлады, ни питья.

25. Только инферно и горькую пищу.

26. Справедливое воздаяние.

27. Они совсем не ожидали, что их призовут к ответу.

28. И совершенно отвергли наши знамения.

29. Мы учли всё в записи.

30. Страдайте же от последствий; мы только увеличим ваше возмездие.

31. Праведные заслужили вознаграждение.

32. Фруктовые сады и виноград.

33. Великолепных супругов.

34. Вкусные напитки.

35. Они никогда не услышат там ни вздора, ни лжи.

36. Награда от твоего Господа – щедрое вознаграждение.

37. Господа небес и земли, и всего, что между ними. *Самого Милостивого*. Никто не может отменить Его решения.

38. Придёт день, когда Дух и ангелы выстроятся в ряд. Никто не будет говорить, кроме тех, кому позволил Самый Милостивый, и они будут произносить только то, что верно.

39. Таков неизбежный день. Кто пожелает, пусть находит убежище у своего Господа.

40. Мы достаточно предупреждали вас о неизбежном возмездии. Это день, когда каждый исследует, что уготовили его руки, и неверующий скажет: «Ох, лучше бы я был прахом».

****

Сура 79: Вырывающие (Аль-Назиат)

Во имя Бога, Самого Милостивого, Самого Милосердного

1. (*Ангелы, которые*) с силой вырывают (*души неверующих*).

2. И те, которые нежно и радостно берут (*души верующих*).

3. И те, кто плывут везде.

4. С нетерпением стремясь опередить друг друга –

5. чтобы выполнить разные повеления.

6. В тот день, когда сотрясётся сотрясающееся.

7. А затем последует второе дутьё.

8. Некоторые умы будут в ужасе.

9. Их взоры будут смиренны.

10. Они скажут: «Мы были возрождены из могилы!

11. Как это произошло после того, как мы превратились в гнилые кости?»

12. Они прежде говорили: «Это невозможное возвращение».

13. Всё, что требуется, это один лёгкий толчок.

14. После чего они встают.

15. Знал ли ты историю Моисея (Мусы)?

16. Его Господь позвал его на святой долине Тува.

17. Иди к Фараону: он преступил границы дозволенного».

18. Скажи ему: «Неужели ты не исправишься?

19. Позволь мне указать тебе путь к твоему Господу, чтобы ты мог стать благоговейным».

20. После этого он показал ему великое чудо.

21. Но тот не уверовал и восстал.

22. Потом он отвернулся поспешно.

23. Он созвал и провозгласил.

24. Он сказал: «Я – ваш Господь, всевышний».

25. В результате **БОГ** обрёк его на возмездие в Будущей жизни, а также и в первой жизни.

26. В этом – урок для благоговейных.

27. Неужели вас сложнее создать, чем небо? Он соорудил его.

28. Он поднял его массы и усовершенствовал его.

29. Он сделал его ночь тёмной и осветил его утро.

30. Он сделал землю яйцевидной формы.*

31. Из неё Он произвёл её собственную воду и пастбище.

32. Он установил горы.

33. Всё это для того, чтобы предоставить жизнеобеспечение для вас и ваших животных.

34. Затем, когда придёт большой удар.

35. Это – день, когда человек вспомнит всё, что он совершил.

36. Будет создан Ад.

37. Что же касается того, кто преступил границы дозволенного.

38. Кто был поглощён этой жизнью.

39. Ад будет его обителью.

40. А для того, кто почитал величие

своего Господа и удерживал себя от греховных похотей.

41. Рай будет ему обителью.

42. Они спрашивают тебя о Часе, и когда он настанет!

43. Это не тебе (*Мухаммед*) суждено объявить о его времени.

44. Твой Господь решает его судьбу.

45. Твоя миссия состоит в том, чтобы предупредить тех, кто ожидает его.

46. В тот день, когда они увидят его, им будет казаться, что они пробыли один вечер или половину дня.

****

Сура 80: Он нахмурился (Абаса)

Во имя Бога, Самого Милостивого, Самого Милосердного

1. Он (*Мухаммед*) нахмурился и отвернулся.

2. Когда слепой человек подошёл к нему.

3. Откуда тебе знать? Может быть, он очистится.

4. Или он может внять и извлечь пользу от этого послания.

5. Что же касается богатого человека.

6. То ты уделил ему своё внимание.

7. Хотя ты не мог поручиться за его спасение.

---

*79:30. Арабское слово «даххаахаа» происходит от «Даххйах», которое означает «яйцо».

8. А того, кто пришёл к тебе с нетерпением.

9. И действительно благоговеет.

10. Ты проигнорировал его.

11. Воистину, это – напоминание.

12. Кто пожелает, тот должен внять.

13. В почётных писаниях.

14. Возвышенных и чистых.

15. (*Записанных*) руками посланников.

16. Благородных и праведных.

17. Горе человеку; он такой неблагодарный!

18. Из чего Он сотворил его?

19. Из крошечной капли Он создаёт его и формирует его.

20. Затем Он указывает путь для него.

21. Затем Он предаёт его смерти и помещает в могилу.

22. Когда Он пожелает, Он воскресит его.

23. Он должен соблюдать Его заповеди.

24. Пусть человек поразмыслит о своей еде!

25. Мы проливаем воду щедро.

26. Затем мы расщепляем почву.

27. Мы взращиваем на ней злаки.

28. Виноград и пастбище.

29. Маслины и пальмы.

30. Разнообразные фруктовые сады.

31. Фрукты и овощи.

32. Чтобы предоставить жизнеобеспечение для вас и ваших животных.

33. Затем, когда свершится дутьё.

34. Это – день, когда человек убегает от своего брата.

35. От своей матери и отца.

36. От своей супруги и детей.

37. В тот день каждый из них беспокоится о своей собственной судьбе.

38. Некоторые лица в тот день будут счастливыми.

39. Смеющимися и радостными.

40. Остальные лица в тот день будут покрыты страданием.

41. Охваченные раскаянием.

42. Они – нечестивые неверующие.

****

Сура 81: Свёртывание (Аль-Таквир)

Во имя Бога, Самого Милостивого, Самого Милосердного

1. Когда солнце будет свёрнуто.

2. Звёзды столкнутся друг с другом.

3. Горы будут уничтожены.

4. Размножение остановится.

5. Звери будут собраны.

6. Океаны подожжены.

7. Души будут восстановлены к своим телам.

8. И спросят девочку, которая была похоронена заживо:

9. «За какое преступление она была убита?»

10. Записи будут преданы гласности.

11. Небеса будут удалены.

12. Ад будет разожжён.

13. Рай будет представлен.

14. Каждая душа узнает всё, что она принесла.

Божий Посланник Завета

15. Я торжественно клянусь галактиками.

16. Точно движущимися по своим орбитам.

17. Ночью, когда она спадает.

18. И утром, когда оно дышит.

19. Это высказывание почётного посланника.*

20. Уполномоченное Обладателем Трона, полностью поддержанное.

21. Ему должны повиноваться и доверять.

22. Ваш друг (*Рашад*) не безумный.

23. Он видел его на высоком горизонте.*

24. Он не удерживает какие-либо вести.

25. Это не разговор дьявола отверженного.

26. Теперь, куда же вы пойдёте?

27. Это – послание ко всем людям.

28. Для тех, кто желает идти прямо.

29. Всё, что вы желаете, согласуется с волей **БОГА**, Господа Вселенной.

****

Сура 82: Разрушение (Аль-Инфитар)

Во имя Бога, Самого Милостивого, Самого Милосердного

1. Когда небо разрушится.

2. Планеты рассеются.

3. Океаны взорвутся.

4. Могилы откроются.

5. Тогда каждая душа узнает, что заставило её прогрессировать, и что заставило её регрессировать.

Поразмыслите над творениями Бога

6. О человек, что отклонило тебя от твоего Господа, Самого Почётного?

7. Того, кто создал тебя, сформировал тебя и усовершенствовал тебя.

8. Какую бы форму Он ни выбрал, Он произвёл её.

9. Воистину, вы не веруете в религию.

---

*81:19. Сложив номер суры с номером стиха, с гематрическим значением имени «Рашад» (505) и со значением «Халифа» (725), мы получаем 1330, 19x70. Это предоставляет Кораническое математическое доказательство, что этот посланник – Рашад Халифа.

*81:23. Рашад Халифа был призван к высокому горизонту, как подробно разъяснено в Приложении 2.

10. Пренебрегая тем фактом, что вокруг вас есть (*невидимые*) хранители.

11. Они честные составители записей.

12. Они записывают всё, что вы делаете.

13. Воистину, благочестивые заслужили блаженство.

14. В то время как нечестивые заслужили Ад.

15. И подвергнутся ему в Судный День.

16. Они никогда не покинут его.

17. Как устрашающ Судный День!

18. Что за день – Судный День!

19. Это – день, когда ни одна душа не сможет помочь другой душе, и все решения в этот день будут принадлежать **БОГУ**.

＊＊＊＊

Сура 83: Мошенники (Аль-Мутаффифин)

Во имя Бога, Самого Милостивого, Самого Милосердного

1. Горе мошенникам.

2. Которые при получении требуют, чтобы люди отмеряли им полную меру.

3. Но когда сами отмеряют или взвешивают для них, то они обманывают.

4. Неужели они не знают, что они будут воскрешены?

5. В великий день?

6. Это день, когда все люди предстанут перед Господом Вселенной.

*Книги, упорядоченные
с помощью цифр*

7. Воистину, книга нечестивых находится в *Сиджжине*.

8. Знаешь ли ты, что такое *Сиджжин*?

9. Книга, упорядоченная с помощью цифр.

10. Горе в тот день отвергающим.

11. Они не верят в Судный День.

12. Не верит в него только беззаконник, грешник.

13. Когда наши откровения читаются ему, то он говорит: «Сказки из прошлого!»

14. Воистину, их сердца заслонены их грехами.

15. Воистину, в тот день они будут отделены от своего Господа.

16. Затем они будут брошены в Ад.

17. И им скажут: «Это то, что вы прежде отрицали».

18. Воистину, книга праведников будет находится в *Иллийине*.

19. Знаешь ли ты, что такое *Иллийин*?

20. Книга, упорядоченная с помощью цифр.

21. Которую увидят приближённые ко Мне.

22. Праведники заслужили блаженство.

23. На роскошной мебели они наблюдают.

24. Ты распознаёшь на их лицах радость блаженства.

25. Их напитки будут приправлены нектаром.

26. Его пряность подобна мускусу. Это то, ради чего состязающиеся должны состязаться.

27. Вмешаны в него будут специальные ароматы.

28. Из источника, который уготован для приближённых ко Мне.

29. Нечестивцы прежде смеялись над теми, кто веровал.

30. Когда они проходили мимо них, они обычно насмехались.

31. Когда они собирались вместе со своими людьми, они шутили.

32. Всякий раз, когда они видели их, они говорили: «Эти люди в глубоком заблуждении!

33. У них нет такой вещи, как (*невидимые*) стражи».

34. Сегодня те, кто уверовали, смеются над неверующими.

35. На роскошной мебели они наблюдают.

36. Истинно, неверующим воздастся за то, что они совершили.

****

Сура 84:
Разрыв (Аль-Иншикак)

Во имя Бога, Самого Милостивого, Самого Милосердного

1. Придёт время, когда небо разорвётся.

2. Оно покорится своему Господу и угаснет.

3. Земля будет выровнена.

4. Прорываясь, она извергнет своё содержимое.

5. Она покорится своему Господу и угаснет.

6. О люди, вы необратимо направляетесь на встречу с вашим Господом.

7. Что касается того, кто получает свою запись в свою правую руку,

8. То его расчёт будет лёгким.

9. Он вернётся к своим людям радостным.

10. Что же до того, кто получает свою запись за спиной,

11. То он будет охвачен раскаянием.

12. И будет гореть в Аду.

13. Он прежде вёл себя высокомерно среди своих людей.

14. Он думал, что его никогда не призовут к ответу.

15. Да, безусловно, его Господь был Видящим его.

16. Я торжественно клянусь розовыми сумерками.

17. И ночью, когда она распространяется.

18. И луной, и её фазами.

19. Вы будете переходить из стадии в стадию.

20. Почему же они не веруют?

21. И когда им читается Коран, они не падают ниц.

22. Это потому, что те, кто не уверовал, отвергают (*Коран*).

23. **БОГУ** в полной мере известно об их самых сокровенных мыслях.

24. Обещай им мучительное возмездие.

25. Что же касается тех, кто веровал и вёл праведную жизнь, то они получат вознаграждение, которое вполне заслужено.

****

Сура 85: Галактики (Аль-Бурудж)

Во имя Бога, Самого Милостивого, Самого Милосердного

1. Небо и его галактики.

2. Обещанный день.

3. Свидетель и то, о чём свидетельствуют.

4. Горе народу каньона.

5. Они зажгли пылающий огонь.

6. Потом сидели вокруг него.

7. Чтобы наблюдать горение неверующих.

8. Они ненавидели их только за то, что они веровали в **БОГА**, Всемогущего, Достойного похвалы.

9. Ему принадлежит царство над небесами и землёй. И **БОГ** видит все вещи.

10. Безусловно, те, кто подвергают гонениям верующих мужчин и женщин и затем не каются, навлекли на себя возмездие Геенны; им уготовано возмездие горения.

11. Безусловно, те, кто уверовал и вёл праведную жизнь, заслужили сады с текущими ручьями. Это – величайший триумф.

12. Воистину, удар твоего Господа суров.

13. Он – Тот, кто даёт начало творению и повторяет.

14. И Он – Прощающий, Самый Добрый.

15. Обладатель славного трона.

16. Исполнитель того, что Он пожелает.

17. Обратил ли ты внимание на историю войск?

18. Фараона и самудян?

19. Те, кто не веруют, заражены отрицанием.

20. Ведь **БОГ** в полной мере знает о них.

21. Воистину, это славный Коран.

22. В оберегаемой главной скрижали.

****

Сура 86: Яркая звезда (Аль-Тарик)

Во имя Бога, Самого Милостивого, Самого Милосердного

1. Клянусь небом и Аль-Тарик.

2. Знаешь ли ты, что такое Аль-Тарик?

3. Это яркая звезда.

4. Безусловно, каждый хорошо охраняется.

5. Пусть человек поразмыслит над своим творением.

6. Он был создан из извергнутой жидкости.

7. Находящейся между позвоночником и внутренними органами.

8. Он, безусловно, способен воскресить его.

9. В день, когда все тайны становятся явными.

10. У него не будет ни власти, ни помощника.

11. Клянусь небом, которое возвращает (*воду*).

12. Клянусь землёй, которая растрескивается (*чтобы взрастить растения*).

13. Это серьёзное повествование.

14. Которое не следует принимать легкомысленно.

15. Они строят козни и плетут интриги.

16. Но также и Я.

17. Просто предоставь отсрочку неверующим – краткую отсрочку.

****

Сура 87: Всевышний (Аль-Аля)

Во имя Бога, Самого Милостивого, Самого Милосердного

1. Прославляй имя Господа твоего, Всевышнего.

2. Он создаёт и придаёт форму.

3. Он задумывает и направляет.

4. Он производит пастбище.

5. Затем превращает его в лёгкое сено.

6. Мы будем читать тебе – не забывай.

7. Всё происходит согласно воле **БОГА**; Он знает то, что разглашено, и то, что скрыто.

8. Мы направим тебя на самый лёгкий путь.

9. Поэтому ты должен напоминать: возможно, напоминание принесёт пользу.

10. Благоговейный внимет.

11. Нечестивец уклонится от него.

12. Следовательно его постигнет великий Адский огонь.

13. В котором он никогда не умрёт и не останется в живых.

14. Воистину, успешен тот, кто искупает свою душу.

15. Поминанием имени своего Господа и соблюдением контактных молитв (*Салат*).

16. Воистину, вы поглощены этой первой жизнью.

17. Хотя Будущая жизнь гораздо лучше и вечная.

18. Это записано в предыдущих учениях.

19. В учениях Авраама (Ибрагима) и Моисея (Мусы).

****

Сура 88: Ошеломляющее (Аль-Гашийа)

Во имя Бога, Самого Милостивого, Самого Милосердного

1. Знаешь ли ты об Ошеломляющем?

2. Лица в тот день будут посрамлёнными.

3. Вымученными и изнурёнными.

4. Страдающие в пылающем Адском огне.

5. Пьющие из пылающего источника.

6. У них не будет никакой пищи, кроме бесполезного разнообразия.

7. Она и не питает, и не утоляет голод.

8. Другие лица в тот день будут полны радости.

9. Удовлетворённые своими деяниями.

10. В возвышенном Раю.

11. В нём не слышно никакого вздора.

12. В нём течёт источник.

13. В нём находится роскошная мебель.

14. И напитки доступные.

15. И кувшины рядами.

16. И ковры повсюду.

17. Почему же они не поразмыслят о верблюдах и о том, как они созданы?

18. И о небе, и о том, как оно поднято.

19. И о горах, и том, как они сооружены.

20. И о земле, и том, как она построена.

21. Ты должен напоминать, ибо твоя миссия – передать это напоминание.

22. У тебя нет власти над ними.

23. Что же касается тех, кто отворачивается и не верует.

24. То **БОГ** подвергнет их великому возмездию.

25. К нам – их окончательная судьба.

26. Затем мы призовём их к ответу.

****

Сура 89: Утренняя заря (Аль-Фаджр)

Во имя Бога, Самого Милостивого, Самого Милосердного

1. Клянусь утренней зарёй.

2. И десятью ночами.*

3. Клянусь чётом и нечётом.*

---

*89:2. Последние десять ночей Рамадана, во время которых многие верующие уединяются в мечетях (2:187).

*89:3. См. Приложение 1 для разъяснения роли чётных чисел и нечётных чисел.

4. Клянусь ночью, когда она проходит.

5. Значительная клятва для того, кто обладает умом.

6. Обратил ли ты внимание на то, как твой Господь поступил с адитами?

7. Ирамом, городом с высотными зданиями.

8. Нигде не было создано ничего, подобного этому.

9. Также с самудянами, высекавшими в скалах в своей долине.

10. И с Фараоном, который обладал мощью.

11. Все они преступили границы дозволенного на земле.

12. Они повсюду распространяли зло.

13. Следовательно твой Господь вылил на них поражающее возмездие.

14. Твой Господь всегда бдителен.

15. Когда человек подвергается испытанию своим Господом посредством благословений и радости, то он говорит: «Мой Господь щедр ко мне».

16. Но если Он испытывает его уменьшением благ, то он говорит: «Господь мой унижает меня!»

17. Неверно! Вы сами навлекли это на себя, не считаясь с сиротой.

18. И не призывая к благотворительности для бедных.

19. И пожирая наследство беспомощных сирот.

20. И чрезмерной любовью к деньгам.

21. Воистину, когда земля раздробится, совершенно раздробится.

22. И Господь твой придёт вместе с ангелами, выстроившимися рядами.

23. В тот день Геенна предстанет. В тот день человек вспомнит – ох, какое воспоминание – но будет слишком поздно.

24. Он скажет: «Ох, если бы я приготовился к моей (*вечной*) жизни».

25. В тот день никакое возмездие не может быть хуже, чем Его возмездие.

26. И никакое заключение под стражу не будет столь результативным, как Его заключение.

27. Что же касается тебя, о удовлетворённая душа.

28. То возвращайся к своему Господу, довольная и угодливая.

29. Добро пожаловать в круг Моих слуг.

30. Добро пожаловать в Мой Рай.

****

Сура 90:
Город (Аль-Балад)

Во имя Бога, Самого Милостивого, Самого Милосердного

1. Я торжественно клянусь этим городом.

2. Городом, где ты живёшь.

3. Рождающим и рождённым.

4. Мы создали человека, чтобы он упорно трудился (*чтобы искупить себя*).*

5. Неужели он думает, что никто и никогда не призовёт его к ответу?

6. Он хвастается: «Я потратил столько много денег!»

7. Неужели он думает, что никто не видит его?

8. Разве мы не дали ему два глаза?

9. Язык и две губы?

10. Разве мы не показали ему два пути?

11. Он должен выбрать трудный путь.

12. Какой из них – трудный путь?

13. Освобождение рабов.

14. Кормление в трудные времена.

15. Сирот, связанных родственными узами,

16. Или бедняка, который нуждается.

17. И быть одним из тех, кто веруют и увещевают друг друга быть стойкими, и увещевают друг друга быть добрыми.

18. Они заслужили счастье.

19. Что же касается тех, кто не уверовал в наши откровения, то они навлекли на себя несчастье.

20. Они будут заключены в Адском огне.

****

Сура 91:
Солнце (Аль-Шамс)

Во имя Бога, Самого Милостивого, Самого Милосердного

1. Клянусь солнцем и его яркостью.

2. Луной, которая следует за ним.

3. Днём, который выявляет.

4. Ночью, которая покрывает.

5. Небом и Тем, кто построил его.

6. Землёй и Тем, кто поддерживает её.

7. Душой и Тем, кто создал её.

8. Затем показал ей, что такое зло, и что такое добро.

9. Успешен тот, кто искупает её.

10. Проигравший – тот, кто пренебрегает ею.

11. Неверие самудян заставило их преступить границы дозволенного.

12. Они последовали за наихудшими среди них.

13. Посланник **БОГА** сказал им: «Это верблюдица **БОГА**, пусть она пьёт».

14. Они не поверили ему и зарезали её. Тогда их Господь воздал им за их грехи и уничтожил их.

15. Тем не менее, те, которые пришли после них, остаются беспечными.

****

---

*90:4. См. Введение и Приложение 7 для разъяснения назначения нашего создания.

Сура 92:
Ночь (Аль-Лайл)

Во имя Бога, Самого Милостивого, Самого Милосердного

1. Клянусь ночью, когда она покрывает.

2. Днём, когда он выявляет.

3. И Тем, кто создал мужской и женский пол.

4. Ваши деяния разнообразны.

5. Что касается того, кто даёт на благотворительность и поддерживает праведность.

6. И придерживается писания.

7. То мы направим его к счастью.

8. Но того, кто скуп, хотя он и богат.

9. И не верует в писание.

10. Мы направим его к страданию.

11. Его деньги не смогут помочь ему, когда он падёт.

12. Мы предоставляем руководство.

13. Мы управляем Будущей жизнью, а также и этой жизнью.

14. Я предупреждал вас о пылающем Адском огне.

15. Никто не будет гореть в нём, кроме нечестивого.

16. Кто не верует и отворачивается.

17. Избежит его праведник.

18. Кто даёт из своих денег на благотворительность.

19. Не ища чего-либо взамен.

20. Стремясь только к своему Господу, Всевышнему.

21. Он, несомненно, обретёт спасение.

****

Сура 93:
Утро (Аль-Духа)

Во имя Бога, Самого Милостивого, Самого Милосердного

1. Клянусь утром.

2. Клянусь ночью, когда она спадает.

3. Твой Господь не покидал тебя, и Он не забыл.

4. Будущая жизнь гораздо лучше для тебя, чем эта первая (*жизнь*).

5. И твой Господь даст тебе достаточно, ты будешь доволен.

6. Разве Он не нашёл тебя сиротой и не предоставил тебе дом?

7. Он нашёл тебя заблудшим и повёл тебя правильным путём.

8. Он нашёл тебя бедным и сделал тебя богатым.

9. Поэтому ты не должен оставлять сироту.

10. И ты не должен выговаривать просящему.

11. Ты должен возвещать о благословениях, которые твой Господь даровал тебе.

****

Сура 94:
Охлаждение вспыльчивости (Аль-Шарх)

Во имя Бога, Самого Милостивого, Самого Милосердного

1. Разве мы не охладили твою вспыльчивость?

2. И мы сняли с тебя ношу (*грехов*).

3. Ту, которая обременяла твою спину.

4. Мы вознесли тебя на почётное положение.

5. За болью следует выгода.

6. Воистину, за болью следует выгода.

7. При каждой возможности ты должен усердствовать.

8. Стремясь только к своему Господу.

****

Сура 95:
Инжир (Аль-Тин)

Во имя Бога, Самого Милостивого, Самого Милосердного

1. Клянусь инжиром и маслиной.

2. Горой Синай.

3. И этим почтенным городом (*Меккой*).*

4. Мы сотворили человека в наилучшем облике.

5. Затем превратили его в нижайшего из низших.

6. Кроме тех, кто веруют и ведут праведную жизнь; они получают вполне заслуженное вознаграждение.

7. Почему же ты всё ещё отвергаешь веру?

8. Разве **БОГ** не является Самым Мудрым из всех мудрых?

****

Сура 96:
Зародыш (Аль-Алак)

Во имя Бога, Самого Милостивого, Самого Милосердного

1. Читай во имя Господа твоего, который создал.*

2. Он создал человека из зародыша.

3. Читай, ведь твой Господь, Самый Возвеличенный.

4. Учит с помощью пера.

5. Он учит человека тому, чего тот не знал.

---

*95:1-3. Инжир, маслина, Синай и Мекка, возможно, символизируют Адама, Иисуса (Ису), Моисея (Мусу), Авраама (Ибрагима) и Мухаммеда, соответственно. Таким образом, представлены все основные религии.

*96:1-19. От 96 до 114 насчитывается 19 сур. Первое откровение (96:1-5) состоит из 19 арабских слов и 76 букв (19x4). Эта сура состоит из 19 стихов и 304 арабских букв (Приложения 1 и 23).

6. Воистину, человек преступает пределы недозволенного.

7. Когда он становится богатым.

8. К твоему Господу – окончательная судьба.

9. Видел ли ты того, кто запрещает.

10. Другим молиться?

11. Разве не лучше для него следовать руководству?

12. Или отстаивать праведность?

13. Если он не верует и отворачивается.

14. То неужели он не понимает, что **БОГ** видит?

15. Воистину, если он не воздержится, то мы схватим его за чуб.

16. Чуб неверующий и греховный.

17. Пусть он тогда призовёт своих помощников.

18. Мы же призовём стражей Ада.

19. Ты не должен повиноваться ему, ты должен пасть ниц и приблизиться.

****

Сура 97:
Судьба (Аль-Кадр)

Во имя Бога, Самого Милостивого, Самого Милосердного

1. Мы ниспослали его в Ночь Судьбы.*

2. Как удивительна Ночь Судьбы!

3. Ночь Судьбы лучше, чем тысяча месяцев.

4. Ангелы и Дух нисходят во время неё по воле их Господа, чтобы выполнить каждое повеление.

5. Мирна она до наступления рассвета.

****

Сура 98: Доказательство
(Аль-Байина)

Во имя Бога, Самого Милостивого, Самого Милосердного

1. Те, кто не уверовал среди людей писания, а также идолопоклонники настаивают на своих путях, несмотря на доказательство, дарованное им.*

2. Посланник от **БОГА** читает им священные инструкции.*

3. В них есть ценные учения.

4. В сущности, те, кто получили писание, не спорили, пока им не было даровано доказательство.

5. Всё, что от них требовалось, – это поклоняться **БОГУ**, посвящая религию абсолютно только Ему, соблюдать контактные молитвы

97:1. Коран был помещён в душу Мухаммеда во время 27-й ночи Рамадана, 13 год д. х. (До Хиджры). См. также 17:1, 44:3, 53:1-18 и Приложение 28.

98:1-2. Этим доказательством является математический код Корана (Приложение 1), а посланником – Рашад Халифа. Сложение номера суры (98) с номером стиха (2) и со значением «Рашад Халифа» (1230) даёт сумму 1330 (19х70), одинаковую с суммой, что в 81:19 (Приложение 2).

(*Салат*) и давать на обязательную благотворительность (*Закят*). Такова идеальная религия.

6. Те, кто не уверовали среди людей писания, и идолопоклонники навлекли на себя огонь Геенны навечно. Они – наихудшие существа.

7. Те, кто веровали и вели праведную жизнь, – наилучшие существа.

8. Их награда у их Господа – это сады Эдема с текущими ручьями, где они пребудут вечно. **БОГ** доволен ими, а они довольны Им. Таково вознаграждение для тех, кто благоговеет перед их Господом.

****

Сура 99: Землетрясение (Аль-Залзала)

Во имя Бога, Самого Милостивого, Самого Милосердного

1. Когда земля сильно сотрясётся.

2. И земля извергнет свои ноши.

3. Человек поинтересуется: «Что происходит?»

4. В тот день она расскажет свои новости.

5. Которые твой Господь повелел ей.

6. В тот день люди выйдут со всех сторон, чтобы им были показаны их деяния.

7. Каждый, кто совершает добро на вес атома, увидит его.

8. И каждый, кто совершает зло на вес атома, увидит его.

Сура 100: Скачущие (Аль-Адийат)

Во имя Бога, Самого Милостивого, Самого Милосердного

1. Клянусь быстро скачущими.

2. Высекающими искры.

3. Вторгающимися (*к врагу*) к утру.

4. Поражающими там ужасом.

5. Проникающими в самое сердце их территории.

6. Человек неблагодарен своему Господу.

7. Он свидетельствует об этом факте.

8. Он чрезмерно любит материальные вещи.

9. Неужели он не понимает, что придёт день, когда откроются могилы?

10. И все тайны будут выведены наружу.

11. В тот день они узнают, что их Господь был в полной мере Осведомлённым о них.

****

Сура 101: Ужасающее (Аль-Кариа)

Во имя Бога, Самого Милостивого, Самого Милосердного

1. Ужасающее.

2. Что за ужасающее!

3. Понимаешь ли ты, что такое Ужасающее?

4. Это – день, когда люди выйдут, подобно роям бабочек.

5. Горы будут подобны пушистой шерсти.

6. Что касается того, чей вес будет тяжёлым.

7. Он будет вести счастливую (*вечную*) жизнь.

8. А тот, чей вес будет лёгким.

9. Его судьба – низшая.

10. Знаешь ли ты, что это такое?

11. Пылающий Адский огонь.

****

Сура 102: Накопление (Аль-Такасур)

Во имя Бога, Самого Милостивого, Самого Милосердного

1. Вы продолжаете увлекаться накоплением.

2. Пока вы не сойдёте в могилы.

3. Воистину, вы узнаете.

4. Несомненно, вы узнаете.

5. Если бы вы только могли узнать с уверенностью.

6. То вы бы представили себе Ад.

7. Тогда бы вы увидели его оком убеждённости.

8. Затем в тот день вы будете спрошены о благословениях, которыми вы наслаждались.

****

Сура 103: Послеобеденное время (Аль-Аср)

Во имя Бога, Самого Милостивого, Самого Милосердного

1. Клянусь послеобеденным временем.

2. Человек в полном заблуждении.

3. Кроме тех, кто веруют и ведут праведную жизнь, и увещевают друг друга придерживаться правды, и увещевают друг друга быть стойкими.

****

Сура 104: Злословящий (Аль-Хумаза)

Во имя Бога, Самого Милостивого, Самого Милосердного.

1. Горе всякому любителю злословия, клеветнику.

2. Он копит деньги и считает их.

3. Словно его деньги сделают его бессмертным.

4. Никогда! Он будет брошен в Разрушитель.

5. Знаешь ли ты, что такое Разрушитель?

6. Пылающий Адский огонь **БОГА**.

7. Он сжигает их изнутри наружу.

8. Они будут заключены там.

9. В распростёртых колоннах.

****

Сура 105:
Слон (Аль-Филь)

Во имя Бога, Самого Милостивого,
Самого Милосердного

1. Обратил ли ты внимание на то,
что твой Господь сделал с народом
слона?

2. Разве Он не заставил их козни
обернуться против них?

3. Он послал на них стаи птиц.

4. Которые осыпали их твёрдыми
камнями.

5. Он сделал их подобными пережё-
ванному сену.

****

Сура 106: Курайш
(Курайшиты)

Во имя Бога, Самого Милостивого,
Самого Милосердного

1. Этим должны дорожить курайшиты.

2. Так же, как они дорожат каравана-
ми зимой и летом.

3. Они должны поклоняться Господу
этого храма.

4. Ибо Он – Тот, кто накормил их
после голода и обеспечил их безопасностью после страха.

****

Сура 107:
Благотворительность
(Аль-Маун)

Во имя Бога, Самого Милостивого,
Самого Милосердного

1. Знаешь ли ты, кто действительно
отказывается от веры?

2. Это тот, кто дурно обращается с
сиротами.

3. И не призывает к кормлению бедных.

4. И горе тем, кто соблюдают
контактные молитвы (*Салат*), –

5. но кто совершенно небрежны к
своим молитвам.

6. Они делают это только напоказ.

7. И они запрещают благотворительность.

****

Сура 108: Щедроты
(Аль-Кавсар)

Во имя Бога, Самого Милостивого,
Самого Милосердного

1. Мы благословили тебя многими
щедротами.

2. Поэтому ты должен молиться
своему Господу (*Салат*) и давать на
благотворительность.

3. Твой противник будет проигравшим.

****

Сура 109: Неверующие (Аль-Кафирун)

Во имя Бога, Самого Милостивого, Самого Милосердного

1. Скажи: «О вы, неверующие.

2. Я не поклоняюсь тому, чему вы поклоняетесь.

3. И вы не поклоняетесь тому, чему я поклоняюсь.

4. Я никогда не буду поклоняться тому, чему вы поклоняетесь.

5. И вы никогда не будете поклоняться тому, чему я поклоняюсь.

6. Вам – ваша религия, а мне – моя религия».

****

Сура 110: Триумф (Аль-Наср)
[Последняя сура, которая ниспослана]*

Во имя Бога, Самого Милостивого, Самого Милосердного

1. Когда триумф и победа придут от **БОГА**.

2. Ты увидишь, как люди толпами будут принимать религию **БОГА**.

3. Ты должен прославлять и хвалить твоего Господа и умолять Его о прощении. Он – Искупитель.

****

Сура 111: Шипы (Аль-Масад)

Во имя Бога, Самого Милостивого, Самого Милосердного

1. Осуждены деяния Абу Лахаба, и он обречён.*

2. Его деньги и все его приобретения никогда не помогут ему.

3. Он навлёк на себя пылающий Адский огонь.

4. А также и его жена, которая руководила преследованием.

5. Она будет (*воскрешена*) с верёвкой из шипов вокруг её шеи.

****

Сура 112: Абсолютность (Аль-Ихлас)

Во имя Бога, Самого Милостивого, Самого Милосердного

1. Провозгласи: «Он – Один и единственный **БОГ**.

110:1-3. Эта последняя в хронологическом порядке сура состоит из 19 арабских слов (см. 96:1), а первый стих состоит из 19 букв. Это указывает на то, что это поколение верующих достигнет обещанной победы. Покорность (истинный Ислам) восторжествует во всём мире (48:28).

*111:1. Абу Лахаб был дядей Мухаммеда и предводителем оппозиции. Его жена провела кампанию преследования против Мухаммеда и верующих. Как и все описания Рая и Ада, верёвка из шипов является аллегорией.

2. Абсолютный **БОГ**.

3. Он никогда не порождал. И не был Он рождён.

4. Ему нет равных».

****

Сура 113:
Рассвет (Аль-Фалак)

Во имя Бога, Самого Милостивого, Самого Милосердного

1. Скажи: «Я прибегаю к защите Господа рассвета.

2. От зла среди Его творений.

3. От зла тьмы, когда она покрывает.

4. От зла нарушителей спокойствия.

5. От зла завистников, когда они завидуют».

****

Сура 114:
Люди (Аль-Нас)

Во имя Бога, Самого Милостивого, Самого Милосердного

1. Скажи: «Я прибегаю к защите Господа людей.

2. Царя людей.

3. Бога людей.

4. От зла пронырливых шептунов.

5. Которые шепчут в груди людей.

6. И бывают они из джиннов и людей».

****

2698*　　　　　　　　　　　　　**118123***

*Таким образом, общее появление решающего слова «Бог» (Аллах) во всём Коране равняется 2698, 19x142. Читатель может удостовериться в точности этой суммы, проверив произвольно количество слова «Бог», указанное в нижней части каждой страницы в этой книге. Кроме того, если сложить те номера стихов, где слово «Бог» встречается, то общая сумма составит 118123, что также кратно 19 (118123 = 19x6217). Подробное разъяснение уникальной математической композиции Корана приведено в Приложениях 1, 2, 24, 25, 26 и 29.

Приложения

Приложение	Страница

Приложение 1

Одно из великих чудес [74:35]

Коран характеризуется уникальным явлением, которое не было найдено ни в одной опубликованной книге. Каждый элемент Корана построен математически: суры, стихи, слова, количество определённых букв, количество слов, образованных из одного корня, количество и разнообразие божественных имён, уникальное правописание некоторых слов, отсутствие или преднамеренное изменение определённых букв в некоторых словах и многие другие элементы Корана, помимо его содержания. Существуют два основных аспекта математической системы Корана: (1) математическая литературная композиция и (2) математическая структура, включающая номера сур и стихов. Благодаря этому всеобъемлющему математическому кодированию, малейшее искажение или физическое перераспределение текста Корана сразу же разоблачается.

Легко понять, но невозможно сымитировать

Впервые в истории у нас есть писание со встроенным доказательством божественного авторства – сверхчеловеческая математическая композиция.

Любой читатель этой книги может легко проверить математическое чудо Корана. Слово «Бог» (*Аллах*) написано жирным шрифтом и прописными буквами по всему тексту. Общая частота появления слова «Бог» отмечена в левом углу нижней части на каждой странице. Число в правом углу является общей суммой номеров стихов, содержащих слово «Бог». Последняя страница текста, стр. 425, демонстрирует, что общее появление слова «Бог» – 2698 или 19х142. Общая сумма номеров стихов из всех стихов, содержащих слово «Бог», – 118123, что также кратно 19 (118123 = 19х6217).

Девятнадцать является общим знаменателем всей математической системы Корана.

Одного этого явления достаточно для неопровержимого доказательства того, что Коран является посланием Бога к миру. Ни одно человеческое существо не смогло бы проследить за появлением слова «Бог» 2698 раз и за количеством стихов, где оно встречается. Это особенно невозможно было совершить в силу: (1) отсутствия знаний в то время, когда был низведен Коран, и (2) того факта, что суры и стихи были значительно рассоединены по времени и по месту их откровения. Хронологический порядок откровения сильно отличался от окончательного формата (см. Приложение 23). Однако, математическая система Корана не ограничивается словом «Бог»; она очень обширная, очень сложная и абсолютно исчерпывающая.

Простые факты

Как и сам Коран, математическое кодирование Корана простирается от очень простого до очень сложного. Простые Факты являются теми наблюдениями, которые могут быть установлены без использования каких-либо инструментов. Сложные факты нуждаются в помощи калькулятора или компьютера. Следующие факты не требуют каких-либо инструментов для проверки, но, пожалуйста, помните, что они все относятся к подлинному арабскому тексту:

1. Первый стих (1:1), известный как *«Басмала»*, состоит из ...... 19 букв.
2. Коран состоит из 114 сур, что является .... 19×6.
3. Общее число стихов в Коране — 6346 или .... 19 ×334
   [6234 пронумерованных стихов и 112 не пронумерованных стихов (*Басмалей*) 6234 +112 = 6346].
   Заметим, что 6 +3 +4 +6 = ... 19.
4. *Басмала* встречается 114 раз, несмотря на её бросающееся в глаза отсутствие в Суре 9 (она встречается дважды в суре 27); 114.......... = 19 х 6.
5. От отсутствующей *Басмалы* в Суре 9 до дополнительной *Басмалы* в Суре 27 находится точно .... 19 сур.
6. Кроме этого, общая сумма номеров сур от 9-ой до 27-ой (9 +10 +11 +12 +...+ 26 +27) составляет 342 или..... 19 х 18.
7. Эта сумма (342) также равна числу слов между двумя *Басмалами* Суры 27, и 342 = ... 19 х 18.
8. Известное первое откровение (96:1-5) состоит из ..... 19 слов.
9. Это сформулированное из 19 слов первое откровение состоит из 76 букв: .... 19×4.
10. Сура 96, первая в хронологической последовательности, состоит из ..... 19 стихов.
11. Эта первая хронологическая сура помещена в начале последних ...... 19 сур.
12. Сура 96 состоит из 304 букв арабского алфавита, и 304 равно .... 19 х 16.
13. Последнее откровение (сура 110) состоит из .... 19 слов.
14. Первый стих последнего откровения (110:1) состоит из... 19 букв.

15. 14 различных арабских букв, составляющих
    14 различных наборов «Коранических инициалов»
    (например, А.Л.М. суры 2:1), открывают 29 сур. Эти номера
    складываются в сумму 14 +14 +29 = 57 = ...   19 x 3.

16. Сумма номеров всех 29 сур, где Коранические инициалы
    встречаются, составляет 2 +3 +7 +...+50 +68 = 822, и 822 +14
    (14 комплектов инициалов) равно 836 или ....   19 x 44.

17. Между первой содержащей инициалы сурой (сура 2)
    и последней содержащей инициалы сурой (сура 68)
    находится 38 не содержащих инициалы сур ......   19 x 2.

18. Между первой и последней содержащих инициалы
    сурами чередуется   19
    комплектов содержащих и не содержащих инициалы сур.

19. Коран упоминает 30 различных чисел: 1, 2, 3, 4, 5, 6, 7, 8, 9,
    10, 11, 12, 19, 20, 30, 40, 50, 60, 70, 80, 99, 100 , 200, 300, 1000,
    2000, 3000, 5000, 50000 и 100000. Сумма этих чисел
    составляет 162146, что равняется ....   19x8534.

Это сжатая сводка Простых Фактов

Литературная математическая композиция

Коран характеризуется уникальным явлением, не найденным в любой другой книге; 29 сур начинаются с 14-ти различных комплектов «Коранических инициалов», состоящих из одной до пяти букв в комплекте. Четырнадцать букв, половина арабского алфавита, участвуют в этих инициалах. Значение коранических инициалов оставалось божественно охраняемым секретом в течение 14 веков.

Коран заявляет в 10:20 и 25:4-6, что его чуду, то есть, доказательству божественного авторства, суждено было оставаться тайной на определённый предрешённый промежуток времени:

> **Они сказали: «Почему же чудо не снизошло к нему от его Господа?» Скажи: «Только Бог знает будущее. Поэтому ждите и я буду ждать вместе с вами». [10:20]**
>
> *********

> Те, кто не уверовал, сказали: «Это не что иное, как выдумка, которую он произвёл с помощью других людей». Действительно, они произнесли богохульство, ложь. Другие сказали: «Сказки из прошлого, которые он записал; их диктовали ему день и ночь». Скажи: «Это было низведено от Того, кто знает "тайну" в небесах и на земле». Действительно, Он — Прощающий, Самый Милосердный.   [25:4-6]

Коранические инициалы составляют большую часть математического чуда Корана, основанного на числе 19.

Таблица 1: Список коранических инициалов и их сур

№	№ Суры	Название суры	Коранические инициалы
1.	2	Тёлка	А.Л.М.
2.	3	Семейство Амрама	А.Л.М.
3.	7	Чистилище	А.Л.М.С.
4.	10	Иона	А.Л.Р.
5.	11	Худ	А.Л.Р.
6.	12	Иосиф	А.Л.Р.
7.	13	Гром	А.Л.М.Р.
8.	14	Авраам	А.Л.Р.
9.	15	Долина Хиджр	А.Л.Р.
10.	19	Мария	К.Х.Й.А.С.
11.	20	Т. Х.	Т.Х.
12.	26	Поэты	Т.С.М.
13.	27	Муравей	Т.С.
14.	28	История	Т.С.М.
15.	29	Паук	А.Л.М.
16.	30	Римляне	А.Л.М.
17.	31	Лукман	А.Л.М.
18.	32	Земной поклон	А.Л.М.
19.	36	Й. С.	Й.С.
20.	38	С.	С.
21.	40	Прощающий	Х.М.
22.	41	Подробный	Х.М.
23.	42	Совещание	Х.М.А.С.К.
24.	43	Украшения	Х.М.
25.	44	Дым	Х.М.

26.	45	Коленопреклонение	Х.М.
27.	46	Дюны	Х.М.
28.	50	К.	К.
29.	68	Перо	НуН

Историческая справка

В 1968 году я понял, что существующие английские переводы Корана не отражают истинный смысл Последнего Завета Бога. Например, два самых популярных переводчика, Юсуф Али и Мармадьюк Пикталл, не смогли преодолеть свои ошибочные религиозные традиции, когда дело дошло до значительного критерия Корана в 39:45.

> **Когда ТОЛЬКО Бог упоминается, сердца тех, кто не верует в Будущую жизнь, сжимаются с отвращением. Но когда другие упоминаются, кроме Него, они радуются. [39:45]**

Юсуф Али опустил важное слово «ТОЛЬКО» из своего перевода и изменил продолжение стиха, вставив слово «(боги)». Таким образом, он полностью уничтожил этот важнейший коранический критерий. Он перевёл 39:45 следующим образом:

> **Когда Бог, Один и Единственный, упоминается, сердца тех, кто не веруют в Будущую жизнь, полны отвращения и ужаса; но когда (боги) помимо Него упоминаются, и вот, они наполнены радостью. [39:45] (согласно А. Юсуф Али)**

Выражение «Когда Бог, Один и Единственный, упоминается» – это не то же самое, когда сказано: «Когда только Бог упоминается». Можно сказать «Бог, Один и Единственный» и также упомянуть Мухаммеда или Иисуса, и никто не будет расстроен. Но если «ТОЛЬКО Бог упоминается», то вы не можете упомянуть ещё кого-либо другого, и много людей – те, кто боготворят Мухаммеда или Иисуса, – будут расстроены. Таким образом, Юсуф Али не смог заставить себя представить истину Корана, так как это разоблачило бы его ошибочную веру.

Мармадьюк Пикталл перевёл «ТОЛЬКО» правильно, но уничтожил критерий, вставив его личную веру в скобках; он перевел 39:45 следующим образом:

> **И когда только Аллах упоминается, сердца тех, кто не веруют в Будущую жизнь, отвращаются, а когда те, (которых они обожествляют) кроме Него, упоминаются, и вот! они рады. [39:45](согласно Мармадьюк Пикталл)**

Когда я увидел, что истина Божьего слова искажена таким образом, я решил перевести Коран, по крайней мере, на благо своих собственных детей. Так как я был химик по профессии, и, несмотря на мои обширные религиозные знания, – мой отец был известным суфийским лидером в Египте – я поклялся Богу, что я не стану переходить от одного стиха к другому до тех пор, пока я полностью не пойму его.

Я купил все доступные книги переводов Корана и его толкований (*Тафсир*), которые я смог найти, разложил их на большом столе и начал мой перевод. Первая сура, Ключ, была завершена в течение нескольких дней. Первый стих в суре 2 – это «А.Л.М.». На завершение перевода этого стиха потребовалось четыре года, и оно совпало с божественным открытием «секрета» – великого математического Чуда Корана.

Книги толкований Корана единодушно согласились в том, что «никто не знает смысла или значения Коранических инициалов А.Л.М. или любых других инициалов». Я решил загрузить Коран в компьютер, проанализировать весь текст и посмотреть, есть ли какие-либо математические корреляции между этими Кораническими инициалами.

Я использовал таймшер терминал, подключенный через телефон к гигантскому компьютеру. Чтобы проверить свою гипотезу, я решил взглянуть на однобуквенные Коранические инициалы: «К» (Кааф) из Сур 42 и 50, «С» (Саад) из Сур 7, 19 и 38, и «Н» (Нун) из Суры 68. Как описано в моей первой книге «ЧУДО КОРАНА: ЗНАЧЕНИЕ ТАИНСТВЕННОГО АЛФАВИТА» (Islamic Productions, 1973 год), многие предыдущие попытки разгадать тайну не удались.

Коранический инициал «К» (Кааф)

Компьютерные данные показали, что текст единственных сур, 42 и 50, которые содержат инициал К, насчитывает одинаковое количество букв К – 57 и 57. Это был первый намёк на то, что в Коране возможно существует обдуманная математическая система.

Сура 50, названная «К», начинается с «К», и первый стих гласит: «К. и славный Коран». Это свидетельствует о том, что «К» расшифровывается как «Коран» и что общее количество К в двух сурах, содержащих инициал К, представляет 114 сур Корана (57 +57 = 114 = 19x6). Эта идея была подкреплена тем, что «Коран» встречается в Коране 57 раз.

Коран описан в Суре «К», как «Маджид» (славный), а арабское слово «Маджид» имеет гематрическое значение равное 57: М (40) + Дж (3) + И (10) + Д (4) = 57.

Сура 42 состоит из 53 стихов, а 42 + 53 = 95 = 19x5.

Сура 50 состоит из 45 стихов, а 50 + 45 = 95; та же сумма, что и в Суре 42.

Общее количество буквы «К» в каждом «Стихе номер 19» во всём Коране составляет 76, 19х4. Вот краткое изложение данных, связанных с «К»:

1. Частота появления «К» в Суре «К» (№ 50) равняется 57, 19х3.

2. Буква «К» встречается в другой суре (№ 42), содержащей инициал К, точно такое же количество раз – 57.

3. Общее количество буквы «К» в двух сурах, содержащих инициал К, составляет 114, что равно числу сур в Коране.

4. «Коран» упоминается в Коране 57 раз.

5. Описание Корана как «Маджид» (Славный) сопоставимо с частотой появления буквы «К» в каждой суре, содержащей инициал К. Слово «Маджид» имеет гематрическое значение 57.

6. Сура 42 состоит из 53 стихов, а 42 +53 = 95 или 19х5.

7. Сура 50 состоит из 45 стихов, а 50 +45 также равняется 95, 19х5.

8. Количество букв К во всех стихах под номером «19» во всём Коране равно 76, 19х4.

Проблески математической композиции Корана начали проявляться. Например, было замечено, что люди, которые не уверовали в Лота, упоминаются в 50:13 и встречаются в Коране 13 раз: 7:80; 11:70, 74, 89; 21:74; 22:43; 26:160; 27:54, 56; 29:28; 38:13; 50:13 и 54:33. Неизменно, они называются «*Кавм*», с единственным исключением в содержащей инициал К Суре 50, где они называются «*Ихваан*». Очевидно, если бы обычное, содержащее букву К слово «*Кавм*» использовалось, то количество букв «К» в суре 50 составило бы 58, и это необычное явление исчезло бы. Принимая во внимание абсолютную точность математики, изменение одной буквы разрушает систему.

Другим важным примером является ссылка на Мекку в 3:96 как «*Бекка*»! Это странное написание известного города озадачивало исламских учёных на протяжении многих веков. Хотя Мекка в правильном написании упоминается в Коране в 48:24, буква «М» заменена на «Б» в 3:96. Оказывается, что сура 3 содержит инициал М, и количество букв «М» отклонилось бы от Коранического кода, если бы «Мекка» была написана правильно в 3:96.

НуН

Этот инициал уникален; он встречается в одной суре, 68, и название буквы пишется так, как три буквы – *Нун Вов Нун* – в подлинном тексте, и, следовательно, считается как два Н. Общее количество этой буквы в суре, содержащей инициал Н, составляет 133, 19х7. Тот факт, что «Н» является последним Кораническим инициалом (см. Таблицу 1), выявляет ряд специальных наблюдений. Например, количество стихов от первого Коранического инициала (А.Л.М. из 2:1) до последнего инициала (Н. из 68:1) составляет 5263 или 19х277.

Слово «Бог» (Аллах) встречается 2641 (19х139) раз между первым инициалом и последним инициалом. Так как общее количество слова «Бог» – 2698, то выявляется, что его появление за пределами инициалов «А.Л.М.» из 2:1 с одной стороны, и инициала «Н» из 68:1 с другой стороны, составляет 57, 19х3. Таблицы от 9 до 20 доказывают, что инициал «НуН» должен быть написан так, чтобы показать два Н.

С (Саад)

Этот инициал стоит в начале трёх сур: 7, 19 и 38, и общее количество буквы «С» (Саад) в этих трёх сурах составляет 152, 19х8 (Табл. 2). Стоит отметить, что в 7:69 слово «Бастатан» написано в некоторых печатных изданиях с буквой «Саад» вместо буквы «Син». Это ошибочное искажение, которое нарушает код Корана. Изучая самую старую доступную копию Корана, Ташкентский экземпляр, было установлено, что слово «Бастатан» правильно написано с буквой «Син» (см. фотокопию ниже).

Таблица 2: Частота появления буквы «С» в сурах, содержащих инициал Саад

Сура	К-во «С»
7	97
19	26
38	<u>29</u>
	152
	(19х8)

Фотокопия из Ташкентского Корана

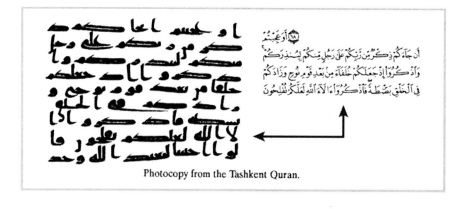

Photocopy from the Tashkent Quran.

Историческая справка

Важное открытие того, что «19» является общим знаменателем Корана, стало реальностью в январе 1974 года, совпадая с месяцем Зуль-Хиджа 1393 года после хиджры. Коран был низведен в 13 году Д.Х. (До хиджры). Таким образом, количество лет от откровения Корана до откровения его чуда составляет 1393 + 13 = 1406 = 19x74. Как отмечалось выше, открытие Чуда состоялось в январе 1974 года. Корреляция между 19x74 лунных лет и 1974 солнечных лет не могла ускользнуть незамеченной. Это особенно сверхъестественно в связи с тем, что «19» упоминается в суре 74.

Й. С. (Йа Син)

Эти две буквы начинают Суру 36. Буква «Й» встречается в этой суре 237 раз, а буква «С» (Син) встречается 48 раз. Всего обе буквы составляют 285, 19x15.

Стоит отметить, что буква «Й» написана в Коране в двух формах: одна очевидная, а другая едва различимая. Едва различимая форма буквы может ввести в заблуждение тех, кто не вполне знаком с арабским языком. Хорошим примером является слово «*Арааны*» أَرَىنَ , которое упоминается дважды в 12:36. Буква «Й» употребляется в этом слове дважды: первое «Й» является едва различимым, а второе – очевидным. Сура 36 не содержит ни одного едва различимого «Й». Это – замечательное явление, которое обычно не встречается в такой длинной суре, как Сура 36. В моей книге «КОРАН: НАГЛЯДНОЕ ПРЕДСТАВЛЕНИЕ ЧУДА» (Islamic Productions, 1982 год), каждые «Й» и «С» в суре 36 отмечены звёздочкой.

Х.М. (Ха Мим)

Семь сур начинаются с букв «Х» ح и «М» م : Суры от 40 до 46. Общее количество этих двух букв в семи сурах, содержащих инициалы Х.М., насчитывается 2147 или 19x113. Подробные данные приведены в Таблице 3.

Естественно, что изменение хотя бы одной буквы «Х» или «М» в любой из этих семи сур, содержащих инициалы Х.М., разрушило бы это сложное явление.

Таблица 3: Появление букв «Х» и «М» в семи сурах, содержащих инициалы Х.М.

Сура	Частота появления		
№	«Х»	«М»	«Х+М»
40	64	380	444
41	48	276	324
42	53	300	353
43	44	324	368
44	16	150	166
45	31	200	231
46	36	225	261
	292	1855	2147
			(19x113)

А.С.К. (Айн Син Каф)

Эти инициалы содержатся в Стихе 2 Суры 42, и общее появление этих букв в этой суре составляет 209 или 19x11. Буква «А» (Айн) встречается 98 раз, буква «С» (Син) встречается 54 раза, а буква «К» (Каф) встречается 57 раз.

А.Л.М. (Алеф Лаам Мим)

Таблица 4: Появление букв «А», «Л» и «М» в сурах, содержащих инициалы А.Л.М.

Буквы «А», «Л» и «М» являются наиболее часто используемыми буквами в арабском языке, и в том же порядке, в котором расставлены Коранические инициалы: «А», затем «Л», а затем «М». Эти буквы начинают шесть сур: 2, 3, 29, 30, 31 и 32, и

Сура	Частота появления			
№	«А»	«Л»	«М»	Всего
2	4502	3202	2195	9899 (19x521)
3	2521	1892	1249	5662 (19x298)
29	774	554	344	1672 (19x88)
30	544	393	317	1254 (19x66)
31	347	297	173	817 (19x43)
32	257	155	158	570 (19x30)
	8945	6493	4436	19874 (19x1046)

общее появление этих трёх букв в каждой из шести сур кратно 19 [9899 (19x521), 5662 (19x298), 1672 (19x88), 1254 (19x66), 817 (19x43) и 570 (19x30), соответственно]. Таким образом, общее появление этих трёх букв в шести сурах составляет 19874 (19x1046), и изменение хотя бы одной из этих букв разрушает это явление.

А.Л.Р. (Алеф Лаам Ра)

Эти инициалы найдены в сурах 10, 11, 12, 14 и 15. Общее количество этих букв в этих сурах составляет 2489 (19x131), 2489 (19x131), 2375 (19x125), 1197 (19x63) и 912 (19x48), соответственно (Табл. 5).

Таблица 5: Появление букв «А», «Л» и «Р» в сурах, содержащих инициалы А.Л.Р.

Сура	Частота появления			
№	«А»	«Л»	«Р»	Всего
10	1319	913	257	2489 (19x131)
11	1370	794	325	2489 (19x131)
12	1306	812	257	2375 (19x125)
14	585	452	160	1197 (19x63)
15	493	323	96	912 (19x48)
	5073	3294	1095	9462(19x498)

А.Л.М.Р. (Алеф Лаам Мим Ра)

Эти инициалы начинают одну суру, № 13, и общая частота появления этих четырёх букв составляет 1482 или 19х78. Буква «А» встречается 605 раз, «Л» встречается 480 раз, «М» встречается 260 раз, а «Р» встречается 137 раз.

А.Л.М.С. (Алеф Лаам Мим Саад)

Только одна сура начинается с этих инициалов, сура 7, и буква «А» встречается в этой суре 2529 раз, «Л» встречается 1530 раз, «М» встречается 1164 раза, а «С» (Саад) встречается 97 раз. Таким образом, общее появление этих четырёх букв в этой суре составляет 2529 + 1530 + 1164 + 97 = 5320 = 19х280.

Важным наблюдением здесь является сцеплённое взаимоотношение, связанное с буквой «С» (Саад). Этот инициал также встречается в Сурах 19 и 38. В то время, как она дополняет её родственные буквы в суре 7, чтобы получить общую сумму, которая делится на 19, частота этой буквы также дополняет её родственные буквы в Сурах 19 и 38, чтобы получить число, кратное 19 (см. стр. 436).

Кроме того, Коранический инициал «С» (Саад) взаимодействует с Кораническими инициалами «К.Х.Й.А.» (Кааф Ха Йа Айн) в суре 19, производя ещё одну общую сумму, которая также кратна 19 (см. стр. 439). Это сцеплённое взаимоотношение, которое не уникально для инициала «С» (Саад), способствует усложнению цифрового кода Корана.

К.Х.Й.А.С. (Кааф Ха Йа Айн Саад)

Это самый длинный комплект инициалов, состоящий из пяти букв, и он встречается в одной суре, Суре 19. Буква «К» в суре 19 встречается 137 раз, «Х» встречается 175 раз, «Й» встречается 343 раза, «А» встречается 117 раз, а «С» (Саад) встречается 26 раз. Таким образом, общее употребление этих пяти букв составляет 137 + 175 + 343 + 117 + 26 = 798 = 19х42.

Х., Т.Х. (Та Ха), Т.С. (Та Син) и Т.С.М. (Та Син Мим)

Сложное сцеплённое взаимоотношение связывает эти частично совпадающие Коранические инициалы для получения общей суммы, которая также кратна 19. Инициал «Х.» найден в сурах 19 и 20. Инициалы «Т.Х.» начинают Суру 20. Инициалы «Т.С.» найдены в Суре 27, в то время как инициалы «Т.С.М.» начинают окружающие её суры 26 и 28.

Здесь следует отметить, что более сложные, сцеплённые и частично совпадающие инициалы находятся в сурах, где повествуются необычайно впечатляющие чудеса. Например, непорочное зачатие Иисуса изложено в суре 19, которая начинается с самого длинного набора инициалов: К.Х.Й.А.С.

Сцеплённые инициалы «Х.», «Т.Х.», «Т.С.» и «Т.С.М.» начинают суры, описывающие чудеса Моисея, Иисуса и необычные случаи, окружающие Соломона и его джиннов. Таким образом, Бог представляет более убедительные доказательства в поддержку более сильных чудес. Частота появления этих инициалов представлена в Таблице 6.

Таблица 6: Появление Коранических инициалов «Х.», «Т.Х.», «Т.С.» и «Т.С.М.» в их сурах

Сура	Частота			
	«Х»	«Т»	«С»	«М»
19	175	-	-	-
20	251	28	-	-
26	-	33	94	484
27	-	27	94	-
28	-	19	102	460
	426	107	290	944
426 +107 +290 +944 = 1767 = (19x93)				

Что такое «Гематрическое Значение»?

Когда был низведен Коран, 14 веков назад, числа, известные сегодня, не существовали. Была использована универсальная система, где буквы арабского, ивритского, арамейского и греческого алфавитов использовались в качестве цифр. Число, присвоенное каждой букве, является её «Гематрическим Значением». Численные значения арабского алфавита представлены в Таблице 7.

Таблица 7: Гематрические значения арабского алфавита

ب	ج	د	ه	و	ز	ح	ط	ي	١
2	3	4	5	6	7	8	9	10	1

ك	ل	م	ن	س	ع	ف	ص	ق	
20	30	40	50	60	70	80	90	100	

ر	ش	ت	ث	خ	ذ	ض	ظ	غ	
200	300	400	500	600	700	800	900	1000	

Другие математические свойства сур, содержащих инициалы

Четырнадцать арабских букв, половина арабского алфавита, принимают участие в образовании 14 различных комплектов Коранических инициалов. Складывая гематрическое значение каждой из этих букв, а также количество сур, которые начинаются с Коранических инициалов (29), мы получаем общую сумму 722 или 19x19x2.

Кроме того, если мы сложим общее гематрическое значение всех 14 инициалов, плюс номер первой суры, где этот инициал встречается, мы получим в общей сложности 988, 19x52. Эти данные представлены в Таблице 8.

Если мы сложим количество появлений, в качестве инициала, каждой из 14 букв, перечисленных в Таблице 8, плюс номера сур, где они встречаются как инициалы, то Общая Сумма составит 2033, 19x107. См. Таблицу 9.

Таблица 8: 14 букв, используемых в формировании Коранических инициалов

Буква	Значение	Первая сура
А (Алеф)	1	2
Л (Лаам)	30	2
М (Мим)	40	2
С (Саад)	90	7
Р (Ра)	200	10
К (Каф)	20	19
Х (Ха)	5	19
Й (Йа)	10	19
А (Айн)	70	19
Т (Та)	9	20
С (Син)	60	26
Х (Ха)	8	40
К (Каф)	100	42
Н (Нун)	<u>50</u>	<u>68</u>
	693	295
693 + 295 = 988 = 19x52		
Также 693 + 29 (сур) = 722 = 19x19x2		

Таблица 9: Математически организованное распределение Коранических инициалов

Инициал	Количество появлений	Суры, где он встречается	Всего
А (Алеф)	13	[+ 2 + 3 + 7 + 10 + 11 + 12 +13 + 14 + 15 + 29 + 30 + 31 + 32]	222
Л (Лаам)	13	[+ 2 + 3 + 7 + 10 + 11 + 12 + 13 + 14 + 15 + 29 + 30 + 31 + 32]	222
М (Мим)	17	[+ 2 + 3 + 7 + 13 + 26 + 28 + 29 + 30 + 31 + 32 + 40 + 41 + 42 + 43 + 44 + 45 + 46]	519
С (Саад)	3	+ 7 + 19 + 38	67
Р (Ра)	6	+ 10 + 11 + 12 + 13 + 14 + 15	81
К (Каф)	1	+19	20
Х (Ха)	2	+19+20	41
Й (Йа)	2	+19+36	57
А (Айн)	2	+19+42	63

Продолжение Таблицы 9.

Т (Та)	4	+ 20 + 26 + 27 + 28	105
С (Син)	5	+ 26 + 27 + 28 + 36 + 42	164
Х (ХХа)	7	+ 40 + 41 + 42 + 43 + 44 + 45 + 46	308
К (Каф)	2	+42+50	94
Н (Нун)	2	+68	70
	79	1954	2033
			(19x107)

Таблица 10 представляет суммарную частоту Коранических инициалов, плюс общее гематрическое значение этих букв в целой суре. Общая Сумма во всех сурах, содержащих инициалы, составляет 1089479. Это число, превышающее один миллион, является кратным 19 (1089479 = 19 x 57341). Малейшее изменение или искажение разрушает систему.

Примечание: Общее гематрическое значение Коранических инициалов в данной суре равно гематрическому значению каждого инициала, умноженного на частоту встречаемости этого инициала в суре.

Таблица 10: Общее гематрическое значение всех Коранических инициалов в их сурах.

Сура	Инициалы	Частота инициалов	Общее гематрическое значение в суре
2	А.Л.М.	9899	188362
3	А.Л.М.	5662	109241
7	А.Л.М.С	5320	103719
10	А.Л.Р.	2489	80109
11	А.Л.Р.	2489	90190
12	А.Л.Р.	2375	77066
13	А.Л.М.Р.	1482	52805
14	А.Л.Р.	1197	46145
15	А.Л.Р.	912	29383
19	К.Х.Й.А.С.	798	17575
20	Т.Х.	279	1507
26	Т.С.М.	611	25297
27	Т.С.	121	5883
28	Т.С.М.	581	24691
29	А.Л.М.	1672	31154
30	А.Л.М.	1254	25014
31	А.Л.М.	817	16177

32	А.Л.М.	570	11227
36	Й.С.	285	5250
38	С.	29	2610
40	Х.М.	444	15712
41	Х.М.	324	11424
42	Х.М. - А.С.К.	562	28224
43	Х.М.	368	13312
44	Х.М.	166	6128
45	Х.М.	231	8248
46	Х.М.	261	9288
50	К	57	5700
68	Н.Н	133	6650
		41388	1048091
41388 + 1048091 = 1089479 (19 x 57341)			

(продолжение Таблицы 10)

Основные параметры Коранических инициалов (суры, стихи, частота, первая сура и последняя сура)

Таблица 11 показывает, что сумма номеров сур и стихов, где Коранические инициалы найдены, плюс частота встречаемости инициалов в этой суре, а также номер первой суры, где инициалы встречаются, плюс номер последней суры, где инициалы встречаются, составляет общую сумму, равную 44232 или 19x2348. Таким образом, распределение Коранических инициалов в сурах, содержащих инициалы, так сложно, что их счёт и их размещение в пределах суры переплетаются, дав общий итог, кратный 19.

Стоит отметить, что инициал «Н» следует считать как два Н. Это отражает тот факт, что в подлинном Кораническом тексте этот инициал написан с 2 Н.

Таблица 11: Параметры 14-ти индивидуальных Коранических инициалов

Инициал	Сура, Стих и (частота) инициала в каждой суре	Первая сура	Последняя сура
А (Алеф)	2:1 (4502), 3:1 (2521), 7:1 (2529), 10:1 (1319) 11:1 (1370), 12:1 (1306), 13:1 (605), 14:1 (585), 15:1 (493), 29:1 (774), 30:1 (544), 31:1 (347), 32:1 (257)	2	32
Л (Лаам)	2:1 (3202), 3:1 (1892), 7:1 (1530), 10:1 (913), 11:1 (794), 12:1 (812), 13:1 (480), 14:1 (452), 15:1 (323), 29:1 (554), 30:1 (393), 31:1 (297), 32:1 (155)	2	32
М (Мим)	2:1 (2195), 3:1 (1249), 7:1 (1164), 13:1 (260) 26:1 (484), 28:1 (460), 29:1 (344), 30:1 (317), 31:1 (173), 32:1 (158), 40:1 (380), 41:1 (276), 42:1 (300), 43:1 (324), 44:1 (150), 45:1 (200), 46:1 (225)	2	46
С (Саад)	7:1 (97), 19:1 (26), 38:1 (29)	7	38
Р (Ра)	10:1 (257), 11:1 (325), 12:1 (257), 13:1 (137), 14:1 (160), 15:1 (96)	10	15
К (Каф)	19:1 (137)	19	19
Х (Ха)	19:1 (175), 20:1 (251)	19	20
Й (Йа)	19:1 (343), 36:1 (237)	19	36
А (Айн)	19:1 (117), 42:2 (98)	19	42
Т (Та)	20:1 (28), 26:1 (33), 27:1 (27), 28:1 (19)	20	28
С (Син)	26:1 (94), 27:1 (94), 28:1 (102), 36:1 (48), 42:2 (54)	26	42
Х (ХХа)	40:1 (64), 41:1 (48), 42:1 (53), 43:1 (44) 44:1 (16), 45:1 (31), 46:1 (36)	40	46
К (Каф)	42:2 (57), 50:1 (57)	42	50
Н (НуН)	68:1 (133)	68	68
	43423	295	514
Общая Сумма = 43423 + 295 + 514 = 44232 = 19х2328.			

Специальное математическое кодирование удостоверяет подлинность номеров стихов, где были найдены Коранические инициалы. Как указано в Таблице 11, все Коранические инициалы находятся в Стихе 1, за исключением Суры 42 (инициалы находятся в Стихах 1 и 2). Этот факт подтверждается замечательным математическим явлением, которое подробно изложено в Таблице 12.

Если мы перемножим первые два столбца Таблицы 12, а не сложим их, то мы всё равно получим Общую Сумму, которая делится на 19 (см. Таблицу 13).

Таблица 12: Математическое кодирование номеров стихов с инициалами

Таблица 13: Умножение первых двух колонок Таблицы 12, вместо сложения

№ Суры	К-во инициалов	К-во стихов с инициалами
2	3	1
3	3	1
7	4	1
-	-	-
42	5	2
-	-	-
50	1	1
68	2	1
....		....
2022		30
2022 + 30 = 2052 (19x108)		

№ Суры	К-во инициалов	Стихи с инициалами
2	3	1
3	3	1
7	4	1
10	3	1
11	3	1
12	3	1
13	4	1
14	3	1
15	3	1
19	5	1
20	2	1
26	3	1
27	2	1
28	3	1
29	3	1
30	3	1
31	3	1
32	3	1
36	2	1
38	1	1
40	2	1
41	2	1
42	5	2
43	2	1
44	2	1
45	2	1
46	2	1
50	1	1
68	2	1
822	79	30
822 + 79 + 30 = 931 (19x49)		

Несомненно, очень важно иметь два различных стиха, содержащих инициалы, в суре 42 для согласования с математическим кодом Корана. Тот факт, что Стих 1 Суры 42 состоит из двух Коранических инициалов «Х.М.», а второй стих состоит из трёх инициалов «А.С.К.», приводил в недоумение мусульманских учёных и востоковедов в течение 14 веков.

К концу этого Приложения читатель увидит, что подлинность каждого элемента Корана подтверждена математически. Элементы, с которыми мы имеем дело сейчас, – это «количество Коранических инициалов в каждой суре, содержащей инициалы» и «количество стихов, которые содержат Коранические инициалы». Таблицы с 11 до 13 имели дело с этими двумя элементами.

Дополнительная математическая проверка подлинности приведена в Таблицах 14 и 15. В Таблице 14 номера всех сур, содержащих инициалы, добавлены к количеству стихов в каждой суре, плюс количество стихов, содержащих инициалы, плюс гематрическое значение этих инициалов. Общая Сумма составляет 7030 или 19x370.

Таблица 14: Математические свойства сур, содержащих инициалы

Номер суры	К-во стихов	К-во стихов, содержащих инициалы	Гематрическое значение инициалов	ВСЕГО
2	286	1	71	360
3	200	1	71	275
7	206	1	161	375
10	109	1	231	351
11	123	1	231	366
12	111	1	231	355
13	43	1	271	328
14	52	1	231	298
15	99	1	231	346
19	98	1	195	313
20	135	1	14	170
26	227	1	109	363
27	93	1	69	190
28	88	1	109	226
29	69	1	71	170
30	60	1	71	162
31	34	1	71	137
32	30	1	71	134
36	83	1	70	190
38	88	1	90	217
40	85	1	48	174
41	54	1	48	144
42	53	2	278	375
43	89	1	48	181
44	59	1	48	152
45	37	1	48	131
46	35	1	48	130
50	45	1	100	196
68	52	1	50 + 50	221
822	+ 2743	+ 30	+ 3435	= 7030 (19x370)

Примечательно то, что если мы перемножим первые два столбца Таблицы 14, а не сложим их, то **мы всё равно получим Общую Сумму, которая делится на 19** (Таблица 15).

Таблица 15: Перемножение первых 2-х колонок Таблицы 14, вместо их сложения

Номер суры		К-во стихов		К-во стихов, содержащих инициалы		Гематрическое значение инициалов		ВСЕГО
2	х	286	+	1	+	71	=	644
3	х	200	+	1	+	71	=	672
7	х	206	+	1	+	161	=	1604
-		-		-		-		-
50	х	45	+	1	+	100	=	2351
68	х	52	+	1	+	(50+50)	=	3637
60071				30	+	3435	=	63536
								(19х3344)

Количество стихов в суре, а также номера, присвоенные каждому стиху, являются одними из основных элементов Корана. Не только подлинность этих элементов установлена математически, но и суры, содержащие и не содержащие инициалы, независимо закодированы. Так как мы теперь имеем дело с сурами, содержащими инициалы, в Таблице 16 представлены номера, присвоенные этим сурам, к ним добавлено коли-

Таблица 16: Математическое строение стихов сур, содержащих инициалы

№ Суры	К-во стихов	Сумма № Стихов	ВСЕГО
2	286	41041	41329
3	200	20100	20303
7	206	21321	21534
-	-	-	-
50	45	1035	1130
68	52	1378	1498
822	2743	186568	190133
			(19х10007)

чество стихов в каждой суре, плюс сумма номеров стихов (1 +2 +3 + ... + n). Общая Сумма равняется 190133 или 19х10007.

Складывая номер каждой суры с номером последующей суры, и аккумулируя суммы номеров сур, продолжая этот процесс до конца Корана, мы получим значение, соответствующее каждой суре. Таким образом, Сура 1 будет иметь соответствующее значение 1, Сура 2 будет иметь значение 1 + 2 = 3, Сура 3 будет иметь значение 3 + 3 = 6, Сура 4 будет иметь значение 6 + 4 = 10 , и так далее до конца Корана. Суммарные значения для сур, содержащих и не содержащих инициалы, независимо делимы на 19. Значения для сур, содержащих инициалы, представлены в Таблице 17.

Значения, полученные для сур, не содержащих инициалы, составили сумму 237785, которая также кратна 19 (237785 = 19х12515).

Математическое кодирование специальных слов: слово «Бог» (Аллах)

[1] Как было показано ранее, слово «Бог» встречается в Коране 2698 раз, 19х142.

[2] Номера стихов, где слово «Бог» встречается, складываются в сумму 118123, что также кратно 19 (118123 = 19х6217).

Это простое явление предоставило нам много трудностей, в то время как мы просто подсчитывали количество слова «Бог». Мы были группой рабочих, имеющих компьютеры, и все мы являлись выпускниками

Таблица 17: Значения, полученные путём последовательного сложения номеров сур

№ Суры	Полученное значение
2	3
3	6
7	28
10	55
11	66
12	78
13	91
14	105
15	120
19	190
20	210
-	-
44	990
45	1035
46	1081
50	1275
68	<u>2346</u>
	15675
	(19х825)

колледжей. Тем не менее, мы сделали несколько ошибок в подсчёте, расчёте или просто в написании итога слова «Бог». Те, кто до сих пор утверждают, что Мухаммед был автором Корана, абсолютно нелогичны; он никогда не учился в колледже, и у него не было компьютера.

[3] С первых Коранических инициалов (А.Л.М. 2:1) до последнего инициала (Н. 68:1), слово «Бог» встречается 2641 раз, 19 х 139.

[4] Слово «Бог» встречается 57 раз в разделе за пределами инициалов (Таблица 18).

[5] При добавлении номеров сур и стихов, где слово «Бог» найдено эти 57 раз, мы получаем в общей сложности 2432 или 19х128. См. Таблицу 18.

[6] Слово «Бог» встречается в 85 сурах. Если мы сложим номер каждой суры с количеством стихов между первым и последним нахождением слова «Бог», оба стиха включительно, то Общая Сумма составит 8170 или 19 х 430. Сокращённое представление этих данных показано в Таблице 19.

Таблица 18: Появление слова «Бог» за пределами раздела, содержащего инициалы

[7] Доминирующим сообщением Корана является то, что существует только «Один Бог». Слово «Один», по-арабски «Уахед», встречается в Коране 25 раз. Шесть из этих случаев относятся к другим случаям, помимо Бога (один вид пищи, одна дверь, и т.д.). Остальные 19 случаев относятся к Богу. Эти данные можно найти в классическом справочнике УКАЗАТЕЛЬ СЛОВ КОРАНА.

№ Суры	№ Стихов	К-во появлений
1	1,2	2
69	33	1
70	3	1
71	3,4,13,15,17,19,25	7
72	4,5,7,12,18,19,22,23	10
73	20	7
74	31,56	3
76	6,9,11,30	5
79	25	1
81	29	1
82	19	1
84	23	1
85	8,9,20	3
87	7	1
88	24	1
91	13	2
95	8	1
96	14	1
98	2,5,8	3
104	6	1
110	1,2	2
112	1,2	2
1798	634	57
		(19x3)
Сумма номеров Сур и Стихов = 1798 + 634 = 2432= 19 x 128		
Общее число появления слова «Бог» за пределами раздела, содержащего инициалы, = 57 (19 x 3).		

Решающее значение слова «ОДИН», как основного послания Корана, проявляется в том, что общий знаменатель Корана, 19, является также гематрическим значением слова «ОДИН».

Таблица 19: Все суры, в которых слово «Бог» (Аллах) упоминается

№	№ Суры	Первый стих	Последний стих	Стихи от 1-го до последнего
1.	1	1	2	2
2.	2	7	286	280
3.	3	2	200	199
-	-	-	-	-
83.	104	6	-	1
84.	110	1	2	2
85.	112	1	2	2
	3910			4260
	3910+4260=8170=19x430			
Эти математические свойства охватывают все нахождения слова «Бог».				

ПОЧЕМУ 19!

Как отмечено далее в этом Приложении, все писания Бога, а не только Коран, были математически закодированы номером «19». Даже Вселенная в целом подтверждает этот божественный знак. Число 19 можно рассматривать как подпись Всемогущего Творца на всём, что Он создал (см. Приложение 38). Число «19» обладает уникальными математическими свойствами, выходящими за рамки настоящего Приложения. Например:

[1] Это простое число.

[2] Оно охватывает первую цифру (1) и последнюю цифру (9), как если бы объявить атрибут Бога в 57:3, что Он «Альфа и Омега».

[3] Оно выглядит одинаково во всех языках мира. Оба компонента, 1 и 9, *единственные* цифры, которые выглядят одинаково во всех языках.

[4] Оно обладает многими своеобразными математическими свойствами.

> **Господь наш Бог ОДИН!**
> **Поэтому, ты должен**
> **поклоняться Господу**
> **твоему Богу**
> **всем сердцем твоим,**
> **и всей душой твоей,**
> **и всем разумом твоим,**
> **и всей силой твоей.**
> **[Второзаконие 6:4-5]**
> **[Марк 12:29]**
> **[Коран 2:163, 17:22-23]**

Например, 19 представляет собой сумму первых степеней 9 и 10, и разницу между вторыми степенями 9 и 10.

Мы теперь понимаем, что универсальное кодирование творений Бога числом 19 упирается в тот факт, что оно является гематрическим значением слова «ОДИН» на всех языках писаний – арамейском, иврите и арабском.

Число 19, таким образом, провозглашает Первую Заповедь во всех писаниях, что есть только ОДИН Бог.

Как видно из Таблицы 7, арамейский, иврит и арабский алфавиты удваивались для обозначения цифр в соответствии с общеустановленной системой. Еврейское слово «ОДИН» пишется «ВАХД» (произносится как В-АХАД). В арабском языке слово «ОДИН» пишется «УАХД» (произносится как УААХЕД). См. Таблицу 20.

Таблица 20: Почему «19!»

Буквы		
Иврит	Арабский	Значение
В	У	6
А	А	1
Х	Х	8
Д	Д	4
		......
		19

Слово «Коран»

Слово «Коран» встречается в Коране 58 раз, причём один из них в 10:15 со ссылкой на «другой Коран». Следовательно, этот случай должен быть исключён. Таким образом, частота встречаемости «этот Коран» в Коране равна 57 или 19х3.

Таблица 21: Суры и стихи, где «Коран» встречается

Сура	Стих	Сура	Стих	Сура	Стих	Сура	Стих
2	185	17	60	34	31	54	40
4	82	-	78	36	2	55	2
5	101	-	82	-	69	56	77
6	19	-	88	38	1	59	21
7	204	-	89	39	27	72	1
9	111	-	106	-	28	73	4
10	37	18	54	41	3	-	20
-	61	20	2	-	26	75	17
12	2	-	113	42	7	-	18
-	3	-	114	43	3	76	23
15	1	25	30	-	31	84	21
-	87	-	32	46	29	85	21
-	91	27	1	47	24	....	....
16	98	-	6	50	1	1356	3052
17	9	-	76	-	45		
-	41	-	92	54	17	1356+3052=4408	
-	45	28	85	-	22	(19х232)	
-	46	30	58	-	32		

Две другие грамматические формы слова «Коран» встречаются в 12 стихах. Они включают слово «Коранун» и слово «Коранаху». Один из этих случаев, в 13:31 относится к «другому Корану», который заставляет рушиться горы. Другой случай, в 41:44, относится к «неарабскому Корану». Таким образом, эти два случая исключены. Таблица 21 показывает список сур и стихов, где слово «Коран» встречается во всех его грамматических формах.

Прочный фундамент

Первый стих Корана «Во имя Бога, Самого Милостивого, Самого Милосердного», известный как *Басмала*, состоит из 19 арабских букв. Его составляющие слова встречаются в Коране неизменно кратными 19.

Первое слово	....	«Исм» (Имя)	....	встречается	19 раз.
Второе слово	....	«Аллах» (Бог)	....	встречается	2698 раз (19х142).
Третье слово	....	«Аль-Рахман» (Самый Милостивый)	......	....	57 раз, 19х3.
Четвёртое слово	....	«Аль-Рахим» (Самый Милосердный)	....	....	114 раз, 19х6.

Профессор Сезар Маджул просмотрел гематрическое значение более 400 атрибутов Бога и нашёл только четыре имени, гематрическое значение которых было кратно 19:

Божественное Имя	Гематрическое Значение
1. «Уаахед» (Один)	19
2. «Зул Фадль аль-Азим» (Обладатель Бесконечной Милости)......................	2698
3. «Маджид» (Славный)	57
4. «Джаами» (Созыватель)	114

Как отмечалось выше, только Божественные Имена, гематрические значения которых делятся на 19, соответствуют непосредственно частоте появления четырёх слов **Басмала**. Это замечательное явление изображено на нижеследующем рисунке:

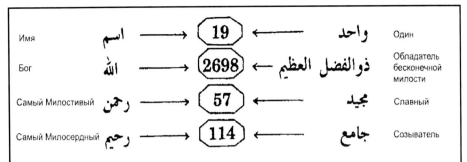

Имя	اسم →	(19)	← واحد	Один	
Бог	الله →	(2698)	← ذو الفضل العظيم	Обладатель бесконечной милости	
Самый Милостивый	رحمن →	(57)	← مجيد	Славный	
Самый Милосердный	رحيم →	(114)	← جامع	Созыватель	

Эти четыре слова, составляющие **Басмала**, *показаны на левой стороне, а единственные четыре божественных имени, гематрическое значение которых делится на 19, находятся на правой стороне. Числа в середине представляют частоту появления слов, составляющих* **Басмала**, *и в то же время, гематрические значения четырёх божественных имён.*

Пять столпов ислама

Хотя Коран и содержит множество важных заповедей, регулирующих все аспекты нашей жизни (см., например, 17:22-38), всё же были традиционно выделены пять основных «столпов». К ним относятся:

1. *Шахада*: Свидетельство, что нет другого бога, кроме Бога.

2. *Салат*: Соблюдение пяти ежедневных Контактных молитв.

3. *Сейам*: Пост во время девятого месяца исламского календаря (Рамадана).

4. *Закят*: Выплата 2,5% от своей чистой прибыли как благотворительность определённому кругу лиц.

5. *Хадж*: Паломничество в Мекку один раз в жизни для тех, кто может это себе позволить.

Как и всё остальное в Коране, они математически построены.

1. Один Бог (Шахада):

Как упоминалось ранее, слово «ОДИН», которое относится к Богу, встречается в Коране 19 раз. Обращение «ТОЛЬКО» Бог встречается 5 раз, а сумма номеров сур и стихов, где мы находим эти пять случаев, составляет 361, 19х19.

«Первый столп ислама» гласит в 3:18 следующим образом: «**ЛА ИЛАХА ИЛЛА ХУ**» (Нет другого бога, кроме Него). Это самое важное выражение встречается в 19 сурах. Первое появление в 2:163, а последний случай в 73:9.

Таблица 22 показывает, что общая сумма номеров сур, плюс количество стихов между первым и последним случаем, плюс сумма номеров этих стихов составляет 316502 или 19x16658.

Таблица 22: Все суры и стихи от первого появления ЛА ИЛАХА ИЛЛА ХУ до последнего появления

№ Суры	К-во стихов	Сумма номеров стихов	Всего
2	123	27675	27800
3	200	20100	20303
-	-	-	-
9	127	8128	8264
-	-	-	-
72	28	406	506
73	9	45	127
....	....	....	....
2700	5312	308490	316502
		(19x16658)	

№	№ Суры	Стихи с Шахадой	Частота появлений Шахады
1.	2	163,255	2
2.	3	2,6,18,18	4
3.	4	87	1
4.	6	102,106	2
5.	7	158	1
6.	9	31	1
7.	11	14	1
8.	13	30	1
9.	20	8,98	2
10.	23	116	1
11.	27	26	1
12.	28	70,88	2
13.	35	3	1
14.	39	6	1
15.	40	3,62,65	3
16.	44	8	1
17.	59	22, 23	2
18.	64	13	1
19.	73	9	1
	....	....	....
	507	1592	29
507+1592+29=2128=19x112			

Таблица 23: Список всех нахождений этой важной фразы: «ЛА ИЛАХА ИЛЛА ХУ» (Нет другого бога, кроме Него).

Кроме того, складывая номера 19 сур, где **ЛА ИЛАХА ИЛЛА ХУ** встречается, а также номера стихов, где это важное выражение найдено, плюс общее количество нахождений (29), Общая Сумма доходит до 2128 или 19x112. Подробности приведены в Таблице 23.

2. Контактная Молитва «Салат»:

Слово «**Салат**» встречается в Коране 67 раз, и когда мы сложим номера сур и стихов этих 67 случаев, то общая сумма доходит до 4674 или 19х246 (см. *УКАЗАТЕЛЬ КОРАНА*).

3. Пост (Сейам):

Заповедь о том, чтобы поститься, упоминается в 2:183, 184, 185, 187, 196; 4:92; 5:89, 95; 33:35, 35; и 58:4. Общая сумма этих чисел равна 1387 или 19х73. Стоит отметить, что в 33:35 пост упоминается дважды: один раз для верующих мужчин, а другой раз для верующих женщин.

4. Обязательная благотворительность (Закят) и

5. Хадж Паломничество в Мекку:

В то время как первые три «Столпа Ислама» являются обязательными для всех мусульман и мусульманок, то *Закят* и *Хадж* были установлены только для тех, кто может себе это позволить. Это объясняет интересное математическое явление, связанное с *Закят* и *Хадж*.

Благотворительность *Закят* упоминается в 2:43, 83, 110, 177, 277; 4:77, 162; 5:12, 55; 7:156; 9:5, 11, 18, 71; 18:81; 19:13, 31, 55; 21:73; 22:41, 78; 23:4; 24:37, 56; 27:3; 30:39; 31:4; 33:33; 41:7; 58:13; 73:20; и 98:5. Сумма этих цифр составляет 2395. Эта сумма не достаточно точная, чтобы быть кратной 19; она больше на 1.

Хадж Паломничество упоминается в 2:189, 196, 197; 9:3; и 22:27. Сумма этих цифр составляет 645, и эта сумма не вполне достаточна, чтобы быть кратной 19; ей не достаёт 1.

Таким образом, *Закят* и Хадж вместе составляют общюю сумму 2395 + 645 = 3040 = 19х160.

МАТЕМАТИЧЕСКАЯ СТРУКТУРА КОРАНА

Суры Корана, стихи, слова и буквы не только математически составлены, но также организованы в сверхчеловеческую структуру, которая является чисто математической, т.е. литературное содержание не имеет ничего общего с такой организованностью.

Поскольку физическое строение Корана является чисто математическим, то можно было бы ожидать, что числа, упомянутые в Коране, должны подчиняться коду Корана, основанному на числе 19.

В общей сложности, 30 уникальных чисел упоминаются в Коране, и сумма всех этих чисел равняется 162146, что кратно 19 (162146 = 19х8534). В Таблице 24 перечислены все числа, упомянутые в Коране без повторений.

Числа, которые упоминаются в Коране только один раз, это 11, 19, 20, 50, 60, 80, 99, 300, 2000, 3000, 5000, 50000 и 100000.

Все числа, упомянутые в Коране с повторениями, встречаются 285 раз, и это число кратно 19; 285 = 19х15.

Номера сур и стихов

Система нумерации сур Корана и стихов была прекрасно сохранена. Только несколько несанкционированных и легко обнаруживаемых опечаток отклоняются от стандартной системы, которая божественно охраняется.

Когда мы сложим номера всех сур, плюс количество стихов в каждой суре, а также сумму номеров стихов, то Общая сумма по всему Корану составляет 346199, 19х19х959. Таблица 25 представляет собой сокращённое изложение этих данных. Таким образом, малейшее изменение одной суры или стиха разрушили бы эту систему. Как показано в Таблице 16, если мы рассмотрим только 29 сур, содержащих инициалы, то эти же данные составят Общую Сумму, которая также является кратной 19. Отсюда следует, что данные по сурам, не содержащим инициалы, также делятся на 19.

Таблица 24: Все числа Корана

Число	Где встречается
1	2:163
2	4:11
3	4:171
4	9:2
5	18:22
6	25:59
7	41:12
8	69:17
9	27:48
10	2:196
11	12:4
12	9:36
19	74:30
20	8:65
30	7:142
40	7:142
50	29:14
60	58:4
70	9:80
80	24:4
99	38:23
100	2:259
200	8:65
300	18:25
1000	2:96
2000	8:66
3000	3:124
5000	3:125
50000	70:4
100000	37:147
162146 (19х8534)	

Таблица 25: Математическое кодирование номеров сур и стихов

№ Суры	К-во стихов	Сумма № стихов	ВСЕГО
1	7	28	36
2	286	41041	41329
-	-	-	-
9	127	8128	8264
-	-	-	-
113	5	15	133
114	6	21	141
6555	6234	333410	346199
		(19x19x959)	

Таблица 26 представляет собой сокращённое изложение тех же данных, относящихся к 85 сурам, не содержащих инициалы.

Таблица 26: Математическое кодирование 85 сур, не содержащих инициалы

№ Суры	К-во стихов	Сумма № стихов	ВСЕГО
1	7	28	36
4	176	15576	15756
-	-	-	-
9	127	8128	8264
-	-	-	-
113	5	15	133
114	6	21	141
5733	3491	146842	156066
		(19x8214)	

Сверхчеловеческие числовые комбинации

Давайте запишем номер каждого стиха в Коране после количества стихов в каждой суре. Таким образом, Сура 1, которая состоит из семи стихов, будет представлена числом 7 1234567. То, что мы делаем здесь, представляет формирование длинных чисел, путём написания номеров стихов один за другим. Чтобы найти число, представляющее Суру 2, вы записываете количество стихов в этой суре, 286, после чего ставите номер каждого стиха, написанного один за другим. Таким образом, число, представляющее Суру 2, будет выглядеть следующим образом: 286 12345 ..... 284285286. Эти два числа, представляющие первые две суры, являются:

7 1 2 3 4 5 6 7   и   286 1 2 3 4 5 ..... 284 285 286.

Соединяя эти два числа вместе, чтобы сформировать одно число, представляющее первые две суры, мы получаем это число:

7 1 2 3 4 5 6 7 286 1 2 3 4 5 ..... 284 285 286.

Этот процесс продолжается до тех пор, пока каждый стих в Коране не записан, образуя, таким образом, один очень длинный номер, охватывающий номер каждого стиха в Коране. Число, представляющее весь Коран, **является кратным 19 и состоит из 12692 цифр, которые также являются кратными 19**.

---

7 1234567 286 12345 ... 286 ... 5 12345 6 123456

ПЕРВЫЙ №: Это очень длинное число, которое состоит из 12692 цифр (19х668) и включает в себя каждый стих в Коране. Количество стихов в каждой суре стоит перед её стихами. Специальная компьютерная программа, которая делит очень длинные числа, показала, что это длинное число кратно 19.

Вместо того, чтобы разместить общее количество стихов в каждой суре перед сурой, давайте разместим их в конце каждой суры. Таким образом, число, представляющее Суру 1, будет выглядеть следующим образом: 1234567 7, вместо 7 1234567. Число, представляющее Суру 2, будет выглядеть следующим образом: 12345 ..... 284 285 286 286 вместо 286 12345 ..... 284285286. Числа, представляющие первые две суры, будут выглядеть следующим образом:

1 2 3 4 5 6 7 7   и   1 2 3 4 5 ..... 284 285 286 286.

Соединяя эти два числа вместе, чтобы сформировать длинное число, представляющее первые две суры, мы получим число, которое выглядит следующим образом:

1 2 3 4 5 6 7 7 1 2 3 4 5 ..... 284 285 286 286.

Так как мы ставим общее количество стихов в суре в конце каждой суры, мы должны разместить общее количество пронумерованных стихов (6234) в конце Корана. Последние номера, таким образом, представляют собой последнюю суру (123456 6), после чего записано общее количество пронумерованных стихов в Коране (6234):

1 2 3 4 5 6 6   и   6234 >>>>>> 1 2 3 4 5 6 6 6234.

Записывая вместе все стихи всех сур, мы получаем длинное число, которое состоит из 12696 цифр и **кратно 19**.

1234567 7 12345 ...286 286 12345 ... 123456 6 6234

ВТОРОЙ №: После номера каждого стиха в каждой суре следует **количество стихов в суре. Последние 11 цифр, показанные здесь, представляют 6 стихов последней суры, а затем её количество стихов (6), после чего стоит общее количество пронумерованных стихов в Коране (6234). Законченное, очень длинное число является кратным 19.**

А теперь давайте включим номер каждой суры.

Запишите номер каждого стиха в каждой суре, потом номер суры, а затем количество стихов в суре. Таким образом, число, представляющее Суру 1, выглядит так: 1 2 3 4 5 6 7 1 7. Число, представляющее Суру 2, выглядит так: 1 2 3 4 5 ..... 284 285 286 2 286. Число, представляющее последнюю суру (№ 114), выглядит так: 1 2 3 4 5 6 114 6. Опять же, общее количество пронумерованных стихов (6234) добавляется в конце. Это число, представляющее весь Коран, **кратно 19**; оно выглядит так:

1234567 1 7 12345 ... 286 2 286 ... 123456 114 6 6234

ТРЕТИЙ №: Номер каждого стиха, после чего номер суры, затем количество стихов в суре. Общее количество пронумерованных стихов добавлено в конце. Длинное число (12930 цифр) кратно 19.

Вместо того, чтобы ставить общее количество стихов в каждой суре после суры, давайте теперь поставим его перед сурой. Таким образом, число, представляющее Суру 1, выглядит следующим образом: 7 1234567 1 вместо 1234567 1 7, а число, представляющее Суру 2, выглядит так: 286 12345 ..... 284 285 286 2, вместо 12345 .... 284 285 286 2 286. Этот очень длинный номер, представляющий целый Коран, **является кратным 19**.

---

7 1234567 1 286 12345 ... 286 2 ... 6 123456 114 6234

ЧЕТВЕРТЫЙ №: После общего количества стихов в каждой суре следуют номера каждого стиха, а затем номер суры. Последние 14 цифр, показанных выше, являются количеством стихов в последней суре (6), после чего следуют номера шести стихов (123456), потом номер суры (114), а затем общее количество пронумерованных стихов в Коране. Очень длинное число (состоящее из 12930 цифр) кратно 19.

Теперь давайте запишем номер каждого стиха в каждой суре, а затем сумму номеров стихов в каждой суре. Сура 1 состоит из 7 стихов, и сумма номеров стихов составляет 1 +2 +3 +4 +5 +6 +7 = 28. Таким образом, число, представляющее Суру 1, выглядит так: 1234567 28.

Сумма номеров стихов Суры 2 является 41041 (1 +2 +3 + ... + 286). Таким образом, число, представляющее Суру 2, выглядит следующим образом: 12345 ... 284 285 286 41041.

Число, представляющее последнюю суру, которая состоит из 6 стихов, выглядит следующим образом: 123456 21, так как 1 +2 +3 +4 +5 +6 = 21.

Окончательное число, представляющее весь Коран, состоит из 12836 цифр и **кратно 19**. Оно выглядит примерно так:

1234567 28 12345 ... 284285286 41041...123456 21

ПЯТЫЙ №: После номера каждого стиха в каждой суре следует сумма номеров стихов. Длинное число состоит из 12836 цифр и кратно 19.

Примечательно то, что если мы возьмём «Пятый №», который показан выше, и запишем номера стихов и суммы номеров стихов в обратном порядке, т. е. поставим сумму номеров стихов перед сурой, полученное длинное число **по-прежнему кратно 19**.

---

28 1234567 41041 12345 .... 285286 ..... 21 123456

ШЕСТОЙ №: Размещение суммы номеров стихов перед каждой сурой, а не после неё, образует длинное число (12836 цифр), которое также является кратным 19.

Даже написание сур в обратном порядке, то есть, изменив порядок сур, начиная с последней суры и заканчивая первой сурой, а также размещение суммы номеров стихов после стихов каждой суры, составляет производное **по-прежнему кратное 19**.

123456 21 12345 15...12345...286 41041 1234567 28

СЕДЬМОЙ №: При размещении сур в обратном порядке – начиная с последней суры и заканчивая первой сурой – и записывании номера каждого стиха, расположив сумму номеров стихов каждой суры после её стихов, производное представляет собой длинное число, состоящее из 12836 цифр. Это длинное число кратно 19.

Запишите сумму номеров стихов всего Корана (333410), после чего разместите общее количество пронумерованных стихов в Коране (6234), а затем количество сур (114). Каждая сура затем представлена её номером и вслед за этим – количеством её стихов. Числа, представляющие суры 1 и 2, являются 1 7 и 2 286. Законченное число, охватывающее все суры Корана, состоит из 474 цифр и **кратно 19** – оно выглядит следующим образом:

333410 6234 114 1 7 2 286   3 200 .. 113 5 114 6

ВОСЬМОЙ №: За Общей Суммой номеров стихов (333410) следует общее количество пронумерованных стихов (6234), количество сур (114), затем номер суры и номера стихов каждой суры.

А теперь давайте разместим в обратном порядке номер суры и номера её стихов, представленных в «Восьмом №». Таким образом, числа, представляющие первые две суры, выглядят следующим образом: 7 1 и 286 и 2, вместо 1 7 и 2 286. Законченное число также состоит из 474 цифр и по-прежнему является **кратным 19**. Оно выглядит примерно так:

333410 6234 114 7 1 286 2 200 3 ... 5 113 6 114

ДЕВЯТЫЙ №: Написание последовательности номера суры и количества стихов в обратном порядке по-прежнему даёт нам длинное число, которое кратно 19.

Если мы запишем сумму номеров стихов Суры 1 (28), после чего сумму номеров стихов Суры 2 (41041), и так далее до конца Корана, разместив Общую Сумму номеров стихов (333410) в конце, то полученное длинное число (Десятый №) состоит из 377 цифр и **кратно 19**.

---

28 41041 20100 ..... 15 21 333410

ДЕСЯТЫЙ №: Суммы номеров стихов каждой суры в Коране написаны один за другим, а затем в конце Общая Сумма номеров стихов (333410). Это длинное число (377 цифр) кратно 19.

Если мы запишем количество сур в Коране (114), после чего поместим общее количество пронумерованных стихов (6234), затем номер каждой суры и сумму её номеров стихов, то окончательное длинное число (612 цифр) является **кратным 19**.

---

114 6234 1 28 2 41041 3 20100 ... 113 15 114 21

ОДИННАДЦАТЫЙ №: Количество сур с последующим общим количеством пронумерованных стихов, затем номер каждой суры и её сумма номеров стихов производят это длинное число (612 цифр), которое кратно 19.

Чтобы никто не подумал, что какой-то Коранический параметр остался не защищён этим удивительным математическим кодом, давайте рассмотрим другие параметры.

Если мы запишем количество сур (114), после чего общее количество пронумерованных стихов, потом Общую Сумму номеров стихов во всём Коране (333410), а затем номер каждой суры и её стихов, то мы получим очень длинное число (12712 цифр), которое кратно 19.

---

114 6234 333410 1 1 2 3 4 5 6 7 ... 114 1 2 3 4 5 6
ДВЕНАДЦАТЫЙ НОМЕР

Если мы запишем номера стихов в каждой суре рядом друг с другом, то мы получим 235-значное число, **кратное 19**. Для этого, запишите общее количество пронумерованных стихов в Коране (6234), затем количество стихов в каждой суре, затем завершите общим количеством пронумерованных стихов в Коране. Окончательное длинное число выглядит следующим образом:

6234   7 286 200 176.....   127 ....   5 4 5 6   6234
(всего стихов) (первые 4 суры)   (Сура 9) (последние 4 суры) (всего стихов)
ТРИНАДЦАТЫЙ НОМЕР

Если мы запишем количество пронумерованных стихов в Коране (6234), затем количество сур (114), а затем номер каждого стиха в каждой суре, и завершим количеством пронумерованных стихов в Коране (6234) и количеством сур (114), то окончательное число состоит из 12479 цифр **и кратно 19**.

6234 114 1234567 12345 ... 286 ...123456 6234 114
ЧЕТЫРНАДЦАТЫЙ НОМЕР

Другое длинное число, которое состоит из 12774 цифр, образуется путём написания номера каждого стиха в каждой суре, а затем номера каждой суры, сложенного с количеством её стихов. Сура 1 состоит из 7 стихов, а общая сумма равняется 1 + 7 = 8. Таким образом, число, представляющее Суру 1, выглядит так: 1234567 8. Так как Сура 2 состоит из 286 стихов, то число, представляющее Суру 2, выглядит следующим образом: 12345 ... 286 288. Это проделано для каждой суры в Коране. Окончательное суммарное число состоит из 12774 цифр и **кратно 19**.

```
1234567    8  12345......286  288...........123456  120
  (1+7)              (2+286)              (114+6)
              ПЯТНАДЦАТЫЙ НОМЕР
```

Более специализированные функции описаны в Приложениях 2, 9, 19, 24, 25, 26, 29 и 37.

Открытие в последнюю минуту

[26 Мая 1989 –добавить к Приложению 1]

Абдулла Арик сделал следующее открытие непосредственно перед сдачей в печать:

1. Если мы запишем количество стихов каждой суры, а затем сумму номеров стихов и выровняем все числа по левому краю, то общая сумма всех чисел, выстроенных по левому краю, будет равна **4859309774** или **19x255753146** (Таблица 1).

Таблица 1

Сура 1	728
Сура 2	28641041
-	-
Сура 114	621
Сумма = 4859309774 = 19x255753146	

2. Сделайте то же самое, что и выше, только теперь вместо количества стихов запишите номер каждого стиха. На этот раз общая сумма состоит из 757 цифр и всё ещё кратна 19 (Таблица 2).

Таблица 2

Сура 1	123456728
Сура 2	1234...28641041
-	-
Сура 114	12345621

3. Сделайте то же самое, что и выше, только теперь выровняйте всё по правому краю, записав номер суры, затем число стихов в этой суре, потом номер каждого стиха в суре, и, наконец, сумму номеров стихов. Затем сложите эти числа. Общая сумма состоит из 759 цифр и также является кратной 19 (Таблица 3).

Таблица 3

Сура 1	17123456728
Сура 2	228612345........28641041
-	-
Сура 114	114612345621

Хвала Богу.

Свидетель из детей Израиля [46:10]

Объяви: «Что если оно от Бога, а вы не уверовали в него? Свидетель из детей Израиля засвидетельствовал о подобном явлении, и он уверовал, а вы слишком возгордились, чтобы поверить. Бог не ведёт правильным путём нечестивых». [46:10]

Следующая цитата взята из «ИССЛЕДОВАНИЯ В ЕВРЕЙСКОМ МИСТИЦИЗМЕ» (Ассоциация Еврейских Исследований, Кембридж, штат Массачусетс, Джозеф Дэн и Фрэнк Талмейдж, ред., Стр. 88, 1982 год). Цитата относится к работе раввина Иуды Благочестивого (12 век н.э.):

Люди [иудеи] во Франции сделали обычаем добавлять [в утренней молитве] слова: «Ашрей темимей дерех [блаженны те, кто идёт праведным путём]» и наш раввин Благочестивый, блаженная ему память, писал, что они были целиком и полностью неправильные. Это всё тяжкая ложь, потому что там только девятнадцать раз упоминается Святое Имя [в той части утренней молитвы] ... а также вы найдёте слово «Элохим» девятнадцать раз в литургической выдержке из Ве-'еллех шемот. . . Кроме того, вы найдёте, что Израиль был назван «сыновьями» девятнадцать раз, и есть много других примеров. Все эти комплекты из девятнадцати неразрывно связаны между собой и они содержат много тайных и эзотерических смыслов, которые содержатся в более чем восьми больших томах. . . Кроме того, в этом разделе находится 152 (19х8) слова.

Благодарности

Вся хвала и благодарность Богу, который пожелал, чтобы Его чудо Корана было раскрыто в данный момент. Он выделил следующих лиц и благословил их, раскрывая через них многие части этого важного открытия: Абдулла Арик, Мохамуд Али Абиб, Лиза Спрей, Эдип Юксел, Ихсан Рамадан, Фероз Кармалли, Исмаил Баракат, Гатут Адисома, Ахмед Юсуф, Сезар А. Маджул, Мухтесем Эрисен и Эмили Кей Стеррет.

Приложение 2

Божий Посланник Завета

Божий Посланник Завета является сплочающим посланником. Его миссия состоит в очищении и объединении всех существующих религий в одну – Ислам (Покорность).

Ислам – это НЕ название; это процесс полного подчинения и преданности ТОЛЬКО Богу без обожествления Иисуса, Марии, Мухаммеда или святых. Любой, кто отвечает этому критерию, является «мусульманином» (Покорным). Таким образом, можно быть мусульманским евреем, мусульманским христианином, мусульманским индусом, мусульманским буддистом или мусульманским мусульманином.

Божий Посланник Завета доставляет провозглашение Бога, что «Единственная религия, утверждённая Богом, – это Покорность» (3:19) и что «Тот, кто ищет другую религию, помимо Покорности, она не будет принята от него/ неё» (3:85).

Посланник Бога должен представить доказательство того, что он является посланником Бога. Каждый посланник Бога подкреплён неопровержимыми божественными знамениями, доказывающими, что Всемогущий дозволил ему доставить Его послания. Моисей (Муса) бросил свой посох, и он превратился в змею, Иисус (Иса) исцелил прокажённого и вернул к жизни мёртвого по воле Бога, знамением Салиха был знаменитый верблюд, Авраам (Ибрагим) вышел из огня, а чудом Мухаммеда был Коран (29:50-51).

Коран (3:81, 33:07, 33:40) и Библия (Малахия 3:1-3) предсказали появление сплочающего посланника, Божьего Посланника Завета. Это только подобает, что посланник с такой чрезвычайно важной миссией должен быть поддержан самым мощным чудом (74:30-35). В то время как чудеса предыдущих посланников были ограничены по времени и месту, Божье чудо, поддерживающее Его Посланника Завета, является бессрочным; его может видеть любой в любое время и в любом месте.

Это Приложение представляет физическое, неопровержимое и поддающееся обследованию и проверке доказательство того, что Рашад Халифа является Божьим Посланником Завета.

Кораническая истина

Одним из важных пророчеств в Коране является то, что Божий Посланник Завета будет отправлен после того, как все пророки пришли в этот мир, и после того, как все Божьи писания были доставлены.

> **Бог заключил завет с пророками, говоря: «Я дам вам писание и мудрость. Затем придёт посланник, чтобы подтвердить все существующие писания. Вы должны поверить в него и поддержать его». Он сказал: «Согласны ли вы с этим и обязуетесь ли выполнить этот завет?» Они сказали: «Мы согласны». Он сказал: «Вы, таким образом, засвидетельствовали, и Я свидетельствую вместе с вами». (3:81)**

Мухаммад Мармадьюк Пикталл перевёл 3:81 следующим образом:

> **Когда Аллах заключил (Его) завет с пророками, (Он сказал): Вот то, что я дал вам из Писания и знания. И после этого к вам придет посланник, подтверждающий то, чем вы обладаете. Вы должны верить в него и должны помочь ему. Он сказал: Согласны ли вы и возьмёте ли вы Моё бремя (которое Я возложил на вас) в этом (деле)? Они ответили: Мы согласны. Он сказал: Тогда засвидетельствуйте. Я буду свидетелем вместе с вами.**

Мы узнаем из Суры 33, что Мухаммед был одним из пророков, кто заключил этот важный завет с Богом.

> **И когда мы потребовали соглашение с Пророками: и с тобой (О Мухаммед), и с Ноем, и с Авраамом, и с Моисеем, и с Иисусом, сыном Марии, Мы заключили с ними важный завет. (33:07)**
>
> **(согласно Мухаммаду Мармадьюк Пикталл)**

Стих 3:81, среди многих других стихов, даёт определения для «*Наби*» (Пророк) и для «*Расул*» (Посланник). Таким образом, «*Наби*» является посланником Бога, который доставляет новое писание, в то время как «*Расул*» является посланником, уполномоченным Богом, чтобы подтвердить существующие писание; он не приносит новое писание. Согласно Корану, каждый «*Наби*» является «*Расулом*», но не каждый «*Расул*» является «*Наби*».

Не каждому посланнику было дано новое писание. Это не логично, что Бог даст писание пророку, а затем попросит его держать его исключительно для себя, как это было заявлено некоторыми мусульманскими «учёными» (2:42, 146, 159). Те, кто не достаточно знакомы с Кораном, склонны думать, что Аарон (Харун) был «*Наби*», как заявлено в 19:53, который не получил писание. Однако, в Коране чётко сказано, что Тора была дана непосредственно «как Моисею (Мусе), так и Аарону (Харуну)» (21:48, 37:117).

Мы узнаем из Корана, 33:40, что Мухаммед был последним пророком (*Наби*), но не последним посланником (*Расул*):

> **Мухаммед не был отцом кого-либо из ваших мужчин; он был посланником (Расул) Бога и последним пророком (Наби).** **[33:40]**

Это важное определение подтверждается математическим кодом Корана. Выражение, используемое в 33:40, «Мухаммад Хаатум аль-Набийин» (последний пророк) имеет гематрическое значение 1349, 19х71, в то время как значение ошибочного выражения «Мухаммад Хаатум аль-Мурсалин» (последний посланник) не кратно 19.

С незапамятных времён это было человеческой чертой отвергать современного, живущего посланника. Иосиф был объявлен «последним посланником» (40:34). Тем не менее, много посланников пришло после него, включая Моисея (Мусу), Давида (Давуда), Соломона (Сулеймана), Иисуса (Ису) и Мухаммеда.

Завет выполнен

Хотя пророки мертвы относительно этого мира, мы знаем, что их души, настоящие люди, в настоящее время находятся в Эдемском саду, где жили Адам и Ева. Несколько стихов велят нам не думать, что верующие, которые оставили свои тела и покинули этот мир, мертвы (2:154, 3:169, 4:69). Хотя они и не могут возвратиться в наш мир (23:100), они «живые» в Раю. Пожалуйста, см. *Приложение 17*.

Во время моего паломничества Хадж в Мекку, до восхода солнца во вторник, Зуль-Хиджа 3, 1391 года, 21 декабря 1971 года, я, Рашад Халифа, душа, настоящий человек, а не тело, был доставлен в какое-то место во Вселенной, где я был объявлен всем пророкам как Божий Посланник Завета. Я не был информирован о деталях и истинном значении этого события вплоть до Рамадана 1408 года.

То, что я видел в полном сознании, было то, что я сидел на месте, в то время как пророки один за другим подходили ко мне, смотрели мне в лицо, а затем кивали своими головами. Бог показал мне их такими, какими они выглядели в этом мире, одетые соответственно их манере одеваться. Там была атмосфера огромного благоговения, радости и уважения.

Кроме Авраама (Ибрагима), ни один из пророков не был выявлен мне. Я знал, что все пророки были там, включая Моисея (Мусу), Иисуса (Ису), Мухаммеда, Аарона (Харуна), Давида (Давуда), Ноя (Нуха) и всех остальных. Я считаю, что причиной для выявления личности Авраама было то, что я спросил о нём. Я был ошеломлён тем, что он имел сильное сходство с моей собственной семьёй – со мной, моим отцом, моими дядями. Это был единственный раз, когда я задался вопросом: «Кто этот пророк, который похож на моих родственников?» Ответ пришёл: «Авраам (Ибрагим)». Не было проговорено ни слова. Всё общение велось мысленно.

Стоит отметить, что датой этого выполнения завета пророков было **Зуль-Хиджа 3, 1391 года.** Если мы сложим месяц (12), день (3) и год (1391), мы получим в общей сложности 1406, 19x74. Сура 74 – это та сура, где упоминается общий знаменатель Корана, число 19. Заметим, что число 1406 также представляет количество лет от откровения Корана до откровения его чуда (Приложение 1).

Миссией Божьего Посланника Завета является подтверждение существующих писаний, очищение их и объединение их в одно божественное послание. Коран утверждает, что такой посланник отвечает за восстановление послания Бога до его нетронутой чистоты, чтобы вывести праведных верующих – иудеев, христиан, мусульман, буддистов, сикхов, индусов и других – из тьмы к свету (5:19 и 65:11). Он тот, кто провозгласит, что **Ислам (полная покорность Богу) является единственной приемлемой Богом религией (3:19).**

> «Вот, Я отправляю моего посланника,
> чтобы приготовить путь к моему приходу;
> и внезапно в храм придёт Господь, которого вы ищете,
> и посланник завета, которого вы желаете.
> Да, он идёт, говорит Господь сил.
> Но кто выдержит день его пришествия?
> И кто устоит, когда он явится?
> Ибо он, как огонь расплавляющий или как щёлок валяльщика».
>
> **[Малахия 3:1-2]**

Доказательство

Имя Божьего Посланника Завета математически закодировано в Коране как «Рашад Халифа». Это, конечно, наиболее подходящий способ представления посланника Бога миру в компьютерный век.

(1) Как показано в Приложении 1, великое чудо Бога в Коране основано на простом числе 19, и оно оставалось скрытым в течение 1406 лет (19x74). Всемогущий Бог предопределил, чтобы это удивительное чудо было раскрыто через Рашада Халифу. Сотни мусульманских учёных и востоковедов в течение последних 14 веков тщетно пытались, но ни одному из них не было разрешено расшифровать значение Коранических инициалов.

(2) Коран сделан легким для **искренне верующих и ищущих** (54:17, 22, 32, 40 и 39:28). Это неотменяемый божественный закон, что никому не разрешён доступ к Корану, не говоря уже о его великом чуде, разве что он или она является искренним верующим, которому предоставлено специальное божественное разрешение (17:45-46, 18:57, 41:44, 56:79). Открытие чуда Корана через Рашада Халифу является одним из основных знамений его посланничества.

(3) «Рашада» رَشَدَ (придерживаться правильного руководства) является коренным словом имени «Рашад» رَشَاد. Это коренное слово упоминается в Коране 19 раз. Девятнадцать является общим знаменателем Корана (См. УКАЗАТЕЛЬ СЛОВ КОРАНА, Первое издание, страница 320).

(4) Слово «Рашад» встречается в 40:29 и 38. Слово «Халифа» встречается в 2:30 и 38:26. Первый «Халифа» относится к не-человеку «Халифа», а именно, к Сатане, в то время как второе нахождение (сура 38) относится к человеку «Халифа». Если мы сложим номера сур и стихов с «Рашад» (40:29, 38) и «Халифа» (38:26), то мы получим 40 + 29 + 38 + 38 + 26 = 171 = 19x9.

(5) Сумма всех номеров сур и стихов, где все «Рашада» и все «Халифа» встречаются, без дискриминации, доходит до 1463, 19x77 (Таблица 1).

(6) Сумма всех сур и стихов, где коренное слово «Рашада» встречается, составляет 1369 или (19x72) +1, в то время как сумма всех нахождений «Халифа» составляет 94 (19x5) -1.

Таблица 1: Суры и стихи, содержащие «Рашада» и «Халифа»

	«Рашада»		«Халифа»	
№	Сура	Стих	Сура	Стих
1.	2	186	(2)	30
2.	-	256	38	26
3.	4	6		
4.	7	146		
5.	11	78		
6.	-	87		
7.	-	97		
8.	18	10		
9.	-	17		
10.	-	24		
11.	-	66		
12.	21	51		
13.	40	29		
14.	-	38		
15.	49	7		
16.	72	2		
17.	-	10		
18.	-	14	(Сура 2	
19.	-	21	повторена)	
	224	1145	38	56
224 + 1145 + 38 + 56 = 1463 = 19x77				

Тот факт, что «Рашада» больше на один, а «Халифа» меньше на один, связывает имя как «Рашад Халифа», а не какой-либо «Рашад» или какой-либо «Халифа».

(7) Гематрическое значение «Рашад» составляет 505, а значение «Халифа» составляет 725 (Таблица 7, Приложение 1). Если мы сложим значение «Рашад Халифа» (1230) с номерами сур и количеством стихов от начала Корана до первого нахождения «Рашада», то общая сумма составит 1425, 19x75. Подробная информация приведена в Таблице 2.

(8) Если мы сложим номера всех стихов в каждой суре, то есть, сумму номеров стихов (1 +2 +3 + ... + n) от начала Корана до первого нахождения коренного слова «Рашада», то общая сумма доходит до 17233, 19x907 (Таблица 2).

(9) Коранические инициалы составляют основной фундамент чуда Корана. Эти инициалы встречаются в сурах 2, 3, 7, 10, 11, 12, 13, 14, 15, 19, 20, 26, 27, 28, 29, 30, 31, 32, 36, 38, 40, 41, 42, 43, 44, 45, 46, 50 и 68. Если мы сложим сумму этих номеров (822) со значением «Рашад Халифа» (1230), то общая сумма составит 2052, 19x108.

(10) Как показано в Таблице 3, если мы сложим номера всех сур, где коренное слово «Рашада» встречается, плюс количество стихов, то мы получим 1368 или 19x72.

Таблица 2: Суры и стихи от начала Корана до первого появления коренного слова «Рашада»

№ Суры	К-во Стихов	Сумма № Стихов
1	7	28
2	185	17205
——	——	——
3	192	17233
		(19x907)

Также, «Рашад» (505) + «Халифа» (725) + Всего Сур (3) + Всего Стихов (192) = 1425 (19x75)

505 + 725 + 3 + 192 = 1425 = 19x75

Таблица 3: Суры, где коренное слово «Рашада» встречается

№ Суры	К-во Стихов	Всего
2	286	288
4	176	180
7	206	213
11	123	134
18	110	128
21	112	133
40	85	125
49	18	67
72	28	100
——	——	——
224	1144	1368
		(19x72)

(11) Если мы запишем номер суры, затем количество стихов в суре, а затем индивидуальные номера стихов от первого появления коренного слова «Рашада» (2:186) до последнего появления «Рашада» (72:21), и поместим эти числа рядом друг с другом, то мы получим очень длинное число, которое состоит из 11087 цифр и является кратным 19. Это очень длинное число начинается с номера Суры 2, после чего стоит количество стихов в суре 2, начиная от первого нахождения «Рашада» в стихе 186 до конца суры (100 стихов). Таким образом, начало числа выглядит следующим образом: 2 100.

Номера этих 100 индивидуальных стихов (от 187 до 286) помещены рядом с этим числом. Таким образом, число, представляющее Суру 2, выглядит следующим образом: 2 100 187 188 189 ..... 285 286. Тот же самый процесс проделан непосредственно до 72:21, последнего нахождения корня «Рашада». Завершённый номер выглядит следующим образом:

---

2 100 187 188 189 ..... 72 21 1 2 3 ..... 19 20 21

За номером Суры следует количество стихов, затем номера отдельных стихов от первого до последнего нахождения «Рашада» (от 2:187 до 72:21).

Завершённое число состоит из 11087 цифр и делится на 19.

---

(12) Если мы рассмотрим суры и стихи от первого нахождения коренного слова «Рашада» до слова «Халифа» в 38:26, то мы найдём, что сумма номеров сур и их количество стихов равняется 4541 или 19х239. Подробности можно найти в Таблице 4.

(13) Когда мы запишем значение «Рашад» (505), затем значение «Халифа» (725), а затем каждый номер суры, где коренное слово «Рашада» встречается, а затем номера их стихов от первой «Рашада» (2:186) до слова «Халифа» (38:26), то мы получим длинное число, которое делится на 19.

Первое нахождение «Рашада» произошло в 2:186. Итак, запишем 2 186. Второе нахождение – в 2:256, поэтому запишем 256. Следующего нахождение – в 4:6, так что мы запишем 4 6, и так далее, пока мы не напишем 38 26 («Халифа» встречается в 38:26). Завершённое число выглядит следующим образом:

Таблица 4: Суры и стихи от первого «Рашада» до «Халифа»

№ Суры	К-во Стихов	Всего
2	100 (187-286)	102
3	200	203
4	176	180
5	120	125
-	-	-
35	45	80
36	83	119
37	182	219
38	26	64
740	3801	4541
		(19х239)

---

505   725   2   186   256   4   6 38   26

За гематрическим значением «Рашад» следует значение «Халифа», затем номер суры и номера стихов каждого нахождения коренного слова «Рашада» от первого появление «Рашада» до нахождения «Халифа» в 38:26.

Единственная религия, утверждённая Богом, – это Покорность [3:19]

(14) Коран определяет трёх посланников ислама (Покорности):

Авраам (Ибрагим) доставил все обычаи ислама. Значение его имени = 258
Мухаммед доставил Коран. Значение его имени = 92
Рашад доставил доказательство подлинности ислама.
Значение его имени = 505
Общее гематрическое значение 3-х имён = 258 + 92 + 505 = 855

(19x45)

Истинные иудаизм, христианство и ислам будут объединены в одну религию – полную покорность и абсолютную преданность ТОЛЬКО Богу.

Существующие религии, а именно, иудаизм, христианство и ислам сильно искажены и просто отомрут (9:33, 48:28, 61:9).

(15) Так как Коран иногда ссылается на «Авраама (Ибрагима), Исмаила (Измаила) и Исаака (Исхака)», то было предложено также включить Исмаила и Исаака. Примечательно то, что включение Исмаила и Исаака дало общую сумму, которая все также кратна 19. Как видно из Таблицы 5, новая общая сумма равняется 1235 или 19x65. Эта делимость на 19 не представляется возможной, если любое из 3-х имён, Авраама, Мухаммеда или Рашада, исключено.

Таблица 5: Гематрическое значение 5-ти посланников

Имя	Значение отдельных букв	Всего
Авраам	1+2+200+5+10+40	258
Исмаил	1+60+40+70+10+30	211
Исаак	1+6+8+100	169
Мухаммед	40+8+40+4	92
Рашад	200+300+1+4	505
....	....	....
	1235	1235
		(19x65)

Почему 81: стих 81 и сура 81

(16) Божий Посланник Завета предсказан в **Стихе 81** Суры 3. Сложение гематрического значения «Рашад» (505) с гематрическим значением «Халифа» (725), плюс номер Стиха (81), составляет 505 + 725 + 81 = 1311 = 19x69.

(17) Если мы взглянем на **Суру 81**, то мы читаем о посланнике Бога, который мощно поддержан и уполномочен Всемогущим (Стих 19). Таким образом, Стих 81 Суры 3 и Сура 81, Стих 19 сильно связаны с именем «Рашад Халифа» 505 + 725 + 81 = 1311 = 19x69.

(18) Если мы сложим номера сур, плюс количество стихов от начала Корана до Стиха 3:81, где Посланник Завета предсказан, то общая сумма доходит до 380, 19х20. Эти данные представлены в Таблице 6.

(19) Гематрическое значение Стиха 3:81 равняется 13148, 19х692. Это значение получено путём сложения гематрического значения каждой буквы в стихе.

Таблица 6: Суры и стихи от 1:1 до 3:81

№ Суры	К-во Стихов	Всего
1	7	8
2	286	288
3	81	84
6	374	380
		(19х20)

(20) Если мы посмотрим на ту часть Стиха 3:81, которая относится непосредственно к посланнику Завета, «Посланник придёт к вам, подтверждая то, что у вас есть».,» написанную по-арабски:

«ДЖАА АКУМ РАСУЛУН МУСАДДИКУН ЛЕМАА МА АКУМ»

جَآءَكُمْ رَسُولٌ مُّصَدِّقٌ لِّمَا مَعَكُمْ

то мы найдём, что гематрическое значение этой ключевой фразы равняется 836, 19х44.

«Несомненно, ты один из посланников» (36:3)

(21) Мне было сказано очень уверенно через ангела Гавриила, что Стих 3 Суры 36 относится именно ко мне. Если мы организуем только суры, содержащие инициалы, начиная с Суры 2, затем Сура 3, затем Сура 7 и так далее, то мы найдём, что Сура 36, Йа Син, занимает место номер 19.

(22) Стих 3 Суры 36 говорит: «Несомненно, ты один из посланников». Гематрическое значение этой фразы равняется 612. При сложении этого значения (612) с номером суры (36), с номером стиха (3) и с гематрическим значением «Рашад Халифа» (505 + 725), мы получим 36 + 3 + 612 + 505 + 725 = 1881 = 19х99.

(23) Сура 36 состоит из 83 стихов. Если мы сложим номер суры (36) с количеством её стихов (83) и с гематрическим значением «Рашад Халифа» (505 + 725), то мы получаем 36 + 83 + 505 + 725 = 1349 = 19х71.

(24) От 3:81, где Посланник Завета предсказан, до Суры 36 находится 3330 стихов. Сложив значение «Рашад Халифа» (1230) с этим количеством стихов (3330), мы получим 505 + 725 + 3330 = 4560, 19х240.

(25) От 3:81 до 36:3 находится 3333 стиха. При сложении этого числа с гематрическим значением «Рашад» (505), мы получаем 3333 + 505 = 3838 = 19х202.

(26) Количество стихов от 1:1 до 36:3 составляет 3705, 19х195 (Таблица 7).

(27) Сумма номеров стихов каждой суры от 1:1 до 36:3 составляет 257925, 19х13575 (Таблица 7).

(28) Сумма номеров сур от Суры 1 до Суры 36 составляет 666 (Таблица 7). Если мы сложим эту сумму с гематрическим значением «Рашад Халифа» (505 +725) и с гематрическим значением стиха 36:3

Таблица 7: Суры и стихи от Суры 1 до стиха 3 Суры 36.

№ Суры	К-во Стихов	Сумма номеров стихов
1	7	28
2	286	41041
3	200	20100
-	-	-
9	127	8128
-	-	-
34	54	1485
35	45	1035
<u>36</u>	<u>2</u>	<u>3</u>
666	3705	257925
	(19х195)	(19х13575)

«Несомненно, ты один из посланников» (612), то общая сумма составит: 666 + 505 + 725 + 612 = 2508 = 19х132.

(29) Если мы сложим сумму номеров стихов (1 +2 +3 + ... + n) от первого появления коренного слова «Рашада» (2:186) до 36:3 (Ты один из посланников) с общим количеством сур (35) и с каждым номером сур, то общая сумма составит 241395 или 19х12705 (Таблица 8).

(30) Сумма номеров сур от первого появления коренного слова «Рашада» до 36:3 составляет 665, 19х35. Обратите внимание, что это 35 сур (Таблица 8).

Таблица 8: Суры и стихи от первой «Рашада» до 36:3

№	№ Суры	Сумма номеров стихов
1.	2(186-286)	23836
2.	3	20100
3.	4	15576
4.	5	7260
-	-	-
10.	9	8128
-	-	-
33.	34	1485
34.	35	1035
35.	<u>36 (1-3)</u>	<u>6</u>
	665	240695
	(19х35)	
35 + 665 + 240695 = 241395 (19х12705)		

«Посланник к людям писания»
(иудеям, христианам и мусульманам)

> О люди писания, наш посланник пришёл к вам для прояснения вещей для вас после длительного периода без посланников. Чтобы вы не говорили: «Ни проповедник, ни предостерегающий увещеватель не приходил к нам». Проповедник и предостерегающий увещеватель пришёл к вам. Бог – Всесильный. **[5:19]**

(31) Очевидно, что номер этого стиха – 19, общий знаменатель Корана, обнаруженный Рашадом, и количество нахождений «Рашада» в Коране.

(32) Если мы сложим значение «Рашад Халифа» (1230) с номером суры (5), а также с номером стиха (19), то получим 1230 + 5 + 19 = 1254 = 19х66.

(33) Сумма номеров сур и количества стихов от начала Корана до этого стиха (5:19) составляет 703, 19х37. См. Таблицу 9.

(34) Сура 98, «Доказательство», стих 2, провозглашает появление Божьего Посланника Завета на пользу «Людей Писания (иудеев, христиан и мусульман)». Сложив гематрическое значение «Рашад Халифа» (505 + 725) с номером суры (98), а также с номером стиха (2), мы получим: 505 + 725 + 98 + 2 = 1330 = 19х70.

Таблица 9: Суры и стихи от начала до 5:19

№ Суры	К-во Стихов	Всего
1	7	8
2	286	288
3	200	203
4	176	180
5	19	24
15	688	703
		(19х37)

> Те, кто не уверовал среди людей писания (иудеи, христиане, мусульмане) и идолопоклонники, не уверуют, несмотря на значительное знамение, данное им. [98:1]
>
> **Посланник от Бога, читающий Священные Писания. [98:2]**

(35) Следует отметить, что слово «Байинах», которое означает «Значительное Знамение», и название этой Суры 98, встречается в Коране 19 раз. Это еще одно математическое подтверждение того, что доказательство Корана божественного авторства основывается на простом числе 19, и что «Рашад Халифа» является посланником в 98:2.

Значительный посланник пришёл [44:13]

(36) При сложении номеров сур с количеством стихов в каждой суре от 1:1 до 44:13, общая сумма равняется 5415, 19х19х15 (Таблица 10).

(37) Сумма номера суры (44) с номером стиха, где посланник предсказан (13), равна 57, 19х3. См. Таблицу 10.

Таблица 11: Гематрическое значение избранного посланника в 72:27.

إِلَّا مَنِ ٱرْتَضَىٰ مِن رَّسُولٍ

Буква	Гематрическое Значение
А	1
Л	30
А	1
М	40
Н	50
А	1
Р	200
Т	400
Д	800
Й	10
М	40
Н	50
Р	200
С	60
В	6
Л	30
	....
	1919

Таблица 10: Суры и стихи от 1:1 до 44:13

№ Суры	К-во Стихов	Всего
1	7	8
2	286	288
3	200	203
4	176	180
5	120	125
-	-	-
9	127	136
-	-	-
41	54	95
42	53	95
43	89	132
44	13	57
990	4425	5415
		(19х19х15)

КОНЕЦ СВЕТА

(38) Только Бог – Знающий будущее; Он знает точно, когда этот мир прекратит своё существование (7:187, 31:34, 33:63, 41:47, 43:85). Мы узнаём из Корана, что Бог открывает Его избранным посланникам определённые аспекты будущего. В Приложении 25 представлено свидетельство того, что Рашад Халифа был благословлён раскрытием Конца Света, в соответствии с 72:27.

(39) Количество стихов от начала Корана до стиха 72:27 составляет 5472 или 19х72х4. Обратите внимание, что посланник, которому дана информация о будущем, находится в 72:27, и что эта сура содержит 4 слова «Рашада» (72:2, 10, 14 и 21). Складывая значение «Рашад Халифа» (1230) с номером суры (72), а также с номерами 4-х стихов, где упоминается «Рашада», мы получим 1230 + 72 + 2 + 10 + 14 + 21 = 1349 = 19x71.

(40) Стих 72:27 начинается с утверждения: الا من ارتضى من رسول (Только Посланник, которого Он избирает). Эта ссылка на посланника, который избран Богом для получения новостей о будущем, имеет гематрическое значение 1919. Данные представлены в Таблице 11.

КАК ОТЛИЧИТЬ ПОСЛАННИКА БОГА ОТ САМОЗВАНЦА

Коран предоставляет простые признаки для отличения истинных посланников Бога от самозванцев:

[1] Божий посланник выступает за поклонение ТОЛЬКО Богу и за отмену всех форм идолопоклонства.

[2] Божий посланник никогда не просит для себя заработной платы.

[3] Божьему посланнику дано божественное, неопровержимое доказательство его посланничества.

Тот, кто утверждает, что он Божий посланник и не отвечает этим трём минимальным признакам, перечисленным выше, является самозванцем.

Самое важное различие между посланником Бога и самозванцем в том, что посланник Бога поддерживается Богом, в то время как самозванец не поддерживается:

* Божьего посланника поддерживают невидимые воины Бога (3:124-126, 9:26 и 40, 33:9, 37:171-173, 48:4 и 7, 74:31).

* Божьего посланника поддерживает казна Бога (63:7-8).

* Божьему посланнику, а также верующим, гарантируется победа и достоинство в этом мире и навечно (40:51 и 58:21).

Таким образом, истинность Божьего посланника неизменно преобладает, в то время как ложь самозванца, рано или поздно, будет разоблачена.

ОСНОВНЫЕ ОБЯЗАННОСТИ БОЖЬЕГО ПОСЛАННИКА ЗАВЕТА

Как сказано в Коране в 3:81, Божий Посланник Завета должен подтвердить все писания, которые были доставлены всеми пророками, и восстановить их до первозданной чистоты.

МИЛОСТЬ ОТ БОГА [21:107]

Когда верующие сталкиваются с проблемой, то они разрабатывают ряд возможных решений, что неизменно приводит к значительным спорам, раздробленности и смятению. Мы узнаём из 2:151, 3:164 и 21:107, что это не что иное, как милость от Бога, что Он посылает к нам посланников для предоставления окончательных решений для наших проблем. Мы узнаём из 42:51, что Бог посылает Своих посланников, чтобы общаться с нами и для распространения новой информации. Следовательно, серьёзный приказ в 4:65, 80 предписывает принять без малейших колебаний учения, доставленные нам через Божьих посланников.

Ниже приводится перечень основных обязанностей Божьего Посланника Завета:

---

1. Раскрыть и объявить математическое чудо Корана (Приложение 1).

2. Выявить и удалить два ложных стиха 9:128-129 из Корана (Приложение 24).

3. Объяснить цель нашей жизни: почему мы здесь (Приложение 7).

4. Провозгласить одну религию для всех людей и указать и удалить все искажения, которыми страдают иудаизм, христианство и ислам (Приложения 13, 15, 19).

5. Объявить, что Закят (обязательная благотворительность) является необходимым условием для искупления (7:156), и объяснить правильный метод соблюдения Закята (Приложение 15).

6. Раскрыть конец света (Приложение 25).

7. Объявить, что те, кто умирают в возрасте до 40 лет, попадают в Рай (Приложение 32).

8. Объяснить смерть Иисуса (Приложение 22).

9. Объяснить доставку Корана Мухаммеду, а затем через него (Приложение 28).

10. Объявить, что Мухаммед записал откровения Бога (Коран) собственноручно (Приложение 28).

11. Объяснить, почему большинство верующих в Бога не попадают в Рай (Приложение 27).

12. Объявить, что Бог никогда не приказывал Аврааму убить своего сына (Приложение 9).

13. Провозгласить секрет совершенного счастья (Введение).

14. Установить систему уголовного правосудия (Приложение 37).

****

Приложение 3

Мы сделали Коран лёгким [54:17]

Стих 11:1 сообщает нам, что чудо Корана включает в себя: [1] сверхчеловеческое математическое моделирование его физической структуры и [2] одновременную композицию художественного произведения чрезвычайного совершенства.

Возможно, что кому-либо удалось бы удовлетворить требования численного распределения простой математической модели. Однако это всегда достигается ценой литературного качества. Одновременный контроль литературного стиля и сложного математического распределения отдельных букв по всему Корану (Приложение 1) проявляется в том, что Коран сочинён для лёгкого запоминания, понимания и наслаждения. В отличие от книги, написанной человеком, Коран приятно читать снова и снова – до бесконечности.

Название этого приложения повторяется в Суре 54, в стихах 17, 22, 32 и 40. Как выяснилось, арабский текст Корана составлен таким образом, чтобы напоминать читателю или учащему наизусть следующее правильное выражение или следующий стих. Бог создал нас, и Он знает самый эффективный способ для закрепления литературных материалов в нашей памяти. Запоминание Корана сыграло важную роль в сохранении подлинного текста поколение за поколением в то время, когда написанные книги были редкостью.

Человеку, который запоминает Коран, божественно помогает сложная литературная система, когда он произносит звуки коранических слов, а он и не осознаёт этого. Почти каждый стих в Коране содержит то, что я называю «Колокола Памяти». Их функция – напоминать читателю, что следует дальше. Эта система настолько обширна, что я приведу только два наглядных примера:

1. В Суре 2 каждый стих 127, 128 и 129 заканчивается двумя разными именами Бога. Этими парами имён являются «*Аль-Сами, Аль-Алим* (Слышащай, Всеведущий)», «*Аль-Тавваб, Аль-Рахим* (Искупитель, Самый Милосердный)» и «*Аль-Азиз, Аль-Хаким* (Всемогущий, Самый Мудрый)», соответственно. Если бы это была обычная книга, можно было бы легко перепутать эти шесть имён. Но это невозможно в Коране. Каждой из этих пар в том же стихе предшествует «Колокол Памяти», который напоминает нам о правильной паре имён. Таким образом, стих 127 говорит об Аврааме (Ибрагиме) и Измаиле (Исмаиле), закладывающих основы Каабы. Стих заканчивается именами «*Аль-Сами, Аль-Алим*». Выделяющиеся звуки здесь «С», «М» и «Айн». Эти три буквы выделяются в слове «Исмаил». Мы находим, что это слово явно отсрочено в предложении, одновременно

повышая его литературное качество. Таким образом, мы видим, что стих звучит так: «Когда Авраам закладывал основы *Каабы* вместе с Измаилом ...». Как правило, человеческий писатель сказал бы: «Когда Авраам и Измаил закладывали основы *Каабы* ....». Но отсрочка звуков в «Исмаил» приближает их к концу стиха и, таким образом, напоминает нам о том, что правильными именами Бога в этом стихе являются «*Аль-Сами, Аль-Алим*».

Стих 128 имеет выделяющееся слово «*Табб*» как раз перед именами «*Аль-Тавваб, Аль-Рахим*». Слово «*Табб*», таким образом, служит колоколом памяти. Именами Бога в конце 2:129 являются «*Азиз, Хаким*». Выделяющиеся звуки здесь «З» и «К». Очевидно, что колоколом памяти в этом стихе является слово «*Юзаккихим*».

2. Другой хороший пример можно найти в 3:176, 177 и 178, где кара для неверующих описывается как «*Азим* (Страшная)», «*Алим* (Мучительная)» и «*Мухин* (Унизительная)», соответственно. В книге, написанной человеком, учащий наизусть может легко перепутать эти три описания. Но мы видим, что каждому из этих прилагательных предшествуют мощные колокола памяти, которые предотвращают такое перепутывание. Слову «*Азим*» в стихе 176 предшествует слово «*Хуззун*», которое характеризуется ударением на букву «З». Это служит нам напоминанием об определённом прилагательном в конце этого стиха. Слову «*Алим*» в стихе 177 предшествует звучание слова «*Иман*» в качестве колокола памяти, и слову «*Мухин*» в 3:178 предшествует изобилие «М» и «Х» на протяжении этого стиха.

Другие примеры колоколов памяти включают окончание в 3:173 и начало в 3:174, окончание в 4:52 и начало в 4:53, окончание в 4:61 и начало в 4:62, окончание в 18:53 и начало в 18:54, и много других.

****

Приложение 4

Почему Коран был низведён на арабском языке?

Мы узнаём из 41:44, что искренние верующие имеют доступ к Корану, независимо от их родного языка. Неверующим же, с другой стороны, не разрешён доступ к Корану, даже если они являются профессорами арабского языка (17:45, 18:57, 41:44 и 56:79).

Арабский является наиболее эффективным языком в мире, особенно когда речь идёт о точной формулировке законов. Поскольку Коран является Сводом Законов, то было важно, чтобы такие законы были чётко сформулированы. Бог избрал арабский язык для Его Последнего Завета по очевидной причине, что он является наиболее подходящим языком для этой цели. Арабский язык является уникальным по своей эффективности и точности. Например, слово «они» на английском не говорит вам, если «они» являются мужчинами или женщинами. В арабском языке есть «они» для мужчин *ХУМ* и «они» для женщин *ХУННА*. Существует даже «они» для двух мужчин, *ХУМАА*, и «они» для двух женщин *ХААТААН*. Эта особенность не существует ни в одном другом языке мира. Я оценил эту эффективность арабского языка во время перевода, например 2:228. Этот стих предписывает разводящейся отказаться от своего желания развестись с мужем, если она обнаружит, что она беременна, а муж хочет примириться – благополучие ребёнка имеет приоритет. Эффективность арабского языка была очень полезна в изложении этого закона. Любой другой язык сделал бы практически невозможным указать, чьи желания должны преобладать, по крайней мере, не в этих нескольких словах, как мы видим в 2:228.

Слово «*Каалатаа*» в 28:23, например, переводится четырьмя английскими словами: «Эти две женщины сказали». Такова эффективность арабского языка.

Другой возможной причиной выбора арабского языка является то, что «Он» и «Она» не обязательно определяет естественный пол. Таким образом, когда Бога называют «Он», то это вообще не определяет пол. Да будет славен Бог; Он не является ни мужчиной, ни женщиной. Использование «Он» по отношению к Богу, например в английском языке, внесло свой вклад в ложный образ Бога. Этому не помогли такие искажённые выражения, как «Отец», когда обращаются к Богу. Вы никогда не найдёте такой ссылки на Бога в Коране.

****

Приложение 5

Рай и Ад

Описания Рая и Ада во всём Коране аллегорические. И Коран сообщает нам об этом, когда такие описания встречаются как самостоятельные изречения, а не в рамках общей темы. См. 2:24-26, 13:35 и 47:15. В этих стихах используется слово «Матал» (аллегория). Лингвистически, слово «Матал» в этих стихах может быть удалено, и у нас всё ещё сохраняется идеальное предложение. Но оно там присутствует, потому что описание Рая и Ада аллегорическое.

Как действительно выглядит Рай и Ад – это далеко за пределами нашего понимания. Поэтому необходима аллегория.

Как, например, можно описать вкус шоколада человеку, который никогда не пробовал шоколад? Должна быть использована аллегория. Человек должен ждать, чтобы на самом деле попробовать шоколад для того, чтобы узнать вкус шоколада. Какую бы аллегорию мы ни использовали для описания вкуса шоколада, она никогда не сможет приблизиться к реальности.

Рай уже существует, так как Адам и Ева были помещены в него во время их периода невиновности (2:35). Мы узнаём из Суры 55, что есть два «Высших Рая» – один для людей и один для джиннов, и два «Низших Рая» – один для людей и один для джиннов (см. Приложение 11 для более подробной информации).

Ад ещё не создан. Он будет создан во время Судного Дня (69:17 и 89:23). Более подробная информация приведена в Приложении 11.

Высший Рай в противопоставление Низшему Раю

Существуют глубокие различия между Высшим Раем и Низшим Раем. Аллегорически, вода в Высшем Раю течёт свободно (55:50), в то время как вода в Низшем Раю должна качаться насосом (55:66).

Аллегорически, в Высшем Раю есть все виды фруктов (55:52), в то время как Низший Рай имеет ограниченное разнообразие фруктов (55:68).

Аллегорически, чистые супруги легко присоединяются к их супругам в Высшем Раю (55:56), в то время как жители Низшего Рая должны пойти за их супругами (55:72).

Тем не менее, даже Низший Рай – невероятно фантастический приз для тех, кому посчастливилось избежать Ада и оказаться в Низшем Раю (3:185): попадание в Низший Рай – это великий триумф. Люди, которые уходят из жизни, не достигнув своего 40-летия и не развив свои души в достаточной степени, пойдут в Низший Рай (46:15, Приложения 11 и 32). Высший Рай предназначен для тех, кто веровал, вёл праведную жизнь и в достаточной мере развил свою душу.

> **Тот, кто, едва миновав Ад, войдёт в Рай, достигнет великого триумфа. [3:185]**

****

Приложение 6

Величие Бога

Мы узнаём из стиха 39:67, что величие Бога находится далеко за пределами человеческого понимания: стих утверждает, что все семь Вселенных «заключены в руке Бога».

Мы узнаём, что наша Вселенная является самой маленькой и внутренней из семи Вселенных, что подкреплено значительным математическим кодом Корана (41:12, 55:33, 67:5 и 72:8-12). Между тем, наши научные достижения показали нам, что наша галактика, Млечный Путь, составляет 100 тысяч световых лет в поперечнике, и что наша Вселенная содержит миллиарды таких галактик и миллиарды триллионов звёзд, а также бесчисленные дециллионы небесных тел. Установлено, что наша Вселенная охватывает расстояния свыше 20 миллиардов световых лет.

Считаем звезды!

Если мы возьмём только один квинтиллион [1.000.000.000.000.000.000] звёзд и просто начнём считать их [от 0 до квинтиллиона] один счёт в секунду, днём и ночью, то на это уйдёт 32 миллиарда лет (больше, чем возраст Вселенной). Вот как много времени займёт, чтобы только «посчитать» их; но Бог «создал» их. Таково величие Бога.

Мы можем оценить просторы нашей Вселенной, если мы представим, что мы отправляемся в космическое путешествие. Покидая планету Земля и двигаясь по направлению к Солнцу со скоростью света, мы достигнем Солнца, покрывая 93 миллиона миль за 8 минут. Нам потребуется больше 50 тысяч лет, двигаясь со скоростью света, чтобы выйти за пределы нашей галактики. С внешней границы Млечного Пути наша планета Земля невидима. Даже самый мощный телескоп не сможет обнаружить нашу крошечную «Землю».

Мы должны потратить более 2 миллионов лет, двигаясь со скоростью света, чтобы достичь нашей соседней галактики. По крайней мере, 10 миллиардов лет, двигаясь со скоростью света, должно быть потрачено для достижения внешней границы нашей Вселешной. С внешней границы нашей Вселенной даже Млечный Путь кажется пылинкой в большой комнате.

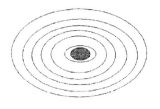

Вторая Вселенная окружает нашу Вселенную. Третья Вселенная больше, чем вторая, и так далее. Точнее, наша Вселенная должна рассматриваться как седьмая Вселенная, окружённая шестой Вселенной, которая окружена пятой Вселенной, и так далее. Можете ли вы представить себе просторы первой, внешней Вселенной? Не существует числа, чтобы описать окружность первой Вселенной. Этот непостижимый простор находится «в кулаке Божьей руки». С внешней границы внешней Вселенной где находится планета Земля? Насколько важно это? На бесконечно малой пылинке под названием Земля жили такие незначительные существа, как Мария, Иисус и Мухаммед. Тем не менее, некоторые люди превратили этих бессильных людей в богов!

Величие Бога выражается не только в том, что Он держит семь Вселенных в Его руке, но и в том факте, что Он полностью контролирует каждый атом, даже субатомные компоненты, везде в большей Вселенной (6:59, 10:61 и 34:3).

****

Приложение 7

Почему мы были созданы?

Мы находимся в этом мире, потому что мы совершили ужасное преступление; и эта жизнь является нашим шансом для самоискупления, осуждения нашего преступления и возвращения в Божье Царство.

А началось всё несколько миллиардов лет назад, когда «в Небесном обществе возникла вражда» (38:69). Один из высокопоставленных существ, Сатана, носился с высокомерными мыслями, что данные ему Богом способности дают ему право быть богом наряду с Богом. Таким образом, он бросил вызов абсолютной власти Бога. Мало того, что идея Сатаны была кощунственна, она была ошибочной – только Бог, и никто другой, имеет квалификацию и способность быть богом. Как следствие богохульства Сатаны, в Небесном обществе произошло разделение, и все члены Божьего Царства были классифицированы по четырём категориям:

1. <u>Ангелы</u>: существа, которые поддержали абсолютную власть Бога.

2. <u>Животные</u>: существа, которые восстали, но затем приняли приглашение Бога к покаянию. [*из Введения*]

3. <u>Джинны</u>: существа, которые согласились с Сатаной, что он способен быть «богом».

4. <u>Люди</u>: существа, которые не смогли принять решение; они были не в состоянии занять твёрдую позицию в отношении абсолютной власти Бога.

Самый Милосердный

Ангелы ожидали, что Бог изгонит существа, которые не поддержали его абсолютную власть (2:30). Но Бог – Самый Милосердный; Он решил дать нам возможность осудить нашу ошибку, и сообщил ангелам, что Он знал то, чего они не знали (2:30). Бог знал, что некоторые существа заслужили шанс для искупления.

Если вы утверждаете, что можете управлять самолётом, то наилучший способ проверки ваших притязаний – это дача вам самолёта и предложение управлять им. Это именно то, что Бог решил сделать в ответ на требование Сатаны. Бог создал семь огромных Вселенных, а затем сообщил ангелам, что Он назначил Сатану богом на крошечной пылинке под названием «Земля»

(2:30). Коранические описания, связанные с назначением Сатаны в качестве временного «бога» (36:60), подтверждают предыдущее писание.

Божий план предусматривал создание смерти (67:1-2), а затем перенесение людей и джиннов в этот мир. Таким образом, они начинают без всяких предубеждений и проявляют полную свободу выбора: либо поддержать абсолютную власть Бога, либо политеистическую теорию Сатаны. Для того, чтобы осуществить это важное решение, каждый человек получает послание от Бога, отстаивающее Его абсолютную власть, а также послание Сатаны, продвигающее его политеистические принципы.

Чтобы дать нам хороший старт, Самый Милосердный, прежде чем отправить нас в этот мир, собрал все человеческие существа перед

> Ты, Люцифер, говорил в сердце своем:
> «Я взойду на небо.
> Выше звёзд Бога я установлю престол мой.
> Я сяду на Горе Собрания, в недрах Севера.
> Я вознесусь над вершинами облаков; Я буду подобен Всевышнему!»
>
> [Исаия 14:13-15]
>
> Тогда Дьявол взял Иисуса на очень высокую гору и показал ему все царства мира в их великолепии, обещая: «Всё это я передам тебе, если ты падёшь ниц, преклоняясь передо мной». На это Иисус сказал ему: «Пойди прочь, Сатана! Писание гласит: "Вы должны поклоняться Господу, Богу вашему; Его ОДНОГО вы должны почитать"».
>
> [Матфей 4:8-10] и [Лука 4:5-8]

Ним, и мы засвидетельствовали, что Он один – наш Господь и Властелин (7:172). Таким образом, поддержка абсолютной власти Бога – это природный инстинкт, который является неотъемлемой частью каждого человека.

После предания мятежников смерти, души людей и джиннов были помещены в специальное хранилище. Затем Бог создал соответствующие тела для размещения душ джиннов и людей на время испытания. Первое тело джинна было сделано из огня, и Сатана был назначен в это тело (15:27). Первое человеческое тело было создано из земного материала, глины (15:26), и Бог определил первую человеческую душу в это тело. Божественный план призывал ангелов служить людям на Земле: охранять их, управлять ветром и дождём для них, распределять провизию, и т.д. Этот факт описан в Коране аллегорически: «Ваш Господь сказал ангелам: "Падите ниц перед Адамом"». Сатана, конечно, отказался иметь что-либо общее со служением человеческой расе (2:34, 7:11, 17:61, 18:50, 20:116).

В то время как тело Адама оставалось на земле, реальный человек, душа, был размещён на Небе во внешней Вселенной. Бог дал Адаму определённые заповеди, представленные в виде запрещённого дерева, и Сатана был назначен спутником Адама, чтобы доставить Адаму его сатанинское послание. А остальное – история.

Каждый раз, когда рождается человек, человеческая личность определяется новому ребёнку из хранилища душ. Бог распределяет души в соответствии с Его знаниями (28:68). Каждая душа заслуживает быть назначенной в определённое тело и жить при определённых обстоятельствах. Только Бог знает, какие души – хорошие, а какие души – злые. Наши дети определены в наши дома в соответствии с Божьим планом.

Независимая душа джинна также назначается новому человеку, чтобы представлять точку зрения Сатаны. В то время как физическое тело любого джинна воспроизводится из джиннов родителей, душа джинна является независимой личностью. Джинны являются потомками Сатаны (7:27, 18:50). Назначенный джинн остается с человеком от дня рождения до смерти и выступает в качестве главного свидетеля в Судный день (50:23). Непрерывный спор происходит в наших головах между человеческой душой и душой джинна, пока оба они не примут одну точку зрения.

Первородный грех

Вопреки распространённому мнению, «Первородный грех» не был нарушением Адамом Божьего закона, когда он съел с запретного дерева. Первородным грехом была наша неспособность поддержать абсолютную власть Бога во время Великой вражды. Если человеческая личность убедит своего спутника-джинна осудить этот первородный грех и поддержать абсолютную власть Бога, то оба существа будут восстановлены в вечном Божьем царстве во время Судного Дня. Но если спутник-джинн убедит человека в том, чтобы поддерживать идолопоклоннические взгляды Сатаны, то оба существа будут изгнаны навечно из Божьего Царства.

Для продвижения своей точки зрения, Сатана и его представители выступают за обожествление таких бессильных существ, как Мухаммед, Иисус, Мария и святые. Поскольку мы находимся здесь из-за наших политеистических тенденций, большинство из нас является лёгкой добычей для Сатаны.

Некомпетентность Сатаны как «бога» уже была доказана распространением хаоса, болезней, аварий, несчастья и войны во всём его владении (36:66). С другой стороны, человеческим существам, которые осуждают Сатану, поддерживают абсолютную власть Бога и воздерживаются от обожествления таких бессильных и мёртвых существ, как Иисус и Мухаммед, возвращена защита Бога – они наслаждаются безупречной жизнью в этом мире и навечно.

Так как наша жизнь в этом мире представляет собой серию испытаний, предназначенных для разоблачения наших политеистических идей, поэтому идолопоклонство является единственным непростительным преступлением (4:48, 116). Этот мир божественно спланирован для проявления нашего решения – либо поддерживать абсолютную власть Бога, либо идолопоклоннические взгляды Сатаны (67:1-2). Постоянная смена дня и ночи проверяет нашу готовность поддерживать законы Бога путём соблюдения Рассветной молитвы и поста во время самых жарких и самых длинных дней. Только те, кто полностью уверены в абсолютной власти Бога, будут спасены (26:89).

****

Приложение 8
Миф о заступничестве

Вера в то, что кто-либо, кроме Бога, может заступиться за нас, чтобы наши грехи были прощены или наши пожелания выполнены, – это создание партнёров Богу. Это идолопоклонство. Коран провозглашает, что «Всё заступничество принадлежит Богу» (39:44), и что не будет «заступничества в Судный День» (2:254).

Миф о заступничестве является одним из наиболее эффективных приёмов Сатаны, чтобы обманом заманить миллионы людей в идолопоклонство. Миллионы христиан верят, что Иисус будет ходатайствовать за них перед Богом, а миллионы мусульман считают, что Мухаммед заступится за них. Следовательно, эти люди боготворят Иисуса и Мухаммеда.

Идея о заступничестве совершенно нелогична. Например, те, кто верят в заступничество Мухаммеда, утверждают, что он будет просить Бога, чтобы Он простил их и ввёл их в Рай. Они представляют, как Мухаммед в Судный День выбирает кандидатов для своего заступничества. Если вы спросите тех, кто верит в заступничество: «Как Мухаммед разпознает тех, кто заслуживает его заступничество?», то они скажут вам: «Бог скажет ему!» Согласно этой идее, человек пойдет к Мухаммеду и попросит его заступничества. Мухаммед затем спросит Бога, заслуживает ли этот человек его ходатайства или нет. Бог даст знать Мухаммеду, что этот человек заслуживает того, чтобы попасть в Рай. Мухаммед затем обернётся и скажет Богу, что этот человек заслуживает того, чтобы попасть в Рай! Богохульство очевидно: те, кто верит в заступничество, делают Бога секретарём своего кумира Мухаммеда. Да будет славен Бог.

Так как Коран является наиболее точной книгой, он признаёт, что все в Раю будут ходатайствовать за его или её близких: «Пожалуйста, Бог, прими мою маму в Рай». Это ходатайство сработает, если мать этого человека заслуживает того, чтобы попасть в Рай (2:255, 20:109, 21:28). Таким образом, заступничество, хотя оно и будет совершаться таким образом, совершенно бесполезно.

Мы узнаём из Корана, что Авраам (Ибрагим), любимый слуга Бога, не смог заступиться за своего отца (9:114). Ной не смог заступиться за своего сына (11:46). Мухаммед не смог заступиться за своего дядю (111:1-3) или родственников (9:80). Что заставляет кого-либо думать, что пророк или святой будут заступаться за совершенно незнакомого человека?! Смотрите 2:48, 123; 6:51, 70, 94; 7:53; 10:3; 19:87; 26:100; 30:13; 32:4; 36:23; 39:44; 40:18; 43:86; 53:26 и 74:48. Заступничество Мухаммеда описано в 25:30.

****

Приложение 9

Авраам (Ибрагим) – первый посланник Ислама

Одним из распространённых мифов является то, что Мухаммед был основателем Ислама. Хотя Ислам – полное подчинение только Богу– и является единственной религией, признанной Богом со времён Адама (3:19, 85), Авраам (Ибрагим), как сообщается в Коране, первым использовал слово «ислам», и он тот, кто назвал нас «мусульманами» (22:78). Образцовая покорность Богу Авраамом продемонстрирована его знаменитой готовностью принести в жертву своего единственного сына Исмаила, когда он думал, что это было Божье повеление. Как оказалось, такая команда была в действительности от Сатаны.

Бог никогда не приказывал Аврааму принести в жертву своего сына

Бог – Самый Милосердный. Он никогда не нарушает Свой собственный закон (7:28). Любой человек, который считает, что Самый Милосердный приказал Аврааму убить своего сына, не сможет взойти на Божье Небо. Такие злые мысли о Боге необыкновенно кощунственны. Нигде в Коране мы не видим, чтобы Бог повелел Аврааму убить своего сына. Напротив, Бог вмешался, чтобы спасти Авраама и Исмаила от козней Сатаны (37:107), и он сказал Аврааму: «Ты поверил в сон» (37:105). Несомненно, это был сон, внушённый Сатаной. Неизменным законом Бога является то, что: «Бог никогда не поддерживает грех» (7:28)

Миллат Ибрагим

Во всём Коране Ислам называется «*Миллат Ибрагим*» (Религия Авраама) (2:130, 135; 3:95; 4:125; 6:161; 12:37-38; 16:123, 21:73, 22:78). Более того, Коран сообщает нам, что Мухаммед был последователем Авраама (16:123).

В связи с общей неосведомленностью о том, что Авраам был первым посланником Ислама, многие, так называемые мусульмане, бросают вызов Богу: «Если Коран является совершенным и достаточно подробным (как утверждает Бог), где мы можем найти число *Ракатов* (циклов) в каждой контактной молитве *(Салат)*?» Мы узнаём из Корана, что все религиозные обряды Ислама уже практиковались ещё до откровения Корана (8:35, 9:54, 16:123, 21:73, 22:27, 28:27). Стих 16:123 является прямым доказательством того, что все религиозные обряды в Исламе были в неприкосновенности, когда Мухаммед родился. Мухаммеду было предписано: «следуй религии Авраама». Если я попрошу вас купить цветной телевизор, предполагается, что вы знаете, что такое цветной телевизор. Таким же образом, когда Бог предписал Мухаммеду следовать обрядам Авраама (16:123), такие обычаи должны были быть хорошо известны.

Ещё одним доказательством божественного сохранения исламских обычаев, данных Аврааму, является «Всеобщее признание» такой практики. Не существует раздора в отношении количества *Ракатов* во всех пяти ежедневных молитвах. Это доказывает божественное сохранение *Салата*. Математический код Корана подтверждает количество *Ракатов* в пяти молитвах 2, 4, 4, 3 и 4, соответственно. Номер 24434 является кратным 19.

Коран имеет дело только с обрядами, которые были искажены. Например, искажённое омовение восстановлено в 5:6 в его первоначальные четыре этапа. Тон голоса при чтении контактных молитв *(Салат)* был искажён: многие мусульмане молятся молча. Это было исправлено в Коране, 17:110. Пост во время Рамадана был видоизменён в Коране, чтобы разрешить половое сношение в ночное время (2:187). *Закят* восстановлен в 6:141, и *Хадж* восстановлен до четырёх правильных месяцев (см. Приложение 15).

****

Приложение 10

Употребление Богом множественного числа

В англоязычных странах, где распространено учение о Троице, некоторые люди заинтригованы тем, что Бог употребляет в Коране множественное число. Подавляющее провозглашение Корана, в котором нет абсолютно никакого места для компромисса, заключается в том, что «БОГ ОДИН» (2:133, 163; 4:171; 5:73; 6:19; 9:31; 12:39; 13:16; 14:48, 52; 16:22, 51; 18:110; 21:108; 22:34; 37:4; 38:65; 39:4; 40:16; 41:6; 112:1).

Всякий раз, когда первое лицо множественного числа употребляется Всевышним, это неизменно указывает на участие других существ, таких, как ангелы. Например, в откровении этого Корана принимали участие ангел Гавриил и пророк Мухаммед. Таким образом, в 15:9 используется множественное число: «*Мы* низвели это писание, и *мы* будем оберегать его».

Множественное число здесь просто отражает тот факт, что ангел Гавриил и пророк Мухаммед приняли участие в процессе доставки Корана.

Другой пример связан с дуновением дыхания жизни в Адама и Иисуса. Сотворение Адама состоялось на небе, и Бог непосредственно вдунул в него дыхание жизни. Таким образом, постоянно используется первое лицо единственного числа: «Я вдул в Адама от Моего духа» (15:29, 38:72). Создание же Иисуса, с другой стороны, произошло на земле, и Гавриил доставил Марии «слово» Бога. Множественное число постоянно используется, когда речь идет о создании Иисуса (21:91, 66:12).

Когда Бог говорил с Моисеем (Мусой) напрямую, без посредничества ангелов, мы видим, что Бог изъясняется исключительно в единственном числе: «*Я* – Бог. Нет другого бога, кроме *Меня*. Ты должен поклоняться только *Мне* и соблюдать регулярные контактные молитвы (Салат), чтобы поминать *Меня*». (20:12-14).

Всякий раз, когда упоминается поклонение Богу, употребляется единственное число (51:56).

****

Приложение 11

День Воскресения

> Подуют в рог, и тогда все, кто на небесах и на земле, будут повергнуты в бессознательное состояние, за исключением тех, кого пощадит Бог. Затем в него подуют во второй раз, и тогда они встанут. [39:68]

Все поколения людей и джиннов будут воскрешены на этой земле – около 150 миллиардов их. Но мы не будем земными. Бог учит нас на примере гусеницы: она превращается в куколку в коконе (могиле), затем покидает кокон как воздушная бабочка. Таким же образом, мы живем здесь, на земле, и когда мы покинем могилу в День Воскресения, то мы не будем земными, как бабочка (101:4).

Земля озарится светом Бога (39:69), когда Он придёт в нашу Вселенную вместе с ангелами (89:22). Поскольку наша Вселенная является временным владением Сатаны, то она не может выносить физического присутствия Бога (7:143). Во время приближения Всемогущего звёзды будут врезаться друг в друга (77:8, 81:2), и земля разрушится под нашими ногами (69:14, 89:21). Эти ужасы не будут беспокоить верующих (21:103).

Высший Рай

По прибытии Всемогущего Бога, все люди и джинны будут автоматически разделены согласно их степени роста и развития. Те, кто питал свои души поклонением только Богу, веря в Будущую жизнь, а также ведя праведную жизнь, будут достаточно сильными, чтобы находиться вблизи Бога; они займут самые высокие ступени (см. Приложение 5).

Низший Рай

Те, кто развил свои души в меньшей степени, а также те, кто умирают в возрасте до сорока лет, продвинутся вниз в Низший Рай. Они отправятся в такое место, где они смогут находиться так близко к Богу, как позволяет им быть их степень роста и развития.

Чистилище

Будут и такие люди, которые развили свои души в той степени, которой было достаточно избежать Ада, но не настолько, чтобы войти в Низший Рай. Они находятся ни в Аду, ни в Раю. Они будут просить Бога, чтобы Он допустил их в Низший Рай (7:46-50). Бог помилует их и соединит Чистилище с Низшим Раем.

Ад

Новая восьмая Вселенная будет создана для размещения тех, кто убежал от Бога из-за своей слабости: они не питали и не развивали свои души (69:17). Бог не помещает ни одно существо в Ад; они идут туда по своему собственному желанию (Приложение 5).

****

Приложение 12

Роль Пророка Мухаммеда

Единственной миссией Пророка было доставить Коран, весь Коран и ничего, кроме Корана (3:20; 5:48-50, 92, 99; 6:19; 13:40; 16:35, 82; 24:54; 29:18; 42:48; 64:12).

Доставка Корана была такой важной и благородной миссией, что Пророку не оставалось времени, чтобы сделать что-нибудь ещё. Кроме того, Пророку твёрдо было запрещено издавать какое-либо другое религиозное учение, кроме Корана (69:38-47). Ему даже было запрещено объяснение Корана (75:15-19): Бог – единственный учитель Корана (55:1-0), и Коран является наилучшим *Хадисом* (39:23 и 45:6).

Эти коранические факты проявились в исторической действительности:

в том, что слова и действия (*Хадис и Сунна*), приписываемые Пророку, появились только через два столетия после его смерти. Коран предсказал выдумку *Хадиса и Сунны* врагами Пророка (6:112-115). Коран учит нас, что это была Божья воля – разрешить фабрикацию *Хадиса и Сунны*, чтобы они послужили признаками для разоблачения тех, кто верит только на словах, а не в их сердцах. Те, кто привязан к *Хадису и Сунне*, оказываются ложными верующими (6:113). Как ни странно, книги *Хадисов* передают приказ Пророка ничего не записывать от него, кроме Корана! Ниже приведены два таких *Хадиса*, взятые из наиболее надёжных источников хадисистов, Сахих Муслим и Ис-хаах Ахмад ибн Ханбал:

عَنْ أَبِى سَعِيدٍ الْخُدْرِيِّ رَضِيَ اللهُ عَنْهُ قَالَ : قَالَ رَسُولُ اللهِ صَلَّى اللهُ

عَلَيْهِ وَسَلَّمَ : «لاَتَكْتُبُوا عَنِّى شَيْئاً سِوَى الْقُرْآنِ . مَنْ كَتَبَ شَيْئاً

سِوَى الْقُرْآنِ فَلْيَمْحُهُ »(١) .

Пророк сказал: «Не записывайте ничего от меня, кроме Корана».
[Ахмед, Vol. 1, страница 171, и Сахих Муслим]

عَنْ عَبْدِ الْمُطَّلِبِ بْنِ عَبْدِ اللهِ قَالَ : [دَخَل زَيْدُ بْنُ ثَابِتٍ رَضِيَ اللهُ

عَنْهُ عَلَى مُعَاوِيَةَ رَضِيَ اللهُ عَنْهُ ، فَحَدَّثَهُ حَدِيثاً ، فَأَمَرَ إِنْسَاناً أَنْ يَكْتُبَ ،

فَقَالَ زَيْدٌ : إِنَّ رَسُولَ اللهِ صَلَّى اللهُ عَلَيْهِ وَسَلَّمَ نَهَى أَنْ نَكْتُبَ شَيْئاً

مِنْ حَدِيثِهِ ، فَمَحَاهُ] .

Этот Хадис указывает на то, что Пророк сохранял свою противохадисскую позицию до самой смерти.
[Ахмед, Vol. 1, страница 192]

****

Приложение 13

Первый столп Ислама (Покорности): *«Лаа Илааха Иллаа Аллах»* (Нет бога, кроме Бога)

Стих 3:18 излагает первый столп Ислама (Покорности): «Бог свидетельствует, что нет бога, кроме Него, и так же свидетельствуют ангелы и те, кто обладает знанием».

Этот наиболее важный столп был искажён. Миллионы мусульман приняли политеистическую версию Сатаны и настаивают на упоминании имени Мухаммеда рядом с именем Бога. Однако, великий критерий Корана в 39:45 клеймит таких мусульман неверующими: «Когда ТОЛЬКО Бог <u>упомянут</u>, сердца тех, кто не веруют в Будущую жизнь, сжимаются с отвращением, но когда другие <u>упоминаются</u> рядом с Ним, они удовлетворены».

Я провёл обширные исследования в отношении этого критерия и пришёл к поразительному выводу: идолопоклонникам, которые не поддерживают первый столп Ислама так, как продиктовано в 3:18, запрещено Богом произносить правильную *Шахаду*. Они просто не могут сказать: «*Аш-хаду Аллаа Илааха Иллаа Аллах*» саму по себе, без упоминания имени Мухаммеда. Попробуйте это с любым идолопоклонником, который считает себя мусульманином. Попросите их сказать: «*Аш-хаду Аллаа Илааха Иллаа Аллах*». Они никогда не смогут сказать так. Поскольку речь идет о религии Авраама (Ибрагима) (2:130, 135; 3:95; 4:125; 6:161; 12:37-38; 16:123, 22:78, Приложение 9), то ЕДИНСТВЕННЫМ вероучением должно быть «*ЛАА ИЛААХА ИЛЛАА АЛЛАХ* (нет бога, кроме Одного Бога)». Мухаммеда не было на земле до Авраама (Ибрагима).

Тяжкое богохульство

Не существует большего кощунства, чем искажение Корана с целью боготворения пророка Мухаммеда против его воли. В стихе 19 суры «Мухаммед» (47:19) говорится: «Вы должны знать, что нет бога, кроме одного Бога». Ниже приведена фотокопия обычной эмблемы мусульманской публикации *ОБЗОР РЕЛИГИЙ* (The London Mosque, 16 Gressenhall Road, London SW18 5QL, England [Лондонская Мечеть, Грессенхольское шоссе 16, Лондон SW18 5QL, Англия]). Используя каллиграфический стиль Корана, издатели *ОБЗОРА РЕЛИГИЙ* добавили фразу «*Мухаммед Расул Аллах*» таким образом, что производится ложное впечатление, будто это Кораничсское заявление, найденное в 47:19. Такое кощунство!

Вы должны знать, что нет бога, кроме Одного Бога, Аллаха. Мухаммед является посланником Бога.

[Богохульство]

Типичный пример искажённого Ислама

****

Приложение 14

Предопределение

Мы абсолютно вольны верить или не верить в Бога. Это Божья воля, что мы можем выбирать (18:29, 25:57, 73:19, 74:37, 76:29, 78:39, 80:12).

После совершения нашего первородного греха (Приложение 7), Бог дал нам возможность осудить наше преступление и принять Его абсолютную власть (33:72). Но мы решили, что мы хотели бы увидеть демонстрацию способностей Сатаны в качестве бога. Многие люди протестуют против того, что Бог создал их, чтобы подвергнуть их этому жуткому испытанию. Очевидно, что такие люди не знают, что: [1] они совершили ужасное преступление (Введение и Приложение 7), и [2] что они получили возможность осудить своё преступление и искупить себя, но они решили пройти испытание.

Мы узнаём из 57:22, что наши жизни, как и всё остальное вокруг нас, предварительно записаны на что-то, подобное видеокассете. Бог совершенно знает, какое решение каждому из нас суждено принять: Он знает, кто из нас отправится в Рай, а кто отправится в Ад. Даже прежде того, как мы родились в этом мире, Бог знал, какие души хорошие, а какие души злые. С точки зрения всеведения Бога мы можем представить себе печать на каждом лбу, которая говорит: «Рай» или «Ад». Тем не менее, что же касается нас, то мы полностью свободны либо выбрать абсолютную власть Бога, либо многобожеские убеждения Сатаны. Следовательно, предопределение является фактом относительно Бога, но не относительно нас.

Такое понимание объясняет многочисленные стихи о том, что «Бог ведёт прямым путём, кого пожелает, и вводит в заблуждение, кого пожелает». Основываясь на Его знаниях, Бог определяет нашим душам обстоятельства, которые мы заслуживаем. Когда Бог сказал ангелам: «Я знаю то, чего вы не знаете» (2:30), это означало, что некоторые из нас заслужили шанс искупить себя. Один из примеров руководства Бога для тех, кто заслуживает идти прямым путём, находится в 21:51: «Мы даровали Аврааму (Ибрагиму) его руководство, ибо мы в полной мере ведали о нём». Другими словами, Бог знал, что Авраам был хорошей душой, которая заслуживает идти прямым путём, и Бог даровал ему руководство и понимание. Другой хороший пример приведен в 12:24. Иосиф поддался жене египетского вельможи и почти совершил прелюбодеяние, «если бы не было того, что он увидел знамение его Господа». Бог учит нас в 12:24, что Он «отвратил зло и грех от Иосифа, ибо он был одним из Моих преданных почитателей». Иосиф ли управлял своей похотью? Или это была Божья защита от греха, в результате которой он остался целомудренным? Таким является предопределение.

****

Приложение 15

Религиозные обязанности – дар Бога

Когда Авраам умолял Бога в 14:40, он не просил богатства или здоровья; вот подарок, о котором он молился: «Пожалуйста, Боже, сделай меня тем, кто соблюдает контактные молитвы (*Салат*)». Религиозные обязанности, установленные Богом, действительно, великий дар от Него. Они составляют питание, необходимое для роста и развития наших Душ. Без такого питания мы не сможем пережить огромную энергию, связанную с физическим присутствием Бога в Судный День. Вера в Бога сама по себе не гарантирует нашего спасения: мы также должны питать наши души (6:158, 10:90-92). Кроме того, в 15:99 говорится, что соблюдение религиозных обязанностей, установленных Богом, является нашим средством для достижения уверенности: «Поклоняйтесь вашему Господу, чтобы достичь уверенности».

Контактные молитвы (Салат)

Пять ежедневных контактных молитв являются основной пищей для души. Хотя душа может достигнуть некоторого роста и развития, ведя праведную жизнь, и без соблюдения контактных молитв, но это было бы то же самое, что выживание на закусках без регулярного приёма пищи.

Мы узнаём из 2:37, что мы можем установить контакт с Богом, произнося конкретные <u>арабские слова</u>, данные нам Богом. Сура 1, Ключ, является математически составленным сочетанием звуков, которые отпирают дверь между нами и Богом:

1. Рассветная Молитва должна соблюдаться в течение двух часов до восхода солнца (11:114, 24:58).

2. Полуденная Молитва наступает, когда солнце отклоняется от своей высшей точки в полдень (17:78).

3. Послеобеденная Молитва может быть соблюдена в течение 3-4 часов до захода солнца (2:238).

4. Закатная Молитва наступает после заката (11:114).

5. Ночная Молитва может быть соблюдена после того, как сумерки исчезнут с неба (24:58).

*   Пятничная полуденная общинная молитва является обязательным долгом каждого Покорного мужчины и женщины (62:09). Несоблюдение Пятничной Молитвы является грубым правонарушением.

Каждая контактная молитва является действительной, если соблюдается в любое время от срока её наступления до наступления срока следующей молитвы. Если она пропущена, то данная контактная молитва является упущенной возможностью, которая не может быть восполнена; остаётся лишь покаяться и попросить прощения. Пять молитв состоят из 2, 4, 4, 3 и 4 циклов (*Ракатов*) соответственно.

Доказательство того, что *Салат* уже был установлен через Авраама (Ибрагима), найдено в 8:35, 9:54, 16:123 и 21:73. Это самая важная обязанность в Исламе (Покорности) была настолько сильно искажена, что контактные молитвы (*Салат*) стали практикой идолопоклонства для подавляющего большинства мусульман. Хотя Коран и повелевает, что наши контактные молитвы должны быть посвящены только Богу (20:14; 39:03, 45), современные мусульмане настаивают на поминании «Мухаммеда и его семьи» и «Авраама (Ибрагима) и его семьи» во время их молитв. Это делает молитвы недействительными (39:65).

Следующий текст, относящийся к чудесам, подтверждающим контактные молитвы, взят из январского 1990 года выпусков «Перспектива Покорных» (регулярный и специальный дополнительный выпуски) в том виде, в каком он был написан доктором Рашадом Халифой:

Удивительное математическое чудо подтверждает все 5 Контактных Молитв

[1] Сура 1 – это дар Бога к нам, чтобы установить с Ним контакт (Салат). Напишите номер суры и количество стихов рядом друг с другом, и вы получите 17 – общее количество циклов в пяти ежедневных молитвах.

[2] Давайте запишем номер суры, а затем номер каждого стиха в суре. Вот то, что мы получаем:

1 1 2 3 4 5 6 7. Это число кратно 19.

[3] Теперь, давайте заменим номер каждого стиха на количество букв в этом стихе. Вот то, что мы получаем:

1 19 17 12 11 19 18 43, что также кратно 19. Теоретически, можно изменить буквы в Суре 1, сохраняя одинаковое количество букв, однако, следующие математические

Свойства Суры 1, Ключ

№ Стиха	К-во букв	Гематрическое Значение
1	19	786
2	17	581
3	12	618
4	11	241
5	19	836
6	18	1072
7	43	6009

явления исключают такую возможность. Потому что принято во внимание гематрическое значение каждой отдельной буквы. Вот оно:

[4] Давайте включим гематрическое значение каждого стиха и запишем его за количеством букв в каждом стихе:

1 19 786 17 581 12 618 11 241 19 836 18 1072 43 6009, что также кратно 19.

[5] Теперь, давайте добавим номер каждого стиха, за которым следует количество букв в этом стихе, а затем гематрическое значение этого стиха. Вот то, что мы получаем:

1 1 19 786 2 17 581 3 12 618 4 11 241 5 19 836 6 18 1072 7 43 6009, кратное 19.

[6] Вместо гематрического значения каждого стиха, давайте запишем гематрическое значение каждой отдельной буквы в Суре 1. Это поистине удивительное чудо показывает, что полученный длинный номер, состоящий из 274 цифр, также кратен 19. АЛЛАХУ АКБАР.

1 7 1 19 2 60 40 1 30 30 5 1 30 200 8 40 50 1 30 200 8 10 40 2 17 ... 50

Этот номер начинается с номера суры, затем следует количество стихов в суре, а затем номер стиха, после чего количество букв в этом стихе, а затем гематрическое значение каждой буквы в этом стихе, а затем номер следующего стиха, после чего количество букв в этом стихе, а затем гематрическое значение каждой буквы в этом стихе, и так далее до конца суры. Таким образом, последний компонент составляет 50 – значение «Н» (последней буквы).

[7] Поскольку я не могу записать здесь очень длинные числа, то давайте заменим длинный номер, состоящий из номера каждого стиха, после чего следует количество букв в стихе, а затем гематрическое значение каждой отдельной буквы в стихе, на [*]. Если мы напишем номер суры, а затем количество её стихов, то мы получаем 17, количество циклов (Ракатов) в 5 ежедневных молитвах. Рядом с 17 напишите номер первой молитвы (1), а затем количество её Ракатов, что равняется 2, затем два [*], а затем номер второй молитвы (2), затем количество Ракатов во второй молитве (4), а затем четыре [*], и так далее. Мало того, что полученное длинное число кратно 19, но также и количество его составных цифр – 4636 (19x244) ....

1712 [*][*] 24 [*][*][*][*] 34 [*][*][*][*] 43 [*][*][*] 54 [*][*] [*][*]

ПОДТВЕРЖДЕНИЕ ПЯТНИЧНОЙ МОЛИТВЫ

[8] Так как пятничная молитва состоит из двух проповедей и двух Ракатов (общее – всё также 4 цикла), то мы читаем только 15 «Ключей» в пятницу, по сравнению с 17-ю в другие дни. Абдулла Арик обнаружил, что если заменить 17 на 15 в длинном числе в пункте [7] и удалить два «Ключа» из обеденной молитвы, то мы всё равно получим число, кратное 19. Это подтверждает пятничную молитву, совершаемую в полдень с 2 «Ключами».

Длинное число, приведенное ниже, представляет пять молитв в пятницу: оно кратно 19.

1512 [*][*] 24 [*][*] 34 [*][*][*][*] 43 [*][*][*][*] 54 [*][*][*] [*]

Пожалуйста, обратите внимание, что Рашад Халифа указал, что существуют и другие аналогичные схемы, результат которых кратен 19. Например, краткое представление «Ключа» состоит из номера Суры (1), после чего следуют стихи (7), затем общее количество букв в суре 1 (139) и, наконец, общее гематрическое значение целой суры (10143). Полученное число (1713910143), представляющее [*], также может использоваться в приведенной выше модели без включения порядковых номеров молитв. Полученные числа, представляющие как регулярные молитвы, так и Пятничную молитву, кратны 19. Например, вот пример для регулярных молитв:

17 2[*][*] 4[*][*][*][*] 4[*][*][*][*] 3[*][*][*] 4[*][*][*][*]

«КЛЮЧ» (Аль-Фатиха) ДОЛЖНА ЧИТАТЬСЯ НА АРАБСКОМ ЯЗЫКЕ

[9] Первая сура в Коране составлена математически таким образом, что вводит в затруднение и ставит в тупик величайших математиков на земле. Теперь мы высоко ценим тот факт, что когда мы читаем Суру 1, «Ключ», во время наших Контактных Молитв, что-то происходит во вселенной, и мы устанавливаем контакт с нашим Творцом. Результатом является совершенное счастье – сейчас и навечно. Связываясь с нашим Всемогущим Творцом 5 раз в день, мы питаем и развиваем наши души для подготовки к Великому Дню, когда мы встретим Бога. Только те, кто питают свои души, смогут выстоять и насладиться физическим присутствием Всемогущего Бога.

Все покорные всех национальностей читают слова «Ключа»,

	Слово	Буква	Значение
1.	Бисм	Б	2
2.	Бисм	М	40
3.	Рахман	М	40
4.	Рахим	М	40
5.	Аль-Хамду	М	40
6.	Раб	Б	2
7.	Аламин	М	40
8.	Рахман	М	40
9.	Рахим	М	40
10.	Малик	М	40
11.	Йавм	М	40
12.	Набуду	Б	2
13.	Мустаким	М	40
14.	Мустаким	М	40
15.	Ан-амта	М	40
16.	Алайхим	М	40
17.	Магхдуб	М	40
18.	Магхдуб	Б	2
19.	Алайхим	М	40
			Всего: 608 (19х32)

которые были написаны Самим Богом и даны нам, чтобы установить контакт с Ним (2:37).

Открытие Эдипа Юксель добавляет к удивительности суры «Ключ» и ясно провозглашает, что она должна читаться на арабском языке.

Когда вы читаете «Ключ» на арабском языке, ваши губы соприкасаются друг с другом ровно 19 раз.

Ваши губы касаются друг с другом там, где буквы «Б» и «М» встречаются. Насчитывается 4 «Б» и 15 «М», что составляет 19. Гематрическим значением 4-х «Б» является 4x2 = 8, а гематрическим значением 15-ти «М» является 15x40 = 600. Общее гематрическое значение 4-х «Б» и 15-ти «М» составляет 608, то есть 19x32.

ПОДТВЕРЖДЕНИЕ 5 ЕЖЕДНЕВНЫХ МОЛИТВ, КОЛИЧЕСТВА ПОКЛОНОВ (Руку), ПАДЕНИЙ НИЦ (Суджуд) И ТАШАХХУД

[10] Одно из распространённых возражений... это: «Если Коран является завершённым и вполне подробным (как утверждается в 6:19, 38 и 114), то где детали Контактных Молитв (Салат)?» Эти люди задают этот вопрос, потому что они не знают, что Коран сообщает нам, что Контактные Молитвы пришли от Авраама (Ибрагима) (21:73 и 22:78). Если мы напишем номера молитв с их поклонами, падениями ниц и Ташаххудами, то мы получим:

1 1 2 2 4 1 2 4 4 8 2 3 4 4 8 2 4 3 3 6 2 5 4 4 8 2

Это длинное число состоит из суры, которую мы читаем в 5 молитвах (1), затем следует номер первой молитвы (1), затем количество «Ключей», которые мы читаем в этой молитве (2), затем количество поклонов (Руку) (2), затем количество падений ниц (4), затем количество Ташаххудов (в сидячем положении) (1), затем номер второй молитвы (2), затем количество «Ключей», что мы читаем во второй молитве (4), затем количество поклонов (Руку) в этой молитве (4), затем количество падений ниц (8), затем количество Ташаххудов (2), затем номер третьей молитвы (3), и так далее до последней молитвы. Это длинное число кратно 19, и это подтверждает мельчайшие детали молитв, включая количество Руку, Суджуд и Ташаххуд.

Обязательная благотворительность (Закят)

Закят должен быть отдан «в день жатвы» (6:141). Всякий раз, когда мы получаем «чистый доход», мы должны выделить 2,5% и отдать их определённым получателям: родителям, родственникам, сиротам, бедным и путешествующим иноземцам, в этом порядке (2:215). Жизненно важное значение *Закята* находит своё отражение в законе Бога: «Моя милость охватывает все вещи, но Я определю её для праведных, которые дают *Закят*» (7:156).

Закят должен быть тщательно рассчитан и отдан регулярно всякий раз, когда мы получаем любой доход. Правительственные налоги должны быть вычтены, но не другие расходы, такие как долги, ипотечные кредиты и расходы на проживание. Если человек не знает нуждающихся лиц, то он или она может отдать *Закят* в мечеть или благотворительную организацию, имеющих явное намерение помочь бедным людям. Благотворительность, пожертвованная на мечети или больницы, или организации, не может считаться *Закятом*.

Пост

Полная информация о посте приведена в 2:183-187.

Паломничество: Хадж и Умра

Один раз в жизни Хадж и *Умра* установлены для тех, кто может себе это позволить. Паломничество ознаменовывает образцовую покорность Авраама (Ибрагима) Богу (Приложение 9) и должно соблюдаться в течение четырёх священных месяцев: Зуль-Хиджа, Мухаррам, Сафар и Раби 1 (12-й, 1-й, 2-й, 3-й месяцы) (2:197; 9:02, 36). *Умру* можно соблюдать в любое время. Как и все другие обязанности в исламе, Хадж был искажён. Большинство мусульман соблюдают Хадж только в течение нескольких дней в месяце Зуль-Хиджа, и они считают Раджаб, Зуль-Кида, Зуль-Хиджа, и Мухаррам (7-й, 11-й, 12-й, 1-й месяцы) священными месяцами. Это искажение, которое решительно осуждено (9:37).

Паломничество начинается с ванной или душа, после чего следует состояние святости, называемое «*Ихрам*», где мужчина паломник одет в бесшовные куски материи, а женщина одета в скромное платье (2:196). На протяжении Хаджа паломник воздерживается от половых сношений, косметических процедур, таких как бритьё и стрижка волос, аргументов, неправомерных действий и сквернословия (2:197). Чистота, купание и регулярное соблюдение гигиены поощряются. По прибытии к Священной Мечети в Мекке, паломник ходит вокруг Каабы семь раз, одновременно славя и хваля Бога (2:125, 22:26-29). Обычное выражение такое: «*Лаббайка Аллахумма Лаббайк*» (Мой Бог, я отозвался к Тебе). «*Лаббайка Лаа Шариика Лака Лаббайк*» (я отозвался к Тебе, и я провозглашаю, что нет другого бога, кроме Тебя; я отозвался к Тебе). Следующим этапом является хождение семь раз, с некоторыми ускорениями, расстояние в полмили между буграми Сафа и Марва (2:158). Это завершает часть паломничества – *Умру*.

Паломник затем идет на Арафат, чтобы провести день, от рассвета до заката, в поклонении, медитации и прославлении Бога (2:198). После захода солнца паломник идет в Муздалифу, где соблюдается Ночная молитва и подбирается 21 штука гальки для символического побивания камнями Сатаны в Мине. Из Муздалифа паломник идёт в Мину, чтобы провести там два или три дня (2:203). В первое утро в Мине паломник совершает жертвоприношение животного, чтобы накормить бедных и ознаменовать вмешательство Бога для спасения Исмаила (Измаила) и Авраама (Ибрагима) от хитрой уловки Сатаны (37:107, Приложение 9). Церемония побивания камнями символизирует отказ от многобожия Сатаны, и она совершается путём бросания семи камешков в каждое из трёх мест, одновременно прославляя Бога (15:34). Паломник затем возвращается в Мекку и совершает семикратный прощальный обход Каабы.

К сожалению, большинство современных мусульманских паломников делают обычаем посещение гробницы пророка Мухаммеда, где они совершают самые вопиющие акты идолопоклонства и тем самым сводят на нет их Хадж. Коран постоянно говорит о «Священной Мечети», в то время как современные мусульмане говорят о «Двух Священных Мечетях!» В вопиющем акте идолопоклонства мусульмане создали могилу Мухаммеда в качестве ещё одной «Священной мечети!» Это – кощунственное нарушение Корана, и по иронии судьбы даже нарушает *Хадис. Хадис*, приведенный ниже, иллюстрирует эту странную иронию:

لَعْنَةُ اللهِ عَلَى الْيَهُودِ وَالنَّصَارَى اتَّخَذُوا قُبُورَ أَنْبِيَائِهِمْ مَسَاجِدَ

Перевод этого ложного заявления: «Бог проклял евреев и христиан за превращение могил их пророков в мечети»

[Бухари, Издание Навави, том 6, стр. 14]

Физические преимущества

В дополнение к их бесценным духовным благам, существует обильная физическая, экономическая и оздоровительная польза от соблюдения контактных молитв (*Салат*), обязательной благотворительности *(Закят)*, поста во время месяца Рамадан и Хаджа.

Соблюдение Рассветной молитвы прерывает длительные периоды неподвижности во время сна; теперь доказано, что это помогает предотвратить артрит. Кроме того, вставание рано утром помогает побороть депрессию и другие психологические проблемы. Положение при падении ниц, которое повторяется во время контактных молитв, расширяет кровеносные сосуды в наших мозгах, чтобы вместить больше крови, и это предотвращает головные боли. Повторяющийся изгиб спины и суставов является оздоровительной гимнастикой. Всё это – научно установленные факты.

Обязательное омовение перед контактными молитвами побуждает нас чаще пользоваться туалетом. Эта привычка защищает нас от распространённого и смертельного рака – рака толстой кишки. Вредные химические вещества выделяются с мочой и калом. Если эти выделения остаются в толстой кишке в течение длительного периода времени, то вредные для здоровья вещества повторно поглощаются организмом и вызывают рак.

Пост в месяц Рамадан восстанавливает наши расширенные желудки до их нормальных размеров, снижает уровень нашего кровяного давления путём временного обезвоживания, избавляет тело от вредных токсинов, даёт нашим почкам совершенно необходимый отдых, а также снижает наш вес путем удаления чрезмерных и вредных жиров.

Благотворительность *Закят* и паломничество в Мекку имеют далеко идущие экономические и социальные выгоды.

****

Приложение 16
Пищевые запреты

Коран учит, что Бог очень недоволен теми, кто запрещает то, что не было специально запрещено в Коране (16:112-116). Соблюдение любых запретов, не упомянутых в Коране, равносильно идолопоклонству (6:142-152). Такие запреты представляют какого-то другого бога (богов), кроме Бога. Если вы поклоняетесь ТОЛЬКО Богу, вы будете поддерживать ТОЛЬКО Его учения и чтить заповеди и запреты, учреждённые только Им.

Абсолютная конкретность пищевых запретов в Коране лучше всего проиллюстрирована в 6:145-146. Мы узнаём из этих двух стихов, что когда Бог запрещает «мясо», то Он запрещает «мясо» и больше ничего, а когда Он запрещает «жир», то это именно то, что Он запрещает. Эти два стиха сообщают нам, что «мясо» свиней запрещено, а не «жир». Очевидно, Бог знал, что во многих странах топлёное свиное сало будет использоваться в выпечке и в других продуктах питания, и что такое использование не делает продукты *Харам* (запрещёнными). Коран конкретно запрещает четыре мяса (2:173, 5:03, 6:142-145 и 16:112):

Скажи: «Я не нахожу в том, что мне было открыто,

ничего запрещённого для любого едока, за исключением

(1) падали, (2) льющейся крови,

(3) мяса свиней, ибо оно нечистое,

и (4) мяса, кощунственно посвящённого кому-либо другому, кроме Бога».

Если человек вынужден есть это без злого умысла и непреднамеренно, то твой Господь – Прощающий, Самый Милосердный.   [6:145]

Приложение 17

Смерть

Смерть является великой тайной для большинства людей. Но это не так для учеников Корана. Мы узнаём, что смерть подобна сну, наполненному сновидениями (6:60, 40:46). Период между смертью и воскресением проходит как одна ночь сна (2:259; 6:60; 10:45; 16:21; 18:11, 19, 25; 30:55).

В момент смерти каждый знает свою судьбу: Рай или Ад. Для неверующих смерть является ужасным событием: ангелы бьют их по лицам и по заднему месту, вырывая их души (8:50, 47:27, 79:1).

В Коране постоянно говорится о двух смертях: первая смерть произошла в то время, когда мы не заняли твёрдую позицию по отношению к абсолютной власти Бога (Приложение 7). Та первая смерть длилась до тех пор, пока мы не родились в этом мире. Вторая смерть завершает нашу жизнь в этом мире (2:28, 22:66, 40:11).

Следующая страница является воспроизведением передовой статьи ежемесячного бюллетеня Международного Сообщества Покорных, «Перспектива Покорных», изданного в феврале 1990 года. Это было предпоследнее издание, написанное доктором Халифой. Оно было завершено и отправлено заранее, в декабре 1989 года. Доктор Халифа подвергся мученической смерти 31 января 1990 года, и его душа была взята прямо в Рай.

Во имя Бога, Самого Милостивого, Самого Милосердного

ПЕРСПЕКТИВА ПОКОРНЫХ

Ежемесячный бюллетень Международного Сообщества Покорных	Провозглашение единственной религии, угодной Богу
Февраль 1990	[№62]	**Раджаб 1410**

Автор: Рашад Халифа, к.н., Божий Посланник Завета

Новое значительное откровение:	Хорошие новости для верующих:

Праведные в действительности не умирают: они идут прямо в Рай

وَبَشِّرِ ٱلَّذِينَ ءَامَنُوا وَعَمِلُوا ٱلصَّٰلِحَٰتِ أَنَّ لَهُمْ جَنَّٰتٍ تَجْرِى مِن تَحْتِهَا ٱلْأَنْهَٰرُ كُلَّمَا رُزِقُوا مِنْهَا مِن ثَمَرَةٍ رِّزْقًا قَالُوا هَٰذَا ٱلَّذِى رُزِقْنَا مِن قَبْلُ وَأُتُوا بِهِ مُتَشَٰبِهًا وَلَهُمْ فِيهَآ أَزْوَٰجٌ مُّطَهَّرَةٌ وَهُمْ فِيهَا خَٰلِدُونَ ۝

Передайте хорошие новости тем, кто верует и ведёт праведную жизнь: им уготованы сады с текущими ручьями. Всякий раз, когда им будут подавать там фрукты, они будут говорить: «Это уже было даровано нам прежде». Им будет предоставлена подобная провизия, и у них там будут чистые супруги. Они пребудут там вечно. (2:25)

وَلَا تَحۡسَبَنَّ ٱلَّذِينَ قُتِلُواْ فِي سَبِيلِ ٱللَّهِ أَمۡوَٰتَۢا بَلۡ أَحۡيَآءٌ عِندَ رَبِّهِمۡ يُرۡزَقُونَ ۝	Не считайте мёртвыми тех, кто погиб за дело Бога; они живы у Господа своего и наслаждаются Его благами. (3:169)
وَلَا تَقُولُواْ لِمَن يُقۡتَلُ فِي سَبِيلِ ٱللَّهِ أَمۡوَٰتُۢ بَلۡ أَحۡيَآءٌ وَلَٰكِن لَّا تَشۡعُرُونَ ۝	НЕ говорите о тех, кто погиб на пути Бога: «Они мертвы». Они живы, но вы этого не осознаёте.(2:154)
يَٰٓأَيُّهَا ٱلَّذِينَ ءَامَنُواْ ٱسۡتَجِيبُواْ لِلَّهِ وَلِلرَّسُولِ إِذَا دَعَاكُمۡ لِمَا يُحۡيِيكُمۡ	О вы, кто верует, вы должны ответить Богу и посланнику, когда он призывает к тому, что сохраняет вашу жизнь. (8:24)
وَٱلَّذِينَ هَاجَرُواْ فِي سَبِيلِ ٱللَّهِ ثُمَّ قُتِلُوٓاْ أَوۡ مَاتُواْ لَيَرۡزُقَنَّهُمُ ٱللَّهُ رِزۡقًا حَسَنًا	Тех, кто мигрировали за дело Бога, а затем <u>были убиты или умерли</u>, Бог, безусловно, наделит их хорошими благами. (22:58)
لَا يَذُوقُونَ فِيهَا ٱلۡمَوۡتَ إِلَّا ٱلۡمَوۡتَةَ ٱلۡأُولَىٰ وَوَقَىٰهُمۡ عَذَابَ ٱلۡجَحِيمِ ۝	Они не вкусят смерти после первой смерти, и Бог избавит их от мучений Ада. (44:56)
قِيلَ ٱدۡخُلِ ٱلۡجَنَّةَ قَالَ يَٰلَيۡتَ قَوۡمِي يَعۡلَمُونَ ۝ بِمَا غَفَرَ لِي رَبِّي وَجَعَلَنِي مِنَ ٱلۡمُكۡرَمِينَ ۝	Ему было сказано: «Войди в Рай». Он сказал: «О, если бы только мой народ (на земле) знал, что мой Господь простил меня и удостоил меня чести». (36:26-27)

Ибо возмездие за грех – смерть. [Римлянам 6:23]

Как указано в 3:81 и 46:09, Божий Посланник Завета не приносит ничего нового; всё, что я получаю и передаю вам, уже находится в Коране. Тем не менее, Коран полон информации, которая хранится Всемогущим Богом для откровения в определённое время. Теперь настало время взглянуть на стихи, приведенные выше, и узнать замечательные новости: ПРАВЕДНЫЕ НЕ УМИРАЮТ; когда их жизнь на этой земле приходит к предрешённому концу, ангел смерти просто предлагает им оставить свои земные тела и перейти в Рай, в тот Рай, где когда-то жили Адам и Ева. Рай уже существует со времён Адама и Евы. Мы узнаём из 89:27-30, что Бог приглашает души верующих: «Войдите в Мой Рай».

МОЙ СОБСТВЕННЫЙ ОПЫТ

Когда завет Бога с пророками был выполнен в соответствии с 3:81, я был взят в Рай, где живут СЕЙЧАС праведные (4:69). В то время как моё тело было здесь, на земле, я был в том же Рае, в котором жили Адам и Ева.

НЕВЕРУЮЩИЕ

Что же касается неверующих, то они знают на момент смерти, что им предназначен Ад. Ангелы бьют их по лицам и по задним местам (8:50 и 47:27), приказывают им отдать их души (6:93), затем «вырывают их души» (79:1). Коран учит, что неверующие подвергаются двум смертям (2:28 и 40:11). Они будут преданы смерти – это состояние небытия, во время которого они видят Ад день и ночь в сплошном кошмаре, который длится вплоть до Судного Дня (40:46). Ад ещё не существует (40:46, 89:23).

Конечно, праведные отбывают

С точки зрения людей, праведные «умирают». Люди не осознают, что праведные просто оставляют свои тела и переходят в Рай. Стихи, приведенные выше, говорят сами за себя. Они говорят нам, что праведные умирают только один раз – одна смерть, которую мы уже пережили, как следствие великой вражды (38:69). В 36:26-27 мы видим лучшее доказательство того, что праведные попадают в Рай, а их друзья и родственники до сих пор живут на земле. Как поездка на Гавайи и ожидание там нас. См. также 16:32 и 6:60-62.

Приложение 18

Коран – это всё, что необходимо для спасения

Слова Корана обращаются в 19:64: «Мы низведены по повелению твоего Господа. Ему принадлежит прошлое, настоящее и будущее. Твой Господь никогда не забывает». Например, Бог не забыл сказать нам, как надо спать (18:109, 31:27). Тем не менее, производители такой ложной доктрины, как *Хадис и Сунна*, придумали религиозное учение, которое диктует их последователям, как спать, и даже как обрезать ногти. Священная мечеть в Мекке и незаконная «Священная Мечеть» в Медине нанимают некоторых людей, чтобы они наблюдали за изнурёнными посетителями и били их палкой, если те заснули не на той стороне!

Коран гласит, что Коран завершённый, совершенный и вполне подробный (6:19, 38, 114, 115, 50:45), и что религиозные правила, специально не учреждённые в Коране, составляют иную религию помимо Ислама, т.е. Покорности (42:21, 17:46). Истинно верующие придерживаются Корана, всего Корана и ничего, кроме Корана. Этот принцип подтверждается математическим кодом Корана. Стих 46 суры 17 провозглашает, что мы должны придерживаться ТОЛЬКО Корана. Слово «ТОЛЬКО» встречается в Коране 6 раз: 7:70, 17:46, 39:45, 40:12 и 84, и 60:4. Все эти случаи относятся к Богу, кроме 17:46. Когда мы сложим номера сур и стихов, которые относятся к «ТОЛЬКО БОГУ», то мы получим 361, 19х19. Это доказывает то, что 17:46 относится к «ТОЛЬКО Коран».

****

Приложение 19

Хадис и Сунна – сатанинские нововведения

> **Какого *Хадиса*, кроме Бога и Его откровений, они придерживаются? [45:6]**
>
> **Коран не является сфабрикованным *Хадисом*; ... в нём всё изложено подробно. [12:111]**
>
> **Некоторые люди придерживаются бесполезного *Хадиса*, чтобы отвлечь других от пути Бога. [31:6]**
>
> **Единственная *Сунна*, которой нужно следовать, должна быть *Сунна* Бога. [17:77, 33:62, 48:23, 6:114]**

Коран сообщает нам, что некоторые враги Пророка, описанные как «дьяволы из числа людей и джиннов», будут придумывать ложь и относить её к Пророку (6:112, 25:31). Это именно то, что произошло после смерти пророка Мухаммеда: *Хадис* (устный) и *Сунна* (действия) были изобретены и приписаны Пророку. *Хадис и Сунна* являются сатанинскими нововведениями, потому что они: [1] бросают вызов божественным утверждениям, что Коран является завершённым, совершенным и вполне подробным, и что он должен быть единственным источником религиозного руководства (6:19, 38, 114 и 45:6-7); [2] поносят Пророка и изображают его злобным тираном, который не придерживался Корана; и [3] создают ложные доктрины, основанные на суеверии, невежестве и необоснованных бессмысленных традициях. Пророку Мухаммеду очень твёрдо было предписано не издавать никакие другие религиозные учения, кроме Корана (69:38-48).

Некоторые мусульмане идут на компромисс: «Если *Хадис* согласуется с Кораном, то мы примем его, а если он противоречит Корану, то мы откажемся от него!» Такая позиция доказывает, что эти люди не верят утверждениям Бога о том, что Коран является «завершённым, совершенным и вполне подробным». Как только они обращаются за помощью к чему-либо иному, кроме Корана, независимо от того, каким бы «правильным» оно не казалось, они попадают в ловушку Сатаны (см. 63:1). Потому что они отвергли слово Бога и создали другого бога, помимо Бога (18:57). См. Приложение 33.

Математическое чудо Корана снабжает нас математическим доказательством того, что Коран должен быть нашим единственным источником религиозных учений. Вот только 2 примера:

1.   ما فرطنا فى الكتب من شئ   «Мы ничего не упустили из этой книги», – сказано в стихе 38 (19x2), который состоит из 19 арабских букв (6:38).

2.   انزل اليكم الكتب مفصلا   «Он ниспослал эту книгу вполне подробной», – сказано в стихе 114 (19x6), который состоит из 19 арабских букв (6:114).

****

Приложение 20

Коран не похож ни на какую другую книгу

Коран является Последним Заветом Бога к миру, и Он пообещал защитить его от малейших искажений (15:9). Таким образом, Коран окружён невидимыми силами, которые охраняют его и служат ему (13:39, 41:42, 42:24).

В отличие от других книг, Коран преподаётся Богом (55:1-2); Он учит нас тому, что нам необходимо в то время, когда мы в этом нуждаемся. Вот почему мы читаем Коран сотни раз без скуки. Например, мы можем прочитать роман только один раз. Но Коран можно читать бесконечное количество раз, и каждый раз мы получаем из него новую и полезную информацию. С другой стороны, неискренние читатели – те, кто читают Коран, чтобы придраться к нему, – отвлечены от Корана (7:146, 17:45, 18:57, 41:44). В сущности, невидимые силы Бога помогают им найти недостатки, которые они ищут. Так как Коран является совершенным, такие «ошибки» служат лишь для выявления глупости врагов Бога.

Бог использует Свои собственные характеристики для описания Корана; Он называет Коран «*Азим* = Великий» (15:87), «*Хаким* = Полный мудрости» (36:2), «*Маджид* = Славный» (50:1) и «*Карим* = Достопочтенный» (56:77). Что нам остаётся сказать?

Поскольку Коран является посланием Бога для всех народов, независимо от их разговорного языка, то Коран доступен для верующих, независимо от их речи (41:44). Этим объясняется значительное явление: верующие, которые не знают арабский язык, знают Коран лучше, чем неверующие, говорящие на арабском. Благодаря невидимым силам, служащих Корану, он легко и приятно доступен для искренне верующих и совершенно недоступен для неверующих (17:45, 18:57, 56:79).

****

Приложение 21

Сатана – падший ангел

В Божьем царстве некоторым существам обязательно даны полномочия, необходимые для выполнения их обязанностей. Сатана считал, что его Богом данные силы позволяют ему функционировать в качестве самостоятельного бога. Как очевидно из распространения нищеты, болезней, несчастных случаев и войны в его владении, нам теперь известно, что Сатана некомпетентен.

В Коране ясно сказано, что Сатана был ангелом в силу огромных полномочий и звания, дарованных ему. Именно поэтому до своего падения он именуется ангелом (2:34, 7:11, 15:29, 17:61, 18:50, 20:116, 38:71). По определению, джинн является падшим ангелом (18:50). Восстание Сатаны учит нас, что ангелы были созданы со своим собственным умом и абсолютной свободой выбора (2:34).

****

Приложение 22

Иисус (Иса)

Коран сообщает нам, что Иисус был человеческим посланником Бога, единственной задачей которого было доставить послание Бога. Он никогда не обладал никакой властью и теперь мёртв (4:171, 5:75, 117). Те, кто считают Иисуса Богом или Сыном Божьим, или частью Троицы, являются «язычниками» (5:17, 72, 73). Выдающиеся христианские учёные пришли к тем же выводам (*МИФ О ВОПЛОЩЁННОМ БОГЕ*, под ред. Джона Хик, The Westminster Press, Филадельфия, 1977 год, и *СОЗДАТЕЛЬ МИФОВ*, Хиям Маккоби, Harper & Row 1986 год). Христианство является продуктом Никейской Конференции (325 год н.э.).

Библейский Иисус

Иисус провозгласил вслух: «Тот, кто верит в меня, верит не столько в меня, сколько в пославшего меня; ..... Ибо я говорил не от себя; нет, пославший меня Отец приказал мне, что говорить и как говорить. Так как я знаю, что его заповедь означает вечную жизнь, то всё, что я говорю, излагается так же, как он поручил мне».   [Иоанн 12:44-50]

«Я ничего не могу сделать сам по себе. Я сужу так, как я слышу; и мой суд честный, потому что я не ищу моей воли, но воли того, кто послал меня». [Иоанн 5:30]

Иисус сказал: «Моё учение не является моим собственным; оно приходит от того, кто послал меня»   [Иоанн 7:16]

«Мужи Израильские, слушайте меня! Иисус Назорей был человеком, которого Бог послал к вам с чудесами и знамениями как его полномочиями. Бог совершил их через него среди вас, как вам хорошо известно».   [Деяния 2:22]

«... Человек, слушающий слово моё и верующий в пославшего меня, обладает вечной жизнью».   [Иоанн 5:24]

«Тот, кто приветствует меня, приветствует не меня, а пославшего меня».
                    [Матфей 10:40, Марк 9:37, Лука 9:48 и Иоанн 13:20]

«... Я не пришёл сам по себе. Я был послан Тем, кто имеет право слать, и его вы не знаете. Я знаю его, потому что это от него я пришёл; он прислал меня». [Иоанн 7:28-29]

Иисус поднял глаза к небу и сказал: «... Вечная жизнь заключается в следующем: знать тебя, единого истинного Бога, и его, посланного тобою Иисуса Христа» [Иоанн 17:1-3]

Все, водимые Духом Божьим, суть сыны Божьи.   [К Римлянам 8:14]

Иисус посмотрел вверх и сказал: «Отец, я благодарю тебя за то, что ты услышал меня. Я знаю, что ты всегда слышишь меня, но я сказал это ради толпы, чтобы они поверили, что ты послал меня». [Иоанн 11:41-42]

В то время как он собирался в путешествие, человек подбежал, опустился на колени перед ним и спросил: «Учитель благий, что я должен делать, чтобы наследовать вечную жизнь?» Иисус ответил: «Почему ты называешь меня благим? Никто не благ, кроме одного Бога». [Марк 10:17-18]

«Ни один из тех, кто называют меня 'Господом', не войдёт в Царство Божие, но только тот, кто исполняет волю моего Отца Небесного». [Матфей 7:21]

«... Иди к моим братьям и скажи им: 'Я восхожу к Отцу моему и Отцу вашему, к Богу моему и к Богу вашему'». [Иоанн 20:17]

«Бог – мой Господь и ваш Господь; вы должны поклоняться Ему одному. Это правильный путь». [Коран 3:51, 19:36 и 43:64]

Троица, учение Бога излагаемое христианами, утверждает, что Бог один по существу, но три в 'лицах' – Отец, Сын и Святой Дух. Ни слово Троица, ни явное учение, как таковое, не появляется в Новом Завете; и Иисус со своими последователями не намеревался противоречить Шиме в Ветхом Завете: «Слушай, Израиль: Господь, наш Бог, – один» (Втор. 6:4). [Энциклопедия Британника, 1975]

Смерть Иисуса

Это был один из самых спорных вопросов во всём мире. Теперь чудесный математический код Корана снабдил нас окончательным ответом на эту тему:

> Душа Иисуса была вознесена, то есть, его подвергли смерти ещё до ареста и до распятия его тела. Таким образом, его преследователи арестовали, подвергли пыткам и распяли пустое тело – Иисус уже ушёл в мир душ (3:55, 4:157).

Они замышляли происки,
 и Бог тоже замышлял,
однако, нет лучше замыслов Бога.
Таким образом, Бог сказал: «О Иисус,
Я подвергаю тебя смерти
и возношу тебя ко Мне;
Я спасу тебя от неверующих». [Коран 3:54-55]

Они утверждали, что они убили Мессию,
Иисуса, сына Марии, посланника Бога!
На самом деле, они не убили его
и не распяли его;
им было внушено, что они это совершили. [Коран 4:157]

К счастью, Бог дал нашему поколению живой пример человека, чья душа покинула этот мир, но его тело продолжало жить в течение 19 месяцев. 25 ноября 1984 года врачи больницы Хумана в Луисвилле, штата Кентукки, удалили больное сердце г-на Уильяма Шредера и заменили его пластиковым и металлическим насосом *(НЬЮ ЙОРК ТАЙМС*, понедельник, 26 ноября 1984 года).

На 19-й день после этой исторической операции – в четверг, 13 декабря 1984 года – г-н Шредер, душа, настоящий человек, покинул этот мир. Г-н Шредер умер. Но его тело продолжало функционировать при помощи искусственного сердца, имплантированного в его тело. Миру сказали, что он «наверное, перенёс инсульт» *(НЬЮ ЙОРК ТАЙМС*, 14 декабря 1984 года). Примечательно то, что всего за один день до своей смерти, г-н Шредер беседовал с президентом Рональдом Рейганом по центральному телевидению и потребовал от Управления Социального Обеспечения отправить ему просроченный чек. Он был совершенно живой. С того момента, как «он перенёс инсульт», он не узнавал ни день, ни время, ни членов своей семьи. На самом деле, г-на Шредера уже не было в этом мире.

Евангелие чётко констатирует, что арестованное тело Иисуса не обращало никакого внимания на события, происходящие вокруг него:

Первосвященники же, тем временем, вынесли много обвинений против Иисуса. Пилат допрашивал его ещё раз: «Безусловно, у вас есть ответ? Посмотрите, сколько много обвинений они выставляют против вас». Но к великому удивлению Пилата, Иисус больше не отвечал.   [Марк 15:3-5]

Ирод был очень рад видеть Иисуса. Он много слышал о нём и давно хотел увидеть его, надеясь посмотреть, как он совершает некоторые чудеса. Он очень долго допрашивал Иисуса, но Иисус не отвечал. Первосвященники же и писцы были рядом, яростно его обвиняя. Ирод и его охранники затем отнеслись к нему с презрением и оскорблением.   [Лука 23:8-11]

Спаситель сказал мне: «Тот, кого вы видели на дереве, радующимся и смеющимся, это живой Иисус. Но этот, в чьи руки и ноги они загоняют гвозди, только телесная оболочка. [Апокалипсис Петра, VII, 3 , 81] из *БИБЛИОТЕКИ НАГ ХАММАДИ* (Harper & Row, 1977, под редакцией Джеймса М. Робинсона, стр. 339).

Те факты, что: (1) душа г-на Шредера отошла на 19-й день после операции, и (2) что его тело жило в течении 19 месяцев, являются сверхъестественными напоминаниями о том, что Бог хотел, чтобы мир провёл параллель между ситуацией Шредера и доказанным фактом смерти Иисуса до ареста, пыток и распятия его бездушного тела.

****

Приложение 23

Хронологическая последовательность откровения

Порядок	Сура
1	96
2	68
3	73
4	74
5	1
6	111
7	81
8	87
9	92
10	89
11	93
12	94
13	103
14	100
15	108
16	102
17	107
18	109
19	105
20	113
21	114
22	112
23	53
24	80
25	97
26	91
27	85
28	95
29	106
30	101
31	75
32	104
33	77
34	50
35	90
36	86
37	54
38	38
39	7
40	72
41	36
42	25
43	35
44	19
45	20
46	56
47	26
48	27
49	28
50	17
51	10
52	11
53	12
54	15
55	6
56	37
57	31
58	34
59	39
60	40
61	41
62	42
63	43
64	44
65	45
66	46
67	51
68	88
69	18
70	16
71	71
72	14
73	21
74	23
75	32
76	52
77	67
78	69
79	70
80	78
81	79
82	82
83	84
84	30
85	29
86	83
87	2
88	8
89	3
90	33
91	60
92	4
93	99
94	57
95	47
96	13
97	55
98	76
99	65
100	98
101	59
102	24
103	22
104	63
105	58
106	49
107	66
108	64
109	61
110	62
111	48
112	5
113	9
114	110

****

Приложение 24

Внесение самовольных изменений в Божье Слово

Коран охватывает сверхчеловеческая математическая система, которая служит для защиты и удостоверения подлинности в нём каждого элемента. Спустя девятнадцать лет после смерти Пророка, некоторые писцы внесли два ложных стиха в конце Суры 9 – последней суры, низведенной в Медине. Доказательства, представленные в этом приложении, неопровержимо удаляют эти человеческие внесения, восстанавливают Коран до его нетронутой чистоты и иллюстрируют основную функцию математического кода Корана, а именно – защита Корана от малейшего искажения. Таким образом, код отвергает ТОЛЬКО ложные внесения 9:128-129.

«Несомненно, мы низвели это писание и, несомненно, мы будем его охранять». [15:9]

Коран является Последним Заветом Бога. Отсюда божественный обет – сохранить его в первозданном виде. Чтобы уверить нас как в божественном авторстве, так и в идеальном сохранении Корана, Всемогущий автор создал Коран по математической схеме. Подтверждённое вещественным доказательством, изложенным в Приложении 1, такое математическое строение выходит далеко за пределы человеческих возможностей. Малейшему осквернению Последнего Завета Бога суждено выделиться в вопиющей дисгармонии. Отклонение всего на 1 – одна сура, один стих, одно слово или хотя бы одна буква – сразу же становится явным.

Спустя девятнадцать лет после смерти Пророка Мухаммеда, во время правления Халифы Усмана, был назначен комитет писцов, задачей которого было сделать несколько копий Корана для отправки в новые мусульманские земли. Копии должны были быть сняты с подлинника Корана, написанного рукой Мухаммеда (Приложение 28).

Этот комитет находился под руководством Усмана ибн Аффана, Али ибн Абу Талеба, Зейд ибн Табета, Убай ибн Кааба, Абдуллы ибн Аль-Зубайра, Саида ибн Аль-Ааса и Абдулы Рахман ибн Аль-Харет ибн Хешама. Пророк, несомненно, записал Коран в хронологическом порядке его откровения (Приложение 23) вместе с необходимыми инструкциями для размещения каждой главы в определённом месте. Последней сурой, низведенной в Медине, являлась Сура 9. Только Сура 110, очень короткая сура, была низведена в Мине после суры 9.

Наконец, комитет писцов дошёл до Суры 9 и разместил её в предназначенном месте. Один из писцов предложил добавить пару стихов в честь Пророка. Большинство писцов согласились. Али был возмущён. Он неистово утверждал, что слово Божие, записанное рукой Его последнего пророка, никогда не должно быть изменено.

Протест Али задокументирован во многих справочниках, но я цитирую и воспроизвожу здесь классический справочник *АЛЬ ИТКАН ФИ УЛУМ АЛЬ КОРАН*, автор Джалалуддин Аль-Суюты, Аль-Ажарейях Пресс, Каир, Египет, 1318 год после хиджры, страница 59 [см. Вставку 1].

تعدد علي بن أبي طالب في بيته فقيل ما أنعدك؟ قال رأيت كتاب الله يزاد فيه
فذرت نفسي أن لا ألبس ردائي الا الصلاة حتى اجمعه

Перевод: Али был задан вопрос: «Почему вы остались дома?» Он сказал: «Кое-что было добавлено к Корану, и я пообещал никогда не надевать мою верхнюю одежду, кроме как для молитвы, пока Коран не будет восстановлен». [Вставка 1]

Можно представить ужасные размеры этого преступления, глядя на последствия:

(1) Усман был убит, и Али был назначен четвёртым Халифой.

(2) Разразилась 50-летняя война между новым Халифой и его сторонниками с одной стороны и магометанскими исказителями Корана с другой стороны.

(3) Али был мученически убит, и со временем были убиты его семья и семья пророка Мухаммеда, за исключением некоторых женщин и детей.

(4) Катастрофа достигла высшей точки во время печально известной битвы при Кербеле, где сын Али, Хусейн, и его семья были убиты.

(5) Мусульмане были лишены чистого без изменений Корана в течение 1400 лет.

Исказители Корана, наконец, выиграли войну, и «официальная» история, которая дошла до нас, представляла точку зрения победителей. Эта кажущаяся победа врагов Бога, несомненно, произошла в соответствии с Божьей волей. Всего через два десятилетия после смерти Пророка идолопоклонники, которые потерпели поражение от пророка при завоевании Мекки (632 г. н.э.), вернулись к идолопоклонству. Как ни странно, на этот раз их кумиром был сам Пророк. Эти идолопоклонники, очевидно, не заслуживали того, чтобы обладать чистым Кораном. Отсюда – благословенное мученичество истинно верующих, которые пытались восстановить Коран, и очевидная победа исказителей Божьего Слова.

Первым правителем мирного времени после этой длительной и катастрофической войны был Марван ибн Аль-Хакам (умер в 65 г. п.х./684 г. н.э.). Одной из первых обязанностей, которую он исполнил, стало уничтожение подлинника Корана – который был так тщательно записан собственной рукой Пророка – «опасаясь, что он может стать причиной НОВЫХ споров» [см. *УЛУМ АЛЬ-КОРАН*, автор Ахмад фон Денффер, Исламский фонд, Лестер, Великобритания, 1983 год, стр. 56.]. Вот вопрос, который должен задать разумный человек : «Если подлинный Коран был идентичен Корану, находящемуся в то время в обращении, то почему Марван ибн Аль-Хакам должен был уничтожить его?!»

Изучив старейшие исламские справочники, мы понимаем, что ложные внесения 9:128-129 всегда были под подозрением. Например, мы читаем в известном *Хадисе* Бухари и в знаменитом *Иткане* Аль-Суюты, что каждый стих Корана был подтверждён множеством свидетелей, «кроме стихов 128 и 129 Суры 9; они были подтверждены только Хузеймахом ибн Табет Аль-Ансари». Когда некоторые люди поставили под сомнение это неуместное исключение, кто-то придумал *Хадис* о том, что «свидетельство Хузеймаха равняется свидетельству двух человек!!!»

Как ни странно, ложные внесения 9:128-129 помечены в традиционных печатных изданиях Корана как «мекканские» [см. Вставку 2].

Изображение заглавия Суры 9 в стандартном Коране показывает, что эта сура является мединской, «за исключением последних двух стихов : они мекканские»!!!
                                                                  [Вставка 2]

Как могли эти «мекканские» стихи быть подтверждены Хузеймахом, покойным «мединским» мусульманином?! Как могла мединская сура содержать мекканские стихи, когда всеобщее соглашение предписывало обозначать «мединскими» все откровения после *Хиджры* Пророка из Мекки??!! Несмотря на эти расхождения, а также многие другие вопиющие противоречия, связанные со стихами 9:128-129, никто не смел сомневаться в их подлинности. Однако, открытие математического кода Корана в 1974 году возвестило новую эпоху, где подлинность каждого элемента в Коране доказана (Приложение 1).

Как оказалось, внесение двух ложных стихов 9:128-129 привело к:

(1) демонстрации основной функции математической системы Корана,

(2) произведению само по себе удивительного чуда и

(3) отличию истинно верующих от лицемеров (они поддерживают традиции).

Перевод двух ложных стихов представлен во Вставке 3:

«К вам явился посланник из вашей среды, кто не желает, чтобы трудности постигли вас, и он заботится о вас и сострадателен к верующим, милосердный. Если же они отвернутся, то скажи: "Мне достаточно Бога; нет бога, кроме Него. Я уповаю на Него. Он – Господь великого престола"».   **[Вставка 3]**

ВЕЩЕСТВЕННЫЕ ДОКАЗАТЕЛЬСТВА

[1] Первое нарушение кода Корана стихами 9:128-129 проявилось тогда, когда было установлено, что количество слов «Бог» (Аллах) в Коране составляет 2699, что не кратно 19, разве что мы удалим одно слово. Подсчёт слова «Бог» в данном переводе указан в конце каждой страницы. Общая сумма, указанная в конце Корана, составляет 2698, 19x142, потому что ложные внесения 9:128-129 были удалены.

[2] Сумма всех номеров стихов, где слово «Бог» встречается, составляет 118123 или 19x6217. Эта сумма получена путем сложения номеров стихов, где найдено слово «Бог». Если включить ложный стих 9:129, то это явление исчезнет.

[3] Как указано в конце суры 9 в этом переводе, общее нахождение слова «Бог» до конца Суры 9 составляет 1273, 19x67. Если бы были включены ложные внесения 9:128-129, то общая сумма составила бы 1274, что не кратно 19.

Таблица 1: Нахождение слова «Бог» вне раздела, содержащего инициалы

№ Суры	К-во «Бог»	№ Суры	К-во «Бог»
1	2	84	1
69	1	85	3
70	1	87	1
71	7	88	1
72	10	91	2
73	7	95	1
74	3	96	1
76	5	98	3
79	1	104	1
81	1	110	2
82	1	112	2
			57 =19x3

[4] Общая сумма нахождения слова «Бог» от первого коранического инициала («А.Л.М.» в 2:1) до последнего инициала («Н.» в 68:1) составляет 2641 или 19x139. Так как проще перечислить суры вне части Корана, содержащей инициалы, то в Таблице 1 приведены 57 нахождений слова «Бог» в этом разделе. Вычитание 57 из общего нахождения слова «Бог» дает нам 2698 - 57 = 2641 = 19x139 – количество слова «Бог» от первого инициала до последнего инициала. Если бы были включены человеческие внесения 9:128 и 129, то количество слов «Бог» в разделе, содержащем инициалы, составило бы 2642, что не кратно 19.

[5] Сура 9 – это сура, не содержащая инициалы; и если мы рассмотрим 85 сур, не содержащих инициалы, то найдём, что слово «Бог» встречается в 57 из этих сур – 19x3. Общее количество стихов в сурах, где встречается слово «Бог», равняется 1045, 19x55. Если бы были включены 9:128-129, то количество стихов, содержащих слово «Бог», увеличилось бы на 1.

[6] Слово «Бог» от отсутствующей *Басмалы* (сура 9) до дополнительной *Басмалы* (сура 27) встречается в 513 стихах, 19x27, в 19-ти сурах (Таблица 2). Если бы были включены ложные стихи 9:128-129, то количество стихов, содержащих слово «Бог», оказалось бы 514, и это явление исчезло бы.

[7] Слово «*Илах*», означающее «бог», встречается в стихе 9:129. Общее нахождение этого слова в Коране равняется 95, 19x5. Включение 9:128-129 увеличивает количество этого слова на 1 – до 96.

*Таблица 2: Слово «Бог» от отсутствующей **Басмалы** до дополнительной **Басмалы***

№	№ Суры	К-во стихов с «Бог»
1.	9	100
2.	10	49
3.	11	33
4.	12	34
5.	13	23
6.	14	28
7.	15	2
8.	16	64
9.	17	10
10.	18	14
11.	19	8
12.	20	6
13.	21	5
14.	22	50
15.	23	12
16.	24	50
17.	25	6
18.	26	13
19.	27	6
19	342	513
К-во сур = 19, Общая сумма номеров сур =342 =19x18 Общее количество стихов = 513 = 19x27		

[8] *УКАЗАТЕЛЬ СЛОВ В КОРАНЕ* насчитывает 116 слов «Расул» (Посланник). Одно из этих слов встречается в 9:128. Удалив этот ложный стих, остаются 115 слов «*Расул*». Другое слово «*Расул*», которое должно быть исключено из подсчета, так как оно относится к «посланнику фараона», а не к посланнику Бога, находится в 12:50. Таким образом, общее нахождение

«*Расул*» Бога составляет 114, 19x6.

[9] Ещё одним важным словом, которое встречается в ложных стихах 9:128-129, является слово «*Рахим*» (Милосердный). Это слово используется в Коране исключительно как имя Бога, и его общее количество после удаления слова «*Рахим*» в 9:128, которое относится к пророку, составляет 114, 19x6. Согласно 7:188, 10:49 и 72:21, Пророк не обладал какой-либо силой милосердия.

[10] *УКАЗАТЕЛЬ* насчитывает 22 нахождения слова «*Арш*» (Престол). После удаления ложного внесения 9:129, «*Арш*» Иосифа, которое встречается в 12:100, а также «*Арш*» царицы Савской (27:23), мы получаем 19 слов «*Арш*». Это доказывает то, что слово «*Арш*» в 9:129 не принадлежит Корану.

[11] Кораническое обращение «*Кул*» (Скажи) встречается в Коране 332 раза. Кроме того, слово «*Калу*» (Они сказали) встречается такое же количество раз – 332. Так как ложный стих 9:129 содержит слово «*Кул*» (Скажи), то его включение разрушило бы это типичное Кораническое явление.

[12] Коран содержит 6234 пронумерованных стихов и 112 непронумерованных стихов *(Басмалы)*. Таким образом, общее количество стихов в Коране составляет 6346, 19x334. Ложные стихи 9:128-129 нарушают этот важный принцип Коранического кода.

[13] В дополнение к нарушению количества слов, перечисленных выше, 9:128-129 нарушают математическую структуру Корана. Когда мы сложим количество стихов в каждой суре с суммой номеров стихов (1 + 2 + 3 + ... + n , где n = номер стихов), а также с номером каждой суры, то совокупный итог во всём Коране составляет 346199 или 19x19x959. Это явление подтверждает подлинность каждого стиха в Коране, за исключением 9:128-129.

Таблица 3: Математическое кодирование сур и стихов Корана, основанное на «19»

№ Суры	К-во Стихов	Сумма номеров стихов	Итого
1	7	28	36
2	286	41041	41329
-	-	-	-
9	127	8128	8264
-	-	-	-
114	6	21	141
6555	6234	333410	346199
			(19 x 19 x 959)

Таблица 3 представляет собой сокращённую демонстрацию расчётов пункта 13. Это явление невозможно, если включить ложные стихи 9:128-129.

[14] Если мы выполним те же расчёты, что и в вышеизложенном пункте 13, только для 85 сур, не содержащих инициалы и включающих Суру 9, то общая сумма будет также кратна 19. Совокупный итог всех сур, не содержащих инициалы, составляет 156066 или 19x8214. Этот результат основывается на том факте, что Сура 9 состоит из 127 стихов, а не 129. Эти

данные представлены в Таблице 4. Ложные стихи уничтожили бы этот принцип.

[15] При сложении номеров всех сур, не содержащих инициалы (85 сур), с количеством стихов от начала Корана до конца Суры 9, мы получим 703, 19х37. Подробные данные представлены в Таблице 5.

Это явление основывается на том факте, что Сура 9 состоит из 127 стихов.

[16] Складывая номера сур, не содержащих инициалы, с количеством стихов и с суммой номеров стихов от отсутствующей *Басмалы* (9:1) до конца Корана, мы получаем общий итог, составляющий 116090 или 19х6110. Эти данные приведены в Таблице 6. Если включить стихи 9:128-129, то количество стихов в Суре 9 становится 129 и общий итог равняется 116349, что не кратно 19.

Таблица 4: Математическое кодирование 85 сур Корана, не содержащих инициалы

№ суры	К-во стихов	Сумма номеров стихов	Итого
1	7	28	36
4	176	15576	15756
-	-	-	-
9	127	8128	8264
-	-	-	-
114	6	21	<u>141</u>
			156066
			(19х8214)

Таблица 5: Суры, не содержащие инициалы, и их стихи от начала до Суры 9

Сура	К-во стихов	Итого
1	7	8
4	176	180
5	120	125
6	165	171
8	75	83
9	127	<u>136</u>
	703 (19х37)	

Таблица 6: Суры, не содержащие инициалы, и их стихи от отсутствующей Басмалы (Сура 9) до конца Корана

№ Суры	К-во стихов	Сумма номеров стихов	Итого
9	127	8128	8264
16	128	8256	8400
-	-	-	-
113	5	15	133
114	6	21	<u>141</u>
			116090
			(19х6110)

[17] Когда те же самые расчёты, что в пункте 16, выполнены для всех стихов от отсутствующей *Басмалы* в Суре 9 до дополнительной *Басмалы* в Суре 27, то общий итог доходит до 119966 или 19х6314. Если бы число стихов в Суре 9 равнялось 129, то это явление изчезло бы, а общая сумма не была бы кратна 19. Поскольку это явление также связано с отсутствием *Басмалы* в Суре 9, то оно объяснено, и подробные данные изложены в табличной форме в Приложении 29.

[18] Когда те же расчёты, что в пунктах 16 и 17, выполнены от отсутствующей *Басмалы* (9:1) до стиха, где упоминается число 19 (74:30), то мы видим, что общий итог доходит до 207670 или 19х10930 (Таблица 7). Сура 9 должна состоять из 127 стихов.

[19] Сура 9 состоит из 127 стихов. Цифры 127 в сумме составляют 1 + 2 + 7 = 10. Давайте рассмотрим все стихи, сумма цифр которых составляет 10, от отсутствующей *Басмалы* в Суре 9 до дополнительной *Басмалы* в Суре 27. Если бы Сура 9 состояла из 129 стихов, то общая сумма равнялась бы 2472, вместо 2470 (19х130); 2472 не кратно 19, и это явление исчезло бы. Эти данные приведены в Таблице 8.

[20] Фальсификаторы хотели уверить нас, что Сура 9 состоит из 129 стихов. Номер 129 оканчивается цифрой «9». Давайте рассмотрим первую суру и последнюю суру, количество стихов которых оканчиваются цифрой «9». Это Сура 10 и Сура 104. Складывая номер суры с количеством стихов и с суммой номеров стихов от Суры 10 до Суры 104, мы получаем общую сумму, равную 23655, или 19х1245. Подробная информация приведена в Таблице 9.

Включение Суры 9 с неправильным количеством стихов, 129, изменило бы как сумму номеров стихов, так и совокупный итог: сумма номеров стихов стала бы 627 + 129 = 756, а совокупный итог не равнялся бы 23655.

Таблица 7: Суры и стихи от отсутствующей Басмалы до 74:30

№ суры	К-во стихов	Сумма номеров стихов	Итого
9	127	8128	8264
10	109	5995	6114
-	-	-	-
73	20	210	303
74	30	465	569
2739	4288	200643	207670
			(19х10930)

Таблица 8: Стихи, сумма цифр которых составляет 10, от 9:1 до 27:29

№ суры	К-во стихов	Сколько составляют 10	Итого
9	127	12	148
10	109	10	129
11	123	11	145
12	111	10	133
13	43	3	59
14	52	4	70
15	99	9	123
16	128	12	156
17	111	10	138
18	110	10	138
19	98	9	126
20	135	12	167
21	112	10	143
22	78	7	107
23	118	11	152
24	64	6	94
25	77	7	109
26	227	22	275
27	29	2	58
342	1951	177	2470
342 = 19х18 и 2470 = 19х130			

И код Корана был бы нарушен (Таблица 9).

[21] Ложное внесение состояло из стихов 128 и 129, оканчивающих Суру 9. Если мы рассмотрим номера 128 и 129, то мы найдём две цифры 1, две цифры 2, одну цифру 8 и одну цифру 9. Теперь давайте рассмотрим все стихи Корана и подсчитаем количество всех цифр 1, которые мы найдём. Имеются в виду цифры 1, которые мы видим в стихах 1, 10, 11, 12, 13 ... 21, 31 и так далее. Общее количество цифры 1 составляет 2546 (19x134), при условии использования правильного количества стихов в суре 9 – 127. Если включить 128 и 129, то общий итог составит 2548, что не является кратным 19 (Таблица 11).

Таблица 9: Все суры, количество стихов которых оканчиваются на «9»

№ суры	К-во стихов	Сумма номеров стихов	Итого
10	109	5995	6114
15	99	4950	5064
29	69	2415	2513
43	89	4005	4137
44	59	1770	1873
48	29	435	512
52	49	1225	1326
57	29	435	521
81	29	435	545
82	19	190	291
87	19	190	296
96	19	190	305
104	9	45	158
748	627	22280	23655
			(19x1245)

Таблица 11: Подсчитывание во всём Коране цифр, которые являются составными номеров 128 и 129

Сура	К-во цифры 1	К-во цифры 2	К-во цифры 8	К-во цифры 9	Итого
1	1	1	0	0	2
2	159	146	55	48	408
-	-	-	-	-	-
9	61	31	22	22	136
10	31	21	21	21	94
-	-	-	-	-	-
114	1	1	0	0	2
	2546	1641	908	833	5928
	(19 x 134)				(19 x 312)

[22] Поскольку Сура 9 не содержит инициалы, то давайте рассмотрим все номера стихов в 85-ти сурах, не содержащих инициалы, и подсчитаем все цифры 1, которые мы найдём. Как показано в Таблице 10, общее количество цифры «1» в сурах, не содержащих инициалы, составляет 1406 или 19x74. Несомненно то, что если бы Сура 9 состояла из 129 стихов, то мы увидели бы две дополнительные цифры 1 в 128 и в 129, и код был бы нарушен.

[23] Используя тот же процесс, который объяснён в пунктах 22 и 23 для цифры «1», давайте считать все цифры 2, 8 и 9 во всех номерах стихов во всём Коране. Как показано в Таблице 11, общее количество всех цифр 2, 8 и 9 составляет 3382 или 19х178. Это делает общий итог всех цифр 1, 2, 8 и 9 равным 2546 +3382 = 5928, 19х312.

В этом замечательном явлении мы взяли во внимание каждый стих в Коране и рассмотрели отдельные цифры, составляющие стихи 128 и 129. Так как 128 и

Таблица 10: Подсчитывание всех цифр 1 в 85 сурах, не содержащих инициалы

Сура	К-во стихов	К-во цифры 1
1	7	1
4	176	115
-	-	-
9	127	61
-	-	-
113	5	1
114	6	1
		1406
		(19х74)

129 содержат 6 цифр, то включение этих человеческих внесений приводит к тому, что общее количество этих цифр в целом Коран составляет 5928 + 6 = 5934, что не кратно 19.

[24] Общее количество всех цифр (от 1 до 9) во всех номерах стихов 85-ти сур, не содержащих инициалы, включая Суру 9 с 127 стихами, составляет 27075 или 19х19х75.

[25] Сумма цифр сур и стихов Корана кратна 19, при условии использования правильного количества стихов в Суре 9, равного 127. Для этого вам необходимо составить список из 114 сур Корана и количества стихов в каждой суре. Сложите цифры каждого номера суры. Сумма цифр числа 10 = 1, 11 = 2, 12 = 3, 99 = 18 и так далее. Общая сумма по всем сурам равняется 975. Та же самая арифметическая операция выполняется с количеством стихов в каждой суре. Например, Сура 2 состоит из

Таблица 12: Сумма цифр всех сур и стихов во всём Коране

№ Суры	К-во стихов	Сумма цифр	
		номеров сур	к-ва стихов
1	7	1	7
2	286	2	16
3	200	3	2
-	-	-	-
9	127	9	10
-	-	-	-
114	6	6	6
		975	906
975+906 = 1881 = 19х99			

286 стихов. Сумма цифр числа 286 составляет 2 + 8 + 6 = 16. Для Суры 9 сумма цифр количества стихов составляет 1 + 2 + 7 = 10. Общая сумма по всем 114-ти сурам составляет 906. Таким образом, общий итог суммы цифр номеров всех сур и количества стихов составляет 975 + 906 = 1881 = 19х99.

Естественно, это наблюдение не было бы возможным, если бы Сура 9 состояла из 129 стихов. Сокращённая Таблица 12 демонстрирует эти расчёты.

[26] Удивительно то, что если подсчитать сумму цифр каждой суры в Коране и *перемножить* сумму каждой суры с суммой цифр её количества стихов, *вместо сложения*, мы всё равно получим общий итог, кратный 19. Например, сура 2 состоит из 286 стихов. Сумма цифр составляет 2 +8 +6 = 16. Затем вы умножаете 2 на 16, получая 32, а не добавляете 2 +16, как мы делали в пункте 26. Проделайте это с каждой сурой в Коране. Общий итог по всем сурам составляет 7771 или 19х409. Ещё раз: каждый стих в Коране подтверждается, в то время как ложные стихи совершенно отвергнуты. См. Таблицу 13.

Таблица 13: Умножение суммы цифр сур и стихов Корана

№ Суры	К-во стихов	Сумма цифр номеров сур	Сумма цифр к-ва стихов		Производное умножения
1	7	1	x 7	=	7
2	286	2	x 16	=	32
3	200	3	x 2	=	6
-	-	-	-	-	
9	127	9	x 10	=	90
-	-	-	-		
114	6	6	6	=	36
		975	906		7771
					(19х409)
975+906 = 1881 = 19х99					

[27] Ещё одно по-настоящему удивительное явление: Сура 9 является нечётной сурой, и если мы проведём расчёты, описанные выше, только по нечётным сурам, то получим, что общая сумма по сурам составляет 513 (19х27), общая сумма по стихам равняется 437 (19х23), а совместный общий итог составляет 513 +437 = 950 (19х50). Таблица 14 иллюстрирует это замечательное явление.

Таблица 14: Те же данные, что в Таблице 12, но только для нечётных сур

№ Суры	К-во стихов	Сумма цифр номеров сур	Сумма цифр к-ва стихов	Итого
1	7	1	7	8
3	200	3	2	5
-	-	-	-	
9	127	9	10	19
-	-	-	-	-
113	5	5	5	10
		513	437	950
		(19х27)	(19х23)	(19х50)

[28] Давайте возьмём все суры, состоящие из 127 или меньшего количества стихов. Таких насчитывается 105 сур. Сумма номеров сур этих 105-ти сур плюс сумма их количества стихов составляет 10963 или 19х577. Сура 9 является единственной сурой, состоящей из 127 стихов. См. Таблицу 15. Если бы Сура 9 состояла из 129 стихов, то она не была бы включена в этот список сур, и общая сумма была бы 10827 (10963-136); это явление исчезло бы, и код Корана был бы нарушен.

[29] Так как Сура 9 является нечётной, и число её стихов также нечётное, то давайте рассмотрим все нечётные суры, имеющие нечётное количество стихов. Мы выделили 27 сур: 1, 9, 11, 13, 15, 17, 25, 27, 29, 33, 35, 39, 43, 45, 57, 63, 81, 87, 91, 93, 97, 101, 103, 105, 107, 111 и 113. Они состоят из 7, 127, 123, 43, 99, 111, 77, 93, 69, 73, 45, 75, 89, 37, 29, 11, 29, 19, 15, 11, 5, 11, 3, 5 , 7, 5 и 5 стихов соответственно. Сумма этих номеров сур плюс сумма их количества стихов равняется 2774, 19х146. Если мы используем неверное количество стихов в Суре 9, т.е. 129, то это чудо исчезнет.

[30] 127 является правильным количеством стихов в Суре 9, и это простое число: оно не делится ни на какое число, кроме как на 1 и само на себя. Давайте рассмотрим все суры, количество стихов которых является простым числом. Этими Сурами являются: 1, 9, 13, 33, 43, 45, 57, 63, 81, 87, 93, 97, 101, 103, 105, 107, 111 и 113. Количество стихов в этих сурах составляет: 7, 127, 43, 73, 89, 37, 29, 11, 29, 19, 11, 5, 11, 3, 5, 7, 5 и 5 соответственно. Если вы сложите цифры номеров этих сур, то вы получите 137, в то время как сумма цифр количества стихов составляет 129. Таким образом, общий итог всех цифр составляет: 137 +129 = 266 = 19х14.

[31] Исказители добавили два ложных стиха к Суре 9, и поэтому эта сура вынуждена состоять из 129 стихов. Поскольку число 129 состоит из 3-х цифр и делится на 3, то давайте рассмотрим суры, количество стихов которых делится на 3 и состоит из 3-х цифр. Общая сумма номеров этих сур составляет 71, а общее количество стихов равно 765. В общей сложности это составляет 71 + 765 =

Таблица 15: Математическое кодирование всех сур, состоящих из 127 или меньшего количества стихов

Номер суры	К-во стихов	Итого
1	7	8
5	120	125
8	75	83
9	127	136
-	-	-
113	5	118
114	6	120
6434	4529	10963
		(19х577)

Таблица 16: Все суры, номера которых состоят из 3-х цифр и делятся на 3

Сура	К-во стихов	Итого
5	120	125
6	165	171
11	123	134
12	111	123
17	111	128
20	135	155
71	765	836
		(19х44)

836 или 19х44. Эти данные представлены в Таблице 16.

Если бы Сура 9 состояла из 129 стихов, то она была бы включена в эту таблицу и уничтожила бы это явление.

[32] Если бы Сура 9 состояла из 129 стихов, как фальсификаторы хотели бы нас уверить, то давайте рассмотрим все суры, которые состоят из 129 или более стихов. Насчитывается 8 таких сур. Их данные приведены в Таблице 17. Если бы Сура 9 состояла из 129 стихов, то общее количество стихов равнялось бы 1577 + 129 = 1706, что не кратно 19.

[33] Числа 127, 128 и 129 имеют две общие цифры «1» и «2». Давайте рассмотрим все суры, количество стихов которых содержат цифры 1 и 2. Сложив номера сур с количеством стихов, мы получаем 1159, 19х61. См. Таблицу 18.

Таблица 17: Все суры, состоящие из 129 или более стихов

№ Суры	К-во стихов
2	286
3	200
4	176
6	165
7	206
20	135
26	227
37	182
	1577
	(19х83)

Таблица 18: Суры, последний стих которых содержит цифры «1» и «2», соответствующие сомнительным стихам (127, 128 и 129).

№ Суры	К-во стихов	Итого
5	120	125
9	127	136
11	123	134
16	128	144
21	112	133
37	182	219
65	12	77
66	12	78
92	21	113
322	837	1159
		(19х61)

Если бы Сура 9 состояла из 129 стихов, то общая сумма составила 1159 +2 = 1161, что не кратно 19.

[34] Сура 9 – это пронумерованная одной цифрой сура, в которой номера стихов содержат цифры 1 и 2. Существует ещё только одна сура, обладающая этими чертами: Сура 5 пронумерована одной цифрой и состоит из 120 стихов. Как показано в Таблице 19, количество стихов в этих двух сурах составляет 120 +127 = 247 = 19х13. Если бы Сура 9 состояла из 129 стихов, то общая сумма составила бы 247 +2 = 249, что не кратно 19.

Таблица 19: Суры, пронумерованные только одной цифрой, и номера стихов которых содержат цифры «1» и «2»

Номер суры	К-во стихов
5	120
9	127
	247
	(19х13)

[35] Мы рассмотрели все суры, количество стихов которых содержат «1» и «2». Теперь давайте рассмотрим все суры, количество стихов которых начинается с цифры «1». Имеется 30 сур, обладающих этим качеством: Суры 4, 5, 6, 9, 10, 11, 12, 16, 17, 18, 20, 21, 23, 37, 49, 60, 61, 62, 63, 64, 65, 66, 82,

86, 87, 91, 93, 96, 100 и 101.

Их количество стихов составляет: 176, 120, 165, 127, 109, 123, 111, 128, 111, 110, 135, 112, 118, 182, 18, 13, 14, 11, 11, 18, 12, 12, 19 , 17, 19, 15, 11, 19, 11 и 11. Сумма номеров стихов (1 + 2 + 3 +...+ n) этих 30 сур составляет 126122 или 19х6638.

Если бы Сура 9 состояла из 129 стихов, то сумма их номеров стихов равнялась бы 126122 + 128 + 129 = 126379; а эта общая сумма не кратна 19.

[36] Сура 9 состоит из 127 стихов, и 9 +1 +2 +7 равняется 19. Давайте рассмотрим все суры, где сумма цифр сур и стихов составляет 19. Имеется 10 сур, которые соответствуют этой характеристике, и общая сумма номеров сур с их количеством стихов составляет 1216 или 19х64. Эти данные представлены в Таблице 20.

Г-н Гатут Адисома из Масджида Тусон сделал два следующих открытия.

[37] Сура 9 состоит из 127 стихов, и (9) плюс (1 +2 +7) составляет 19. Есть ещё три суры в целом Коране, сумма цифр номеров которых составляет 9 и сумма цифр их количества стихов равняется 10. Это суры: 9, 45, 54 и 72. Они состоят из 127, 37, 55 и 28 стихов соответственно. Общее количество стихов в этих трёх сурах равняется 247, 19х13.

Если бы Сура 9 состояла из 129 стихов, то, прежде всего, она не была бы включена в эту таблицу. См. Таблицу 21.

Таблица 20: Все суры, в которых сумма цифр номеров сур и количества стихов составляет 19

№ Суры	К-во стихов	Итого
9	127	136
22	78	100
26	227	253
45	37	82
54	55	109
64	18	82
72	28	100
77	50	127
78	40	118
84	25	109
531	685	1216
		(19х64)

Таблица 21: Все суры, где сумма цифр номеров сур составляет 9 и сумма цифр количества стихов равняется 10

№ Суры	К-во стихов
9	127
45	37
54	55
72	28
	247
	(19х13)

Таблица 22: Суры, где сумма цифр номера составляет 9 и сумма цифр количества стихов равняется 12, предполагая, что Сура 9 состоит из 129 стихов

№ Суры	К-во стихов
9	129
27	93
	222
	(не кратно 19)

[38] Если бы Сура 9 состояла из 129 стихов, как утверждали исказители, то существует только ещё одна сура во всём Коране, сумма цифр номера которой составляет 9 и сумма цифр её количества стихов равняется 12, а именно: Сура 27.

Как показано в Таблице 22, эта комбинация с 129 стихами в Суре 9 не соответствует коду Корана.

[39] Допустим, на какое-то время, что Сура 9 состоит из 129 стихов. Так как число 129 оканчивается цифрой «9», то давайте рассмотрим все суры, где количество стихов оканчивается цифрой «9».

Мы находим в Коране 13 сур, количество стихов которых оканчивается цифрой «9». Это суры 10, 15, 29, 43, 44, 48, 52, 57, 81, 82, 87, 96 и 104. Их количество стихов равняется 109, 99, 69, 89, 59, 29, 49, 29, 29, 19, 19, 19 и 9 соответственно.

Таблица 23: Все суры, количество стихов которых оканчиваются цифрой «9»

№ суры	К-во стихов	Сумма номеров стихов	Итого
10	109	5995	6114
15	99	4950	5064
29	69	2415	2513
43	89	4005	4137
44	59	1770	1873
48	29	435	512
52	49	1225	1326
57	29	435	521
81	29	435	545
82	19	190	291
87	19	190	296
96	19	190	305
104	9	45	158
748	627	22280	23655
	(19x33)		(19x1245)

Как показано в Таблице 23, расчёты соответствуют коду Корана при условии, что Сура 9 исключена; она не состоит из 129 стихов. Без Суры 9 общее количество стихов в этих 13-ти сурах равняется 627, 19х33. Кроме того, сложение номеров сур с количеством стихов и с суммой номеров стихов составляет сумму, равную 23655 или 19х1245. Эти явления исчезли бы, если бы Сура 9 состояла из 129 стихов.

[40] Сура 9 – это нечётная сура, количество стихов которой оканчивается цифрой «9». Давайте теперь рассмотрим все нечётные суры, количество стихов которых оканчивается цифрой «9». Как видно из Таблицы 24, сумма номеров сур и количества стихов в этих сурах составляет 646 или 19х34. Если бы Сура 9 имела 129 стихов, то она была бы включена в эту группу и общая сумма равнялась бы 646 + 129 + 9 = 784, что не является кратным 19.

[41] К настоящему моменту уже неопровержимо доказано, что Сура 9 состоит из 127 стихов. Давайте теперь рассмотрим

Таблица 24: Нечётные суры, количество стихов которых оканчивается на «9»

№ Суры	К-во стихов	Итого
15	99	114
29	69	98
43	89	132
57	29	86
81	29	110
87	19	106
312	334	646
		(19x34)

суры, количество стихов которых оканчивается на «7». Имеется 7 таких сур: это суры 1, 9, 25, 26, 45, 86 и 107. Их количество стихов составляет 7, 127, 77, 227, 37, 17 и 7 стихов соответственно. Общая сумма номеров сур с количеством стихов этих семи сур равняется 798, 19х42. Детали представлены в Таблице 25. Таким образом, каждая сура, количество стихов которой оканчивается цифрой «7», в том числе Сура 9, согласуется с кодом.

[42] Сура 9 оканчивается стихами 126 и 127. Поскольку фальсификаторы добавили два стиха, то давайте рассмотрим последние два стиха каждой суры в Коране и посчитаем все цифры «7» среди этих двух последних стихов.

Как показано в Таблице 26, общее количество цифры «7» среди двух последних стихов каждой суры Корана составляет 38, 19х2.

Если бы последним стихом суры 9 был номер 129, вместо 127, то количество нахождений цифры «7» составило бы 37, а не 38, и этот принцип был бы разрушен.

[43] Предположив, что Сура 9 состоит из 129 стихов, давайте рассмотрим все суры, которые содержат стих № 129. Это означает, что мы рассмотрим все суры, состоящие из 129 или более стихов. Например, Сура 2 состоит из 286 стихов. Следовательно, она содержит стих, обозначенный номером «129». Затем мы добавим этот стих ко всем другим стихам во всём Коране, которые обозначены номером 129.

Таблица 25: Суры, количество стихов которых оканчиваются цифрой «7»

№ Суры	К-во стихов	Итого
1	7	8
9	127	136
25	77	102
26	227	253
45	37	82
86	17	103
107	7	114
299	499	798
		(19х42)

Таблица 26: Общее количество цифры «7» среди последних двух стихов каждой суры Корана

№ Суры	Последние 2 стиха	К-во «7» в последних двух стихах
1	6, 7	1
2	285, 286	0
3	199, 200	0
4	175, 176	2
-	-	-
9	126, 127	1
-	-	-
25	76, 77	3
-	-	-
114	5, 6	0
		38

При этих условиях, имеется 9 сур, содержащих стих № 129. Интересно отметить, что сумма номеров этих 9 сур кратна 19 (114), в то время как сумма девяти номеров 129 могла быть кратной 19, если вычесть 2 из их общей суммы. Другими словами, нам сказано, что одна из этих 9 сур содержит 2 дополнительных стиха. Подробности изложены в Таблице 27.

Когда мы сложим 114 с 1161 и вычтем 2, то получим 1273 или 19х67. Сравните эту сумму (1273) с нижеприведенной суммой в пункте 44. Из 9 сур, перечисленных в Таблице 27, какая сура имеет дополнительные 2 стиха? Ответ на этот вопрос в пункте 44.

[44] Чтобы точно определить местонахождение этих двух ложных стихов, давайте рассмотрим все суры, которые содержат стих № 128, продолжая при этом предполагать, что Сура 9 состоит из 129 стихов. Это даст нам тот же самый список сур, который в Таблице 27, с добавлением суры 16, которая имеет ровно 128 стихов.

Как показано в Таблице 28, Сура 9 выделяется своей вопиющей дисгармонией: она обособлена как сура, которая содержит ложные стихи. Сумма сур и стихов становится кратной 19 **только тогда**, когда Сура 9 удалена. Обратите внимание, что сумма, делящаяся без остатка после удаления Суры 9 и равная 1273, 19х67, является той же самой суммой, которая получена в вышеприведенном пункте 43 после удаления 2 стихов. Это замечательное явление доказывает, что сура 9 не может содержать стих № 128.

[45] Сура 9 – это сура, не содержащая инициалы, последние два стиха которой 126 и 127. Давайте возьмём 85 сур, не содержащих инициалы, и сложим номера последних двух стихов в каждой суре. Например, последними двумя стихами в суре 1 являются 6 и 7. Сложите 6 и 7 и вы получите 13. Следующая сура, не содержащая инициалы, – это Сура 4; её два последних стиха 175 и 176. Сложите 175 и 176, и вы получите 351. Проделайте это для всех сур, не содержащих инициалы. Эти данные приведены в Таблице 29. Таким образом, подтверждено, что стихи 126 и 127 являются последними двумя стихами Суры 9.

Таблица 27: Все суры, содержащие стих номер «129»

№ Суры	№ Стиха
2	129
3	129
4	129
6	129
7	129
9 ?	129
20	129
26	129
37	129
114	1161
(114 + 1161 - 2 = **1273** =(19х67)	

Таблица 28: Все суры, содержащие стих номер «128»

№ Суры	№ Стиха
2	128
3	128
4	128
6	128
7	128
9 ?	128
16	128
20	128
26	128
37	128
130	1280
(130+1280 = 1410 не кратно 19)	
Если мы удалим Суру 9 с её 128 стихами, то мы получим 1410-9-128 =**1273** = 19 х 67	

[46] Давайте теперь возьмём последние два стиха каждой, содержащей и не содержащей инициалы, суры в Коране и сложим цифры последних двух стихов в каждой суре (Таблица 30). Из этого нетрудно убедиться, что последние два стиха каждой суры в Коране божественно фиксированы и божественно охраняются этим сложным математическим кодом. Подтверждено, что 126 и 127, а не 128 и 129, являются последними двумя стихами Суры 9.

[47] Сура 9 состоит из 127 стихов, а 127 состоит из 3-х цифр. Давайте рассмотрим все суры, количество стихов которых состоит из 3-х цифр; это суры 3, 4, 5, 6, 7, 9, 10, 11, 12, 16, 17, 18, 20, 21, 23 , 26 и 37. Их количество стихов составляет 286, 200, 176, 120, 165, 206, 127, 109, 123, 111, 128, 111, 110, 135, 112, 118, 227 и 182 соответственно. Сложив последние цифры количества стихов каждой суры, мы получаем 6 + 0 + 6 + 0 + 5 + 6 + 7 + 9 + 3 + 1 + 8 + 1 + 0 + 5 + 2 + 8 + 7 + 2 = 76 = 19x4.

Если бы Сура 9 состояла из 129 стихов, то последняя цифра количества её стихов была бы 9, а не 7, и общая сумма последних цифр равнялась бы 78 вместо 76, и это явление исчезло бы.

Таблица 31: Все суры, у которых количество стихов нечётное и состоит из 3-х цифр

№ Суры	К-во стихов	Последняя цифра
6	165	5
9	127	7
10	109	9
11	123	3
12	111	1
17	111	1
20	135	5
26	227	<u>7</u>
		38
		(19x2)

Таблица 29: Сокращённая таблица последних двух стихов сур, не содержащих инициалы

№ Суры	Последние 2 стиха	Итого
1	6 + 7	13
4	175 + 176	351
5	119 + 120	239
-	-	-
9	126 + 127	253
-	-	-
114	5 + 6	<u>13</u>
		6897
		(19x363)

Таблица 30: Сумма цифр последних двух стихов каждой суры Корана

№ Суры	Последние 2 стиха	Сумма цифр
1	6,7	6 + 7
2	285,286	2+8+5+2+8+6
3	199,200	1+9+9+2+0+0
-	-	-
9	126,127	1+2+6+1+2+7
-	-	-
113	4,5	4 + 5
114	5,6	<u>5 + 6</u>
		1824 = 19x96

[48] Давайте рассмотрим список сур, вышеуказанных в пункте 47. Так как количество стихов в Суре 9 является нечётным числом, то давайте теперь рассмотрим нечётные количества стихов. Имеется 8 сур, у которых нечётное количество стихов состоит из 3-х цифр: Суры 6, 9, 10, 11, 12, 17, 20 и 26. Их количество стихов равняется 165, 127, 109, 123, 111, 111, 135 и 227.

Последними цифрами в этих количествах стихов являются 5, 7, 9, 3, 1, 1, 5 и 7 соответственно, и сумма этих цифр составляет 38 или 19x2. Отсюда видно, что если бы Сура 9 состояла из 129 стихов, то её последняя цифра была бы 9, а не 7, и сумма последних цифр равнялась бы 40, что не кратно 19. Подробные данные представлены в Таблице 31. Таким образом, мы всё более и более конкретны, фокусируясь на последней цифре количества стихов.

[49] Давайте продолжим работу с той же группой сур, что в пунктах 47 и 48. Поскольку Сура 9 является нечётной сурой, то давайте удалим все чётные суры из списка сур, указанных в пункте 47. Теперь мы имеем нечётные суры с нечётным количеством стихов. Во всём Коране имеется только три таких сур: 9, 11 и 17. Их количество стихов равняется 127, 123 и 111 (Таблица 32). Если бы Сура 9 состояла из 129 стихов, то это замечательное явление было бы разрушено.

Таблица 32: Нечётные суры, имеющие нечётное количество стихов, которые состоят из 3-х цифр

№ Суры	К-во стихов
9	127
11	123
17	111
	361
	(19x19)

[50] Давайте продолжим работу с тремя сурами, перечисленными в пункте 49. Это все суры Корана, которые имеют нечётный номер (как сура 9), их количество стихов состоит из 3-х цифр (как сура 9), и их количество стихов также нечётное (как сура 9).

Как отражено в Таблице 32, эти 3 суры имеют количество стихов равное 127, 123 и 111. Просто сложите отдельные цифры и вы получите 1 + 2 + 7 + 1 + 2 + 3 + 1 + 1 + 1 = 19.

Из этого видно, что это явление зависит от доказанной нами истины, что Сура 9 состоит из 127 стихов. Если бы Сура 9 состояла из 129 стихов, то единственные суры Корана, обладающие вышеуказанными качествами, образовали бы сумму: 1 +2 +9 +1 +2 +3 +1 +1 +1 = 21. Другими словами, этот важный компонент математического кода Корана исчез бы.

[51] Существуют три суры, (1) чьи номера нечётные, (2) их количества стихов нечётные и (3) количества стихов состоят из 3-х цифр. Это Суры 9, 11 и 17 (см. Пункты от 48 до 50, объясняющие суть этого вопроса). Просто сложите отдельные цифры, которые составляют номера трёх сур, и вы получите 9 +1 +1 +1 +7 = 19.

[52] Число 129 делится на 3. Если бы Сура 9 состояла из 129 стихов, как утверждают исказители, то это была бы (1) нечётная сура, у которой количество стихов (2) состоит из 3-х цифр, (3) нечётное и (4) делится на 3. В Коране имеется только две суры, обладающие этими качествами: Сура 11 с 123 стихами и Сура 17 с 111 стихами. Сумма цифр как номеров сур, так и количества стихов составляет 1 +1 +1 +2 +3 +1 +7 +1 +1 +1 = 19. Это можно наблюдать только при условии, что Сура 9 состоит из 127 стихов.

[53] Сура 9 является (1) нечётной, (2) количество её стихов нечётное, (3) её количество стихов оканчивается цифрой «7», (4) количество её стихов – простое число и (5) номер суры делится на 3 и 9. Имеется только две суры, обладающие этими качествами: Сура 9 (127 стихов) и Сура 45 (37 стихов). Просто сложите цифры, которые вы видите:

> **9 + 1 + 2 + 7 = 19 и 4 + 5 + 3 + 7 = 19;**
> **Общая сумма по обеим сурам = 19 + 19 = 38.**

[54] Представим, что Сура 9 имеет 129 стихов. В этом случае у нас будет во всём Коране только две суры, номер которых начинается с 9 и их количество стихов оканчивается на 9: Сура 9 (129 стихов) и Сура 96 (19 стихов). Как указано в Таблице 33, общая сумма номера суры с количеством стихов и с суммой номеров стихов составляет 8828, что не кратно 19.

Таблица 33: Суры, номера которых начинаются с «9» и их количество стихов оканчивается на «9»

№ Суры	К-во стихов	Сумма номеров стихов	Итого
9	129?	8385	8523
96	19	190	305
105	148	8575	8828
(не кратно 19)			

Теперь давайте удалим ложные стихи (128 и 129) из Суры 9 и повторим те же расчёты. Результат этой поправки отображён в Таблице 34. Общий итог равняется 8569, 19х451.

[55] Представим, что Сура 9 состоит из 129 стихов. Общая сумма этих цифр составляет 9 + 1 + 2 + 9 = 21. Давайте рассмотрим все суры, где сумма цифр их количества стихов составляет 21. Имеется 7 таких сур: 9, 25, 27, 37, 68, 94 и 97.

Таблица 34: Те же данные, что в Таблице 33, после корректирования количества стихов в Суре 9

№ Суры	К-во стихов	Сумма номеров стихов	Итого
9	127	8128	8264
96	19	190	305
105	146	8318	8569
			(19х451)

При сложении номеров сур с количеством стихов в каждой суре и с суммой номеров стихов, общая сумма доходит до 34744, что не кратно 19 (Таблица 35).

Теперь давайте употребим правильное количество стихов (127) в Суре 9 и повторим те же расчёты, что и в Таблице 35. Это приводит к тому, что общая сумма становится 34485 или 19х1815. См. Таблицу 36.

[56] Давайте допустим в последний раз, что Сура 9 состоит из 129 стихов. У нас имеется сура, которая (1) нечётная сура, (2) её номер делится на 3, (3) количество стихов, 129, также делится на 3 и (4) количество стихов оканчивается цифрой «9». Существует только одна сура, которая обладает этими качествами: Сура 15 – она делится на 3, её количество стихов 99, которое делится на 3 и оканчивается цифрой «9». Если бы Сура 9 состояла из 129 стихов и мы сложили бы номера сур и количества стихов этих двух сур, то мы получили бы следующий результат: 9 + 129 + 15 + 99 = 252, что не кратно 19.

Если отбросить ложный номер 129, то у нас появится одна сура в Коране с нечётным числом и количеством стихов, которое делится на 3 и оканчивается цифрой 9 – это Сура 15. Теперь мы имеем следующий результат:

15 + 99 = 114 = 19x6.

[57] До сих пор мы имели дело с цифрами. Давайте теперь рассмотрим конкретные слова и буквы, которые встречаются в ложных внесениях 9:128-129.

Последнее заявление в 9:127 описывает неверующих как «*ЛА ЯФКАХУН*» (они не понимают). Таким образом, последней буквой в суре 9 является «Н» (Нун).

Согласно фальсификаторам, 129 является последним стихом, а последней буквой – буква «М» (Мим), поскольку последнее ложное слово – «*АЗИМ*».

Теперь давайте рассмотрим первую букву и последнюю букву каждой суры от начала Корана до суры 9, и вычислим их гематрические (число-

Таблица 35: Суры, где цифры номеров сур и количества стихов при сложении дают 21, предполагая, что Сура 9 состоит из 129 стихов

№ Суры	К-во стихов	Сумма номеров стихов	Итого
9	129?	8385	8523
25	77	3003	3105
27	93	4371	4491
37	182	16653	16872
68	52	1378	1498
94	8	36	138
97	5	15	117
357	546	33841	34744
		(не кратно 19)	

Таблица 36: Расчёты из Таблицы 35 после корректировки стихов в Суре 9

№ Суры	К-во стихов	Сумма номеров стихов	Итого
9	127	8128	8264
25	77	3003	3105
27	93	4371	4491
37	182	16653	16872
68	52	1378	1498
94	8	36	138
97	5	15	117
357	544	33584	34485
		(19x1815)	

вые) значения. Таблица 37 показывает, что последней истинной буквой Суры 9 должна быть «Н», а не «М».

[58] Сестра Ихсан Рамадан из мечети Тусон пересчитала все суры в Коране, которые оканчиваются на букву «Н» (Нун), последнюю букву в суре 9.

Она обнаружила, что 43 суры оканчиваются той же буквой, что и Сура 9 (Н). Это суры 1, 2, 3, 7, 9, 10, 11, 12, 15, 16, 21, 23, 26, 27, 28, 29, 30, 32, 36, 37, 38, 39, 40, 43, 44, 46, 49, 51, 58, 61, 62, 63, 66, 67, 68, 70, 77, 81, 83, 84, 95, 107 и 109. Просто сложите номера сур с количеством сур, которые оканчиваются на «Н», и вы получите:

1919

Таким образом, еще раз подтверждено, что последней буквой в суре 9 является «Н», а не «М».

[59] Теперь давайте рассмотрим решающее выражение «**ЛА ИЛААХА ИЛЛА ХУ**» (Нет бога, кроме Него). Эта фраза встречается в ложном внесении 9:129.

*Таблица 38: Список нахождений важной фразы «**ЛА ИЛААХА ИЛЛА ХУ**» (Нет другого бога, кроме Него) после исключения 9:129*

Таблица 37: Гематрическое значение первой и последней букв каждой суры от начала Корана до Суры 9

№ Суры	Первая буква	Последняя буква	Итого
1	Б = 2	Н = 50	52
2	А = 1	Н = 50	51
3	А = 1	Н = 50	51
4	Й = 10	М = 40	50
5	Й = 10	Р = 200	210
6	А = 1	М = 40	41
7	А = 1	Н = 50	51
8	Й = 10	М = 40	50
9	Б = 2	Н = 50	52
	38	570	608
	(19x2)	(19x30)	(19x32)

№	№ Суры	Стихи с ключевой фразой	Частота появления фразы
1.	2	163, 255	2
2.	3	2, 6,18 (2 раза)	4
3.	4	87	1
4.	6	102, 106	2
5.	7	158	1
6.	9	31	1
7.	11	14	1
8.	13	30	1
9.	20	8, 98	2
10.	23	116	1
11.	27	26	1
12.	28	70, 88	2
13.	35	3	1
14.	39	6	1
15.	40	3, 62, 65	3
16.	44	8	1
17.	59	22, 23	2
18.	64	13	1
19.	73	9	1
	507	1592	29
507 + 1592 + 29 = 2128 = 19x112			

Это особенное выражение встречается 29 раз в 19 сурах (Таблица 38). При сложении номеров всех 19 сур с номерами стихов, где фраза «**ЛА ИЛААХА ИЛЛА ХУ**» встречается, а также с количеством нахождений этой важной фразы, общий итог составляет 2128 или 19x112. Этот удивительный результат зависит от того факта, что 9:128-129 не принадлежат Корану.

Является очевидным, что если бы 9:129 был включён, то важное выражение «**ЛА ИЛААХА ИЛЛА ХУ**», первый столп Ислама, не согласовалось бы с математическим кодом.

[60] Первое нахождение «ЛА ИЛААХА ИЛЛА ХУ» происходит в 2:163, а последнее – в 73:9. Если мы сложим номера сур с количеством стихов и с суммой номеров стихов от первого нахождения до последнего нахождения, то общий итог составит 316502 или 19x16658.

Подробные данные представлены в Таблице 39. Естественно, если бы «ЛА ИЛААХА ИЛЛА ХУ» была включена из ложного стиха 129, то это явление исчезло бы.

[61] Фраза «ЛА ИЛААХА ИЛЛА ХУ» встречается 7 раз между отсутствующей *Басмалой* Суры 9 и дополнительной *Басмалой* Суры

Таблица 39: Все суры и стихи от первого нахождения до последнего нахождения «ЛА ИЛААХА ИЛЛА ХУ»

№ Суры	К-во стихов	Сумма номеров стихов	Итого
2	123	27675	27800
	(286 -163)		
3	200	20100	20303
-	-	-	-
9	127	8128	8264
-	-	-	-
72	28	406	506
73	9	45	127
2700	5312	308490	316502
			(19x16658)

27 в 9:31, 11:14, 13:30, 20:08, 20:98, 23:116 и 27:26. Сложив номера 7 стихов, мы получаем 323 или 19x17. Подробные данные представлены в Таблице 40.

Таблица 40: Нахождение фразы «ЛА ИЛААХА ИЛЛА ХУ» от пропущенной Басмалы до дополнительной Басмалы

№ Суры	Номера стихов с фразой
9	31
11	14
13	30
20	8
20	98
23	116
27	26
	323
	(19x17)

Если бы стих 9:129 являлся частью Корана, то общая сумма в Таблице 40 составила бы: 323 + 129 = 452, что не кратно 19. Бог отвергает то, что лицемеры произносят, даже если это правда (63:1).

Наивысшее Кораническое чудо

[62] Брат Абдулла Арик обнаружил то, что я считаю наивысшим Кораническим чудом. Это чудесное явление неопровержимо удостоверяет подлинность каждого стиха Корана – количество стихов в каждой суре и номер, присвоенный каждому стиху Корана, – разоблачая и отвергая ложные внесения

9:128-129. Чтобы увидеть это великое явление, см. раздел Приложения 1 под заглавием «Сверхчеловеческие числовые комбинации». Записывая номер каждого стиха Корана в последовательности от начала до конца, при этом ставя количество стихов в каждой суре впереди номеров стихов каждой суры, мы получим окончательное число, состоящее из 12692 цифр (19х668), и сам номер также является кратным 19. Если бы было использовано ошибочное количество стихов в Суре 9, 129 вместо 127, то ни количество цифр, ни само число не делилось бы на 19.

[63] Так как предметом настоящего Приложения является Сура 9 и её количество истинных стихов, то следует отметить, что если мы напишем номер Суры 9, а затем правильное количество стихов, 127, после чего номера всех стихов от 1 до 127, то полученное длинное число будет кратно 19. Излишне говорить, что если бы были использованы ошибочные номера стихов, то есть, 129 вместо 127, то это замечательное чудо исчезло бы:

> **9 127 1 2 3 4 5 ..... 122 123 124 125 126 127**
> За общим количеством стихов в Суре 9 следуют номера каждого стиха в суре от 1 до 127. Полученное длинное число кратно 19.

[64] Количество стихов 127 в Суре 9 является нечётным числом. Фальсификаторы добавили два поддельных стиха, чем увеличили количество стихов до 129, которое также является нечётным числом. Г-н Арик использовал ту же компьютерную программу, которую он составил для предыдущего пункта 62, чтобы проверить все нечётные стихи Корана. Таким образом, были записаны количество стихов в каждой суре, а затем только последняя цифра каждого нечётного номера стиха в этой суре. Сура 1 была представлена номером 71357. Сура 2 была представлена номером 28613579 ..... 5, и так далее до последней суры. Полученное длинное число, состоящее из 3371 цифр, кратно 19. Естественно, что Сура 9 была представлена числом 12713579......7:

> **7 1 3 5 7   286 1 3 5 ... 3 5 ...... 5 1 3 5 6 1 3 5.**
> За количеством стихов в каждой суре следуют нечётные номера стихов. Полученное длинное число, состоящее из 3371 цифр, кратно 19.

[65] Поскольку Сура 9 не содержит инициалы, то г-н Арик применил ту же компьютерную программу ко всем 85 сурам, не содержащим инициалы. Был записан номер каждого стиха в каждой из 85 сур, без количества стихов в суре. Таким образом, Сура 1 была представлена числом 1234567, а не 71234567. Это было сделано со всеми сурами, не содержащими инициалы. Полученное число состоит из 6635 цифр и кратно 19. Эти удивительные явления были бы разрушены, если бы мы использовали неправильное количество стихов в Суре 9 – 129 вместо 127.

Божьему Посланнику Завета суждено очистить Коран

[66] Наконец, математически закодировано, что «человеком, которому суждено доказать, что Сура 9 состоит из 127 стихов, является Рашад Халифа, Божий Посланник Завета», что значительно демонстрирует предвидение Всемогущего Автора Корана (см. Приложение 2). Пункт, представленный здесь, является ещё одним доказательством в дополнение к многочисленным предыдущим доказательствам; он выбран, потому что имеет отношение к этому Приложению.

Гематрическое значение слова «Рашад», как написано в Коране (40:29, 38), составляет 505 (Р = 200, Ш = 300, А = 1, Д = 4). Гематрическое значение слова «Халифа», как написано в Коране (38:26), составляет 725 (Х = 600, Л = 30, И = 10, Ф = 80, Х = 5). Записывая значение «Рашад», затем значение «Халифа», затем номер Суры 9, а затем правильное количество стихов в этой суре, получаем 5057259127. Это число кратно 19; оно равняется 19x266171533.

[67] Количество стихов от 3:81, где предвещён Божий Посланник Завета , до 9:127, конца суры 9, составляет 988 (19x52). Таблица 41.

[68] Сумма номеров стихов от 3:81 до 9:127 также кратна 19 (Таблица 41).

[69] В стихе 3:78, всего за 3 стиха до провозглашения Божьего Посланника Завета, слово «Бог» насчитывается под номером 361 (19x19). Этот стих (3:78) сообщает нам, что некоторые фальсификаторы будут «добавлять ложь к Корану, а затем утверждать, что она является частью Корана; они приписывают ложь Богу сознательно».

[70] Слово «Бог» встречается 912 раз (19x48) от стиха 3:78, который обличает фальсификаторов, до 9:127.

Таблица 41: Количество стихов от 3:81 до конца Суры 9

№ Суры	К-во стихов	Сумма номеров стихов
3	119	16860
4	176	15576
5	120	7260
6	165	13695
7	206	21321
8	75	2850
9	127	8128
	988	85690
	(19x52)	(19x4510)

Таблица 42: Нахождение слова «Бог» от 3:78 до конца Суры 9

Номер Суры	Количество слов «Бог»
3	132
4	229
5	147
6	87
7	61
8	88
9	168
	912
	(19x48)

[71] Сумма количества букв и количества слов в 3:78 и в ложных стихах 9:128-129 составляет то же самое число – 143. Стих 3:78 состоит из 27 слов и 116 букв, а 9:128-129 состоят из 115 букв и 28 слов.

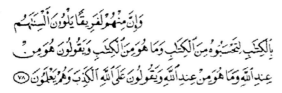

Что можно сказать?

Сокрушающие вещественные доказательства, представленные Всевышним для защиты и подтверждения подлинности Его послания, не оставляют сомнений в том, что: (1) никакие искажения не смогут проникнуть в Коран, (2) стихи 9:128-129 не принадлежат Корану, и (3) каждый элемент в Коране математически организован, выходя далеко за пределы человеческих возможностей: количество сур, количество стихов, номера, присвоенные сурам и стихам, частота встречаемости ключевых выражений, количество слов, количество букв и уникальное и нередко встречающееся необычное правописание некоторых слов.

Это Приложение документирует само по себе значительное чудо. Огромное и абсолютно сокрушающее, каким оно является, оно не превышает или даже не равняется с всеобщим математическим чудом Корана, подробно описанным в Приложении Один. Оно лишь подтверждает тот факт, что Всемогущий Автор Корана сознательно допустил кощунственное добавление двух стихов в Суре 9 для того, чтобы:

(1) Продемонстрировать основную функцию математической структуры Корана.

(2) Доказать невозможность подделки Корана.

(3) Выполнить обещание Бога – отличить верующих и разоблачить лицемеров.

Почему Бог позволял это на протяжении 1400 лет??

В связи с массовым искажением Ислама, происшедшим вскоре после смерти пророка Мухаммеда, Бог явно исполнил Своё обещание в 47:38. Божественный указ, изданный в Суре 47, озаглавленной «Мухаммед», стих 38 (19х2), обусловливает, что «если арабы перестанут придерживаться Корана, то Бог лишит их Его милости и заменит их другими людьми».

Когда через несколько лет после смерти Пророка арабы исказили Коран и в процессе уничтожили семью Пророка, они навлекли на себя Божье обещание в 47:38 и больше не были достойны обладать Кораном – истинным Кораном. Неопровержимое доказательство подтверждает, что арабы в массовом порядке отказались от Корана.

Например, сегодня (1989 год) нет ни одной мечети в так называемом мусульманском мире, которая придерживалась бы важной заповеди: «Мечети принадлежат Богу; вы не должны взывать ни к кому другому, кроме Бога» (72:18).

Призыв к молитве (*Азан*) и сама молитва уже не посвящены только Богу; имя Мухаммеда неизменно взывается вместе с именем Бога.

«Первый Столп Ислама» ясно изложен в Коране в 3:18 и 47:19, и его слова утверждены как: «**ЛАА ИЛААХА ИЛЛА АЛЛАХ**» (Нет другого бога, кроме Бога). Но мусульмане ещё с первого века после хиджры не хотят Бога, если Мухаммед не призывается вместе с Ним. Это легко продемонстрировать сегодня, зайдя в любую мечеть и заявив: «**ЛАА ИЛААХА ИЛЛА АЛЛАХ**»; фактически, это разъярит современных мусульман. Такое поведение описано в Коране в 39:45. Более того, теперь мои собственные исследования убедили меня, что традиционным мусульманам **Богом запрещено** произносить Кораническую, божественно продиктованную *Шахаду*: «*Аш-хаду Аллаа Илааха Иллаа Аллах*». Они просто не могут произнести эту *Шахаду* (без призывания имени Мухаммеда). Испытайте их сами. Первый столп искажённого ислама, **ЛАА ИЛААХА ИЛЛА АЛЛАХ, МУХАММАД РАСУЛ АЛЛАХ**, не соответствует Божьим заповедям, которые пришли к нам через Мухаммеда (см. Приложение 13).

Ряд других заповедей также нарушен этой магометанской *Шахадой*. Например, Коран неоднократно запрещает нам делать какие-либо различия между посланниками Бога (2:136, 285; 3:84). Искажённая *Шахада* даёт большее предпочтение Мухаммеду против его воли. Несмотря на неоднократные утверждения Корана, что он «законченный, совершенный и вполне подробный» (6:19, 38 и 114), «мусульмане» отказались верить своему Творцу: они придерживаются таких смешных и бессмысленных источников, как *Хадис* и *Сунна*. Это единодушное восстание против Бога и Его посланника и массовый возврат к вопиющему идолопоклонству – обожествление Пророка и святых – обязывало к выполнению обещания Бога в 47:38.

С учетом неопровержимых божественных доказательств, представленных здесь и в Приложениях 1, 2 и 26, можно по-настоящему оценить следующие стихи:

**Несомненно, мы ниспослали это послание,
и, несомненно, мы будем охранять его.**   [15:09]

**Скажи: «Если бы все люди и все джинны объединились
для того, чтобы создать Коран, подобный этому,
то их усилия не увенчались бы успехом, как бы усердно
они ни помогали друг другу».**   [17:88]

**Неверующие отвергли это послание,
когда оно пришло к ним, хотя это и великое писание.
Ложь не может пробраться в него
путём добавления или удаления.
Ибо это откровение от Самого Мудрого,
Самого Достохвального.**   [41:41-42]

**Если бы мы ниспослали этот Коран горе,
то ты увидел бы её трепещущей,
рушащейся от благоговения к Богу.**   [59:21]

Я с благодарностью признаю значительный вклад Махмуда Али Абиба, Гатута Адисома, Абдуллы Арика, Сюзаны Мамодесин, Лизы Спрей и Эдипа Юксела. Некоторые поразительные математические факты, представленные в этом Приложении, были обнаружены этими трудолюбивыми исследователями в Мечети Тусон.

****

Приложение 25

Конец света

> (Бог) – Знающий будущее;
> Он не допускает никого к раскрытию таких знаний.
> Только через посланников, которых Он избирает,
> Он открывает будущие и прошлые события.   **[72:27]**

Раскрытие конца света – одна из обязанностей, возложенных на меня, как Божьего Посланника Завета (страница 478). Мы узнаём из 18:7-8 и 69:13-15, что этот мир придёт к концу. Новая земля и новое небо заменят нынешние небеса и землю (14:48).

Признаки приближающегося конца света

Коран содержит много признаков и заявляет, что средства для раскрытия наступления конца света уже предоставлены (47:18). Признаки, приведенные в Коране, включают в себя:

1. **Раскол Луны**: Это уже произошло в июне 1969 года, когда мы высадились на Луне и привезли назад лунные породы. Люди на земле могут теперь посетить многие музеи, колледжи и обсерватории и посмотреть на образцы луны.

2. **Открытие математического кода Корана, основанного на числе 19**, (74:30-37): Выполнено в 1969-1974 гг.

3. **Существо** (27:82): «Сделанное из земли, оно предупреждает людей, что они забыли о своём Творце». Существо, сделанное из земли, появилось и сыграло важную роль в открытии цифрового кода Корана и в провозглашении, что мир пренебрёг посланием Бога; этим существом является компьютер. Обратите внимание, что сложение цифр, которые образуют 27:82, составляет 19.

4. **Появление Божьего Посланника Завета** (3:81): Как подробно изложено в Приложении 2, сплочающий посланник, предсказанный в Коране, приходит после всех пророков, доставивших писания, для очищения и объединения. Это пророчество исполнилось в Рамадан 1408 года.

5. **Дым** (44:10): произойдёт после того, как Божий Посланник Завета принесёт объединяющее послание и провозгласит Ислам (Покорность) единственной религией, приемлемой Богом.

6. **Гог и Магог**: они вновь появятся в соответствии с Божьим планом в 1700 году после хиджры (2271 г. н.э.). Гог и Магог упоминаются в 18:94 и 21:96. Если вы посчитаете стихи от 18:94 до конца Суры 18, то их окажется 17.

Если вы посчитаете стихи от 21:96 до конца Суры 21, то их также окажется 17. Это знамение Корана о том, что Гог и Магог вновь появятся в 1700 году после хиджры.

Он не останется скрытым [20:15]

Стих 15 Суры 20 сообщает нам, что наступление конца света будет открыто Богом перед концом света; и Сура 15, стих 87, указывает время этого события:

«Мы дали тебе семь пар и великий Коран».	**[15:87]**

Семь пар – это 14 Коранических Инициалов. Общее гематрическое значение этих значительных столпов чуда Корана точно определяет год наступления конца света. Стоит отметить, что стих 85 Суры 15 заявляет: «Конец света непременно наступит». Следующий стих, 15:86, говорит нам, что Бог является Творцом этого мира, и, конечно, Он знает, когда он закончится. Следующий стих, 15:87, говорит нам, когда мир закончится. Как показано в Таблице 1, сумма гематрических значений «Семи Пар» Коранических Инициалов составляет 1709 (см. также Таблицу 1 в Приложении 1). Согласно 15:87, мир просуществует в течение 1709 лунных лет со времени сообщения этого пророчества в Коране. Это означает, что мир закончится в 1710 году после хиджры. Это число кратно 19; 1710 = 19x90.

Открытие этой информации состоялось в 1400 году после хиджры – 309 лет до предсказания конца света (1709 - 1400 = 309). Число 309 является Кораническим номером (18:25), и оно связано с концом света (18:21). Своеобразный способ записи 309 в 18:25 – «Триста лет, увеличенных на девять» – означает, что 309 является лунными годами. Разница между 300 солнечными годами и 300 лунными годами составляет 9 лет.

Год этого открытия, 1400 год после хиджры, совпал с 1980 г. н.э., а 1980 плюс 300 солнечных лет составляет 2280, что также кратно 19, 19x120. Таким образом, мир заканчивается в 1710 году после хиджры, 19x90, который совпадает с 2280 г. н.э., 19x120. Для неверующих, не принимающих эти мощные Коранические доказательства, конец света придёт внезапно (6:31, 44, 47; 7:95, 187; 12:107; 21:40; 22:55; 26:202; 29:53; 39:55; 43:66 и 47:18).

Таблица 1: Общее гематрическое значение «Семи Пар» Коранических Инициалов

Коранические инициалы	Гематрическое значение
1. К	100
2. Н	50
3. С (Саад)	90
4. Х.М.	48
5. Й.С.	70
6. Т.Х.	14
7. Т.С.	69
8. А.Л.М.	71
9. А.Л.Р.	231
10. Т.С.М.	109
11. А.С.К.	230
12. А.Л.М.С.	161
13. А.Л.М.Р.	271
14. К.Х.Й.А.С.	<u>195</u>
	1709

В то время как *Хадис* запрещён как источник религиозного учения (Приложение 19), он может быть полезным источником истории. Мы можем получить много информации об исторических событиях и местных обычаях и традициях первых веков Ислама. В книгах Хадисов указывается, что считалось, что Коранические Инициалы определяют продолжительность жизни мусульманской *уммы*. Классическое толкование Аль-Байдави приводит следующие исторические события, как возможное объяснение Коранических Инициалов. То же самое событие подробно описано в *ИТКАНе* Аль-Суйуты, Первое издание, 1318 г. п.х., т. 2, стр. 10:

> **Евреи Медины пришли к Пророку и сказали: «Ваш Коран содержит инициалы А.Л.М., и эти инициалы определяют продолжительность жизни вашей религии. Поскольку А – это 1, Л – 30, а М – 40, то это означает, что ваша религия просуществует только 71 год». Мухаммед сказал: «У нас также есть А.Л.М.С.» Они сказали: «А – 1, Л – 30, М – 40, а С – 90. Общая сумма составляет 161. У вас есть что-нибудь ещё?» Пророк сказал: «Да, А.Л.М.Р.» Они сказали: «Это дольше и тяжелее, А – 1, Л – 30, М – 40 и Р – 200, что составляет общую сумму 271». Они, наконец, сдались, сказав: «Мы не знаем, сколько этих инициалов ему дано!»**
>
> **[Знаменитый справочник ИТКАН Аль-Суйуты]**

Хотя это повествование хорошо известно, но многие учёные не желали признавать безошибочную связь между Кораническими Инициалами и концом света. Они не могли заставить себя заниматься этой темой по той простой причине, что расчёт делает конец света и суд реальностью.

****

Приложение 26
Три посланника Ислама

В этом Приложении содержится Кораническое математическое доказательство того, что [1] Авраам (Ибрагим) был первоначальным посланником Ислама, то есть Покорности (22:78); [2] Мухаммед был посланником, доставившим писание (47:2); и [3] Рашад является очищающим и сплочающим посланником, который доставил подлинное доказательство религии (3:81 и Приложение 2).

Бессрочное и поддающееся проверке свидетельство

[1] Как указано в Приложении 2, гематрическое значение «Авраам» составляет 258, гематрическое значение «Мухаммед» – 92, гематрическое значение «Рашад» – 505, и 258 +92 +505 = 855 = 19х45 .

[2] Если мы включим «Исмаил», гематрическое значение которого равняется 211, и «Исаак», гематрическое значение которого составляет 169, то мы всё равно получим общее гематрическое значение, равное 855 +211 +169 = 1235 = 19x65. Общее гематрическое значение трёх или пяти посланников не согласуется с Кораническим, основанным на числе 19, математическим кодом, если Авраам, Мухаммед или Рашад не включены.

[3] Первое и последнее нахождения «Авраам» встречаются в 2:124 и 87:19. При сложении номеров сур с количеством стихов и с суммой номеров стихов

Таблица 1: Суры и стихи от первого до последнего нахождения «Авраам»

№ Суры	К-во стихов	Сумма номеров стихов	Итого
2	163	33415	33580
3	200	20100	20303
4	176	15576	15756
5	120	7260	7385
-	-	-	-
9	127	8128	8264
-	-	-	-
84	25	325	434
85	22	253	360
86	17	153	256
87	19	190	296
3827	5835	323598	333260
			(19x17540)

от первого появления до последнего нахождения, общий итог равняется 333260, 19x17540 (Таблица 1).

[4] Как указано в Приложении 2, имя Божьего Посланника Завета объявлено в компьютерный век при помощи математического кодирования. Если бы имя было указано в Коране, как в случае с предыдущими посланниками, то миллионы людей назвали бы своих детей «Рашад Халифа». Таким образом, корень слова «Рашада» упоминается в Коране 19 раз (Приложение 2).

[5] «Авраам» упоминается в 25 сурах, «Мухаммед» упоминается в 4 сурах, и «Рашада» встречается в 9 сурах. Общая сумма этих сур составляет 25 +4 +9 = 38 = 19x2 (*УКАЗАТЕЛЬ СЛОВ КОРАНА*, Абдул Баки).

[6] Если мы сложим номера сур, где Авраам, Мухаммед и Рашада встречаются, а также количество нахождений в каждой суре, то общая сумма составит 1083, 19x19x3 (Таблица 2).

[7] Если мы возьмём все суры, где Авраам, Мухаммед и корень слова «Рашада» упоминаются, и сложим номера сур с номером первого стиха в каждой суре, где каждое из трёх слов упомянуто, то общая сумма составит 2793, 19x147 (Таблица 3).

№ Суры	Количество нахождений		
	Авраам	Мухаммед	Рашада
2	15	-	2
3	7	1	-
4	4	-	1
6	4	-	-
7	-	-	1
9	3	-	-
11	4	-	3
12	2	-	-
14	1	-	-
15	1	-	-
16	2	-	-
18	-	-	4
19	3	-	-
21	4	-	1
22	3	-	-
26	1	-	-
29	2	-	-
33	1	1	-
37	3	-	-
38	1	-	-
40	-	-	2
42	1	-	-
43	1	-	-
47	-	1	-
48	-	1	-
49	-	-	1
51	1	-	-
53	1	-	-
57	1	-	-
60	2	-	-
72	-	-	4
87	1	-	-
991	69	4	19
991+69+4+19=1083=19x19x3			
* «Рашада» встречается 19 раз.			
* Общая сумма = 19x19x3, 3 посланника.			

Таблица 2: Суры и нахождения Авраам, Мухаммед и Рашада

[8] Сумма всех номеров сур, где три слова встречаются без повторений, плюс сумма всех номеров стихов без повторений, составляет 6479, 19х341. Это суры 2, 3, 4, 6, 7, 9, 11, 12, 14, 15, 16, 18, 19, 21, 22, 26, 29, 33, 37, 38, 40, 42, 43, 47 , 48, 49, 51, 53, 57, 60, 72 и 87. Сумма этих номеров составляет 991 (см. Таблицу 3). Стихи, где три слова упоминаются без повторений, следующие: 2, 4, 6, 7, 10, 13, 14, 16, 17, 19, 21, 24, 26, 29, 31, 33, 35, 37, 38 , 40, 41, 43, 45, 46, 51, 54, 58, 60, 62, 65, 66, 67, 68, 69, 70, 74, 75, 76, 78, 83, 84, 87, 95, 97 , 104, 109, 114, 120, 123, 124, 125, 126, 127, 130, 132, 133, 135, 136, 140, 144, 146, 161, 163, 186, 256, 258 и 260. Сумма этих номеров составляет 5488, а 5488 + 991 = 6479 = 19х341.

№ Суры	Первое нахождение в стихе		
	Авраам	Мухаммед	Рашада
2	124	-	186
3	33	144	-
4	54	-	6
6	74	-	-
7	-	-	146
9	70	-	-
11	69	-	78
12	6	-	-
14	35	-	-
15	51	-	-
16	120	-	-
18	-	-	10
19	41	-	-
21	(51)	-	(51)
22	26	-	-
26	69	-	-
29	16	-	-
33	7	40	-
37	83	-	-
38	45	-	-
40	-	-	29
42	13	-	-
43	26	-	-
47	-	2	-
48	-	29	-
49	-	-	7
51	24	-	-
53	37	-	-
57	26	-	-
60	4	-	-
72	-	-	2
87	19	-	-
991	1123	215	464
991+1123+215+464=2793=19x147			
* Стих 21:51 не может считаться дважды.			

Таблица 3: Суры и первые стихи, где Авраам, Мухаммед и Рашада встречаются

[9] Если мы сложим номер суры с номером стиха и с количеством стихов, где Авраам, Мухаммед и Рашада встречаются, то мы получим общую сумму, равную 7505, 19x395 (Таблица 4).

Таблица 4: Суры, стихи и нахождние «Авраам», «Мухаммед» и «Рашада»

Номер Суры	Стихи, где 3 слова встречаются			К-во стихов
	Авраам	Мухаммед	Рашада	
2	124,125,126,127 130,132,133,135 136,140,258,260	-	186,256	14
3	33,65,67,68 84,95,97	144	-	8
4	54,125,163	-	6	4
6	74,75,83,161	-	-	4
7	-	-	146	1
9	70,114	-	-	2
11	69,74,75,76		78,87,97	7
12	6,38	-	-	2
14	35	-	-	1
15	51	-	-	1
16	120,123	-	-	2
18	-		10,17,24,66	4
19	41,46,58	-	-	3
21	51,60,62,69	-	51	5
22	26,43,78	-	-	3
26	69	-	-	1
29	16,31	-	-	2
33	7	40	-	2
37	83,104,109	-	-	3
38	45	-	-	1
40	-	-	29,38	2
42	13	-	-	1
43	26	-	-	1
47	-	2	-	1
48	-	29	-	1
49	-	-	7	1
51	24	-	-	1
53	37	-	-	1
57	26	-	-	1
60	4	-	-	1
72	-	-	2,10,14,21	4
87	19	-	-	1

991	5068	215	1145	86
991+5068+215+1145+86=7505=19х395				

(продолжение Таблицы 4)

Таким образом, в Коране математически закодировано, что Авраам, Мухаммед и Рашад являются тремя посланниками Ислама (Покорности).

[10] Как видно из Таблицы 4, 19 нахождений коренного слова «Рашада» произошли в стихах 186, 256, 6, 146, 78, 87, 97, 10, 17, 24, 66, 51, 29, 38, 7, 2, 10, 14 и 21. Эти номера насчитывают 38 цифр, 19х2.

[11] Таблица 4 показывает, что сумма номеров стихов, где мы встречаем 19 нахождений коренного слова «Рашада», составляет 1145. Сложив эту сумму номеров стихов (1145) с гематрическим значением имени «Рашад» (505), а также с гематрическим значением имени «Халифа» (725), мы получим 1145 +505 +725 = 2375, 19х125 .

[12] Если написать эти числа друг за другом, т.е. сумму номеров стихов (1145), затем гематрическое значение имени «Рашад» (505), а затем гематрическое значение имени «Халифа» (725), то мы также получим число, кратное 19: 1145505725 = 19х60289775.

Сумма номеров стихов, где встречаются 19 «Рашада»	=	1145
Гематрическое значение имени «Рашад»	=	505
Гематрическое значение имени «Халифа»	=	725

1145 + 505 + 725 = 2375 = 19х125

1145 505 725 = 1145505725 = 19х60289775

****

Приложение 27

Кто ваш Бог?

Большинство людей возмущается, услышав этот вопрос. «Что вы имеете в виду: «Кто ваш бог»? – они спрашивают. – «Мой Бог – Творец небес и земли». И большинство из этих людей будут шокированы, узнав, что их провозглашение, что их богом является Творец небес и земли, не более чем слова, и что они, в сущности, обречены на Ад (12:106).

Ваш бог – это то, о чём или о ком вы думаете большую часть времени.

Вашим богом могут быть ваши дети (7:190), ваш супруг (9:24), бизнес (18:35) или ваша собственная персона (25:43). Именно поэтому мы отмечаем, что одной из наиболее важных и наиболее часто повторяющихся заповедей в Коране является:

> **«О вы, кто уверовали, вы должны вспоминать Бога часто; прославлять Его день и ночь». [33:41]**

Для соблюдения этой заповеди на практике мы должны установить определённые привычки, посредством которых мы гарантируем, что Бог занимает наши умы чаще, чем что-либо иное. Коран помогает нам создать такие спасающие душу привычки:

1. <u>Контактные Молитвы</u> (*Салат*): те, кто соблюдают 5 ежедневных молитв, достигают значительного успеха в поминании Бога во время своего бодрствования. *Салат* помогает нам помнить о Боге не только в течение длящейся несколько минут молитвы, но и во время её ожидания. В 11:00 утра кто-то может посмотреть на его или её часы, чтобы проверить, настало ли время полуденной молитвы. Это действие заставляет его думать о Боге, и поэтому он соответственно награждается (20:14).

2. <u>Поминайте Бога перед едой</u>: Стих 6:121 обязывает нас упомянуть имя Бога перед едой: «Не ешьте то, над чем не было произнесено имя Бога».

3. <u>Если Богу угодно/даст Бог</u> (*ИН ШАА АЛЛАХ*): «Не говорите: «Я буду делать это или то завтра», не сказав, «Если Богу угодно» (*ИН ШАА АЛЛАХ*). Если вы забудете это сделать, то извинитесь и скажите: «Пусть мой Господь поможет мне поступить лучше в следующий раз»». [18:24]. Это прямая заповедь, которую мы должны выполнять, независимо от того, с кем мы разговариваем.

4. <u>Дар Божий</u> (*МАА ШАА АЛЛАХ*): Чтобы призвать Божью защиту для наших любимых объектов: наших детей, наших машин, наших домов и т.д. – нам предписано в 18:39 говорить: «*МАА ШАА АЛЛАХ*» (Это Божий дар).

5. <u>Прославляйте Бога день и ночь</u>: Когда мы что-либо едим, мы не должны быть подобны животным; мы должны размышлять о создании Богом пищи, которую мы едим: её вкус, наше удовольствие, благодаря чувствам, которые Бог дал нам, безупречная кожура банана или апельсина, разновидности морепродуктов, созданных Богом, и т.д. – и прославлять Его, наслаждаясь его провизией. Когда мы видим красивый цветок, или животное, или закат, мы должны прославлять Бога. Мы должны использовать любую возможность для поминания и прославления Бога, чтобы Бог мог быть нашим Богом.

6. <u>Первое высказывание</u>: Выработайте у себя привычку говорить: «Во имя Бога, Самого Милостивого, Самого Милосердного. Нет другого бога, кроме Бога» каждое утро, как только вы просыпаетесь. Если вы усвоите эту хорошую привычку, то это то, что вы произнесёте, когда вы воскреснете.

****

Приложение 28

Мухаммед собственноручно записал Божье откровение

Первым откровением было «Читай», и включено заявление «Бог учит с помощью <u>пера</u>» (96:1-4), а вторым откровением было «Перо» (68:1). Единственная функция писчего пера – писать.

Невежественные мусульманские учёные первых двух столетий после Корана не могли понять вызов Корана произвести что-либо, подобное ему. Они не имели понятия о математическом составе Корана и полагали, что многие литературные гиганты могли бы сочинить произведения, сравнимые с Кораном. На самом деле, многие такие литературные гиганты утверждали, что способны создать литературное произведение такое же превосходное, как Коран. Последнее заявление поступило от Таха Хусейна, известного египетского писателя.

Невежественные мусульманские учёные затем решили провозгласить Мухаммеда неграмотным человеком! Они рассчитывали, что это сделало бы чрезвычайное литературное превосходство Корана действительно чудесным. Слово, на которое они полагались, приписывая неграмотность Пророку, было «*УММИ*». К несчастью для этих «учёных», это слово ясно означает «иноверный» или тот, кто не придерживается никакого писания (Торы, Инджиля или Корана) [см. 2:78, 3:20 и 75, 62:2]; оно НЕ означает «неграмотный».

Пророк был преуспевающим купцом. «Мусульманские учёные», которые изготовили ложь о неграмотности, забыли, что во времена Пророка числа не существовали; буквы алфавита были использованы в качестве чисел. Так как купец имеет дело с числами каждый день, то Пророк должен был знать алфавит от одного до тысячи.

Коран сообщает нам, что Мухаммед записал Коран: приведена цитата современников Мухаммеда, которая говорит: «Это сказки из прошлого, которые он записал. Они диктуются ему день и ночь» (25:5). Вы не можете «диктовать» неграмотному человеку. Враги Пророка, которые обвиняют его в неграмотности, неправильно используют стих 29:48, который относится исключительно к предыдущим писаниям.

На 27-ю ночь месяца Рамадан, 13 года до хиджры, душа Мухаммеда – настоящий человек, а не тело – была призвана в высочайшую Вселенную, и ему был дан Коран (2:97, 17:1, 44:3, 53:1-18, 97:1-5). Затем ангел Гавриил помог Мухаммеду освобождать по нескольку стихов Корана из души в память Мухаммеда. Пророк записывал и запоминал стихи, только что вошедшие в его сознание. Когда Пророк умер, он оставил завершённый

Коран, записанный собственноручно в хронологическом порядке откровения вместе с подробными инструкциями о том, где разместить каждый стих. Божественные инструкции, записанные Пророком, были предназначены для оформления Корана в конечный формат, служащий Последним Заветом Бога миру (75:17). Первые мусульмане смогли оформить Коран лишь во времена Халифы Рашеда Усмана. Для выполнения этой задачи был назначен комитет. Подробности читайте в Приложении 24.

****

Приложение 29

Отсутствующая Басмала

Каждая сура в Коране, за исключением Суры 9, начинается с заявления: «Во имя Бога, Самого Милостивого, Самого Милосердного», известного как *Басмала*. Это бросающееся в глаза отсутствие *Басмалы* в Суре 9 являлось интригующей особенностью Корана в течение 14 веков. Много теорий было выдвинуто для объяснения этого явления.

Теперь мы знаем, что отсутствующая *Басмала* играет значительную роль, как [1] важная составляющая математического чуда Корана и [2] бросающееся в глаза знамение от Самого Милостивого, Самого Милосердного, что Сура 9 была изменена и должна быть очищена (Приложение 24). С открытием математического кода Корана были выявлены обе роли пропущенной *Басмалы*. Следующий список фактических наблюдений иллюстрирует чудесные особенности отсутствующей *Басмалы*:

[1] Так как *Басмала* состоит из 19 букв арабского алфавита и начинает все суры, кроме одной, то её можно считать основанием, на котором построен, основанный на числе 19, код Корана. Но отсутствие *Басмалы* в Суре 9 делает количество этого важного вступительного заявления равным 113 – число, которое не соответствует коду Корана. Однако, мы находим, что этот недостаток

Таблица 1: Стихи, содержащие слово «Аллах» от отсутствующей Басмалы до дополнительной Басмалы

Номер суры	Стихи с «Аллах»
9	100
10	49
11	33
12	34
13	23
14	28
15	2
16	64
17	10
18	14
19	8
20	6
21	5
22	50
23	12
24	50
25	6
26	13
27	6
342	513
(19x18)	(19x27)

компенсируется в Суре 27. В Суре 27 находятся две *Басмалы*: одна, как открывающая, а другая – в стихе 30. Это восстанавливает общее количество *Басмалей* в Коране до 114, 19x6.

[2] От отсутствующей *Басмалы* в Суре 9 до дополнительной *Басмалы* в Суре 27 насчитывается 19 сур.

[3] Сумма номеров сур от отсутствующей *Басмалы* (Сура 9) до дополнительной *Басмалы* (Сура 27) составляет 9 +10 +11 +12 + ... +25 +26 +27 = 342, 19x18. Это математическое свойство, при котором любые последовательные 19 чисел дадут сумму, кратную 19. Но чудесное явление в том, что это число, 342, равно количеству слов от первой *Басмалы* в Суре 27 до второй *Басмалы* в 27:30.

[4] Появление дополнительной *Басмалы* в 27:30 соответствует коду Корана в том, что сумма номера суры с номером стиха является кратной 19 (27 +30 = 57 = 19x3).

[5] Появление дополнительной *Басмалы* в стихе 30 сравнимо с появлением самого числа 19 в стихе 30 (Сура 74).

[6] Коран содержит 6234 пронумерованных стихов. Отсутствие *Басмалы* в Суре 9 и возмещение её в стихе 30 Суры 27, даёт нам две пронумерованных *Басмалы*, 1:1 и 27:30,

Таблица 2: Суры и стихи от отсутствующей Басмалы до дополнительной Басмалы

Сура	Стихи	Сумма номеров стихов
9	127	8128
10	109	5995
11	123	7626
12	111	6216
13	43	946
14	52	1378
15	99	4950
16	128	8256
17	111	6216
18	110	6105
19	98	4851
20	135	9180
21	112	6328
22	78	3081
23	118	7021
24	64	2080
25	77	3003
26	227	25878
<u>27</u>	<u>29</u>	<u>435</u>
342	1951	117673
1951 +117673 = 119624 = 19x6296		

и 112 непронумерованных *Басмалей*. Это позволяет общему количеству стихов в Коране быть равным 6234 +112 = 6346, 19x334.

[7] Количество стихов, содержащих слово «Аллах», от отсутствующей *Басмалы* до дополнительной *Басмалы* составляет 513, 19x27. Обратите внимание, что 27 – это номер суры, где находится дополнительная *Басмала*. Данные представлены в Таблице 1.

[8] Сумма номеров стихов (1 + 2 + 3 + ... + n) плюс количество стихов от отсутствующей *Басмалы* до дополнительной *Басмалы* равняется 119624, 19x6296. См. Таблицу 2.

[9] Этот пункт также доказывает, что Сура 9 состоит из 127 стихов, а не 129 (см. Приложение 24). Сумма цифр числа 127 составляет 1 +2 +7 = 10. Находя все стихи, сумма цифр которых составляет 10, от отсутствующей *Басмалы* в Суре 9 до дополнительной *Басмалы* в Суре 27, а затем складывая номера этих стихов с общим количеством стихов от отсутствующей *Басмалы* до дополнительной *Басмалы*, мы получаем 2128, или 19х112 (Таблица 3).

[10] Сура 9 является нечётной сурой, количество стихов которой (127) также нечётное. От отсутствующей *Басмалы* до дополнительной *Басмалы* находится 7 сур, которые обладают этим свойством, – это нечётные суры, чьи количества стихов также нечётные. Как указано в Таблице 4, это Суры 9, 11, 13, 15, 17, 25 и 27. При сложении цифр, из которых составлены номера сур и количество стихов, общий итог равняется 114, 19х6.

Таблица 4: Нечётные суры, количество стихов которых также нечётное

№ Суры	Сумма цифр	К-во стихов	Сумма цифр
9	9	127	10
11	2	123	6
13	4	43	7
15	6	99	18
17	8	111	3
25	7	77	14
27	9	29	11
	45		69
45 + 69 = 114 = 19х6			

Таблица 3: Стихи, сумма цифр которых составляет 10, от отсутствующей Басмалы до дополнительной Басмалы

№ Суры	К-во стихов	К-во нахождений
9	127	12
10	109	10
11	123	11
12	111	10
13	43	3
14	52	4
15	99	9
16	128	12
17	111	10
18	110	10
19	98	9
20	135	12
21	112	10
22	78	7
23	118	11
24	64	6
25	77	7
26	227	22
27	29	2
342	1951	177
(19х18) и 1951+177=2128=19х112		

[11] Следующие две особенности подтверждают подлинность как отсутствующей *Басмалы*, так и количество стихов в Суре 9 (где были внесены два ложных стиха). Если мы возьмём те же суры, которые перечислены в Таблице 4 (нечётные суры, чьи количества стихов также нечётные), и напишем номер каждой суры, а затем её количество стихов, то полученное длинное число (30 цифр) является кратным 19 (рис. 1).

[12] Давайте возьмём последнюю цифру всех стихов от отсутствующей *Басмалы* до дополнительной *Басмалы*. Если мы напишем номер каждой суры, а затем последнюю цифру каждого номера стиха из этой суры, то в итоге мы получим длинное число, состоящее из 1988 цифр, которое делится на 19 (рис. 2).

---

9 127 11 123 13 43 15 99 17 111 25 77 27 29

За каждым номером суры следует количество стихов в этой суре. Это длинное число равно 19 x 480374275333850521953322409091.

[Рисунок 1]

---

9 1234567890123 ... ... 27 1234567890 ... 789

За номером суры следует последняя цифра номера каждого стиха от Суры 9 до Суры 27, стих 29.

[Рисунок 2]

****

Приложение 30

Многожёнство

Многожёнство являлось образом жизни до откровения Корана 1400 лет назад. Когда земля была молодой и малонаселённой, многожёнство служило одним из способов заселения её и пополнения людьми, необходимыми для осуществления Божьего плана. К тому времени, когда был низведен Коран, мир был достаточно заселён, и Коран внёс первые ограничения, касающиеся многожёнства.

Многожёнство разрешено в Коране, но при строгом соблюдении условий. Любое нарушение этого божественного разрешения навлекает на себя суровое наказание. Таким образом, хотя многожёнство и разрешено Богом, нам надлежит внимательно изучить наши обстоятельства, прежде чем говорить, что конкретные полигамные отношения допустимы.

Нашим прекрасным примером здесь является пророк Мухаммед. Он был женат на одной жене, Хадидже, пока она не умерла. Все его дети, кроме одного, были от Хадиджи. Таким образом, она и её дети пользовались нераздельным вниманием Пророка до тех пор, пока она была замужем за ним – двадцать пять лет. Фактически, с 25-ти до 50-ти летнего возраста у Мухаммеда была одна жена. В оставшиеся 13 лет своей жизни он женился на пожилых вдовах своих друзей, которые оставили много детей. Детям нужна была полная семья с отеческой заботой, и Пророк предоставлял им это. Намерение заменить отца сиротам является единственным конкретным обстоятельством в поддержку многожёнства, упомянутого в Коране (4:3).

Кроме женитьбы на овдовевших матерях сирот, в жизни Пророка состоялись три политических брака. Его близкие друзья Абу Бакр и Омар настояли на том, чтобы он женился на их дочерях, Айше и Хафсе, для установления между ними традиционных семейных уз. Третий брак был заключён с Марией Египетской: она была отдана ему как политический жест дружбы с правителем Египта.

Этот прекрасный пример говорит нам о том, что женатый мужчина должен оказывать своё нераздельное внимание и лояльность жене и детям для того, чтобы взрастить счастливую и здоровую семью.

Коран подчеркивает ограничения, касающиеся многожёнства, в очень сильных выражениях: «Если вы боитесь, что не сможете быть идеально справедливы в отношениях с более чем одной женой, тогда вы должны довольствоваться одной». (4:3) «Вы никогда не сможете быть равно справедливы в отношениях с более чем одной женой, как ни старайтесь». (4:129)

Коранические ограничения, касающиеся многожёнства, указывают на возможность нарушения Божьего закона. Поэтому, до тех пор, пока мы не будем абсолютно уверены, что Божий Закон не будет нарушен, нам лучше подавить свою похоть и воздержаться от многожёнства. Если обстоятельства не предписывают многожёнство, то лучше оказать наше нераздельное внимание одной жене и одному набору детей. Детское психологическое и социальное благополучие, особенно в странах, где многожёнство запрещено, почти всегда предписывает одножёнство. Несколько основных критериев должны быть учтены при намерении практиковать многожёнство:

1. Оно должно облегчить боль и страдание, а не причинять боль или страдание.

2. Если у вас молодая семья, то почти наверняка многожёнство является злоупотреблением.

3. Многожёнство, практикующееся для того, чтобы вступить в брак с более молодой женой, является нарушением Божьего закона (4:19).

****

Приложение 31

Эволюция, божественно управляемая

Мы узнаём из Корана, что эволюция является божественно задуманным фактом:

Жизнь началась в воде: (21:30, 24:45)	«Из воды мы произвели все живые существа».

Люди не потомки обезьян: «**Он начал создание человека из грязи**». (32:7) Человек создан из «выдержанной» грязи: «**Я создаю человеческое существо из «выдержанной» глины**» (15:28)

Эволюция возможна только в пределах данного вида. Например, апельсины Навел происходят от семян апельсинов, а не яблок. Закон вероятности исключает возможность случайной эволюции между видами. Рыба не может превратиться в птицу, а обезьяна никогда не сможет превратиться в человека.

Законы вероятности исключают эволюцию Дарвина

В этот компьютерный век у нас имеются математические законы, которые говорят нам, является ли определённое событие вероятным или нет. Если мы подбросим в воздух пять пронумерованных кубиков, которые при падении выстроятся в прямую линию, то по закону вероятности количество возможных комбинаций составит: $1 \times 2 \times 3 \times 4 \times 5 = 120$ комбинаций. Таким образом, вероятность получения любой комбинации составляет 1 из 120, или 1/120, или 0,0086. Эта вероятность снижается быстро при увеличении количества кубиков. Если мы добавим один кубик, то количество комбинаций становится $1 \times 2 \times 3 \times 4 \times 5 \times 6 = 720$, и вероятность получения любой комбинации снижается до 1/720 или 0,0014. Математики, являясь очень взыскательными учёными, пришли к соглашению, что вероятность уменьшается до «нуля», когда мы увеличиваем количество кубиков до 84. Если мы работаем с 84 кубиками, то вероятность уменьшается до 209×10^{-50} (10, возведенное в степень минус 50) или 0,0000000000000000000000000000000000000000000000000209.

Знаменитое высказывание Дарвина о том, что «жизнь началась как "простая" клетка», вызывает смех. Совсем недавно, 50 лет назад, Уэллс, Хаксли и Уэллс написали в своём классическом учебнике, что «ничего не видно внутри ядра, кроме прозрачной жидкости». Теперь мы знаем, что клетка является чрезвычайно сложной системой с миллиардами нуклеотидов в генетическом материале внутри ядра и миллионами биохимических реакций. Законы вероятности говорят нам, что вероятность случайного образования точной последовательности нуклеотидов в цепи ДНК практически сводится к Нулю. Мы не говорим о 84 нуклеотидах; речь идёт о миллиардах нуклеотидов, которые должны быть расположены в строго определённой последовательности.

Некоторые эволюционисты утверждают, что человеческий геном и геном обезьяны схожи на 90%. Тем не менее, даже если бы сходство составляло 99%, мы всё-таки говорим о 300 миллионах нуклеотидов, последовательность чередования которых должна быть случайно изменена, чтобы превратить обезьяну в человека. Закон вероятности исключает это, как совершенно невозможное. Человеческий геном содержит 30 миллиардов нуклеотидов, 1% которых составляет 300 миллионов.

Очень кстати здесь цитата профессора Эдвина Конклина; он заявил:

> **Вероятность того, что жизнь возникла посредством случайности, можно сравнить с вероятностью того, что Несокращённый Словарь является следствием взрыва в типографии.**

****

Приложение 32

Решающий 40-летний возраст

С какого возраста привлекают к ответственности? Если ребенок умирает в возрасте 12-ти лет и никогда не слышал о Боге, то этот ребенок попадает в Рай или Ад? Что если ребенку исполнилось 15 лет или 21, или 25? В каком возрасте человек несёт ответственность за свои убеждения? Этот вопрос озадачивал исследователей всех религий в течение длительного времени.

Коран устанавливает возраст ответственности по достижении 40 лет: любой, кто умирает до достижения этого возраста, попадает в Рай (46:15). Если человек верил в Бога, и вера питала и развивала его душу (см. Приложение 15), то он или она отправляется в Высший Рай. В противном случае, человек отправляется в Низший Рай.

Вы сразу же реагируете на эту часть информации возражением: «Что если человек был совершенно плохим, злым и атеистом; попадёт ли он в Рай, если умрёт в возрасте до 40?» Это потому, что вы недобрый, в то время как Бог – Самый Милосердный. Наше намерение – «отправь их всех в Ад».

Люди, которые решительно возражают против этого Божественного милосердия, не могут взять в толк установление минимального возраста ответственности. Они задают подобные вопросы: «Что если человек был очень порочным?» Ответ такой: «Знает ли Бог, что этот человек был порочным?»– «Да». – «Знает ли Бог, что этот человек не заслуживает того, чтобы попасть в Рай?» –«Да».– «Поэтому этот человек не умрёт до достижения им 40-летнего возраста». Как всё просто. Бог единственный, кто прекращает нашу жизнь на этой земле. Он точно знает, кто заслуживает попасть в Рай, а кто заслуживает попасть в Ад.

В начале 1989 года человек по имени Теодор Роберт Банди был казнён за убийство нескольких женщин. Весь народ решил, что он был одним из самых опасных преступников в истории. Настолько опасным, что его казнь была одним из редких случаев, когда противники смертной казни не протестовали. Напротив, многие люди на самом деле праздновали его казнь. Многие журналисты, редакционные статьи и политики сетовали на то, что правосудию понадобилось одиннадцать лет, чтобы казнить Теда Банди. Они заявляли, что Банди должен был быть казнён в течение шести лет со времени его осуждения. Согласно Корану, это была бы наибольшая услуга, когда-либо оказанная Банди. Он был в возрасте 42-х лет, когда его казнили. Если бы его казнили на пять лет раньше, в возрасте 37 лет, то он отправился бы прямо в Рай – а он этого не заслужил.

Как выяснилось, Банди был одним из знамений, данных нам Богом для подтверждения того, что каждый, кто умирает до достижения им 40-летнего возраста, попадает в Рай. Имя Банди, Теодор Роберт Банди [по-английски – Theodore Robert Bundy], состоит из 19 букв; и всего за день до его казни он признался в убийстве 19 женщин. Были и многие другие знамения от Бога.

Предоставление этой важной информации является одной из обязанностей, возложенных на меня, как Божьего Посланника Завета. Это не *моё* личное мнение.

Стоит отметить, что как Мартин Лютер Кинг, так и Малкольм Икс были убиты всего за пару месяцев до достижения ими 40-летнего возраста.

****

Приложение 33

Почему Бог отправил посланника сейчас?

Как указано в 3:81 и в Приложении 2, Бог отправил посланника для сплочения посланий, доставленных всеми пророками, очищения и объединения их в одну религию – Покорность. Время, несомненно, созрело для выполнения этого важного пророчества по следующим причинам:

1. Иудаизм, христианство и ислам были искажены до неузнаваемости.

2. Все послания Бога уже доставлены; Коран является Последним Заветом.

3. Более 93% людей, которым предназначено жить в этом мире, ещё не рождены. Как показано во Введении, количество людей, живших на этой земле со времён Адама, составляет лишь одну пятнадцатую часть от общего числа запланированного населения.

Иудаизм

Лучшую иллюстрацию искажённого иудаизма сегодня можно найти в книгах известного раввина Гарольда С. Кушнера. В своём бестселлере *КОГДА ПЛОХОЕ СЛУЧАЕТСЯ С ХОРОШИМИ ЛЮДЬМИ*, Avon Books, 1981 год, раввин Кушнер заявляет следующее:

> ... нам следовало бы принять этот мир настолько серьёзно, насколько это возможно, в случае если окажется, что он единственный, который когда-либо у нас будет, и искать смысл и справедливость в нём.
> (Стр. 29)
>
> Плохое действительно случается с хорошими людьми в этом мире; но это не Бог, кому это угодно. Богу хотелось бы, чтобы люди получили то, что они заслуживают; но Он не всегда может это устроить.
> (Стр. 42)
>
> Бог не в силе прервать действия законов природы, чтобы защитить праведных от зла. Это второе направление нашего мира, при котором плохое случается с хорошими людьми; и Бог не является причиной этого и не в состоянии положить конец этому.
> (Стр. 58)
>
> Бог не в состоянии выполнить всё, но Он может сделать кое-что важное.
> (Стр. 113)
>
> Мы не можем просить Его сделать нас невосприимчивыми к болезни, потому что Он не в состоянии это сделать.
> (Стр. 125)
>
> Я признаю Его недостатки. Его способности ограничены законом природы, эволюцией человеческой природы и человеческой нравственной свободой.
> (Стр. 134)

Христианство

Если бы Иисус вернулся сегодня к жизни, то христиане распяли бы его. Выдающиеся христианские ученые достигли основательных выводов в том, что современное христианство не имеет ничего общего с Иисусом, и что его учение было смертельно искажено на печально известной Никейской Конференции (325 г. н.э.). Смотрите *МИФ БОГА ВОПЛОЩЁННОГО*, Westminster Press, Philadelphia, 1977 год.

Ислам

Если бы Мухаммед возвратился в этот мир, то «мусульмане» до смерти побили бы его камнями. Сегодня они следуют религии, которая не имеет ничего общего с Исламом, т. е. Покорностью, проповедуемым Авраамом (Ибрагимом) и Мухаммедом. «Мусульмане» делают всё не так: Первый Столп (*Шахада*), призыв к молитве *Салат* (*Азан*), омовение (*Вуду*), ежедневные молитвы *Салат*, благотворительность *Закят*, Хадж и все прочие обряды Ислама (см. Приложения 2, 13 и 15).

«Религия, никогда не уполномоченная Богом» (42:21)

Следующая таблица иллюстрирует, до какой степени был извращён Ислам (Покорность):

Нововведение	Нарушенные Коранические принципы
Хадис и Сунна	6:19, 38, 114; 7:1-3; 12:111; 17:46; 31:6; 45:6; 69:38-47, а также многие другие.
Убийство того, кого они считают вероотступником	2:256; 4:90; 10:99; 18:29; 88:21-22.
Порочная система уголовного правосудия:	
Отсечение руки у вора	5:38; 12:31.
Побивание камнями прелюбодеев до смерти	4:25; 24:2.
Убийство любого, кто не соблюдает *Салат*	2:256; 18:29.
Убийство того, кто выпьет алкоголь в 4-й раз	2:256; 18:29.
Запрещение менструирующим женщинам молиться	2:222
Запрещение женщинам соблюдать Пятничную молитву	62:9
Обожествление Мухаммеда против его воли:	
Именование его «самым почтенным посланником»	2:285.
Утверждение, что он был непогрешим	4:79; 9:117; 17:73-74; 33:37; 40:66; 66:1; 80:1-10; 93:7.
Превращение его могилы в «Священную Мечеть»	2:149-150.
Утверждение, что он обладает силой заступничества	2:48,123,254; 6:70,94; 7:53; 10:3; 39:44; 43:86; 74:48.
Изобретение неоправданной истории о его вознесении со скоростью света на небо верхом на лошади и о том, что он отговорил Бога от 50 молитв *Салат*.	
Двигаясь со скоростью света, он всё ещё путешествовал бы в пределах Галактики «Млечный Путь».	17:01; 53:1-18.
Добавление его имени к молитвам *Салат* и к *Азану*	20:14; 72:18.
Добавление его имени к Первому Столпу Ислама	3:18; 37:35; 39:45.
Оскорбление Мухаммеда, изображая его жестоким человеком:	

Они утверждают, что он выкалывал людям глаза	3:159; 68:4.
Утверждение, что он обладал сексуальной силой 30-ти мужчин	18:110; 25:20.
Сводят на нет то, что Мухаммед был последним пророком, уча, что Иисус вернётся в этот мир. Это делает Иисуса последним пророком.	33:40
Утверждение, что Мухаммед был неграмотным, необразованным.	см. Приложение 28.
Странная диетическая система с множеством запретов	6:145-150; 16:115, 116.
Изменение Священных Месяцев	9:37.
Пренебрежение к благотворительности Закят путём искажения	6:141, Приложение 15.
Угнетение женщин и принуждение их носить головные покрывала и неразумную одежду; и лишение их всех прав в браке, при разводе, наследстве и т.д.	2:228, 3:195; 4:19,32; 9:71.
Оскорбление женщин путём учреждения правила, что «если обезьяна, собака или женщина пройдёт перед молящимся человеком, то его молитва становится недействительной» (*Хадис*)	
Изобретение многочисленных правил от омовения до молитвы, сна и обрезания ногтей	2:67-71; 5:101; 42:21.
Запрещение золота и шёлка для мужчин	5:48-49; 7:31-32.
Запрещение музыки и искусства	7:32; 34:13; 42:21.
Осмеяние ислама утверждением, что земля построена на спине гигантского кита!! (79:30. Ибн Касир, 1200 г. н.э. и Бен Баз, 1975 г. н.э.)	

Это всего лишь небольшая часть нарушений, совершаемых «мусульманами» ежедневно. Вот почему Бог послал Своего Посланника Завета сейчас.

****

Приложение 34

Девственность

Сыновья и дочери истинно верующих должны быть обучены тому, что их жизненное счастье зависит от следования Божьему закону и сохранения их целомудрия. Это означает, что они должны хранить себя только для своих супругов и никому не позволять сексуально прикасаться к ним (23:5-6, 24:30, 33:35, 70:29-30).

Современное общество изобилует мощными соблазнами. В Американском обществе восьмидесятых годов даже родители начинают говорить о парнях для своих дочерей и девушках для своих сыновей. По достижении ими подросткового возраста, многие родители даже снабжают своих детей противозачаточными средствами. Тревожный процент подростков ведут активную половую жизнь без каких-либо моральных ограничений, несмотря на то, что они физиологически незрелые. Миллионы незаконных беременностей и связанных с ними трагедий, а также миллионы трагических абортов случаются в США каждый месяц.

Результатами этого нравственного падения являются: нежелательные и необеспеченные дети; не выполняющие свои обязанности и безответственные отцы; преступники, не считающиеся с жизнью или имуществом людей; миллионы социальных неудачников; неизлечимый генитальный (половой) герпес; неизлечимые генитальные (половые) бородавки; разрушительные сифилис и гонорея; дисплазия; убийца СПИД; и новые прежде неизвестные болезни.

К сожалению, большинство людей не знают, что на протяжении всей жизни они дорого расплачиваются за это нравственное падение. Потому что единственным законом, который правит миром, является Божий закон, и эти грубые нарушения Божьего закона приносят им много бед и проблем (20:124).

Истинно верующие, которые заботятся о своих детях, будут неоднократно и настойчиво (20:132) советовать им и напоминать им хранить своё целомудрие. Это означает сохранять девственность до своей брачной ночи, а затем сохранять верность своему супругу – не прелюбодействовать – во имя собственного счастья. Совет Бога – хранить своё целомудрие до и после брака – это для нашего же блага. Только Бог управляет нашим здоровьем, богатством и счастьем или несчастьем (53:43, 48).

****

Приложение 35

Наркотики и алкоголь

Не существует каких бы то ни было компромиссов в отношении незаконных наркотиков и алкогольных напитков; они называются «мерзости и работа Сатаны» (5:90). Мы видим в 2:219 и 5:90, что «опьяняющие вещества, азартные игры, алтари идолов и игры, зависящие от случая», строго запрещены. Слово «*Хамр*», используемое для обозначения опьяняющих веществ, произошло от корневого слова «*Хамара*», что означает «покрывать». Таким образом, всё, что покрывает или блокирует разум, запрещено. Сюда относится всё, что изменяет сознание, включая марихуану, героин, кокаин, алкоголь, гашиш и всё остальное, что влияет на разум.

****

Приложение 36
Цена великого народа

> «Если люди писания (иудеи, христиане и мусульмане) уверуют и будут соблюдать праведную жизнь, то мы простим их грехи и введём их в блаженный Рай. Если бы они соблюдали Тору, Евангелие и то, что ниспослано здесь от их Господа, то они наслаждались бы провизией, которая над ними и которая у них под ногами. Некоторые из них праведники, но большинство из них грешники».   [5:65-66]
>
> «Если бы только люди разных общин уверовали и соблюдали праведную жизнь, то мы бы осыпали их благословениями с небес и с земли».   [7:96]
>
> «Бог – Тот, кто управляет вашим счастьем, или несчастьем ... Бог – Тот, кто делает вас богатыми или бедными».   [53:43, 48]

Народу, который поддерживает Божьи законы, гарантируются выдающееся положение среди народов мира, победа, процветание и счастье (10:62-64, 16:97, 24:55, 41:30-31). С другой стороны, страна, которая нарушает законы Бога, навлекает на себя жалкое существование (20:124). Народу, который поддерживает законы Бога, гарантировано стать великим народом. Это не просто идеалистическая мечта; поскольку Бог управляет абсолютно всем (10:61), то Его гарантии и обещания выполнимы. Народ, который поддерживает законы Бога, характеризуется следующими чертами:

1. Максимальная свобода для людей: свобода вероисповедания, свобода слова, свобода передвижения и свобода экономики (2:256, 10:99, 88:21-22).

2. Гарантированные права человека для всех людей, независимо от их расы, цвета кожи, вероисповедания, общественного положения, финансового положения или политических убеждений (5:8, 49:13).

3. Благосостояние для всех людей. Экономическая система Бога основана на постоянной циркуляции достатка с производительным капиталовложением и без ростовщичества. Непроизводительная экономика, такая как азартные игры, лотереи и высокие проценты по займу, не допускается (2:275-7, 59:7).

4. Социальная справедливость для всех. В связи с обязательной благотворительностью (*Закят*), никто не останется голодным или без крова (2:215, 70:24-25, 107:1-7).

5. Политическая система, основанная на единодушном согласии. Путём взаимного обсуждения и свободного выражения мнений, сторонники того

или иного вопроса убеждают всех участников обсуждения. Конечным результатом является единодушное согласие, а не мнение 51% большинства, навязанное силой 49% меньшинству (42:38).

6. Общество, которое поддерживает и соблюдает высочайшие стандарты морального поведения. В нём будет крепкая семья, не будет ни алкоголизма, ни недозволенных наркотиков, ни незаконных беременностей, ни абортов и практически не будет разводов.

7. Максимальное уважение к человеческим жизням и имуществу. Поэтому, не будет преступлений против жизни людей или имущества.

8. Распространённость любви, вежливости, мира и взаимного уважения между людьми и между этой страной и другими сообществами мира (3:110, 60:8-9).

9. Охрана окружающей среды обеспечивается за счёт сохранения природных ресурсов и запрещения неэкономичных актов (30:41).

****

Приложение 37

Уголовное правосудие

Если вор украл тысячу долларов у вас и его посадили в тюрьму, что вы получите? Если вор имеет жену и детей, в чём их преступление? Почему они должны быть лишены своего отца?

Коран решает эту проблему, а также проблемы, связанные с системами уголовного правосудия, распространёнными в современном мире.

Равноценность является законом [2:178-179]

Согласно уголовному правосудию Корана, вор, который признан виновным в краже у вас тысячи долларов, должен работать на вас до тех пор, пока полностью не возместит тысячу долларов, которую вы потеряли, а также любой другой ущерб и неудобства, причиненные кражей. В то же время, невинные жена и дети вора не лишены своего мужчины, и дорогая тюремная система ликвидирована. Тюремное заключение является жестоким и бесчеловечным наказанием, которое оказалось бесполезным для всех заинтересованных сторон.

Вопреки распространённому мнению, рука вора не должна быть отсечена. Слава Богу за Его милость и Его математическое чудо в Коране: мы теперь знаем, что рука вора должна быть помечена. О маркировке руки вора говорится в 5:38. Сложение номера суры и стиха даёт 5 + 38 = 43. Другое место в Коране, где сказано «рука порезана», можно найти в 12:31. Здесь мы видим женщин, которые так сильно восхищались Джозефом, что «порезали» свои руки. Понятно, что они не отсекли свои руки; никто не может этого сделать. Сложение номеров суры и стиха даёт 12 + 31 = 43 – ту же самую сумму, что и в 5:38. Это математически подтверждает то, что Коранический закон предусматривает маркировку руки вора, а не её отсечение. Представлено дополнительное математическое подтверждение: через 19 стихов после 12:31, мы ещё раз видим выражение «порезали руки». Наказание в Исламе (Покорности) основано на равноценности и социальном давлении (2:178, 5:38, 24:2).

Богохульство под названием «*Хадис и Сунна*» ввели забивание камнями до смерти прелюбодеев как наказание за супружескую измену. Это не Божий Закон. Как говорится в 24:2, наказанием за супружескую измену является публичная порка – сто символических ударов плетью. Как уже отмечалось выше, основным наказанием является социальное давление и опозоривание преступника. Публичная порка достигает этой цели.

Имея дело с убийством, Коран определённо отговаривает от смертной казни (2:179). «Свободный за свободного, раб за раба и женщина за женщину» (2:178). В связи с человеческой жестокостью и несправедливостью, многие люди не могут даже представить, что этот Коранический закон означает. Они отказываются признать очевидные предписания, что необходимо соблюдать строгую эквивалентность: если женщина убивает мужчину, или мужчина убивает женщину, или раб убивает свободного человека, или свободный человек убивает раба, то смертная казнь не может применяться. Коран предпочитает, чтобы убийца возместил ущерб семье жертвы. Убийство убийцы не вернёт жертву, и семье погибшего нет выгоды от казни убийцы. Однако, компенсация должна быть достаточной, чтобы стать сдерживающим фактором для других. В Исламе (Покорности) жертва и/или семья жертвы являются судьями всех преступлений: под руководством человека, который знает Коран, они решают, каким должно быть наказание.

****

Приложение 38

19 – подпись Творца

Писания не единственные математически составленные творения Бога, где число 19 является общим знаменателем. В этом отношении Галилей сделал поистине знаменитое утверждение: «Математика – это язык, на котором Бог написал Вселенную». Множество научных исследований показали, что число 19 представляет собой подпись Бога на некоторых творениях. Эта божественная печать обнаруживается по всей Вселенной в большинстве случаев подобно тому, как подписи Микеланджело и Пикассо дают возможность определить принадлежность их работ. К примеру:

1. Солнце, Луна и Земля выстраиваются в одном и том же относительном положении раз в 19 лет (см. *ЭНЦИКЛОПЕДИЮ ИУДАИКА* в разделе «Календарь»).

2. Комета Галлея, значительное небесное явление, посещает нашу солнечную систему каждые 76 лет, 19x4.

3. Печать Бога на вас и на мне проявляется в том, что человеческое тело состоит из 209 костей, 19x11.

4. *МЕДИЦИНСКАЯ ЭМБРИОЛОГИЯ ЛАНГМАНА*, автор Т. В. Сэдлер, используется в качестве учебного пособия в большинстве высших медицинских учебных заведениях США. На странице 88 Пятого издания мы прочли следующее утверждение: «Как правило, считается, что длительность беременности для доношенного плода составляет 280 дней или 40 недель от начала последней менструации, или более точно, 266 дней или 38 недель с момента оплодотворения». Числа 266 и 38 оба кратны 19.

А

Б

Бог делает богатым или бедным 47:38;
53:48; 93:8

кормление 2:184; 5:89,95; 22:28,36; 58:4;
69:34; 74:44; 76:8-9; 89:18; 90:14-16; 107:3

никогда не будет 68:24

считаться 2:83; 4:36; 17:26; 24:22

Бедствие/неудача 3:154,165; 4:72

Бедствия
2:156,195; 3:120,165; 4:62,72; 7:132-135;
9:98; 11:67,89,94; 13:31; 14:28; 21:76;
24:63; 28:47; 29:34; 30:41; 37:76,115; 41:13;
42:30; 43:48-50; 64:11

Безграничная, милость 3:74,174; 8:29;
57:21,29; 62:4

Беззаконник (см. также грешники)
2:59,145,150,165,246; 3:151;
5:29,51,87,107; 6:52,119; 7:5;9:10;
10:12,74,83,106; 19:72; 21:9; 22:71;
26:91,151; 36:19; 37:30; 38:55; 39:24,47;
40:18,28; 43:5; 49:11; 50:25; 51:34,53;
68:12,31; 70:31; 76:31; 79:37

Беззащитный 33:13

Безопасность
3:97; 4:83; 6:81-2; 9:6,26,40; 15:46; 16:112;
21:69; 24:55; 28:25,31; 29:67; 34:18;
44:55;106:4

Безответственный 75:36

Безумный, посланников обвиняют в
7:184; 15:6; 17:47; 23:25,70; 26:27; 34:8,46;
37:36; 44:14; 51:39,52; 52:29; 54:9; 68:2,51;
81:22

Безупречный 10:37; 18:1; 50:6; 67:3

Бекка 3:96

Белый 2:187; 7:108; 12:84; 20:22; 26:33;
27:12; 28:32; 35:27

Берег 7:163; 17:67-8; 20:39; 29:65; 31:32

Беременность 2:228; 13:8; 22:2; 31:14; 35:11;
65:4,6; 77:20-23

Беспечные (см. также Невнимательные)
6:5,91,157; 7:95,136,146; 10:7,92; 11:92;
12:105; 17:83; 21:1-3,97; 37:13; 41:51; 44:9;
46:3;50:11; 52:12; 91:15; 107:5

Бесплодие 3:40; 19:5-8; 42:50; 51:29

Беспокоиться
3:139; 5:54,105; 7:35,49; 9:40,64; 12:13;
19:5,24; 20:40,77; 21:28,49,103; 26:15;
28:7,13,25; 29:33; 35:34; 42:22; 43:68;
70:19; 80:37

Беспокойство 70:19

Беспомощный 2:282; 16:76; 40:18; 70:41;
89:19

Бессмертие 7:20; 21:8,34; 24:19; 56:17;
76:19; 104:3

Бессмыслица
сны 12:44

Бессознательное состояние, повергнуты
39:68

Бизнес 2:282; 9:24,28; 11:87; 24:37; 48:11;
62:9,11; 63:9; 73:7; 78:11

Битва
в день Хунайна 9:25
при Бадре 3:121-124
при Ухуде 3:152-156
сторон 33:9-22

Блага
без ограничений 3:27,37; 24:38; 40:40
Бог не нуждается 51:57
Бог управляет 2:57; 3:26,37; 5:88; 6:151;
7:50; 8:26; 9:28,59; 11:6,86; 13:26; 16:71;
17:30; 20:132; 21:44; 22:34; 26:132; 28:82;
29:17,60,62; 30:37; 34:24,36,39; 35:29;
38:54; 39:52; 40:64; 41:10; 42:12,27; 45:5;
50:11; 51:3-4; 65:3; 67:21,30; 77:4
в качестве испытания 8:28; 20:131; 64:15;
89:16

для верующих и неверующих 2:126; 17:20
за мученическую смерть 22:58
запрещение 6:140-142; 7:32; 10:59
злоупотребление 6:136; 7:32; 16:56
используйте для стремления к Будущей
жизни 28:77
лучший припас – праведность 2:197
на благотворительность из 2:3,254; 4:39;
8:3; 13:22; 14:31; 22:35; 28:54,57; 32:16;
35:29; 36:47; 42:38; 63:10
неисчерпаемые 13:35; 17:20; 20:131; 38:54
облегчение после трудностей 65:7
поиск 2:198; 30:23; 35:12; 45:12; 73:20;
78:11
с неба 40:13

Благоговейные 2:45; 5:23; 20:3,44; 22:34;
23:2,57; 33:35; 79:26; 80:9; 87:10

Благоговеть, перед Богом
2:40,74; 5:23,35,44,57,88,94,96,100,112;
6:51,72; 7:56,154; 8:29; 9:109,119;
11:78; 13:13,21; 14:14; 16:2,50-
51; 17:59-60,109; 21:49,90; 22:1;
23:52; 24:52; 26:108,110,126,131-
132,144,150,163,179,184; 30:31; 31:33;
32:16; 33:1,37,39,55,70; 35:18,28; 36:11;
39:10,16,20,23,73; 42:5; 43:63; 48:9;
49:1,10; 50:33,45; 55:46; 57:28; 58:9;
59:7,18,21; 60:11; 64:16; 65:1-2,4-5,10;
67:12; 70:27; 71:3,13; 76:7; 79:40; 98:8

Г

21:29,98; 22:51; 23:103; 25:34,65; 36:63;
40:60,72,76; 43:74; 45:10; 48:6; 50:24;
52:13; 55:43; 58:8; 66:9; 67:6; 72:15; 78:21;
85:10; 89:23; 98:6

Генетика, потомок 33:4

Гибель
невеpующие бросают вызов 6:57; 7:70,77;
10:48; 11:32; 13:6; 22:47; 26:204; 27:46,71;
29:29,53-54; 34:29; 46:22
невеpующие навлекают свою 7:53,83;
11:21; 14:15; 16:34; 17:102; 39:48; 40:83,85;
45:33; 46:26

Гирлянды 5:2,97

Глаза/взоры
в ужасе 14:42; 21:97; 24:37; 33:10,19
верующие в наших 52:48
глаз за глаз 5:45
даны 90:8
наделены 46:26
озадаченные и покорённые 67:4
оком убеждённости 102:7
ослепляет их 24:43
переполнены слезами 5:83; 9:92
покрыты пеленой и обмануты 2:7,
212;3:14; 16:108; 6:43,108,122;
7:116,179,195; 8:44,48; 9:37; 10:12; 13:33;
15:15; 16:63; 18:101; 22:46; 27:4; 29:38;
36:66; 40:19,37; 45:23; 47:14,23
свидетельствуют 41:20,22
униженные 54:10
усмирять 24:30-31; 68:43; 70:44; 79:9

Глина, сотворил из
3:49; 5:110; 6:2; 7:12; 15:26,28,33; 17:61;
23:12; 32:7; 37:11; 38:71,76; 55:14

Глубоко вводящий в заблуждение 28:15

Глупцы 2:13,130,142; 7:155; 39:64; 72:4

Глухота
2:18,171; 4:46; 5:71; 6:25,39; 7:100; 8:22;
10:42; 11:24; 17:46,97; 18:57; 21:45; 25:73;
27:80; 30:52; 31:7; 41:5,44; 43:40; 47:23

Гнев 3:134; 9:15,120; 21:87; 33:25; 37:94;
42:37; 48:29; 67:8
Божий 1:7; 2:61,90; 3:112,162; 4:93; 5:60;
7:71,152; 8:16; 16:106; 20:81,86; 24:9;
42:16;48:6; 58:14; 60:13
Моисея 7:150,154; 20:86

Гнушаться 4:172,173

Гог 18:94; 21:96

Год
2:96,233,240,259; 5:26; 9:28,37,126; 10:105;
12:42,47; 17:12; 18:11,25; 20:40; 22:47;
23:112; 26:18,205; 29:14; 30:4; 31:14; 70:4

Голиаф 2:249-251

Голова 2:196; 5:6

Голод 2:155; 5:3; 7:130;9:120; 16:112; 20:118;
88:7; 106:4

Голоса 17:64; 20:108; 31:19; 49:2-3; 63:4

Гоморра 9:70; 53:53

Гомосексуализм, осуждён 7:81; 11:77-83;
15:69-72; 26:165-166; 27:55; 29:28-29

Гончарная 55:14

Гора Синай 2:63,93; 4:154; 19:52; 20:80;
28:29,46; 52:1; 95:2

Гордость
2:206; 3:188; 4:36; 7:12-13,48,146; 9:25;
11:10; 17:37; 27:14; 31:18; 38:2; 42:48;
48:26; 57:23; 84:13

Горечь, дерево 44:43; 56:52

Горизонты 41:53; 53:7; 81:23

Город 2:58; 7:82,88,161; 27:91; 91:1-2; 95:3

Гортань 56:83; 56:85; 75:26

Горчицы семя 21:47; 31:16

Горшки (кастрюли) 22:21; 34:13

Горы
Бог показал себя горе 7:143
в День Воскресения 18:47; 20:105; 52:10;
56:5; 69:14; 70:9; 73:14; 77:10; 78:20; 81:5;
101:5
знамения 7:171; 13:3,31; 17:37; 19:90;
27:61,88; 35:27; 50:7; 77:27; 78:7; 79:32;
88:19
козни могли стереть 14:46
покорили Давиду 21:79; 34:10; 38:18
покоряются 22:18; 33:72
предложили ответственность 33:72
рушатся от Корана 59:21
укрытие 7:74; 15:82; 16:68,81; 26:149

Господа 2:257; 3:64; 9:31

Господство
бесконечное 20:120
Бога 2:107; 3:26; 6:73; 9:116; 12:40,101;
17:111; 18:26; 22:56; 24:42; 25:2,26; 28:70;
35:13; 36:83; 57:2,5; 64:1; 67:1; 85:9
дарованное людям 2:247-248,251,258;
3:26; 12:101; 38:20,35; 40:29

Господь Вселенной
блага от 26:109,127,145,164,180
бояться 5:28
откровение 28:30; 32:2; 56:80; 69:43; 81:29
посланник от 7:61,67,104; 26:16
предстать перед 83:6
хвала 1:2; 2:131; 6:45,71,162; 7:54; 10:10;
26:47,77; 27:8,44; 37:182; 39:75; 40:64-66;
45:36; 59:16

произносить имя Бога 6:118-121; 22:36

урок об 2:259

Единство Бога

2:163,255; 3:2; 4:87,171; 5:73; 6:3,19;
7:54; 10:3,105; 28:70; 34:27; 37:4; 39:4,14;
40:3,16; 43:84; 59:22-24; 112:1

Ездра 9:30

Елисей 6:86; 38:48

Есть

во время Рамадана 2:187

из благ 2:60,168,172; 5:88,96; 34:15

посланники 5:75; 25:7,20

принуждены 5:93

разрешено 33:53

умеренно 7:31

упоминать имя Бога перед 5:4; 6:118-119,121,138

Ж

Жадность 68:13; 74:15

Жажда 9:120; 20:119; 24:39

Жаждать 2:96; 4:32,54; 15:88; 20:131

Жалеть 39:56; 49:6

Жалко/скверно/отвратительно

2:90,93; 5:62-63,79-80; 6:31; 9:9; 11:106;
20:117; 63:2; 65:1,6; 67:27; 74:19-20; 75:24

Жалобы 23:64-65

Жалость 24:2

Жара 20:119; 76:13; 77:31

Желания

2:120,145,223,228,233; 3:162;
4:108,114,123; 5:48-49; 6:27; 22:52; 41:31;
42:15,22; 45:18; 50:35

Железо 17:50; 18:96; 22:21; 34:10; 57:25

Жёлтый 30:51; 39:21; 77:33

Жемчуг 22:23; 24:35; 35:33; 52:24; 55:22;
56:23; 76:19

Жена см. Жёны

Жених 2:237

Женский пол (см. также Женщины)

идолы 4:117; 43:19; 53:27

наследство 4:11,176

равенство 3:195; 4:124; 5:38;16:97; 40:40

скот 5:103

творение 75:39

Женщины (см. также Женский пол)

брак 2:221; 4:4,22-25,128; 5:5; 24:32;
33:49-52; 60:10

верующие 3:42; 9:71-2; 24:12,23,31; 27:23-44; 33:35,36,58,73; 47:19; 48:5,25; 57:12,18;
60:10,12; 71:28; 85:10

инструкции 2:222-3,282; 4:32,34; 33:28-

35,59; 49:11

Иосиф и 12:28,30,50

качества 4:32

Моисей и 28:23-6

неверующие 3:61; 9:67-8; 24:26; 26:71;
33:73; 37:135; 48:6; 57:13; 60:11

пожилые 24:60

права 2:228; 3:195; 4:19-20,34,127; 6:139;
24:60; 33:55

прелюбодеяние 4:15,25; 24:4

равенство 2:178

разводиться 2:227-233,236-237,241; 33:49;
65:1-7

угнетённые 4:75,98

Жёны

Абу Лахаб 111:4

Авраама 3:40; 11:71; 51:29

Адама 2:35; 7:19

вдовы 2:234,240

во время Рамадана 2:187

губернатора 12:21,29-30,51

запрещено бить 4:34

Захарии 19:5,8

Лота 7:83; 11:81; 15:60; 27:57; 29:32-3;
66:10

Мухаммеда 33:28-34,37; 66:1,3-5

неверующие 60:10-11

Ноя 66:10

обвинения 24:6-9

отдалять 2:226; 33:4; 58:2-3

покинут в Судный День 80:36

права 2:228; 4:19-20

пророков/посланников 13:38; 33:28-34,50

развод 2:229

Фараона 28:9; 66:11

Жертва 2:73,178; 4:92; 5:107; 25:29

Жертвоприношение 2:67,71,173,196; 5:3;
6:138; 22:33-37; 27:21; 37:102,107; 47:4

Живой, Бог 2:255; 3:2; 20:111; 40:65

Животные

будут воскрешены 6:38

жертва 2:67-71,196; 5:2-3,95; 22:36; 37:107

запрещённые 2:173; 5:3; 6:145;16:115

лучше, чем люди 7:179; 25:44

Ноев ковчег 23:27

обеспечены пищей 10:24; 25:49; 42:11;
79:33; 80:32

пытались съесть посох Соломона 34:14

разных цветов 35:28

создание 45:4

являются покорными (мусульманами)
7:179; 22:18; 25:44

35,148; 5:8,109,116; 6:13,18,73,103,115;
8:43; 9:16,78,94,103,105; 11:1,111;12:100;
13:9; 17:17,30,96; 22:63; 23:92;
24:21,30,32,53,60; 25:58; 27:88; 31:16,34;
32:6; 33:2,34; 34:1,3,48; 35:38; 39:46;
42:27; 48:11; 49:13; 57:10; 58:3,11,13;
59:18,22; 62:8;63:11; 64:8,18; 66:3; 67:14;
72:26;100:11

Золото 3:14,91; 9:34-35; 18:31; 22:23;
35:33; 43:53,71

Зонт 7:171

Зороастрийцы 22:17

Зрелость 6:152; 17:34; 22:5; 28:14; 40:67;
46:15

Зрение
2:20; 3:49; 6:46;103,110; 10:31;12:93,96;
16:78;108; 17:36; 23:78; 32:9; 50:22;
67:23;75:7;76:2
предвидение (понимание) 3:13; 17:60;
37:102,105; 38:45; 48:27; 59:2
в глазах Бога 2:217,282; 3:19; 8:22,55; 9:19;
24:13,15; 33:5,69; 61:3

Зуб 5:45

Зул-Кифл 21:85; 38:48

Зуль-Карнайн 18:83-98

И

Иаков 2:132-133,136,140; 3:84; 4:163; 6:84;
11:71; 12:6,38,68; 19:6,49,58; 21:72; 29:27;
38:45

Иблис (см. также Сатана) 2:34; 7:11-
18,20,21; 15:31-32; 17:61; 18:50; 20:116

Игла 7:40

Игнорировать 7:176; 28:55; 32:14; 44:14;
46:26; 54:6; 75:21; 76:27; 80:10

Игра
животное 5:94-95
случая 2:219; 5:3,90-91

Идеи, злые 4:108; 5:48,49,52,77; 6:56;
7:200,201; 20:96; 21:65; 33:32; 41:36; 58:10

Идолопоклонники
Бог отрекается 5:60; 9:3
Бог рассудит 22:17
в Будущей жизни 6:22; 10:28; 37:163; 98:6
в несчастье отвергают идолов/ когда Бог
облегчает его, возвращаются к былому
16:54;17:67; 29:65; 30:33; 39:8; 43:49-50
верят в Бога 29:61
думают, что идолы приведут их ближе к
Богу 39:3; 46:28
если бы Бог пожелал, не были бы 6:148;
16:35; 43:20

злоупотребляют Мечетью 9:107
идолы отрекутся 2:166-167; 6:94; 7:37;
10:28-30; 11:21; 16:86-87; 19:82; 25:17-19;
28:63-64,75; 35:14; 40:73-74; 41:47-48;
46:6,28
наказание 48:6
настаивают на своём пути 98:1
не будет заступничества от идолов 36:23
не будьте 6:14; 17:2
не женитесь 2:221
не пристало посещать мечети Бога 9:17
негодуют против Покорности 42:13
оскорбляют верующих 2:105; 3:186; 5:82
отношения с 2:96,109,221; 6:106,121;
9:1,4-7,12,17,23,28,36,113; 15:94; 16:86;
22:17; 60:10
отрекаются от идолов 2:167; 26:92-102;
30:13
отрицают их идолопоклонство 6:22-24
поклоняются себе самим 45:23
пугают идолами 39:36

Идолопоклонство
виды идолов 2:51,92,257; 3:79-80;
4:115,117; 5:17,72-73,116; 6:100;
7:148,152,190,194; 10:18,88; 14:22; 18:32-
42,45,102; 21:21; 25:43; 34:40-41; 45:23;
53:19-21; 71:23
вредно 22:13
выдумка 16:35; 35:14; 42:21; 43:20,21
дьявол продвигает 4:60; 16:100
запрещено 7:33; 40:66
идолы бессильны 13:14,16; 17:56; 18:52;
20:89; 22:12,71; 25:3,55; 28:74; 29:17;
30:40; 34:22; 36:74-75; 37:161-162; 43:86
идолы молятся за себя 17:57
идолы не знают о 46:5
идолы не могут помочь ни себе, ни вам
7:197; 68:41
идолы не могут судить ничего 40:20
идолы ничего не творят 13:16; 16:20;
22:73; 25:3; 31:11
не проклинайте идолов 6:108
нелепо 30:28; 37:91-96
непростительно 4:48,116
отвержение 2:256; 3:64,67,95; 6:78-79,161;
12:38,108; 14:35; 16:120,123; 18:16,38;
19:82; 22:15; 23:59; 30:31; 31:13; 39:17;
40:66,84; 43:26; 60:4
показать док-ва, что 46:4
последствия 3:151; 6:88; 18:102; 33:73;
37:163; 39:65; 46:6; 48:6
преобладание 12:106; 30:42

тяжесть 4:48,116; 6:137; 22:30; 31:13

Идрис 19:56; 21:85

Избавить 5:32,36; 6:16; 8:43; 33:25; 52:18,27; 59:9; 76:11; 92:17

Избавление 6:17,41; 10:12,107; 16:54; 17:56; 30:33; 44:15; 53:58; 94:5-6

Избежание
  ада 4:121; 21:40; 42:45; 18:53
  возмездия 3:188; 8:59; 11:8;12:110; 34:46
  смерти 2:19; 18:58; 50:19; 62:8
  тщетных разговоров 23:3; 25:72; 28:55

Извинения 9:94; 30:57; 40:52; 66:7; 77:36

Извиняющий, Бог (см. также Прощающий) 4:43,99,149; 22:60; 58:2

Изгнание
  4:47; 5:33; 8:30; 9:13; 15:34; 17:76; 20:97; 38:77; 60:9
  из домов 2:84-85,191,217; 3:195; 7:82,88; 22:40; 59:2-3,8,11-12; 60:8; 65:1
  с небес 2:36; 7:18,27; 15:48; 20:117,123

Излишек 2:219; 17:26,29,33; 24:60; 47:37

Изменения/перемены
  не возможно в Будущей жизни 50:29
  неверующим не будет дан другой шанс 6:27,28; 26:102; 32:12; 35:37; 39:58; 42:44; 63:10
  нет в Божьей системе 6:34;15:76; 33:62; 35:43; 48:23
  условия для 13:11

Израиль, см. также дети Израиля, Иаков, Иудеи

Изучать
  группы по изучению Корана 9:122; 18:28 код 27:84
  писание/Коран 2:145; 4:82; 7:169; 10:39; 34:44; 47:24; 73:20

Изучение 2:102; 6:91,105; 7:62; 9:70; 18:66; 36:45; 51:38,41; 54:15,17,22,32,40,51; 59:2

Изъян 2:71; 20:22; 27:12; 28:32

Иисус
  благословлен 2:253; 4:163
  даровано ему Евангелие 5:46,110; 57:27
  завет с 3:81; 33:7
  знак для конца света 43:61
  Мессия 4:172; 5:46,72,75; 57:27; 61:6,14
  назван сыном Бога 2:116; 10:68
  не делать различий 2:137; 3:84
  не сын Бога 6:101; 9:30-31; 10:68; 43:81
  посланник 6:85; 42:13; 43:63
  распятие 4:157-158
  рождение 3:42-59; 19:22-36; 21:91
  сын Марии 4:171-172; 5:72,75,78,110-114,116; 19:34; 21:91; 23:50; 43:57; 57:27; 61:6,14
  чудеса 2:87; 5:110-114; 19:24-33

Илия 6:85; 37:123-132

Иллийин 83:18-19

Иллюзия 3:185; 4:120; 6:32;17:64; 31:33; 33:12; 35:5,40; 40:39; 57:14,20

Имамы 2:124; 21:73; 28:41; 32:24

Имена
  Бога 7:180; 17:110; 20:8; 55:78; 59:24
  во имя Бога 1:1; 2:173; 5:4; 6:118-119,121,138; 11:41; 16:91; 27:30; 46:17; 96:1
  выдумать 53:23,27
  называть 25:9
  научил Адама 2:31-33
  не менять 33:5
  не насмехайтесь 33:5; 49:11
  поминание Бога 2:114; 7:180; 22:28,40; 50:40; 56:74,96; 69:52; 72:18; 73:8; 76:25; 87:1,15

Иммиграция 2:218; 3:195; 8:5-6,72,75; 9:100,117; 16:41-42,110; 24:22; 29:56; 33:6; 59:8-10

Имран 3:33,35; 66:12

Имущество
  4:2,5-6,29; 38:24; 59:8
  давать на благотворительность из того, что вы любите 3:92
  материальное 9:69
  у Бога – наилучшее 16:95-96

Инвалиды 4:95; 24:61; 48:17

Инджил 48:29; 57:27

Инжир 95:1

Иноверные 2:78; 3:20,75; 7:157
  иноверный посланник 7:157-158; 62:2

Иноземец, путешествующий 2:177,215; 4:36; 8:41; 9:60; 17:26; 30:38; 59:7

Инстинкт 4:128; 7:172; 16:68; 30:28,30

Инферно 40:72; 44:48; 55:44; 56:42,93; 78:25

Информация, не принимайте, не проверив 17:36

Иоанн 3:38-39; 6:85; 19:7,12-15; 21:90

Иов 4:163; 6:84; 21:83-84; 38:41-44

Иона 4:163; 6:86; 10:98; 21:87-88; 37:139-148; 68:48-50

Иосиф 6:84; 12:4-102; 40:34

Ирам 89:7

Ирония 2:213; 10:93; 43:87

Исаак 2:133,136,140; 3:84; 4:163; 6:84; 11:71; 12:6,38; 14:39; 19:49; 21:72; 29:27; 37:112-113; 38:45

Календарь 2:197; 9:36

Камни
2:24,60,74,264; 7:160; 8:32; 11:82-83; 15:74; 17:50; 18:63; 27:58; 31:16; 44:45; 54:34; 51:33; 66:6; 70:8; 89:9; 105:4

Каннибализм 49:12

Каньон, жители 85:4-8

Капитал 2:279-280

Капля, создание из 16:4; 18:37; 22:5; 23:13-14; 35:11; 36:77; 40:67; 53:46; 75:37; 76:2; 80:19

Караван 5:96; 8:42; 12:10,19,70,82,94; 106:2

Карун 28:76-82; 29:39; 40:24

Касаться 6:7,17,152; 26:156

Качества
верующих 4:34; 48:29
желать 4:32
разоблачить истинные 47:31

Кибла 2:142-150

Кипеть от гнева, Ад 25:12; 67:7

Кирпичи 61:4

Кишечник 47:15

Классифицированы 56:7

Клеветник 24:23; 68:11; 104:1

Ключи 6:59; 24:61; 28:76; 42:12

Клясться 2:224; 4:148; 68:10

Клятва
Божья 56:75; 69:38,39; 70:40; 74:32; 75:1,2; 81:15; 84:16; 90:1; 91:1
людей 5:53,106,107; 6:109; 7:49; 9:42,45,62,74,95,96 107; 14:44; 16:38,91; 21:57; 24:6,8,53; 27:49; 30:55; 35:42; 58:14; 68:17
Сатаны 7:21;38:82

Клятвы 2:225; 5:89,103,108; 9:12; 16:91-95; 24:6-9; 56:76; 58:16; 63:2; 66:2; 89:5

Книга
Бога 35:29
защищена 56:78
Коран 2:185; 6:38,114; 10:1; 13:37; 17:45; 21:10; 29:51; 31:2; 32:2; 34:44; 39:23; 41:41; 46:30; 56:77-7
Моисея 11:17; 28:43; 46:12
неверующие требуют 4:153; 6:7; 17:93
нечестивых 83:7-9
писание, опубликованное в 52:3
праведных 83:18-20
просят неверующих показать 37:157; 68:37-38
свод законов 2:53,185,213; 3:4;13:37; 21:48; 25:1
сложить небеса как 21:104

судьбы 17:58; 18:49
упорядоченная с помощью чисел 83:9,20

Ковёр 55:76; 88:16

Ковчег
завета 2:248
младенца Моисея 20:39
Ноев 7:64; 10:73; 11:37-38,44; 19:58; 23:27-28; 26:119; 29:15; 36:41; 54:13-15; 69:11
сделан из брёвен 54:13

Код, см. Чудо Корана 74:30

Кожа 4:56; 22:20; 39:23; 41:20-2

Козни/замыслы
Божьи 3:54; 7:123,183; 8:30; 10:21; 12:76; 13:42; 27:50; 68:45; 86:15-16
злые 2:102; 3:120; 6:123-4; 8:18; 10:21; 11:55; 12:5,18,28,33-34,50,52,83; 13:33; 14:46; 16:26,45,127; 21:70; 22:53; 27:51,70; 34:33; 35:10,43; 37:98; 40:25,37,45; 43:79; 46:8; 52:46; 71:22; 77:39; 105:2; 111:1

Колдовство 2:102

Колдовство 2:102; 11:7

Колебания 4:65; 9:45; 24:22; 32:15; 57:14; 59:9

Колебаться 3:139,146,152; 4:104,143; 9:45,117; 21:19; 33:23; 47:35; 53:17

Коленопреклонение 45:28

Колодец 12:10,15,19; 22:45; 39:21; 55:66

Колонна 24:41; 37:1; 61:4;67:19; 104:9

Колосья 2:261; 12:43,46-7

Колыбель, Иисус говорил с 3:47; 5:110; 19:29-33

Кома смерти 50:19

Комар 2:26

Компенсация 2:178,236,237; 4:6,92; 33:28,49; 60:11

Компромисс 68:9; 72:14-15

Компьютер 27:82

Контактная молитва (Салат)
Авраам – первоисточник 6:162; 8:35; 10:87; 14:37,40; 21:73
благоговеть при 23:2
вести 4:102
во время войны 4:101-102
для помощи 2:45,153; 5:12,55; 29:45
закатная 11:114
заповедовать детям и семье совершать 19:31,55; 20:132; 31:17
защищает 29:45
кибла 2:142-150
насмехаться 5:58; 8:35
не упоминать никого, кроме Бога 6:162; 13:36; 20:14; 72:18

насмехаются 6:68; 9:65; 18:106

наставляет на самый лучший путь 17:9; 41:44

не мог быть сочинён никем, кроме Бога 10:37

ниспослание: 2:97,185,187,252; 3:7; 4:105,113,166; 6:155; 7:2,196; 11:14; 12:3; 15:9; 16:44,64,101-102; 17:1,73-75,85,105-106;18:27; 19:64; 20:2,113-114,134; 25:1,5,32; 26:192-201,210-212; 39:2,41; 40:2; 43:31; 44:3; 45:2,6; 46:12; 47:20,24-25; 53:4-18; 57:9; 65:10-11; 75:16-19; 76:23; 80:13-16; 81:22-24; 87:6; 96:1-5; 97:1-5

описание 2:2,99,147,151; 3:58,138; 5:15-16; 6:69; 7:52,157,203-204; 10:57,58; 11:1,120; 12:1-3,111; 13:37; 14:1,52; 16:64,89; 17:85,89; 18:1-4; 19:97; 20:2-4; 24:46; 25:1; 26:195-200; 27:6,76; 28:86; 29:51; 31:2-3,27; 32:2-3; 36:1-6,69-70; 38:29; 39:23; 41:1-4,41-44,53; 42:17,24,52; 43:2-4; 44:2-6; 45:6; 46:2,7-8; 50:1; 53:4-5,56; 56:7,75-82; 59:21; 61:8-9; 64:8; 65:11; 69:40-51; 73:19; 74:54-56; 76:29; 77:50; 80:11-16; 81:15-27; 85:21-22; 86:11-14; 94:4; 98:1-3

от Бога 36:5

отвержение 2:99,170,176; 3:19,70; 4:56; 5:49; 6:25-26,33,49,66,93,150; 7:9,36-37,40,182; 10:17,39; 11:110; 13:31; 17:41,45-46,73; 18:57; 23:63; 25:30,50; 28:48-49; 30:58-59; 31:6-7; 34:31; 38:4-8; 41:5,26,40-41,52; 43:41; 45:11; 46:7; 84:20-21

отказались/забросили 25:30

отклоняться от 28:87

переводы необходимы 26:198-200

плетут интриги против 10:21

подтверждает предыдущие писания 2:41,89,91,97,144-146; 3:3; 4:47; 5:48; 6:92; 9:111; 10:37; 12:111; 19:64; 21:24; 23:68; 26:196,197; 42:3; 46:12,30; 53:56; 87:18-19

последовательный 39:29

прибегайте к защите перед чтением 16:98

принимают лишь частично 15:91

продавать за ничтожную цену 2:41,174; 5:44; 9:9; 5:44

проповедуй этим 6:51,70; 7:2; 17:46; 27:92; 28:87; 50:45

совершенный/вполне подробный 6:38,114-115; 7:52; 10:37; 12:111; 19:97

только искренние могут понять 17:45; 18:57; 56:79

хранится 15:9; 43:4; 85:22

чтение вслух имеет свидетелей 10:61; 17:78

чудо (см. Кораническое чудо)

чудодейственный 17:88; 27:1; 59:21

ясный 5:32; 22:16; 24:1; 39:28

Коранические инициалы 2:2; 3:1; 7:1;10:1; 11:1; 12:1; 13:1; 14:1; 15:1;19:1; 20:1; 26:1; 27:1; 28:1; 29:1;30:1; 31:1; 32:1; 36:1; 38:1; 40:1;41:1; 42:1-2; 43:1; 44:1; 45:1; 46:1; 50:1; 68:1

Кораническое чудо 2:106; 10:1,20,37-39; 11:1; 12:1; 13:1,38; 15:1,87; 26:1-2; 27:1,30,84; 28:1-2; 30:58; 31:1-2; 34:48; 36:1-3; 40:1-2,78; 41:1-2,52-53; 46:1-2; 74:1-56; 85:21-22 и Приложение 1

Кормление бедных 2:184; 5:89,95; 22:28,36; 58:4 ; 74:44; 76:9; 90:14

те, кто не призывают к 36:47; 69:34; 89:18; 107:3

Кормление грудью, младенцев 2:233; 4:23; 20:40; 22:2; 28:7,12; 65:6

Коровы 2:67-71; 12:43,46

Кости 2:259; 6:146; 17:49,98; 19:4; 23:14,35,82; 36:78; 37:53; 56:47; 75:3; 79:11

Кочевники, см. Арабы

Кошмар 40:46

Кощунство 2:194,217

Краска 55:37

Красноречие 63:4

Красный 18:96; 35:27

Красть 12:77,81; 60:12

Кризис 33:19

Критерий, величайший 3:18

Кричать 49:2

Кровь

запрещена в пищу 2:173; 5:3; 6:145; 16:115

знамение 7:133; 16:66

от пожертвования 22:37

пролитая 2:30,84

фальшивая 12:18

Крылья 6:38; 15:88; 17:24; 20:22; 26:215; 28:32; 35:1; 67:19

Кулак, Бога 39:67

Кумовство 2:254; 14:31

Курайшиты 106:1-4

Куст

горящий 28:30

Л

Ла Илаха Илла Аллах 47:19

Лагерь 60:11

Лампы 24:35; 25:61; 41:12; 67:5; 71:16; 78:13

Лбы 9:35; 37:103

Лгуны

3:61; 6:28; 9:42-43,77,107; 11:93; 12:26-27; 16:39,86,105; 23:90; 24:8,13; 26:223; 29:3,12; 33:60; 37:152; 38:4; 39:3; 40:28,24,37; 53:2; 54:25-26; 58:14,18; 59:11; 63:1

посланников называли 7:66; 11:27; 26:186; 28:38

Лев 74:51

Левый 34:15; 50:17; 56:41; 69:25; 70:37

Легко/лёгкий

Бог облегчит 65:4

для Бога 4:30,169; 14:20; 22:70; 23:95; 29:19; 30:27; 33:19,30; 35:11,17; 57:22; 64:7

изучать Коран 54:17,22,32,40

не для неверующих 74:10,14

путь 87:8

расчёт 84:8

Леса, народ 15:78-79; 26:176-191; 38:13; 50:14

Лестница 6:35; 43:33;52:38

Лето 106:2

Лжесвидетельствовать 4:135; 5:8,108; 25:72

Ликование, сердец 13:28

Лист 6:59; 7:22; 20:121

Литература 62:5

Лица

мытьё 4:43; 5:6

несчастные 3:106; 8:50; 10:27; 14:50; 16:58; 18:29; 21:39; 22:72; 39:60; 47:27; 67:27; 75:24; 80:40; 88:2

повернуть 2:144,149-50,177

пометить 68:16

спасать 39:24

счастливые 3:106-107; 10:26; 48:29; 75:22; 80:38; 83:24; 88:8

Лицемерие 9:77,97,101; 59:11

Лицемеры

2:8-14,74-75; 3:118-120,167; 4:61; 5:41; 8:49; 9:64-68,77,94-97,101; 22:53; 33:12,60; 63:1-8; 74:31

быть непреклонными с 66:9

наказаны 4:88-89,138-143,140,145; 9:68; 33:24,73; 48:6; 57:13; 66:9

не подчиняться 33:1,48

разоблачать 29:11

разоблачение 47:20

Личность

возвращение к Богу 6:94; 18:48; 19:80,95;

74:11

посвящайте себя Богу как 34:46

Логика 37:154; 38:20; 68:36

Ложный 2:10; 3:191; 5:8; 10:12; 12:17-18; 24:7-8

Ложь

великая 24:16

вера в 3:71; 4:51,156; 10:32; 16:72,105; 18:56; 22:62; 29:13,52,67; 40:75; 47:3

идолы 31:30

изобретать 33:58; 58:2

Коран защищён от 41:42; 42:24

опровергать 8:8; 17:81; 21:18; 34:49; 40:78; 42:24

произносить 25:4

спорить с 18:56; 40:5

идолы являются 29:17

нет лжи 78:35

о Боге 2:80; 3:75,94,181; 5:42; 7:22,89; 10:59-60,68-69; 16:116; 18:5,15; 29:68; 34:8; 39:32,60; 61:7; 72:5

о людях 4:156; 24:11-12; 42:24

о посланниках 23:38

приписанная Богу 2:169; 3:78,183; 4:50; 5:103; 6:21,93,144; 7:33,37; 10:17; 11:18; 18:15; 20:61; 23:38

самим себе 6:24; 16:62

Лот

6:86; 7:80-84; 11:77-83,89; 15:59-74; 21:71,74-75; 22:43; 26:160-173; 27:54-58; 29:26,28-35; 37:133-138; 38:13; 50:13; 54:33-39; 66:10

Лошади 3:14; 16:8; 17:64; 38:31-33; 59:6

Лояльность 26:225

Лук 2:61

Лукман 31:12-19

Луна

2:189; 6:77,96; 7:54; 10:5; 12:4; 13:2; 14:33; 16:12; 21:33; 22:18; 25:61; 29:61; 31:29; 35:13; 36:39,40; 39:5; 41:37;54:1; 55:5; 71:16; 74:32; 75:8-9; 81:18; 84:18; 91:2

Лучшие, среди людей 49:13

Любить

Бог любит 2:195,222; 3:76,134,146,148,159; 5:13,42,93; 7:31;9:47,108; 49:9; 60:8; 61:4

Бог не любит 2:190,205,276; 3:32,57,140; 4:36,107; 5:64,87; 6:141; 7:31,55; 8:58; 16:23; 22:38; 28:76,77; 30:45; 31:18; 42:40; 57:23

Бога 2:165; 3:31; 5:54; 19:96; 20:39

давать на благотворительность из того, что любите 3:92

43:72; 89:19

Насмехаться 9:64; 15:95; 18:106; 21:36

Насмешки

верующие 23:110

люди 49:11

посланники 6:10; 15:95; 63:5

религия 2:14-15; 4:46,140; 5:57-58; 6:68;
8:35; 9:64-65; 11:8,38; 21:41; 23:110; 31:6;
37:12,14,52; 39:48,56; 45:9,33; 67:27; 83:30-31

Наср 71:23

Наставник

Бог как 2:31,32,128,251,282; 4:113; 5:110;
12:6,21,37,101; 21:73,80; 55:2,4; 91:8; 96:4-5

Моисея 18:60-82

не может найти наставника 13:33; 18:17

необходим 18:17

посланник как 2:129,151; 3:164; 13:7; 62:2

Настоящее 21:24

Научные чудеса

6:125; 10:5; 11:7; 13:3; 16:66; 21:30-33;
22:5; 23:14; 24:45; 25:53,54,61; 27:88;
29:41; 36:36; 41:11; 51:47; 53:45,46; 55:33;
71:13-16; 75:4; 79:30

Нахмуриться 74:22; 80:1

Нашёптывать 7:20,200; 20:103,108,120;
23:97-98; 41:36; 50:16l; 114:4-5

Не нравится

Богу не нравится 5:64,87; 39:7 (см. также
Любовь, не)

хорошее /нравится плохое 2:216; 4:19

Не порождал и не был рождён, Бог 112:3

Небезопасность 2:239; 4:83,101; 8:26; 9:28;
16:112

Небеса (см. также Небо, Вселенная)

Бог – царь небес 2:107,116,255,284; 5:17-18,40,120; 6:3; 10:55,66,68; 11:23; 13:15;
19:65;22:18; 24:35,64; 27:65; 35:41,44;
42:5,12

предложена ответственность 33:72

прекратят существование 14:48; 21:104;
25:25; 39:67,68; 52:9; 57:21; 69:16; 73:18;
77:9; 78:19; 81:11; 82:1

распадаются 25:25

семь 2:29; 17:44; 23:17; 41:12; 65:12; 67:3;
71:15; 78:12

сотворение 2:117,164; 3:190;
6:1,14,73,79,101; 7:54; 10:3,6; 11:7; 13:2;
15:85; 17:99; 18:51; 21:16,30; 23:17; 25:59;
30:8; 31:10; 38:27; 40:57; 46:3,33; 57:4

Неблагодарные

2:152,243; 6:64; 7:17; 8:55; 10:60; 11:9;
14:7,34; 16:72; 17:27,67; 22:38,66; 27:40,73;
28:58; 30:34; 31:12,32; 38:74; 41:15; 42:48;
43:15; 68:13; 76:3; 80:17; 100:6

Небо

2:19,22,59,164; 4:153; 5:112,114;
6:35,99,125; 7:40,162; 8:11,32; 10:24; 11:44;
13:17; 15:16; 21:32; 22:65; 25:61; 40:64;
41:11; 50:6; 51:7,47; 55:37; 73:18; 77:8;
81:11; 82:1; 84:1; 85:1; 86:1,11; 88:18; 91:5

Неведение

Бог никогда не находится в
2:74,85,140,149,255; 3:99; 6:132; 11:123;
14:42; 23:17; 27:93; 41:22

люди в 7:179; 16:108; 21:1; 36:6

Невежда 2:67; 6:35,111; 7:138,199; 9:97;
11:29,46; 12:33,89; 25:63; 27:55; 28:55;
39:64; 46:23

Невежество 3:154; 4:17; 5:50; 6:54,108,140;
16:25,119; 33:33,72; 48:26; 49:6

Неверие

Бог не любит 39:7

в Будущую жизнь 6:150; 7:45; 10:45; 13:5;
16:60; 32:10; 41:7; 74:46; 83:11

вместо веры 2:108; 3:80,90,106,177; 4:137;
9:37,74

признаки 22:72

прокляты из-за 2:88; 4:46,155; 16:106;
35:39

Неверующие

Бог противится 2:98

быть суровым с 9:123; 48:29; 66:9

в день возмездия дали бы вдвое больше,
чтобы избежать 13:18; 39:47

во время смерти 2:161; 8:50; 9:84;16:28;
23:99; 40:46; 45:21; 47:27; 50:19; 79:1;
89:23

враждуют в Аду 38:55-64

две смерти 2:28; 40:11

док-ва /предупреждения не помогут
10:101

заклеймены 39:71; 40:6; 46:18; 68:16

им дан срок, только чтобы продолжать
7:183; 13:32; 19:75; 68:45

наделены благами 2:126

не повиноваться им 33:48

никогда не преуспеют 28:82

охарактеризованы 2:6-7,88,121,171;
3:10,127; 4:108,137,150-151; 5:61; 7:51-53;
8:21-23; 34-36; 16:83; 23:74-77,103-115;
27:67; 46:11; 50:25-26; 53:33-37; 56:81-87;
68:10-16; 70:36-42; 75:31-35; 90:5-11; 96:6-

19
поражены 3:12; 8:59; 22:44; 23:117; 24:57; 38:11
разоблачены 6:27-28; 36:70
скажите им 109:1-6
Невзгоды
6:17,42; 7:94; 10:12,21; 11:10; 16:53; 17:83; 20:112;21:35, 83-84; 22:11,35; 27:62; 30:33,36; 1:17; 33:17; 39:38,49; 41:49-50; 42:48; 48:11; 70:20; 72:6
Невидимое 2:3; 34:14
Невидимый 7:20
Невиновность 4:112; 10:41; 11:35; 12:53; 18:74; 24:8,26
Невнимательный 21:97; 30:7; 50:22
Невольно 3:83; 9:53; 13:15; 41:11
Недостатки 34:50
Нежелание 2:71
Независимость 23:91
Незаконный 2:188; 5:42,62-63
Незнакомцы 51:25
Неизбежный 3:9,25; 50:42; 53:57; сура 56; 69:15; 70:1; 78:39
Нектар 76:5; 83:25
Немота 2:18,171; 6:39; 8:22; 16:76; 17:97
Ненависть
3:118; 5:2,8,14,64,59,91; 7:43; 10:90; 11:89; 15:47; 23:70;43:78; 47:9,26,28,37; 59:10; 60:2,4,7; 85:8
Необразованный, см. правильный перевод – Иноверный
Неоспоримое 69:1-3
Неповиновение 36:77; 38:2; 46:17; 51:14; 58:8
Неправедность 4:97; 11:46;19:28
Непредвзятый 2:143
Непреклонный 5:54; 9:73,123; 48:29; 66:6,9
Непригодное для питья 35:12; 56:70
Несправедливость
Бог не любит 3:140
идолопоклонство – вопиющая 31:13
к сиротам 4:2
от Бога не бывает 2:272,281; 3:25; 4:40,49,77,124; 6:160; 8:60; 10:47,54; 16:111; 19:60; 20:112; 21:47; 39:69; 40:17,31; 41:46; 45:22; 46:19; 72:13
ответ на 2:182; 4:148; 22:39,60; 42:39-42
против себя 65:1
совершать 49:6
Несправедливый
Бог не любит 3:57,140; 42:40
Бог никогда не бывает 3:57,140,182; 6:131;

8:51; 10:44; 11:117; 18:49; 22:10; 24:50; 26:209; 41:46; 42:40; 50:29
люди 2:229,254; 5:45
Нести ответственность 2:119,134,141
Несчастье 2:156; 6:43; 9:50; 10:12,21; 11:10; 16:53-54; 16:54; 23:76; 39:8; 41:51; 43:50; 71:1; 72:6,13
Нетерпимость 17:11; 19:84; 21:37; 33:10
Нетерпимый 6:125
Нецеломудренная 19:20,28
Нечестивый
Бог вводит в заблуждение 2:26,99,258,270; 3:86; 5:51,72,108; 10:33; 14:27; 17:82; 22:53; 26:200; 28:50; 31:11; 46:10; 61:5; 71:24
Богу известно о 2:95,220; 3:63; 6:55,58; 9:47; 10:40; 14:42; 21:74; 62:7
вводят в заблуждение 26:99
изобретают ложь 2:59; 3:94; 18:15; 29:68; 39:32
никогда не преуспеют 6:135
отвергают откровения Бога 5:47,49
последствия для 6:21,45,47,49,93,129,135; 7:41,44,103,162; 8:54; 9:66; 10:17; 11:18; 12:23; 14:13,22; 16:85; 17:99; 18:29; 19:38; 21:29,97; 22:45; 24:4; 25:27; 26:227; 27:14; 32:20; 34:31; 37:22,63; 40:18,52; 42:21; 45:19; 52:47; 59:17,19; 76:31; 82:14; 83:7; 92:15
становится таким после обретения веры 49:11
Нечестие
2:59,169; 4:153; 5:25-26,64; 6:49; 7:162; 9:84; 16:28,88; 17:82; 18:35; 22:48,72; 23:106-107; 27:52,85; 29:14,34; 49:6-7,11
Нечестность 2:188; 5:42,62,63
Нечёт 89:3
Нечистота 4:43; 5:6; 33:33
Нечистый 5:6; 6:145
Низший
Вселенная 67:5
Рай 37:6-7; 56:27-40
Нововведения 6:138-140; 7:53,71,152,173; 12:40; 16:56; 46:28
в религии 2:169; 3:24,75; 5:103; 6:100,112-114,144; 10:30,59-60; 11:21; 16:116; 17:56,73; 29:17; 37:158; 42:21; 57:27; 60:12
Новое создание 13:5; 29:20; 32:10; 34:7; 53:47; 79:10
Новообращённые 2:62; 5:69; 9:60; 22:17; 28:52
Ноги

верующих всегда спасены 21:6

джиннов и людей 41:25

если разрушенные, не могут вернуться 21:95

животных 6:38

злые 53:53

испытаны 6:42; 7:168

лучшая/самая важная 3:110; 6:92

настоящие 7:97-98

непредвзятая 2:143

обольщены и наказаны 22:48

отворачиваются 16:112; 65:8

посланники отправлены к 10:47;12:109; 13:7,30; 15:10-11; 16:36,63; 23:44; 28:59

предопределённый жизненный срок 15:4-5; 18:59; 23:43

предупреждены 25:39; 26:208; 35:24

преступников 6:123

призваны, чтобы посмотреть на запись 45:28

примеры 43:8

прошлые 2:134,141,143; 7:96,101,160,163,168; 11:100

разрушение 6:131; 7:4,34; 10:49; 11:8,102,117; 15:4; 17:16,58; 21:11; 22:45; 23:44; 28:58; 53:50-61

свидетель среди 4:41; 16:84,89; 28:75

со всех времён 3:104; 10:98

центральная 42:7

Объединены 3:103,200; 4:21; 20:64; 59:14; 61:4

Объявление 6:47

Обязанности 2:128,180,185,200,228,286; 3:77;5:99; 8:72; 22:29-30,36,67; 24:54; 28:29; 33:38,50

Обязательная благотворительность (Закят) 2:43,83,110,177,277; 4:77,162; 5:12,55; 6:141; 7:156; 9:5,11,18,71; 19:31,55; 21:73; 22:41,78; 23:4; 24:37,56; 27:3; 31:4; 33:33;41:7; 58:13; 73:20; 98:5

Овощи 2:61; 80:31

Овраг 22:31

Овцы 6:143,146; 20:18; 21:78; 38:23-4

Огонь 2:174; 3:103; 9:35,68,81,109; 14:50; 17:97; 21:39; 22:19; 23:104; 40:72; 52:14

помимо адского 2:17; 3:183; 4:10; 5:64; 7:12; 13:17; 15:27; 18:96; 20:10; 21:69; 24:35; 27:7,8; 29:24; 37:97; 38:76; 55:15,35; 56:71; 85:5

Огурец 2:61

Одежда 2:233; 4:5; 5:89; 6:142; 7:26,27,31; 11:5;

12:25-28; 14:50; 16:81;18:31; 22:19,23; 24:31,58,60; 33:55,59; 35:33; 71:7; 74:4; 76:21

правила 24:30-31,60; 33:55,59

Один 2:163,184; 4:1,129,176; 5:48,106; 6:160; 7:19,54; 19:94

Одиннадцать 12:4

Одна восьмая 4:12

Одна десятая 34:45

Одна пятая 8:41

Одна треть 4:11-12; 5:73; 73:20

Одна четвёртая 4:12

Одна шестая 4:11-12

Одобрение Божье 3:174; 9:21,72,109; 53:26; 57:20,27 искать Божьего одобрения 5:2,16; 48:29

Одолжения/милости Бога 2:211; 3:103; 5:3,6,11,20,110; 7:74; 12:6; 14:28; 35:3 ведут себя, как будто делают 49:17 от Бога 2:122; 49:17

Ожидание 2:210; 4:25; 6:158; 7:53,71; 9:52; 10:20,102; 11:93,122; 16:33; 20:135; 32:30; 43:66; 44:59; 47:18; 52:31

Озабоченность 9:69; 10:23; 23:63; 38:31; 45:35; 48:11; 53:29; 76:27; 87:16; 102:1

Озадачен 2:258; 7:119; 67:4

Океаны (см. также Моря) 2:164; 16:14; 17:66; 18:86,109; 22:65; 24:40; 31:27; 52:6; 81:6; 82:3

Оковы 7:157; 13:5; 14:49; 25:13; 36:8; 40:71; 69:30; 76:4

Окружать 2:81; 10:22; 31:32; 85:20

Омега, Бог 57:3

Омовение 4:43; 5:6

Опечаленный 3:176; 5:41,68; 6:33; 10:65; 11:36; 12:69; 15:88; 18:6; 31:23; 35:8; 36:76

Опора 2:250; 3:147; 8:11; 16:94; 47:7

Опоры 13:2; 31:10; 89:7

Оппозиция 2:137; 5:17; 9:8,63; 22:53; 72:19

Оправдания 4:34; 9:29,90,93; 18:73,76; 24:63; 27:21; 30:57; 33:14; 41:24; 45:35; 75:15

Опустевший 68:20

Опыление 15:22

Опьянение 4:43; 15:72; 22:2; 50:19

Опьяняющие вещества 2:219; 5:90-91; 16:67; 22:2; 47:15

Орбита 21:33; 31:29; 36:38,40; 81:16

Организаторы 37:1,165

Орудие труда 56:73

Оружие 4:102

идолы будут 2:166-167; 6:94; 7:37; 10:28-30; 11:21; 16:86-87; 19:82; 25:17-19; 28:63-64,74-75; 35:14; 40:73-74; 41:47-48; 46:6,28

от идолов 2:167; 26:92-102; 30:13

от идолопоклонства 6:19; 11:54

Отрицать 21:50; 53:55; Сура 55

Отсеченье рук и ног 5:33; 7:124; 20:71; 26:49

Отсиживающиеся 4:95; 9:42,45-50,81,83,86-87,90-96; 33:18; 48:11,15-17

Отсрочка 2:162; 6:8; 14:44; 16:61; 17:62-63; 18:58; 44:29; 86:17

Сатане предоставлена 7:14,15; 15:36,37; 38:79,80

Отстаивать права 26:227; 42:39,41

Отступать 2:209; 24:47; 47:25

Отчаиваться
5:3; 11:9; 12:80,87,110; 14:21; 15:55,56; 17:83; 19:4; 29:23; 30:36,49; 39:53; 41:49; 42:28; 60:13

Отшельничество 57:27

Охватывать 6:80; 7:89,156; 19:94; 20:98,110; 40:7

Охота 5:1-2,94-96; 9:36

Охрана 4:102; 5:108; 13:11; 15:17; 21:91; 23:5; 41:12; 66:6,12; 67:5; 86:4

Очищение
2:125,129,151,174,232; 3:42,77,164; 9:103,108; 19:13; 20:76; 22:26; 24:21; 33:33,53; 35:18; 58:12; 62:2; 74:4; 80:3,14;

Ошеломлённый 6:44; 21:40; 23:77; 28:66; 30:12,43

Ошеломляющее 88:1

Ошибается, Бог никогда 20:52

Ошибки
Авраама 60:4

Мухаммеда 17:73-75; 33:37; 40:55,66; 48:2; 66:1; 80:1-10; 93:7

П

Падение ниц (см. также Контактная молитва)
ангелы 7:11-12; 15:30; 18:50; 20:116; 38:73

все вещи 13:15; 16:49; 22:18; 55:6

до Мухаммеда 2:125; 3:43

знаки на лицах от 48:29

когда откровения читаются им,они падают ниц 19:58

не смогут пасть ниц 68:42-43

неверующие отказываются 25:60; 84:21

перед идолами 27:24

повеление 15:29-30,98; 18:50; 22:77; 41:27; 53:62; 76:26; 77:48; 96:19

Сатана отказался 15:31-33; 17:61; 18:50; 20:116; 38:74-75

сон Иосифа 12:4-5,100

только перед Богом 41:37

черта верующих 7:206; 9:112; 17:107,109; 22:77; 25:64; 26:219; 32:15; 39:9; 48:29

Палки 20:66; 26:44; 68:20

Паломничество, см. Хадж

Пальма, деревья
2:266; 6:99,141; 13:4; 16:11,67; 17:91; 18:32; 19:23,25; 20:71; 23:19; 26:148; 36:34; 50:10; 54:20; 55:11,68; 69:7

Пальцы 2:19; 3:119; 8:12; 71:7;75:4

Память 25:32; 50:22

Партии/стороны
Бога 58:22

дьявола 58:19

сражение 33:9-22

Партнёрство
нет соучастников с Богом 6:163; 9:31; 10:18; 16:71; 17:111; 18:26; 23:92; 25:2; 27:63; 28:68; 34:22,27; 39:67; 52:43; 59:23

спорящее 39:29

Пары 6:143; 11:40; 13:3; 20:53; 23:27; 34:46; 36:36; 39:6; 43:12; 51:49; 53:45; 75:3

семь 15:87

Пастбище 16:10; 79:31; 80:28; 87:4

Патриархи 2:136,140; 3:84; 4:163; 5:12

Паук 29:41

Пелена (см. также Преграды) 6:25; 18:101; 24:31; 36:9,66; 45:23; 50:22; 83:15

Пена 13:17

Первый 5:107; 8:75; 17:5; 30:4

Первый раз 6:94,110; 17:7,51; 18:48; 36:79; 41:21

Перевозка 6:142

Перепела 2:57; 7:160; 20:80

Перо 31:27; 68:1; 96:4

Печаль 3:120,153,156; 5:26; 7:93; 12:84-86; 14:21; 16:58,127; 27:70; 28:8,13; 34:33; 57:23

не печалиться о нечестивых 35:8

не печалиться о том, что упущено 57:23

нет для верующих 2:38,62,112,262,274,277; 3:170; 5:69; 6:48; 7:35,49; 10:62; 28:7; 39:61; 41:30; 43:68; 46:13

Печаль/скорбь 2:167; 3:156; 5:31; 8:36; 12:86; 18:42; 19:39; 26:157; 35:34; 69:50

Пещера
в горах 9:40,57

люди 18:9-26

Пир, для Иисуса и апостолов 5:112-115

Писание

благословенное/священное 6:155; 6:92; 38:29; 80:13

вера в 10:40; 66:12

вполне подробное 7:52; 10:37

дано Аарону 21:48; 37:117

дано Моисею 2:53,8; 6:91,154-7; 11:110; 17:2; 23:49; 25:35; 28:43; 32:23; 37:117; 41:45; 46:12; 53:36

записанное в 54:52-53

искажать 2:79; 3:78; 4:44,46

непогрешимое 2:2; 5:15; 6:38; 7:2,52; 11:1; 10:37; 12:1; 13:1,43; 14:1; 15:1; 16:89; 18:1; 19:97; 26:2; 27:1; 28:2; 32:2; 35:31; 37:117; 38:29; 39:1-2,23; 40:2; 42:17,52; 43:2; 44:2; 45:2; 62:2; 80:13

ни одно их них не поддерживает идолопоклонство 46:4

оспорено 2:78-79,85,89,101,113,174,176,213; 3:19,23; 4:44,51; 5:41,44; 18:106; 27:82; 35:40; 41:41; 43:21; 54:43; 98:4

отвергать 2:101; 34:31,43-44; 92:9

передаётся их поколения в поколение 7:169; 35:32; 42:14

подтверждает 2:101; 6:92;

посланники и 2:129; 3:81,184; 4:54,154; 5:110; 6:89; 19:30; 29:27; 35:25,32; 39:41; 57:25-6; 98:2

предыдущее 2:97,105,109,113,121,144-6; 3:3,20,23,48,50,69,186,199; 4:46,131,153; 5:13,46,48,50,69; 6:20,92,114,156; 9:29; 10:37,94; 12:111; 17:107; 21:105; 26:196; 28:52; 29:47; 42:15; 46:12; 57:16; 74:31; 87:18; 98:1

придерживаться/верить 2:177,231,285; 3:79, 113; 4:105,140; 7:169-171; 13:36; 19:12; 29:45; 35:29; 42:15; 92:6

приносит правду и законы 33:6; 42:17

произведения колдовства 28:48; 74:24

скрывать 2:159; 5:15

спорить без 22:8

узнавать Коран 2:146; 6:20

хотят получить лично 74:52

Писать 68:1; 80:15

Писец 2:282-283; 80:15

Плакать 12:16,84; 17:109; 19:58; 44:29

Планеты 6:76; 12:4; 37:6; 82:2

Планы 8:18,42; 12:76; 20:40;22:15; 43:79; 65:3; 72:10; 105:2

Плата 6:90; 10:72; 11:29,51; 12:104; 18:77; 23:72; 25:57; 26:109,127,145,164,180; 34:47; 36:21; 38:86; 42:23; 52:40; 68:46

Плач 4:75; 9:82; 53:43,60

Племя 2:60; 7:27,160; 9:24; 11:91-92; 27:49; 49:13; 58:22; 70:13

Пленники 2:85; 4:24; 8:67,70; 33:26; 47:4; 60:10; 76:8-9

Плести интриги 3:54; 6:123; 7:123; 8:30; 10:21; 11:55; 12:5,83,102; 27:50; 28:20; 52:42; 86:15

Плод (см. также Зародыш) 22:2,5; 41:47

Плоть 2:259; 23:14; 49:12

Плохое

впечатляет его обилие 5:100

молятся за то, что вредит им 17:11

отделяется от хорошего 8:37

отличить хорошее от него 3:179

последствие своих деяний 4:79; 42:30

суждение 29:4

Плыть 11:42; 42:32

Победители 2:5; 3:104; 5:56; 6:135; 7:8,59,113,157; 9:20,71,88; 13:42; 20:64,68; 23:102,111; 24:51; 26:40-41; 28:67,81; 30:3,38; 31:5,22; 37:116,173; 39:73; 58:21-2; 59:9,20; 64:16; 87:14; 91:9

Победы

Бога 2:214; 3:13,126,160; 4:73; 5:52; 6:34; 8:10,62; 9:25; 12:110; 23:26,39; 30:5,47

в сражении 2:250; 3:111,123,147; 8:7,19,26,42,65; 9:14,25-6; 33:13; 48:22,24; 59:12

гарантированные 2:286; 3:139; 4:74; 5:56; 6:135; 7:128; 8:19,59; 9:52; 10:62,103; 11:49; 20:132; 21:9; 22:38-9,41; 24:55; 28:83; 30:47; 37:172-3; 38:11; 40:51; 47:35; 48:3,18,27; 61:13; 108:3

для Покорности 48:1; 110:1

неверующие бросают вызов 32:28-29

расходуют до победы 57:10

Поведать, Бог 5:105; 6:1-8,159,164; 7:7; 9:94,105; 24:63; 31:23; 39:7; 61:10; 62:8; 75:13

Поведение

какое 7:53,129

плохое поведение осуждено Богом 2:197; 17:38

Повернуться

в сторону Каабы 2:144,149,150

вспять и обратиться в бегство 3:111;

награда последователям предыдущих писаний, кто принимают 28:54; 57:28

отвержение 3:85; 9:74; 61:7

полная 2:208; 4:65; 16:48,87,120; 27:87; 33:22; 57:23

религия Авраама (см. также Авраам) 2:128

совершенная религия 6:161; 9:36; 12:40; 98:5

Покорные

Авраам дал название 22:78

в сравнении с Муминами 49:14

велено быть 2:131; 6:14,71,163; 10:72; 27:91; 39:12; 40:66; 48:16; 49:9

верующие 3:17,64; 30:31; 33:35; 41:33; 50:33;

все вещи – вольно или невольно 3:83; 13:15; 41:11

добрые вести 16:89,102

женитьба на 5:5; 66:5

заповедовать детям быть 2:132-133

из прошлого 2:128,131-133; 3:52,67; 5:111; 7:126; 10:72,84; 12:101; 22:78; 27:31,38,42; 37:103; 38:24,30; 51:36

люди писания 4:162; 5:111; 28:52-53

молитва быть 2:128; 46:15; 60:4;

не веровать после 9:74; 3:80

неверующие пожалеют, что они не были 15:2

отношение к 68:35

полный 11:88; 31:22; 37:26; 39:54; 40:13; 43:69; 84:2,5

приглашать к 11:14; 16:81; 21:108; 27:31;

просто слова не делают/слишком поздно 10:90

решают стать 27:81; 30:53; 38:34,44

следовать по пути 31:15

среди джиннов 72:14

только Богу 2:112,136; 3:84; 22:34; 27:44; 29:46; 34:46; 42:10

умереть (уходить) как 3:102; 7:126; 12:101

Покров 26:189

Покровитель/сторонник

Бог как 2:87; 3:13,122,150,160; 4:45; 8:40; 7:10,89; 8:9,12; 9:25,40; 17:80; 22:15,39,60,78; 33:56; 37:116; 42:31; 48:3; 58:22; 61:13; 81:20

Бога 3:52; 22:40; 47:7; 57:25; 59:8; 61:14

ни один против Бога 2:120

посланника 9:117; 33:56; 48:10

Полдень 17:78; 24:58; 30:18

Полигамия (Приложение 30)

не поощряется 4:20,129

разрешена 4:3

Полная, покорность

2:208; 10:84; 11:23; 16:87; 24:47-51; 27:83; 30:53; 34:46; 38:24,30; 39:8,17,54; 43:69; 46:15;

Половая зрелость 4:6; 24:31,58-59

Половина 2:237; 4:11-12,25,176; 73:3,20; 79:46

Половое сношение 2:197,222; 4:23,43; 5:6; 7:81; 23:6; 26:165; 27:55; 29:29

Положение , почётное 19:50; 54:55; 57:10; 70:35; 94:4

Полоса 2:187

Польза

2:102,164,180,219; 5:76; 6:71,158,164; 10:18,49,106; 11:34; 13:16; 20:89; 21:66; 22:12; 36:73; 8:20; 51:55; 57:25; 80:4; 87:9

Помечены клеймом, Рай или Ад 39:71; 40:6; 46:18; 68:16

Поминание

2:152,197; 3:191; 4:103,142; 5:91; 7:205; 13:28; 18:23-24; 20:14,42; 29:45; 33:21,41; 35:3; 38:32; 62:10; 63:9; 79:35; 87:15; 89:23

Поминать

Бога 2:114,152,198-199, 203,239; 3:41,191; 4:103; 5:91;7:205; 8:45; 13:28; 18:23-24; 20:14,34,42,130; 22:28,34,40; 24:36-37; 26:227; 29:45; 30:17-18; 33:2,35,41-42; 62:9-10; 63:9;73:8; 74:7; 76:25; 87:15

в местах поклонения 22:40

отвлекаться от 5:91

редко 4:142

Помощь

2:45,48,123,153,166; 3:91,116; 4:52; 5:41; 7:48,53,128,192,197; 11:20; 14:22; 21:39,43; 22:71; 23:88; 30:29; 31:33; 33:43; 35:18; 40:29; 44:41; 45:19,34; 46:26,32; 48:22; 52:46; 58:17; 59:9; 60:3; 66:9; 69:28; 82:19; 86:10; 92:11; 96:17; 111:2

только Божью помощь ищут 1:5; 7:128; 21:112

Понимание

даровано 21:51,79

обрести 2:73,242; 3:118; 6:151;12:2,109; 24:61; 40:67; 43:3; 44:58; 69:12

отсутствие 2:75-76,170,171; 4:78; 5:58,103; 6:25; 7:179; 8:22; 10:42,100; 17:44,46; 18:57; 28:60; 29:63; 39:43; 48:15; 49:4; 59:14; 63:3,7

уроки 2:164; 13:4; 16:12,67; 20:128; 22:46; 23:80; 29:63; 30:24,28; 45:5; 57:17

Поощрение неверующих (см. Неверующие,

дано время)

Попугай 2:171

Поражать, за дело Бога 4:94

Поражение для неверующих
2:251; 3:12; 5:52; 7:18,119; 8:36; 9:2,98;
37:9; 38:11; 54:45; 58:5; 59:5; 105:1-5

Порезание руки 5:38;12:31,50

Поручать 2:283; 4:5,58; 11:57; 23:8; 46:23;
57:7,26; 66:3

Поручаться 3:97,139; 11:6;12:107; 16:45;
17:68,69; 19:62; 20:118; 67:16-17; 68:40;
80:7

Поручитель, Бог 28:28

Посвящать
другому, помимо Бога 2:173; 5:3; 6:145;
16:115

Посевы/урожай
злоупотребление 6:136,138
как знамение 13:4; 14:25; 16:11; 56:63-67
как испытание 2:155; 3:14; 7:130; 18:32-42

Послание
вера в 3:68; 7:75; 39:23; 40:54; 57:16
для всех 6:90; 7:157; 10:37; 12:104; 21:24;
26:196; 38:87; 43:44; 46:9; 65:10; 68:52;
81:27
охрана 15:9
передача 3:20,92,99; 5:99; 6:90,124; 13:40;
16:35,82; 24:54; 29:18; 33:39; 36:17; 42:48;
46:23; 64:12; 72:23,28; 77:5
получение 7:6
правда 13:14
пренебрежение 6:44; 7:165; 17:16; 9:54;
14:9; 18:6,28; 20:124; 21:36,42; 23:110;
25:18-19; 39:22; 40:50,70; 41:5; 43:24;
68:51; 72:17
увести от 25:27-29

Посланник Завета, см. Завет, Посланник

Посланники (см. также конкретные имена)
ангелы 3:39,45; 6:61; 7:37; 10:21; 11:69-83;
16:2; 17:95; 22:75; 35:1; 43:80; 51:24-37
Бог защищает 8:30
Бог избирает 6:124; 12:109
Бог общается через 42:51
Бог спросит 5:109; 7:6; 77:11
были людьми 2:214; 3:144; 5:75;
7:35,63,69; 10:2,94; 11:27; 13:38; 14:10-11;
16:43; 17:93-94; 18:110; 21:3; 23:24,32-
33,51; 25:7,20; 26:154,186; 36:15; 41:6
в качестве примера 33:21; 49:7
верить в 5:12,111
возвысили одних над другими 2:253
гарантированная победа 10:103; 12:110;

14:47; 37:171-172; 40:51; 58:21

дано разрешение на чудеса 40:78

доказательства 7:101; 9:70; 14:9; 30:9;
35:25; 40:22; 43:63

думали, что больше не будет 40:34; 72:7

дьявол вмешивается в пожелания 22:52

жёны 33:28-34,50-53

знание будущего 3:179

идти против/отвержение 2:87,98;
3:86,183-184; 4:14,42,81,115;
5:33,41,70; 6:34-35,130; 7:64,101; 8:13;
9:13,40,54,61,63,80,84,90,107; 10:73; 13:43;
14:13; 16:113; 17:90-94; 23:44,48; 33:57;
33:12; 34:34; 36:13-19; 40:5; 47:32; 48:13;
54:14,24; 58:5,20,22; 59:4; 60:1; 64:6; 69:10;
72:23

каждая община получает 10:47; 17:15

как союзники 5:55-56

качества 9:61; 11:29-31,51,88; 14:11; 46:35;
68:4

Коран как 3:101; 5:15; 11:1-3; 65:11

критерии для 36:13-27

милость от Бога 2:151; 3:164; 4:165;
11:120; 19:21; 17:15; 21:107

мир им 37:181

насмехались/издевались 6:10; 9:65; 13:32;
15:11; 18:106; 21:36,41; 25:41; 36:30; 63:5

не делать различий 2:136,285; 3:84; 4:150-
152; 27:59

не признали 23:69

нельзя сказать, что никогда не отправлял
20:134; 28:47

о некоторых рассказывали/о некоторых –
нет 4:164; 40:78

обида/удручение 9:61; 33:53

обращаться с проблемами к 4:83

ответственность за то, как отвечать 5:109;
28:65-66

писания, написанные их руками 80:15

поведение с 49:1-5

повиноваться 2:143; 3:32,132; 4:13,59,64-
65,69,80; 5:92; 7:35; 8:1,20,46; 9:71; 24:51-
52,54,56,63; 26:108,110,126,131,144,150,
163,179; 33:31,33,36,66,71; 47:33; 48:17;
57:28; 58:13; 64:12; 71:3; 81:21

поддержаны Богом 9:26,40; 10:103; 40:51;
48:26-27

посланник-пророки 19:51,54

почётный 44:17; 69:40; 81:19; 94:4

предать 8:27

предопределено, что будут отправлены
44:5

аллегория неверующих 2:17-20,171; 7:176,179; 24:39-40; 29:41; 39:29; 62:5

аллегория правды/лжи 13:17

аллегория Рая и Ада 2:24-26; 13:35; 15:44-48; 22:19-22; 38:50-52,56-57; 47:15; 76:4-6,12-21; 77:30-33,41-43; 78:24-25,32-34; 88:1-16

неверующих 2:66; 7:175; 8:57; 16:60,112

посланников и верующих 33:21; 40:31; 43:28,46,57- 59; 60:4,6; 66:11

Торы 11:17

Примирение 2:226,232; 4:35,114,128; 8:63; 33:51; 42:40; 49:9-10; 58:3; 65:2

Принимать гостей 12:59,100; 18:77

Принуждение

к Аду 25:34; 32:20

к греху 2:173; 3:28; 5:3; 6:119,145; 16:115; 20:73; 24:33; 29:8; 31:15

к сражению 60:11

навязывать приглашение 33:53

нет в разводе 2:231; 4:19

нет в религии 2:256; 7:88; 10:99; 11:28; 16:106; 18:20,29; 37:30; 50:45

Принятие желаемого за действительное 2:111; 15:3; 57:14

Приобретения, не смогут помочь 111:2

Приоритет 2:228; 9:16,23-24,113,120; 14:3; 17:18-19; 18:46; 33:6; 59:9; 87:16

Природа

знамения в 6:1-3,95-99; 13:2-4,12,13; 16:3,48-50,65-72,78,79; 21:30-33; 23:78-80; 24:40-45; 25:45-49,53,54,61,62; 28:71-73; 30:19-27; 35:11-13,27,28,41; 36:33-44,68,71-73,77,80; 39:5,6; 41:53; 50:6-11; 51:1-8,20-23; 77:20-27; 78:6-16; 84:16-19; 86:5-8; 91:1-7

человека 4:28; 21:37; 59:9

Присутствие, Бога 2:115; 55:27

Притча, см. Аллегория

Причина на всё 18:78-82

Проблемы 6:41; 11:63; 23:75; 58:10; 72:6

Проверка 17:36

Провозглашать

2:159-160; 3:31-32,95,187; 5:15,100,119; 6:91; 11:2,44,48; 15:89; 16:51; 17:100,107,111; 18:29; 21:108; 22:27; 27:31; 42:45; 43:81,88; 44:18; 45:32,34; 71:9; 79:23; 93:11; 112:1

Провозглашение 3:138; 9:3; 14:52; 21:106; 46:35; 72:23

Провокация 5:2,8,30,91; 11:89; 42:37,42

Прогрессировать 74:37; 75:13; 82:5

Прозрачные 76:15-16

Проигравшие

3:149; 2:27,121; 5:5,21,30,53; 6:31,140; 7:23,99,149,178; 8:37,71; 9:69; 10:45,95; 11:22,47,113; 16:109; 18:103-106; 21:70; 27:5; 29:52; 37:98,141; 39:15,63,65; 40:85; 41:23,25; 42:45; 45:27; 46:18; 58:19; 63:9; 108:3

Происхождение

жизни 29:20

человека 3:59; 6:2; 7:11-12,189; 15:26-33; 17:61-65; 20:115-23; 23:12; 25:54; 32:7-9; 37:11; 38:71-6; 39:6; 49:13; 53:32; 55:14; 95:4

Прокажённые 3:49; 5:110

Проклятие

2:59,88,89,159,161; 3:61,87; 4:46,47; 5:13,64; 6:108,125; 7:39,44,162; 8:11; 10:100; 11:18,54,60; 13:25; 15:35; 24:7,9,23;29:25; 33:58,68; 38:78; 40:52; 45:11; 47:23; 69:50

Проникновенный 46:9;

Пропасть 3:103, 4:145; 22:31

Проповедники 2:213; 4:165; 5:19; 6:48; 7:188; 9:34; 17:105; 18:56; 25:7,51; 35:24

Проповедование

3:21,79,104; 4:78; 6:19,51,92; 7:2,35,164; 9:122; 16:2; 17:46; 22:52; 23:52; 25:7,19; 26:214; 35:40; 38:44; 42:15; 43:43; 52:48; 71:5-9

Прорастать 6:95; 48:29; 71:17

Пророки (см. также конкретные имена)

ближе к верующим 33:6

Бог предпочёл одних над другими 17:55

брать пленных 8:67

верить в 2:177; 5:81

враги 6:112; 25:31

добрые вестники 2:213; 33:45

дьяволы вмешиваются в пожелания 22:52

жёны 33:6,28-34,50

завет с 3:81; 33:7

инструкции 33:1-3; 65:1

люди 7:93

назначены 5:20

не боготворите 3:80; 21:26,28

не делаем различий между ними 2:136,285; 3:84

обижать 9:61;

поведение с 49:1-5

помощь и поддержка 33:56

последователи 3:146; 8:64

свидетель и предостерегающий увещеватель 2:213; 33:45

убийство 2:61,91; 3:21,112,181,183; 4:155;
8:30

удручать 33:53

Пророчества
2:89; 6:67; 7:53;10:48,53; 11:17,65; 17:4-
8,104,108; 18:98; 20:113; 21:97; 22:47;
26:196; 27:82; 30:2-5; 44:10-15; 46:26;
54:1; 61:6,9; 67:25; 81:24; 3:79; 6:89; 19:30;
29:27; 45:16; 57:26

Просвещение
2:66,231; 3:138; 5:46; 6:104; 7:145,203;
8:29; 10:57; 11:46,120; 16:90,125; 21:48;
24:34; 28:43; 45:20; 47:14; 50:8; 58:3; 65:2

Прославление
2:185; 3:41,191;4:171; 5:116; 6:100; 7:143,
206; 9:31; 10:10,18,68; 13:13;16:1,57;
17:1,44,93,108; 19:35;20:33,130;
21:20,22,25,79,87; 22:37; 23:91;
24:16,36,41; 25:18,58; 27:8; 28:68;
30:17,40;32:15; 34:11; 36:36,83; 39:4,67,75;
40:7,55; 41:38; 42:5; 48:9;50:39; 52:43,48-
49; 56:74,96; 57:1; 59:1,23-24; 61:1; 62:1;
64:1; 68:28-29; 69:52; 74:3; 76:26; 87:1;
110:3

Проституция 24:33

Проступки (см. также Грехи)
4:22,31,48,50,93,116,149; 5:39,95; 17:31;
24:15; 25:68; 31:13; 33:53; 53:32

Просящий 2:177;51:19;70:25;93:10

Противники, Бога 2:176,204; 5:82; 8:72;
16:4,27; 19:69,97; 36:77; 38:21; 40:30;
41:52; 43:55; 50:25; 108:3

Противоречия 4:82

Процветание 3:134; 7:95,168; 10:98; 11:84;
16:112; 19:73-74; 21:35

Прощающий, Бог
2:173,182,192,199,218,225,226,235;
3:31,89,129,155; 4:23,25,43,96,99,10
0,106,129,152; 5:3,34,39,74,98,101;
6:54,145,165; 7:153,155,167; 8:69-70;
9:5,27,91,99,102;10:107; 11:41; 12:53,98;
14:36; 15:49; 16:18,110,115,119; 17:25,44;
18:58; 20:82; 22:60; 24:5,22,33,62; 25:70;
28:16; 33:5,24,50,59,73; 34:2; 38:66; 39:5;
39:53; 40:42; 40:3; 41:32; 42:5,23; 46:8;
48:14; 49:5,14; 57:28; 58:2,12; 60:7,12;
64:14; 66:1; 67:2; 71:10; 73:20; 85:14

Прощение
искать 2:199; 3:133; 3:135; 4:106,110; 5:74;
8:33; 11:3,52; 27:46; 57:21; 73:20; 110:3
качества верующих 2:109; 5:13; 24:22;

42:37,43; 45:14; 64:14
молитва для 2:285-86; 3:16-17,147,159,193;
4:64; 7:23,151,155; 11:47; 12:92,97-98;
14:41; 19:47; 24:62; 26:51,82,86; 28:16;
38:24,35; 40:7; 42:5; 47:19; 51:18; 59:10;
60:5,12; 63:5-6; 66:8; 71:10,28
от Бога 2:52,187,199,221,268,284,286;
3:31,129,136,155,157; 4:96,99,135;
5:15,18,40,74,95,118; 9:43,66,96; 33:17;
39:53; 42:25; 48:2; 53:32; 73:20;74:46
отвержение 2:175; 18:55; 71:7
условия для 3:135-136;
4:48,110,116,137,168; 5:54; 7:153;
8:4,29,38,74; 9:80,113; 11:11,61,90;
16:110,119; 17:25; 20:82; 22:50; 23:109,118;
24:26; 25:70; 27:11; 33:35; 34:40; 35:7;
36:11; 40:55; 41:6; 46:31; 47:34; 61:12;
64:17; 67:12; 71:4
от людей 2:109,178; 3:134,159; 4:16; 4:149;
5:13,45; 7:199; 9:5; 24:22; 42:40; 64:14

Пряжа 16:92

Прямой, путь
1:6; 3:51,101; 4:68,175; 5:16;
6:39,87,126,153,161; 7:16; 10:25; 11:56;
15:41; 16:76,121; 19:36,43; 23:73; 24:46;
36:4,61; 37:118; 42:52; 43:43,61,64; 46:30;
48:2,20; 67:22; 81:28

Прямолинейный 2:189; 3:7; 7:20

Псалмы 3:184; 4:163; 16:44; 17:55; 21:105;
35:25

Птицы
2:260; 3:49; 5:110; 6:38;12:36,41; 16:79;
21:79; 24:41; 27:16-28,36-37; 34:10; 38:19;
56:21; 67:19; 105:3

Публично 7:55,205; 71:8

Пустыня 24:39; 33:20; 37:145; 68:49

Путешествие
в размышлении 3:137; 6:11; 12:109; 16:36;
18:62; 22:46; 27:69; 29:20; 30:9,42; 35:44;
40:21,82; 47:10
ради Бога 3:156; 4:101; 38:44
стремление к щедротам Бога
2:184,185,283; 4:43; 5:6,106; 9:42; 16:80;
34:18; 73:20

Путешествия 2:197; 5:96; 9:42; 34:18-19;
106:2

Пути
Божьи 4:160; 5:35; 12:108; 16:94; 19:43;
33:4; 38:22
оба 39:23

Путь, Бога
вести к 1:6-7; 2:142,213; 4:68,175; 5:16;

ложные утверждения о 2:111

начинается здесь 10:62; 16:97; 41:31; 72:13

низший 37:6-7; 56:27-40

новый 14:48; 21:104; 36:81

описание 2:24; 3:133; 4:56; 7:43-50;19:61-63; 29:58; 35:33-35; 36:55-58; 37:41-59,73; 40:40; 42:22; 43:70-73;51:22; 53:15; 55:46; 57:21;74:40; 76:5,12-22; 88:10-16

праведные идут прямо в (см. также Верующие, Смерть, Праведность) 2:25,154; 3:169-171; 6:60-62; 8:24; 16:30-32; 22:58; 36:26-27; 44:56; 45:21; 79:2; 89:27-30

Адам и Ева изгнаны из 2:35-38; 7:19-27; 20:117-123

аллегория 13:35; 47:15

Бог представит 81:13

достижение 2:82,111; 3:15,185; 5:65; 7:42,43; 10:26; 11:23,108; 26:90; 30:15; 32:19; 36:26; 39:73-74; 69:22; 79:41

запрещён 5:72; 7:40

усердие 2:214; 3:133,142; 4:124; 9:111; 19:60; 23:1-11; 46:15-16; 50:33; 57:21; 66:11; 70:22-35; 76:7-10

Рамадан 2:183-187; 89:2; 97:1-5

Раскаяние 2:167; 5:31; 8:36; 9:118; 10:54; 17:29; 19:39; 25:13-14; 34:33; 40:18; 49:6; 80:41; 84:11

Раскол
3:103,105; 4:88; 6:65,159; 9:47,56; 15:90; 17:53; 21:93; 23:53; 30:32; 42:13-14; 98:4;54:1; 80:26; 84:1

Раскрытие сердец 6:125; 39:22

Распятие на кресте 4:157; 5:33; 7:124; 12:41; 20:71; 26:49

Расс, народ 50:12

Рассвет 2:187; 3:17; 6:96; 17:78; 24:58; 51:18; 52:49; 54:34; 89:1; 97:5; 113:1

Расследовать 4:94; 49:6

Растения
6:99; 7:58; 10:24; 16:10;18:45; 20:53; 22:5; 26:7; 31:10; 32:27; 34:16; 36:36; 39:21; 48:29; 50:7; 57:20; 71:17; 78:15

Растительность 6:99,141; 55:48; 78:15

Расторжение брака 2:236-237

Расточать, не 6:141

Расточительность 4:6; 6:14; 7:31; 17:26-27,27, 29; 25:67

Расчёт
2:202; 3:199; 5:4; 6:52; 13:18,21,40-41; 14:41,51; 21:1; 23:117; 24:39; 38:16,26,53; 40:17,27; 78:27; 84:8

Расширение Вселенной 51:47

Рашад (см. также Завет, Посланник; Посланники и Предостерегающий увещеватель)

говорит, что народ забросил этот Коран 25:30

дано то же самое послание 41:43

завет с пророками в поддержку 3:81; 33:7

знание наступления конца света 72:27-28

конец света 15:85-88

ложные стихи 42:24

отвержение 3:82-90

послан перед пришествием страшного возмездия 34:46

посланничество 36:3; 81:22,23

предостерегающий увещеватель, проповедник, добрый вестник 5:19; 44:13; 34:28,46

призван к высокому горизонту 81:23

принёс доказательство /отвержен 11:17; 44:14

разрешение открыть чудо/ сохранить Коран 13:37-38; 15:9

Ребёнок, см. Младенцы

Регрессия 2:209; 15:24; 74:37; 75:13; 82:5

Резня/забой 2:49; 7:77; 11:65; 14:6; 26:157; 28:4; 54:29; 91:14

Реки
2:74,249; 6:6; 7:43; 10:9; 13:3,35; 14:32; 16:15,31; 17:91;18:31,33,60-61,63; 20:39,76; 27:61; 28:7; 43:51; 47:15; 54:54; 71:12

Религиозные общины
2:143,213; 3:110; 5:48; 10:19; 11:118; 13:30; 21:92; 22:34,67; 23:52; 35:42; 42:8; 45:28

Религия (см. также Вера)
Авраама 2:128,130-135; 3:95; 4:125; 6:161; 16:123; 22:78

братия в 9:11; 33:5

вам – ваша, а мне – моя 109:6

забавляться 6:70; 7:51

издеваются/насмехаются 5:57-58

изучают 9:122

истинная религия будет преобладать 9:33; 41:53; 48:28; 61:9; 110:2

каждому даны свои правила 5:48

ложь в 2:120; 3:24; 5:77; 6:70,137,159; 21:93; 30:32; 42:21; 43:23; 49:16

неверие 82:9

нет принуждения в 2:256; 10:99; 109:6

нет трудностей в соблюдении 5:6; 22:78

один Бог/одна религия 21:92; 29:46; 39:2-3,11,14; 42:13

отказаться от ложной 12:37

отступление от 2:217; 5:54; 7:88-89; 18:20

Покорность (Ислам) 3:19,85; 4:125; 5:3;
9:33,36; 10:105; 12:40; 16:52; 21:92; 23:52;
24:55; 30:30,32,43; 42:13; 48:28; 61:9; 98:5;
110:2

разногласящая 21:93

сражаться, чтобы практиковать 2:193;
8:39,72; 9:12,122; 60:8-9

Речь 2:118,174; 6:111; 7:148; 21:27,63,65;
33:32; 41:21; 51:23; 63:4; 71:9; 77:35; 78:38

Решение, день 37:21; 44:40; 77:13-14,38;
78:17

Решения

Божьи 8:44; 9:106; 10:33; 11:110,119;
13:11; 19:71; 20:109,129; 30:4; 37:171;
39:63; 41:45; 42:14,21; 44:5; 45:23; 48:15;
53:26; 54:12; 65:3,12; 78:37; 82:19

возраст принятия 46:15

начальное 3:177; 6:110; 10:9; 39:61; 64:5;
65:9

неправильные 39:7; 59:15; 64:5; 65:9;
74:18-20

человека 18:16; 47:19

Римляне 30:2-3

Рог 6:73; 18:99; 20:102; 23:101; 27:87; 36:51;
39:68; 50:20; 69:13; 74:8; 78:18

Рога, тот, что с 2 рогами (см. также Два по
коления) 18:83-98

Родители

благотворительность им 2:15

взывание к помощи Бога 46:17

наследство 2:180; 4:11

никогда не были предупреждены 6:91;
36:6

отвержены, если противятся Богу 58:22

поминание 2:200

почитать 2:83; 4:1,36; 6:151; 17:23-24,28;
19:14,32; 29:8; 31:14-15; 46:15

праведные 40:8

развод 2:233

следование 2:170; 5:104; 6:148;7:28,70,173;
9:23-24; 10:78;11:62,87,109; 12:40; 14:10;
16:35; 21:53; 26:74; 31:21; 37:69-71; 43:22-
24

Родственники 2:178

благотворительность 2:177,215;
8:41;17:26; 30:38; 59:7; 90:15

дурное обращение 47:22

наследство 2:180; 4:7-8,33

нет помощи от 35:18; 60:3

помощь 24:22; 33:6

свидетельствовать против 4:135; 6:152

считаться 2:83; 4:1,36; 16:90; 17:26; 30:38;
42:23

Родство 9:8,10; 23:57,101; 28:10; 33:5;
37:158; 65:6

Рождение 3:36; 6:139; 19:22-23; 31:14; 35:11;
41:47; 46:15; 58:2; 65:4-6; 71:27; 90:3

имя, данное при рождение, должно быть
сохранено 33:4-5

ничего не знают при 16:78

Розовое, окрашено 55:37; 84:16

Роль

ангелов 15:8

посланников 5:92,99; 29:18; 36:17; 42:48;
64:12

Роскошь 7:26,93; 10:88; 11:116; 16:6-8,80;
17:93; 21:13; 26:149; 43:34; 44:26; 76:13;
83:23,35; 88:13

Ростовщичество 2:275-276,278; 3:130;
4:161; 30:39

Рты 13:14; 36:65

Рубашка 12:18,93,96

Руины 22:45; 23:41; 27:52; 28:58; 29:35,38;
32:26; 37:137

Руки

ангелов 6:93

Бога 3:26; 5:64; 7:57; 23:88; 36:71; 38:75;
39:67; 48:10; 51:47; 57:29; 67:1

людей 2:79,195; 4:43; 5:6,11,28,33,38,64;
6:7; 7:108,124; 12:31; 13:14; 17:29,71;
20:71; 24:24,40; 36:65; 48:10,20,24; 60:2;
69:19,25; 80:15; 78:40

Руководить 4:59

Руководство

Бог дарует 11:88; 13:31;16:9,93; 20:50;
22:16; 30:29; 32:13; 39:36; 40:33; 42:13;
74:31; 92:12

Бог знает, у кого есть 17:84; 67:22

Божье 1:6; 2:5,38,120,135,143,150,157,186
,198,272; 3:73; 4:88,175; 5:16; 6:71,82,87-
88,90,125,161; 7:43,178; 9:33,115; 10:25,35;
16:121; 17:97; 18:13,17; 19:76; 20:50;
21:51,73; 22:54; 28:56,85; 29:69; 31:5; 35:8;
37:118; 39:18,22,23,27,37; 47:17; 48:28;
49:17; 53:23; 61:9; 68:7; 87:3

в писаниях 2:53,97,185; 3:138; 5:44,46;
6:91,154,157; 7:52,154,203; 10:57; 16:64,89;
17:9; 28:43,49; 40:53-54; 41:44; 42:52;
45:20

вера приведёт к 2:137

вы не можете направить тех, кого любите
28:56

думают, что на правильном пути 7:30

потерять 39:15; 42:45

спасать от Ада 7:83; 66:6

увещевать 2:132-133; 19:55; 20:132; 64:14-15

Сено 18:45; 39:21; 54:31; 56:65; 57:20; 87:5; 105:5

Сердца

Бог ближе к вам, чем ваше сердце 8:24

Бог знает 3:154,167; 33:51; 48:18

болезнь в 24:50; 33:32,60

верующих 4:65; 7:43; 8:2,10,11;10:57; 13:28; 15:47; 22:32,35,54,60; 26:89; 39:22; 48:4; 49:3; 58:22; 59:9-10

гордость в 48:26

два 33:4

запечатывает 7:101; 9:93; 10:74; 16:108; 30:59; 40:35; 47:16

заслонять 4:155; 6:25; 9:87; 18:57; 40:35; 83:14

контролировать 6:110; 9:15

направлять 3:8; 6:125; 64:11

неверующих/лицемеров 2:7,93,283; 3:7,118,151,156; 5:41; 7:100; 8:12,42; 9:8,64,77,127; 16:22; 23:63; 33:26; 40:18; 47:29; 59:2,14; 61:5

нетерпеливы 33:10

очищение 33:53; 74:31

примирение 3:103; 8:63

сердце Ада 37:55,64

сжимаются с отвращением 39:45

смягчаются к посланию Бога 39:23; 57:16

сомнения в 2:10,97; 5:52; 7:2;8:49; 9:45,110,117,125; 22:53; 33:12,60; 47:20,29; 74:31

удаляет сомнения с 74:31

ужесточение 2:74; 5:13; 6:43;10:88; 39:22; 57:16

укрепление 2:260; 3:126;8:10; 28:10; 11:120; 18:14; 48:4

успокоение 5:113; 8:11

Серебро 3:14; 9:34-35; 18:19; 43:33; 76:15-16,21

Сёстры 4:11-2,23,176; 19:28; 20:40; 24:31,61; 28:12; 33:55

Сжиматься 39:45

Сиджжин 83:7-8

Сила

2:249-250; 3:147,186; 4:98; 7:126; 11:52; 14:27; 18:14; 31:17; 28:34-35; 30:54; 38:20; 40:21,67; 42:43; 46:35; 47:7; 48:4; 57:25; 76:28

Сила, никакая не может остановить Бога

35:2

Синагоги 10:87; 22:40

дома как 10:87

Синай 2:57,63; 4:154; 19:52; 20:80; 23:20; 28:29,46; 52:1; 95:2

Синий 20:102

Сироты

благотворительность 2:177,215; 4:8; 8:41; 59:7; 76:8-9; 90:15

вступление в брак 4:127

вырастить 2:220

деньги 4:2,5,10; 6:152; 17:34; 89:19

испытание 4:6

клад в стене 18:82

Мухаммед 93:6

наследство 4:8; 89:19

права 4:127

считаться 2:83; 4:36,127; 89:17; 93:9; 107:2

Система, Божья 2:138; 6:34; 15:4,76; 17:77; 33:38,62; 35:43; 40:85; 48:23

Сказки

прошлых лет 6:25; 8:31; 16:24; 23:83; 25:5; 27:68; 46:17; 68:15; 83:13

Скакуны 100:1

Склон 28:29,44,46

Скот 6:144,146; 39:6

Скрижали 7:145,150,154; 85:22

Скромность 24:31,60; 33:59

Скрывать

Богу известно то, что 2:77; 3:29; 5:99; 13:10; 14:38; 16:19,23; 21:110; 28:69; 36:76; 40:19; 60:1; 64:4

правду 2:42,72,140,146,159,174; 3:71; 5:61; 6:91

Скрытый

внутри сердец 27:74

зло 47:37

конец света почти 20:15

нельзя скрыться от себя 41:22

ничто не скрыто от Бога 3:5; 4:108; 11:5; 14:38; 20:7; 27:75; 35:44; 40:16; 41:40; 69:18; 87:7

тайна Сура 74

Скупость 9:67,76; 17:29,100; 25:67; 33:19; 47:37-8; 57:24; 59:9; 64:16; 70:18,21; 92:8

Слабость 3:123; 4:28,98; 7:150; 8:66; 9:91; 19:75; 22:73; 30:54; 36:68; 63:8; 72:24

Слабоумие 2:282; 4:5

Славный,

Бог 11:73

Коран 50:1

трон 85:15

33:16; 34:14; 35:11; 39:42; 56:60; 62:8; 63:11; 71:4

страх 2:243; 3:143

Смех 9:82; 11:38,71; 23:110; 43:47; 53:60; 80:39; 83:29,34

Смирение
2:58; 5:54; 7:161; 12:88; 15:88; 17:24; 21:90; 25:63; 31:19; 52:26; 54:7; 79:19

Смола 18:96

Смущение 11:77-78; 15:68; 29:33; 33:50

Снаряды 15:18; 37:10; 55:35; 67:5; 72:8-9

Снаряжение 4:102; 8:60; 12:17; 13:17

Снег 24:43

Снисходительность, Божья
2:64; 4:83; 24:14,21

Снисходительный, Бог
2:225,235,263; 3:155; 4:12; 5:101; 17:44; 22:59; 33:51; 35:41; 64:17

посланник 9:114; 11:75,87

Сношение, половое 2:187,197,222; 4:23, 43; 5:6; 33:4,49; 58:3-4; 70:30

Сны 8:43; 12:5,21,36,43-44,100,101; 37:102-105; 52:32

Собаки 5:4; 7:176; 18:18,22

Собирать
души 2:203; 3:9,25,158; 4:87,140,172; 5:96,109; 6:12,22,38,51,72,128; 7:38,172; 8:24,36; 10:28,45; 11:103; 15:25; 17:97;18:47,99; 19:68,85; 23:79; 25:17,34; 28:61; 34:26,40; 37:2,22;41:19; 42:7,15,29,26; 46:6;50:44; 56:50; 58:9; 64:9; 67:15,24; 77:38; 81:5

облака 7:57

чудеса 6:111

Соблюдение
заветов 2:40,63; 5:7
заповедей 2:93,189,230; 13:21; 39:55; 57:27; 68:48; 76:24
неверие 5:42,50
писания 2:121; 5:66,68; 7:169; 19:12; 42:13-5; 92:6
придерживаться правды 103:3

Собственная персона
в качестве бога 2:87; 5:30; 25:43; 45:23; 47:14-16

Совершенство
религии 6:161; 9:36; 12:40; 30:30,43; 98:5
создания 67:3

Совет 7:21,79, 93; 11:34; 27:33; 28:20; 31:16-19

Советоваться 2:233; 5:4; 8:1; 19:52; 42:38; 58:12-13

Совещание 4:114

Согласие, взаимное 2:233; 4:29

Содом 9:70; 15:51; 25:40;29:31; 51:31; 53:53; 69:9

Сожаление 5:52; 21:19; 48:25; 49:6

Созвездия (см. также Звёзды) 15:16; 25:61; 81:15; 85:1

Создатель, Бог
2:54; 6:79,102;13:16; 15:86; 23:14; 35:3; 36:81; 37:125; 39:62; 40:62; 55:3; 59:24

Созыв
2:148; 5:96,109; 6:12,22,38,51,72,128; 7:172; 10:28; 11:103; 15:25; 17:1,71,97; 19:68; 20:80,102,108,125; 27:83; 28:85; 36:32,53; 37:22; 40:15,32; 50:44; 64:9; 67:15; 75:30; 77:11,38; 81:5

Соколы 5:4

Сокровища
6:50; 11:12,31; 15:21; 17:100; 18:82; 25:8; 26:58; 28:76; 38:9; 43:53; 52:37; 63:7

Солнце 2:258; 6:78; 17:78; 18:17,90; 25:45; 27:24; 36:38; 38:32; 76:13; 81:1; 91:1
и луна 6:96; 7:54; 10:5; 12:4; 13:2; 14:33; 16:12; 21:33; 22:18; 29:61; 31:29; 35:13; 36:40; 39:5; 41:37; 55:5; 71:16; 75:9

Соломон 2:102; 4:163; 6:84; 21:78-82; 27:15-44; 34:12-14; 38:30-40

Соль 25:53; 35:12; 55:19; 56:70

Сомневаться 51:12; 53:59; 70:1;78:1

Сомнение (см. также Убеждённость)
в сердцах 3:7; 5:52; 8:49; 9:45,110,125; 22:53; 33:12; 47:20,29; 74:31
неверующие 22:55; 40:34; 41:45,54
о воскресении 22:5; 27:66; 40:59; 45:26,32; 50:15
о правде 34:54
о религии 10:104
прошлых поколений 42:14
у верующих нет никакого 2:2-4,147; 3:60; 6:114; 7:2; 10:94; 11:17; 15:99; 32:23; 49:15; 74:31
удалить 74:31

Сон 2:255; 3:154; 8:11

Сооружения 40:64,82

Соперничать 30:28

Сорок 2:51; 5:26; 7:142; 46:15

Соседи 4:36; 56:16

Состояние 4:97; 9:84; 16:28,32; 18:35

Сострадание 2:263; 3:159; 48:29

Сострадательный, Бог 2:143,207; 3:30; 6:103; 9:117; 16:7,47; 57:9; 59:10; 85:14

Состязание в праведности